LESSONS
in Corporate Finance

公司金融
原书第2版

金融工具、财务政策和估值方法的案例实践

A Case Studies Approach to Financial Tools,
Financial Policies and Valuation, Wiley Finance
Second Edition

[美] 保罗·阿斯奎思（Paul Asquith）
劳伦斯·A. 韦斯（Lawrence A. Weiss） ◎著　贾红强 ◎译

本书以全新的问题视角和处理方法，对公司金融进行了全面的梳理和解析，以 20 世纪 70 年代至今的若干鲜活案例为起点，重新演绎推动企业融资决策过程的诸多财务理论和实践方法，并致力于将这些理论和工具诉诸融资决策的实践。本书主题涉及资本结构和融资、备考预测、估值、股利、债务期限以及信息不对称等方方面面。两位作者分别来自麻省理工学院和塔夫茨大学，作为业界知名学者，他们曾屡次斩获专业领域大奖。作为公司金融领域的两位大师级人物，他们在理论与实践相结合的基础上，以独特的分析结构和阐述风格，将学习升华到简单的记忆层面之上，帮助读者在阅读中不断强化学习能力，将学习建立在知识、技能和感知共同升华的基础上。

Copyright©2019 by Paul Asquith, Lawrence A. Weiss. All Rights Reserved. This translation published under license. Authorized translation from the English language edition, entitled *Lessons in Corporate Finance: A Case Studies Approach to Financial Tools, Financial Policies, and Valuation, Second Edition*，ISBN 978-1-119-53783-0, by Paul Asquith, Lawrence A. Weiss, Published by John Wiley & Sons. No part of this book may be reproduced in any form without the written permission of the original copyrights holder.

本书中文简体字版由 Wiley 授权机械工业出版社出版，未经出版者书面允许，本书的任何部分不得以任何方式复制或抄袭。版权所有，翻印必究。

北京市版权局著作权合同登记　图字：01-2019-0399 号。

图书在版编目（CIP）数据

公司金融：金融工具、财务政策和估值方法的案例实践：原书第 2 版/（美）保罗·阿斯奎思（Paul Asquith），（美）劳伦斯·A. 韦斯 （Lawrence A. Weiss）著；贾红强译. —2 版. —北京：机械工业出版社，2021.7

书名原文：Lessons in Corporate Finance: A Case Studies Approach to Financial Tools, Financial Policies, and Valuation (Wiley Finance) 2nd Edition

ISBN 978-7-111-68676-7

Ⅰ. ①公⋯　Ⅱ. ①保⋯　②劳⋯　③贾⋯　Ⅲ. ①公司—金融学　Ⅳ. ①F276.6

中国版本图书馆 CIP 数据核字（2021）第 157688 号

机械工业出版社（北京市百万庄大街 22 号　邮政编码 100037）
策划编辑：李新妞　责任编辑：李新妞　李佳贝
责任校对：李　伟　责任印制：郜　敏
三河市宏达印刷有限公司印刷
2021 年 10 月第 2 版第 1 次印刷
180mm×250mm · 33.5 印张 · 1 插页 · 688 千字
标准书号：ISBN 978-7-111-68676-7
定价：119.00 元

电话服务　　　　　　　　　网络服务
客服电话：010-88361066　　机　工　官　网：www.cmpbook.com
　　　　　010-88379833　　机　工　官　博：weibo.com/cmp1952
　　　　　010-68326294　　金　书　网：www.golden-book.com
封底无防伪标均为盗版　　　机工教育服务网：www.cmpedu.com

谨以此书

献给所有引导我走进金融学大门的导师!
——保罗

献给玛丽莲,我的爱人和我最好的挚友;献给乔舒亚和丹尼尔,永远爱你们!
——劳伦斯

致 谢

感谢给予我们指导和帮助的每一个人：保罗·阿斯奎思要感谢所有曾给他教授过财务学以及告诉他如何从事财务学教学的人，特别是 Gene Fama、Milton Friedman、Al Mandelstamm、David W. Mullins Jr.、Henry B. Reiling 以及 George Stigler。劳伦斯·A. 韦斯对如下人士给予致谢：保罗·阿斯奎思、Carliss Y. Baldwin、Roger C. Bennett、David Fewings、Michael Jensen、Robert Kaplan、Norman Keesal、Vivienne Livick、C. Harvey Rorke 以及 Howard H. Stevenson。此外，保罗和劳伦斯还要感谢 Amar Bhide（塔夫茨大学）和 Laurent Jacque（塔夫茨大学）认真阅读了本书并提出了许多宝贵意见。另外，需要感谢的还有 Jacqueline Donnelly、Bridgette Hayes、Stephanie Landers Michael Duh 和 Alison Wurtz，他们纠正了本书中的诸多编辑错误，让本书变得更加通顺流畅；感谢 Michael Duh 和 Heidi Pickett 对全书的数字进行了编辑校对。最后，我们一并感谢 John Wiley & Sons 的编辑团队，尤其是 Tula Batanchiev（副主编）、Elisha Benjamin、Michael Henton、Steren Kyritz 以及 Jayalakshmi Erkathil 对本书的指导和鼓励。

序

2015年3月24日，星期二，谷歌股价上涨2%，公司股权价值增长约80亿美元。谷歌的股权价值大幅上涨，是否源于公司的利润增加呢？不是。那么，股票价格的飙升，是因为谷歌要发布新产品的利好消息吗？也不是。市场之所以做出反应，只是因为谷歌宣布一个消息：他们已聘用露丝·波拉特（Ruth Porat）担任谷歌的新首席财务官（CFO）。雇用一位新CFO，为什么会导致谷歌的股价如此暴涨呢？《华尔街日报》指出，华尔街希望这位新任首席财务官能"为公司长期以来脱缰野马一般的开支引入财务控制"。本书将为我们阐述公司金融的基本决策（像谷歌CFO露丝·波拉特那样，善于制定合理的融资决策）。这些决策的关注点包括：如何决定公司应投资哪些项目，如何为这些投资提供资金，以及如何管理好公司的现金流。这是一本以实践运用为导向的金融工具书，它以实例揭示企业应如何利用商业决策去创造价值。[一] 本书旨在剖析公司金融的运行方式和原因。虽然本书的主要读者对象是金融财务领域的专业人士，但对于那些不得不使用财务专业知识的非财务人员也不啻为一个理想的选择。本书为那些有兴趣了解公司金融基本原理的财务专业人士提供全面介绍和深入分析。同时，本书也可以用作财务学专业的第二课程、管理学课程的补充阅读或公司金融的自学教材（如准备考取CFA或类

[一] 见 Rolfe Winkler, Justin Baer, and Vipal Monga, Google Turns to Wall Street for New Finance Chief, Wall Street Journal, March 24, 2015, www.wsj.com/articles/google-turns-towall-street-for-new-finance-chief-1427217571 10/21/2015。

似专业证书）。本书第 2 版与第 1 版相比，在两个重要方面进行了调整。第一，以新的资料对全书进行了更新，包括针对破产和重组而新增了一章（第十三章）。这一章探讨了陷入财务困境且需要重组或申请破产的企业所面对的制度环境（即法律）和经济机理。这一章还对美国破产法的两个主要部分进行了介绍。第二个同时也是最重要的调整，就是美国国会 2017 年 12 月通过的 2018 年《减税和就业法案》带来的影响。该法案于 2018 年 1 月生效，是美国公司税法体系的一次重大改革。这次调整不仅将美国公司承担的最高税率从 35% 降到 21%，还大幅改变了债务给公司提供的税收优惠（税盾）效应。此外，《减税和就业法案》减少了债务融资的优势，从而提高了很多公司的资本成本。这意味着，公司估值所采用的方法也必须做出相应的重大调整。面对这些变化，以及如何处理这些变化，也是贯穿本书的一个核心内容。表 17-1 表明，这些变化将给相当一部分公司带来巨大影响。作者认为，所有商业人士，即使是已取得财务学学位的人，也能体会到本书的价值。虽然阅读本书无须拥有全面深入的会计或财务知识，但读者对象依旧是那些至少已掌握会计和财务学术语基础知识的人。

关于注册估值分析师（CVA®）认证考试

CVA 考试简介

注册估值分析师（Chartered Valuation Analyst，CVA）认证考试是由注册估值分析师协会（CVA Institution）组织考核并提供资质认证的一门考试，旨在提高投资、并购估值领域从业人员的实际分析与操作技能。本门考试从专业实务及实际估值建模等专业知识和岗位技能进行考核，主要涉及企业价值评估、并购及项目投资决策。考试分为实务基础知识和 Excel 案例建模两个科目，内容包括：会计与财务分析、公司金融、企业估值方法、并购分析、项目投资决策、信用分析、财务估值建模七个部分。考生可通过针对各科重点、难点内容的专题培训课程，掌握中外机构普遍使用的财务分析和企业估值方法，演练企业财务预测与估值建模、项目投资决策建模、上市公司估值建模、并购与股权投资估值建模等实际分析操作案例，快速掌握投资估值基础知识和高效规范的建模技巧。

- **科目一实务基础知识**——是专业综合知识考试，主要考查投资、并购估值领域的理论与实践知识及岗位综合能力，考试范围包括会计与财务分析、公司金融、企业估值方法、并购分析、项目投资决策、信用分析这六部分内容。本科目由 120 道单项选择题组成，考试时长为 3 小时。

- **科目二 Excel 案例建模**——是财务估值建模与分析考试，要求考生根据实际案例中企业历史财务数据和假设条件，运用 Excel 搭建出标准、可靠、实用、高效的财务模型，完成企业未来财务报表预测、企业估值和相应的敏感性分析。本科目为 Excel 财务建模形式，考试时长为 3 小时。

职业发展方向

CVA 资格获得者具备企业并购、项目投资决策等投资岗位实务知识、技能和高效规范的建模技巧，能够掌握中外机构普遍使用的财务分析和企业估值方法，并可以熟练进行企业财务预测与估值建模、项目投资决策建模、上市公司估值建模、并购与股权投资估值建模等实际分析操作。

CVA 注册估值分析师的持证人可胜任企业集团投资发展部、并购基金、产业投资基金、私募股权投资、财务顾问、券商投行部门、银行信贷审批等金融投资相关机构的核心岗位工作。

证书优势

岗位实操分析能力优势——CVA 考试内容紧密联系实际案例，侧重于提高从业人员的实务技能并迅速应用到实际工作中，使 CVA 持证人达到高效、系统和专业的职业水平。

标准规范化的职业素质优势——CVA 资格认证旨在推动投融资估值行业的标准化与规范化，提高执业人员的从业水平。CVA 持证人在工作流程与方法中能够遵循标准化体系，提高效率与正确率。

国际同步知识体系优势——CVA 考试采用的教材均为 CVA 协会精选并引进出版的国外最实用的优秀教材。CVA 持证人将国际先进的知识体系与国内实践应用相结合，推行高效标准的建模方法。

配套专业实务型课程——CVA 协会联合国内一流金融教育机构开展注册估值分析师的培训课程，邀请行业内资深专家进行现场或视频授课。课程内容侧重行业实务和技能实操，结合当前典型案例，选用 CVA 协会引进的国外优秀教材，帮助学员快速实现职业化、专业化和国际化，满足中国企业"走出去"进行海外并购的人才急需。

企业内训

CVA 协会致力于协助企业系统培养国际型投资专业人才，掌握专业、实务、有效的专业知识。CVA 企业内训及考试内容紧密联系实际案例，侧重于提高从业人员的实务技能并迅速应用到实际工作中，使企业人才具备高效专业的职业素养和优秀系统的分析能力。

- ✓ 以客户为导向的人性化培训体验，独一无二的特别定制课程体系；
- ✓ 专业化投资及并购估值方法相关的优质教学内容，行业经验丰富的超强师资；
- ✓ 课程采用国外优秀教材与国内案例相结合，完善科学的培训测评与运作体系。

考试专业内容

会计与财务分析

财务报表分析是指通过收集、整理企业财务会计报告中的有关数据，并结合其他有关补充信息，对企业的财务状况、经营成果和现金流量情况进行综合比较和评价，为财务会计报告使用者提供管理决策和控制依据的一项管理工作。本部分主要考核如何通过对企业会计报表的定量分析来判断企业的偿债能力、营运能力、盈利能力及其他方面的状况，内容涵盖利润的质量分析、资产的质量分析和现金流量表分析等。会计与财务分析能力是估值与并购专业人员的重要的基本执业技能之一。

公司金融

公司金融用于考察公司如何有效地利用各种融资渠道，获得最低成本的资金来源，形成最佳资本结构，还包括企业投资、利润分配、运营资金管理及财务分析等方面。本部分主要考查如何利用各种分析工具来管理公司的财务，例如使用现金流折现法(DCF)评估投资计划，同时考察有关资本成本、资本资产定价模型等基本知识。

企业估值方法

企业的资产及其获利能力决定了企业的内在价值,因此企业估值是投融资、并购交易的重要前提,也是非常专业而复杂的问题。本部分主要考核企业估值中最常用的估值方法及不同估值方法的综合应用,诸如 P/E、EV/EBITDA 等估值乘数的实际应用,以及可比公司、可比交易、现金流折现模型等估值方法的应用。

并购分析

并购与股权投资中的定量分析技术在交易结构设计、目标企业估值、风险收益评估的应用已经愈加成为并购以及股权专业投资人员所必须掌握的核心技术,同时也是各类投资者解读并购交易及分析并购双方企业价值所必须掌握的分析技能。本部分主要考核企业并购的基本分析方法,独立完成企业并购分析,如合并报表假设模拟,可变价格分析、贡献率分析、相对 PE 分析、所有权分析、信用分析、增厚/稀释分析等常见并购分析方法。

项目投资决策

项目投资决策是企业所有决策中最为关键、最为重要的决策,是指企业对某一项目(包括有形、无形资产、技术、经营权等)投资前进行的分析、研究和方案选择。本部分主要考查项目投资决策的程序、影响因素和投资评价指标。投资评价指标主要包括内部收益率、净现值和投资回收期等。

信用分析

信用分析是对债务人的道德品格、资本实力、还款能力、担保及环境条件等进行系统分析,以确定是否给予贷款及相应的贷款条件。本部分主要考查常用信用分析的基本方法及常用的信用比率。

财务估值建模

本部分主要在 Excel 案例建模科目考试中进行考查,包括涉及 EXCEL 常用函数及建模最佳惯例,使用现金流量折现方法的 EXCEL 财务模型构建。它要求考生根据企业历史财务数据，对企业未来财务数据进行预测，计算自由现金流量、资本成本、企业价值及股权价值，掌握敏感性分析的使用方法，并需要考生掌握利润表、资产负债表、现金流量表、流动资产估算表、折旧计算表、贷款偿还表等有关科目及报表勾稽关系。

考试安排

CVA 考试每年于 4 月、11 月的第三个周日举行，具体考试时间安排及考前报名，请访问 CVA 协会官方网站 www.CVAinstitute.org

CVA 协会简介

注册估值分析师协会（Chartered Valuation Analyst Institute）是全球性及非营利性的专业机构，总部设于香港，致力于建立全球金融投资估值的行业标准，负责在亚太地区主理 CVA 考试资格认证、企业人才内训、第三方估值服务、研究出版年度行业估值报告以及进行 CVA 协会事务运营和会员管理。

联系方式

官方网站：http://www.cvainstitute.org

电话：4006-777-630

E-mail：contactus@cvainstitute.org

新浪微博：注册估值分析师协会

协会官网二维码

微信平台二维码

目 录

致谢

序

关于注册估值分析师（CVA®）认证考试

第一章　公司金融概览　/1
　　　　两个市场：产品市场和资本市场　/2
　　　　公司金融的基础：工具和技术　/3
　　　　公司金融架构图　/4
　　　　现代公司金融理论简史　/4
　　　　阅读提示　/7

第一部分　公司的财务状况与现金流管理

第二章　如何判断企业的财务状况（PIPES-A）　/11
　　　　与银行家的对话就像是一场面试　/12
　　　　以产品市场战略为起点　/14
　　　　PIPES 赚钱吗　/14
　　　　算一算　/15
　　　　资金的来源和使用　/17
　　　　比率分析　/21
　　　　现金周期　/26
　　　　本章小结　/29

第三章　备考预测技术（PIPES-B）　/31
　　　　比率分析　/32
　　　　备考预测　/33
　　　　循环关系　/40

回头接着预测未来吧 /43
　　　将预测范围延伸到 2018 年和 2019 年 /43
　　　贷款评估 /45
　　　本章小结 /50
　　　附录　会计不等于经济现实 /52
第四章　企业融资的季节性影响（PIPES-C） /59
　　　月度备考利润表 /61
　　　月度备考资产负债表 /63
　　　公司的另一番图景 /71
　　　本章小结 /74
　　　附录 A　2018-2019 年的备考财务报表 /75
　　　附录 B　PIPES 的 2019 年度月备考利润表 /76

第二部分　企业融资与融资政策

第五章　融资为什么重要（梅西-弗格森农用设备制造公司） /81
　　　产品市场定位与策略 /82
　　　经营中的政治风险和规模经济效应 /83
　　　梅西-弗格森农用设备公司的历史：1971-1976 年 /84
　　　可持续增长 /86
　　　1976 年以后的时期 /88
　　　康拉德跑了 /91
　　　再谈梅西 /95
　　　梅西的重组 /98
　　　后记：梅西的命运如何 /102
　　　本章小结 /103
　　　附录　梅西-弗格森公司的财务报表 /105
第六章　资本结构理论介绍 /109
　　　最优资本结构 /110
　　　M&M 模型和企业融资 /113
　　　税收 /119
　　　财务困境的成本 /128
　　　有关资本结构理论的传统理论 /134
　　　资本成本 /136
　　　本章小结 /136

第七章　资本结构决策（万豪集团和它的CFO加里·威尔逊）　/139
　　资本结构　/140
　　资本成本　/146
　　企业在实践中如何设计资本结构　/149
　　公司金融政策　/150
　　可持续增长和现金流过剩　/153
　　如何应对超额现金　/155
　　本章小结　/156
　　附录A　万豪集团的利润表和资产负债表　/157
　　附录B　万豪集团的财务比率　/158

第八章　投资决策（万豪集团和它的CFO加里·威尔逊）　/159
　　正确的价格是多少　/161
　　万豪应如何回购自己的股票　/161
　　贷款协议　/165
　　产品市场对融资政策的影响　/167
　　资本市场的影响及其未来　/169
　　本章小结　/174

第九章　融资政策决策（AT&T：1984年剥离前后）　/177
　　AT&T的背景　/178
　　M&M模型和公司金融的实践　/179
　　老AT&T（1984年之前）　/181
　　老AT&T的债务政策　/184
　　新AT&T（1984年后）　/196
　　本章小结　/208
　　附录　AT&T 1984-1988年备考财务报表的编制（预期情境）　/209

第十章　经营策略对公司金融政策的影响　/213
　　简要概述　/214
　　MCI的发展历史　/216
　　可转换优先股及可转换债券　/221
　　债券利率和负债率　/225
　　租赁　/226
　　新MCI的融资需求　/226
　　MCI的融资选择　/238
　　MCI后记　/239
　　本章小结　/240
　　附录　MCI 1984—1988年的备考财务报表　/242

第十一章　股利政策（苹果公司） /245
　　　　股利政策理论 /246
　　　　实证研究 /250
　　　　苹果公司及是否支付股利的决策 /252
　　　　苹果是如何做的 /265
　　　　接下来发生的故事 /266
　　　　本章小结 /269

第十二章　资本结构理论的延续 /271
　　　　债务的税盾效应 /273
　　　　财务困境成本 /274
　　　　交易成本、信息不对称和代理成本 /276
　　　　信息不对称与企业融资 /279
　　　　代理成本：管理者的行为及资本结构 /286
　　　　杠杆与股东和债权人之间的利益冲突 /288
　　　　融资需求的金额 /293
　　　　本章小结 /295

第十三章　重组与破产：当厄运不可避免时（亚美亚控股） /299
　　　　当危机到来时 /300
　　　　破产的基本经济原则就是拯救尚符合生存逻辑的公司 /305
　　　　公司应在什么时候提交破产申请 /306
　　　　破产法则 /309
　　　　维持破产公司的价值 /312
　　　　走出破产重组的亚美亚 /313
　　　　本章小结 /316
　　　　附录　债权人的协调问题 /316

第三部分　投资与估值

第十四章　货币的时间价值：折现法和净现值 /321
　　　　货币的时间价值 /322
　　　　净现值（NPV） /327
　　　　投资回收期 /332
　　　　寿命期不同的项目 /333
　　　　永续年金法 /335
　　　　本章小结 /335

第十五章　估值与现金流（Sungreen-A） /337

投资决策 /338
如何对项目进行估值 /338
加权平均资本成本（WACC） /350
终值 /351
本章小结 /353

第十六章 估值（Sungreen-B） /355
Sungreen 的预测现金流 /356
加权平均资本成本（WACC） /356
可比公司 /362
股权成本 /364
债务成本 /367
最终的估值 /368
战略分析 /370
本章小结 /371

第十七章 估值细解 /373
现金流细解 /374
资本成本细解 /376
计算权益成本的一个细节：加杠杆和无杠杆的 beta 系数 /382
现金流和终值的区别 /386
终值法细解 /387
其他估值技术：DCF 的变异 /393
实物期权 /395
本章小结 /398

第十八章 杠杆收购与私募股权融资（康格里默公司） /401
康格里默：历史简介 /402
开启杠杆收购的大幕：哪些因素成就一个理想的杠杆收购目标 /403
交易细节 /406
面向未来的康格里默 /416
后记：杠杆收购带来了什么变化 /421
本章小结 /422
我们的世界永远在变化 /424
附录 A 康格里默在有/无杠杆收购两种情境下的备考财务报表 /424
附录 B 拉扎德估值报告的要点 /430

第十九章 兼并与收购：战略问题（一元店） /433
三大竞争对手 /434
近期历史 /435

物色公司，寻找买家 /438

本章小结 /441

第二十章 针对收购的估值：一元店的公司自由现金流 /443

对家庭一元店的要约收购 /444

公司自由现金流 /446

重启现金流的计算 /453

资本成本的确定 /454

对终值的检验 /461

估值的三要素 /461

本章小结 /462

附录 家庭一元店的备考财务报表——基于笔者的"负债率不变"假设 /463

第二十一章 认识自由现金流（一元店） /465

自由现金流公式的比较 /466

为什么 $FCF_f \neq FCF_d + FCF_e$ /467

回到折现率 /468

关于股权自由现金流 /469

股权自由现金流的折现 /472

本章小结 /473

附录 在负债率不变的假设下，家庭一元店的备考股权自由现金流 /474

第二十二章 兼并与收购：执行融资（一元店） /475

事件的发展进程 /476

管理者的自主裁量权 /479

积极参与的股东 /481

联邦贸易委员会（FTC） /483

股东诉讼 /484

股票投票表决 /485

本章小结 /486

附录 在2014年和2015年的收购报价阶段，家庭一元店发生的主要事件 /486

第二十三章 综述 /489

第二章到第四章：现金流管理——融资工具 /490

第五章到第十三章：融资决策和财务政策 /491

第十四章到第二十二章：估值 /495

本书讨论的工具及概念 /498

财务是一门艺术，而不是科学 /499

终极体会 /499

以理性的方式看待融资 /500

　　　　与时俱进　/501
　　　　拉里的故事（绝对真实）　/502
　　　　保罗的馅饼理论　/503
　　　　生存之道　/503
术语表　/505
关于作者　/513

第一章
公司金融概览

作为一本讲述公司金融基础知识的专业教材，本书的选题和方法独树一帜。全书的基本讲述方法是：首先针对企业融资决策提出一系列渐次深入的问题，然后通过理论分析和具体的数字案例来回答这些问题。

本书围绕一名首席财务官（CFO）在现实中必须做出的诸多决策展开：企业如何获得和利用资本。公司金融的主要功能可以划分为三项基本任务，即如何做好投资决策、如何做好融资决策以及如何在做好前两项决策的同时管理好公司的现金流。

我们首先从最后一点入手，现金对公司的生存至关重要。事实上，现金流远比收益重要得多。即使产品低劣、营销无效、没有盈利甚至是亏损，但只要有现金流，能维持业务的延续，企业就能生存。不要耗尽现金，是企业财务最基本的要求和任务。要做到这一点，需要了解公司现金流的性质和时间并做出准确预测。例如，在进入新千年之时，互联网企业疯狂烧钱，几乎倾尽其全部资金。然而，研究这些公司的金融分析师关注的角度却是盈利，而不是所谓的"烧钱速度"（即企业用完或者说"烧掉"现金的速度）。会计领域有一句老话："用收入买香槟，用现金买啤酒。"现金是维系企业日常运作的生命之源。还有一种说法的含义是，现金像空气，收入像食物。尽管一个组织要生存，这两者缺一不可，而企业即使没有收入也能喘息一段时间，但一刻也不能没有现金。

现在，我们再回到第一点，要做出好的投资决策，就意味着要确定公司应该把现金放在（投资）什么地方。也就是说，应该投资于哪些项目或产品。投资决策必须回答以下问题：当前的投资决策会给未来带来怎样的现金流？

最后一点，良好的融资决策就是要确定公司应该到哪里去通过投资获得现金。融资决策将公司的投资决策作为一个既定的检验问题，例如，应如何为这些投资融资？资产负债表的右侧能否为公司创建价值？

因此，一个CFO每天就是在这种约束下完成这两件事：做出好的投资决策，做出好的融资决策，并确保企业在做这两件事情的过程中不会耗尽现金。

两个市场：产品市场和资本市场

每家公司都要在两个基本市场上同时运行，即产品市场和资本市场。当然，公司也可以在任意一个市场上赚钱。大多数人只知道公司在产品市场中扮演的角色，即生产和以高于成本的价格销售商品或服务。相比之下，人们对公司在资本市场中的作用却不太清楚——筹集资金和投资，并直接推动企业在产品市场上的活动。

在考虑资本市场时，人们通常想到的只是交易股票、债券和期权之类的证券交易所。但这只是资本市场的供给侧，与之相对应的另一侧则构成了资本市场的使用者——企业本身。

在公司金融中，最关键的一课，就是如何实现融资战略与产品市场战略的一致性。此外，公司金融还要横跨两个市场——通过投资决策进入产品市场，并通过融资决策进入资本市场。在考虑公司金融时，企业首先需要确定它在产品市场上的目标。只有确定了产品市场目标，管理层才能确定公司的融资战略，并据此制定出相应的融资政策。

融资政策包括资本结构决策（即债务融资的水平）、债务期限结构、有担保和无担保的债务金额、债务是采用固定利率或浮动利率、债务的附加条件、需要支付的股息金额（如有的话）、股票发行和回购的金额及时间等。同样，公司的投资决策（如自建还是外购、进行杠杆收购、重组、收购以及合并等）也要和企业的产品市场战略保持一致。

虽然公司拥有合理的产品市场战略至关重要，但财务运营也有可能大手笔地创造或是破坏价值。价值的创造源于公司对三个不完全市场的利用：

- 产品市场的不完全性，包括进入壁垒、成本优势和专利等。
- 资本市场的不完全性，包括以低于市场利率的利率进行融资、使用创新型证券以及获得新的投资客户群等。此外，公司经营行为的质量也会创造或是破坏价值。为此，我们又增加了第三点：
- 管理市场的不完全性，包括代理成本（所有权和控制相分离带来的成本）以及管理者自身工作的欠缺或自我交易。

实际上，如果没有市场的不完全性，也就不会有公司金融的出现（将在第六章对此进行解释）。

公司金融的基础：工具和技术

本书介绍了公司金融的基本工具和技术、它们的含义以及使用方式，这就像橄榄球比赛中的拦截和抢断。例如，财务比率和营运资金管理不仅是一种财务诊断工具，也是制作备考利润表及资产负债表以便为估值提供基本前提的手段。没有预测财务报表，就不可能进行估值。因此在本书中，我们首先为读者介绍如何获得预期现金流，以及据此估计适当的折现率，并将现金流转换为净现值。

第二章至第四章的主题是现金流管理，从根本上说，就是如何确保企业不会耗尽现金流。现金流管理是评估企业财务状况、预测融资需求和价值资产的前提。用于现金流管理的工具包括比率分析、备考报表以及资金来源和使用。它们构成了财务状况的精髓——即管理和预测现金流。

第五章至第十三章探讨企业如何制定合理的融资决策，也就是说，企业如何选择资本结构，并对各种融资方案权衡利弊。此外，还将介绍融资政策及其对资本成本的影响。通过这几章的分析，我们将回答以下几个问题：企业是否通过融资创造价值？一种类型的融资是否优于另一种？应采取债务融资还是股权融资？如果采用债务融资，是从银行还是资本市场获得？应采取短期还是长期负债融资？是发行可转换债券还是可赎回债券？如果采用股权融资，应发行普通股还是优先股？企业应在什么情况下进行债务重组？如何进行债务重组？

第十四章到第十七章探讨的主题是企业如何制定合理的投资决策。在这个部分，我们将深入探讨对投资项目进行估值的工具和技术，包括相关现金流及适当折现率的确定。随后，我们再利用这些工具和技术对项目和企业进行估值。

目前只有五种适用于各种对象的基本估值技术，本书将介绍其中的四种（之所以只是泛泛地讨论第五种方法——真实期权，是因为这种技术在实务中很少用到，而且需要的期权及数学知识也超出了本书的范围）。本书将在这四种基本估值技术范畴内，选用不同方法对一家公司或项目进行估值。例如，在折现现金流模型中，我们会讨论针对公司现金流的加权平均资本成本（WACC）法、经济增加值法（EVA）、以资本成本折现的自由现金流法以及调整现值法（APV）等。同样，估值倍数（比率）则包含了市盈率（P/E）、息税前利润（EBIT）、息税折旧及摊销前利润（EBITDA），它们都归属于同一个范畴。本书的重点不仅在于了解各种具体的技术，还要讲述每一种方法背后的基本原理，培养读者掌握一种合理选择和使用估值方法的能力。

第十八章至第二十二章的内容是杠杆收购（LBO）、私募股权以及兼并和收购，这些主题均融合了投资决策与融资决策。在这五章里，我们将借用两个全过程案例来深入讨论和分析这些问题。

第二十三章则是笔者对金融与生活有感而发的一些思考和认识。

公司金融架构图

图1-1是笔者针对公司金融内涵及任务而设计的架构图。公司金融始于公司战略，而公司战略则兼顾公司的投资战略和融资战略，这些战略最终将形成需要诉诸实践的投资政策和融资政策。我们将在本书中反复重申，这个示意图的每个层次都必须保持一致。此外，投融资的战略与政策既可以为企业创造价值，也有可能会破坏企业价值。本书将涵盖图1-1中上部的三个层次，剖析公司的融资战略和融资政策。

现代公司金融理论简史

在过去的60年中，金融理论发生了翻天覆地的变化，其变化程度可能已超越商学院的其他所有学科。实际上，现代金融的真正鼻祖应该是在1906年率先使用现值概念的欧文·费雪（Irving Fisher）㊀，只不过这个概念直到20世纪50年代初才得以普及，并被金融教科书广泛采用。金融的另一个重大进展出自在1952年提出投资组合理论并在1990年获得诺贝尔经济学奖的哈利·马科维茨（Harry Markowitz）㊁。投资组合理

㊀ 欧文·费雪是美国最伟大的经济学家之一。在他的众多贡献中，就包括1907年出版的《利率理论》（*The Rate of Interest*）一书，该书提及了净现值的概念。

㊁ H.M. Markowitz, Portfolio Selection, *Journal of Finance* 7, no.1(March 1952): 77–91。

论指出，分散化投资可以在不降低预期收益的情况下降低风险，这也成为 20 世纪五六十年代共同基金行业运行的理论基础。

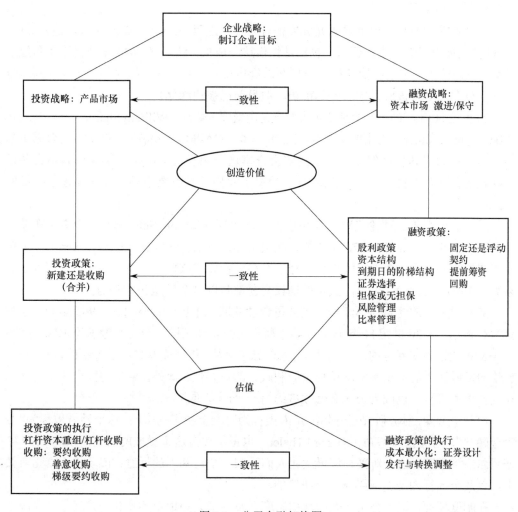

图 1-1 公司金融架构图

进入 20 世纪 50 年代，公司金融开始从衡量收益逐渐转型为一种投资评价的基本技术。此时，内部收益率（IRR）和净现值（NPV）成为衡量投资决策的主要指标，整个专业也开始摆脱将收入确认作为第一要旨的时代。今天我们都知道，对公司而言，最重要的是现金流，而不是收入。

墨顿·米勒（Merton Miller）和弗兰科·莫迪利安尼（Franco Modigliani）在 1958 年、1961 年和 1963 年发表了一系列论文，其中所归集的思想被后人称为 M&M 理论，它标志着现代公司金融理论的诞生，这也是本书讨论的重点之一。莫迪利安尼也因这些成果及其他相关研究而在 1985 年获得诺贝尔经济学奖，而米勒则凭此荣膺 1990 年诺贝尔经济学奖。M&M 理论认为，在维持某些关键性假设条件下，公司的市场价值不受资本结构（1958年）和股利政策（1961年）影响。1963年，在放松原有的不考虑公司所得税假设的情况下，修订后的M&M理论认为，资本结构与资本成本及公司价值是相关的。

本书中提到的另一项重要研究成果来自尤金·法玛（Eugene Fama）[⊖]，他在20世纪60年代提出了有效市场假说。也正是凭借这一成果，法玛在2013年获得诺贝尔经济学奖。法玛认为，市场会快速接受信息并以价格反映信息。这个概念相当于是对技术分析宣判死刑，尽管该假设依旧有其市场，但目前已被边缘化。

20世纪60年代的另一个理论重大发展是由威廉·夏普（William Sharpe）和约翰·林特纳（John Lintner）提出的资本资产定价模型（CAPM）（夏普在1990年获得诺贝尔经济学奖；如果林特纳健在，几乎注定会分享这一荣誉，但诺贝尔奖评选委员会并没有向他追授这项奖励）[⊖]。CAPM几乎颠覆了我们考量股票市场以及其他投资业绩的方式。

随后的一个重大理论飞跃，是由迈伦·舒尔斯（Myron Scholes）与费雪·布莱克（Fischer Black）于20世纪70年代初首次提出并由罗伯特·默顿（Robert Merton）最终完善成型的期权定价模型（1997年，舒尔斯和默顿凭借该模型获得诺贝尔经济学奖，布莱克于1995年去世）。今天，大量的期权交易都是以这个模型为基础的。

随着学术界的注意力逐渐转移到公司金融领域，诞生于1958年到1963年的一系列M&M论文，在20世纪80年代后开始不断经历修正和拓展。公司金融理论也就此超越了M&M理论最初圈定的研究范畴，引入信息不对称、代理成本和信号等新的理论要素。理论的发展让人们意识到资本结构及股利政策的重要性。此外，融资与投资决策之间的相互作用和机制，也成为公司金融领域的另一个研究重点。

而到了近期，财务研究已开始涉足人类行为对融资决策的影响。这个领域被称为"行为金融学"，理查德·塞勒（Richard Thaler）也正是凭借这个领域的研究而荣膺2017年诺贝尔经济学家。这个新兴领域再次让人们回归一个最基本的话题：市场是否真正有效率，以及个人行为是如何影响融资决策的。

在制度层面，影响公司金融的法律制度已发生了天翻地覆的变化。尤其是针对股票交易的融资及佣金率设置的新规，让公司金融展现出全新的面孔。譬如，暂搁注册已让联合发售情况越来越少，而让承销领域的竞争更激烈，从而导致投行数量已减少一半以上。与此同时，优胜劣汰、存活下来的大型投行则越来越庞大。

垃圾债券市场从1988年开始发展，随后便呈现出一片欣欣向荣的局面，这种态势一直延续到20世纪90年代。在1988年之前，发行非投资级（BBB或更高）的债券几乎是不可能的。尽管较低评级的债券确实存在，但至少在发行时还具有投资级评级。只

⊖ 相关示例见：E. Fama, The Behavior of Stock-Market Prices, *Journal of Business* 38, no. 1 (January 1965): 34–105。

⊖ 除非你在委员会6月份选出获胜者并在10月份宣布获胜者这段时间离开人世。

是随着企业财务状况趋于恶化,其风险逐渐加大(具有这种风险类型的债务被称为"堕落天使")。知名投行德崇证券(Drexel BurnhamLambert)的迈克尔·米尔肯(Michael Milken)开创了一个发行低评级(高收益或"垃圾")债券的市场,这种债券主要是为收购及初创企业融资。显然,这极大改变了公司控制权的本质。

进入20世纪90年代,对冲基金迅速崛起,做空交易快速增长,更是出现了基于互联网高估值的"股市泡沫"。《多德-弗兰克法案》(Dodd-Frank Act)在2010年的通过和实施,已在金融结构和实务领域产生了巨大反响。显而易见,这种影响还将延续下去。而于2017年12月通过的,《减税与就业法案》(Jobs and Tax Cuts Act of 2018),至少是近50年以来在公司税法方面出现的最重大的变化。它不仅把最高公司税率从35%下调到21%,还限制了利息在税前的可扣除率,从而彻底改变了资本支出的折旧方式。

那么,金融世界的下一个大利好消息会是什么呢?我们希望自己能未卜先知,但新知识是很少能被预测到的。

阅读提示

虽然没有商业背景的人也可以看懂这本书,但如果拥有一定基础的财务和会计知识,会觉得本书的阅读更加轻松,而这也是本书所追求的目标。

本书采用通俗易懂的语言,以会话格式编写,并大量采用了归纳演绎式的案例教学法。也就是说,我们将以实例来阐述理论。虽然以演说风格的语言论证理论可能会更有效率,但实例同样有助于读者更好地理解问题。

阅读脚注无须先通读整章文字,因为它们本身就是文中不可分割的一部分。脚注强调了整章的重点提示和详细信息,也有些幽默,有些脚注则通过另类方式为计算提供辅助资料。

重复是学习任何材料的重要组成部分,更是本书的重要组成部分。为此,本书将在不同场合或新的条件下反复重申某些重点工具和概念。例如,第一章讨论的比率分析将贯穿全书。毫无疑问,我们会在不同背景下重复全书的重要主题。

乍看起来,本书似乎有点困难,甚至会令人沮丧。但随着阅读的不断深入,难度会不断下降,并最终联系到一起。在阅读本书之后,读者应该可以达到理解企业如何制定融资政策以及如何进行估值和投资的水平(例如,阅读投资银行的估值分析报告,了解估值采用的假设,哪些内容被刻意隐藏,以及哪些内容是必须披露的)。

像生活中的大多数事情一样,学习一件事的最好办法就是实践。通过阅读了解财务应该做什么或是不应该做什么,也可以达到这样的境界。但是,要真正掌握你需要的能力,唯一的手段就是实践。为此,我们强烈建议,读者应仔细阅读本书提供的每一个详细示例和案例。

还有必要提一下计算机电子表格的重要性。计算机电子表格在今天的使用已经非常普遍,这不仅是因为它拥有处理大量数据的能力,还因为它给使用者提供了随时更改和调试结果的灵活性。遗憾的是,使用电子表格往往会导致使用者失去对基本假设的认知和重视。因此,在首次分析中,我们还是建议回归纸张和铅笔的"原始状态"。

最后要说的是,在大多数情况下,尽管错误的答案比比皆是,但正确的答案也注定不止一个。

在阅读本书之后,我们希望读者能够享受这个阅读过程,并对公司金融有更多的了解。

欢迎启程!

第一部分

公司的财务状况与现金流管理

第二章
如何判断企业的财务状况（PIPES-A）

那么，应如何评估企业当下及未来的财务状况呢？这是我们的第一个问题，也是最重要的一个问题。如果你正考虑向公司贷款、收购这家公司或与其展开竞争，在做出决定之前的第一件事就是评估它的财务状况。要回答上述问题，就要用到三个最基本的公司金融工具，即比率分析、资金的来源和使用以及备考财务报表。我们将在本章中探讨前两个工具——比率分析及资金的来源和使用，并在下一章讨论备考财务报表。

在解答这个问题的过程中，我们首先杜撰一个虚构的例子——有一家从事管道供应业务的中型企业。我们假设这家公司位于佛罗里达州圣彼得堡附近的皮内拉斯县，并把这家公司称为派普斯管道设备供应公司（PIPES）。

PIPES 已经成立了 15 年，其创始人也即现任所有者肯·斯蒂尔先生正准备与当地银行家鲁道夫·加西亚会面，讨论从该银行获得贷款的可能性。目前，PIPES 已在当地另一家银行获得 35 万美元的信贷额度。

那么，斯蒂尔先生认为银行家会提出怎样的问题呢？银行家鲁道夫·加西亚可能首先会让斯蒂尔先生介绍一下自己的公司。考虑到在这样一个小镇里，加西亚先生应该会了解 PIPES，但加西亚先生为什么还要斯蒂尔介绍他已经知道的事情呢？因为加西亚先生首先要判断的是，斯蒂尔先生是否了解自己的企业。按照斯蒂尔的自我介绍，PIPES 是一家从事管道供应业务的公司，主要为房产所有者和承包商提供服务，目前已拥有一批忠实的客户群体。该公司已建成一条从管道和配件到浴室和厨房设备（包括浴缸、卫生间、水槽和水龙头）的完整产品线，拥有一间 6 000 平方英尺的展厅，另外还拥有 24 000 平方英尺的仓库及办公室。

银行家的下一个问题可能是：你经营 PIPES 这家公司有多长时间了？这是一个关键问题。对加西亚和他的银行来说，斯蒂尔到底是在开创一个全新的业务还是要打造一家有 15 年历史的企业，两者之间相去甚远。15 年的历史业绩意味着业务已经形成了稳定的客户群和供应商等。此外，这还意味着，如果考虑发放贷款的话，加西亚就需要对 PIPES 进行估值。

与银行家的对话就像是一场面试

银行家认为，在最终决定是否发放贷款之前，需要考察公司管理团队的能力以及公司金融的健康状况。为此，斯蒂尔先生就必须以最光彩夺目的姿态展现自己和他的 PIPES 公司。他至少应为加西亚准备好为期三年的财务报表。事实上，斯蒂尔递给加西亚的表 2-1 和表 2-2 是公司在过去四年的利润表和资产负债表。从如表 2-1 所示的利润表看，PIPES 似乎一切良好。销售收入从 2013 年的 110 万美元增长到 2016 年的 220 万美元，相当于年均增长 25%。看上去不错，这至少远远地将整个经济落在后面（而且是大幅超越），而且也会让中等城镇的管件商店相形见绌。看上去的确有点不同凡响，但 PIPES 的如表 2-2 所示的资产负债表并不乐观。在这四年时间里,资产总额和债务总额(银行借款加长期负债)的年增长率还不到 25%,但应付账款几乎增加了两倍。所以,第一印象仅此而已。显然,要了解实情还需要更详细、更深入的分析。

表 2-1　PIPES 2013—2016 年的利润表

单位:千美元	2013	2014	2015	2016
销售收入	1 119	1 400	1 740	2 200
期初存货	172	215	265	340
本期采购的存货	906	1 131	1 416	1 773
期末存货	215	265	340	418
销售成本	863	1 081	1 341	1 695
利润总额	256	319	399	505
营业费用	170	210	267	344
息税前利润	86	109	132	161
利息费用	30	31	32	34
税前利润	56	78	100	127
所得税	20	27	35	44
净利润	36	51	65	83

表 2-2　PIPES 2013—2016 年的资产负债表

单位:千美元	2013	2014	2015	2016
现金	35	40	40	45
应收账款	110	135	165	211
存货	215	265	340	418
预付账款	30	30	30	28
流动资产	390	470	575	702
固定资产——土地、厂房及设备	300	310	325	350
资产合计	690	780	900	1 052
当期到期的长期负债	10	10	10	10
银行贷款	300	325	350	350
应付账款	80	109	144	223
应计费用	25	20	25	25
流动负债	415	464	529	608
长期负债	120	110	100	90
负债合计	535	574	629	698
实收资本	75	75	75	75
留存收益	80	131	196	279
负债和所有者权益合计	690	780	900	1 052

在本章中,我们将从公司在产品市场的地位开始分析 PIPES,再分析其财务状况,并进行比较分析。接下来,我们会问:资金的来源和使用情况如何?在下一章里,我们将介绍如何预测公司未来的状态。

以产品市场战略为起点

那么，PIPES 是如何赚钱的呢？或者用另一种方式提出这个问题——公司的产品市场策略是什么？在本书中，我们将重复多次，每家公司都处于两个市场，即产品市场和金融市场。笔者更是坚信，除非你了解这两个市场，否则，你在公司金融上将寸步难行。更进一步来说，在判断企业的财务状况时，我们始终要从分析产品市场开始，因为这才是利润的所在。合理有效的融资当然有助于改善财务状况，不合理的融资会伤害或甚至摧毁企业。但是，企业成功的关键还是在于产品市场。

因此，要了解 PIPES 这家公司，我们还要从产品市场入手。管道供应商店主要从事的是商品经销业务，PIPES 公司的主营业务就是销售很多可以在其他管道销售商店找到的类似产品（可能不完全一样）。这就意味着，顾客选择这些商品供应商的主要依据是价格，其次是服务。如果公司销售的产品价格过高，顾客就可能会选择其他供应商。定价太高也可能会鼓励新的竞争对手进入市场。因此，要在这个商品经销市场中生存下去，就意味着 PIPES 不能将价格提到高于其他市场的水平。因此，这就需要他们控制成本，以确保足够的利润率。

公司的服务怎样？服务对于管道供应商来说又意味着什么呢？从根本上说，只要有人走进你的商店寻找商品，公司就必须有存货保证。如果潜在客户正在寻找一种特定类型的标准管件，而斯蒂尔先生告诉顾客现在手头上没有存货，但可以预订并在三个星期内到货，那么顾客极有可能去另一家商店，或是选择自己网上订购。需要提醒的是，PIPES 从事的是商品经销业务，因此顾客完全可以从其他供应商那里获得类似或相同产品。

此外，虽然公司的一些顾客是房产所有者，但很多顾客有可能是本地的承包商。为承包商提供服务，往往意味着需要 PIPES 为他们提供赊销。承包商在完工之前有可能拿不到钱，而且这个周期可能长达数月。因此，在拿到自己的报酬之前，他们不愿意或者没有能力向 PIPES 支付购货款。连同为客户提供所需商品形成的存货需要，这就是说，PIPES 既是这个客户群体的仓库，又是他们的银行。

因此，PIPES 在产品市场上的成功，首先取决于他们的定价是否有竞争力。此外，PIPES 还必须拥有足够的存货。最后，PIPES 必须能为最优质的客户以赊销形式提供信贷。无论是持有存货还是提供信用，都需要 PIPES 通过所有者投资（包括通过以前年度经营实现的留存收益）或对外借款（这种情况下主要是银行贷款）获得足够的融资。

PIPES 赚钱吗

PIPES 能否实现盈利呢？如表 2-1 所示，这家公司在去年的净利润为 83 000 美元。

这个数字很大吗？与爱思五金零售连锁店（Ace Hardware）这种拥有千万级利润的大公司相比，PIPES 公司的净利润绝对算不上大。然而，营利性的标准不只是绝对意义上的美元数额。比如说，公司的销售收入或投资额中有多少利润，同样非常重要。公司的净销售利润（利润/销售收入）可以告诉我们，1 美元销售收入可以带来的利润是多少。对于 PIPES，2016 年的净销售利润率为 3.8%。这意味着，在每 100 美元的销售收入中，PIPES 可以拿到的利润为 3.80 美元。2016 年，爱思五金相同销售收入带来的利润则是 3.15 美元（以爱思五金 2016 年的财务报告为准）。

此外，另一个让我们非常感兴趣的问题是，公司凭借投资金额赚到了多少利润。也就是说，还要考虑利润以及企业投入的资本。我们可以通过资产收益率（ROA）对这个方面进行衡量。如果我们考察的是所有者的股权投资，需要看的就是净资产收益率（ROE），这两个比率可以让我们了解到企业获得的回报与投入的风险资本。此外，这两个指标还可以让我们进行企业之间的投资收益率比较。

盈利比率：
- 净销售利润率=净利润/销售收入
- 资产总额收益率=净利润/资产总额
- 净资产收益率=净利润/所有者权益

需要重申的是，PIPES 的 2016 年净利润为 83 000 美元，而在当年底的资产总额则是 1 052 000 美元，所有者权益（股东出资和留存收益之和）为 354 000 美元。通过这些数字，我们可以计算出，公司的资产总额收益率为 7.89%（83 000 美元/1 052 000 美元），净资产收益率为 23.5%（83 000 美元/354 000 美元）。同期，爱思五金的这两个收益率指标分别为 9.32%和 30.23%。

算一算

我们可以用很多不同的方法计算财务比率，而且财务中也确实要用到很多比率。使用比率分析的第一原则就是确保这些指标在不同时期与企业保持一致，并与整个行业保持一致。[⊖] 这一点看起来似乎应该是显而易见的要求，但是在比较不同公司或是同一公司在不同时期的不同业务时，比率的计算方法往往会有所不同，而且差异的程度会令人吃惊。

⊖ 在财务中，我们始终需要利用比率衡量公司业务的各个方面。重要的是，我们可以用很多不同的比率衡量同一个对象，而且只是因为我们对这个对象的定义略有不同而已。例如，我们将 ROA 定义为净利润/资产总额。此时，该比率主要用于衡量已投资资产的收益率。但有的时候，ROA 的计算公式也可以是净利润加税后利息除以资产总额。后者衡量的是已投资资产中的债务收益率和权益收益率。两者都正确，而且都有使用。在本书中，为了简化阅读，通常选择我们认为最直观的某一个定义。如果不是常规使用的话，我们会加以讨论。稍后，我们将详细讨论比率分析的使用。

一致性意味着不仅要采用相同的比率或公式，还需要使用正确的时间段。我们不妨以一个简单的例子说明这个问题：假设我们于1月1日在银行存入10 000美元。到了年底（12月31日），你拿到银行的账单，告诉你在当年拿到的利息是1 000美元。这样，这笔存款的年终余额达到11 000美元。那么，你在这一年实现的投资回报是多少？是10%（全年收入为1 000美元除以初始投资，即，10 000美元的期初余额）。但是，在按上述方法计算ROA或ROE指标时，我们是将全年取得的收入对应于年末时点的资产（权益）余额。按照这个逻辑，就相当于将1 000美元的利息除以11 000美元的年末余额，得到的结果为9.1%，这显然是不正确的。要准确衡量投资资产的年收益率，我们需要将全年的总收入除以初始投资，即资产总额或权益的年初金额。

1月1日的初始投资额=10 000美元
12月31日的期末投资=11 000美元
净利润=11 000美元-10 000美元=1 000美元
投资回报=？
正确的收益率计算方法是：净利润/初始投资=1 000美元/10 000美元=10%
不正确的收益率计算方法是：净利润/期末投资=1 000美元/11 000美元=9.1%

在计算资产收益率或净资产收益率的时候，分析师往往会错误地用净利润除以期末的资产或权益余额⊖。他们之所以会这样做，就是因为这些数字可以在每年的利润表和资产负债表上轻易找到。相比之下，很多教科书则使用利润表的数字直接除以若干年资产负债表数字的平均数。平均数通常为年初余额（与上一年的年末数字相同）和年末余额的平均数。如果一家公司处于快速增长期，而且在这一年里又完成了新的投资，那么，这样计算平均数或许还有道理。但就一般情况来说，使用期初数字得到的比率往往更接近实际情况。在这种情况下，使用期初数字会导致PIPES的资产收益率提高到9.22%（8.3万美元/90万美元），ROE提高到30.63% [8.3万美元/（7.5万美元+19.6万美元)]。按这种算法，爱思五金的ROA和ROE将分别为9.73%和32.49%。

因此，我们重新得到的现实情况是，无论是按绝对的美元价值，还是按相对销售收入的百分比，PIPES的盈利都远逊色于爱思五金。然而，按照重新计算得到的结果，虽然PIPES的投资回报情况目前仍低于爱思五金的ROA和ROE，但差距已经不大了。表2-3是采用多种方式计算得到的营利性比率。

但表2-3并没有涵盖所有可使用的利润率指标。例如，我们还可以使用息税前利润或营业利润而不是净利润作为计算净资产收益率的分子。另一个例子，我们也可以计算净营运资产收益率（RONA），而不是ROA。净营运资产是公司固定资产与流动资产净额（现金加应收账款加存货减去应付账款）之和。我们的观点只是计算财务比率的方法有很多。今天，随着计算机电子表格的应用，比率指标的数量自然也只会有增无减。如上所述，在

⊖ 如果资产或所有者权益的金额足够大，那么，计算结果的差异可能就不会太大，但从技术角度看，这些数字是不精确的。

进行比率分析中，最重要的规则就是要保证它们的一致性。

表 2-3　PIPES 2013—2016 年的营利性比率

	2013	2014	2015	2016
销售增长率	不适用	25.11%	24.29%	26.44%
销售收益（净利润率）	3.22%	3.64%	3.74%	3.77%
资产收益率（期末余额）	5.22%	6.54%	7.22%	7.89%
资产收益率（平均余额）	5.64%*	6.94%	7.74%	8.50%
资产收益率（期初余额）	6.14%*	7.39%	8.33%	9.22%
权益回报率（期末余额）	23.23%	24.76%	23.99%	23.45%
股本回报率（平均余额）	25.11%*	28.25%	27.25%	26.56%
权益回报率（期初余额）	27.32%*	32.90%	31.55%	30.63%

*对 2013 年的数字，假设期初余额相当于期末余额的 85%。

我们再回到银行家对这家公司的调查：PIPES 是否赚钱呢？它确实有不错的 ROE 指标吗？当然了，30.63%的 ROE 实际上已相当不错。2016 年，公司实现了 8.3 万美元的净利润，这似乎与爱思五金的 1.612 亿美元净利润还不能相提并论，但 PIPES 的 ROE 则达到了 30.63%，而爱思五金在这一年的 ROE 为 32.49%，两者相差无几。因此，PIPES 在股东投资收益率方面的表现还算出色。

资金的来源和使用

这就引出了我们的下一个问题：既然 PIPES 是赚钱的，为什么还要借钱呢？ PIPES 之所以需要借钱，是因为它还没有实现足够的利润来为未来增长提供资金支持。这是坏事吗？不一定是好事，但也不一定是坏事。在企业发展过程中的某些阶段，最成功公司的增长速度可能要超过他们通过生产经营创造资金的速度。这恰恰也是资本市场存在的原因。如果所有公司都能通过自有利润带来的留存收益为成长提供资金，那么，债券市场和股票市场也就没有存在的必要了。请注意，留存收益是企业通过生产经营在内部创造的资金，在补偿所有支出和股息之后，剩下的就是累计利润。PIPES 需要借款，是因为它的增长速度已超过了内部创造资金的速度。

PIPES 需要资金干什么呢？要了解一家公司资金流进和流出的情况（即把资金用到什么的地方，以及公司从什么地方获得资金），我们就要了解资金的来源和使用。首先，我们从资金的来源入手：一家公司的资金来源是什么？只要减少资产、增加负债以及净资产，公司的手里就会拥有更多的资金。例如，如果一家公司出售资产，就会形成自有资金的一种来源。如果一家公司发行债券或出售股权，也会给公司带来外部资金。

其次，我们再来看看资金的使用情况：一家公司用资金做什么呢？它们与资金的来源恰恰相反。如果一家公司增加资产，那就是在使用资金。同样，当公司在偿还债务、回购股权或支付股息的时候,那就是在使用资金。转化为留存收益的利润是一种资金来源,而减少留存收益的损失则是在使用资金。

资金的来源:资产↓,或负债↑,或净值↑

资金的使用:资产↑,或负债↓,或净值↓

现在,我们根据PIPES资产负债表在两个时间点的变化情况,编制一张"资金来源及使用情况表"。根据表2-1中的资产负债表,我们可以对比2015年期末余额(相当于2016年的期初余额)与2016年期末余额,编制出表2-4所示的"2016年资金来源和使用情况表"。

表2-4 PIPES在2016年的资金来源和使用情况表

单位:千美元	2015	2016	来源	使用
现金	40	45		5
应收账款	165	211		46
存货	340	418		78
预付费用	30	28	2	
流动资产	575	702		
固定资产-土地、厂房和设备	325	350		25
资产合计	900	1 052		
长期负债中当期到期的部分	10	10		
银行贷款	350	350		
应付账款	144	223	79	
预提费用	25	25		
流动负债	529	608		
长期负债	100	90		10
负债合计	629	698		
实收资本	75	75		
留存收益	196	279	83	—
负债及所有者权益合计	900	1 052	164	164

下面,我们逐行对比一下资产负债表中资产一侧的数字:

- 现金从40 000美元增加到45 000美元。资产增加,因此,这5 000美元属于资金的使用。⊖
- 应收账款从165 000美元增加到211 000美元,这也是资金的使用。请注意,应收账款是一种资产(客户欠公司、但尚未支付的款项;相当于PIPES在正常情况下为客户提供了赊销信贷)。所有变化必须增减相抵——公司必须从其他渠道为这46 000美元的应收账款找到资金。实际上,这就相当于公司使用这笔钱购

⊖ 资金的来源和使用不是确定一家公司现金流入或流出的唯一标准。我们可以用会计上的现金流量表来表述现金流情况。笔者认为,资金来源和使用是一种更直观的方法,因此也是我们首选的方法。我们将在本书后续介绍中使用调整后的现金流量表。

置了其他资产，比如新的叉车。
- 接下来，我们可以看到，存货从 340 000 美元增加到 418 000 美元，这是一笔金额为 78 000 美元的资金使用。按照与相同应收账款的逻辑，PIPES 还要为购置 78 000 美元的新存货提供资金。
- 预付费用由 30 000 美元降至 28 000 美元。在这种情况下，资产出现下降，由此可见，这是一笔 2 000 美元的资金来源。
- 固定资产从 325 000 美元增加到 350 000 美元，增加额 25 000 美元属于资金的使用。

现在，我们再看看资产负债表的另一半——负债和所有者权益：

- 长期负债的当期到期部分未发生变化，表明该项目既不是资金来源也不是资金使用。
- 接下来我们看到，银行贷款的 350 000 美元也未发生变化，表明该项目同样既非资金来源也非资金使用。
- 应付账款（或称贸易信用——相当于 PIPES 因采购货物和服务而对供应商的欠款）从 144 000 美元增加到 223 000 美元。负债增加相当于资金来源，所以这是一笔 79 000 美元的资金来源。这 79 000 美元减少了公司对外部融资的需求。
- 预提费用没有出现变化，因此该项目既不是资金来源也不属于资金使用。
- 长期负债从 100 000 美元降至 90 000 美元。由于负债减少，表明这是一笔 10 000 美元的资金使用。
- 实收资本资金没有变化，同样这既不是资金来源也不是资金使用。
- 留存收益从 196 000 美元增加到 279 000 美元，这是一笔 83 000 美元的资金来源。这笔资金相当于公司整个年度净利润的 100%，也就是说，PIPES 没有对其所有者支付任何股利。净利润是资金的来源，而支付股利则是一种资金使用。

请注意，在表 2-4 中，资金来源的总额和资金使用的总额均为 164 000 美元。作为财务会计上的必要条件，这个近乎完美的平衡体现出来源等于使用的基本规律。如果来源不等于使用，就意味着在某个环节存在错误。譬如，我们对某个对象进行了错误的分类。这时候，我们只有重新查找数据，才能发现其中的错误。

表 2-5 按表 2-4 中的数据对 PIPES 资金的来源和使用情况进行了总结。

那么，我们为什么要计算资金的来源和使用情况呢？原因很简单，这可以帮助我们确定资产负债表中需要关注的环节。PIPES 的资金主要用在什么地方？也就是说，公司资金的主要用途是什么？通过分析"资金来源和使用情况表"，我们可以看到，使用资金的最大项目就是 46 000 美元的应收账款和 78 000 美元的存货。PIPES 的现金增加极为有限，几乎不值一提，而固定资产（PP&E）增加了 25 000 美元，对处于增长期的企业来说，这也是合乎情理的。⊖ 这些资金的使用是否有意义呢？当然是有意义的。PIPES

⊖ 无论是大还是小、合理或者不合理，都是一个主观性的判断问题。一种新的财务分析方法可能需要检查每一行的项目，但这显然需要更多的时间。在这种情况下，有经验的分析师更喜欢关注应收账款、存货和应付账款。

的年均增长率达到了25%，为此，它不得不获得更多的信贷，并持有更多的存货。

表2-5 PIPES在2016年的资金来源和使用情况表（单位：美元）

资金的来源：			
	预付费用的增加	2 000	
	应付账款的增加	79 000	
	留存收益	83 000	
	资金来源合计		164 000
资金的使用：			
	现金的增加	5 000	
	应收账款的增加	46 000	
	存货的增加	78 000	
	土地、厂房和设备的增加	25 000	
	长期负债的减少	10 000	
	资金使用合计		164 000

在分析表2-5的时候，我们还要提出另一个问题：PIPES的主要资金来源是什么呢？79 000美元的应付账款和83 000美元的留存收益。斯蒂尔先生已经在这个竞争激烈的行业里摸爬滚打了15年，在销售收入持续高速增长的过程中，公司获得了利润。"资金来源和使用情况表"显示，PIPES将2016年的大部分资金用于应收账款和存货，PIPES将从贸易债权人中获得其大部分资金并保留利润。

那么，应收账款和存货的增加意味着什么呢？应收账款会不会太高呢？会的。这很可能是因为斯蒂尔先生可以向不付款或花费太长时间的客户信贷。记住，他的应收款部分由银行借款部分资金，他必须支付利息。应收账款会不会太低呢？斯蒂尔先生肯定会希望它们更低。然而，为了减少应收账款，他必须限制对顾客的信贷，这可能导致他们在提供更宽松的信用的其他地方购物。如上所述，提供信用也是由PIPES提供的一项服务，这构成了企业在产品市场的一部分竞争力。

存货会不会太多呢？绝对会。存货太多是什么意思呢？这意味着，斯蒂尔先生订购了太多的产品，而且这些产品还被摆放在他的货架上，这就会招致不必要的仓储、保险和资金成本。这可能说明他订购了不适销的存货产品——顾客不需要也不会购买这些产品，最终斯蒂尔或许只能亏本报废。存货会不会太少呢？这是毫无疑问的。如果斯蒂尔没有顾客正在寻找的产品，这些顾客就会去寻找其他卖家。因此，PIPES必须在存货上找一个平衡点，既能足额满足顾客的需求又不会过剩。

如前所述，PIPES既是顾客的仓库，又是他们的银行。公司必须维持适当的存货种类和数量，而且又愿意向顾客提供赊销信用。

因此，就本质而言，银行家采访斯蒂尔并检查PIPES的利润表和资产负债表，目的就在于确定以下事项：这家公司的财务状况是否健康，运行是否正常。加西亚先生可以看到，公司的销售收入持续增长，公司的营利能力也相当可观。在面对面的沟通中，加西亚先生还试图确定斯蒂尔先生是否有足够的业务能力（存货订购、库存管理、客户沟通以及会计等），或者是否还有其他人在经营这家公司（比如他的妻子）。此外，他还想知道的是，如果斯蒂尔先生遇到问题，是否还有其他人能经营这家公司。

比率分析

这位银行家该如何确定公司是否运行良好呢？为此，我们要使用另一种金融工具，即比率分析（ratio analysis），我们早些时候在讨论营利能力时对此有所介绍。比率分析有助于我们确定企业运行状况是否良好，它既可以衡量公司的财务状况和经营成果，也可以对企业在不同时点的情况进行纵向比较，或是与同行业的其他企业在某个时间点上进行横向比较。

具体来说，财务比率可以划分为以下四大类。

（1）营利能力比率，包括我们在前面提到的部分比率（如销售收益率、资产收益率和净资产收益率等）。

（2）经营活动比率（也称为运营利润率或周转率），包括应收账款周转天数、存货周转天数、应付账款周转天数等，这类比率的考察重点在于公司的运营情况。

- 应收账款周转天数=应收账款/（销售收入/365）
- 存货周转天数=存货/（商品销售成本/365）
- 应付账款周转天数=应付账款/（采购成本/365）

（3）流动性比率，表明一家公司具有的流动性，即是否有能力按时偿还到期的流动负债，此类比率包括流动比率和速动比率。

- 流动比率=流动资产/流动负债
- 速动比率=（现金 + 有价证券）/流动负债

（4）债务比率，表明公司的资金有多少是来自债务，而不是权益，此类比率包括债务/股权比率、债务/资产比率、杠杆率和利息保障倍数等。

- 负债/权益比率=有息负债/所有者权益
- 债务/资产比率=有息负债/资产总额
- 资产/权益比率=资产总值/所有者权益
- 利息保障倍数=息税前利润/利息费用

我们经常以相关项目对销售收入的百分比来计算各种比率，这些比率被称为共同比（common size ratio），即利润表和资产负债表上的各科目占销售收入的百分比。该比率有利于进行纵向比较（以本公司及其他公司为比较对象），由于消除规模差异的影响，因而可以为备考财务报表的预测提供一个可比的起点。从表 2-6 和表 2-7 中可以看出，按纵向比较，PIPES 利润表和资产负债表中的项目显示出高度的一致性。

表 2-6　PIPES 2013—2016 年的利润表共同比（占销售收入的百分比）

	2013	2014	2015	2016
销售收入	100.00%	100.00%	100.00%	100.00%
期初存货	15.40%	15.40%	15.20%	15.50%
采购成本	81.00%	80.80%	81.40%	80.60%
期末存货	19.20%	18.90%	19.50%	19.00%
销售成本	77.10%	77.20%	77.10%	77.00%
毛利率	22.90%	22.80%	22.90%	23.00%
营业费用	15.20%	15.00%	15.30%	15.60%
息税前利润	7.70%	7.80%	7.60%	7.30%
利息费用	2.70%	2.20%	1.80%	1.50%
税前利润	5.00%	5.60%	5.80%	5.80%
所得税（占税前利润的百分比）	35.00%	35.00%	35.00%	35.00%
净利润（占销售收入的百分比）	3.20%	3.60%	3.70%	3.80%

表 2-7　PIPES 2013—2016 年的利润表共同比（占销售收入的百分比）

	2013	2014	2015	2016
现金	3.10%	2.90%	2.30%	2.00%
应收账款	9.80%	9.60%	9.50%	9.60%
存货	19.20%	18.90%	19.50%	19.00%
预付费用	2.70%	2.10%	1.70%	1.30%
流动资产	34.90%	33.60%	33.00%	31.90%
土地、厂房及设备	26.80%	22.10%	18.70%	15.90%
资产总额	61.70%	55.70%	51.70%	47.80%
长期负债中当期到期的部分	0.90%	0.70%	0.60%	0.50%
银行贷款	26.80%	23.20%	20.10%	15.90%
应付账款	7.10%	7.80%	8.30%	10.10%
预提费用	2.20%	1.40%	1.40%	1.10%
流动负债	37.10%	33.10%	30.40%	27.60%
长期负债	10.70%	7.90%	5.70%	4.10%
负债总额	47.80%	41.00%	36.10%	31.70%
实收资本	6.70%	5.40%	4.30%	3.40%
留存收益	7.10%	9.30%	11.30%	12.70%
负债和所有者权益总额	61.70%	55.70%	51.70%	47.80%

　　此外，资产负债表的共同比还可以表述为占资产总额的比率。笔者倾向于采用占销售收入的百分比，尽管在正确计算的前提下，两者应获得相同的答案。㊀

　　我们可以按多种不同方法计算上述比率。如上所述，在讨论营利性比率时，资产负

㊀ 我们马上将在下文中看到，在编制备考（预测）报表时，我们强烈建议使用占销售收入比率的共同比，因为销售预测是进行备考分析中需要最先做出的假设之一。

债表中采用的数字可能是年初数、年末数或年平均数。这些比率也可以表示为占销售收入的百分比或是占销售成本的百分比。经营比率的计算公式可以用天数或是周转率来表示（定义见下文）。为什么会有如此之多的变化，它们之间有什么区别呢？具体选择的形式往往依赖于分析师的个人偏好。最重要的是，所有这些比率都是可以相互转化的。比如说，如表2-8所示，存货可以表述为占销售收入的百分比或是占销售成本（cost of goods sold，或COGS）的百分比，反映的是存货在一年内的周转天数或周转次数。不过，在这些比率中，每个比率都可以转换为另一个比率。

表2-8　PIPES 2013—2016年的主要财务比率

	2013	2014	2015	2016
运营比率				
应收账款占销售收入的百分比	9.83%	9.64%	9.48%	9.59%
应收账款周转率	10.17	10.37	10.55	10.43
应收账款周转天数	35.88	35.2	34.61	35.01
存货占销售成本的百分比	24.91%	24.51%	25.35%	24.66%
存货周转率	4.01	4.08	3.94	4.06
存货周转天数	90.93	89.48	92.54	90.01
存货占销售收入的百分比	19.21%	18.93%	19.54%	19.00%
固定资产周转率	3.73	4.52	5.35	6.29
总资产周转率	1.62	1.79	1.93	2.09
应付账款周转天数（采购成本）	32.62	35.18	37.12	45.91
应付账款周转天数（销售成本）	33.84	36.8	39.19	48.02
应付账款周转天数（销售收入）	26.09	28.42	30.21	37
流动性比率				
流动比率	93.98%	101.29%	108.70%	115.46%
速比比率	34.94%	37.72%	38.75%	42.11%
资产总额/所有者权益	445%	379%	332%	297%
利息保障倍数	287%	352%	413%	474%

表2-8列示了PIPES以多种形式表达的经营活动比率、杠杆率及流动性比率（请注意，表2-3已提供了相应的营利性比率，因此，我们在这里不再赘述，但是在通常情况下，还是应该将全部比率列示在一张纸或一个电子表格上）。

下面，我们通过以下这个简单的例子讨论一下，如何把一个相当于销售收入的百分比指标转换为天数。

应收账款对销售收入（即应收账款/收入百分比）的百分比计算公式为（2016年）：

应收账款/销售收入=211 000美元/2 200 000美元=9.59%

应收账款周转率的计算公式如下：

销售收入/应收账款=2 200 000美元/211 000美元=10.43

这两个指标是可以相互转化的（1/9.59%=10.43，以及1/10.43=9.59%）。

应收账款周转天数的计算方式如下：

应收账款/日均销售收入=211 000 美元/（2 200 000 美元/365）=35.01

应收账款天数，即"应收账款/收入"百分比的 365 倍（365×0.095 9=35.01）。

或者说，365 除以应收账款周转率（365/10.43=35.01）。也就是说，所有这三个比率是可以相互转化的。

这种相互转化的关系也适用于存货等项目，包括存货占销售成本的百分比、存货周转率以及存货周转天数，其中：

存货占销售成本的百分比=存货/销售成本

存货周转率=销售成本/存货

存货周转天数=存货/销售成本/365），或 365×存货占销售成本的百分比

引申思考

虽然很多分析师在评估应收账款时使用的是销售收入，而在评估存货时使用的则是销售成本，但实际上，在对这两者进行估值时，均可采用销售收入。与 PIPES 的情况一样，销售收入和销售成本之间的关系相对稳定，基本不随时间的推移而变化，因此，两者之间是可以直接转换的。为了说明这一点，我们不妨假设（如 PIPES 的例子），公司的存货相当于销售收入的 19%，销售成本是销售收入的 77%。这样，我们就可以看到：

存货/销售收入= 19%

销售成本/销售收入=77%

这表明：

销售收入/销售成本=1/0.77=1.30

存货/销售成本=（存货/销售收入）×（销售收入/销售成本）=0.19×1.3 = 24.7%

按销售成本计算的存货周转天数=365 天×0.247= 90 天

按销售收入计算的存货周转天数= 90 天×0.77= 69 天

也可以这样计算：

存货/销售收入=19%

这表明：

销售收入/存货（存货周转）=1/0.19 =5.26

按销售收入计算的存货周转天数= 365×0.19 = 365/5.26 =69天

因此，上述这些比率之间的相互转换表明，它们反映了相同的基础经济运行规律。至于具体采用哪个比率，往往是个人偏好的问题。

建议：除非读者在使用某些特定比率时确实得心应手，或是逐渐对它们感到习以为常，否则，笔者还是建议以销售百分比为主，因为它是计算备考（预测）利润表中诸多方法中最简单的一种。如上所述，它可以转化为其他任何比率（即周转天数和周转率等）。按照这个思路，我们如下对 PIPES 进行的大部分分析均采用相关指标占销售收入的百分比。

那么，我们应如何解释这些比率呢？所有比率均会因行业而异。比如说，零售业杂货店的销售利润率通常较低，而营业额则相对较高。杂货店在每次单笔销售业务中都不会有太高的销售收入，能带来的利润更是有限，但杂货店每年都会更快地周转存货（这意味着，它们可以维持非常低的应收账款或固定资产水平）。设想一下，如果有一家杂货店的存货周转率不到 52 次（这表明，存货每周更换一次）会如何。我们再设想一下，这是一家只销售肉类和农产品的老式杂货商（不包括面包店、罐头食品厂、食用油厂和批发部等），而且农产品和肉类摆在杂货店货架上的平均时间要超过一周。无论是作为消费者还是投资者，你都应该远离这家杂货店。另外，对于利润率远超过传统杂货店的大公司，其存货周转天数可能就低得多了。比如说，福特汽车公司的 2016 年净利润率（净利润/销售收入）为 4.4%，存货对销售收入的周转率为 17.2，对固定资产的周转率为 5.1，对资产总额的周转率为 0.67。同样，PIPES 也应该拥有高于杂货店的利润率，但其存货周转率却要低于杂货店。

由于财务比率取决于企业从事的业务类型，因此在分析比率时，还要考虑与其他比率之间的关系。如上所述，进行这种比较的两种常见方法是：企业自身在不同时间点的纵向比较，与同期同行业的其他公司进行横向比较。如果从这两个角度看，我们可以看到，30%的 ROE 确实很高了，它不仅是 PIPES 在过去 5 年里的最高水平，也高于其他竞争对手。

表 2-6 显示了 PIPES 过去四年利润表中相关项目对销售收入的百分比。例如，从 2013 年到 2016 年，销售成本对销售收入的比率分别为 77.1%、77.2%、77.1%和 77.0%。这种基本维持稳定的趋势表明，PIPES 的存货采购成本和销售价格之间的差额基本没有变化。销售收入扣除销售成本后的毛利率在整个期间维持在 23%左右（实际数字分别为22.9%、22.8%、22.9%和 23.0%，如表 2-6 中的 "毛利率" 一行）。

关于财务比率的更多讨论

应收账款周转天数、存货周转天数和应付账款周转天数（见下文详细讨论）反映了企业通过回收应收账款、管理存货以及使用供应商信用推动企业增长的能力，这些数字的变化往往与销售水平的增减有关。

相比之下，固定资产的增长通常采取阶梯函数的形式，或者根据需要非连续增长，与销售收入没有直接关系。同样，虽然资产总额也很少与销售收入成比率变化，即使趋势相同，但相关性较低。这一点很明显，PIPES 的固定资产周转率（销售收入/固定资产）从 2013 年的 3.73 倍上升到 2016 年的 6.29 倍，总资产周转率（销售收入/资产总额）从 2013 年的 1.62 倍提高到 2016 年的 2.09 倍。因此，PIPES 可以在不同比增加长期资产的同时，提高公司的销售收入。这表明，随着时间的推移，PIPES 的经营效率不断改善。实际上，PIPES 的固定资产周转率和资产总额周转率体现了公司实现规模经济的能力。

上述比率、也是本章重点强调的比率，就是一家公司的运营（或经营活动）比率。所有比率可划分为四大类，即营利性比率、运营比率、流动性比率及偿债能力比率（或称杠杆率）。我们在上文刚刚讨论过运营比率，营利能力比率则是本章前一部分的内容。

常用的流动性比率有两种，即流动比率和速动比率，或称酸性测试比率。流动比率即流动负债与流动资产之比，而速动比率则是流动资产减去存货及其他流动资产后的余额与流动负债之比。两者衡量的对象都是企业的流动性以及偿还短期到期负债的能力，速动比率对流动性的定义更为严谨。目前，大多数分析师在分析企业能否履行短期负债时，通常更关注企业的净现金流而不是流动性比率。

杠杆比率当然也很重要，尤其是在分析企业财务状况时，其重要性更不能忽视。这些比率体现了企业到底是选择债务融资还是选择股权融资，这也是本书的主要主题之一（实际上，本书第五章至第十三章讨论的就是这个问题）。尽管杠杆比率有很多表述形式，但它们反映的基本目的是相同的，即确定债务与权益在融资总额中的比率。本书随后将进一步讨论这个问题：债务融资的比率越大，企业的偿债风险就越大。与债务不同，股权是一种风险较小的融资形式，因为企业没有义务偿还股本。如表 2-8 所示，PIPES 的杠杆比率似乎在随时间的推移而下降。但我们将会看到，这种下降的部分原因在于，公司通过应付账款融资的比率越来越大。我们将在本书第七章和第八章详细讨论杠杆问题。

现金周期

我们回过头，谈谈现金周期。假设存在一个时间点——我们不妨称之为时间零点，在这个时间点，PIPES 采购了一批存货。这批存货发生了什么呢？除了超市中的易腐食品外，大多数公司不会在买入当天就卖掉存货。于是，存货进入库房，然后躺在库房里等待出售。PIPES 平均需要多少天才能卖掉这批存货呢？这就是存货的周转天数，PIPES 在 2016 年的存货周转天数为 90 天。但是，销售存货不等于同时就能收到销售收入。通常，PIPES 在出售商品时不会得到货款，因为它要为顾客提供赊销信用。于是，这笔收入就变成了应收账款。那么，PIPES 收到销货款需要多长时间呢？如果客户以现金购物，那么应收账款的回收期就是零。如果客户使用信用卡购物，那么信用卡公司在将资金转入 PIPES 银行账户之前也需要一段时间。2016 年，PIPES 的应收账款平均回收时间为 35 天。这意味着，从 PIPES 购买存货的时间零点，到销售货物并收回销货款为止，平均时间为 125 天。其中，90 天为存货的销售时间，35 天为应收账款的回收时间。

如果 PIPES 在采购出货当日即支付采购款，那么，这个 125 天就意味着 PIPES 需要为购置存货和应收账款融资的时间跨度。如表 2-2 所示，公司在 2016 年的存货和应收账款年末余额为 629 000 美元（211 000 美元+418 000 美元）。因此，PIPES 需要通过留存收益或借款弥补这个赤字。但是，存货和应收账款占用的资金只是现金周期的一部分。

PIPES 并不是在采购当日支付采购存货的款项。他们向供应商推迟支付这笔货款,这个没有实际支付的货款表示为应付账款(PIPES 的应付账款就是供应商的应收账款)。

PIPES 的应付账款又怎样呢？PIPES 需要多长时间支付最终这笔应付账款呢？平均时间为 46 天。这段时间算很长吗？这要视具体情况而定。PIPES 的供应商当然希望他们用现金付款；但 PIPES 显然更希望在收到顾客销售款之后再支付这笔采购款。从这个意义上说，PIPES 是在使用应付账款为应收账款和存货提供融资。如果应付账款大于应收账款与存货之和，那么，就表示这家公司正在使用应付账款为其他资产融资。在这个例子中，PIPES 使用应付账款为存货和应收账款提供了 46 天的融资。

所以，应付账款也构成了现金周期的一部分。看看下面这个体现整个现金周期的汇总表，或许有助于我们理解这个过程。PIPES 需要 125 天才能卖掉存货并收回销货款，用了 46 天时间才还清对供应商的采购款。因此，在这个过程中，公司需要在 79 天的时间里，以其他方式为存货和应收账款占用的资金融资。

采购和收款：	
存货占用	90 天
应收账款占用	35 天
从收到存货到以现金形式收回销货款需要的天数	125 天
付款和融资：	
预付账款占用	46 天
其他融资需要	79 天
偿还供应商及其他融资来源的天数	125 天

现金周期是一家公司现金流的两个方面。第一个方面代表了公司以存货形式持有产品的时间与顾客支付应收账款的时间之和；第二个方面则是公司向其供应商支付应付账款以及公司必须寻找其他融资来源的时间之和，对其他融资的占用时间为存货持有期、应收账款回收期和应付账款支付期的净差额。

我们描述的是 PIPES 公司的现金周期，但各行业乃至每家企业的现金周期各有不同。例如，杂货店的现金周期可能会更短，因为杂货店通常会在很短时间内卖掉大部分存货，也不会为顾客提供赊销信用，而且需要向供应商支付采购款。

现金周期代表了企业的一种需求，或者说是一种融资来源。从理论上说，我们必须认识到，要取得存货并为顾客提供应收账款形态的信用，就必须得到相应的资金支持（相当于资金的使用），而应付账款可以帮助公司减少这种融资需求（相当于资金的来源）。

应付账款的增加是好还是坏？只要不让公司付出任何代价，应付账款的增加就很好。然而在某些时候，如果没有足够的报酬，供应商将对延迟付款减少折扣、提高价格或停止向公司出售。通常，供应商会使用某些条款来使客户尽快支付。共同折扣是"2/10, 30 天"，即最长信用期限为 30 天，如果在 10 天内付款，可以按售价享受 2%的折扣，超过 30 天，按全额（净额）付款。假设 PIPES 也适用于这种折扣条件。2016 年，PIPES 的采购额（如表 2-1 所示）为 1 773 000 美元。如果 PIPES 能在采购款上享受 2%的折扣，那么仅这一项即可为公司节省费用35 460美元。这意味着，PIPES的息税前利润又额外增加了35 460美元。这个数字很多吗？当然不少了！毕竟，PIPES的税后利润也才只有83 000美元，因此额外多出35 460美元当然是一笔不小的数字。不过，这35 460美元可不是免费的。如果PIPES为享受这2%的折扣，将对应付账款的付款期从46天缩短至10天，那么它就要为缩短的这36天寻求其他资金来源，这显然会带来一笔费用。

我们将在本书的随后部分详细介绍这个话题。也就是说，在这里，我们不会深入探讨，而只是为后面的分析做一个铺垫。届时，我们将介绍应付账款成本和融资成本的概念。

如果PIPES在第11天、而不是第10天对所有供应商付款，那么，它就会因为推迟一天付款而损失2%的折扣，这样算来，相当于年利率超过700%（按每天利率为2%计算，全年的利率为：2%×365天）。当然，PIPES在第11天也没有付款。现在，假设供应商允许PIPES在第46天来支付（基于采购），这就在一定程度上为PIPES的销售增长提供了融资。这意味着，按36天（46天-10天）付款损失的折扣率为2%，年利率为20%（2%×365/36）。（财务中有一句老话，"早收钱，晚付钱"，其实就是这个道理。）

假设PIPES的供应商已通知公司，从2017年开始，PIPES可以在第10天付款，并享受2%折扣的优惠，或是在第30天付款，但不享受任何折扣。如果PIPES在30天之后继续推迟付款，那么，供应商就会向PIPES收取更高的价格，或者干脆停止供货。因此，PIPES已不能再等46天后向供应商支付货款了；也就是说，他们必须在30天内付款。这种调整表明，对未来应付账款的预测时限必须限定在采购之后的30天内。此外，我们还进一步假设，PIPES决定在10天内支付应付账款。（我们随后需要解决的问题是，这个时间范围是否正确呢？答案是肯定的。）

在表2-1中，我们可以看到，公司每年的采购金额为1 773 000美元。这笔金额所享受的折扣率为2%，相当于可少支付35 460美元的货款。但是要获得这笔折扣，PIPES就必须在第10天付款，而不能等到30天后付款。而要在第10天付款，PIPES就需要使用来自其他来源的资金提前20天支付应付账款（即第30天到第10天之间的时间差）。这笔额外的融资额是按平均每日采购额乘以20天得到的，公司每天的平均采购额为4 857美元（1 773 000美元/365天）。因此，额外的融资需求就是每天的平均采购金额乘以20天，结果是97 151美元。现在，我们假设按7%的利率为应付账款增加的97 151美元进行融资，那么，PIPES将为此付出6 801美元的融资费用（97 151美元×7%）。显然，PIPES应在第10天付款，因为这可以让他们的税前利润增加28 659美元（35 460美元与6 801美元的差额）。或者说，公司的净利润会因此而增加18 628美元[28 659美元×（1-所得税35%）]。

我们还可以从另一个角度去理解这个问题。现在，PIPES要权衡这20天（10天至30天之间的差额）额外的融资与损失2%折扣率的利弊得失。如果PIPES决定在第30天付款，那么，它就要承担约36%的年利率，即在每个采购周期中，PIPES推迟20天付款，就要损失掉2%的折扣；一年中约有18个20天周期（365/20≈18），因此，这个损失的折扣率可以换算为36%的年利率（18×2%）。由此可见，如果能按7%的利率从银行取得借款，显然比支付给供应商36%的隐含利率更划算。

那么，为什么PIPES没有这样做呢？在第10天，PIPES的银行账户里根本没有可用来支付这笔应付账款的35万美元资金。

还可以这样理解应付账款：每次付款日到期后，企业往往都会先后推迟一点点时间付款。如果PIPES在第14天支付，但仍可享受2%的折扣（或是在第35天付款，但不享受折扣），而且供应商可能会睁一只眼闭一只眼地接受付款，毕竟，他们可不想为了这几天的时间而失去一家客户。当然，我们也无法判断供应商可以忍受的宽限期到底有多长，这还要根据具体情况而定。一家公司对供应商付款的时间越长，在其他所有方面相同的情况下，自己所承担的成本就越低。然而，如上所述，在某些情况下，供应商可能会直接或间接地对这笔融资收取费用，甚至干脆停止供货。

本章小结

（1）在本章里，我们设想了一家中等规模的管件经销商PIPES，通过这个例子，我们为读者介绍了如何评价一家企业的财务状况。PIPES最想主动回答的问题是什么呢？它到底需要多少资金才能满足未来的业务发展。而银行需要回答的问题则是，最多可以借给PIPES多少钱。

（2）为判断企业的财务状况，我们首先需要了解企业的产品市场。尽管财务是企业生存和发展的前提，但是，公司的最终成功还要取决于他们在产品市场上的业务，因此，这才是我们需要首先关注的层面。那么，对于一家从事管件供应业务的中等规模企业来说，最关键的因素是什么呢？我们认为，最重要的就是他们的价格和服务。当然，重中之重还是价格，因为管件供应行业是一个进入壁垒较低的行业，它经营的内容属于大宗标准件产品。这意味着，价格是决定企业成败最重要的因素。其次才是服务，在这个行业里，服务既包括囤积必需的库存，还包括为公司某些客户提供的赊销信用（相当于顾客的银行）。

（3）于是，我们的下一个问题就是：企业赚钱吗？我们发现，PIPES的利润绝对值并不大，但30.3%的净资产收益率足以表明，斯蒂尔先生或许已经做得很出色了。

（4）随后，我们又看到，即使一家公司是盈利的，但依旧有可能需要借钱。当企业的增长速度超过留存收益（我们将在第五章和第九章中详细讨论企业可持续发展的概念）的积累速度时，就会出现这种情况。我们注意到，PIPES的利润还不足以为应收账款和存货的增长提供足够资金。迄今为止，PIPES的主要融资来源，还是银行借款以及不断积累的贸易信贷（由供应商提供的信用，或者说应付账款）。

（5）之后，我们又分析了PIPES的资金来源和使用情况。为什么要关注这个问题呢？为了解公司把资金用到什么地方，以及公司从哪里获得资金。"资金来源和使用情况"

是一个重要的财务分析工具，它可以帮助管理者和分析师发现公司的潜在问题。

（6）再来看看财务比率，这也是了解企业、判断企业财务状况和经营成果的另一种财务工具。笔者希望始终强调以财务比率作为财务分析起点的重要性。随便翻开一家公司的分析报告，我们都会看到，首先映入眼帘的就是财务比率分析，包括公司与业内其他竞争对手的比较，以及公司现状与历史状况的比较。CFO 的介绍也几乎总是从财务比率开始。当然，银行家也不例外，公司的财务比率是他们评估贷款申请的入手点。在浏览了一家公司的财务比率之后，你对公司的印象可能会有所变化。

财务比率也是进行财务诊断的出发点。在去医院看病时，不管患者的症状是什么（比如喉咙痛、耳痛或是因为年度考试而焦虑），医生或助理医师都要从量血压、测脉搏和量体温开始。这就是诊断。如果人的体温正常，医生就不会继续寻找病毒感染的症状。如果患者的体温很高（无论是相对于自己还是一般人），尽管体温高不一定意味着就是感染，但还是会促使医生去考虑感染的可能性。所有这些重要特征，再加上人的体重、身高以及身体其他部位发生的任何重大变化，都属于诊断的范畴。它们都是需要医生检查的对象。在财务方面，公司的财务比率就是最重要的症状标志。因此，我们需要从财务比率入手，对企业进行诊断。

（7）除使用比率用作诊断手段、寻找公司业务中的蛛丝马迹之外，我们还可以用比率来预测公司的未来绩效。例如，如果销售成本始终维持在销售收入的 77% 左右，那么我们就可以假设，在预测公司未来绩效时，它将继续保持在这个水平上。

（8）最后，我们讨论了现金周期问题。如上所述，现金周期是企业的融资需求和融资来源。公司不仅要为购置固定资产融资，还需要为净流动资金的增加（应收账款加存货减去应付账款）而融资。

虽然我们的话题涉及面甚广，但回过头来，我们的愿望其实很简单，就是希望通过循序渐进提出的这些问题，以及为解答这些问题而使用的工具，逐个说明问题，并帮助我们解决问题。与其说财务分析是一门科学，还不如说它是一种艺术，理解到这一点是非常重要的。因为与其他所有艺术一样，只有练得越多，你才能越熟练。再回想一下分析师与医生的比较，尽管发烧的原因有很多，但医生的临床经验越丰富，他就越有可能找到你发烧的病因。

期待下一步

至此，我们的工作还远未完成。尽管我们感觉 PIPES 目前的财务状况良好，但银行家加西亚先生依旧无法确定是否应该为斯蒂尔先生贷款，以及到底借给他多少钱。要确定这一点，我们还要预测未来的经营状况以及 PIPES 未来的利润表和资产负债表会是什么样子。为此，我们就要用到另一种金融工具，即备考分析。分析师和投资者也需要通过备考财务报表来确定 PIPES 的价值，以帮助他们决定应该买入还是卖出公司股票。在接下来的两章中，我们将介绍并学会使用这种新的金融工具——备考分析。

第三章

备考预测技术（PIPES-B）

在第二章中，我们以一家中等规模的管道经销公司 PIPES 为例，介绍了"资金来源和使用情况表"，以及如何使用财务比率评价企业的财务状况。我们发现，PIPES 似乎是一个营利性不错而且管理良好的快速增长型企业，但目前仅有的 35 万美元银行授信额度，显然不足以满足营运资金的需求。此外，我们还介绍了一位正在考虑为 PIPES 提供贷款的银行家加西亚先生。

本章将回答以下问题：加西亚先生是否应该为 PIPES 提供贷款？如果是的话，金额应该是多少？PIPES 的老板兼总经理斯蒂尔先生应该可以回答问题的第二部分。在走进银行时，你当然希望银行家满脸笑容地迎过来，问你想要借多少钱（如果你自己都不清楚的话，最有可能的结果就是，银行家会毫不留情地让你空手而归）。此外，你还应预想到，银行家会问你打算如何（以及什么时候）偿还贷款。

比率分析

财务（finance）和会计（accounting）本身就是不精确的，都需要我们不仅要面对事实，还要应对假设。[⊖] 但两者最大的区别在于，会计着眼于过去，即试图解释事物为什么会是这样的；而财务更注重于未来，即描绘事物以后将会怎样。显然，描述过去发生的事情要比正确预测未来简单得多。例如，目前的股票价格并不反映过去发生的情况，而是反映市场对未来的预期。

在这种情况下，我们不妨停下脚步，再想想比率分析。其实，比率分析本身就是一种不够精确的金融工具。在最初讨论比率时，我们就已经注意到，所有比率都有很多种计算方法。

- 占销售收入的百分比（如应收账款/销售收入）
- 占销售成本的百分比（如存货/销售成本）
- 周转天数 [如应收账款/（销售收入/365）]
- 周转率（如销售收入/应收账款）

此外，我们还可以使用不同时间段的数据来计算同一个财务比率。

- 年初利润率（如净利润/期初资产总额）
- 年末利润率（如净利润/期末资产总额）
- 平均利润率 [如净利润/（期初资产总额/2+期末资产总额/2）]

不同的比率都可以反映相同的基础经济现象。它们的区别只是在于计算方法的不同（如负债/所有者权益或负债/资产总额）。

此外，在每一类比率（营利能力、经营性、偿债能力和流动比率）中，我们都可以从不同角度做出多种定义（如，反映营利能力的比率包括利润占销售收入的百分比、资

⊖ 至于为什么说会计与财务一样，也是一门不精确的科学，本章附录对此进行了简要介绍。

产收益率和权益收益率等)。

如果两个比率可以相互转换,那么具体使用哪一个比率就不重要了(例如,用365除以应收账款周转率即可得到应收账款周转天数)。不过,我们还是要选择一个最能反映关注点的比率(即如果我们要了解企业的整体营利能力,就可以使用资产收益率;如果我们想突出强调不同融资结构下的营利能力,就可以选择权益收益率)。但最重要的是要保持一致性。也就是说,必须在整个分析中始终使用相同的比率。

比率的使用主要可以采取两个方式:首先,把企业的某个财务比率与同行业的其他企业进行比较。在这种情况下,我们只须进行年度数据的比较,这种方式也被称为横截面分析(cross-sectional analysis)。比如说,我们可以把PIPES的比率与爱思五金或其他同行业企业进行比较。当然,对地理位置相近、规模相近的企业进行比较会更容易一些。即使比较的对象不在相近地区或不属于类似行业而且规模差别较大,比率分析同样可以帮助我们了解哪家企业更赚钱、哪家企业最擅长控制成本等。其次,我们还可以使用比率对企业在不同时段的表现进行比较。比如说,通过比较一家公司的某个比率在五年内的变化情况,不仅可以了解到企业的经营绩效是否发生了变化,还可以对企业运营的未来趋势做出判断。

财务比率始终是对企业进行分析判断的最佳起点,因为它们就是对企业的诊断。我们可以通过很多种方式使用财务比率。企业可以使用比率进行估值,资本市场也可以使用比率对企业进行评估。此外,还可以在比率的基础上设计协议条款(贷款人可以通过财务比率对借款人进行制约,以减少借款人发生违约的风险)。例如,有些协议可能会限制借款人的负债总额和类型,限制营运资金的绝对数量或是它占某个指标的相对百分比,也可以限制某些费用的绝对额或是占销售收入的百分比。贷款合同既可以用来评估企业的健康状况,也可以用来设定启动违约止损的临界点(通常,在借款人违约时,贷款人可以要求借款人全额偿付)。此外,还有绩效定价合同(或绩效定价债务)——即根据借款人的财务比率设定借款利率,借款人的财务比率越乐观,收取的利率就越低,反之亦然。在这些依赖财务比率的合同中,贷款利率完全取决于比率的变化,这就可以避免企业财务状况严重恶化时,为企业留下与贷款人讨价还价的空间。最后,财务比率在预测企业的未来绩效方面至关重要,因此,它也是备考工具的基本组成部分。

备考预测

假设PIPES会继续以往的增长态势,而公司则决定改变原有的应付账款政策,将应付账款的付款时间减少到不超过10天。这会对公司的融资需求数量有什么影响呢?我们该如何计算这个金额呢?这就需要我们编制一份备考预测(Pro Forma Forecasts)报表。

提示: 在编制备考财务报表时,实际上就是要对利润表和资产负债表中的每个科目进行预测。因此,笔者强烈建议,在第一次尝试编制备考财务报表的时候,可采用与公司利润表和资产负债表完全相同的格式及报表科目。在现实中,财务报表的表述可以采取不同的方式，也可以有不同的详细程度。因此，只预测当前财务报表上列出的现有项目，显然要比调整报表分类或项目后再去进行预测要容易得多。譬如说，如果公司将存货划分为原材料、在产品和产成品，那么，我们建议在备考预测中也按这种方法对存货分类。这样做不仅更容易，也更准确。这似乎是显而易见的事情，但是，我们偶尔也会发现，学生在编制备考财务报表时会采用不同的类别，而不是完全采用公司金融报表的格式。

需要注意的是，在编制备考财务报表之后，我们就可以改变自己的假设，并按"假设情境"对公司进行检验。譬如，我们可以假设，PIPES 将减少对客户提供的赊销信用，这就会导致应收账款水平下降，然后再检验这一调整对融资需求和利润的影响。因此，备考预测是一种功能非常强大的分析预测工具。它不仅可以预测未来，还可以帮助我们了解变革给企业带来的影响。

笔者显然是跟不上时代的人了，因此，在计算机电子表格化，尤其是 Excel 出现以后，我们依旧还在纸上完成备考预测报表的编制。为此，我们也提醒大家，使用计算机电子表格是有风险的，因为它会引诱我们在无正当理由的情况下进行重复迭代。这可能会带来问题，因为计算机电子表格的功能过于强大，以至于在我们还没来得及理解、更不用说质疑基本假设之前，备考报表就已经完成了。

PIPES 的 2017 年备考利润表

通常，我们的分析最好从备考利润表入手。为什么呢？因为当期收益不仅会影响资产负债表上融资需求的规模，而且销售预测往往是最重要的预测之一。它既能决定利润表中的大部分项目，也是决定资产负债表中很多项目的前提。表 3-1 是我们编制的第一份备考利润表。

表 3-1 PIPES 的 2017 年备考利润表

单位：千美元	2016	假设	2017
销售	2 200	年增长率为 25%	2 750
销售成本	1 695	销售收入×0.7546	2 075
毛利润	505		675
营业费用	344	销售收入×0.155	426
息税前利润	161		249
利息费用	34	初步估计	34
税前利润	127		215
所得税	44	税前利润×35%	75
净利润	83		140

假设在没有任何其他附加信息的情况下，我们需要预测 2017 年的 PIPES 利润表。因此，我们的第一个假设应该是，公司的销售收入以 25% 的速度持续增长。为什么这样假设呢？因为这是公司过去三年里的销售收入平均增长速度，而且每一年的销售收入增速都接近这个水平。

2016年的销售收入	预计增长率	2017年的预计销售收入
2 200 000 美元	25%	2 750 000 美元

在确定了销售收入的预测金额之后,就可以根据占销售收入的百分比法来预测利润表的其他大部分项目。也就是说,我们可以使用 PIPES 的历史财务比率去预测未来。在个别情况下,如果某些方面发生变化,如调整应付账款政策(目前为获得 2%的折扣而限制在 10 天内付款),那么将需要调整以前的比率,按新的财务比率和假设进行预测。

在利润表上,销售收入的下一个项目为销售成本,截至 2017 年,销售成本占销售收入的比率基本稳定在 77%左右(2013 年到 2016 年这四年分别为 77.1%、77.2%、77.1%和 77%)。这显示出公司管理层在采购和定价方面的能力,或者说至少在能力上表现出高度一致性。

2017年的预计销售收入	预计增长率	2017年的备考销售成本
2 750 000 美元	77%	2 117 500 美元

但是,我们还不能简单使用 77%这个历史比率。为什么不可以呢?因为现在我们只有将应付账款的付款期控制在 10 天之内,才能获得 2%的购买折扣。我们必须根据以往预测未来变化方面的经验,调整最初的估计。在这种情况下,我们预计及时付款就可以收到这 2%的折扣。这就是说,77%这个比率已不再正确。

按销售收入的 77%进行预测,销售成本的预测值应为 2 117 500 美元(按上述销售收入预测,即 2 750 000 美元×77%)。但是现在,我们预计可以减少 2%的采购成本。这意味着,只要及时付款,我们就可以享受到 42 350 美元的采购折扣(2%×销售成本=2%×2 117 500 美元)。

最初的 2017 年销售成本预测值	2 117 500 美元	
及时付款得到的折扣调整金额	42 350 美元	
调整后的 2017 年销售成本预测值		2 075 150 美元
2017 年销售收入的预测值		2 750 000 美元
调整比率(销售成本/销售收入)		75.46%
最初比率(销售成本/销售收入)		77%
调整金额(100%-折扣率 2%)		×98%
调整后的比率		75.46%

请注意,我们列示的销售成本为销售收入的 75.46%。折扣额(即上述的 42 350 美元)不作为一个单独项目出现在利润表上,尽管这个折扣会让毛利润和税前利润增加相同的金额。⊖

此外,销售成本的变化也会改变资产负债表上的存货金额,我们将在下文中对此进

⊖ 会计师可以将这笔折扣作为销售成本的扣减项,也可以看作融资收入。但归根到底,它们体现为税前利润的增加。这个注解绝对是必要的,因为本书的作者之一就是会计师。为简化起见,我们直接将销售折扣作为销售成本的扣减项。

行讨论。○

下面，我们继续编制备考利润表的营业费用项目。在过去几年，营业费用始终在销售收入的 15.5% 左右窄幅波动，因此，我们按 15.5% 来预测未来营业费用占销售收入的比率。

利息费用较难预测，因为利率变动或是借款本金变化都会导致利息发生变化。对 PIPES 而言，我们将未来所有年份银行贷款的利率统一设定为 7%，并把长期负债的利率设定为 9%。

负债水平（或借入负债的金额）是资产负债表中的项目，通常是备考报表中的插入数字。所谓插入数字，是指数字本身不是独立计算得出的，而是利用其他项目倒推出来的项目——也就是说，它是一个需要"插入"到资产负债表中的金额，以实现财务报表的平衡。因此，我们首先需要解决资产负债表中的其他项目，最后再确定负债的金额。为此，在维持资产负债表其他项目的所有假设条件下，负债相当于企业需要对外融资的金额。

通常，我们对利润表中的利息费用进行初步估计（通常为上一年的金额）。对于 PIPES 这种情况，借入的负债金额（通常是插入项）受当前银行设定的最大贷款额度限制。在这个例子中，目前银行不允许 PIPES 的借款超过 35 万美元，这也是银行对 PIPES 设定的信用额度。一旦 PIPES 的借款金额达到这个上限，就不得继续对外借债。也就是说，负债金额不会进一步增长。在这种情况下，PIPES 只能以其他方式确保资产负债表的平衡。在过去的几年中，PIPES 采用的方法就是利用应付账款。但对于 2017 年及以后年份，供应商也开始限制应付账款，这就使得 PIPES 在以后只能依赖于银行融资。这意味着，在完成备考资产负债表之前，利润表中的利息费用还不能最终确定。重要的是，这也意味着备考报表的编制是一个迭代性过程。因此，我们最初可以假设，2017 年的负债与 2016 年的负债保持相同水平，即 45 万美元（包括 35 万美元的银行借款，利率为 7%；长期负债为 10 万美元，利率为 9%），PIPES 的首次利息费用预测值保持不变。

最后，我们假设所得税税率保持不变，为 35%。

这样，我们就可以生成一份首次通过备考的利润表，如表 3-1 所示。

注意，在备考过程中，我们首先需要假设销售收入的增长率。然后，再按占销售收入的百分比计算出销售成本和营业费用（考虑到 2% 的折扣，我们没有使用销售成本占销售收入的历史百分比）。运营费用也是按占销售收入百分比的方法计算得到的。利息费用不采用占销售收入的百分比，因为它需要考虑资产负债表上的负债金额，而且与销

○ 2017 年，销售成本占销售收入的比率实际上应略高于 75.46%。为什么呢？因为折扣仅适用于 2017 年及以后年份的采购。期初存货（为上一年采购的商品）不存在折扣问题。对那些只想成为会计而不是财务专业人士的读者来说，这意味着：由于期初存货为 418 000 美元，因此，2017 年的销售成本应增加 8 360 美元（418 000 美元×2%）。这种调整是最令财务人员担心的，因为从理论上说，备考本身就是不精确的，它只是对未来的估计。因此，在编制备考财务报表时，我们最担心的就是出现大幅变化。

售收入增长率无关。我们对利息费用进行了初步估计,并在完成备考资产负债表后回头再确定利息费用的最终金额。另外,税收费用按税前利润的历史百分比计算。

PIPES 的 2017 年备考资产负债表

在完成第一轮备考利润表后,接下来我们开始备考资产负债表,如表 3-2 所示。备考资产负债表上的很多项目均采用比率分析法,按占销售收入的百分比计算。因此,备考利润表的销售收入预测也会影响到备考资产负债表。

表 3-2 PIPES 的 2017 年备考资产负债表

单位:千美元	2016	估计方法	2017
现金	45	常数	45
应收账款	211	销售收入×9.5%	261
存货	418	销售收入×0.1862	512
预付费用	28	常数	28
流动资产	702		846
土地、厂房及设备	350	增加 5%	368
资产总额	1 052	合计	1 214
长期负债中当期到期的部分	10		10
银行贷款	350	插入	548
应付账款	223	销售收入×0.0207	57
预提费用	25	常数	25
流动负债	608		640
长期负债	90		80
负债合计	698		720
实收资本	75	常数	75
留存收益	279	待定+ NI	419
负债与所有者权益合计	1 052		1 214

现在,我们假设现金维持不变(现金与销售收入同步增长是完全合理的假设,不过即使公司在某一个地区的销售收入翻倍,我们也没有理由认为公司的现金一定会同步增加一倍)。这就是我们将财务定性为艺术而不是科学的原因,同样,明显错误的答案比比皆是,但正确的答案也往往不止一个。

应收账款是资产负债表中的第二个项目(回想一下,笔者曾建议,使用公司现有的利润表和资产负债表结构编制备考利润表和资产负债表)。为此,我们将应收账款设定为销售收入的 9.5%。应收账款占销售收入的比率在 2013 年到 2016 年期间分别为 9.8%、9.6%、9.5% 和 9.6%。

按占销售收入的 9.5% 计算,我们可以得到与 35 天应收账款周转天数或 10.4 次应收账款年周转率相同的数字。如何计算比率无关紧要,因为一种衡量单位(如百分比、天或次数)可以转换为其他衡量单位。但如前所述,按照对销售收入的百分比计算比采取周转天数和次数更容易,也更直观。

资产负债表的下一个项目是备考存货,该项目需要采取额外措施(而不是简单使用前几年的百分比)。为什么呢?因为应付账款政策已出现变化,即为取得2%的折扣而在10天内付款。这就会改变采购成本,从而改变期末的存货价值。这就调整存货以反映采购折扣,并设定为销售收入的18.62%(和上述销售成本的计算一样,以最初额比率19%乘以98%;100%减去10天内付款享受的2%采购折扣)。

此外还需要注意的是,我们使用的是存货占销售收入的百分比(即按已出售存货的销售价格)。或者也可以按销售成本的百分比(相当于已出售存货对公司而言的成本)估算存货的价值。如果销售成本占销售收入的比率在各年度之间保持稳定的话——比如像PIPES这样,那么这两种方法应该是等价的。由于享受了2%的购买折扣,因此从2016年到2017年需要进行一次调整。不过,我们假设新的比率在2017年以后保持不变。

让应收账款与销售收入以及存货占销售收入的比率基本保持一致,这样的假设是否合理呢?是的,但前提是公司的业务没有重大变化。也就是说,扩大销售是将更多的类似客户纳入客户群的结果(因此,应收账款比率保持不变),而且采购政策也没有变化(因此,存货与销售比率保持不变)。通常,随着销售收入的增加,公司预期应持有更多的应收账款和存货。在这种情况下,我们可以预期应收账款、存货和销售之间将保持一对一的同比关系。

引申思考

要更好地了解存货、采购成本和销售成本,我们还有一种更简单的方法:不妨设想自己身处一间厨房。假设,你最初有340罐意大利面条酱(当然,这可是个大厨房,或许是大学的宿舍)。注意,340 000美元是PIPES的存货在2015年年底和2016年年初的金额。因此,这340罐酱汁就是你的期初存货。在一周结束之后(当然也可以是一年之后,可以随意假设),假设你的厨房里有418罐酱汁,而且在这一周的时间里,你总共消耗了1 695罐。因此,这1 695罐酱汁是你在这一周销出的存货。如果你的存货从一周开始时的340罐变为一周结束时的418罐,而且你在一周内使用了1 695罐,那么你在这一周里你买了多少罐呢?吃了1 695罐酱汁确实有点太多了?真的是饭桶。厨房里最终剩下的食物总量高于开始的时候,因此你购买的数量肯定要超过吃掉的数量。到底超出多少呢?你肯定要买78罐以上的酱汁,因为78罐是最终剩下的罐头数量(418)与最初罐头数量的差额(340)。如果你吃了1 695罐,酱汁的数量增加了78罐,那么你必须要在这一周里外购1 773罐。也就是说,采购量等于销售数量加上(减去)存货的增加量(减少量)。此外,这还意味着,我们可以通过期初和期末的存货以及当期的销售量计算出当期(如某一周或某一年)的采购量(这个数字通常不会在利润表中)。

期初存货 + 采购成本 − 销售成本 = 期末存货

采购成本 = 销售成本 + 期末存货 − 期初存货

下面，我们还需要预测固定资产（土地、厂房和设备，PP&E）。虽然在预测备考资产负债表中的应收账款和存货等项目时，我们采用了各年度与销售收入保持同比的方法，但这不适用于固定资产。当然我们认为，固定资产也会随着时间的推移和销售收入一同增长，但不会与各年度的销售收入保持同比增长。固定资产的增加形态更像阶梯函数，而不是平滑的线性函数（例如，如果销售收入增加，你就得扩大店面的规模。但假如销售收入每年增长 25%，并不需要固定资产也按每年 25% 的速度增加）。对于 2017 年，笔者假设，PIPES 的固定资产无太大变化，仅比 2016 年略有增长而已。这表明，公司的固定资产已经形成明显的经济规模效应（销售收入以每年 25% 的速度增长，但固定资产却无须同比率增长）。对于 2017 年，我们认为，固定资产将以 5% 的速度增长（从 35 万美元增加到 36.8 万美元）。⊖

从这里开始，我们开始考虑表 3-2 所示资产负债表的负债和所有者权益：

第一个项目是银行贷款，这是一个插入项目，或者说，它是保证资产负债表两侧余额平衡的数字（即，为保证资产负债表两侧平衡而计算出来的最终数额）。所以，我们最后再处理这个项目。

在 PIPES 的资产负债表上，长期负债（不是银行负债）分为两部分，即流动部分和非流动部分。长期负债中的当期到期部分是指公司每年需要的长期负债金额，计入当期的流动负债。长期负债的非流动部分是指一年以后到期的金额，是长期负债总额扣除流动部分后的余额。通常，还款条款（如每年支付的金额）和负债到期日是通过合同规定的固定义务。对 PIPES 来说，从 2013 年到 2016 年，长期负债中每年到期的金额为 10 000 美元，我们预测这个金额将保持不变。这意味着，公司每年要偿还 10 000 美元的长期负债。因此，长期负债的金额每年减少 10 000 美元。于是，2016 年的资产负债表中的 100 000 美元长期负债在 2017 年备考资产负债表中将变为 90 000 美元。

以前，PIPES 通过应付账款取得融资。我们已经在第二章的"现金周期"中讨论过这个问题，并在讨论是否将应付账款削减到 10 天的时候对此进行了计算。一旦决定将应付账款确定为 10 天的采购金额，我们就可以按采购总额或销售收入的百分比来预计应付账款了。

由于预计销售收入将会增长，因此，应付账款也会随之增长。但是在 2013—2016 年期间，应付账款占销售收入的比率已从 7.1% 提高到 10.1%（或者说，应付账款的支付期从 32.6 天增加到 45.9 天）。然而，我们预计应付账款相当于 2.07% 的销售收入（或者说，付款时间为 10 天），以体现 2% 的购买折扣。⊖ 按照这个比率，2017 年的应付账款应为 57 000 美元，远低于 2016 年的 223 000 美元。

⊖ 这个假设也反映了笔者的看法——固定资产只需要增长 5%，即可满足 25% 的销售增长率。如果对 PIPES 有更详细的了解，或许需要调整固定资产的增长率。例如，将固定资产的增长率提高到 7% 或 10%。对于一家现实而非虚构的公司来说，固定资产的真实增长态势可以在公司或行业的历史趋势中体现出来。

⊖ 占销售收入 2.07% 这个比例的计算方法是：销售成本占销售收入的比率 75.46%×10 天/365 天=2.067%

我们将预提费用设置为固定值，一方面是因为无法从历史数据中找到预提费用的变化规律；另一方面因为预提费用是一个非常小的数额，不会对融资需求产生重大影响。

接下来的两个项目分别是实收资本和留存收益。总体来看，这两个项目通常被称为净资产或所有者权益。实收资本是指所有者投入企业的资金，而留存收益则是该公司累计收益总和扣除全部分红后的余额（PIPES从未进行过分红）。假设实收资本保持75 000美元不变，留存收益增加14万美元（从279 000美元增加到419 000美元），这个数字也是我们对2017年备考利润表中净利润的首轮估计值（需要提醒的是，如果没有用净利润进行分红，那么留存收益的增加数即为净利润）。

最后，我们再回头看看作为插入值的银行借款。在资产负债表上，最常见的插入项目是现金和负债。也就是说，在确定了其他所有资产和负债项目后，如果资产一侧出现余额，这个余额就归集到现金；如果出现亏损，则把这个余额归集到借款（在PIPES的过去几年里，应付账款也被当作插入项目；由于银行借款的金额已被设定上限，因此PIPES只能通过推迟向供应商付款而弥补赤字）。

在PIPES的2017年备考资产负债表中，资产合计大于负债合计，净资产为548 000美元（如果PIPES没有获得额外的外部融资，那么，资产负债表的净资产就是8 000美元）。这就是在2017年根据假设运行情况所需要的银行贷款金额。也就是说，在销售收入增长25%并接受上述其他各项假设的前提下，它是一个根据其他项目汇总结果得到的插入值。

这个过程直接体现在表3-2中。其中，548 000美元的银行贷款是维持资产负债表两侧平衡的插入值。

到此为止，如果斯蒂尔先生走进银行，他差不多可以给银行家报出一个数字了。为什么说斯蒂尔先生差不多只能给出一个数字呢？因为在这个阶段，还只是我们的第一次试算。资产负债表取决于利润表（尤其是收入预测和预计净利润），而利润表也依赖于资产负债表（尤其是资产负债表上的负债数值，决定了利润表上的净利息费用）。现在，我们再回头看看，如何最终确定利润表中的利息费用以及资产负债表上的银行贷款。

循环关系

在以表3-1和表3-2表示的首轮备考通过后，我们还要调整备考利润表中的利息费用。为什么要修正这个项目呢？这是必须要做的事情，因为第一次的估计是在借款金额与前一年保持不变的假设基础上进行的。但是现在，我们知道，这个假设是不成立的，因为PIPES需要用更多的贷款为应收账款及存货的增加提供融资。

我们曾假设，2016年年底的有息负债总额为45万美元（一笔35万美元的银行贷款和长期负债中当期到期部分的10万美元）。此外，我们还假定，银行贷款的利率为7%，长期负债的利率为9%，并同时假设利率保持不变。但是现在，我们可以从备考资产负债表看到，长期负债（流动部分和非流动部分）已减少到90 000美元，而银行贷款则从

350 000 万美元增加到 548 000 美元。因此,新的负债总额为 638 000 美元(10 000 美元+80 000 美元+548 000 美元),由此可以得到, 2017 年的利息费用等于 46 460 美元(9%×90 000 美元+7%×548 000 美元)。

这个过程显示在表 3-3 中,即利息费用由 34 000 美元增加到 47 000 美元。反过来,利息费用的增加又导致税前利润从 215 000 美元降至 202 000 美元(即利息费用增加的 13 000 美元),所得税则从 75 000 美元减少到 71 000 美元(税率乘以利息费用的增加额),净利润从 140 000 美元降至 131 000 美元(利息费用的变动扣除由此带来的税收额)。㊀

表 3-3　PIPES 的 2017 年修订后备考利润表

单位:千美元	2016	估计方法	2017
销售	2 200	增长率为 25%	2 750
销售成本	1 695	销售收入×0.7546	2 075
毛利润	505		675
营业费用	344	销售收入×0.155	426
息税前利润	161		249
利息费用	34	依据资产负债表	47
税前利润	127		202
所得税	44	税前利润×35%	71
净利润	83		131

利润表中发生的这些变化,反过来又会影响资产负债表,如表 3-4 所示。由于利润表中的净利润减少了 9 000 美元,于是,资产负债表上的留存收益将减少相同的数额。这就导致插入值(即银行贷款的预测值)从 548 000 美元增加到 557 000 美元。而这又会造成利息费用进一步增加(9 000 美元×7%=630 美元),而后,这一变化价格再次改变净利润,以此类推。今天,所有功能完整的电子表格程序都可以迭代(和解决)这种无限循环关系。但是为了方便起见,我们的循环仅停止于如表 3-3 和表 3-4 显示的第二轮备考。由表中数字可见,最后一轮得到的银行贷款将略高一点。㊁

表 3-4　PIPES 的 2017 年修订后备考资产负债表

单位:千美元	2016	估计方法	2017
现金	45	常数	45
应收账款	211	销售收入×9.5%	261
存货	418	销售收入×0.1862	512
预付费用	28	常数	28

㊀ 为简单起见,我们假设年终贷款余额为整个年度内无偿还情况下的余额。在第四章引入季节性因素后,我们将放宽这个假设。

㊁ 事实上,在我们的例子中,最后一轮迭代四舍五入后的银行贷款结果将是 558 000 美元。

（续）

单位：千美元	2016	估计方法	2017
流动资产	702		846
土地、厂房及设备	350	增加5%	368
资产总额	1 052	合计	1 214
长期负债中当期到期的部分	10		10
银行贷款	350	插入	557
应付账款	223	销售收入×0.020 7	57
预提费用	25	常数	25
流动负债	608		649
长期负债	90		80
负债合计	698		729
实收资本	75	常数	75
留存收益	279	待定+NI	410
负债与所有者权益合计	1 052		1 214

现在，我们终于可以回答银行家的问题了：你需要借多少钱？斯蒂尔先生的答案是：明年需要55.7万美元。⊖

贷款人的视角

现在，我们再和银行家加西亚先生谈谈：你已经和斯蒂尔先生谈过了，也看过他们的分析，而且也计算了他们的财务数据。加西亚先生很清楚，PIPES需要这些资金来增加应收账款、存货和固定资产，而且考虑到预期的销售收入增长率，PIPES必须把应付账款的付款期缩短到10天。因此，将明年的贷款额匡算为557 000美元，似乎是一个合理的预测。你准备发放这笔贷款吗？还不行。

在决定最终贷款之前，你还有其他什么需要了解的吗？当然有。那么，银行家到底想知道哪些事情呢？他们大多想了解如下几点：

（1）公司为什么需要钱？
（2）公司需要多少钱？
（3）公司打算何时偿还贷款？
（4）提供贷款会给银行带来哪些风险？

前两个问题已经通过我们的比率分析得到了回答——即资金来源和使用情况表以及备考财务报表。现在，我们再来解决后两个问题，这就需要我们把备考财务报表继续向后延伸几年。

不过，在继续讨论之前，我们还要提醒一下。大多数人会认为，借款就是为了建工

⊖ 当银行家问"你想借多少钱？"的时候，如果斯蒂尔先生的回答是"我还不清楚"，可以想象得到，斯蒂尔先生肯定得不到好脸色。

厂和买设备而提供资金。但 PIPES 的情况却告诉我们，公司还需要为补充营运资金进行融资——取得购置存货和提供应收账款所需要的资金。就总体而言，融资在现实中的主要目的就是解决营运资金问题。

回头接着预测未来吧

虽然完成一年期的备考已经很不错了，但如果能预测公司在更长时期内的现金流和融资需求，当然会更好，而且有时候甚至是必要的。实际上，一年期的预测方法也适用于较长时间范围的预测。但重要的是，我们的预测仅仅是未来可能出现的结果。每个不同的假设或比率都会带来不同的结果。如前所述，预测未来更多地体现为一种艺术，而不是科学。10 位分析师可能会得出 30 个不同的预测结果。财务之美（至少在笔者的眼中是这样的）就在于它没有一个正确的答案，而是很多种可能的合理解决方案。当然，有些预测方法则是完全不正确的。（对于一名财务专业的学生来说，重要的就是要认识到财务只是一门艺术，这也是优秀的从业者可以获得很高报酬的原因。假如财务是一门精确而且容易的行当，薪酬水平自然会低得多。）

下面，我们重新看看对 PIPES 的第一轮预测，尤其是新应付账款假设形成的 557 000 美元的贷款需求。不过，这个 557 000 美元的估计数只是明年需要的贷款额。公司不必每年都去银行借钱，实际上，只需要向银行申请一笔供未来几年使用且金额足够大的信贷额度即可。为了做到这一点，我们就需要将 2017 年的预测再向后延长两年（为图表的简单起见，我们在这里只使用二年期的预测；实践中，我们也可能会采用五年期的预测）。

需要提醒的是，预测完全以具体的假设为基础；不同的人会有不同的假设，因而会得到不同的预测结果。如上所述，笔者将销售收入的增长率假设为 25%。这是否有道理呢？根据既定数据，我们认为这是合理的，但其他人可能不认可这个增长率。比如说，你可能会相对保守一点，因而估计的销售收入增长率就会低一点，甚至有可能不增反降。当然，你或许比笔者还乐观，认为销售收入会有较快的增速。销售预测往往是最重要的预测，因为很多其他预测都与之相关。

在积累了一定的备考预测经验之后，我们就可以通过改变各个估计结果进行情景模拟（也可以同时改变多个估计结果进行模拟）。这样，我们就可以在新的替代假设下确定公司的借款需求。通常情况下，我们须按最佳情景、最坏情景和预期情景对备考结果进行一系列的情景模拟测试。

将预测范围延伸到 2018 年和 2019 年

对于随后的两年，我们应对销售收入做何预测呢？公司规划的时间范围通常不超过一年。事实上，大多数企业都会进行更长时间的预测。不过，如果将预测期向后延伸，预测的确定性会更低，细节也更少。在本章中，我们将在表 3-5 和表 3-6 中给出 PIPES 在 2018 年和 2019 年的业绩预测。如上所述，我们在实际中可能需要做至少五年的备考。

表 3-5 PIPES 在 2017-2019 年的备考利润表

单位：千美元	2017	2018	2019
销售收入	2 750	3 438	4 297
销售成本	2 075	2 594	3 243
毛利润	675	844	1 054
营业费用	426	533	666
息税前利润	249	311	388
利息费用	47	50	56
税前利润	202	261	332
所得税	71	91	116
净利润	131	170	216

表 3-6 PIPES 在 2017-2019 年的备考资产负债表

单位：千美元	2017	2018	2019
现金	45	45	45
应收账款	261	327	408
存货	512	640	800
预付费用	28	28	28
流动资产	846	1 040	1 281
土地、厂房及设备	368	404	485
资产总额	1 214	1 444	1 766
长期负债中当期到期的部分	10	10	10
银行贷款	557	613	711
应付账款	57	71	89
预提费用	25	25	25
流动负债	649	719	835
长期负债	80	70	60
负债总额	729	789	895
实收资本	75	75	75
留存收益	410	580	796
负债和所有者权益合计	1 214	1 444	1 766

在 2017 年的预测中，我们的假设首先从销售收入如何增长开始。在 PIPES 这个例子中，我们采用了历史上的平均增长率 25%。其实，我们也不能确信，未来的真实情况到底会怎样。在大型企业，营销部门会对收入预测提出建议，但他们也不能对建议做出任何保证。就这个例子而言，我们不妨维持 25% 的销售收入增长率，毕竟这是公司在过去三年里的平均水平，至少是一个比较有可能的起点。在实践中，我们肯定要对预测

结果进行如上所述的情境分析（即同时假设有几种不同的增长率，并检验这种增长率给公司带来的不同影响）。

对于销售成本，我们同样考虑采用 2%的采购折扣率，并采用占销售收入 75.46%的比率。

此外，我们假设，经营费用在未来两年继续维持稳定，按销售收入的 15.5%估计，而税前利润则按销售收入的 35%估计，这与公司的历史比率保持一致（**注意，我们在预测过程中始终依赖于比率**）。

这样，我们以 2017 年的 275 万美元销售收入为起点，并假设未来两年的增长率均为 25%，然后，按照预测 2017 年的方法，以相同比率预测 2018 年和 2019 年的其他数字。因此，我们首先可以估计这两个年度的销售成本、经营费用和税费。

如上所述，利息费用需要通过迭代过程进行调整。首先，我们可以根据上一年度的结果进行初步估算，并在完成备考资产负债表后，根据新的贷款需求再进行调整。银行贷款的利率继续维持为 7%，长期负债的利率为 9%。如上所述，所有利润全部转入留存收益。

此外，在编制 2018 年和 2019 年的备考资产负债表时，我们采用了与 2017 年备考资产负债表相同的假设。唯一的调整是：我们假设，固定资产在 2017 年（如上所述）增长 5%，而在 2018 年则增长 10%，2019 年增长 20%。之所以呈现递增趋势，是因为我们认为，随着销售收入的增加，PIPES 可能需要扩建仓储设施。⊖

需要注意的是，公司在 2017 年需要的银行贷款为 557 000 美元，但是到 2019 年，这个数字将增长到 711 000 美元。这意味着，在 2017 年取得的 557 000 美元银行贷款，完全是为公司在 2017 年年底之前的增长提供资金。在随后的两年中，如果销售增长继续维持 25%的预期，那么公司至少还需要 154 000 美元的额外资金。在与银行谈判之前，公司必须意识到这一点，而不是在两年之后才发现，或者由银行指出。

现在，我们回到上面提到的基本问题，来看看 2019 年的情况：

（1）公司为什么需要钱？
（2）公司需要多少钱？
（3）公司打算何时偿还贷款？
（4）提供贷款会给银行带来哪些风险？

贷款评估

问题（1）：公司为什么需要钱？答案完全等同于前面的分析，这家公司正处于销售

⊖ 如上所述，我们并没有按 25%预测每年的固定资产增长率，原因在于，我们假设公司的固定资产水平已形成一定程度的规模经济。也就是说，我们可以在固定资产仅有小幅增长的情况下，大幅增加展示大厅或库房的单位面积销售量。如果读者想采用 25%的假设，这也无妨。但根据我们的经验，这不符合大多数行业的实际情况。

的快速增长期，需要的资金主要用于增加存货和应收账款。

问题（2）：公司需要多少钱？这个问题可以通过上述的备考报表做出回答。PIPES 在 2017 年需要银行贷款 557 000 美元，到 2019 年将增加到 711 000 美元。

问题（3）：公司打算何时偿还贷款？这个问题需要更多分析。我们先看一看还款期限问题：银行贷款是用于满足 PIPES 的短期融资需求吗？不，这实际上是公司的长期需要！（尽管这笔银行贷款在公司的资产负债表上被划分为短期贷款，即从技术角度看是一种短期借款，因为银行有权在一年内要求公司还款。）

考虑到 PIPES 的大部分贷款都是为应收账款和存货融资，这是否意味着 PIPES 应采用短期负债呢？不，因为这是 PIPES 的长期需求，不是暂时的，而是永久性融资。即使还款期限在一年之内，银行也不能将其作为一年期贷款。在银行的眼里，这应该是一笔跨越多年的长期贷款，因为 PIPES 对银行融资的需求是多年的。

引申思考

我们经常会听到有人说，企业应该将融资期限与对应的资产进行期限匹配，用短期贷款为短期资产融资，用长期贷款为固定资产融资。在本书的随后部分，我们将会看到，这种情况并不一定总是正确的。PIPES 或许想发行长期债券，而不是从银行取得短期贷款，但也许根本就没有必要到资本市场去融资。

贷款的长期性这一事实，自然会让我们想到第四个问题，即提供贷款会给银行带来哪些风险？PIPES 与银行之间的关系是长期的。这意味着，不能仅按一年期贷款的标准来评估这笔贷款的风险。

如果银行为 PIPES 提供这笔贷款，银行的主要风险是什么呢？银行最担心的当然还是违约，导致借款人不能全额偿还。PIPES 为什么有可能对贷款违约呢？我们不妨考虑种种可能性。首先，可能会发生经济衰退。但这真的会给 PIPES 的贷款带来麻烦吗？如果经济衰退，PIPES 又会怎样呢？销售增长速度将会减缓，于是，PIPES 需要的资金也更少。只要斯蒂尔先生还能维持 PIPES 的各项财务比率，只要还能对存货的成本和数量进行有效管理，还能维持运营费用，并正确管理公司的应收账款，PIPES 最有可能的前景就是增速减缓或略有下降，因此，对银行贷款的需求也会相应减少。此外，在经济衰退期间，利率也有可能下降，这实际上反而有可能提高 PIPES 的利润率。

如果出现新的竞争对手，又会发生什么情况呢？比如说，如果一家像家得宝这样的大型折扣店在街对面开业，逼得 PIPES 不得不停业。只要斯蒂尔先生能控制好销售收入的下降，银行就不必担心。PIPES 只需要进行清算，就可以偿还银行贷款。在这种情况下，唯一的风险就是，在销售量急剧下滑的时候，斯蒂尔先生还在不断进货。

此外，这家银行为 PIPES 提供的贷款也不是无担保的。实际上，银行是以 PIPES 公司拥有的资产为抵押品。那么，PIPES 为贷款提供的抵押品（应收账款、存货及固定资产的价值）的质量又如何呢？我们可以从应收账款开始分析，它们占销售收入的比率基本维持不变。这表明，公司的运营可能有条不紊，而且是可控的。

而且几乎肯定的是，银行在合同中也会做出相应约定，要求公司必须维持一定的业务水平。比如说，销售成本保持在销售收入 77%（折扣前）的水平上，营业费用保持在销售收入 15.5%的水平上。当然，相关约定也可能要求，销售成本不得超过销售收入的 79%，或是营业费用不得超过销售收入的 17%。一旦 PIPES 违背这些限制性条款，银行即可要求全额偿还。同样，相关条款还可以要求公司的应收账款账龄不得超过 40 天。这是使用比率的另一种方法：通过合约条款，保证管理层对公司运营情况的控制（或者在管理层开始失控时，银行在形势不可扭转之前全额收回贷款）。

尽管银行不喜欢将资产拿在手里，但有时候确实别无选择。那么，如果 PIPES 在危机情况下对资产进行清算，清算价值会怎样呢？抵押品到底是什么？

这是一个小镇，银行可以基本掌握 PIPES 到底为哪些个人或公司提供了赊销信用。因此，银行应该可以对应收账款的回收情况有相对准确的了解。此外，公司目前的应收账款账龄不超过 35 天，如果将 PIPES 与同行业中的其他公司进行比较，这样的信用政策似乎有点保守。因此，即使在最不利的情况下进行清算，笔者估计，PIPES 依旧可以收回应收账款的 80%〇（产生一些坏账损失和收款成本终究是不可避免的）。

在清算中，PIPES 无法按正常的市场销售价格卖出剩余存货。为尽快回款，公司必须折价清仓，而且会发生销售成本。但需要注意的是，我们可以对清算价值与存货成本进行比较：销售成本为正常销售价格（销售收入）的 75.46%，这就是说，出现了 24.54%的折扣。此外，PIPES 持有的存货也是一种商品，而不是难以变现的特制品或订制品。我们谈论的标准管件，在这种情况下，即使保守估计，通过清算也可以收回存货成本的 60%。

固定资产主要包括建筑物，还可能包括几辆卡车（叉车和运输设备）。固定资产的账面价值需要扣除累计折旧。因此，按账面价值的 85%估计固定资产的清算价值，还算是合理的。

最后，我们将抵押品的情况列入表 3-7 和表 3-8 中。

表 3-7 抵押品情况

单位：千美元	2017	2018	2019
（a）应收账款的账面价值	261	327	408
（b）存货的账面价值	512	640	800
（c）固定资产的账面价值	368	404	485

表 3-8 对抵押品的估值

单位：千美元	2017	2018	2019
（a）所需要的现金余额	45	45	45

〇 为简单起见，我们假设年终贷款余额为整个年度内无偿还情况下的余额。在第四章引入季节性因素后，将放宽这个假设。笔者的估计完全基于经验。我们都曾对陷入危机的破产企业进行过大量研究，银行家也应该不缺乏不良资产回收率方面的经验。因此，我们同样可以使用以前的"回收率"去预测未来。

（续）

单位：千美元	2017	2018	2019
（b）应收账款-按账面价值的80%	209	262	326
（c）存货-按账面价值的60%	307	384	480
（d）固定资产-按账面价值的85%	313	343	412
抵押品的估计清算价值总额	874	1 034	1 263
长期负债	90	80	70
贷款	557	613	711
负债总额	647	693	781
抵押品/总负债	135%	149%	162%
抵押品/银行贷款	157%	169%	178%

　　银行贷款的清偿率从抵押品清算价值的157%提高到了178%。那么，银行是如何得到赔偿的呢？的确，在这个例子中，银行贷款的赔偿情况确实非常可观。请注意，银行在发放长期贷款时，通常对所有资产都享受优先受偿权（也就是说，他们的债权主张先于其他所有债权人，而且作为"担保"的财产在出售之后，他们优先从出售收入中受偿）。此外，他们还会通过协议约定，保证管理层不会对企业的经营失控。⊖

　　既然如此，加西亚先生还有别的事情需要考虑吗？PIPES是一家独资企业，一旦斯蒂尔先生患病或是死亡，还有人可以接管这家公司吗？从根本上说，这是银行家最担心的灾难性风险。比如说，关键管理人员的死亡，火灾等自然灾害，都属于灾难性风险。那么，银行家应如何减少、甚至是消除灾难性风险的影响呢？他们可以要求企业购买保险。即使是对大型企业，银行也会要求为关键员工购买个人保险或火灾险等意外险，这并非是什么不同寻常的事情。在很多国家，住房抵押贷款的借款人必须购买人寿保险。这样，如果借款人死亡（或是对借款人为多人的贷款合同，其中一个借款人死亡），借款人获得的保险赔款将首先用于偿还抵押贷款。通常，银行还会要求借款人为融资购置的财产提供火灾意外险。因此，非系统风险基本是可以通过保险规避的。

　　那么，这算是一笔好贷款吗？当然是一笔非常棒的贷款！斯蒂尔先生已经在这个行当里摸爬滚打了15年，而且公司又很赚钱，他非常了解这个行业，也了解自己的企业，他在控制费用方面做得非常出色。就目前来看，斯蒂尔先生正处于赚钱的阶段，而且他的扩张令人振奋！即使经济下滑，只要斯蒂尔先生能控制住节奏，经济下滑带来的副作用就会减少PIPES的借款。对PIPES来说，增长放缓意味着借款需求减少，增长速度越快，需要的借款金额也越大。此外，银行家手里又握着有价值、易变现的抵押品。

　　导致银行家不愿意给企业主提供贷款的主要原因是什么呢？如果借款人没有展示出让企业有条不紊的管理能力，或是他们自己也不知道到底需要多少钱，银行家当然会犹豫了。如果斯蒂尔先生走进银行，对加西亚先生说：我不清楚自己需要多少钱，银行家肯定不会

⊖ 对于独资企业，银行可以要求所有权人把房屋及其他个人资产的权利过户给银行。在这个案例中，银行可能不需要斯蒂尔先生采取这样的做法。

慷慨解囊。相反，如果斯蒂尔先生拿出一套漂亮的备考财务报表，并告诉加西亚先生，他需要多少钱才能维持25%的销售增长（最好是按不同的假设情境分别做出估计），然后再向银行家展示自己的抵押品估值表、让对方相信的从业经验，让银行家知道他对自己的企业是多么了如指掌，银行家很有可能会说："没问题，这是贷款，准备取钱吧。"银行家当然知道自己最担心的是什么，不了解银行家担心什么的，其实是企业主。

如果银行家加西亚先生告诉斯蒂尔先生，他不准备提供贷款，那会怎样呢？这样，斯蒂尔先生就必须寻找其他的资金来源了。其他资金来源包括什么呢？鉴于笔者非常看好这笔贷款，因此我们会建议斯蒂尔先生联系其他银行。如果还是行不通，另一个选项就是求助于PIPES以前曾获得资金的地方——供应商。尽管成本远高于银行借款，但这至少是一种选择，除非供应商也拒绝扩大现有的贸易信用规模。

还有一种方案，就是引入新的股权。这家公司还不够大，可以尝试首次公开发行股票（IPO），但斯蒂尔先生或许能找到新的合作伙伴，关键员工也可能愿意投资并成为公司股东。

此外，公司还可以按折扣方式将应收账款转让给其他客户，并由应收账款的购买方承担还款义务。这就是人们常说的应收账款"保理"，只不过目前最常用的转让对象是信用卡债务。其实，PIPES还可以告诉顾客，他们不再接受贸易信用，即不再为他们提供赊销信用，但可以接受信用卡付款。承包商在向斯蒂尔先生购买商品时，就可以用Visa信用卡付款。这样，PIPES可以在次日收到款项。在这种情况下，虽然承包商还欠钱（仍然是公司的应收账款），但它们的欠款对象不再是PIPES，而是对Visa的应收账款。Visa负责购买之前的信用审核，并在购买之后负责收款。当然，这不是免费的，Visa对小公司的收费标准是3%～5%，而对大型连锁企业的收费仅为1%～2%。

再有一种方案则是出售部分资产。公司可以出售其固定资产，而后进行售后回租，或是以固定资产做抵押贷款。目前，PIPES似乎还不想做任何抵押贷款。

我们不妨再提出一个问题：斯蒂尔先生还准备继续扩大销售规模吗？如果银行不提供增长所需要的资金，那么公司还有一个最简单的替代外部融资的方案，就是降低增长速度。企业如何降低增长速度呢？最好的办法就是提高价格（不仅可以减缓增长，还能增加利润）。同样，斯蒂尔先生还可以有其他手段降低增长速度，比如对客户粗暴一点（挂断1/5的来电）或是在星期六暂停营业等。

我们将在随后讨论投资决策与资金成本的概念，但不妨在这里对它们做一个粗略的介绍。每增加10万美元的销售收入，PIPES需要承担的销售成本是75 460美元，营业费用为15 500美元。此外，会导致净营运资金增加26 430美元，并给公司带来额外的利息费用1 824美元（借款利率为7%）。也就是说，额外增加的10万美元销售收入给PIPES带来的营业利润增加额为9 040美元（100 000美元-75 460美元-15 500美元），扣除1 824美元的融资费用后，最终，斯蒂尔先生因此而额外获得的税前利润和税后利润分别为7 216美元（9 040美元-1 824美元）和4 690美元。在目前这个例子中，如果销售收入增加，利润就会随之增加。因此，只要一切还处于斯蒂尔先生的掌控之中，他就想继续扩张。

销售收入增加的影响：		
销售收入增加		10 000 美元
销售成本增加（75.46%）	75 460 美元	
营业费用增加（15.5%）	15 500 美元	
融资费用的增加（如下所示）	1 824 美元	
成本变动总额		92 784 美元
税前利润增加		7 216 美元
所得税增加（35%）		2 526 美元
净利润增加		4 690 美元
相关的融资费用：		
应收账款（销售收入的9.5%）	9 500 美元	
加存货（销售收入的18.62%）	18 620 美元	
减应付账款（2.07%）	−2 070 美元	
新营运资金的变动		26 050 美元
借款利率		7%
融资成本增加		1 824 美元

2018年的公司税法改革

在本书2016年第1版上市到本版出现的这段时间内，美国的公司税法也出现了较大调整。如本章所述，现行的公司税率在2018年从35%下调为21%。此外，新税法还对可从税前利润中扣除的最大利息金额做出了限制。这些限制对大多数公司并无影响，我们将在第六章对此进行详细讨论。在2018年之前，对公司税率进行的最后一次调整是在1993年。为简单起见，假定本章编制的备考报表在2016年税法调整之前已完成（因而完全不受此次税改的影响）。因此，备考报表假设2016年到2019年期间的所得税税率保持不变。

调整公司税率不只是将税后利润增加14%（即35%和21%之间的差额）。在竞争激烈的管道供应行业，现有公司不太可能享受到全部的减税优惠。由于进入壁垒不高，因此，营利性的提高必将吸引新的公司进入这个行业。考虑到新的税率水平极低，因此，即使没有新公司的加入，现有公司也可能试图以降低价格来推动销售。所有这些新的变化都在暗示，我们为编制备考财务报表所使用的历史比率可能需要做出调整。此外，这也意味着，我们就有可能需要增加新的预测情景。

本章小结

（1）PIPES是一家资金短缺的营利企业。这不仅算不上什么典型，而且是这类企业常见的事情。很多企业的增长速度超过了内部的营利能力，这也是资本市场存在的原因。几乎每家在纽约证券交易所上市的公司都在承担外部债务。在某种程度上可以说，对所有成功的公司来说，所需要的资金规模几乎都要超过内部创造的资金（这是一个可持续增长的概念，我们将在第五章对此做出定义，并在第九章做详细讨论）。这种情况非常普遍，也是 PIPES 需要外部融资的原因。

（2）"资金来源和使用情况表"反映的是公司从哪里获得资金，以及把资金用到什么地方。

（3）比率分析用于对一家企业和同行业其他企业进行比较，或是对公司自身在不同时间的状况进行比较（例如，企业的费用是否在不同时间保持不变）。因此，比率分析为诊断企业健康状况提供了一种初步评估手段。比率不仅可以为分析师描述企业健康状况提供工具，也是负债契约的一个重要组成部分。在这种情况下，如果突破合同约定的比率，就有可能导致债务企业陷入破产。编制备考财务报表时，也需要用到财务比率，因为我们假设以前的比率会持续到未来，从而对未来做出预测。

（4）备考财务报表是对公司未来利润表和资产负债表的预测性估计。编制备考财务报表的基础在于，我们假设公司的当前比率是否会随着时间的推移而发生变化（或保持不变）。基于这些假设，就可以估计公司在未来所需要的资金规模和持续时间。对于我们假想的公司 PIPES，备考预测显示，这家公司在 2017 年的资金需求量为 557 000 美元，而在 2019 年则增长到 711 000 美元。此外，备考分析还表明，这种资金需求不是暂时性的，而是永久性的。第二章和本章反复介绍了"资金来源与使用情况表""比率分析"和"备考分析"这三种工具。

（5）在编制备考财务报表时，并非所有项目都是同等重要的。譬如，在 PIPES 这个例子中，如何对现金和预提费用制订假设就无关紧要，因为与销售收入、应收账款、存货、固定资产和应付账款等科目相比，这两个项目的金额确实有点微不足道。因此，在进行备考分析时，识别并强调主要驱动因素是非常关键的。

（6）我们分析了银行家可能提出的问题类型：公司为什么需要钱、需要多少钱、何时偿还以及会带来哪些风险等。

（7）本章还简要介绍了资金成本的概念（见本书第二部分的讨论）以及投资的营利性问题（回报与成本分别是多少）。但是在本章，我们仅仅是做一下简单解释，并未对它们进行深入分析。

期待下一步

在第四章中，我们将利用上述分析方法，在考虑季节性影响的情况下，结束 PIPES 这个案例分析。但在此之前，我们还是先了解如下这个重要的附录。

附录　会计不等于经济现实

本附录描述了会计的基本性质，并阐述一个基本现实，即限制会计反映企业基本经济现实的能力实在是无奈的必要之举。

为什么资产负债表一定要平衡？如果你向会计师提出这个问题，最有可能得到的回答就是——资产负债表只是一个数学公式而已：

$$资产 = 负债 + 所有者权益$$

如果你进一步追问会计师，他们就会向你讲解资产负债表的组成部分是如何生成的（而且他们还极有可能告诉你，如何使用贷方——资产负债表的右侧，以及如何使用借方——资产负债表的左侧）。会计师会说，如果资产负债表不平衡，就说明肯定是哪里出了错。他们说的确实没错，但是，这种说法却忽略了资产负债表的真实内涵。

资产负债表必须平衡，因为它的一侧反映了企业所拥有和控制并能为企业创造未来现金流（资产）的资源，另一侧则是获得这些资源的资金来源（负债和所有者权益）。尽管每一侧的计量是独立的，但两侧必须相等，保持平衡。如果不相等，就表示其中某个环节出现了错误，这就需要重新找到这些错误，并给予纠正（不过，即使两侧相等，也不代表资产负债表没有错误）。如表3-9所示的资产负债表是采用T型账户法完成的，其中，左侧表示的是资产，右侧为负债和所有者权益。

表3-9　典型的资产负债表

资产	负债
现金	应付账款（公司欠供应商的货款）
应收账款（顾客欠公司的购物款）	借款
存货	
其他短期资产	所有者权益
土地、厂房和设备	实收资本
其他长期资产	留存收益

有一种观点认为，会计数字必须反映客观现实，这种观点可能源于会计的数学基础。然而，会计准则和会计实务也为管理者如何呈现企业的经济现状提供了自由裁量权。资产负债表是一个代数方程式，借方总额（左侧会计科目的合计金额）必须等于贷方总额（右侧会计科目的合计金额）。但一个不可否认的事实是，与其说会计是一门科学，不如说它更接近于艺术（尽管有可能比金融更客观一点）。会计数字只是反映企业基础经济现实的诸多图像之一，但是能反映企业真实状况的图像，显然不只有一个。

我们不妨举一个从不同角度反映现实的例子。假设有一家业务简单的小企业，只销售T恤衫。为简化起见，我们假设，企业所有者或者说投资者向企业投入36美元（这意味着，公司的现金和所有者权益都增长了36美元）。在随后的时间里，店主购买了三件完全相同的 T 恤衫,价格分别为 10 美元、12 美元和 14 美元(也就是说,公司花掉了这 36 美元现金,让存货增加了 36 美元)。注意,在这个例子中,采购价格是不同的。至于价格何以发生变化(可能是因为通货膨胀或是市场状况发生了变化),这并不重要。如上所述,由于 T 恤衫产品是完全相同的,因此,客户不会在乎他们拿到的是哪一件。在没有出售一件 T 恤衫之前,这家企业的资产负债表是平衡的,即 36 美元的存货价值和 36 美元的所有者权益(见表 3-10)。

表 3-10　在未进行任何销售之前采用权责发生制核算的结果

资产		负债	
T 恤衫#1	10 美元	借款金额	0 美元
T 恤衫#2	12 美元		
T 恤衫#3	14 美元	所有者权益:	
		实收资本	36 美元
合计	36 美元	合计	36 美元

现在,我们假设这家企业以 20 美元的价格卖出了一件 T 恤衫。那么,这家公司因此而赚了多少钱呢?

我们可以用五种方法来回答这个问题:

(1)用先进先出法确认卖出商品的成本。
(2)用平均法确认卖出商品的成本。
(3)用后进先出法确认卖出商品的成本。
(4)按收付实现制确认卖出商品的成本。
(5)按市场价格确认卖出商品的成本。

前三种方法采用了传统的权责发生制为企业确认卖出这件 T 恤衫的价格(成本)。假如公司选择按买进存货的顺序来确认成本,那么,这件卖出的 T 恤衫的成本就是最先买入那一件的价格,也就是所谓的先进先出(FIFO)法。因此,公司卖出这件 T 恤衫的利润就应该是 10 美元(收入 20 美元-购入第一件的成本 10 美元)。请注意,在卖出这件 T 恤衫之后,在公司的资产负债表上,资产就是买入另外两件 T 恤衫的价格——26 美元(见表 3-11)。

表 3-11　先进先出法

资产		负债	
现金	20 美元	借款金额	0 美元
T 恤衫#2	12 美元		
T 恤衫#3	14 美元	所有者权益	
		实收资本	36 美元
		留存收益	10 美元
合计	46 美元	合计	46 美元

此外，我们还可以根据三件 T 恤衫的平均成本（36/3 美元=12 美元）来确定存货的成本，这种方法被称为平均法（简称 AVG，见表 3-12）。按这种方法确认销售成本，得到的利润为 8 美元（20 美元的收入-12 美元的成本）。请注意，在这种情况下，剩余两件 T 恤衫按每件 12 美元确认成本，总计相当于 24 美元的存货。

表 3-12 平均法

资产		负债	
现金	20 美元	借款金额	0 美元
两件 T 恤衫：每件 12 美元	24 美元		
		所有者权益	
		实收资本	36 美元
		留存收益	8 美元
合计	44 美元	合计	44 美元

第三种方法是以最近买入存货的价格作为最先卖出商品的成本，即所谓的后进先出法（LIFO，见表 3-13）。按这种方法核算，我们得到的利润是 6 美元（20 美元的收入-14 美元的成本）。请注意，此时，资产负债表上的资产为先购买两件 T 恤衫的成本——22 美元（其中，第一件为 10 美元，第二件为 12 美元）。

表 3-13 后进先出法

资产		负债	
现金	20 美元	借款金额	0 美元
T 恤衫#1	10 美元		
T 恤衫#2	12 美元	所有者权益	
		实收资本	36 美元
		留存收益	6 美元
合计	42 美元	合计	42 美元

因此，三种不同方法（先进先出法、平均法和后进先出法）得到的结论都是正确的，因而也会获得三个不同的利润表和资产负债表。

我们推荐采用先进先出法核算成本的理由是，在资产负债表上，两件未售出存货价值将为 26 美元（12 美元+14 美元），这可能更接近于 28 美元的重置成本（假设 T 恤衫的目前市场价格上涨到 14 美元，那么，要替换两个单位的存货就需要企业按最新的 14 美元价格购置这两件 T 恤衫。相比之下，按后进先出法确认的存货价值则远低于重置成本。也就是说，按这种方法，公司会将剩余两件 T 恤衫的存货估值为 22 美元（10 美元+12 美元）。因此，按照先进先出法，以最先购入存货的价格核算账龄最长的存货成本，可以让资产负债表更能反映存货的当前基础价值（重置成本）。因此，从资产负债表的角度看，按先进先出法核算存货价值更符合当期的实际情况。

既然如此，为什么不要求所有情况都按先进先出法进行财务报表的披露呢？原因就在于,股权价值本身并不会严格依照资产负债表上的数字。实际上,大多数公司都是按未来创造利润的能力进行企业估值的。财务报告的一个重要目的,就是为外部人员提供预计公司未来现金流的依据,而预计企业现金流的起点,就是考察企业的利润(依据过去预测未来)。为此,外部人员不仅要使用资产负债表,还要考察公司的利润表(及现金流量表)。

虽然先进先出法更适合于对资产负债表上的存货进行估值,但使用这种方法得到的利润是 10 美元,而使用后进先出法得到的利润则是 6 美元。那么,在这两个利润数字中,哪个更能反映公司未来的利润和现金流呢?如果售价维持 20 美元不变,而购买新 T 恤衫的单价仍是 14 美元,那么,根据后进先出法计算的 6 美元利润,显然是对未来预期利润更合理的估计。因此,按这两种方法,公司出售存货实现的利润会出现 4 美元的差异(10 美元-6 美元)。也就是说,前两件 T 恤衫取得的超额利润是不可持续的,因此,后进先出法或许能更合理地估计未来利润及现金流。

而平均法则是先进先出法和后进先出法这两者的折中。

为什么不给这三件 T 恤衫逐一编号呢?这样,我们就可以在销售时按每一件 T 恤衫的实际购置价格确定其成本。实际上,这的确是一种非常有效的成本核算方法,也被称为"个别认定法",它适合于单件价值较高的产品,以便于确认顾客购买某一件产品的具体成本(如高档汽车)。但是在这个例子中,T 恤衫的单件价值较低,而且各产品之间具有完全的可替代性。在这种情况下,如果按每件 T 恤衫的实际购入成本核算售出产品的成本,而且每件都是无差异的,那么管理者就可以通过选择将哪件 T 恤衫卖给顾客,人为选择他们希望披露的利润(但这对顾客没任何影响,因为在他们看来,每一件都是一样的)。会计核算的一个重要目标,就是防止管理层选择性地对外披露利润。

诚然,通过选择会计方法——无论是先进先出法、后进先出法还是平均法,管理层都可以改变企业利润。但由于企业不仅需要披露利润,还要披露会计政策的选择。因此,外部人员可以根据具体的会计政策,对利润数字进行独立的解读和判断(或是根据自己的目的对利润进行调整)。⊖

这三种传统的存货计价方法(先进先出法、后进先出法或平均法)也显示出资产负债表(资产值多少钱)与利润表(用于估计未来的现金流)之间的权衡关系,但是,我们还可以使用其他两种方法来计算这个简单业务的利润。

一种方法是只看现金。正如我们稍后讨论现金流时所看到的,现金才是雷打不动的事实(因此才有"现金为王"的说法)。有多少现金进入企业,有多少现金流出企业?如果按现金记账法(或称收付实现制),企业只有一种资产类别,那就是现金。⊖ 企业支付现金时产生应计成本,收到现金时则形成收入。因此,如果记账的唯一资产是现金

⊖ 企业虽可以改变其会计政策的选择,但必须说明变更会计政策的原因,而且需要在变更会计政策的年度提供新旧会计政策对照的相关信息。

⊖ 收付实现制记账法(相对于更常用的权责发生制记账法)更适用于农民、渔民及小企业,有时也用于以纳税为目的的核算。

(这也是现金会计的唯一核算内容),那么在卖出一件T恤衫后,公司将亏损16美元(最初流出的36美元费用,加上卖出第一件T恤衫后收回的20美元)。

在收付实现制核算方法下的资产负债表如表3-14所示。

表3-14 现金法

资产			负债		
现金	20美元		借款金额	0美元	
存货					
			所有者权益		
			实收资本	36美元	
			留存收益	-16美元	
合计		20美元	合计		20美元

按收付实现制进行现金法核算的好处是,它反映了现实中的一个基本要素,即现金流进、流出企业的实际情况。但是,这种以现金为基础的会计制度也是有局限性的,即,它不能对剩下的存货进行估值,而且不具有预测未来现金流的能力。

最后一种方法基于会计的经济学概念——市值(mark-to-market),按照这种方法计算得到的利润为24美元。这种方法不以成本估算剩余T恤衫的价值,而是按照它们当时的市场价值。T恤衫将按"市场价值"进行估值,或者说,按最后一次的实际销售价格确定剩余T恤衫的价格(每件20美元)。⊖

因此,这家公司在期初时拥有的经济价值为36美元(由所有者投入的现金),最后的经济价值为60美元(包括20美元的现金和40美元的存货价值)。期初价值(36美元)和期末价值(60美元)之间的差额,就是企业实现的24美元利润,这也是企业的真实营利能力。而市值法则反映了另一个事实:如果我们将T恤衫业务出售给其他人的话,此时的资产由20美元的现金和两件单位价格为20美元的T恤衫构成,那么,我们可以期待的出售价格应该是60元(见表3-15)。

表3-15 市值法

资产			负债		
现金	20美元		借款金额	0美元	
2件T恤衫-单价20美元	40美元				
			所有者权益		
			实收资本	36美元	
			留存收益	24美元	
合计		60美元	合计		60美元

⊖ 可能还有人利用其他估值法得出不一样的利润数字。比如说,如果采用最后一次的购买价格而不是14美元的出售价格,对期末剩下的两件T恤衫估值,那么期末资产负债表的资产价值就应该是48美元(20美元的现金和2×14美元=28美元的存货),利润表上的利润则变成了12美元(48美元的期末价值减去36美元的期初价值)。

市值法或称公允价值法，试图克服其他核算方法无法纠正的因素：管理层可根据自己的需要自行决定会计核算方法。市值法的一个好处是，无论销售多少单位或是按什么顺序销售，价值都是统一的。但市值法也有缺陷，它可以让管理者根据需要自由决定未出售存货的价值。存货的真实经济价值（不管采用哪种计价方法的）必须具有相关性（即对外部使用者是有意义的）。但如果被计价产品不存在活跃的流动性市场，那么，就只好任由管理层确定了，尽管这个数字可能缺乏客观性。

请注意，如果仅在三种T恤衫全部售出之后再进行会计核算，那么，也就无须选择采用哪种方法确认存货价值（先进先出法、后进先出法或评价法等），也不存在应使用收付实现制还是公允价值法的问题了。如果企业在清算时再做核算，那么，所有会计核算方法都会得到相同的结果。因此，正是因为我们每年（或是每个月、每个季度）都要进行核算，才需要进行这种选择。

这些简单的例子告诉我们，在会计中，真相不是唯一的。会计必须在如何对资产进行最合理的估值以及如何为预计未来现金流提供最优基础之间做出权衡。管理者可以根据需求，选择性地披露他们希望外界看到的公司图景。随着企业变得越来越复杂，这种权衡带来的影响也越来越大。正因为如此，我们才说，确定会计"利润"或"净值"数值的方法不止一种。要了解企业的基本经济运行面，就应该把财务报表作为一个完整过程的起点，而不是终点，而且了解这个过程中的会计政策选择至关重要。

第四章
企业融资的季节性影响(PIPES-C)

在本章里，我们将通过分析季节性因素对公司金融状况的影响，深入和拓展前两章介绍的各种金融工具。在这种情况下，我们进行财务分析的时间区段，将不再以年为对象，而是以月为对象。

在分析公司的财务状况时，使用公司年报是很常见的事情。年度利润表反映了公司过去 12 个月发生的财务活动和经营成果，而资产负债表则反映了公司在整个会计年度的财务状况。年度利润表和资产负债表为进行企业财务分析提供了合理的起点。此外，如果一家公司的销售收入以及资产和负债在整个年度内相当稳定（就像我们在上一章里对 PIPES 所假设的那样），那么，利润表和资产负债表足以满足我们的需求。但由于季节性因素的存在，很多公司在整个年度内的销售收入、资产和负债会出现较大波动。例如，圣诞节礼物的销售往往是很多零售商最大的一块收入。因此，公司在这个时期会有相对较高的销售收入，而存货量也相应地会在圣诞节前达到最高点，然后在圣诞节之后降至最低点。这自然会对应收账款、应付账款和银行贷款等科目产生连锁反应。假如 PIPES 位于中西部地区，而且大部分销售收入依赖于承包商，那么，我们就可以预期，季节性影响将在夏季给他们带来更多的建筑项目。

为强化上述金融工具并阐述季节性影响，我们不妨拓展对 PIPES 的分析。假设这家公司位于北方，销售收入受季节性的影响如表 4-1 所示。请注意，我们假设 12 月、1 月和 2 月为销售淡季，收入达到最低，而 6 月、7 月和 8 月为销售旺季，收入达到最高。销售的季节性变化使得销售额在旺季（4 月至 9 月）达到高峰期，创造了全年销售收入的 60%，而剩余 40%的销售收入则来自 10 月至次年 3 月的淡季。

表 4-1　PIPES 在 2016 年的各月销售收入及 2017 年的预测销售收入

单位：千美元	实际金额 2016	增长率 25% 2017	占全年销售收入总额的比例：%
1 月	88.00	110.00	4.00%
2 月	132.00	165.00	6.00%
3 月	176.00	220.00	8.00%
4 月	176.00	220.00	8.00%
5 月	220.00	275.00	10.00%
6 月	242.00	302.50	11.00%
7 月	242.00	302.50	11.00%
8 月	242.00	302.50	11.00%
9 月	198.00	247.50	9.00%
10 月	198.00	247.50	9.00%
11 月	176.00	220.00	8.00%
12 月	110.00	137.50	5.00%
合计	2 200.00	2 750.00	100.00%
4 月至 9 月	1 320.00	1 650.00	60.00%
1-3 月和 10 月	880.00	1 100.00	40.00%
合计	2 200.00	2 750.00	100.00%

我们假设，年末数字即 12 月 31 日的年度利润表和资产负债表与上一章相同。因此，总的销售收入和利润数值保持不变。毕竟，我们现在讨论是每月业务的变化。

月度备考利润表

为计算出 PIPES 在 2017 年的预期资金需求，我们需要把第三章以年为基础的测算改为以月份为基础。为此，我们首先从 2016 年的实际利润表和资产负债表开始。然后，编制如表 4-2 所示的 2017 年月度备考利润表。

表 4-2　PIPES 在 2017 年的月度备考利润表

期末数 单位：千美元	1月	2月	3月	4月	5月	6月	
销售收入	110.00	165.00	220.00	220.00	275.00	302.50	
销售成本	83.01	124.51	166.01	166.01	207.52	228.27	
毛利润	26.99	40.49	53.99	53.99	67.49	74.23	
销售、管理及行政费用	35.52	35.52	35.52	35.52	35.52	35.52	
营业费用	-8.53	4.97	18.47	18.47	31.96	38.71	
利息费用	3.92	3.92	3.92	3.92	3.92	3.92	
税前利润	-12.45	1.05	14.55	14.55	28.04	34.79	
所得税 35%	-4.36	0.37	5.09	5.09	9.81	12.18	
净利润	-8.09	0.68	9.46	9.46	18.23	22.61	
期末数 单位：千美元	7月	8月	9月	10月	11月	12月	合计
销售收入	302.50	302.50	247.50	247.5	220.00	137.50	2 750.00
销售成本	228.27	228.27	186.76	186.76	166.01	103.76	2 075.16
毛利润	74.23	74.23	60.74	60.74	53.99	33.74	674.84
销售、管理及行政费用	35.52	35.52	35.52	35.52	35.52	35.52	426.24
营业费用	38.71	38.71	25.22	25.22	18.47	-1.78	248.6
利息费用	3.92	3.92	3.92	3.92	3.92	3.92	47.04
税前利润	34.79	34.79	21.30	21.30	14.55	-5.70	201.56
所得税 35%	12.18	12.18	7.46	7.46	5.09	-2.00	70.55
净利润	22.61	22.61	13.84	13.84	9.46	-3.70	131.01

表 4-2 是使用表 4-1 所示各月销售收入的预测以及第二章确定的财务比率创建的。在我们使用的利润表中，所有比率不随时间的推移而变化；而对资产负债表（见如下讨论），某些比率将会根据我们对各项经济活动的假设而出现调整。例如，我们将每月销售成本设定为占销售收入的 75.46%（77%减去第三章所述马上付款所享受的 2%折扣）。为什么呢？因为我们假设，PIPES 将全年的销售价格按照对采购成本的一定比率确认（即成本加成法）。如果这样，那么各月的销售成本/销售收入比应与

全年的比率相同。

此外，我们还要将每月的销售、管理及行政费用（SG&A）设定为占年销售收入的15.5%（全年保持不变）再除以12。因此，销售、管理及行政费用在各月之间保持不变，不随当月销售收入的变化而变化。为什么呢？因为在这个例子中，笔者假设，PIPES的员工人数及其他SG&A在全年内保持不变。这就使得每个月的费用保持不变（营业费用/销售收入比率在各月之间是变化的）。

对笔者来说，这两个假设似乎都是合理的。但正如我们在第三章里反复提到的那样，在财务中，正确的答案绝不只有一个。各月的销售成本与销售收入之比保持不变的假设似乎是合理的，尤其是在首轮预测中。同样，销售、管理及行政费用金额在各月之间保持不变（而不是与销售收入成正比）也是合理的。当然，我们也可以假设，销售、管理及行政费用与销售收入或是公司全年聘用的员工数量保持同步变化。但笔者认为，这个假设未必现实。对某些更了解PIPES内部运营的人来说，他们可能会有不同的感受。最重要的一点是：假如你是PIPES的员工，而且正在为银行做预测，那么，凭借对公司的深入了解，你应该有能力更准确地对各月比率做出预测。同样，如果你恰好是这个行业的分析师，并且正在使用月度备考财务报表，你同样可以做出更准确的预测。

假设每月的税金为税前利润的35%。由于税收费用对税前利润的比率是一个常数，因此，我们没有理由改变税率假设。

如前所述，利息费用则是一个通过迭代形成的插入项目，最初，我们设定利息费用的每年估计额为47 000美元（见第三章的表3-5），或者说，每个月为3 917美元（47 000美元/12个月）。随后，在创建了初始资产负债表后，我们再调整利息费用，以反映借款金额在各月之间的变化。

通过对如表4-2所示月度备考利润表进行的初步审查表明，预计销售收入在1月份处于最低点，为110 000美元，并在6月、7月和8月达到最高的302 500美元。每月净利润也从8 090美元的损失变为相同月份的22 610美元利润。在这里，我们应该注意的是，年销售收入（或月销售收入）仍为2 750 000美元。当年的净利润总额仍为131 010美元（与第三章中的备考数字相同）。各月的销售成本、销售、管理及行政费用、利息费用和税金的总和应等于全年总额。因此，对比一下2017年备考月度利润表的总和，我们会发现，所有项目均与第三章（见表3-5）所示的2017年12月31日备考年度利润表的年终数字相同。

需要注意的是，由第三章可知，我们首先由备考利润表确定净利润，进而确定银行贷款的数额，从而影响到最终的备考资产负债表。此外，我们还知道，银行贷款的金额将直接影响支付的利息金额，从而影响最终的净利润。因此，即使我们已经计算出每个月的初步备考利润表，但在事实上，我们还是要在1月的利润表和资产负债表与2月的利润表和资产负债表之间进行跨月迭代，每月重复一次，以此类推。这项工作需要我们在确定各月资产负债表项目之后启动。（我们将会看到，迭代计算还将改变当年的利息费用总额和净利润数值。）

月度备考资产负债表

在生成了月度备考利润表之后,我们即可着手开始编制 2017 年的月度备考资产负债表。如表 4-8 所示的月度备考资产负债表计算方法与月度备考利润表基本相似。也就是说,首先确定每年的财务比率,而后,再考虑这些比率在各月间是如何变化的。

和年度备考资产负债表一样,现金和银行借款属于插入数字,通常是在全部过程结束时最终确定。在任何一个月份,企业既有可能实现正的现金余额(表明企业不需要额外融资),也有可能得到负的现金余额(相当于额外需要的融资金额)。

我们将假设,每个月底的最低现金余额为 45 000 美元,这与我们在第三章得到的年度备考数字相同。⊖ 这意味着,在每个月底,PIPES 要么持有不低于 45 000 美元的现金余额,且无短期银行借款;要么恰好持有 45 000 美元的现金余额,但同时持有短期银行借款。

随后,我们将应收账款设定为当月销售收入与上个月 17 天(或 17/30= 57%)的销售收入之和。这是怎么回事呢?这个数字从何而来?不妨重新看看我们的年度资产负债表。在第二章里,我们将 2016 年年终的应收账款 211 000 美元除以年销售收入 220 万美元,结果显示,应收账款相当于全年销售收入的 9.59%,或者说,相当于 35 天的销售收入(应收账款/日均销售收入,或年销售收入/365),但这是针对年终资产负债表而言的。

请注意,对于月度备考报表和无季节性影响的情况下,应收账款周转天数不会发生变化,而且每月应收账款对销售收入之比应为年均比率的 12 倍。如果没有季节性影响的话,那么,预计 12 月份的销售收入将为 183 333 美元(2 200 000 美元/12 月),而不是我们上述月度备考得到的 110 000 美元。因此,2016 年 12 月份的应收账款应为 115% (211 000 美元/183 333 美元,或 9.59%×12)。另外,每月的应收账款周转天数将继续保持为 34.5 天 [211 000 美元/(183 333 美元/30 天)]。⊖

我们不妨认真思考一下,从另一个角度看看这个问题。如果全年销售收入维持不变,那么,资产负债表中任何一个项目的月终金额占当月销售收入之比,都应该等于年终资产负债表该项目金额与年销售收入之比的 12 倍(即 115%=9.59%×12)。无论是使用月度还是年度销售数据(除每年按 365 天、每月按 30 天计算产生的四舍五入取整误差之外,有些分析师还会按每年 360 天进行计算),计算资产负债表项目所采用的销售天数应保持不变。

迄今为止,我们的测算还没有遇到问题。但是在出现季节性因素影响的情况下,销售收入会在各月之间出现波动,导致资产负债表项目的月度数据与月销售收入之比出现波动。在预测备考应收账款时,我们需要确定 PIPES 的收款时间有多长——也就是说,

---

⊖ 我们可以假定,最低现金余额与销售收入直接相关,但为简单起见,我们假设每月需要的现金余额是相同的。

⊖ 由于年度数字需要除以 365 天,而每月的数字则是除以 30 天,因此,因四舍五入取整会出现一个微小的误差(实际上,在这个例子中,应该使用 34.5 天,而不是 35 天整)。

从将产品销售给顾客到收回货款之间的天数。假如 12 月 31 日的应收账款总额为 21.1 万美元，12 月份的销售收入为 11 万美元，那么，我们就可以认为，12 月份的销售收入全部没有收到，11 月份的销售收入中还有 10.1 万美元没有收回。

2016 年 12 月 31 日的应收账款	211 000 美元		
12 月份销售收入没有收到的金额（100%）		110 000 美元	30 天
11 月销售收入没有收到的金额（余额）	101 000 美元		
11 月份的总销售收入	176 000 美元		
11 月份的日均销售收入	/30 天	5 867 美元	
收回 11 月未收回应收账款需要的天数			
应收账款周转天数			47 天

如果用 11 月份未收回销售收入的余额 101 000 美元除以 11 月份的日均销售额 5 867 美元（即 176 000 美元/30 天），那么，我们就会看到，收回全部应收账款的天数为 47 天，即整个 12 月份（为方便起见，我们将每月的天数均设定为 30 天）和 11 月份的 17 天（101 000 美元/日均销售额 5 867 美元）。相比之下，使用年度数字计算的应收账款周转天数则是 35 天。简单来说，要在年终得到 211 000 美元的应收账款总额，我们就必须提前实现 47 天的销售收入（即 12 月份的 11 万美元销售收入加上 11 月份 17.6 万美元收入总额中的 10.1 万美元）。

现在，我们再假设，应收账款周转天数在全年保持不变，固定为 47.3 天。⊖ 也就是说，无论是在冬季还是在夏季，我们收回日均销售额所需要的时间都是一样的。因此，月度备考数字与月销售收入之比不再固定，我们也无法利用它来推出每月末的应收账款余额。相反，我们采用的是固定的应收账款周转天数，2016 年年底的这个数字为 47 天。在表 4-3 中，我们采用以前 47 天的销售周转率测算月度的备考应收账款（实际和备考）。

表 4-3 PIPES 的 2017 年各月备考应收账款计算表

单位：千美元	1 月	2 月	3 月	4 月	5 月	6 月
销售收入	110.00	165.00	220.00	220.00	275.00	302.50
当月的 100%	110.00	165.00	220.00	220.00	275.00	302.50
上个月的 57%*	62.33	62.33	93.50	124.67	124.67	155.83
月末应收账款余额	172.33	227.33	313.5	344.67	399.67	458.33
单位：千美元	7 月	8 月	9 月	10 月	11 月	12 月
销售收入	302.50	302.50	247.50	247.50	220.00	137.50
当月的 100%	302.50	302.50	247.50	247.50	220.00	137.50
上个月的 57%*	171.42	171.42	171.42	140.25	140.25	124.67
月末应收账款余额	473.92	473.92	418.92	387.75	360.25	262.17

*57% 是按照 17 天/30 天计算得到的（2016 年 12 月的销售收入为 110 万美元）。

⊖ 鉴于我们所做的事情属于财务内容，因此，有必要再次重复一个主题：在财务中，正确的答案不止一个，我们也可以假设，应收账款周转天数也随季节的变化而变化。但如果缺乏足够强有力的理由支持这个假设，那么，我们就干脆不做这个假设。

在 2017 年 1 月，这个数字为 172 330 美元：

2017 年 1 月销售收入的 100% 加上 2016 年 12 月的 17 天销售收入，即：

100%×110 000 美元+17/30×110 000 美元=110 000 美元+ 62 330 美元=172 330 美元

在 2017 年 2 月，应收账款的估计数为 227 330 美元，即：

2017 年 2 月销售收入的 100% 加上 1 月份的 17 天销售收入

100%×165 000 美元+17/30×110 000 美元=165 000 美元+62 330 美元=227 330 美元

表 4-3 是按这种方法计算得出的各月应收账款金额。

接下来是存货。如果销售收入在一年内持续变化，我们还会预测存货保持不变吗？当然不会。我们千万不能预测实物存货量保持不变。如果 PIPES 的销售有季节性，那么，公司就需要在销售旺季到来的前几个月增加存货，并在销售下降的几个月里减少存货。那么，我们可以预期存货与销售收入之比保持不变吗？存货对历史销售收入的比率往往不是固定的，但是对存货占未来收入的比例，我们或许可以这样预测。一家经营良好的企业会在进入旺季之前增加库存，并在淡季到来之前减少库存。在这里，笔者准备假设，存货始终维持预期（未来）若干天销售收入之和。现在，我们可以开始计算了。

在理论上，将存货与未来销售收入联系起来似乎是正常的。但正如我们在上一章所提到的，期末存货的计算方法是：期初存货加上当期外购存货，然后再减去当期的销售成本。因此，存货周转天数（days inventory）通常是根据销售成本而不是销售收入计算的（因为在 PIPES 这个例子中，销售成本对销售收入的比率是不变的，这样，我们就可以轻而易举地将日销售成本转换为日销售收入）。因此，我们将在下面的例子中使用销售成本。

2016 年 12 月的存货金额为 418 000 美元，相当于未来三个月预测销售成本的总额与第四个月预测销售成本的一部分之和。

2016 年 12 月 31 日的存货		418 000 美元	
2017 年 1 月的预计销售成本（100%）	83 010 美元		30 天
2017 年 2 月的预计销售成本（100%）	124 510 美元		30 天
2017 年 3 月的预计销售成本（100%）	166 010 美元		30 天
三个月的销售成本合计		373 530 美元	
2017 年 4 月起的存货需求量		44 470 美元	
2017 年 4 月的预计销售成本	166 010 美元		
2017 年 4 月的日销售成本	/30	5 534 美元	
2017 年 4 月以后的存货周转天数			8 天
存货周转天数			98 天

如果以销售成本计算的存货周转天数保持在 98 天不变（即存货可维持未来 98 天的销售），那么，2017 年 1 月月底的存货金额为 511 870 美元：

2月份的预计销售成本（100%）	124 51 美元×30/30	124 510 美元
3月份的预计销售成本（100%）	166 010 美元×30/30	166 010 美元
4月份的预计销售成本（100%）	166 010 美元×30/30	166 010 美元
5月份的预计销售成本（26.7%）	207 520 美元×8/30	55 340 美元
2017年1月31日起的预计存货		511 870 美元

按同样的计算方法，2月份的预计存货应为600 410美元，计算过程如下所示：

2月份的预计销售成本（100%）	166 010 美元×30/30	166 010 美元
3月份的预计销售成本（100%）	166 010 美元×30/30	166 010 美元
4月份的预计销售成本（100%）	207 520 美元×30/30	207 520 美元
5月份的预计销售成本（26.7%）	228 270 美元×08/30	60 870 美元
2013年2月28日起的预计存货		600 410 美元

在表4-4中，我们以同样的方法计算出各月的存货备考金额。⊖

表4-4 PIPES的2013年备考月度存货计算表

单位：千美元	1月	2月	3月	4月	5月	6月
销售成本	83.01	124.51	166.01	166.01	207.52	228.27
未来第一个月100%	124.51	166.01	166.01	207.52	228.27	228.27
未来第二个月100%	166.01	166.01	207.52	228.27	228.27	228.27
未来第三个月100%	166.01	207.52	228.27	228.27	228.27	186.76
未来第四个月8/30天	55.34	60.87	60.87	60.87	49.80	49.80
98天的销售成本	511.87	600.41	662.66	724.92	734.60	693.10
单位：千美元	7月	8月	9月	10月	11月	12月
销售成本	228.27	228.27	186.76	186.76	166.01	103.76
未来第一个月100%	228.27	186.76	186.76	166.01	103.76	103.76
未来第二个月100%	186.76	186.76	166.01	103.76	103.76	155.64
未来第三个月100%	186.76	166.01	103.76	103.76	155.64	207.52
未来第四个月8/30天	44.27	27.67	27.67	41.50	55.33	55.33
98天的销售成本	646.06	567.21	484.20	415.03	418.49	522.25

接下来的是固定资产。在第三章里，我们假设固定资产在2017年增长了5%。为方便起见，我们假设增长是在年度的第一天完成。⊜ 因此，固定资产从2016年12月底的35万美元增加到2017年1月1日的36.8万美元，并在截至2017年12月31日的当年随后时间内保持不变。⊜

现在，我们再来看看资产负债表的负债和所有者权益一侧。

如第三章所述，公司的银行负债为短期贷款，属于插入数字。在简单分析利率之后，

⊖ 对于2017年8月以后的存货，首先需要计算2018年的销售收入和销售成本。为此，我们假设每年的销售增长率为25%，且与利润表维持上述关系（即销售成本为销售收入的75.46%）。

⊜ 此外，固定资产也有可能在全年时间范围内保持增长。

⊜ 事实上，这意味着，PIPES每月（除1月份外）需要按当月的折旧费用增加固定资产。

我们再返回到银行负债这个项目。银行负债的水平也决定了利润表上利息费用的金额，进而决定了每个月的净利润。我们假设银行借款的年利率为 7%，与第三章保持相同。长期负债利率同样采用第三章的假设，设定为 9%。

表 4-2 是我们初步得到的备考月度利润表，在表中，我们将每月的利息费用设定为 3 917 美元——即每年的预期利息费用 47 000 美元（见第三章中的表 3-5）除以 12。在这里，我们将简化假设，即当月的利息费用以上个月末的未偿还负债为基础。为此，我们将 7% 的年利率转换为月利率 0.583 3%（7%/12），而 9% 的年利率也可以转化为月利率 0.75%（9%/12）。⊖ 因此，2017 年 1 月的预计利息费用为 2 792 美元（2016 年 12 月 31 日的银行负债余额 350 000 美元，按 0.583 3% 的月利率计算利息费用，结果为 2 042 美元，再加上长期负债 100 000 美元按利率 0.75% 计算的利息费用为 750 美元）。如下所示，为计算 2 月及其他月份的利息费用，我们首先需要计算出上月底的负债余额。

应付账款按 10 天的采购金额进行预测（使用第三章的假设，并考虑供应商提供的折扣）。那么，我们该如何计算各月的采购金额呢？如前一章所述：

期初存货 + 采购成本 − 销售成本 = 期末存货

要获得采购成本，我们可以将上述公式重新调整为：

采购成本 = 期末存货 + 销售成本 − 期初存货

上个月的期末存货为当月的期初存货，此外，每月存货和销售成本按上述方法确定。这样，我们就可以计算出每个月的采购成本。而 10 天内支付的采购金额仅需以上个月的采购成本除以 3 即可（每月按 30 天计算）。具体如表 4-5 所示。

表 4-5 PIPES 在 2017 年的月应付账款计算方法

单位：千美元	销售成本	+期末存货	−期初存货	=应付账款		应付账款
1 月	83.01	11.87	−418.00	176.88	×10/30	58.96
2 月	124.51	600.41	−511.87	213.05	×10/30	71.02
3 月	166.01	662.66	−600.41	228.26	×10/30	76.09
4 月	166.01	724.92	−662.66	228.27	×0/30	76.09
5 月	207.52	734.60	−724.92	217.20	×10/30	72.40
6 月	228.27	693.10	−734.60	186.77	×10/30	62.26
7 月	228.27	646.06	−693.10	181.23	×10/30	60.41
8 月	228.27	567.21	−646.06	149.42	×10/30	49.81
9 月	186.76	484.20	−567.21	103.75	×0/30	34.58
10 月	186.76	415.03	−484.20	117.59	×10/30	39.20
11 月	166.01	418.49	−415.03	169.47	×10/30	56.49
12 月	103.76	522.25	−418.49	207.52	×10/30	69.17

⊖ 同样，我们也可以采用更精确的计算方法，并对每月 7% 的年利率转换为复利方式的月利率 0.566%，9% 的年利率转换为月利率 0.720 7%。

在之前得到的年度备考财务报表中，我们将应计负债设定为 25 000 美元。而应计负债最重要的组成部分之一，就是应付税款。因此，如果假设应计负债总额不变，我们实际上就是在假设税收金额也保持不变。但这个假设在现实中很少能成立。在编制月备考报表的过程中，我们希望能更合理地反映现实，逐月计算税款，并按季度支付（见如下关于所得税的介绍）。所以，我们不妨少安毋躁，厘清一下思路。现在，我们开始探讨一个新的话题，不仅仅有备考问题，还有税收问题。

> 按照规定，公司应在年度终结后第三个月的第 15 天向联邦支付提交公司所得税纳税申报表。因此，对于以 12 月 31 日（日历）为会计年度截止日的公司，如 PIPES，申报截止日就是 3 月 15 日。除了年度纳税申报表之外，政府还要求公司按季度分期缴纳税款（对采用日历时间作为年度截止日的公司，税款缴纳的日期分别为 3 月 15 日、6 月 15 日、9 月 15 日和 12 月 15 日）。分期缴纳的税款可以按公司的本年度预期数字或上一年度的实际总额计算。（由于是按季度缴纳，因此，各季度缴纳税款的总和即为年度总额。）
>
> 如果一家公司按当年数据缴纳各季度的税款，且由于当年预估收益太低而导致税款缴纳金额很少，那么，政府会对公司的收益情况进行评估，并有可能对少缴情况给予处罚。但如果公司根据上年度实际情况按季度分期缴纳税款的话，就不会出现因纳税不足而支付罚息或受到处罚。这也被称为"安全港"规则，因为它为公司提供了一种独立设定纳税金额且不会被罚款的机制。（政府不会对任何超额缴纳的税款支付利息）。如果预期税款将会增加，或无法确定预期税款的情况，那么，最好根据上年度实际缴纳的税款支付本年度各税款。大多数企业，比如我们提到的 PIPES，均选择根据上年度实际利润缴纳本年度各季度的税款。（需要强调的是，这和财务无关，这属于税的范畴。在这里，笔者不对政府税收原理进行探讨。）

在我们的月度备考资产负债表中，应计费用每月的变化额为当月应交税金的变动额。应交税金为 3 月、6 月、9 月和 12 月按预计金额缴纳的税款。因此，最后一次纳税也就是在 3 月份，将出现有一笔额外的付款或退款，金额相当于上年度应付税款与本年度实际预缴（各季度分期实缴总和）之间的差额。

截至 2016 年，PIPES 的应计负债为 25 000 美元。我们假设这个数字包括 9 000 美元的应付税款（将于 2017 年 3 月支付）和其他应计负债 16 000 美元。

2016 年的所得税费用	44 000 美元
2016 年支付的所得税= 2011 年的所得税费用	35 000 美元
2016 年 12 月 31 日应付未付并需要在 2017 年 3 月 15 日支付的应付税款	9 000 美元

此外，PIPES 还要分别在 2017 年的 3 月、6 月、9 月和 12 月支付当季度的预估所得税 11 000 美元（以 2016 年度税收费用总额 44 000 美元为基础）。当年按季度支付的

预估所得税是根据上年度实际税费总额计算的。⊖ 也就是说，每月的应计税费将按所得税费用进行上调，在 2017 年 3 月份减少 20 000 美元（2016 年少缴的 9 000 美元和本季度的预缴税款），而在 2017 年 6 月、9 月和 12 月则需要分别减少 11 000 美元。

请注意，正如在月度利润表的已付利息和月度资产负债表的银行负债之间存在的对应关系一样，应计税金也存在这种关系。因为每月实际缴纳的税金都是按税前利润计算得到的，而税前利润又取决于已付利息等因素。因此，为计算下面的月度应计利润，我们首先需要计算出每月的利息费用；而要计算每月的利息费用，首先就要计算出每月的银行借款；要计算每月的银行借款，就要先计算出每月的净利润。

正如我们在第三章中所指出的那样，现代电子表格软件可以通过联立方程让这个问题迎刃而解。但是在这里，我们还是通过迭代方式演示这个过程的工作原理，而不仅仅随便给读者抛出一个"黑箱子"式的解决方案。必须强调的是：如上所述，我们假设，每个月的利息都是以上个月末的银行负债为基础。（虽然我们不再使用联立方程作为解决方案，但它依旧给出一个应非常接近于联立方程组的结果）。

我们可以在如下的表 4-6 中⊖ 看到，2017 年 1 月底的应计利润为 21 040 美元（2016 年 12 月底的 25 000 美元减去 3 960 美元的税收返还。之所以会出现税收返还，是因为 PIPES 在 1 月出现了税前亏损，因此，当月的所得税费用应为负数）。2 月底的应计负债为 21 290 美元（1 月底的应计利润 21 040 美元，加上 2 月的所得税费用 250 美元），3 月底的应计负债为 6 000 美元（2 月底的应计利润 21 290 美元加上 3 月的税费 4 710 美元，减去 2016 年欠缴的 9 000 美元应付税款，最后，再扣除 2017 年支付的 11 000 美元季度预缴税款）。截至 2016 年 12 月底，公司的应计利润为 37 170 美元，具体可按相同逻辑计算（从 11 月份的应计利润余额 50 140 美元，减去 12 月份的税收返还 1 970 美元，再减去支付的 11 000 美元季度预缴税款）。此外，2017 年末的余额 37 170 美元也可以按如下方式得到：2017 年底的应交税款 21 170 美元（2017 年度的所得税费用 65 170 美元，减去 2017 年四个季度预缴的税款总额——每次预缴的税款为 11 000 美元，四个季度合计支付 44 000 美元），加上金额固定的其他应计费用 16 000 美元。

再看看资产负债表的其他项目：长期负债下降，减少的金额为每年偿还的 10 000 美元。和固定资产一样，长期负债的关键点在于偿还时间。在这里，笔者有选择地假设，为简单起见，假设每年按两次还款，在 6 月 30 日偿还 5 000 美元，在 12 月 31 日再偿还 5 000 美元。⊖

⊖ 35 000 美元是 2011 年的所得税费用总额，因此，我们假设，这也是 PIPES 在整个 2016 年支付的预估税款总额。此外还需要注意的是，应计费用不仅包括税收，还包括工资和电费等，但是为简单起见，我们假设这些数字在各月底保持不变，均为 16 000 美元。

⊖ 虽然我们已经编制出月度的备考利润表，但它并未考虑到这种循环性。修订后的月度备考利润表见表 4-7。表 4-8 是和修订后月度备考利润表对应的月度备考资产负债表。

⊖ 在美国，公司债券的利息通常为每半年支付一次（6 个月）。有趣的是，欧元债券则是一年支付一次利息。

表 4-6 PIPES 的月度备考应计费用计算表

单位：千美元	1月	2月	3月	4月	5月	6月
期初余额	25.00	21.04	21.29	6.00	10.41	19.37
每月税费	-3.96	0.25	4.71	4.41	8.96	11.24
前一年余额	—	—	-9.00	—	—	—
季度分期付款	—	—	-11.00	—	—	-11.00
期末余额	21.04	21.29	6.00	10.41	19.37	19.61
	7月	8月	9月	10月	11月	12月
期初余额	19.61	30.84	42.19	38.03	45.14	50.14
每月税费	11.23	11.35	6.84	7.11	5.00	-1.97
上一年度余额	—	—	—	—	—	—
季度分期付款	—	—	-11.00	—	—	-11.00
期末余额	30.84	42.19	38.03	45.14	50.14	37.17

所有者权益由实收资本和留存收益构成，和第三章一样，我们假设实收资本固定不变。由于 PIPES 不派息，因此，留存收益的变化就等于每月实现的利润或亏损。例如，公司在 2016 年 12 月底的留存收益为 279 000 美元，由于 PIPES 在 2017 年 1 月份的亏损为 7 360 美元，因此，2017 年 1 月底的留存收益减少为 271 640 美元（279 000-271 640）。我们将在第 11 章里讨论股利和股利政策。

现在，我们再来看看作为资产负债表两侧余额形成的两个插入值——现金余额和银行贷款。如果 PIPES 的负债和所有者权益之和大于资产，那么，我们就假定这个差额是以现金支付的。如果 PIPES 在任何一个月的资产总额大于负债和所有者权益之和，那么，这个差额就需要额外融资来解决。而且我们假定，融资全部来自银行贷款。

对于 2017 年的每个月，负债和所有者权益之和均小于资产，因此，现金始终保持为最低余额的 45 000 美元，银行贷款则是一个正的平衡项目。2017 年 1 月，为资产融资所需要的银行贷款（为实现资产负债表两侧平衡的插入项）为 598 930 美元。2 月份需要的银行贷款为 729 690 美元，6 月份继续上升，达到 1 014 920 美元，直至年底才下降至 554 840 美元。

表 4-7 对利息费用修订后的 2017 年 PIPES 月度备考利润表

月终，金额单位：千美元	1月	2月	3月	4月	5月	6月
销售收入	110.00	165.00	220.00	220.00	275.00	302.50
销售成本	83.01	124.51	166.01	166.01	207.52	228.27
毛利润	26.99	40.49	53.99	53.99	67.48	74.23
销售及一般管理费用	35.52	35.52	35.52	35.52	35.52	35.52
营业利润	-8.53	4.97	18.47	18.47	31.96	38.71
利息费用	2.79	4.25	5.01	5.88	6.35	6.60
税前利润	-11.32	0.72	13.46	12.59	25.61	32.11
所得税 35%	-3.96	0.25	4.71	4.41	8.96	11.24
净利润	-7.36	0.47	8.75	8.18	16.65	20.87

（续）

月终，金额单位：千美元	7月	8月	9月	10月	11月	12月	合计
销售收入	302.50	302.50	247.50	247.50	220.00	137.50	2 750.00
销售成本	228.27	228.27	186.76	186.76	166.01	103.76	2 075.16
毛利润	74.23	74.23	60.74	60.74	53.99	33.74	674.84
销售及一般管理费用	35.52	35.52	35.52	35.52	35.52	35.52	426.24
营业利润	38.71	38.71	25.22	25.22	18.47	-1.78	284.60
利息费用	6.63	6.27	5.69	4.92	4.19	3.86	62.44
税前利润	32.08	32.44	19.53	20.3	14.28	-5.64	186.16
所得税 35%	11.23	11.35	6.84	7.11	5.00	-1.97	65.17
净利润	20.85	21.09	12.69	13.19	9.28	-3.67	120.99

公司的另一番图景

那么，对于第三章编制的年度备考资产负债表和表4-8中的月度备考表，两者相比有什么区别吗？哪个对PIPES所需银行信用额度的预测更准确呢？季节性因素会导致我们对公司产生截然不同的看法，也会改变我们需要从银行获得的信用额度做出的估计。在表4-8所示的月度备考财务报表中，我们可以看到，截至2017年6月底，PIPES需要的最高银行信用额度为1 015 000美元，而在年底则回落到555 000美元。之所以出现如此巨大的季节性差异，是因为银行信用额度主要用于为应收账款和存货提供融资。应收账款在7月和8月（最繁忙的销售月份）达到最高点，而存货则在5月（之前）达到最高峰。12月份，由于当月销售收入较低，因此，相应的应收账款和存货也相对下降。

表4-8 PIPES的2017年月备考资产负债表

单位：千美元	1月	2月	3月	4月	5月	6月
现金（插入）	45.00	45.00	45.00	45.00	45.00	45.00
应收账款	172.70	227.70	314.05	345.40	400.40	459.25
存货	511.87	600.41	662.66	724.92	734.60	693.10
预付费用	28.00	28.00	28.00	28.00	28.00	28.00
流动资产	757.57	901.11	1 049.71	1 143.32	1 208	1 225.35
土地、厂房及设备	368.00	368.00	368.00	368.00	368.00	368.00
资产总额	1 125.57	1 269.11	1 417.71	1 511.32	1 576	1 593.35
银行负债（插入）	598.93	729.69	879.76	960.78	1 003.54	1 014.92
本期长期负债	10.00	10.00	10.00	10.00	10.00	10.00
应付账款	58.96	71.02	76.09	76.09	72.40	62.26
应计利息	21.04	21.29	6.00	10.41	19.37	19.61
流动负债	688.93	832.00	971.85	1 057.28	1 105.31	1 106.79
长期负债	90.00	90.00	90.00	90.00	90.00	85.00
负债总额	778.93	922.00	1 061.85	1 147.28	1 195.31	1 191.79

续表

单位：千美元	1月	2月	3月	4月	5月	6月
实收资本	75.00	75.00	75.00	75.00	75.00	75.00
留存收益	271.64	272.11	280.86	289.04	305.69	326.56
所有者权益	346.64	347.11	355.86	364.04	380.69	401.56
负债和所有者权益合计	1 125.57	1 269.11	1 417.71	1 511.32	1 576	1 593.35

单位：千美元	7月	8月	9月	10月	11月	12月
现金（插入）	45.00	45.00	45.00	45.00	45.00	45.00
应收账款	474.93	474.93	419.93	388.58	361.08	262.9
存货	646.06	567.21	484.20	415.03	418.49	522.25
预付费用	28.00	28.00	28.00	28.00	28.00	28.00
流动资产	1 193.99	1 115.14	977.13	876.61	852.57	858.15
土地、厂房及设备	368.00	368.00	368.00	368.00	368.00	368.00
资产总额	1 561.99	1 483.14	1 345.13	1 244.61	1 220.57	1 226.15
银行负债（插入）	953.33	852.64	721.33	595.89	540.28	554.82
本期长期负债	10.00	10.00	10.00	10.00	10.00	10.00
应付账款	60.41	49.81	34.58	39.2	56.49	69.17
应计利息	30.84	42.19	38.03	45.14	50.14	37.17
流动负债	1 054.58	954.64	803.94	690.23	656.91	671.16
长期负债	85.00	85.00	85.00	85.00	85.00	85.00
负债总额	1 139.58	1 039.64	888.94	775.23	741.91	751.16
实收资本	75.00	75.00	75.00	75.00	75.00	75.00
留存收益	347.41	368.5	381.19	394.38	403.66	399.99
所有者权益	422.41	443.5	456.19	469.38	478.66	474.99
负债和所有者权益合计	1 561.99	1 483.14	1 345.13	1 244.61	1 220.57	1 226.15

我们将备考报表扩展到2018年和2019年（见本章末尾的附录A和附录B），可以看到，PIPES所需要的最大应收账款和存货分别为1 189 150美元和1 453 960美元，而至年终则预期降至631 980美元和755 330美元。

因此，由于公司经营的季节性特征，使得月度备考报表呈现出与PIPES年度备考报表完全不同的融资需求。向银行申请55.7万美元的信贷额度和申请超过100万美元的信贷额度会给公司带来很大的不同。如果PIPES和银行都没有事先准备，那么，到2017年1月（银行贷款需求为599 000美元），55.7万美元的信用额度将彻底耗尽。

深入拓展

考虑到我们已经拥有了基本的预测架构，所以，可以由此出发，拟定更多的假设，进行更多的调整。比如说，我们可以改变对销售季节性影响程度的假设，从而调整针对业务运营方式做出的假设（也就是说，我们可以假设PIPES开始向及时付款的客户提供销售折扣）等。然而，这些工具主要用于编制备考财务报表，而且在计算机电子表格的协助下，我们可以轻而易举地创建各种假设情境。

银行家的想法

现在，我们再回头看看银行家是怎样想的：银行家是否愿意在 2017 年为 PIPES 提供 110 万美元的信贷额度，并在 2018 年把这个数字增加到 150 万美元呢？我们曾在第三章提出过如下问题，以确定银行是否应为公司提供贷款。

（1）公司为什么需要钱？
（2）公司需要多少钱？
（3）公司打算何时偿还贷款？
（4）提供贷款会给银行带来哪些风险？

第一个问题的答案依旧不变。PIPES 需要外部资金为应收账款和存货融资。而且由于季节性的影响，PIPES 需要的资金要多于第三章的估计，所以，第二个问题对应的答案在数量上有所增加。第三个问题的答案仍然与第三章相同——这是一个长期性融资需求，不可能预期在短期内偿还。但这笔贷款包括两个部分，一部分是 2017 年的永久性需求，约为 55 万美元；另一部分则为整个年度内的波动性需求。（正如我们将在本书下一部分即将讨论的那样，企业可能希望通过资本市场满足永久性资金需求，而不是完全依赖于银行。）

至于第四个问题——提供贷款的风险，则要求我们回顾第三章讨论的抵押情况。在重新表述第三章表 3-8 的基础上，表 4-9 反映了 6 月和 12 月的情况。适用于 12 月 31 日的比率来自第三章（由于利息费用和应计负债调整，会产生一点微小的偏差）。

表 4-9　杠杆率和抵押品的估值

	2017	2018	2019
6 月 30 日的负债/资产总额：	70%	67%	65%
12 月 31 日的负债/资产总额：	53%	49%	46%
6 月 30 日			
（a）所需要现金的余额	45 美元	45 美元	45 美元
（b）应收账款：按账面价值的 80%估值	367 美元	459 美元	574 美元
（c）存货：按账面价值的 60%估值	416 美元	518 美元	651 美元
（d）固定资产：按账面价值的 85%估值	313 美元	343 美元	412 美元
抵押品的预计清算总额	1 141 美元	1 365 美元	1 682 美元
长期负债	95 美元	85 美元	75 美元
贷款	1 015 美元	1 189 美元	1 454 美元
负债总额	1 110 美元	1 274 美元	1 529 美元
6 月 30 日的抵押品/负债比	103%	107%	110%
6 月 30 日的抵押品/贷款比	112%	115%	116%

每年 6 月份的负债/总资产比均高于 12 月。我们已经提到过，这并不难解释，这是由于应收账款和存货的季节性影响造成的。抵押/贷款比也有所下降，因为我们要为应收

账款和存货季节性的全部增长额提供融资。但是，在把它们当作抵押品时，抵押价值只能是账面价值的 80%和 60%。虽然公司的营利能力很好，而且运行正常，但当年的杠杆率却很高，而且抵押品金额也相对较低。

尽管表 4-9 中并没有列示出所有月份的数据，但对于 PIPES，贷款和抵押品的最大值均出现在 6 月份（要做出这个判断，需要每月对抵押品进行估值）。但未必所有公司都是这样的。需要提醒的是，对于 PIPES，应收账款的最大值出现在 7 月，而存货的最高点则是 5 月份。根据具体的价值以及抵押品价值，贷款和抵押品的最高点未必重合。因此，虽然季节性因素对 PIPES 的影响并不大，但却会影响到贷款的安全性。如果我们出售的是女性服装（包括时装），而不是聚乙烯管（各年度之间的变化不大），那么，存货和应收账款在各月之间的差异肯定会更大。

银行贷款的风险有所增加，尤其是在 6 月份。但抵押品与贷款之比仍远远高于 100%，而且公司运行依旧保持良好。表 4-9 所示的分析将促使银行密切跟踪这家贷款客户，但是在笔者看来，这还不至于让银行拒绝更高信用额度的申请。还有一点需要注意的是，在销售收入以 25%的速度增长时，抵押品/贷款比和资产负债率（负债/资产）保持稳定。但更快的增长速度会导致这些比率下降，较慢的增长速度则会提高这些比率。

本章小结

本章介绍了在销售受季节性影响的情况下编制月度备考财务报表的方法。可以看到，由于季节性因素的存在，既定年度内的融资金额可能会出现较大变动。现在，读者应该认识到的是，创建备考财务报表的重点在于管理层如何看待以下两个问题：

（1）公司是否有望盈利？
（2）企业需要多少资金？

正如前一章所述，如果管理者去银行申请贷款，那么，他们就必须提前准备好这些数字，以便应对银行可能提出的问题，显示企业的可信度。另外，当管理层考虑对经营中的某个方面进行调整时（例如，将应付账款的支付期减少到 10 天），他们就必须预测这种调整带来的影响。

显然，我们还要用到前面提到的全部三种分析工具（资金来源和使用情况表、财务比率分析和备考财务报表）。但读者现在应该清楚的是，这些工具的重要性源于何处，以及它们到底有怎样的作用。

期待下一步

下一章的主题是企业的资本结构。也就是说，一家公司如何为其资产进行融资。在这一章里，我们将以 20 世纪 80 年代的农用设备制造商梅西-弗格森（Massey Ferguson）公司为例，阐述企业应如何权衡诸多因素，而不是只考虑融资成本。

附录 A 2018—2019 年的备考财务报表

附录 A PIPES 的 2018 年度备考利润表（单位：千美元）

2018 年	1 月	2 月	3 月	4 月	5 月	6 月
销售收入	137.50	206.25	275.00	275.00	343.75	378.13
销售成本	103.76	155.64	207.52	207.52	259.39	285.34
毛利润	33.74	50.61	67.48	67.48	84.36	92.79
销售及一般管理费用	44.40	44.40	44.40	44.40	44.40	44.40
营业利润	−10.66	6.21	23.08	23.08	39.96	48.39
利息费用	3.91	4.61	5.56	6.54	7.16	7.54
税前利润	−14.57	1.60	17.52	16.54	32.8	40.85
所得税 35%	−5.10	0.56	6.13	6.79	11.48	14.30
净利润	−9.47	1.04	11.39	10.75	21.32	26.55

2018 年	7 月	8 月	9 月	10 月	11 月	12 月	合计
销售收入	378.13	378.13	309.38	309.38	275.00	171.88	3 437.53
销售成本	285.34	285.34	233.46	233.46	207.52	129.7	2 593.99
毛利润	92.79	92.79	75.92	75.92	67.48	42.18	843.54
销售及一般管理费用	44.40	44.40	44.40	44.40	44.40	44.40	532.8
营业利润	48.39	48.39	31.52	31.52	23.08	−2.22	310.74
利息费用	7.57	7.21	6.56	5.57	4.70	4.32	71.25
税前利润	40.82	41.18	24.96	25.95	18.38	−6.54	239.49
所得税 35%	14.28	14.41	8.74	9.08	6.43	−2.29	83.81
净利润	26.54	26.77	16.22	16.87	11.95	−4.25	155.68

PIPES 的 2018 年度月备考资产负债表（单位：千美元）

2018 年	1 月	2 月	3 月	4 月	5 月	6 月
现金（插入）	45.00	45.00	45.00	45.00	45.00	45.00
应收账款⊖	215.88	284.63	392.56	431.75	500.5	574.06
存货⊖	635.51	745.76	823.58	901.39	914.36	862.48
预付费用	28.00	28.00	28.00	28.00	28.00	28.00
流动资产	924.39	1 103.39	1 289.14	1 406.14	1 487.86	1 509.54
土地、厂房及设备	404.00	404.00	404.00	404.00	404.00	404.00
资产总额	1 328.39	1 507.39	1 693.14	1 810.14	1 891.86	1 913.54
银行负债（插入）	674.38	837.2	1 005.08	1 111.33	1 176.06	1 189.15
本期长期负债	10.00	10.00	10.00	10.00	10.00	10.00

⊖ 应收账款按 47 天的历史销售收入计算。
⊖ 存货周转天数按未来销售成本计算的结果为 97.5 天。

(续)

2018年	1月	2月	3月	4月	5月	6月
应付账款⊖	73.49	88.63	95.11	95.11	90.78	77.82
应计利息	25.00	25.00	25.00	25.00	25.00	25.00
流动负债	782.87	960.83	1 135.19	1 241.44	1 301.84	1 301.97
长期负债	80.00	80.00	80.00	80.00	80.00	80.00
负债总额	826.87	1 040.83	1 215.19	1 321.44	1 381.84	1 376.97
实收资本	75.00	75.00	75.00	75.00	75.00	75.00
留存收益	390.52	391.56	402.95	413.70	435.02	461.57
股东权益	465.52	466.56	477.95	488.70	510.02	536.57
负债和所有者权益合计	1 328.39	1 507.39	1 693.14	1 810.14	1 891.86	1 913.54

2018年	7月	8月	9月	10月	11月	12月
现金（插入）	45.00	45.00	45.00	45.00	45.00	45.00
应收账款	593.66	593.66	524.91	485.72	451.34	328.63
存货	804.12	706.85	603.09	515.55	518.79	648.48
预付费用	28.00	28.00	28.00	28.00	28.00	28.00
流动资产	1 470.78	1 373.51	1 201.00	1 074.27	1 043.13	1 050.11
土地、厂房及设备	404.00	404.00	404.00	404.00	404.00	404.00
资产总额	1 874.78	1 777.51	1 605.00	1 478.27	1 447.13	1 454.11
银行负债（插入）	1 126.01	1 014.94	845.67	696.66	631.96	631.98
本期长期负债	10.00	10.00	10.00	10.00	10.00	10.00
应付账款	75.66	62.69	43.23	48.64	70.25	86.46
应计利息	25.00	25.00	25.00	25.00	25.00	25.00
流动负债	1 236.76	1 112.63	923.90	780.30	737.21	753.44
长期负债	75.00	75.00	75.00	75.00	75.00	75.00
负债总额	1 311.76	1 187.63	998.90	855.30	812.21	823.44
实收资本	75.00	75.00	75.00	75.00	75.00	75.00
留存收益	488.11	514.88	531.10	547.97	559.92	555.67
股东权益	563.11	589.88	606.10	622.97	634.92	630.67
负债和所有者权益合计	1 874.78	1 777.51	1 605.00	1 478.27	1 447.13	1 454.11

附录 B PIPES 的 2019 年度月备考利润表

附录 B PIPES 的 2019 年度月备考利润表（单位：千美元）

2019年	1月	2月	3月	4月	5月	6月	
销售收入	171.88	257.81	343.75	343.75	429.69	472.66	

⊖ 应付账款按 10 天采购成本计算。为简化起见，假设应计费用不变，因此，无须根据本章所述的所得税费用进行调整。

（续）

2019年	1月	2月	3月	4月	5月	6月	
销售成本	129.70	194.55	259.39	259.39	324.24	356.67	
毛利润	42.18	63.26	84.36	84.36	105.45	115.99	
销售及一般管理费用	55.50	55.50	55.50	55.50	55.50	55.50	
营业利润	−13.32	7.76	28.86	28.86	49.95	60.49	
利息费用	4.29	5.33	6.53	7.76	8.53	9.00	
税前利润	−17.61	2.43	22.33	21.10	41.42	51.49	
所得税35%	−6.16	0.85	7.82	7.34	14.50	18.02	
净利润	−11.45	1.58	14.51	13.76	26.92	33.47	
2019年	7月	8月	9月	10月	11月	12月	合计
销售收入	472.66	472.66	386.72	386.72	343.75	214.84	4 296.89
销售成本	356.67	356.67	291.82	291.82	259.39	162.12	3 242.43
毛利润	115.99	115.99	94.90	94.90	84.36	52.72	1 054.46
销售及一般管理费用	55.50	55.50	55.50	55.50	55.50	55.50	55.50
营业利润	60.49	60.49	39.40	39.40	28.86	−2.78	388.46
利息费用	9.04	8.58	7.76	6.52	5.44	4.97	83.75
税前利润	51.45	51.91	31.64	32.88	23.42	−7.75	304.71
所得税35%	18.01	18.17	11.07	11.51	8.20	−2.71	106.62
净利润	33.44	33.74	20.57	21.37	15.22	−5.04	198.09

PIPES的2019年度月备考资产负债表（单位：千美元）

2019年	1月	2月	3月	4月	5月	6月
现金（插入）	45.00	45.00	45.00	45.00	45.00	45.00
应收账款⊖	269.84	355.78	490.70	539.69	625.63	717.58
存货	802.18	940.76	1 038.03	1 135.30	1 149.96	1 085.11
预付费用	28.00	28.00	28.00	28.00	28.00	28.00
流动资产	1 145.02	1 369.54	1 601.73	1 747.99	1 848.59	1 875.69
土地、厂房及设备	485.00	485.00	485.00	485.00	485.00	485.00
资产总额	1 630.02	1 854.54	2 086.73	2 232.99	2 333.59	2 360.69
银行负债（插入）	811.34	1 017.70	1 227.53	1 360.03	1 439.63	1 453.96
本期长期负债	10.00	10.00	10.00	10.00	10.00	10.00
应付账款⊖	94.46	111.04	118.89	118.89	112.97	97.27
应计利息	25.00	25.00	25.00	25.00	25.00	25.00
流动负债	940.80	1 163.74	1 381.42	1 513.92	1 587.60	1 586.23
长期负债	70.00	70.00	70.00	70.00	70.00	70.00
负债总额	1 10.80	1 233.74	1 451.42	1 583.92	1 657.60	1 651.23

⊖ 应收账款按47天的历史销售收入计算。
⊖ 存货周转天数按未来销售成本计算的结果为97.5天。
⊖ 应付账款按10天采购成本计算。为简化起见，假设应计费用不变，因此，无须根据本章所述的所得税费用进行调整。

(续)

2019年	1月	2月	3月	4月	5月	6月
实收资本	75.00	75.00	75.00	75.00	75.00	75.00
留存收益	544.22	545.80	560.31	574.07	600.99	634.46
股东权益	619.22	620.80	635.31	649.07	675.99	709.46
负债和所有者权益合计	1 630.02	1 854.54	2 086.73	2 232.99	2 333.59	2 360.69
2019年	7月	8月	9月	10月	11月	12月
现金（插入）	45.00	45.00	45.00	45.00	45.00	45.00
应收账款	742.07	742.07	656.13	607.15	564.18	410.78
存货	1 011.38	887.45	757.75	650.27	656.27	818.39
预付费用	28.00	28.00	28.00	28.00	28.00	28.00
流动资产	1 826.45	1 702.52	1 486.88	1 330.42	1 293.45	1 302.17
土地、厂房及设备	485.00	485.00	485.00	485.00	485.00	485.00
资产总额	2 311.45	2 187.52	1 971.88	1 815.42	1 778.45	1 787.17
银行负债（插入）	1 374.24	1 233.30	1 020.63	835.40	756.19	755.33
本期长期负债	10.00	10.00	10.00	10.00	10.00	10.00
应付账款	94.31	77.58	54.04	61.44	88.46	108.08
应计利息	25.00	25.00	25.00	25.00	25.00	25.00
流动负债	1 503.55	1 345.88	1 109.67	931.84	879.65	898.41
长期负债	65.00	65.00	65.00	65.00	65.00	65.00
负债总额	1 568.55	1 410.88	1 174.67	996.84	944.65	958.41
实收资本	75.00	75.00	75.00	75.00	75.00	75.00
留存收益	667.90	701.64	722.21	743.58	758.80	753.76
股东权益	742.90	776.64	797.21	818.58	833.80	828.76
负债和所有者权益合计	2 311.45	2 187.52	1 971.88	1 815.42	1 778.45	1 787.17

第二部分
企业融资与融资政策

第五章
融资为什么重要(梅西-弗格森农用设备制造公司)

本章将讨论企业如何制定融资决策，也就是说，企业应如何筹集资金。其目的就是在"问题发现者"层面上展开讨论，而不是为了详尽回答这个问题。在本章里，我们首先对这个主题进行概述性介绍。在随后的几章，我们将详细阐述如何制定融资决策。本章表明了企业如何为自己融资这个问题，并不能完全依赖于成本最小化这个目标；我们将以梅西-弗格森农用设备制造公司（梅西）在 20 世纪 80 年代初面临的形势，详细解读融资这个主题的方方面面。

产品市场定位与策略

笔者坚信，如果不了解企业的产品市场地位——即企业的产品、所在行业、竞争对手、优势和缺点以及产品的市场战略等方面，你就无法进行合理有效的企业融资。合理的融资永远从产品市场开始。梅西-弗格森是一家农用设备制造商，主要生产拖拉机和联合收割机等农用设备。虽然总部位于加拿大，但它却是一家典型的跨国企业，其产品销往世界各地。我们在 1980 年调查这家公司时，他们的主要竞争对手是国际收割机公司（International Harvester）和约翰迪尔公司（John Deere）。

农用设备具有体型庞大、结构复杂和价格昂贵等特征。在北美洲，一个农民每天都会花费几小时进行犁耕、播种和收割。联合收割机往往配备了很多休闲设施（如空调、立体音响和迷你冰箱），而且价格不菲，目前售价已超过 30 万美元。⊖ 它们的产品已不再是普通商品，其中也包含着一定程度的品牌忠诚度。

梅西并没有把全部注意力集中在北美的大型高端农用设备市场。在三大农用设备制造商中，梅西是唯一一家专门制造小型拖拉机和联合收割机的企业。梅西的拖拉机产地分布在加拿大和英国，但产品销往世界各地。因此，梅西的产品市场战略就是从小型拖拉机的产品市场拓展开来：他们并没有在北美市场与约翰迪尔和国际收割机公司开展正面竞争，因为他们并不生产北美市场最需要的大型拖拉机。开发这样的产品线需要在设计、制造和分销方面进行大量投资。

因此，梅西的产品线和产品是相互匹配的。他们生产小型拖拉机，并以拥有小规模农场的国家为市场，主要是亚洲和非洲。通过这种方式，梅西避免了直接与主要对手约翰迪尔和国际收割机公司展开竞争。相比之下，约翰迪尔的生产基地集中在北美地区，产品也主要销往北美地区。

那么，我们不妨提出下列问题：为什么梅西的生产基地在加拿大和英国（发达国家），而产品却销往亚洲和非洲（欠发达国家）？公司不是应在低成本地区生产产品，并销往高成本市场吗？如果你的市场分布在世界各地，为什么不让生产制造业务同样分布在世界各地呢？或者，换一种说法，为什么以集中性生产来匹配分散性销售呢？

⊖ 见 http://jpgmag.com/stories/9752。

经营中的政治风险和规模经济效应

假设你是梅西的首席执行官,正在为证券分析师会议作演讲(今天的会议将采用电话会议,而以前则是面对面会议)。此时,你应如何证明,在高成本国家集中生产并销往发展中国家的经营战略是合理的呢?作为首席执行官,你需要回答如下问题:全球农业的增长点在哪里?是美国吗?美国农民人口有多少?美国的农民人数每年都在下降,唯有美国农业部(USDA)的员工数量还在继续上升。因此,迟早有一天,美国农业部的员工数量会超过美国农民的数量。更令人担忧的是,在此期间,美国农民和耕种面积将继续减少,而世界其他地区则会兴起一场绿色革命,并由此引发一轮农业的大发展。

那么,梅西公司所依托的理论是什么呢?梅西的市场定位就是寻找能带来成长的地方。

梅西的业务遍布于全球 30 多个国家,因而,具有明显的多样化特征。另外,约翰迪尔则严重依赖于北美市场。[⊖]

梅西的经营看似冒险,但多样化的战略却为他们提供了足够的安全度。花旗银行首席执行官沃尔特·里斯顿(Walter Wriston)对此持同样观点。作为世界上最大的银行,花旗银行在同时召开的另一场证券分析师会议中,几乎给出了完全相同的说法:花旗银行之所以为发展中国家提供贷款,就因为这里是增长的新源头。

两家身处同一行业的公司形成了鲜明对比:约翰迪尔在北美洲生产大型拖拉机,主要出售给北美地区的大型企业客户;梅西则在加拿大生产小型拖拉机,并基于规模经济效应而销往全世界的小型农场。谁的经营战略风险更高呢?或许是梅西,但这绝不是一个糟糕的战略,因为梅西很容易证明这一点。

那么,梅西的经营战略是如何实现的呢?公司的表现又如何呢?答案可以在本章附录所示的梅西公司财务报表中略见一斑。首先,我们不妨看看他们在 1971–1976 年期间的销售收入,收入总额几乎增加了三倍(增长幅度达 269%)。在此期间,销售收入的年均增长率为 20%,年均 ROE 为 12.7%(从 1971 年的最低点 2.4% 上升到 1976 年的 18.4%)。可以说,梅西取得了令人羡慕的股权收益率;在开发新市场的过程中,公司的销售收入增长了 22%。这就是说,即便是在尝试进入新市场、建立基础设施、搭建经销商和配送团队的过程中,他们依旧创造出 22% 的年均增长率,而且还给股东带来了 12.7% 的回报率。这已经是非常了不起的表现了。梅西的产品市场策略或许有些冒险,但并非没有依据。最关键的是,他们实现了良好的财务表现。从根本上说,他们的目的地是竞争还不够激烈的新兴市场(见图 5-1)。

⊖ 为了便于阐述,我们以点带面,因而不将行业中的所有公司都纳入我们的比较范围。

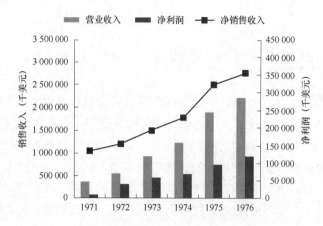

图 5-1 梅西-弗格森农用设备公司，1971-1976

梅西的替代策略又是什么呢？他们可以选择以北美地区为对象，与国际收割机公司和约翰迪尔在大型联合收割机市场上竞争。也就是说，他们可以开发新的大型联合收割机，和这两个对手进行竞争。或者说，梅西还可以利用已经生产的拖拉机，把它们销往发展中国家。哪个战略风险较高呢？是与国际收割机公司和约翰迪尔生产的联合收割机直面对抗，还是选择一个国际收割机公司和约翰迪尔尚未涉足的新市场？当然，这么说只是一个简单的比较，具体还需要深入分析。

梅西-弗格森农用设备公司的历史：1971-1976 年

那么，梅西在 1971-1976 年的融资情况如何呢？通过负债（我们可以在本章附录中看到梅西公司的利润表、资产负债表以及 1971-1982 年期间的部分财务比率）。在 1971-1976 年期间，梅西公司的年均资产负债率[负债/（负债+权益）]为 47%，而公司的目标负债率似乎在 41%~51%范围内。梅西和其他公司相比怎样呢？1976 年，国际收割机公司的资产负债率为 35.1%，约翰迪尔为 31.3%（约翰迪尔发行的大部分债券为 AA 级⊖）（见表 5-1）。

表 5-1 梅西与其主要竞争对手的比较情况（1976 年）

	梅西-弗格森	国际收割机	约翰迪尔
资产负债率：负债/（负债+权益）	46.90%	35.10%	31.30%
利息保障倍数	3.9 倍	2.8 倍	7.7 倍
穆迪的评级	未评级	Baa 到 A	A 到 AA

⊖ 国际三大评级机构分别为标准普尔、穆迪和惠誉。虽然各家公司的评级标准略有不同，但基本模式基本相同，最安全的评级表示为 AAA，其次是 AA+，以此类推。最低的信用等级为 D，意味着该公司处于违约状态，或者目前已无法按照负债合同的约定支付利息和本金。比 D 稍微好一点的是 C，但这仅限收益型债券 "投资级" 是政府为某些金融机构发行债券而设定的最低评级，为 BBB 及以上。BB 及以下评级均属于高收益或垃圾债券。

接下来，我们再考虑这个行业的产品市场风险，我们将在本章及随后章节中讨论基本业务风险（BBR）。农用设备行业本身就属于风险业务，因为产品需求具有明显的周期性——随商业周期的变化而存在波动。为什么需求存在波动性呢？因为购买拖拉机属于可推迟的企业行为，这一点和大部分设备一样。如果农民的收成不好，他们就会维修手头现有的拖拉机，而不是购置新的拖拉机。我们平时在生活中都会遇到同样的事情：如果你的旧汽车出了问题，但你恰好还在读研究生，口袋里没有钱，于是，你会选择修理旧车，将购置新车的计划推迟到毕业以后。同样，在收成不好的时候，农民也会推迟购置新拖拉机的计划。

农用设备的需求对利率非常敏感。当利率上涨时，农用设备的销售收入就会下降。两者之间为什么存在反向关系呢？因为客户不会用手头现金去购置设备；他们需要使用融资去购买。在利率上调时，顾客的融资成本就会提高，这当然会对需求产生负面影响。同时，如果利率上升，梅西公司的融资成本就会上升。如果梅西公司以固定利率借款，那倒不会带来什么影响。但是，通过核对本章附录，我们发现，梅西公司一直在大量使用可变利率的银行借款。因此，随着利率上升，梅西的销售收入就会下降，而借款带来的利息成本则会上升。因此，在销售可推迟的周期性行业中，由于收入对高利率非常敏感，因此，梅西不仅没有采取任何措施减轻风险，实际上，银行负债的存在反而会加剧风险。

除上述风险之外，梅西正在向发展中国家销售产品。这些市场尚处于雏形阶段，增长具有很大的不确定性，更有潜在的政治风险和汇率风险。此外，由于梅西的生产基地位于英国和加拿大，需要把产品运往全球各地，因而，还存在物流问题的风险。因此，梅西正处于一个高风险的周期性行业中。当然，梅西的目标市场也是全球农用设备市场中风险相对较高的部分。

既然有如此大的产品市场风险，梅西为什么还要通过负债进行融资呢？请记住，梅西需要以融资来实现增长。销售收入每年增长22%，ROE的年均增长率为12.7%。回想一下第二章介绍的PIPES，我们会发现，梅西的增长速度已远远超过可持续增长率。在这里，我们把可持续增长定义为：

$$可持续增长 = ROE \times (1-DPR)$$

DPR为股利支付率（dividend payout ratio），DPR=股利/净利润。

因此，梅西必须要为其差异化战略提供资金，并以此来维持增长。面对这种情况，梅西做出的选择就是既采取股权融资，也采取债务融资。否则，就只能接受增长放缓的结果。

梅西是否应该降低增长速度呢？这显然不符合梅西的产品市场战略。梅西的目标是瞄准发展中国家，逐渐渗入这些市场，并成为行业的领导者。如果梅西降低发展速度，那么，其他公司就有可能乘虚而入，在这些市场和他们展开竞争。

梅西为什么不发行股票呢？这与公司的控制权有关。在当时的条件下，梅西尚由最大的股东控股，这是一家名为阿格斯的投资公司。但谁又是阿格斯的控制者呢？康拉德·布莱克（Conrad Black）。从根本上说，康拉德·布莱克已决定不准备稀释阿格斯对梅西持有的16%所有权，这意味着，梅西不能发行股票，因为一旦发行股票，他们所持有的16%的股权就会受到稀释。

这意味着，梅西在融资问题上陷入两难境地。如果要维持每年22%的增长率，分红前的净资产收益率就只有12.7%。于是，他们必须放缓增长，发行股票或是借款。进一步降低增长速度显然是与他们的产品市场战略背道而驰的，而发行股票又不符合第一大股东的愿望。于是，借款就成为他们唯一的选择。

可持续增长

公司的资产负债表	
资产	负债及所有者权益
流动资产	当期负债
长期资产	长期负债
	所有者权益

我们不妨看看上面的这个T型账户，它代表了资产负债表的一般结构。在这个T型账户中，左侧代表资产（表示公司拥有和可以控制的资源），右侧代表负债和所有者权益（公司如何取得资金）。假设销售收入每年增长22%，且公司的销售收入/资产之比保持不变。销售收入/资产总额之比也被称为资本强度（capital intensity）或资产周转率（asset turnover），固定不变的资本强度表明，企业每1元资产都可以带来相同的销售收入。因此，如果销售收入每年增长22%，那么，资产也需要同比实现22%的年增长率。

现在，如果资产每年增长22%，那么，负债和所有者权益需要增长多少呢？同样要增长22%。这可不是什么魔术。如果要保持资产负债表的平衡和固定不变的资本强度，在销售收入增长22%的情况下，资产也要增长22%。因此，负债和所有者权益也需要增长22%。

接下来，我们假设公司维持固定的杠杆率，即债务/所有者权益之比维持不变。如果负债与所有者权益的比率不变，在负债增长22%的情况下，所有者权益自然也需要增

○ 康拉德·布莱克是加拿大人，其父曾担任加拿大酿酒公司的总裁，母亲所在的家族创建了大西部人寿保险公司（Great West Life Assurance）和《每日电讯报》（*Daily Telegraph*）。1976年，康拉德和兄弟继承了阿格斯公司（Argus）的少数股权，而阿格斯公司则是一家控制梅西-弗格森及其他多家企业的控股集团。

○ 我们可以采用很多方法计算公司的杠杆率。负债/所有者权益、负债/资产和资产/所有者权益是最常见的三种（前者更直观，而后者则适用于下面讨论的杜邦公式）。在负债/所有者权益、负债/资产或资产/所有者权益这三个比率都提高时，表明企业的杠杆率正在加大。

长22%。不过,梅西公司的ROE是多少呢?12.7%。现在,如果所有者权益增长12.7%,那么,由内部资金创造的所有者权益增长率也应该是12.7%。如果公司有分红,所有者权益增长率就会低于这个数字。因此,我们将公司的可持续增长率定义为:

$$可持续增长 = ROE \times (1 - 股利支付率)$$

要维持超过12.7%的可持续增长速度(无红利)的资产增长率22%,梅西公司需要怎样做呢?他们需要对外发行股票,让所有者权益的增长率达到12.7%以上,否则,就必须达到超过22%的负债增长率。但后者会增加公司的负债/所有者权益比率。也就是说,如果公司的资产增长速度超过公司的可持续增长率,而且公司又没有选择对外发行股票,那么,负债的增长速度就要比资产增长得更快。为维持资产负债表两侧的平衡,公司必须这么做,这也是梅西为什么会有这么高的负债并拥有较高负债/所有者权益比率的原因。

我们在这里讨论可持续增长时使用了两个比率,即资本强度(资产与销售收入之比)和杠杆率(负债与所有者权益之比)。现在,我们再来看看第三个比率——利润率,我们将它定义为利润与销售收入之比[⊖]。利润/销售收入表示公司每实现1美元销售收入可以带来的利润是多少。需要提醒的是,(销售收入/资产)乘以(净利润/销售收入)的乘积,即为净利润/资产,即资产回报率(ROA),因此:

$$ROA = (净利润/销售收入) \times (销售收入/资产)$$

将所有三个比率相乘,即可得到以下等式,也就是所谓的杜邦公式(DuPont Formula):

$$ROE = (净利润/销售收入) \times (销售收入/资产) \times (资产/权益总额)$$
$$ROE = (净利润/销售收入) \times (销售/资产总额) \times (资产/权益总额)$$

上述公式用文字可以表述为:

$$净资产收益率 = 利润率 \times 资本强度 \times 杠杆率$$

杜邦公式是在20世纪20年代由杜邦公司首次提出的。这个公式是财务分析中一个非常重要的概念,有时也被称为杜邦模型(DuPont Model)。杜邦公式的含义是,公司的净资产收益率(ROE)是其利润率(净利润/销售收入)、资本强度(销售收入/资产)和杠杆率(资产/权益总额)这三个比率的乘积。如果企业要增加净资产收益率,可以通过改变这三个杠杆之一的方法来实现(可以提高利润率、销售收入对资产的比率或是负债与所有者权益之比)。因此,在维持利润率和资本强度不变的情况下,企业可以通过增加杠杆率来提高净资产收益率。

杜邦公式也是理解可持续增长的核心。如上所述,可持续增长反映了企业内生增长的速度,即在没有外部融资情况下实现的增长,它假定杜邦模型中的其他比率保持不变。

⊖ 回想一下,营利能力也可以通过多种方式来定义:利润/销售收入、利润/所有者权益以及利润/资产总额等。同样,杠杆也可以按多种方式定义:负债/所有者权益、负债/资产总额、负债/权益以及资产总额/负债等。

也就是说，如果梅西公司的增长速度要超过可持续增长率，那么它就必须借助外部融资，无论是负债还是权益。

我们再来看看梅西在1971年到1976年期间的情况：公司每年以22%的速度高速增长，平均净资产收益率达到12.8%。此外，他们不想为了增长而通过对外发行股权进行融资。因此，他们只能采用负债融资。

1976年以后的时期

在此期间，梅西的销售和财务业绩出现了大幅下滑，如图5-2所示。

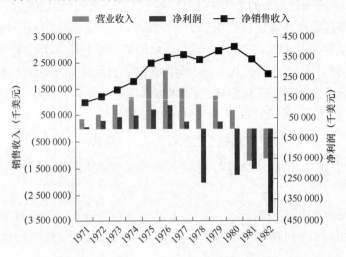

图5-2 梅西的表现

到底出了什么问题呢？诸多因素影响了农用设备的市场需求，导致梅西的全球销售持续下滑。南美洲遭遇货币紧缩政策，这意味着信贷紧缩，使得梅西在当地的销售收入直线下滑。欧洲则遭遇恶劣天气，严重影响了农场利润，迫使农民不得不推迟采购农用设备的计划。1980年1月，美国对出口给苏联农场的粮食实行禁运，这就减少了美国农民的收入，进而压制了美国农民对农用设备的需求。除出口下降之外，北美还经历了一场经济衰退（1980–1982年）。因此，南美、欧洲和美国的农用设备需求齐声下挫。一方面，全球利率普遍上调，而这就进一步减少了需求。汇率变化也不利于梅西。尤其是北海石油产量的增加（在20世纪80年代初达到最顶峰），英镑对美元大幅升值，因此，梅西在英国生产的产品相对于其他国家而言，价格就显得更贵了。

另一方面，从梅西本身的市场方面看，某些国家出现了政治波动。1969年，利比亚爆发军事政变，穆阿迈尔·卡扎菲成为新的国家领导人。在伊朗，梅西中断了与伊朗国王的来往，转而开始与大阿亚图拉做生意（1979）。所有这些变化都意味着，梅西至少需要调整销售代表。因此，除了天气、信贷限制、利率上调和货币流动外，梅西还要面临严峻的政治风险，而所有这些因素都会影响到需求。从根本上说，一切皆有可能出错。

那么，梅西是如何应对这些外界要素的呢？他们削减了 1/3 的劳动力，关闭工厂，出售资产，减少库存，下调分红。⊖ 总之，梅西做了一家公司在经济衰退中能做的一切。也许他们应该早点采取这些措施，但最重要的问题是：这些措施是否有效呢？

如本章附录所示，梅西在 1977 年的存货/销售收入比为 40.5%。到 1980 年，这个比率降至 31.6%，这显然是一个大幅度的减少。固定资产净额/销售收入比也由 21.2%降低至 15.6%。这意味着，此时的梅西增加了 1 美元存货和 1 美元固定资产所能创造的销售收入。然而，梅西的总资产/销售收入比却从 92.5%下降至 90.4%。与此同时，梅西的应收账款与销售收入之比从 19.3%上升至 30.9%。

那么，梅西采取的裁员、关闭工厂、清理资产、减少存货和减少固定资产等纾困措施，到底给公司带来了什么结果呢？资产总额与收入之比几乎没有变化。为什么呢？因为应收账款出现了大幅增加。为什么应收账款会增加这么多呢？因为梅西的客户已无力付款。更具体地说，在北美市场，客户没有能力向梅西的经销商支付货款。梅西主要通过经销商完成大部分产品的销售，因此，梅西需要为部分经销商提供资金融通，但这些经销商当时已举步维艰。由于农民不能向经销商支付货款，所以，经销商只能依赖梅西维持生计。事实上，梅西公司的很多经销商已破产倒闭。到 20 世纪 80 年代初，估计已有 50%的北美农机设备经销商破产倒闭。⊜ 所有这一切造成梅西出现了大面积亏损，1980 年的亏损高达 2.25 亿美元。造成损失的原因是什么呢？如上所述，需求下降以及未能及时削减成本，是造成亏损的主要原因。当然，梅西的亏损还有另一个原因，那就是公司的利息成本太高。仅在 1980 年，梅西的长期负债和短期负债就让他们背负了 3.01 亿美元的利息费用。

讨论到此，我们不妨先停下来想一想。1980 年，梅西公司的亏损为 2.25 亿美元，而当年的利息成本为 3.01 亿美元。这意味着什么呢？如果梅西没有负债，他们就会赚钱！也就是说，如果梅西是一家全部通过股权进行融资的公司，他们就会实现盈利。梅西的利息成本已经侵蚀了全部利润。实际上，梅西在运营上并没有亏钱，只是在做亏本的融资！

问题的根源：融资到底有多重要

如果梅西是一家全部采用股权融资的公司，那么，他们就会在 1980 年实现利润。但遗憾的是，梅西并不是全部依靠股权融资。梅西还有负债，而且每年带来的年利息费用高达 3.01 亿美元。结果，他们最终损失了 2.25 亿美元。接下来会发生什么呢？损失对梅西意味着什么呢？首先，梅西必须填补损失留下的资金空洞。这意味着，他们必须

⊖ 在加拿大削减了 16%的劳动力，在加拿大以外削减了 40%。

⊜ 相比之下，约翰迪尔只失去了 30%的经销商。见 www.farm-equipment.com/articles/8327-january-2013-deere-grew-by-finding-the-best-dealer-in-town（2013 年 1 月 1 日）。

拿出 2.25 亿美元给债权人。

梅西到哪里才能找到这笔钱呢？梅西可以出售股权。但这会让他们的股价遭遇什么情况呢？我们可以从图 5-3 和图 5-4 中略见一斑。

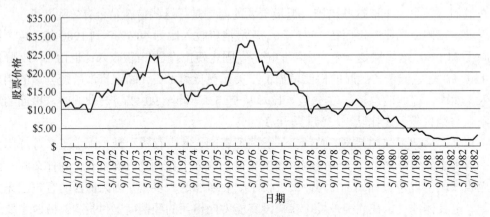

图 5-3　梅西-弗格森公司的股票价格（1971-1982 年）

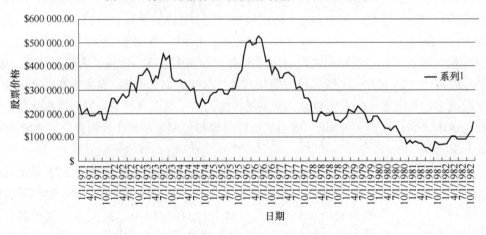

图 5-4　梅西-弗格森公司的市值（1971-1982 年）

到 1980 年 12 月，梅西的股权价值（或市值）已下降到 6 840 万美元。要筹集 2.25 亿美元，就意味着，梅西必须卖掉相当于公司当前股权价值三倍的股权。在正常情况下，公司只能一次出售现有股权 10%左右的价值，卖出 300%的股权显然是不可能的事情。

那么，梅西还有别的办法吗？他们已经卖掉了资产，裁减了员工，削减了存货。发行这么多股票显然是不可能的。这意味着，唯一的选择就是发行更多的债券。那么，梅西应该发行长期债券还是短期债券呢？梅西的决策是发行短期债券。为什么呢？随着股价下跌，梅西的财务危机已经非常明显，没有人愿意长期借钱给梅西，所以，公司别无选择。

为什么梅西可以选择的方案这样有限呢？部分原因就在于，危机来得实在似乎太快了。梅西必须弥补还在呈螺旋式上涨的巨额损失,更不幸的是,当危机袭来时,他们在财务上已经捉襟见肘,几乎没有任何可回旋的余地。财务上的灵活性是企业选择资本结构时需要考虑的一个重要因素,尽管这个因素很抽象、很难量化。

我们可以通过表 5-2 查看梅西公司的负债情况。1976 年,梅西公司的负债率为 46.9%,1977 年上升到 54.4%,1978 年为 67.6%,1979 年为 67.4%,1980 年为 82.3%。此外,增加的资金也来自短期负债。

表 5-2　梅西公司的负债(1976-1980 年)

金额单位:百万美元	1976	1977	1978	1979	1980
短期负债	180	345	477	571	1,075
长期负债	529	616	652	625	562
总负债	709	961	1 129	1 196	1 637
所有者权益	803	807	541	578	353
负债/(负债+所有者权益)	46.90%	54.40%	67.60%	67.40%	82.30%

1980 年,梅西的长短期负债合计达到 16 亿美元。负债增加使梅西在 1978 年出现了 2.62 亿美元的亏损,1980 年继续亏损 2.25 亿美元(梅西直到 1979 年才实现了微薄的利润,仅为 3 700 万美元),亏损带来的资金缺口只能通过借款来弥补。每当梅西的借款增加时,就意味着利息成本也随之上涨,进而导致损失进一步加大。于是,公司的亏损额也呈现出螺旋式加速上升的恶性循环。

总而言之,梅西公司身处一个高经营风险的产品市场中,而且自身的负债水平也非常高。在逆境袭来时,他们开始出现亏损。别无选择的梅西,只能用短期负债弥补亏损造成亏空,而这就会带来更高的杠杆率和更大的损失。随后,梅西不得不以更多的负债来弥补由此招致的资金空缺,从而形成一个螺旋式加速上升的恶性循环。更重要的是,在这段时间里,梅西在经营上已突破盈亏临界点。但是在资金方面,由于公司采取的是负债融资,导致公司正在亏本,而且亏损越来越严重。梅西的股价会怎么样呢?在 1976-1980 年,梅西的股价下跌了 87%。1976 年 6 月 30 日,梅西公司的股票价值(市值)为 5.247 亿美元;到 1980 年 12 月,梅西的市值已下降到 6 840 万美元。此时,梅西公司的对外负债为 16 亿美元(负债总额为 25 亿美元),股票的市值总额为 6 800 万美元。因此,即使还能发行股票,梅西也无法发行足够的股票来偿还负债,因为负债已达到股本的 24 倍。

康拉德跑了

1980 年 10 月,当梅西的股本还有 1 亿美元的时候,康拉德·布莱克便决定放弃对梅西持有的股份。不是卖,而是放弃。扔给谁了呢?当然是他能找到的最值得信赖的慈善机构——梅西公司的工会,或者说,就是公司的员工。他为什么会这么做呢?部分原因在于，他很清楚梅西已经深陷危机，还有一般部分原因则是他厌倦了那些总在问他打算如何处理梅西股份的人（他当时是梅西最大的股东）。当一家公司遇到危机时，为公司提供借款的银行也难逃厄运。因此，这些银行开始接二连三地敲响康拉德·布莱克的门，问他准备何时注资。他是怎样回应的呢？他不打算再投钱了，他的答复就是"金盆洗手"。⊖

实际上，康拉德·布莱克并没有把股份交给员工，让他们去挽救梅西。康拉德·布莱克将这些股份捐赠给工会的真正目的，就是让加拿大政府出手来挽救梅西。他优雅无比地走到政府门前，把梅西这个烫手山芋端放在门口的地垫上，敲响门铃，然后转身跑掉了。当加拿大总理皮埃尔·特鲁多（Pierre Trudeau）打开门时，他第一眼看到的，就是躺在门口嗷嗷待哺的梅西-弗格森，康拉德·布莱克早已跑得无影无踪。

竞争对手

其实，我们不应该只对梅西吹毛求疵。在这段时间内，梅西公司的直接竞争对手国际收割机和约翰迪尔又怎么样呢（见表5-3）？

表 5-3 竞争对手之间的比较

	梅西		国际收割机		约翰迪尔	
	1976	1980	1976	1980	1976	1980
利润率	4.30%	−7.20%	3.20%	−6.30%	7.70%	4.20%
负债/（负债+所有者权益）	46.90%	82.20%	43.90%	53.60%	31.30%	40.60%
占三家公司销售收入总额的比例	24.30%	21.00%	48.20%	42.40%	27.50%	36.60%
利息保障倍数	2.8	0.3	2.8	1.0	4.4	2.8

早在1980年年底，国际收割机公司就已经对债务出现技术性违约，尽管他们在1979年还在正常运营，但是从根本上说，拖拉机业务带来的损失已让他们难以为继。1979年，国际收割机公司的净资产为22亿美元，但是到了1982年，净资产便只剩下2 300

⊖ 康拉德于1978年接管了梅西-弗格森农用设备公司，并担任公司的董事长。1979年，这家公司的利润还很少。但随后的亏损引发了报复性对峙，康拉德于1980年辞去董事长职务。1981年10月，康拉德将其持有的股份捐赠给梅西公司的雇员养老金计划。最终，康拉德离开加拿大，前往英国，并在那里成为媒体大亨，收购了《电讯报》（Telegraph）和《耶路撒冷邮报》（Jerusalem Post），并一度控制世界第三大报业集团。2001年，他被英国女王授予骑士勋章。但为了获得这份荣誉，加拿大总理不得不取消了他的加拿大公民身份（加拿大一贯抵制本国公民被授予骑士、男爵等贵族之类的称号，他们认为此举有悖于所谓民主国家的价值观）。后来，布莱克爵士被美国方面指控贪污公司财产（出于个人利益而转移公司资金）并在美国阻挠司法公正。他于2007年被定罪，被判处6.5年的监禁。布莱克对指控提起上诉，但只是推翻了原来的贪污罪指控，妨碍司法罪继续成立。在上诉期间，布莱克被允许离开监狱。他最终服刑了42个月，并在30年内被禁止进入美国。

万美元了。也就是说,他们在三年时间内损失了近 22 亿美元的市值。他们是怎么做到的呢?公司新聘请的首席执行官阿尔奇·麦卡尔德(Archie McCardell)来自没有设立工会组织的施乐公司,麦卡尔德的到来引发了一场劳资纠纷,这场纠纷至少在一定程度上加剧了国际收割机公司的垮台。麦卡尔德从不重视工会工作的处理,而国际收割机公司的工会又是由美国联合汽车工人工会(UAW)组建的,后者素以劳工争议和罢工而著称。

麦卡尔德的目标,就是让国际收割机公司成为同行业成本最低的生产商,而且他坚持认为,实现这一目标的主要手段,就是降低劳动力成本。因此,在现有工会合同到期时,麦卡德尔即开始对联合汽车工人工会施压,要求对方做出妥协。这引发了一场持续172 天的罢工,这也是联合汽车工人工会开展有史以来时间第四长的罢工。在罢工结束时,工会基本未做任何让步,但国际收割机公司却得到了 4.794 亿美元的巨额亏损,而后,他们在下个财政年度再次亏损 3.973 亿美元。⊖

那么,在这段时间里,约翰迪尔又做了些什么呢?从 1976 年到 1980 年,约翰迪尔的销售收入增长了 74.5%,年均增长率约为 15%。1976 年,约翰迪尔在三家公司(梅西、国际收割机公司和约翰迪尔)的市场份额总额中占有的比率为 27.5%。到 1980 年,约翰迪尔的利润率略有下降(毛利率从 26.1% 下降到 20.5%,净利润率从 7.7% 下降到 4.2%),但在三家公司总市场份额中占有的比率则提高到 36.7%。⊖

那么,约翰迪尔又是怎么做到这些的呢?他们有更好的产品吗?他们就没有经历经济衰退吗?虽然约翰迪尔没有像梅西那样,在其他国家需要面对种种政治风险,但北美洲仍然受到经济衰退的影响。不过,虽然整体经济下滑,但约翰迪尔在总市场中占据的份额却从 19.1% 上升至 23.3%。约翰迪尔不仅扩大了市场份额,还开始大量投入,大举兴建厂房,购置设备(相当于资本开支,或称 CAPEX)。要了解这背后的道理,不妨看看市场对农用设备的需求——它是一个周期性行业。那么,在 1976-1980 年,这个行业处于周期中的哪个阶段呢?——处于周期的最底部。处于行业周期最底部的企业应该做什么呢?为即将来临的市场复苏进行储备——进行投资。

约翰迪尔得到了与国际收割机公司相同的结论:生产成本太高,因此,一定要成为成本最低的生产商。但是,约翰迪尔采用了不同方法来实现这一目标。他们并没有从工会那里寻求降低工资,而是决定直接裁减员工数量。为了降低生产成本,约翰迪尔建造了世界上规模最大的自动化拖拉机厂。在截至 1981 年的 7 年期资本支出计划中,他们的开支达到了 18 亿美元,⊜ 这在当时绝对是一个天文数字。此外,他们还开始笼络竞

⊖ Hard Times at Harvester, *Time,* May 25, 1981; International Harvester Reports $257 Million Loss, *Associated Press,* May 15, 1980。

⊖ 到 2011 年,约翰迪尔已经在大型农机市场上占据了超过 50% 的市场份额,见 http://online.barrons.com/article/SB50001424053111190464670457729 3782368622246.html。

⊜ *Forbes*, March 14, 1983, 120。

争对手旗下最优秀的经销商。

和汽车经销商一样，农用设备经销商大多为独立企业。回想一下，在经济衰退期间，梅西失去了大量的经销商。梅西失去的所有经销商都是经营不力的经销商吗？有些的确是效益差的经销商，但很多却是赚钱的。约翰迪尔将目标盯在梅西-弗格森旗下最优秀的经销商身上，并在梅西陷入危机时挑走了很多。

因此，约翰迪尔通过成功地招募新经销商，扩大了市场份额，并大量进行资本性支出。他们被公认为北美洲成本最低的生产商。约翰迪尔如何能够做到这一点呢？就是因为他们的负债水平很低。1976年，约翰迪尔的资产负债率只有31.3%，1980年上升到40.6%。即使是40.6%，约翰迪尔的资产负债率也远远优于梅西在1976年就已经达到的46.9%。负债的低水平，让约翰迪尔拥有了梅西所无法企及的宝贵财富——财务上的灵活性。低负债率让约翰迪尔不会受因资金瓶颈而导致业务瘫痪，也让他们能在逆境中寻求扩张的机会。而梅西和国际收割机公司在财务上非常脆弱，于是，约翰迪尔的财务灵活性也就成为他们最大的竞争优势。

引申一下，在现实中，我们根本就不必等着逆境降临；有的时候，你可以制造逆境。例如，IBM曾是行业中首屈一指的公司，其他公司也在觊觎IBM拥有的细分市场。最典型的例子就是Telex，他们在IBM的部分市场中快速增长。但是，在没有任何迹象的情况下，IBM突然调低与Telex存在竞争关系的部分产品价格。此举导致Telex的收入大降，利润转为亏损，并导致Telex对贷款违约，最终将Telex推向破产。在随后的法庭证词中，人们发现，IBM已经分析了Telex的财务文件，并据此编制了一个备考（预测）模型，以分析IBM需降价多少才会导致Telex出现债务违约。但IBM声称，这样做并不符合公司的政策，完成这份分析的，只是一位不务正业的IBM分析师，而高层则对此事一无所知。但无论如何，假如你认为，自己就是那家最有可能熬过下一次金融危机的公司，那么，即使危机并不存在，有时候创造一场危机或许也是值得的。⊖

我们再回头继续讨论约翰迪尔和梅西之间的比较：负债融资的风险，不仅仅在于企业能否在最不利的时期按时偿还债务，还在于，它会导致企业更容易遭到竞争对手的攻击。

现在，约翰迪尔已稳坐市场的第一交椅，但这是否就意味着他们是安全的呢？当然不是，但为什么不是呢？约翰迪尔现在会如何应对梅西的挑战？尽管他们也可以追随梅西的国际化发展路线，但这意味着，约翰迪尔必须改变他们的产品线，因此，约翰迪尔可能不会采取这条路线。那么，约翰迪尔还能做什么呢？假设你就是约翰迪尔这家公司的老板，你就坐在公司位于伊利诺伊州莫林市的约翰迪尔公司总部。现在，你要怎么做呢？

⊖ Telex Corporation v. International Business Machines Corporation, 510 F.2d 894（10th Cir. 1975），见 openjurist.org/510/f2d/894。

1981 年 1 月 2 日，约翰迪尔宣布发行 400 万股普通股，每股价格为 43 美元（新增股本 1.72 亿美元）。约翰迪尔很清楚，农用设备市场正在走下坡路，约翰迪尔的股价也在下跌，但他们仍决定发行新股。股票市场对此消息并不看好，在发行新股的消息发布当天，约翰迪尔的股票市值（目前流通在外的股票价值）在市场调整基础上减少了 2.41 亿美元。㊀ 也就是说，一方面，约翰迪尔宣布通过发行新股、筹集新股权 1.72 亿美元，另一方面，它的流通股价值却下降了 2.41 亿美元。我们将在随后几章里讨论为什么会发生这种情况。这背后的含义在于，约翰迪尔认为，为了取得 1.72 亿美元的现金（通过新股票发行取得），即使亏损 2.41 亿美元的市值也是值得的。因为只有这样，它才能让资产负债率从 40% 降至 35% 左右。如果你是梅西-弗格森公司，那么，你的第一反应会是什么呢？唯有痛苦，因为梅西基本上还无可奈何地躺在地板上，在巨额负债中煎熬。约翰迪尔一直在享受梅西拱手让出的午餐——将梅西的经销商揽入麾下，拿到唾手可得的市场份额。现在，而且是在突然之间，约翰迪尔又开始发行新股，将负债率降低到 30%。这在融资策略中被称为"重新加载"（reloading）。当你陷入危机时，你的主要竞争对手约翰迪尔却愿意在股价处于低位时发行股票，这无异于将你打入地狱。

再谈梅西

现在，我们再回头看看梅西。你会如何解决这家公司的危机呢？1980 年，梅西出现债务违约，当时，他们的负债总额为 16.37 亿美元，其中短期负债为 10.75 亿美元。这意味着，梅西必须频繁地进行融资。公司股本的账面价值为 3.531 亿美元，资产负债率为 464%（1.637/0.353）。那么，梅西的选择是什么呢？是卖掉他们最有价值的财产——珀金斯（Perkins）柴油发动机制造公司？还是卖掉除珀金斯以外的其他全部资产呢？抑或是进行财务重组，包括可能采取的资产置换？寻求政府救助，还是申请破产？或者说，还有其他出路吗？

对一家陷入危机的企业来说，很重要的一件事就是寻找合并伙伴。1980 年 12 月，梅西的市值为 6 800 万美元。这意味着，只要愿意花 6 800 万美元，你就可以买到梅西-弗格森，这毕竟是一家享誉全球、而且是真正最早的跨国公司之一。这笔钱很多吗？确实不多。在 1985 年 KKR 收购 RJR-纳比斯科烟草公司案中，投资银行的收费价格就超过 5 亿美元。㊁ 换句话说，这只是投资银行家收取的交易费用，但你用 6 800 万美元就可

㊀ 学者们经常喜欢谈论"市场调整"后的回报，即根据公司贝塔值和市场总体变动调整后的回报。我们将在第十章讨论这个话题，见：P. Asquith and D. W. Mullins Jr., Equity Issues and Offering Dilutions, *Journal of Financial Economics* 15（1986）：61–89。

㊁ 根据《纽约时报》的报道，在这个收购案中，代表 KKR 一方的四家公司总共收取了超过 4 亿美元服务费。Alison Leigh Cowan, Investment Bankers' Lofty Fees, *NY Times*, December 26, 1988, www.nytimes.com/1988/12/26/business/investment-bankerslofty-fees.html，访问日期 2013 年 11 月 14 日。

以买下整个梅西-弗格森。

那么，为什么没有人愿意买下梅西呢？简单来说，就是因为梅西的负债实在是太多了。这带来的问题是，如果你在梅西申请破产之前收购这家公司，就必须同时收购它的债务。这就是为什么通常要在破产之后再收购处于财务危机中的公司，因为债务在破产之后被一笔勾销。现在，你可以用 6 800 万美元收购梅西的股权，但与之相随的还有公司承担的 16 亿美元负债。此外，在收购梅西之后，你还要为资本性支出投入额外资金，以降低运营成本。考虑到这些因素，你得到的是什么结论呢？约翰迪尔已开始养精蓄锐，这就像购置一栋特殊的房子：如果要在被取消赎回权之前购买，就必须承担购置这所房子的抵押贷款。即使在被取消赎回权之后购买，也必须投入资金。最后，隔壁还有一只张开血盆大口的德国短毛猎犬（名叫约翰迪尔），只要你迈出这栋房子一步，它就会咬住你的大腿。因此，在破产之前，没有人愿意接手这个烫手山芋。

那么，如果抛出珀金斯这颗皇冠上的宝石，又会怎样呢？这听起来倒像是个好主意，但梅西的债务持有人（借钱给梅西的人）并不愚蠢（尽管他们当初确实把钱借给了梅西）。当梅西借款时，贷款人会把保护自己的所有条款塞进贷款合同。猜猜，这些条款会写些什么呢？肯定会有这样的条款：未经贷款人许可，梅西不能出售资产，如不能保证他们首先从出售收入中收回全部贷款，他们永远也不会让梅西出售珀金斯。所以，出售梅西的皇冠宝石——珀金斯柴油发动机制造公司，显然不是一个可行的选择。

那么，还有其他可以卖掉的东西吗？除了珀金斯柴油发动机制造公司之外，梅西的其他主要资产就是应收账款。通常，在考虑应收账款的清算价值时，需要考虑折价出售。也就是说，应收账款的清算价值只相当于账面价值的一部分（比如说，50%或 75%）。那么，梅西的应收账款有多少呢？针对农民的应收账款是多少呢？原来由伊朗国王欠下、现在由大阿亚图拉负责偿还的应收账款有多少呢？梅西向伊朗、欠发达国家以及巴西等国家出售了大量设备。这些应收账款到底能值多少钱呢？肯定不会是 75%，也不可能是 50%。应收账款的价值只是公司预期能够收回的价值。梅西的应收账款清算价值几乎相当于零，因为收回这些应收账款是非常困难的，甚至根本就不可能收回。

也许，梅西应该试图与贷款人进行谈判。通过股权置换或重新谈判，向债权人偿还部分债务，以帮助危机企业走出困境，这在实务中是很常见的现象。遗憾的是，这恰恰是梅西的问题。一般情况下，首席执行官和首席财务官会迫不及待地钻进汽车，告诉司机"马上带我们到银行总部"。但是对梅西的管理层来说，司机可能会问他们"去哪家银行"？梅西与全球 31 个国家的 250 家银行存在借贷关系，如果不能按期偿还或进行财务重组，其中的每家银行都可以单独对梅西提起破产诉讼。显然，这不是组织多重贷款的系统性方式。通常，公司会找一家代理银行（也称为牵头银行），负责组建和管理银行财团或称银团。然后，公司向这个银团借钱，并由牵头银行负责就交易条款与企业谈判。因此，在一般情况下，企业需要做的事情，就是找到牵头银行进行谈判。

第五章　融资为什么重要（梅西-弗格森农用设备制造公司）

但梅西并没有找一家牵头银行，他们分别与这 250 家银行签订了独立的贷款协议。⊖ 因此，要让梅西重新对债务条款进行谈判，就需要他们面对每一家银行。为什么梅西会以这种方式借款呢？就当时的情况来看，这种方式的借款成本相对较低。单独和每一家银行谈判，单独签署每一笔贷款协议，在世界各地分散性地借钱，可以让梅西的借款成本达到最小化。但是在遭遇财务危机时，却让他们难以同时和所有贷款人进行重新谈判。

相对而言，约翰迪尔则是向少数几家银行借款，而且保证这些银行均属于同一家大型财团。尽管这样做需要约翰迪尔付出相对较高的借款成本，但是在遭遇财务危机时，有助于他们就贷款条款展开重新谈判。因此，梅西面临着一场噩梦——因为他们必须重新融资，而且所有可能用到的资金来源都出了问题。如果他们找已存在业务关系的银行争取更多借款，那么，这家银行很可能会告诉他们："我们已经没得商量了。"如果梅西去找公司的最大股东康拉德·布莱克，他可能会说"我已经出局了，公司和我没关系"。如果去找工会，请求工会在工资上让步，工会最有可能的回答就是："你难道没看见，国际收割机公司发生了什么事情吗？"

那么，梅西的管理层还有什么可选择的吗？政府救助？哪个政府？是加拿大政府还是英国政府？美国政府肯定不会给梅西提供任何资助，因为他们不会从中得到任何好处。加拿大或许还是受益者，因为梅西的企业在加拿大雇用了大量工人。考虑到梅西在英国的子公司——珀金斯柴油发动机制造公司，英国的利害关系或许更大。那么，梅西到底该找谁呢？到底是应该找英国首相撒切尔夫人，还是加拿大总理皮埃尔·特鲁多呢？

对于主张政府放弃企业所有权的撒切尔夫人来说，她会说什么呢？⊜ 她肯定会说——"不"，因为梅西在英国创造的就业机会来自珀金斯，而珀金斯或许是梅西在破产中为数不多不会受到影响的业务之一。因此，即使梅西破产，这些工作机会也不会消失，也就是说，梅西的破产几乎不会给英国造成任何威胁。

加拿大是最有可能因为梅西破产而损失就业机会的地方，而且在皮埃尔·特鲁多的政治理念中，也远比玛格丽特·撒切尔夫人更注重劳工利益。那么，如果梅西去找加拿大政府求援，加拿大会说什么呢？我们不能只给你钱，虽然我们不能借给你钱，但我们可以为你获得新贷款提供担保。这意味着什么呢？如果梅西从银行借款，加拿大政府会为这笔贷款的偿还提供担保。如果梅西不能还钱，那么，就要由加拿大政府代为偿还。加拿大政府为什么不直接借钱给梅西呢？从政治角度看，政府为贷款提供担保很容易，因为至少在表面上看，政府没有给予企业任何有价值的东西（如果说当时还有哪个机构的资产负债表比梅西更糟糕，那肯定就是当时的加拿大政府）。这是一种表外担保。

⊖ 见 Peter Cook, *Massey at the Brink*（Toronto: Collins, 1981），263。
⊜ 玛格丽特·撒切尔夫人执政的主要原则之一，就是对英国工业实行去国有化，即对国有资产进行私有化改造。

梅西的重组

　　1981年，作为梅西的债权人，250家银行的代表齐聚在伦敦的多切斯特酒店。他们几乎订下了酒店一半的房间。最终，这些银行同意为梅西提供3.6亿美元的新融资，并将梅西原有的10亿美元短期负债转为长期负债。在这3.6亿美元新的融资中，1.6亿美元为新的长期负债，2亿美元为优先股（10年后可转换为普通股，并支付10%的股息，由加拿大政府提供担保）。担保条款表明，如果梅西不能到期偿还本金，将由加拿大政府代偿。此外，与会人士还达成协议，同意梅西在10年内不用为普通股支付股息。

　　银行同意重组，并在此投入1.6亿美元的新资金，他们会得到什么呢？银行得到的是3 600万股普通股，外加以每股5美元额外购买4 000万股普通股（总计7 600万股新股）的认股权。此外，加拿大政府为2亿美元的新贷款提供了担保。总的来看，尽管短期负债被置换为长期负债，但银行并没有豁免任何负债。

　　在重组之前，梅西已发行了总计1 800万股普通股。这意味着，通过这次重组，梅西的普通股从当时的1 800万股增加到9 400万股。虽然这在技术上还远离破产临界点，但老股东的股票几乎已一文不值。之前，他们拥有公司的全部1 800万股普通股，而现在，他们只在9400万股中持有1 800万股股份（全部新发行股份均由银行取得）。

　　实质上，重组让会计反映的现实更符合经济现实。那么，梅西的贷款人真的还持有短期负债吗？不，根本就不存在短期负债了，因为梅西根本就没有能力在短期内偿还任何债务。此次重组将短期负债转化为长期负债。此外，原来的会计并没有反映出银行目前已成为梅西股权持有者的地位。如果梅西不能偿还16亿美元的长期负债，那么，这些银行持有的优先股就会转为普通股，从而成为公司最大的股东。而且通过新发行的3 600万股普通股，实际上就是把公司67%的股权自动转让给银行。如果因梅西未能按时履行债务而导致认股权行权，那么，银行持有的股份比率将更高。因此，梅西的资产负债表负债只是在重组前以会计形式反映的假象，在重组之后，必须按实际情况调整资产负债表，才能更准确地反映经济现实。

　　重组协议在理论上似乎很简单，但谈判过程却异常复杂。梅西要面对250名银行家，在没有满足他们心愿的情况下，每个人都有能力阻止重组，让交易流产。每个人都会说："如果你想完成这笔重组交易，就必须征得我的同意，我需要的就是偿还我们的全部债务。"梅西最终逃过了破产，贷款人基本接受了梅西的提议，因为银行豁免了利息，并将部分债权转为股权，加拿大政府为1.02亿美元的新增贷款提供了保证，其中，安大略省政府为新发行的6 200万美元优先股提供了保证。⊖

　　梅西要完成重组，还需要原有老股东以投票方式进行表决。但是，老股东的确别无

　　⊖ 有关梅西-弗格森此次重组的细节，见公司1983年1月31日发布的年度报告。

选择。如果梅西申请破产,老股东会得到什么呢?几乎是颗粒无收。如果交易达成,股东又会得到什么呢?至少比颗粒无收要好一点,或许还会略有收获。比如说,如果公司完成重组,股票价格重新反弹到 5 美元,并导致债权人执行认股权,那么,老股东将在 9 400 万股的新股本中拥有 1 800 万股,也就是说,大约相当于 9 400 万股总股份中的 20%,如果股价达到 5 美元或者更高,那么,他们持有的股权价值至少为 9 000 万美元。从老股东的角度来说,这显然是一次值得尝试的赌注。因此,银行和老股东都同意重组,大家纷纷离开多切斯特酒店,钻进停车场的汽车,径直开往希思罗机场。

梅西的首次重组协议于 1981 年 7 月完成。1982 年 5 月,公司停止对加拿大政府担保的优先股支付股息。于是,加拿大政府开始介入,回购了价值约 2 亿加元的优先股。随后,第二次重组协议于 1983 年 3 月实施,包括银行进一步豁免利息,以及将债权转换为股权并增发了新股票。

我们的下一个问题是:这个行业是否会重现辉煌?当然会。为什么这么说呢?农民迟早还是要购买拖拉机的。这里有两个原因:首先,人总是要吃饭的;其次,拖拉机是有磨损的,迟早要更换的。由于目前的销售价格甚至低于重置成本,因此,行业复苏指日可待。

那么,当行业复苏时,谁注定会成为赢家之一呢?当然是约翰迪尔。为什么呢?因为约翰迪尔已大幅拓展了自己的经销商网络,扩大了市场份额,并建造了新厂房,更重要的是,他们已成为行业内成本最低的生产商。因此,他们理应成为复苏中的受益者和胜利者。

关键点之一:经营战略必须与融资政策相互匹配

现在,我们不妨回顾一下 1971 年到 1976 年那段时间,然后,再思考这样一个问题:如果回过头再去看这件事,梅西应该怎样做最合理呢?首先,他们需要调整杠杆率。那么,梅西应该保持怎样的负债率才算适当呢?30%。为什么这么说呢?最主要的原因就是约翰迪尔的资产负债率为 30%。在任何一个行业里,负债率高于主要竞争对手,都会是一件非常危险的事情。那么,梅西怎么才能把资产负债率降低到 30%呢?如果要继续成长,他们就必须发行新股票。

如果康拉德的股份被稀释会怎样呢?这倒没有什么影响,因为他已清空了对梅西公司持有的全部股份。因此,他的股份实际上已经被摊薄到零。但是,只要他还保留这部分股份,重组就会对他的持股形成稀释效应;不过,只要股票还值钱,即使只持有很少的比率,也好于在零股价基础上持有很多股份。归根到底,梅西应发行新股票或是降低增长速度。但是,如果梅西确实想兑现以发展中国家为市场的战略,那么,降低增长速度或许是更理智的选择。

梅西的债务到期日会怎样呢?应选择长期负债还是短期负债呢?当然是长期。梅西希望在经济衰退时期避免再融资。这就意味着,梅西只能有长期负债,如果经济下滑,在遇到财务危机时,他们就不必担心再融资问题。

如何选择利率呢?应选择固定利率还是浮动利率呢?当然是固定利率。由于农用设备的需求对利率非常敏感,因此,如果利率上涨,梅西的销售收入就会下降,梅西必须避免在销售收入下降时期增加利息成本。

现在,如果梅西需要以固定利率取得长期负债,就意味着公司不能再增加银行负债。但银行负债大多属于短期的浮动利率债务。当然,银行负债的到期时间是可以协商的条款,但是在现实中,到期日往往趋于短期化。⊖ 如果不能重新从银行取得借款,那么,梅西还有其他融资渠道吗?当然有,那就是公开资本市场,梅西需要以固定利率的长期负债进行融资。他们的资本结构中应包括30%左右的负债(和70%的权益)。

最后,梅西的股利政策应如何制定呢?应采取低股利政策。我们将在本书随后部分讨论股息问题。但梅西应尽可能地减少支付股利,并把收入尽可能地用于业务增长。

或者概括地讲,最优的资本结构取决于企业的产品市场策略。在决定融资之前,你需要了解行业和企业的产品市场。

关键点之二:可能为时已晚

一旦遭遇财务困境,公司就有可能坐以待毙。负债率高(和利息成本高)的公司可能会进入螺旋式的快速下滑通道,而且会一去不复返。此外,由于债务积压问题,使得高杠杆会导致公司无法进行新的长期负债融资(重组)或发行新股票。⊖ 尽管公司可以发行短期债券,但这样做有可能会导致形势进一步恶化,毕竟,短期负债需要企业不断还债。正因为如此,企业必须持续跟踪杠杆率和新股发行情况,以便及时发现有可能陷入财务危机的信号。

关键点之三:财务危机的代价

财务危机会让企业付出哪些代价呢?虽然各种法律费用和多切斯特的酒店费用确实是不可忽略的费用,但它们显然还不是最主要的费用。

那么,财务危机造成的最大成本是什么呢?是公司的长期发展前景。梅西或将遭受不可恢复的永久性伤害。首先,约翰迪尔适时而入,夺走了原本属于梅西的市场份额。这种在竞争优势上的损失,才是真正的代价。其次,梅西不得不取消他们在发展中国家继续扩张的计划。而这就让韩国和日本的小型拖拉机制造商得以进入并永久性地占领了

⊖ 20世纪60年代,银行已基本放弃了固定利率贷款。此前,短期利率的突然上升导致银行承担了远高于固定利率贷款的借款成本。

⊖ 当负债价值超过公司价值时,就会出现我们在下一章讨论的债务积压问题。如果这已成为大概率事件,那么,投资者就不会买入公司新发行的股票,因为公司的部分或全部股权收益有可能会被转移给现有债权人。

这些市场。所以，梅西不仅将美国的市场份额拱手让给约翰迪尔，还把海外市场让给了外国竞争对手。因此，财务危机的真正代价不仅仅是资产减少，其他损失更重要。负债有它的优势：负债的成本低于股权融资，而且能提供比股权更高的净资产收益率。但是在财务危机中，它也会带来高成本。

融资政策能否成为一种战略性武器？当然是的。我们已经看到，公司的融资政策影响了它的资本成本。我们还应该注意到，融资政策会影响企业在市场动荡或经济衰退期间的反应能力。如果一家公司采取了比竞争对手更危险的融资政策，那么，它不仅要面对更高的资本成本，它的产品市场也会在经济衰退期间面对更大风险。

如果一家公司比竞争对手拥有更多的财务缓冲，那么，这个财务缓冲不仅有助于企业渡过产品市场的低迷期，还有可能成为应对竞争对手的武器。也就是说，在遭遇危机时，资金充足的公司可以增加投资、降低成本、调配经销商，并增加市场份额。

诊断关键点之一（经营战略必须与融资政策相匹配）

对企业融资应以企业产品市场战略为起点这个原则的重要性，我们无论怎么强调都不为过。当然，如果不清楚公司的产品市场策略，就很难制定企业的融资战略。公司首先需要回答的问题是：公司的主要风险是什么，竞争对手在做什么，即将开始的项目/投资需要多少资金等。只有在回答这些问题之后，企业才能制定出有效的融资战略——即保守性或是支持性的融资战略，尽管这可能需要付出一些代价；抑或不遗余力地推动增长，追求收入的最大化。

要更好地把这些想法组织起来，我们不妨回头看看，笔者在第一章是如何运用图例方法来思考企业融资问题的。

在图 5-5 中，我们将企业的产品市场战略置于最高点，使之成为公司决策的纲领性基础。也就是说，公司的融资战略被置于产品市场战略之下，并按企业的态度划分为两个分支——或是保守和支持，或是激进和盈利。

梅西关于负债融资的决策，可以认为是一种激进性决策（在全球范围内进行分散借款，追求借款成本的最小化，这显然是一种激进的、以盈利为目标的投资行为）。只要不损害公司的产品市场战略，这样的决策当然很好。此外，在不借助牵头代理银行的情况下，也会节省一笔融资成本，但这也可能带来潜在问题。

一旦确定了融资战略，公司就要决定其融资政策（图中的第三层）。在图 5-5 中，我们列示了企业必须确定的某些重要融资政策，比如说，如何选择杠杆率，是采用固定利率还是浮动利率，是举借长期负债还是短期负债，与所在市场（如美国市场或欧元市场）相匹配的股利政策，流动性管理，是发行普通股权还是优先股，以及发行可转换债还是直接负债等。

在本章中，我们已经讨论了这个示意图的上面两层，即企业应选择什么样的融资策略。在本部分随后的七个章节中，我们将继续沿着这个示意图下行，逐一阐述每个层次，尤其是位于第三个层次的具体融资政策。此外，我们还将讨论如何合理实施这些政策，并以此最大限度地创造企业价值。

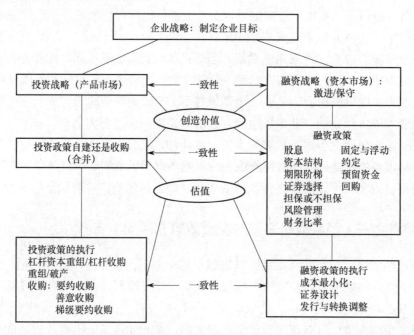

图5-5 公司金融架构图

企业的融资政策不仅限于决定负债与权益的比例，还涉及如何确定采用长期负债还是短期负债，债券的利率是固定的还是浮动的，以及是在美国还是其他地方发行债券等。此外，公司的融资政策还包括是否应支付股利，如果支付应按什么标准支付；发行的股票应是普通股还是优先股，以及是直接发行普通股还是采取可转债形式的"后门"发行等，我们将在随后章节中逐一讨论这些问题。

后记：梅西的命运如何

那么，我们最关心的梅西发生了什么呢？这家公司始终未能重回巅峰。他们找到了加拿大政府，祈求得到更多的融资。加拿大政府是怎样回答的呢？这一次，加拿大政府说了"不"。但对加拿大来说，他们的遭遇有点不幸，为优先股制定协议的政府律师显然不熟悉有价证券方面的合同条款。加拿大政府的律师居然在合同中漏掉了一项关键性条款——在梅西还有资金的情况下，必须向优先股股东支付股息。于是，梅西公司告诉加拿大政府，如果政府拒绝提供更多融资，梅西就不支付优先股股息。因此，在梅西拒绝支付优先股股息时，导致优先股最先违约，而后才是债务违约，这就迫使加拿大政府不得不掏出2亿美元现金做担保。

1981年，维克多·A.李奇（Victor A. Reich）成为梅西的新任首席执行官。在1985

年的一次新闻发布会上,他发表了一番耸人听闻的讲话:"1984 年是令人失望的一年。我们凭什么期望 1985 年就会更好呢?"如果你听到一家公司的 CEO 说这样的话,那么,这家公司的问题有多严重,自然也就显而易见。到 1986 年年底,梅西公司已经卖掉了全部的农用设备业务,公司的名称也被改为"Varity"。⊖

国际收割机公司的命运又如何呢?他们也破产了,经过重组之后,公司的名字改为 Navistar。公司破产后,通常会做的第一件事就是改头换面,给外界的感觉就是,他们已不再是原来那家公司——我们不妨假设,他们坚信,客户和投资者早已经不记得他们是谁了。韩国和日本的制造商从梅西手中接管了发展中国家的市场。约翰迪尔成为最大的北美洲拖拉机制造商,并接管了梅西和国际收割机公司昔日拥有的大部分市场份额。

本章小结

(1)通过分析产品市场策略,我们可以看到,梅西不仅本身就处于高风险行业之中,而且又采取了比竞争对手具有更高风险的产品市场战略。此外,梅西还采取了比竞争对手更激进的融资战略。因此,梅西在产品市场及融资战略两方面都面对着较大风险。

(2)在逆境袭来时,梅西的损失并不能完全归结于经营问题。损失的罪魁祸首应该是居高不下的利息成本。请记住,作为一个最初全部由股权融资的公司,梅西本可以通过业务赚到钱。但是在出现亏损后,梅西开始以负债弥补亏损造成的资金缺口,并导致营利能力继续恶化。随后,财务危机导致梅西彻底瘫痪。所有这一切似乎都是在瞬间出现的。梅西在出现 3 亿美元亏损时,自然也就需要寻求 3 亿美元的融资。一年又一年,利息成本不断累积,让梅西的亏损走上螺旋式加速上升的不归路。

(3)财务危机的主要费用不只有律师费和酒店账单。相反,财务困境带来的最大成本,就是他们在产品市场中永久性地失去了竞争优势。梅西将发展中国家市场让给外国竞争对手,并把美国市场输给了约翰迪尔。

(4)如何权衡负债带来的收益以及财务危机招致的代价,取决于对基本业务风险(BBR)的分析。在接下来的几章里,我们将深入讨论基本业务层面的风险。请牢记,从总体上说,企业要面对两种风险,即基本业务风险(取决于企业的经营策略)和财务风险(取决于企业的融资策略)。这两种风险之间既有可能相互依赖,也有可能彼此独立。正因为这样,在制定公司的融资战略之前,我们必须了解公司的产品市场战略。

重要提示:危险的产品市场战略未必意味着企业一定要选择安全的融资战略,反之亦然。考虑到产品市场战略风险较高,因此,梅西应选择相对安全的融资战略,这是由公司竞争地位所决定的。有的时候,一家公司就是想刻意制定高风险的产品市场战略和融资战略。有的时候,企业可能想拥有安全的产品市场战略和融资战略。很多学生似乎

⊖ 现在看来,这也许是一个巧合,但当时首席执行官的名字就是 Victor A. Reich,而他们将公司的名称改为 Varity,请注意首席执行官名字的首字母——VAR。

完全沉浸于梅西的教训：如果企业想在一个方面寻求高风险战略，那么，它就应该在另一方面采取更安全的战略。但事实并非如此。

我们不妨举个例子。假设有一家公司从事石油钻井业务（即在地面上打出油孔）。这是一个在风险选择上非此即彼的项目——要么找到石油，要么一无所获。从竞争角度说，其他竞争对手的行为不会影响到企业能否找到他们所期待的石油。因此，选择钻油业务本身就是一种非常危险的产品市场战略。那么，对这样的企业而言，应如何进行融资呢？首先，应尽可能选择风险性融资（可以是100%的负债融资）。为什么呢？因为公司希望尽可能使用别人的钱。公司想借款，这样就算企业没找到石油，损失也全部由贷款人承担。但如果企业确实找到了石油，那么，他们就可以偿还贷款人一笔固定的金额，然后，由股东占有全部剩余收益。这就像是在拉斯维加斯玩轮盘赌，你的资金全部来自借款。如果你用股权为赌博出资，那么，你就得和所有股东一同分享收益。但如果你用借款购买筹码，那么，你只需向贷款人偿还借款的本金和利息即可，剩下的奖金几乎全部可以揣进自己的腰包。在本质上，你就是在拿别人的钱冒险，却有可能得到的全部收益。因此，在有风险的产品市场中，合理的融资战略也应该是有风险的。然而，面对存在风险的产品市场战略，梅西却因为竞争而需要采取一种更安全的融资战略。

（5）在这里，我们再次强调可持续增长的概念（我们曾在第二章PIPES的案例中提到过这个概念）。在不依赖外部融资的情况下，企业到底能实现怎样的增长速度，完全取决于企业的可持续增长速度。对每家公司来说，它们都要在发展过程中的某个时点使用外部融资。

因此，归根到底，公司的融资方式非常重要，而且这种重要性不仅体现为追求成本最低的融资。

期待下一步

在下一章，我们将介绍资本结构理论的基础理论。

附录 梅西-弗格森公司的财务报表

利润表

单位：千美元	1971	1972	1973	1974	1975	1976
销售收入净额	1 029 338	1 189 972	1 506 234	1 784 625	2 513 302	2 771 696
销售成本	814 648	932 517	1 167 145	1 383 048	1 945 484	2 117 514
毛利润	214 690	257 455	339 089	401 577	567 818	654 182
销售及管理费用	167 583	186 982	219 798	245 067	324 291	369 309
营业利润	47 107	70 473	119 291	156 510	243 527	284 873
利息费用	50 549	43 306	48 065	77 880	133 779	100 586
其他费用	13 178	15 287	16 939	19 792	23 794	-14 910
税前利润	9 736	42 454	88 165	98 422	133 542	169 377
所得税	5 675	15 787	35 804	36 505	47 874	61 168
其他税费净额	5 194	13 630	5 852	6 496	9 009	9 705
净利润	9 255	40 297	58 213	68 413	94 677	117 914

单位：千美元	1977	1978	1979	1980	1981	1982
销售收入净额	2 805 262	2 630 978	2 972 966	3 132 100	2 646 300	2 058 100
销售成本	2 209 708	2 118 994	2 400 408	2 576 200	2 333 400	1 808 000
毛利润	595 554	511 984	572 558	555 900	312 900	250 100
销售及管理费用	399 875	390 668	410 125	464 400	470 000	393 600
营业利润	195 679	121 316	162 433	91 500	-157 100	-143 500
利息费用	150 981	154 744	164 166	300 900	265 200	186 700
其他费用	-14 128	-63 445	33 814	618 300	13 500	
税前利润	30 570	-96 873	32 081	-209 394	-404 000	-316 700
所得税	11 387	-17 458	-6 250	-10 100	-8 800	-3 300
其他税费净额	13 537	-182 980	-1 433	-25 906	200 400	-99 800
净利润	32 720	-262 395	36 898	-225 200	-194 800	-413 200

资产负债表

单位：千美元	1971	1972	1973	1974	1975	1976
现金	33 060	9 859	8 096	13 324	20 107	6 960
应收账款净额	339 102	368 480	416 669	432 894	488 801	557 777
存货	335 419	362 236	461 584	711 253	866 326	966 823
其他流动资产	30 023	33 388	52 232	65 060	71 303	83 655
流动资产合计	737 604	773 963	938 581	1 222 531	1 446 537	1 615 215
固定资产	186 270	180 442	205 540	278 270	400 915	519 984
其他非流动资产	87 154	102 910	104 923	113 150	134 574	169 946
资产合计	1 011 028	1 057 315	1 249 044	1 613 951	1 982 026	2 305 145
银行贷款	167 687	139 736	80 591	162 824	170 246	113 430

(续)

单位：千美元	1971	1972	1973	1974	1975	1976
流动负债	8 348	9 844	13 161	16 456	47 296	66 447
应付账款	200 199	212 416	332 150	466 892	532 963	632 975
其他流动负债	26 192	39 117	73 975	74 995	79 660	70 541
流动负债合计	402 426	401 113	499 877	721 167	830 165	883 393
长期负债	186 963	195 787	243 858	325 732	452 338	529 361
其他长期负债	17 903	16 382	35 364	43 430	58 031	89 370
负债合计	607 292	613 282	779 099	1 090 329	1 340 534	1 502 124
实收资本	176 061	176 061	176 719	176 865	216 084	277 024
留存收益	227 675	267 972	293 226	346 757	425 408	525 997
所有者权益	403 736	444 033	469 945	523 622	641 492	803 021
负债和所有者权益合计	1 011 028	1 057 315	1 249 044	1 613 951	1 982 026	2 305 145

单位：千美元	1977	1978	1979	1980	1981	1982
现金	12 575	23 438	17 159	56 200	65 200	108 100
应收账款净额	542 422	556 718	731 100	968 200	952 400	671 000
存货	1 135 950	1 083 822	1 097 598	988 900	747 100	625 900
其他流动资产	80 797	63 830	89 853	93 000	73 500	63 700
流动资产合计	1 771 744	1 727 808	1 935 710	2 106 300	1 838 200	1 468 700
固定资产	594 084	602 242	568 653	488 200	407 800	335 100
其他非流动资产	227 984	243 305	241 081	236 100	257 400	265 400
资产合计	2 593 812	2 573 355	2 745 444	2 830 600	2 503 400	2 069 200
银行贷款	249 238	362 270	511 723	1 015 100	123 500	131 600
流动负债	95 821	115 009	59 298	60 200	42 100	21 800
应付账款	677 021	751 383	907 365	793 800	364 800	284 900
其他流动负债	53 015	68 081	31 120	24 500	313 400	307 500
流动负债合计	1 075 095	1 296 743	1 509 506	1 893 600	843 800	745 800
其他长期负债	96 086	82 796	32 877	18 800	58 600	62 200
负债合计	1 787 571	2 031 339	2 167 224	247 4500	1 933 700	1 832 600
实收资本	277 024	272 678	272 678	27 2700	685 400	765 500
留存收益	529 577	268 644	305 542	8 0400	-115 700	-528 900
所有者权益	806 601	541 322	578 220	35 3100	569 700	236 600
负债和所有者权益合计	2 594 172	2 572 661	2 745 444	282 7600	2 503 400	2 069 200

财务比率

	1971	1972	1973	1974	1975	1976
营利能力						
销售增长率	9.75%	15.61%	26.58%	18.48%	40.83%	10.28%
ROA（净利润/期初资产总额*）	0.91%	3.99%	5.51%	5.48%	5.87%	5.90%
ROE（净利润/期初所有者权益*）	2.35%	9.98%	13.11%	14.56%	18.08%	18.38%
利润率	0.90%	3.39%	3.86%	3.83%	3.77%	4.25%

(续)

	1971	1972	1973	1974	1975	1976
经营活动						
应收账款/销售收入	32.94%	30.97%	27.66%	24.26%	19.29%	20.12%
存货/销售收入	32.59%	30.44%	30.64%	39.85%	34.96%	34.88%
固定资产净额/销售收入	18.10%	15.16%	13.65%	15.59%	15.95%	18.76%
资产总额/销售收入	98.22%	88.85%	82.92%	90.44%	79.45%	83.17%
流动性：						
流动比率	183.29%	192.95%	187.76%	169.52%	175.37%	182.84%
速动比率	92.48%	94.32%	84.97%	61.87%	60.84%	63.93%
杠杆率：						
负债/资产总额	35.90%	32.66%	27.03%	31.29%	33.55%	30.77%
负债/（负债+所有者权益）	47.34%	43.75%	41.81%	49.10%	51.08%	46.90%
利息保障倍数	137.57%	291.08%	404.54%	314.22%	270.59%	385.62%
	1977	1978	1979	1980	1981	1982
营利能力						
销售增长率	1.21%	−6.21%	13.00%	5.35%	−15.51%	−22.23%
ROA（净利润/期初资产总额*）	1.42%	−10.12%	1.43%	−8.20%	−6.88%	−16.51%
ROE（净利润/期初所有者权益*）	4.07%	−32.53%	6.82%	−38.95%	−55.17%	−72.53%
利润率	1.17%	−9.97%	1.24%	−7.19%	−7.36%	−20.08%
经营活动：						
应收账款/销售收入	19.34%	21.16%	24.59%	30.91%	35.99%	32.60%
存货/销售收入	40.49%	41.19%	36.92%	31.57%	28.23%	30.41%
固定资产净额/销售收入	21.18%	22.89%	19.13%	15.59%	15.41%	16.28%
资产总额/销售收入	92.46%	97.81%	92.35%	90.37%	94.60%	100.54%
流动性：						
流动比率	164.80%	133.24%	128.23%	111.23%	217.85%	196.93%
速动比率	51.62%	44.74%	49.57%	54.10%	120.60%	104.47%
杠杆率：						
负债/资产总额	37.07%	43.88%	43.56%	57.85%	47.81%	56.93%
负债/（负债+所有者权益）	54.38%	67.59%	67.41%	82.26%	67.75%	83.27%
利息保障倍数	141.92%	−132.17%	142.02%	−44.43%	−125.79%	−290.95%

第六章
资本结构理论介绍

我们在本书开头就曾指出，我们是从 CFO 的角度去认识企业融资方法的。此外我们还认为，CFO 有以下三项主要任务：

（1）估值：如何区分好投资与不良投资。

（2）融资：如何为企业选择的投资项目提供资金。

（3）现金管理：如何确保企业在执行前两项任务时不会耗光现金。

本章的主题是第二项任务，即融资。公司的投资决策决定了其资金需求。基于本章的研究目的，我们假设，公司的投资决策已确定，为既定前提。根据前面介绍的现金管理工具，假设我们已知公司的投资决策，这样，就可以预测公司的资金需求。这肯定是一笔大钱。如果我们知道公司准备开展哪些项目，那么就可以确定这家公司到底需要多少资金。

现在，假设公司知道自己的融资需求是多少，那么，最优的资金来源是哪里呢？到底应该是来自内部的现金流，还是对外负债，抑或是对外股权融资，或者是采取可转换债券呢？在确定了即将采用的资金来源之后，公司仍要面对很多很多选项。使用内部现金流的融资应该采用多余现金，还是通过削减股息呢？负债融资是向银行借款，还是到资本市场发行债券呢？股权融资是依赖风险投资公司，还是直接向资本市场公开募集呢？在资本市场上进行融资时，是采用优先股还是普通股呢？

融资来源及融资方式这两个重要决策，最终将决定企业的资本结构。

这里，最重要的一点在于：在企业融资的实务中，一家公司并不能孤立地决定其资本结构，甚至也不能完全独立地确定其资金需求。决定融资的起点始终是公司的投资政策。公司会投资什么项目？什么项目算是好项目？明白后，这家公司才能计算既定投资政策到底需要多少资金。在此基础上，决定采用什么类型的融资方式以及到哪里去融资。总之，整个过程划分为以下四个步骤：

（1）有什么投资项目？

（2）需要多少资金？

（3）采取什么类型的融资？

（4）在哪里获得融资？

最优资本结构

一家公司的资本结构取决于公司如何为取得资产进行融资。资本结构反映了所有利益相关者对企业资产和现金流拥有怎样的索取权。其中的三个关键问题如下所述：

（1）是否存在最优资本结构（即是否存在融资来源之间的最佳组合，尤其是在负债和权益融资之间的组合）？当然，这也是我们在本部分重点讨论的一个主题。

（2）这个最优资本结构在不同企业之间以及不同时点是否会有所不同？是的，不同公司的最优资本结构是不同的，它取决于企业的经营状况和风险特征。

（3）CFO能否以良好的融资政策为资产负债表的右侧创造附加值？这是可能的，但至少不能以拙劣的融资政策去破坏价值。

债务与股权融资发行的实证研究

我们先来看看历史上关于债务与股权两种融资方式的实证研究文献。

图6-1显示了1986—2017年的负债与融资总额（等于负债融资与股权融资之和）的比率，其中，股权分别使用市场价值和账面价值两种计量方式。我们之所以采用两种方式，是因为资本结构通常就是以这两种不同方式计算的。在第一种方法中，资本结构按会计价值或账面价值计算负债和股权价值计算，也就是所谓的账面杠杆率（book leverage）。第二种方法则按债权的账面价值与股权的市场价值（即每股市场价格乘以流通股总数，也被称为市值）计算，也就是所谓的市场杠杆率（market leverage）。

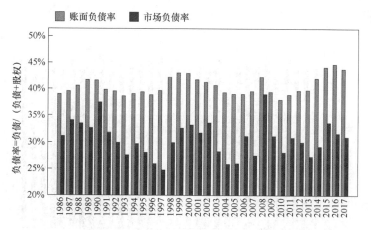

图6-1　1986—2017年纽约证券交易所上市公司的资本结构

资料来源：Compustat。

如图6-1所示，在1986—2017年，如使用负债和股权的账面价值计算，那么纽约证券交易所全部上市公司的负债融资平均占比约为40%；如使用负债的账面计值和股权的市场价值计算，则负债融资的平均占比下降为30%。因此，大多数公司的资金主要来自股权融资，而不是负债融资。此外还需要注意的是，股权价值会随着时间的推移而出现较大变化，而且市场杠杆率会小于账面杠杆率，因为大多数公司的股权市场价值高于其账面价值（历史成本）。（当然，我们最感兴趣的还是市场比率。当我们开始估值时，我们更担心的是股权的市值，而不是它们的历史账面价值。）随着时间的推移，按账面价值计算的杠杆率会逐渐提高，但市值基础上的杠杆率则会下降。

我们曾在前面提到过，企业的资本结构取决于经营情况和风险。毕竟，每家公司都要面对基本业务层面的风险（BBR）⊖和财务风险。公司股权的贝塔系数（beta）⊖取决于两种类型的风险，即公司的经营风险和财务风险。在后文中，我们将尝试采用无杠杆（即在 beta 的估值中不考虑负债）来消除财务风险对 beta 的影响，然后，再考虑只有经营风险的情况。这种无杠杆 beta 被称为资产 beta 系数（相对于股权 beta 系数）。

在图 6-2 中，我们可以看到，在 1986-2016 年，纽约证券交易所全部上市公司的主要资金来源是内部融资（即经营活动创造的现金），这也是我们认为可持续增长为什么非常重要的原因（当然还有其他原因，我们将在后文讨论）。可持续增长的实质就是企业依靠自身经营获得大部分资金。如果一家公司内部不能产生足够的资金，那么，他的下一个可选择的主要资金来源就是负债市场（通过发行债务取得的净现金流）。最后，如果企业不能依靠内部资金创造能力、也不能通过外债为经营和投资筹措到资金，那么就只能发行股票（股权发行创造的净现金流）。通过对纽约证券交易所（NYSE）及美国证券交易所（AMEX）360 家上市公司在 1972-1982 年的情况进行随机调查，学者们发现，平均每年有 7.3 家公司发行股票（或者说，每年约有 2% 的公司发行股票）。相比之下，直接发行债券和私人借款的公司平均数量分别为 15.6 家和 26.9 家（占总数的比例分别为 5% 和 7%）。总共有 44% 的企业从未进行过任何形式的外部融资。⊖ 因此，可持续增长意义重大，它可以让企业不必经常性地发行股票。我们将在后文讨论这么做的原因。

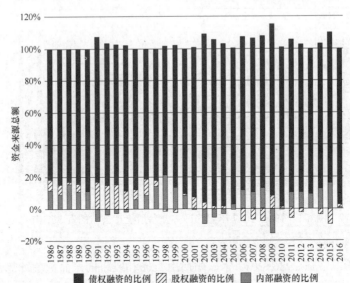

图 6-2　1986-2016 年纽约证券交易所全部上市公司的资金来源

资料来源：Compustat。

⊖ 基本业务风险（BBR），是指一家公司从事生产经营活动时面对的基本风险。基本业务风险包括公司的特殊市场风险（包括竞争对手的活动）以及总体的宏观经济风险和经营周期风险。
⊖ Beta 系数是衡量风险的一种量度。通常，它表示一家公司在不同时点的股票收益与市场总体收益的关系。正规的计算方法为资产收益率与市场收益率之间的协方差除以市场收益率的方差。
⊜ 见 W. Mikkleson and M. Partch, Valuation Effects of Security Offerings and the Issuance Process, *Journal of Financial Economics* 15（January/February 1986）: 31-60。

认真分析图 6-2 中的若干年份，我们会发现，发行债券或股票的金额为负数。债券或股票的发行金额怎么会是负数呢？因为债券是需要偿还的，股票也存在回购现象。从长期看，企业合计偿还或回购的债券或股票金额要超过最初的发行金额。显然，发行公司和回购公司并不是同一家公司。

此外，如表 6-1 所示，各行业的资本结构差异很大。对于在根本上说属于公用事业的电力天然气行业而言，其市场负债率[债务账面价值/（债务账面价值+股权市场价值）]平均为 39%。粮食生产行业的平均市场负债率为 30%，造纸及塑料设备约为 26%，而计算机软件行业则只有 5%（微软、英特尔和戴尔的负债率非常低）。在计算机公司的资本结构中，负债非常有限；相比之下，在公用事业的资本结构中，负债水平则相对较高。

账面负债率= 债务账面价值/（债务账面价值 + 股权账面价值）
市场负债率= 债务账面价值/（债务账面价值 + 股权市场价值）

表 6-1 2017 年纽约证券交易所上市公司按行业统计的负债率

行业	市场负债率 [债务账面价值/（债务账面价值+股权市场价值）]	账面负债率 [债务账面价值/（债务账面价值+股权账面价值）]
计算机软件	26.0%	5.0%
航空	42.8%	22.90%
制药	44.3%	22.4%
化工产品	48.3%	23.8%
零售业	53.0%	30.7%
电力、天然气及公共卫生	54.4%	38.7%
食品生产	58.1%	29.80%
造纸、橡胶和塑料	64.7%	25.5%
合计	46.2%	28.90%

资料来源：Compustat。

M&M 模型和企业融资

现代企业的资本市场理论的根基来自于两位诺贝尔经济学奖得主弗兰科·莫迪利安尼（Franco Modigliani）和墨顿·米勒（Merton Miller）的研究成果。他们认为（1958），在采取某些关键性假设的前提下，资本结构与企业价值无关（不会随着后者的改变而变化）。也就是说，按照最早的 M&M 理论，公司价值不随公司资本结构的变化而变化（也就是说，不受负债与股权比率的影响）。

M&M（1958）提出的关键性假设包括以下几点：
- 首先，他们假设了一个完全市场。在这个完全市场中，任何个人或公司都可以获得他们想得到的任何资产。换句话说，利用现有金融工具，投资者和公司可以建立任何债务和股权比率的资本结构。
- 其次，M&M 理论假设市场是有效的。这意味着市场上不存在信息不对称现象，所有人都知道其他人知道的事情。
- 再次，他们认为，所有人都可以在市场上进行无成本套利。
- 此外，他们还假设不存在税收成本和破产成本，也没有交易成本。

如果所有这些假设都是真实的，那么，我们就可以在 M&M（1958）模型中看到，融资决策与企业价值无关。尤其重要的是，企业的资本结构完全不重要。

为该理论提供依据的一种方法就是，企业的价值取决于经营资产所创造的现金流价值（体现在资产负债表的左侧）。然后，再将这些现金流配置给资本的提供者（在资产负债表的右侧表示）——债权人和股东。由此，资产（资产负债表的左侧）创造的现金流转移给资本的供应商（资产负债表的右侧）。

如何为资产融资（即由谁来提供资本），并不会改变经营资产创造的现金流。因此，在 M&M 理论中，公司价值完全独立于公司的融资方式。对公司资产创造的现金流如何分配，自然也就不会改变现金流或其价值。

让具有相同现金流的资产具有相同价值的机制，就在于套利（arbitrage）或是套利的可能性。那么，什么是套利呢？当交易成本低于价格差异时，就可以无风险地按一种价格购买物品，然后再按另一个价格出售这个物品，从而获得两个价格之间的价差（有关套利的定义，见下图框的说明。）⊖ 通过套利，具有相同现金流但不同资本结构的两家公司 A 和 B，将会拥有相同的价格（价值），即，V 公司 A=V 公司 B。这也意味着，按照纯粹的金融交易，譬如以债权替代债权，并不会增加或降低企业价值。

我们不妨举个例子：假设有两家公司 A 和 B。根据 M&M（1958）的观点，如果两家公司拥有相同的现金流，那么，不管其资本结构如何，公司价值都是一样的。假设 A 公司完全采用股权融资，而 B 公司则同时采用债权和股权两种方式进行融资。在 A 公司中，归属于全体股东的现金流等于 B 公司全体债权人和股东享有的现金流。也就是说，A 公司的股权价值一定会等于 B 公司的负债价值与股权价值之和。

请注意：上述情况不仅适用于 A 和 B 是两家独立公司的情况，也适合采用两种资本结构的同一家公司。也就是说，只要这家公司全部采用股权融资，就可以称之为 A 公司。如果同时采取负债融资和股权融资，那么，我们就可以称之为 B 公司。

总结： M&M 理论的核心就在于现金流。如果两家公司拥有相同的现金流，那么它们就必然具有相同的企业价值。

我们可以这样理解这个命题：来自公司资产负债表资产一侧（左侧）的现金流（包括公司的盈利、折旧和资本性支出等），等于公司资产负债表融资一侧（右侧）的现金流。如果两家公司现金流相同，但公司价值却不相等，那么，我们就可以通过套利让两者恢复相等。

⊖ 我们将在随后的引申阅读中介绍套利的概念。

套利

本书的两位作者在年轻时就发现了套利的秘诀。

作者之一成长于华盛顿哥伦比亚特区之外,当时,每个可口可乐的玻璃瓶押金款从 2 美分升至 5 美分。但是在北马里兰州(精确地说是黑格斯敦市),这种玻璃瓶的押金一直保持 2 美分。在前往黑格斯敦的一次家庭旅行中,他购买了一瓶可口可乐,并发现了押金成本的差异。然后,他意识到,如果把瓶子带回华盛顿特区,并在那里的商店退掉瓶子,那么,他就可以拿到 5 美分,这中间就出现了 3 美分的套利利润(而且全家肯定要返回华盛顿特区,因此,交通费也是不可避免的成本)。后来,这个想法居然真的成为电视节目《宋飞正传》中的一个情节,只不过,剧中的克雷默和纽曼是用美国邮政货车运送可乐瓶并从中套利的。

另一位作者是在蒙特利尔长大的,他注意到,在加拿大,当地邮局及银行使用的汇率与美国汇率存在差异。邮局每隔几周才会调整一次汇率,而银行则是逐日调整利率。于是,他从母亲那里借了一笔钱,跑到邮局,用 20.00 加元购买了一张价值 17.00 美元的邮政汇票,然后,他拿着这张汇票跑到银行,用这张 17.00 美元的邮政汇票兑换出 20.50 加元的现金——通过套利,他赚到的利润是 0.50 加元(第一位作者在这里郑重提醒读者,这个利润是以加元计算的,而不是美元)。

如果买卖 A 公司和 B 公司两家公司股票的交易成本为零(或者非常低),那么,套利将会让 A 公司股票的价格逐渐趋近 B 公司的价格,并最终得到相同。归根到底,投资者感兴趣的是投资带来的现金流。如果 A 公司股票的价格高于 B 公司股票的价格,那么,就存在卖出 A 公司股票并买进 B 公司股票的套利机会。如上所述,在我们的例子中,归属于 A 公司股东的现金流等于归属于 B 公司股东的现金流。因此,套利可以让投资者按较低价格买到相同的现金流。由于套利机会的存在,市场参与者不断卖出 A 公司的股票,同时买入 B 公司的股票。于是,A 公司的价格开始下降,B 公司的价格将上涨,直至两者相等。

由此可见,在零交易成本条件下,套利将带来 M&M 式的解决方案,即具有相同现金流的公司也具有相同的价值,与资本结构无关。至于这些公司到底是以债务融资、股权融资或者两者兼而有之,对公司价值并无影响。因为两家公司具有相同的现金流,因而拥有相同的价值;只不过是相同现金流的分配方式不同而已。

换句话说,现金流的总额并不依赖于资本结构,因为它是由企业经营资产(资产负债表的左侧)创造的。或者说,债务持有者收到的现金流(本金+利息支付)加上股东收到的现金流(股息+留存收益),应等于经营资产创造的现金流(不会随负债或股权价值的变化而变化)。

此外,在 M&M 模型中,无论采用怎样的资本结构,套利或其存在套利的可能性都会让 A 公司和 B 公司的价值趋于一致。通过套利,投资者卖出价值较高者,并买入价值较低者,直至两者的价格相同为止。这是支持 M&M 理论的一个基本论据。

> 墨顿·米勒喜欢用一个貌似真实的故事来说明 M&M 原理：有一天，入选名人堂的棒球明星约吉·贝拉正在吃比萨饼。服务员问贝拉，是否需要帮他把比萨切成 6 块或者 8 块。贝拉回答："好吧，切成 6 块吧，我不知道能不能吃掉 8 块。"

支持 M&M 理论（1958）的第二个论据在于，对投资者自己可以进行的金融交易，投资者在执行金融交易时自然无须支付溢价。比如说，假设 A 公司的现金流与 B 公司相同，但 A 公司股票的市场价格高于 B 公司。此外，我们还进一步假设，A 公司的资本结构中没有负债，全部由股权构成，而 B 公司的资本结构则同时包括负债和股权。这样，A 公司的投资者就可以通过借款买入 A 公司股票，复制出与 B 公司相同的资本结构（对投资者来说，A 公司的有效资本结构由股权以及为买入股票提供融资的负债构成）。反之亦然，投资者也可以买入 B 公司的股票，并通过借入股票卖空而取代债务，使得 B 公司的资本结构全部由股权构成。⊖ 因此，只要交易成本为零，投资者就可以通过交易，复制出另一家公司的资本结构。这也从另一个角度说明，在零交易成本的情况下，按照 M&M 理论，两家公司的价格必然相等。

支持 M&M 理论（1958）成立的第三个依据是，金融交易本身的净现值（NPV）为零。净现值是金融专业人员、财务教授甚至财务学生衡量投资价值的方式。它考虑的是投资的收益和成本，并把未来现金流转换到当前的某个时点，对投资项目的收益和成本进行评价。我们随后将在第十四章详细解释这个概念，并介绍净现值的计算方法，这一章也是本书第三部分的起点，而这个部分的主题就是如何制定更合理的投资决策。尽管没有必要，但如果读者确实急于了解这个概念，也可以先看一下，毕竟，这部分内容是自成体系的。

如果一家公司发行 1 亿美元的债券，得到的发行收入为 1 亿美元现金，那么，发行这笔债券的净现值是多少呢？在发行日，发行债券的净现值为零。该公司出售了一笔价值为 1 亿美元的债权，并取得 1 亿美元现金。这个过程的净现值为零。公司偿还债务的资金，形成了债券持有人的现金流（即利息和本金），以现行折现率对这一现金流进行折现，即为债券的价值，由此得到的净现值为零。股权也是如此。如果一家公司发行 1 亿美元的股票，这意味着，市场认为股票对应的未来现金流现值为 1 亿美元，考虑发行收入取得的 1 亿美元现金流，因此，整个发行过程的净现值为零。总之，两次发行的结果均为零净现值。假如所有纯粹的金融交易均为零净现值，那么，它们既不会增加企业价值，也不会减少企业价值。发行债务不增加企业价值，这是一个零净现值的过程。卖出股权也不增加企业价值；它同样是一个零净现值的过程。也就是说，因发行新债务或新股权而带来的资本结构变化不会改变企业价值，因为它是一次零净现值的交易。

⊖ 卖空就是卖出借入的股票，并在股价如愿下跌后回购，再以低价买入的股票对先前的股票缺口进行平仓。

总结

M&M（1958）理论表明，在某些关键假设下，资本结构与企业价值无关，资本结构的变化不会改变企业价值。也就是说，在 M&M 模型中，公司价值不随公司资本结构的变化而变化（资本结构通常表示为负债与权益的比率）。

这个理论背后的逻辑来自这样一个事实：影响企业价值的是由经营资产（资产负债表的左侧）创造的现金流价值，而不是如何为资产提供融资。比萨饼的大小（或价值）与切成多少片或是由谁占有无关，因为这都不会改变比萨饼的大小（总现金流）。套利或套利的可能性表明，所有具有相同现金流的资产都拥有相同的价格。同样，两家具有相同现金流但资本结构不同的公司，必定拥有相同的价格，即 V 公司 A = V 公司 B。

M&M 关于资本结构无关的理论经由三个重要的财务要素得到证明。

首先，在 M&M 模型下，如果 A 公司采用 B 公司的资本结构，其总价值不会受到影响（反之亦然）。

其次，如果投资者可在完全市场上按相同成本独立完成一笔金融交易，那么，他们在执行金融交易过程中就不会支付溢价。比如说,他们不会仅仅因为 A 公司的负债较少，就会为 A 公司支付超过公司 B 的溢价。事实上，以适当的比率对 B 公司的负债和股权进行组合，任何投资者都会置换出公司 B 的负债，并复制出 A 公司的现金流。

再次，所有纯粹的金融交易均为零净现值（NPV）交易。这些交易既不会增加企业价值，也不会减少企业价值。因此，只发行 1 亿美元的债券、只发行 1 亿美元的股票或是以两种方式筹集 1 亿美元，三者之间没有任何区别。

M&M（1958）的不相关理论最初仅限于说明资本结构，但也可以运用到很多不同的融资政策中。同样的道理，如果资本结构无关紧要，那么，企业的负债期限结构（即长期负债和短期负债的比重）自然也无足轻重。按照同样的观点，债务采取固定利率还是浮动利率、公司支付多少股利以及如何管理风险（例如套期保值）等，同样不会影响企业价值。既然融资政策不会改变公司的现金流，那么，按照 M&M（1958）理论，我们就可以认为，融资政策与企业价值不相关。事实上，M&M 理论适用于所有纯粹性金融交易,并据此可以得出相同的结论——所有纯粹性金融交易都是零净现值的交易。

M&M 理论关于金融政策无关紧要的观点是有争议的，在 1958 年那个时候，这个观点还不为金融从业者或众多金融学者所接受。在实践中，该理论显然也是不真实的，因为它的假设就不真实（也就是说，我们的世界根本就不是 M&M 所描绘的世界——在现实中，税收和正交易成本都是不可回避的）。然而，M&M 理论最终还是启发金融学者提出了一个正确的关键问题：融资是否会改变比萨饼的大小？

这个讨论之所以如此重要，其原因在于，在 M&M（1958）理论出现之前，还不存在企业融资理论。在 M&M 之前，财务专业人员只是使用比率分析、备考资产负债表和利润表以及资金来源和使用情况表,保证企业不会耗尽手头的资金。然而,至于企业应如何选择融资方式,还缺乏有效的理论指导。

M&M 是现代金融的起点。它推动整个学术界开始思考资本结构,并提出这样一个问题:资本结构是否重要?最终,它促使学术界提出一个很多企业融资决策都无法回避的问题。然而,M&M(1958)的论文并没有为财务专业人员提供分析指南,因为在 M&M 描绘的世界里,市场是完全有效的,企业如何融资已不重要。因此,这篇论文只是为专业人士和学者提供了一个进行融资决策的理论基础。

在本书两位作者中的稍长者还在攻读博士学位时,芝加哥大学没有为博士开设单独的公司金融课程,只是在二年级的金融学系列课程中为公司金融安排了两周的时间。而这两个星期几乎全部被 M&M(1958)、M&M(1961)⊖ 和 M&M(1963)⊖ 及其他零零散散的理论所占据,而这些理论也只是告诉学生们,在公司金融中,一切都无关紧要,企业融资本身更是毫无意义。在有效市场中,也就是在 M&M 模型所描绘的世界里,根本就不存在公司融资这个话题。没有税收,也没有交易成本,资本结构自然也就无关紧要,股利政策同样一无是处。而且有效市场本身就意味着,所有证券都会被市场给予准确的定价,到期日根本就不重要,至于固定利率还是浮动(可变)利率更是没有任何区别。今天,我们已经有了独立的公司金融课程,因为 M&M 模型的假设在现实中根本就不存在;公司金融和企业融资已成为一项重要任务。

M&M 模型的假设

在本章的第一部分,我们总结了定义"M&M 世界"所需要的五个假设条件。现在,需要放宽这些假设,以便于让我们的讨论更贴近现实。此外,还需要考虑一下:资本结构与公司价值无关的结论是否符合现实。

对于 1958 年 M&M 模型⊖设定的五个关键性假设条件,我们将放宽如下:

(1)税收为零。在本章里,我们将放宽这一假设,并讨论企业所得税和个人所得税带来的影响。

(2)财务困境不会带来成本。这个假设显然是不正确的(参见上一章关于梅西-弗格森的案例)。因此,我们在本章不接受这个假设,转而认为财务困境是有代价的。

(3)交易成本为零。我们将在第十二章放宽这个假设。

(4)不存在信息不对称性,也就是说,任何人都不会比其他人掌握有关企业价值的

⊖ Merton H. Miller and Franco Modigliani, Dividend policy, growth, and the valuation of shares, *Journal of Business* 34, No. 4 (Oct., 1961), pp. 411–433.

⊖ Franco Modigliani and Merton H. Miller, Corporate income taxes and the cost of capital: a correction, *American Economic Review* 53, No. 3 (Jun., 1963), pp. 433–443。

⊖ M&M的论文首次为公司金融提供了一个基础理论。但是进入20世纪80年代,M&M理论的很多假设也被进一步放宽了。

更多信息。在接下来的几章中，我们将对这个假设展开讨论，并在第十二章中放宽这一假设。

（5）资本结构不影响投资决策，即无论企业的资本结构如何，投资政策都是有效的。我们也将在第十二章中放宽这一假设。

直到 1980 年，学术界才放宽界定公司金融的前两个假设。在早期的大多数教科书中，都会谈到放宽关于税收和财务困境成本两项假设带来的影响。因此，在放弃这两个假设条件下采用 M&M 模型的资本结构理论，通常被称为"教科书式"资本结构。在完美的 M&M（1958）世界里，资本结构无关紧要。但是在考虑到税收和财务困境成本的情况下，资本结构就显示出它的重要性，这也是我们在下面将要讨论的问题。

税收

修正后的 M&M 模型放宽了 1963 年 M&M 理论的税收假设，并显示出在涉及企业所得税的条件下，资本结构意义重大。通过对税收的分析发现，不同融资来源的税负是不同的。最大的区别在于，支付的利息是可以在税前扣除的，而支付股息则无法避税。⊖ 税前可扣除性意味着，公司支付的利息和其他费用一样，在计算应税利润之前从收入中先行扣除。相比之下，股息则是以税后利润支付给股东的。⊖ 由于利息成本可在税前扣除，而股利则是在税后支付，因而不能在计算应税利润时扣除，因此，与支付股利相比，支付利息具有税收优势。

2018 年《减税与就业法案》

2017 年 12 月 22 日美国颁布的《减税与就业法案》对既定年份可在税前扣除的利息总额做出了限制。对于 2018 到 2021 年的前四年，可扣除利息上限为 EBITDA（扣除息税折旧和摊销前的利润）的 30%。从 2022 年起，该限额设置为 EBIT 的 30%（扣除息税前的利润——而且这还是较低上限，也就是说，可在税前扣除的利息费用甚至会更少）。本年度不能扣除的利息可以无限期向后期结转，并在以后年度的税前利润中扣除。在该法案颁布之前，美国的税前利息扣除额是不受限制的；而且在大多数国家和地区，对此均没有限制。

在如下表格中，我们可以看到，在 2017 年的纽交所上市公司中，各行业中利息支出超过 EBIT 和 EBITDA30% 的公司比例。

⊖ 实际上，几乎在所有国家，债务都存在某种形式的税盾效应。
⊖ 一家公司通常需要先计算出在扣除利息和税收之前的利润，然后扣除利息后才是税前利润，这是公司计算和支付税款的基数。而股息却不是这样计算的，它是从税后利润或者说净利润中支付给股东的一部分。

行业	EBITDA	EBIT
造纸、橡胶和塑料	3.40%	27.60%
制药	8.30%	16.70%
粮食生产	9.10%	36.40%
零售业	9.80%	28.30%
化学品	11.80%	25.00%
电力、天然气和卫生服务	18.10%	49.10%
电脑软件	20.00%	30.00%
航空	25.00%	50.00%
合计（包括财务）	18.00%	34.90%
合计（不包括财务）	13.80%	33.60%

资料来源：Compustat

我们不妨用一个例子说明这个问题。假设有一家 ABC 公司，每年可以稳稳当当地赚到 1 亿美元——无风险收益率为 10%。永续年金条件下的企业价值计算公式为：○

$$现值 = 每年的现金流/利率 = 1 亿美元/10\%$$

按照这个公式，我们可以计算出，这家公司的价值为 10 亿美元。按照 M&M 理论，在没有税收的情况下，这家公司的价值与如何融资完全无关。

现在，我们假设存在 21% 的公司所得税，但不涉及个人所得税（我们将在随后讨论个人所得税的影响）。由于利息费用会减少公司的税收成本，因此以负债和股权百分比表示的资本结构，自然会影响到企业价值。在这种情况下，增加负债会增加公司价值，因为它降低了企业的税收负担。税收的存在意味着，政府有权拥有这 10 亿美元价值中的一部分。扣除税款后剩余的价值，才是归债务和股权持有者享有的部分。人们通常把这个逻辑关系归结为这一个公式：企业的价值等于债务价值与股权价值之和。

$$V_f = V_d + V_e$$

式中：V_f 为公司价值；

V_d 为债务的价值；

V_e 为股权的价值。

资本结构或者说公司如何通过债务和股权进行融资的方式非常重要，因为支付的利息会减少公司承担的税费。因此，债务增加会提高公司价值，因为它减轻了公司应纳税的收入。

回到我们例子中提到的两家公司：如果一家公司依靠债务和股权进行融资，另一家公司则全部依靠股权融资，那么，两家公司将拥有不同的价值。这个过程反映在表 6-2 中。两家公司拥有相同的 EBITDA（扣除息税前的利润），均为 1 亿美元。○

○ 有关永续支付及时间价值的详细说明，请参阅第十四章。

○ 收益、盈利和利润都是反映企业营利能力的指标词，它们有时在财务上是通用的。EBIT （earnings before interest and taxes，扣除利息和税收之前的收益）也是财务中常用的一个缩写。 PBT（profit before taxes，税前利润）有时也被称为税前收益或税前盈利。因此，我们可以看到，在EBIT中扣除利息之后，得到的就是PBT。

为简单起见，我们假设两家公司的固定资产折旧和无形资产摊销均为零。这意味着，两家公司的息税前利润（EBIT）也是1亿美元。此外，我们还假设两家公司的现金流无风险折现率都是10%。

表6-2 存在公司所得税条件下的企业价值

	承担3亿美元负债融资的公司	全部采用股权融资的公司
息税折旧前利润（EBITDA）	1亿美元	1亿美元
折旧和摊销	0美元	0美元
息税前利润（EBIT）	1亿美元	1亿美元
利息费用（10%）	3 000万美元	0美元
税前利润	7 000万美元	1亿美元
公司所得税（税率21%）	1 470万美元	2 100万美元
净利润（税后利润）	5 530万美元	7 900万美元
股权价值（永续支付，折现率r=10%）	5.53亿美元	7.90亿美元
负债价值	3.00亿美元	0美元
公司价值（负债价值+股权价值）	8.53亿美元	7.90亿美元

在表6-2的第一列中，我们假设，一家公司以10%的利率取得3亿美元贷款，因此，每年支付的利息为3 000万美元（相当于EBITDA和EBIT的30%，这也是2018年美国公司税法允许的最高扣除额）。应税利润为7 000万美元，应纳税额为1 470万美元（21%乘以7 000万美元）；净利润为5 530万美元（7 000万美元−1 470万美元），假设按永续年金法以10%的折现率进行折现，那么这家公司的股权价值为5.530亿美元。在此基础上，再加上债务的价值3亿美元，即可得出公司价值为8.53亿美元。⊖

在表6-2的第二列中，是一家全部采取股权融资的公司。它的EBITDA和EBIT与公司同时采用债务和股权融资的公司是相同的，均为1亿美元。但由于没有债务，所以第二家公司没有利息支出。因此，它的税前利润为1亿美元。将1亿美元的税前利润乘以21%的公司税率，得到2 100万美元的税款，这是一笔需要支付给政府的费用。这意味着，需要对1亿美元的税前利润进行分配，其中的2 100万美元分配给政府，7 900万美元分配给股东。因此，如果按永续年金法以10%的折现率进行折现，每年现金流的折现值为7 900万美元，由此得到股权价值为7.9亿美元。由于公司没有债务，因此，最终的公司价值总额（债务价值+股权价值）也是7.9亿美元。

因此，当公司采用部分债务融资时，公司价值为8.53亿美元；但如果采用100%股权融资的话，公司价值则是7.9亿美元。由于政府对利息的处理方式不同，导致全负债融资公司的价值比全股权融资公司的价值多出6 300万美元。这个差额被称为税盾

⊖ 尽管我们在这里未说明数学计算过程，但可以肯定的是，可抵扣的利息费用越高（越低），需要交纳的税款就越低（越高）。也就是说，可抵扣利息费用越高（越低），利息带来的税盾价值越高（越低）。在不超过EBITDA的30%这个上限之前，较高的可抵扣利息费用源自较高的债务水平。

（taxshield）。税款是公司支付给政府的金额，对采用债务融资的公司，这部分现金流的永续价值为 1.47 亿美元，对全股权融资公司则是 2.1 亿美元。它们分别是 1 470 万美元和 2 100 万美元按 10%折现率得到的永续年金现值（1 470 万美元/10%=1.47 亿美元；2 100 万美元/10%=2.1 亿美元）。因此，如果以债务融资取代股权融资，可以让这家公司需要向政府支付的税款减少 6 300 万美元。

请注意：在这种情况下，M&M 理论依旧成立，因为比萨饼的大小并没有变化——总价值仍是 10 亿美元。比萨饼的大小取决于税前的现金流。那么，两家公司有什么不同呢？不同之处就在于，在被切开的比萨饼中，谁获得了其中的几块。在全部采用负债融资的公司，债务和股权持有者分得了 8.53 亿美元，政府拿走了 1.47 亿美元；在全部采用股权融资的公司，股权持有者（不存在债权人）取得 7.9 亿美元，政府得到了 2.1 亿美元。从未来着眼，我们应该认为所有公司都有一个来自外部的债权人——政府。

正如本章前文所述，M&M 理论的一个最大优点，就是让我们提出了一个正确的问题。在考虑公司所得税之后，M&M 就会让我们提出这样的问题：企业的融资选择会对属于美国税务局的那块比萨饼有什么影响？一些教科书给出的标准答案是：使用负债会产生税盾效应，其大小等于：

$$T_c \times D$$

式中，T_c 是公司所得税税率，D 是未偿还债务的价值。

不过，我们需要关注的是，上面的 1.47 亿美元和 2.1 亿美元税款是如何得到的。我们以永续债务为起点，然后以折现率 K_d 对这个负债进行折现。（笔者更喜欢使用 K_d 而不是 R_d 来代表负债的折现率，K_d 通常与负债的利率相同。但也有例外情况，比如说，按补贴市场利率收取的利率。不过，我们在这里暂不打算考虑这种特殊情况，而是在本书稍后做详细讨论）。

永久税盾的现值为每年的税盾（税率为 K_d 乘以 D，其中，D 为 10 亿美元，K_d 为 10%，税率为 21%，债务总额为 3 亿美元）按折现率 K_d 进行折现；分子分母同时消去 K_d，即可得到 T_c 与 D 的乘积，结果为 6 300 亿美元（21%与 30 000 的乘积）。

$$T_c \times K_d \times D / K_d = T_c \times D$$

遗憾的是，事实并不那么简单。上述公式只是我们理解税盾价值的初级版本，而不是完整的过程。此外，上述公式还假设负债是永续，利率始终低于 30%的法定可抵扣比例，因此，利息费用是全部可扣除的。而且没有个人所得税。因此，在引入个人所得税之前，$T_c \times D$ 还不是完整的税盾价值。

提示：边际税率（Marginal Tax Rate）

在引入个人所得税之前，我们不妨绕一个小弯，看看上述分析有哪些是需要给予特殊关注的事项。第一个提示是，并非所有公司都缴纳所得税，即使需要缴纳所得税，也并不是所有的公司都按照21%的税率。无须缴纳税款的一种情况,就是公司未取得应税所得。如上所述,之所以无应税收入,是因为公司将收入全部用于支付利息费用。其他情况也有可能导致公司减少或没有应税所得,比如说,收益本身太低或是税前扣除金额太高。例如,在历史上,铁路公司就无须缴纳公司所得税,因为它们的大型基础设施投资会通过折旧产生巨大的税前扣除项,导致应纳税所得额接近于零。因此,对铁路来说,由于拥有折旧带来的税盾,就不必再借助于负债利息。利息费用带来的税前扣除不会给公司带来任何真正意义上的收益,因为它们通常都不需要纳税。⊖此外,任何无须缴税的公司,只要未采用负债融资,就无法享受负债带来的税盾效应。

第二个提示是,发行债务本身并不会创造价值。如果一家公司发行债券,然后将多余的现金存入银行,那么,这样的债务发行就不会产生税盾效应,或者说,不拥有税收价值。这一点非常重要:在公司金融中,超额现金就等同于负的债务(实际债务的递减)。在本书的以后部分里,我们需要兼顾杠杆 beta 系数和无杠杆 beta 系数两种情况(beta 系数是衡量公司风险的量度)。此时,超额的现金将被视为负债。例如,如果一家公司按 10%的利率借入 1 亿美元资金,并将这 1 亿美元资金存入银行,存款利率为 10%,那么,这个过程显然不会产生税盾效应或创造价值。这家公司每年要向债权人支付 1 000 万美元的利息费用,同时,还从银行赚取 1 000 万美元的利息收入。因此,负债带来的净现金流影响为零,这个过程也就不会带来额外的价值。

再次重申一遍,借钱不会增加价值。只有公司使用借款、而不是股权为资产融资时,才会取得税盾价值。也就是说,只有以负债替代股权才能创造税盾效应。如果企业通过负债而不是股权为投资项目进行融资,或者公司调整资本结构(用借款回购公司的部分股权),就会出现这种情况。如果把借来的钱变成现金,然后什么也不做,就不会形成税盾。

第三个提示是,税收并不是发行债务的唯一原因!我们经常会听到 MBA 学生(笔者以前的学生从来没有这样说的)说这样的话:"哦,公司只是为了享受税盾才借钱的。"这的确令人费解。税盾确实会让负债更便宜(因而也更有吸引力),但它绝不是发行债务的唯一原因。如果税收为零,那么,公司是否还会发行债务呢?很多 MBA 学生会回答:"不,因为没有税盾。"但事实肯定不是这样的。美国也是在 1914 年以后才实行公司所得税的,但是 1914 年之前,很多公司都在借钱。20 世纪七八十年代的铁路建设公司就采用了大量债务融资(即使没有利息带来的税盾效应,铁路依旧在继续采用债务融资)。税盾确实让负债更有吸引力,使得企业会比没有公司所得税时发行更多的债务,但税盾绝不是负债的唯一原因。我们将在后文详细讨论发行债务的其他原因。在这里,读者需要牢记的重要一点是,税盾并不是公司发行债务的唯一原因。

⊖ 从技术上说,公司确实还要承担递延纳税义务,但如果实际纳税的时间非常久远,其现值可能接近于零。

个人所得税

现在，我们再看看考虑个人所得税的情况。公司所得税使得负债融资比股权融资更有利于企业，而个人所得税往往会让股权融资比负债融资更有吸引力。综合考虑两者的净效应，对公司而言，负债往往比股权更有利；但优势不及只有公司所得税的情况。

对于公司税，我们使用的是单一公司税率——目前为21%。㊀ 但投资者对股权支付和债务支付需要面对两种不同形式的税收。向股东的股权支付可以采取股利或资本利得形式，这两种形式的个人收益均需纳税，但通常采用不同的税率。而对债权人的支付采取的是利息形式，利息通常按个人所得税税率征税。

在2003年之前以及20世纪的大部分时间里，利息收入和股息收入适用于相同的税率，均为适用于普通收入的税率，而资本收益的税率则相对较低。如今，资本利得和股息通常均按相同的较低税率纳税。相比之下，利息收益（债务持有人收到的付款）仍按与普通收入相同的较高税率征税。㊁

资本利得是出售部分股权取得的收入超过这部分股权初始投资成本的差额。此外，资本利得税属于递延税收，也就是说，只有在这种收益真正实现时，才需要实际缴纳。这一点不同于股利和利息收益，后两者是在取得收益的当年纳税。例如，如果投资者按每股160美元的价格买进高盛的股票，一年以后，股票价格上涨到180美元，那么，投资者在卖出股票实现收益之前，就不必对这20美元的收益纳税。只有在真正出售股票之后，投资者拿到了真金白银的收益，才需要对最终的收益纳税。这意味着，资本利得的有效税率并不是名义上的资本利得税率，而是将实现时点折算到现在的资本利得税率。㊂

相比之下，在很多国家（如欧洲国家和加拿大）的个人所得税收制度中，均为投资者的股利提供税收抵免优惠。这么做的理由是，公司支付股利的来源是已经缴纳公司所得税之后的利润。因此，对股利免税有利于避免双重征税。在美国，公司对其收益缴纳公司所得税（目前税率为21%），然后，股东还要对收到的已缴纳公司所得税的股利缴纳所得税（个人所得税）。㊃ 从公司角度看（不考虑对投资者的影响），负债融资有很大的优势，因为公司在计算税前利润时可以扣除利息费用，这就减少了公司应税收入的金

㊀ 联邦企业所得税的最高税率为32%。州和地方政府的所得税税率则为0%～12%不等。由于州和地方所得税均为联邦所得税的税前扣除项目，因此，综合考虑的最高税率约为25%。请参阅毕马威会计师事务所的相关研究报告《税务工具和资源》：www.kpmg.com/Global/en/services/Tax/tax-toolsand-resources/Pages/corporate-tax-rates-table.asx（登录日期为2018年5月16日）。

㊁ 如果投资者不是个人，而是一家公司或受托人，则税收后果会有所不同。股息和资本利得的适用税率还取决于投资者持有相关股票的时间长度。

㊂ 由于不知道会在什么时候出售股票，因此，对折现日期的选择完全是主观的。

㊃ 本书不讨论税法差异的细节。就本书而言，我们只需知道股利收益、资本利得和利息收入都需要纳税，只是适用的税率经常会有所不同。

额,进而减少了所得税支出。而采用股权融资,由于股利或留存收益不能在税前扣除,因而不会降低税负。

从个人投资者的角度来看,个人所得税法规使得股权支付更有优势。因为利息收入、股息和资本利得的个人所得税率是不同的。股息的个人所得税率最高也只有针对利息收入征收的个人所得税率,而且经常低于这个水平。也就是说,适用于股利收入的税率有时会低于适用于利息收入的税率,但绝不会高于这个水平。通常,适用于资本利得的税率都要低于针对利息收入和股利收入的税率。⊖

因此,从公司角度看,与股权相比,债务可以享受税收优惠。相比之下,在投资者选择要买入哪种金融证券时,取得股权收益显然更有利。归根到底,最重要的是投资者得到的、扣除企业所得税和个人所得税的税后现金流。我们可以这样考虑这个问题:假如公司使用负债融资,就可以减少对政府支付的现金流,从而为投资者留下更多的现金流。然而,在支付公司所得税后现金流相等的前提下,投资者更喜欢获得股权现金流,而不是负债现金流。在综合考虑这两者的情况下,尽管负债(股权)融资的公司可以把更多(少)的现金流返还给投资者,但投资者收到的现金仍需按较高(较低)税率进行纳税。因此,综合两种融资方式,对公司来说,利用负债融资还是有优势的。如上所述,只不过在考虑针对投资者的个人所得税之后,这一优势将有所减少。⊖

我们不妨用一个例子来说明,具体如表6-3所示。我们有三种选择:在第一种情况下,公司完全采用负债进行融资;在第二种情况下,公司完全以股权进行融资,并将全部收益用于支付股息;在第三种情况下,公司完全以股权融资,但不分配股利,因此,投资者以资本利得的形式实现投资收益。如上所述,假设三种情况下的EBIT和EBITDA均为1亿美元(固定资产折旧和无形资产摊销为零)。

表6-3 负债的相对优势

	100%负债融资	100%股权融资——收益全部用于支付股息	100%股权融资——收益全部体现为资本利得
企业层面:			
EBIT	1亿美元	1亿美元	1亿美元
利息费用	3 000万美元	0美元	0美元
税前利润	7 000万美元	1亿美元	1亿美元
公司所得税(税率21%)	1 470万美元	2 100万美元	2 100万美元
公司净利润	5 530万美元	7 900万美元	7 900万美元

⊖ 适用于长期资本利得的税率始终低于对股息或利息征收的税率。短期资本利得有时采用与股利或利息相同的税率。长期或短期的定义由政府确定,在不同时期是不同的。

⊖ 迄今为止,我们的讨论一直把投资者视为需缴纳个人所得税的个人。如果投资者是公司或受托人(如保险公司或养老基金),其税率通常低于个人。这就会导致我们的融资增加更多复杂性,但也扩大了负债融资的税收优势。

（续）

	100%负债融资	100%股权融资——收益全部用于支付股息	100%股权融资——收益全部体现为资本利得
个人层面：			
支付给债权持有者的收益总额	3 000万美元	0美元	0美元
个人所得税（税率37%）	1 110万美元	0美元	0美元
支付给债权持有者的收益净额	1 890万美元	0美元	0美元
支付给股权持有者的收益总额	5 530万美元	7 900万美元	7 900万美元
股利纳税（税率20%）	1 110万美元	1 580万美元	0美元
资本利得税（税率20%）	0美元	0美元	1 580万美元
支付给股权持有者的收益净额	4 420万美元	6 320万美元	6 320万美元
支付给投资者的收益净额	6 310万美元	6 320万美元	6 320万美元
纳税总额	3 690万美元	3 680万美元	3 680万美元

在第一种情况下，公司对外筹集了3亿美元的债务融资，并支付了3 000万美元的利息费用（即3亿美元×10%的利率）和5 530万美元的股息（扣除公司所得税）。现在，我们再考虑一下个人所得税。假设最高的个人税率为37%，那么，债务持有人就其利息收入需缴纳1 110万美元的税款。假设最高的股息税率为20%，则股权持有人还需要支付1 110万美元的股息税。因此，投资者取得的税后净收益为6 310万美元（其中，债权持有者取得1 890万美元，股权持有人取得4 420万美元）。公司和个人层面缴纳的税收总额为3 690万美元。具体见表6-3中的第一列。

在第二种情况下，公司全部以股权进行融资，并将全部净利润作为股息支付给投资者。同样，我们假设EBIT依旧为1亿美元。但是这种情况下，由于没有利息费用，因而税前利润为1亿美元，于是，公司需要按21%的企业所得税税率缴纳2 100万美元的税费。这意味着，在扣除公司所得税后，可支付给股东的股息为7 900万美元[1亿美元×$(1-T_c)$，其中，T_c为企业所得税税率]。在股东收到7 900万美元的股息后，还要对这笔收入支付个人所得税。如果适用于股息的税款为20%，那么，股东需缴纳个人所得税1 580万美元，于是，税后的净收益变成了6 320万美元。

在第三种情况下，公司同样全部以股权进行融资，而且不会分红。因此，税后利润7 900美元全部成为留存收益，直到实现时才需纳税。也就是说，股东在出售股份时才实现其资本利得。假设留存收益积累增加了股票价值，股票持有者出售这部分股票，从而导致价值全部实现，那么，持股人就需要按个人资本利得税税率对这7 900美元纳税。假设资本利得税率为20%，则股东需缴纳1 580万美元（7 900万美元×20%）的税款，并获得6 320万美元的税后收入（7 900万美元-1 580万美元）。

在这个例子中,由于针对股息和资本利得的税率是相同的,因此,获得股权收益的方式(假设资本利得是立即可获得的)对投资者没有影响。

但需要注意的是,当同时考虑个人所得税收时,债务的税收优势会有所减少。在只有公司所得税的情况下,3亿美元的债务融资意味着,公司每年要向投资者支付额外剩下的6 300万美元(或者换一种说法,每年需要将6 300万美元以税收形式支付给政府)。在考虑个人所得税收后,对全部依靠负债融资的公司来说,在扣除公司所得税和个人所得税收之后,投资者获得的净额为6 310万美元。而对全部依靠股权融资的公司,投资者在支付企业所得税和个人所得税后拿到的净利润为6 320万美元。负债融资仍然有税收优势,但无论是绝对值还是相对值均有所减少。

重要的是,在如表6-3所示的例子中,我们假定资本利得是立即实现的。如果投资者推迟实现资本利得——也就是说,他们只需把股票握住手里不卖出去,就可以推迟资本利得的实现(请回忆一下,我们在前文曾指出,资本利得仅在实现时才需要征税),那么,有效的资本税收利得率就会低于20%。也就是说,未来的资本利得率为20%,而未来相同收益在目前的价值肯定要大打折扣。

另外,如上所述,税率在实践中也变化很大。例如,针对资本利得和股息的税率直到2013年才达到最高的20%。这意味着,负债融资相对于股权融资的优势在规模上也会发生变化。

如果股东不是个人而是公司或受托人,那么,针对利息、股息和资本利得的税率通常也较低。但税率的变化并不会改变上述示例的基本原理和结论。为避免本节内容过于复杂,我们并不探讨美国的其他税率或是不同国家在税率上的差异。

递延资本利得的影响

如果投资者最初拥有7 900万美元的资本利得收益,并推迟收益的实现,那么,针对这笔收益的有效资本利得率就会低于20%,具体如下表所示。

推迟资本利得带来的影响(单位:美元)

第一年	递延收益 税率20%	已实现收益 税率20%	已实现收益 税率19.405%
初始投资	1 000 000	1 000 000	1 000 000
第一年,税后收益率7.9%	79 000	79 000	79 000
税前投资	1 079,000	1 079,000	1 079 000
第一年的税收	0	15 800	15 330
投资的税后价值	1 079 000	1 063 200	1 063 670
第二年,税后收益率7.9%	85 241	83 993	84 030
投资的税前价值	1 164 241	147 193	1 147 700
第二年的税收	32 848	16 799	16 306
投资的税后价值	1 131 393	1 130 394	1 131 394

不妨设想一下，一名投资者以 100 万美元投资一家公司，在公司缴纳所得税之后，投资者得到的税后净利润率为 7.9%。如果公司没有支付股利，那么，投资者对公司持有的股权价值就会增加到 7.9 万美元（应纳税的资本利得），合计达到 107.9 万美元。如果投资者没有出售对公司持有的股权，并将股权一直持有至第二年，那么，在第二年年末，他对公司的股权按净利润率会再次增长 7.9%，达到 1 164 241 美元。此时，如果投资者出售股权，那么，他承担的资本利得税就应该为 32 848 美元（即 1 164 241 美元收益的 20%），投资者得到的净利润为 1 131 393 美元（原始投资为 100 万美元，加上取得的企业税后利润 164 241 美元，再减去资本获利税 32 848 美元）。

相比之下，如果投资者在第一年年底就按 107.9 万美元的价格出售这笔股份，那么，他需要缴纳的资本利得税为 1.58 万美元（7.9 万美元的 20%），并在第一年年底最终拿到 1 063 200 美元。如果投资者将这笔税后收益重新投资于该公司，并再次赚到税后净利润 7.9%，那么，投资者的股权又会增加 83 993 美元（1 063 200 美元×7.9%），股权价值达到 1 147 193 美元。在这种情况下，第二次出售股权需要缴纳 16 799 美元的资本利得税（83 993 美元的 20%），最终拿到手的价值为 1 130 394 美元。

两者做法产生了 999 美元的差额（1 131 393 美元-1 130 394 美元），原因就是投资者推迟了资本利得的实现——为此，投资者额外赚得了 1 248 美元（7.9%×1.58 万美元），在扣除额外纳税 249 美元（20%×1 248 美元）之后，净额为 999 美元。如果投资者每年均出售股份，实现资本利得，但只按 19.405% 的有效税率纳税，那么，他在每期期末得到的余额都是相同的 1 131 393 美元。投资者推迟收益实现的时间越久，有效税率就越低。

财务困境的成本

假设税收是唯一需要的考虑因素，而且利息费用全部可在税前扣除（美国在 2018 年就是这种情况，而且这也是大多数国家执行的税收政策）那么，税盾效应会促使大多数公司采用 100% 的负债融资。然而，实证证据则给出了相反结论。如果债务负担太高，公司就有可能会为此而付出代价。如果公司不能按时偿付债权人，会发生什么呢？债权持有人可以强制申请公司破产。当一家公司难以偿还到期债务时，我们即可认为，这家公司正处于财务困境。

相比之下，如果公司不对股东支付股利（或者减少股利支付），股东可能会在年会上表达不满情绪，选举新董事。⊖ 但与债权人不同的是，股东不能强制执行企业破产。此外，正如上一章所述的梅西-弗格森公司的经历，处于财务困境中的企业，不仅要面临竞争对手的攻击和管理核心的丧失，还有管理费用的增加。

⊖ 尽管这是有可能做到的，但在实践中很难实现。我们将在本书后面详细讨论这一点。

在M&M模型所描绘的世界中,假设破产成本为零,因而无须考虑破产风险。更重要的是,M&M认为,只有在公司的现金流低于偿还债权人所需要的金额时,公司才会破产。在这里,一个非常关键而且也是需要给予特殊关注的假设在于:在M&M模型中,现金流不会因为财务困境而改变。企业陷入财务困境的主要原因,是销售收入的下跌或成本的上升,这才是导致现金流减少的原因。因此,在M&M模型中,财务困境不会给公司带来成本,因而也不会影响现金流。因此,按照M&M模型,我们可以得出这样的结论:财务困境不影响企业价值。

然而,就像我们在梅西-弗格森案例中所看到的那样,这些假设在实践中完全是不成立的,财务困境带来的成本必定会减少公司现金流。因此,我们还需要理性面对M&M模型,更重要的是,我们必须意识到,M&M理论绝不是对现实世界的客观描绘,它只是为我们认识财务困境提供了一个有价值的参照点。

现在的问题是:企业陷入财务困境会如何减少公司的现金流呢?要解答这个问题,我们首先需要将财务困境的成本划分为直接成本和间接成本。直接成本是指公司在这个过程中发生的成本,包括法律费、会计费和管理成本。间接成本则是对公司运营的影响,比如说,给公司客户、供应商、管理人员、代理成本、债务负担以及资金筹集能力或是公司投资正净现值项目的能力造成的负面影响。

首先,直接破产成本是什么,有多少?经验估计,大型(财富500强)公司的直接成本(律师费、法院费用和咨询费用等)平均约为企业价值总额的2%~5%,而中等规模公司(中等市值的公司)的平均费率可能在20%~25%之间。[⊖] 所以,对于像梅西这样的大公司来说,与被重组债务的规模相比,律师费、会计师费、投行费以及多切斯特酒店的成本,或许都会显得微不足道。此外,要正确计算公司的直接破产成本,还需要根据企业破产的可能性对这些成本进行加权计算。这意味着,假如企业的破产成本为企业价值的2%~5%,且企业破产的可能性为1%,那么,预计成本将在0.02%~0.05%之间。因此,直接破产的成本往往很小,根本不足以对企业价值产生重大影响。

破产带来的间接成本就完全不同了。可能给企业价值带来严重影响的,往往是间接成本(即陷入财务困境让企业付出的代价)。一旦企业遭遇财务困境,就有可能失去客户和潜在供应商。顾客可能会出于对未来服务、保修缺乏保证以及转售价值的担心而离开。对那些酒店顾客(债权人)来说,这或许还不是什么大问题,他们住了一夜之后就可以离开。但假设你要从梅西-弗格森购买一台联合收割机,这就非常重要了。如果梅西-弗格森陷入财务危机,农民可能会转而购买约翰迪尔的联合收割机,而不再考虑梅西-弗格森的产品。即使农民拥有一台已使用多年的联合收割机,他们依旧需要得到零

⊖ 见Lawrence A. Weiss, Bankruptcy Resolution: Direct Costs and Violation of Priority of Claims, *Journal of Financial Economics* 27, no. 2 (October 1990): 285–314; 及: Elizabeth Tashjian, Ronald C. Lease, and John J. McConnell, An Empirical Analysis of Prepackaged Bankruptcies, *Journal of Financial Economics 40* (1996): 135–162。

配件进行修理和维护。（有趣的是，克莱斯勒曾在 20 世纪 80 年代初陷入财务危机，当时，为了吸引顾客，他们提供了一项为期五年、行程 100 000 英里的免费保修服务。遗憾的是，这还不足以说服很多顾客选择他们的产品，因为很多人担心的是克莱斯勒还能生存多久，是否还有能力提供这么长时间的维修。）因此，财务困境的一个重要成本，就是顾客的流失。

同样，财务困境中的企业还有可能失去供应商。如果供应商为正处于财务困境中的公司提供产品，那么，这家供应商就有可能会将销售条款从赊销信用改为现金交割。然而，陷入财务危机中的公司或许根本就没有足够的现金用来支付货款。此外，公司还要满足偿付以前应付账款的新融资条件，这只会进一步增加公司的资金压力。尤其是在贷款人不太可能提供新贷款的情况下，公司的破产概率会大幅增加。最后，由于投资者需要更高的回报弥补其承担的额外风险，因此，公司的融资成本也会上涨。

财务困境还会影响到管理者和员工。管理层需要投入大量时间和精力去应对财务困境，这就让他们难以把精力集中到公司的运营和战略中。此外，关键员工有可能离开公司，转而投靠竞争对手，这将会进一步削弱公司实力。此外也有人指出，在陷入财务危机的公司中，员工的盗窃率也较高，因为此时的员工忠诚度会大幅下降。

代理成本也会影响公司在财务困境中采取的管理行为。财务困境会诱发管理者采取损害企业价值的行为。比如说，管理人员可能会人为推迟清算，而推迟清算就有可能降低全体股东可以获得的价值，而他们却能继续拿到工资。经理人也可能会采取过度冒险的行为。假设一家公司已进入破产清算，公司的对外欠款为 100 美元。如果经理人在星期五进行公司清算，那么，他们在下周一就可以用 80 美元现金用于偿还债权人的债务。债权人当然不会高兴，因为他们收回的钱少于破产公司欠他们的钱。也就是说，他们的 1 美元债权只能得到 80 美分的偿还。那么，股东将获得什么呢？一无所有。那么，管理者会怎样安排他们的周末呢？去拉斯维加斯，住最好的酒店，再玩一场轮盘赌，把所有的钱都投进去。如果运气好的话，他们可以用 1 美元赚回 35 美元，所有人皆大欢喜。债权人的债务全额偿还，股东可以拿到一笔从天而降的意外之财。如果输了，股东也不会变得更糟（至少管理者在拉斯维加斯度过了一个美好的周末）。因此，当企业处于财务困境时，管理者有足够的动机去赌博（即实施高风险的行为）。

不过，促使管理者承担过度风险或是进行负净现值投资的动机，不只有财务困境。比如说，假设一家公司有 1 亿现金，而且有机会以 5 000 万美元的价格收购一家互联网初创企业。假设这家初创公司未来价值为零的概率为 2/3，企业价值达到 1.2 亿美元的概率为 1/3。因此，这家初创公司的预期企业价值为 4 000 万美元（2/3×0 美元+1/3×1.2 亿美元）。现在，这家公司用 5 000 万美元投资一个拥有 4 000 万美元预期未来价值的项目。

通常，管理者不会做这笔投资。但假设你是一家公司的总经理，这家公司的价值为 1 亿美元，目前有 9 000 万美元的负债尚未偿还。如果没有新的投资项目，公司价值依旧为 1 亿美元，负债为 9 000 万美元，净资产为 1 000 万美元。如果公司开展了一个投资，而且项目进展非常顺利，使得公司的价值增加了 7 000 万美元（1.2 亿美元减去 5 000

万美元的初始投资）。实现这个结果的概率为1/3。在这种情况下，公司的价值将变为1.7亿美元（1亿美元加7 000万美元）。负债依旧为9 000万美元，但现在的净资产却变为8 000万美元。如果公司非常不走运，投资失败，导致公司的价值变为5 000万美元（原来的价值为1亿美元，减去已经花掉的5 000万美元初始投资）。因此，这家公司的价值从1亿美元减少到5 000万美元。这意味着，债权人将无法收回全部9 000万美元的债权，净资产将变成负数：公司已资不抵债，陷入破产。这个过程如表6-4所示。

表6-4 代理成本的示例（单位：百万美元）

	概率	公司价值	债务	权益
无投资项目	100%	100	90	10
新投资				
投资顺利	33%	100+120-50 = 170	90	80
投资不力	67%	100+0-50 = 50	50	0
预期价值		0.33×170 + 0.67 ×50 = 90	63.3	26.7

然而，从股东角度看，有无投资对企业价值有什么影响吗？在进行新投资项目的情况下，股权的价值为2 670万美元（1/3×8 000万美元+2/3×0美元）。如果不进行投资，股权价值为1 000万美元。投资让股东持有的股权价值增加了1 670万美元。因此，股权持有人可能会决定实施负净现值的投资项目。在这种情况下，投资可能变成一种恶性赌博，因为它的净现值是负数，但股东用来赌博的赌资却是别人的钱。他们是在用债权人的钱去赌博。因此，这和一家处于困境中的企业会过度冒险是一个道理。

当陷入财务困境的公司拒绝有利可图的项目时，就会招致第三种间接成本。公司为什么会这样做呢？原因就在于所谓的"债务积压"（debt overhang）。从根本上说，假如股权持有者需要为新的盈利项目追加投入资金，但收益却大多甚至全部属于现有债权人，那么股权持有者就不会选择投资。

我们可以用一个例子来解释。假设一家公司未来面对两种情况：在一半时间内，公司价值为100美元；在另一半时间里，公司价值为10美元。因此，这家公司的预期价值为55美元（50%×100美元+50%×10美元）。接下来，我们再假设这家公司投资15美元开展一个新项目，项目在一年内的稳定回报为22美元。如采用10%的折现率，那么，这个项目的净现值为5美元。一年后的22美元按10%折现到今天，其净现值为20美元（22/1.1）。

那么，公司是否应该做这个项目呢？绝对有必要。因为这个项目可以确保实现5美元的净现值（在今天投入15美元的成本，就可以得到价值20美元的收入）。公司会做吗？未必。这还要取决于如何为项目融资、目前的融资状况以及是否存在债务积压。下面，我们进一步解释这个问题。

假设公司目前承担40美元的负债。这意味着，在未来投资顺利的情况下，公司的资产价值为100美元（概率为50%），债权人拥有的40美元债务获得全额偿还，股东将获得剩余的60美元。在未来不顺利的情况下，公司的资产价值为10美元（发生的概率为50%)。此时,债权人只能获得10美元的回款(损失30美元),而股权持有人将一无所获。

在上面的例子中,负债和股权的总价值是多少呢?负债的价值为25美元(50%×40美元+50%×10美元)。股权的价值为30美元(50%×60美元+50%×0美元)。因此,如上所述,公司的价值为55美元,这就是公司债权(25美元)和股权(30美元)的价值总额,具体如表6-5所示。

表6-5 债务积压情况的示例(单位:美元)

投资状况	概率	资产	债务持有者	股权持有人
没有新投资				
顺利	50%	100	40	60
不顺利	50%	10	10	0
预期价值		55	25	30
实施新投资				
顺利	50%	100+20=120	40	80
不顺利	50%	10+20=30	30	0
预期价值		55+20=75	35	40

现在,我们假设新投资项目只能以发行新股权的形式提供融资。这意味着,股东必须新投入15美元。这会对公司价值以及债务和股权带来怎样的影响呢?如表6-5所示,在投资状态良好的情况下,公司现在的价值将是120美元(原来的100美元加上新项目带来的20美元),债务持有者的40美元债务将全额受偿,股东则获得剩下的80美元。在投资不顺利的状态下,公司价值变成30美元(原来的10美元加上新项目带来的20美元),于是,债务持有者只能收回40美元中的30美元;另一方面,尽管股东新投入15美元,但最终却一无所获。

如果公司接受新项目并由股东出资,股权的现值是多少呢?40美元(50%×80美元+50%×0美元)。原来股权的价值是多少呢?30美元。股东是否愿意为了把预期股权价值从30美元提高到40美元而支付额外15美元呢?不,尽管这个项目保证可以带来正的净现值。股东不会为新项目提供资金,因为他们需要承担全部的投资成本,但最终却只能收到平均水平的收益。但是在投资不力的情况下,即使现有债权人无须额外投入一分钱,也会分得一部分收益。这就是所谓的债务积压(由于陷入财务困境,使得负债的预期价值变为25美元,低于40美元的账面价值),公司不能投资于拥有正净现值的项目,就是财务困境带来的一种间接成本。

因此,当公司陷入财务困境时,很难发行新的股份。比如说,如果梅西-弗格森以发行股份为一项新的投资项目融资,谁将成为企业价值增加的受益者呢?肯定不是股东(投入新资金的人),而是静观其变的债权人。高风险负债的存在对新的投资项目构成了阻碍。因此,对于负债率高的公司,股东可能不愿意为新项目出资,因为投资收益的最大受益者为现有的债权人。随着财务困境的恶化，这种影响会变得愈加强烈。

因此，我们会看到，如果股东可以用债权人的钱去赌博，那么，他们当然愿意承担债权人不愿承担的风险。相比之下，如果股东需要投入额外资金，但却无法独占投资带来的全部增值，那么，他们注定会放弃某些有利可图的项目。

在这种情况下，应如何应对呢？最明显的答案，似乎就是发行债务，而不是发行股份为新项目提供资金。也就是说，由新债权人投入额外的 15 美元。但如果新债权的优先级别低于原有债务，和发行股权就没有什么区别了。（只有等优先级债务得到全部偿付后，低级别的债务才能开始受偿。）在我们讨论的例子中，在投资顺利的情况下，所有人（包括原有债权人、新债权人和股权持有者）都将得到回报。但是在投资不力的状态下，新的项目会增加高级别债务的价值，而低级别债务和股东将一无所获。如果新债务与旧债务的优先级别相同，情况就变得复杂了。在投资不力时，项目带来的价值增量需要在新、老债务之间进行分配。如果公司可以发行比现有债务优先级别更高的新债务，那么，拿出这 15 美元的新债权人将获得 15 美元的本金及全部利息。但这种做法的问题在于，原来的债权人会通过合同条款禁止公司增发优先级债务。因此，发行债务而不是股权的解决方案往往是不可行的。因为在通常情况下，公司无法向新债权人发行优先于现有债务的新债务。但如果公司不能发行更优先级别的债务，那么，新贷款人就不愿意把钱借给遭遇财务危机的公司。

另一个解决方案就是对公司的债务进行重组。请记住，新项目带来的 5 美元新增价值是无风险的。在当前的公司状态下（没有新项目），原有债权人的预期价值为 25 美元（40 美元的一半加上 10 美元的一半）。假设公司提议重组，并保证原有债务持有者在新项目带来的新增 5 美元净现值中可获得 1 美元。原债权人应会接受这个提议，因为重组会增加他们的最初价值预期。但股东会做何选择呢？在新项目带来的新增 5 美元净现值中，他们可以得到 4 美元。现在，他们预计将获得 30 美元（50%×60 美元）。经重组后，股东的预期价值为 34 美元（50%×64 美元+50%×4 美元）。对于新项目带来的新增 5 美元净现值，通过这次重组，将划分为债权人获得的 1 美元和股东得到的 4 美元。

此外，公司也可以改变重组的分配方案，给债权人 2 美元、3 美元或 4 美元。但假如让债权人得到全部的 5 美元，股东肯定不会同意这个计划。也就是说，只有双方都能从中受益，重组才会得到批准。我们将在第十三章讨论重组及其实施流程。但是在这里，我们还是要强调重组的一个关键因素：通过重组会创造收益，并由全体当事人分享这笔收益，从而提高所有各方的福利，只有这样，才能让他们接受交易。也就是说，与不进行重组、没有新投资时的状态相比，重组方案需要让每个人的福利都得到改善。但这里也有一个问题，就是重组的谈判成本，它可能会让重组方案胎死腹中（在上面的例子中，我们假设重组的成本为零）。

实现财务困境成本最小化的方法，就是让企业提前降低遇险成本、避免出现代理成本和债务积压问题。在实践中，合理预测企业未来的资金需求，有助于避免负债过多（到底多少才算过多，将是我们在下一章里讨论的主题）。纵然不能避免过度负债，企业至少应对负债率进行积极管理,从而为未来重组创造有利条件。以梅西-弗格森公司为例,他们在 250 家银行获得贷款,却没有一家银行作为牵头人,这就很难让他们通过有效的谈判,让当事各方分享好项目带来的收益。而在一家银行借款或是由一家牵头银行组织的银团贷款,重组费用将会大幅降低(效果往往是非常显著的)。

有关资本结构理论的传统理论

要了解资本结构理论,首先就要从 M&M(1958)的资本结构不相关理论开始——在纯粹的 M&M 模型中,资本结构与公司价值无关。接下来,我们放宽 M&M 基本假设的前两个假设条件,引入税收成本及财务困境成本。在考虑税收的情况下,我们讨论了企业所得税(为企业提供了增加负债融资的动机)和个人所得税(让投资者更偏好股权收益)之间的关系。随后,我们分析了可能影响公司经营及现金流的财务困境成本(会促使公司减少或至少限制负债融资的动机)。最后,我们探讨了债务收益与财务困境成本之间的权衡。按照上述"教科书"式的观点,这种权衡必然会形成一种静态的优化结构,即让债务水平在一段时间内保持稳定。

我们将上述观点归集到图 6-3 中。图 6-3 中的实线代表 M&M(1958)模型关于企业价值不受杠杆率影响的观点,而虚线表示考虑税收条件下的 M&M(1963)模型。这表明,在引入税收因素之后,公司价值会随着负债的增加而增加,因为负债越多,就可以为公司带来更大的税盾效应(从而增加企业价值)。在这里,我们假设税盾效应存在于图中的整个范围。如果对税盾效应加以限制的话,也就是说,利息的可抵扣金额受到限制,那么,虚线应呈现出较平坦的态势。$MaxV_f$ 所表示的实线代表了考虑财务困境的公司价值,它表明,增加债务水平会加大企业陷入财务困境的风险,从而导致企业价值开始下降。

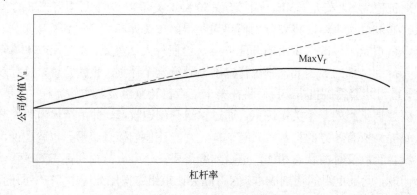

图 6-3 "教科书式"的最优资本结构观点

我们首先假定,财务困境的预期成本(遭遇财务困境的概率乘以财务困境成本)较小。这意味着,最初债务给公司带来的收益净额基本等于全部税盾。随着公司负债的增加，财务困境的成本随之上升，企业净值开始下降。在图 6-3 中，黑色实线代表公司在考虑税盾和财务困境成本情况下的价值，其中，黑色实线与黑色虚线之间的垂直距离代表了财务困境带来的成本。在某种程度上，这家公司的负债已达到临界点，即增加负债获得的税盾等于财务困境带来的预期成本增加。这个临界点即为公司的最优资本结构，也就是图 6-3 所示的 Max V_f。

> **引申思考**
>
> 请注意，企业价值达到最大化所对应的资本结构，不仅是最优化的资本结构，也是资本成本达到最低的资本结构。也就是说，在资本结构中，公司价值在多大负债比率条件下、以怎样的速度达到价值的最高点？这就要看具体情况了。对所有缴纳公司所得税的企业来说，税盾效应都是相同的。财务困境的成本也会因不同公司而异。如果企业的财务困境成本很低，那么，企业价值在下降之前会呈现出更长时间的上涨。只要税盾创造的价值大于财务困境成本，企业价值就会上升。
>
> 那么，在实践中，这意味着什么呢？它表明，和预期财务困境成本较高的公司相比，预期财务困境成本较低的公司应发行更多的债务。我们以从事公用事业的公司资本结构为例。这些公司的业务就是为社区提供电力、水或天然气，在传统上属于受严格监管的垄断企业。它们的现金流稳定程度如何呢？当然非常稳定了。公司破产的概率又有多大呢？非常低。负债的税收优势明显吗？和其他所有缴纳公司所得税的企业一样，不存在优势可言。那么，公用事业公司应该保持怎样的负债率呢？只要财务困境成本上涨缓慢，而且尚未超过负债所带来的税收优势，它们就可以维持较高的负债水平。公用事业行业的实际负债水平也验证了这一点。如表 6-1 所示，公用事业（即电力、燃气和卫生服务）几乎拥有市场上最高的负债水平，达到了 42.5%。㊀
>
> 现在，我们以公用事业的负债水平为基准，看看那些基本业务风险（BBR）较高、现金流不稳定、财务困境成本较高的公司。例如，我们不妨考虑一家从事计算机技术或制药业务的公司。在任何一个行业中，新产品都有可能让公司成为市场领导者，大举掠夺其他公司的市场份额。例如，一家公司研制出的新药，可能会让另一家制药公司的产品彻底退出市场。因此，对这些公司来说，其现金流风险远大于公用事业企业。
>
> 那么，一家高风险公司到底应持有多少负债算是合理呢？它们可以享受与公用事业公司相同的税盾；但公司现金流的高风险决定了它们必须采取较低的负债率。同样，这个结论也被实践所验证。谷歌、苹果、英特尔、辉瑞和默克制药等，都拥有相对较低的负债水平（甚至在实现盈利之前，它们也一直保持非常低的债务水平）。因此，和拥有低风险、稳定现金流的公司相比，当公司面对高风险或高波动的现金流时，它们必然应采取较低的负债率。

㊀ 使用股权的账面价值，2017年的负债率为54.4%。

资本成本

资本成本（cost of capital）是指公司为购置业务经营所需资产而进行融资时相应支付的资金使用成本。在本章中，我们采用加权法计算资本成本，即债权和股权成本的加权平均值，也就是所谓的加权平均资本成本（Weighted Average Cost of Capital，WACC）。计算加权平均资本成本的传统方法，就是将负债的权重乘以税后成本，再加上股权权重与权益成本的乘积。⊖

$$WACC=负债/（负债+股权）\times K_d \times（1-T_c）+股权/（负债+股权）\times K_e$$

式中：K_d＝负债成本；

T_c＝公司所得税率；

K_e＝权益成本。

提示

负债成本的最小化并不是 CFO 的终极目标，他们的目标应该是最大限度地降低资本成本。只有这样做，才能实现公司价值的最大化。很多学生经常会说，"公司应尽量减少负债成本"，这实际上是一个谬误。你可以通过维持较低债务水平和 AAA 的较高债务等级来实现负债成本的最小化。⊖ 此外，负债总比股权便宜（按照定义，即使没有税盾，债务的风险也是相对较低的，因为它的成本更低）。因此，企业借钱的成本几乎总是低于发行新股份的成本。但 CFO 的工作可不是将负债成本降到最低，而是减少新增资金的成本。我们曾在第一章里提到，CFO 的三大任务之一，就是制定更合理的融资决策。这意味着，他们的工作就是通过权衡负债和股权，建立最优化的资本结构，从而实现加权平均资本成本的最小化。但最大限度地减少资本总成本，显然不是通过简单追求负债成本最小化就可以实现的。

本章小结

下面，我们来回顾一下本章所讨论的内容。首先，我们从公司资本结构的实证分析入手。我们注意到，以股权市场价值衡量的杠杆率在随着时间的推移而下降，而以股权

⊖ WACC的定义早在M&M模型和现代金融出现之前就已经存在了。

⊖ 全球三大评级机构分别为标准普尔、穆迪和惠誉。各评级机构采取的评级标准略有不同，但从总体上看，债券的最安全评级为AAA，随着安全性的下降，信用等级依次为AA+等。最低评级为D，表明公司处于违约状态，或者目前已无法按约定支付利息和本金。D级以上的信用等级为C，该级别仅限于收益型债券。对商业票据而言，最安全的评级为P-1。

账面价值衡量的杠杆率则恰恰相反，呈现出增加趋势。此外，资本结构在不同行业之间差异很大。更重要的是，我们还对公司可以采取的各种融资方式进行了比较。显然，无论是在美国还是其他国家，公司最先使用（而且依旧使用）的资金，都应该来自内部产生的资金，然后是对外的负债融资，而股权融资则是最后的选择。

经过这些实证分析之后，我们研究了资本结构理论，这也是本章真正的重点。我们首先从莫迪利安尼和米勒在1958年的开创性研究开始，他们的理论表明，在M&M模型所描绘的世界里，资本结构并不重要。接下来，我们探讨了M&M理论的五个基本假设。

随后我们放宽了M&M模型中前两个假设的影响，引入税收（企业所得税和个人所得税）以及财务困境成本的概念。⊖

通过放宽这两个假设，为我们从"教科书"角度提供了企业融资的观点（约在1980年），在认识税盾以及债务增加带来的财务困境成本基础上，探讨两者之间的关系。

尽管理论看似完美，但现实中的资本结构又是怎样的呢？下面，我们从如下三个角度提出了问题。

（1）**内部分析**：公司内部可以创造多少资金用于偿还负债呢？我们可以通过编制备考财务报表预测未来的现金流，从而计算出公司未来可能创造的现金流。这就需要我们同时考虑有可能出现的最理想情况和最不理想情况。此外，它还要求我们回答以下问题：公司能否在预期状态下履行偿债义务、偿还债务的利息和本金呢？公司是否会违反债务约定？企业是否会遭遇财务困境？通过回答这些问题，我们即可判断出公司按内部资金创造能力所能承担的债务水平。

（2）**外部分析**：外部估值者认为公司可以承担什么水平的负债呢？这些外部人包括信用评级机构、市场分析师、银行以及投资者。公司的信用评级怎样，发行更多债务是否会降低公司的信用等级呢？银行是否会给公司提供贷款，如果提供的话，会设定怎样的贷款条款呢？

（3）**横截面分析**：公司的资本结构与竞争对手相比如何？公司的负债率是否超出其合理水平，是低于还是高于其他行业？更具体地说（请参考第五章），如果约翰迪尔拥有30%的负债率，那么，梅西-弗格森真的还想达到47%的负债率吗？或者说，我们可以对这个问题换一种说法：是公司的负债水平合理，还是竞争对手的负债水平合理呢？在行业衰退期间：哪些企业会生存下去，哪些企业会就此消亡，企业的负债率是否会影响到它们的生存概率呢？

以上三个问题解释了各行业在资本结构上的差异（比如说，电力和天然气行业与电脑硬件及软件公司的差异）。但这些问题并不适合解释行业内部的差异，毕竟，对公司而言，它们要受到其他诸多重要因素的影响。我们将在第十二章讨论其他因素，比如信息不对称和交易成本等因素的影响。

⊖ 在1963年提出的M&M模型中，放宽了对没有税收的假设。

期待下一步

在随后的两章里，我们将以万豪酒店集团为例。作为本书最重要的部分之一，这两章将阐述企业融资的所有关键要素。这才是我们真正开始研究企业融资的起点，在这个问题上，我们将引入不对称信息和其他变量。如前所述，本章将公司金融理论的发展历程追溯到1980年左右。在接下来的两章中，我们将看到公司金融理论是如何演变到今天的。

PIPES的例子（第二章）告诉我们，产品市场的目标以及为实现这些目标所需要的融资之间，总会存在这样那样的矛盾。对PIPES来说，最大的问题就在于，如何为收入增长提供资金。我们曾在第五章指出，对梅西-弗格森这种不愿发行股票的快速增长型企业来说，其负债率会高于目标（或最优）负债率。而对于不会回购股份的慢速增长型公司，则会出现负债率太低且有效税率高于理想税率的情况。考虑到资本结构是动态的，因此，企业可在一定范围内偏离最优资本结构。但企业还是要牢记，在资本结构这个问题上，它们的最终目标在哪里。最重要的是，当公司在一个方向上不断偏离最佳资本结构时，不止会加大公司陷入财务困境的风险。正如我们在前几章里看到的那样，如果在另一个方向上偏离太远，不仅会导致资本成本太高，还会造成股价太低；这就会给公司带来种种负面后果，譬如敌意收购。归根到底，企业需要权衡负债带来的税收节约以及由此招致的财务困境成本，并始终如一地做出理性选择。

第七章
资本结构决策（万豪集团和它的 CFO 加里·威尔逊）

本章将阐述企业应如何考虑自己的融资政策，尤其是资本结构问题。我们讨论的背景是 1980 年的万豪集团（Marriott Corporation）和它的另类 CFO——加里·威尔逊（Gary Wilson）。

万豪集团的前身最早成立于大萧条两年前的 1927 年——当时还只是华盛顿的一家"艾德熊"啤酒摊。1937 年，公司开始在美国弗吉尼亚州阿灵顿的胡佛机场提供航班快餐，这里今天已成为五角大楼的所在地。1953 年，万豪公开上市，每股发行价格为 10.53 美元。1957 年，公司开设了第一家"汽车旅馆"。到 20 世纪 50 年代末，万豪酒店成为航空食品和汽车旅馆行业的领头羊。到 1979 年，公司已实现了飞跃式发展，业务涉及酒店（占总销售收入的 35%）、外包餐饮服务（占销售收入的 32%）、餐厅（占销售收入的 25%）以及主题公园和邮轮（占销售收入的 8%）等；公司的总销售收入达到 15 亿美元。但此时的万豪集团仍是一家家族控制性企业，家族成员持有全部 3 620 万股流通股中的 650 万股，并在董事会中占据了八个董事席位。在那个很少有女性或少数族裔进入公司董事会的时代里，万豪引以为荣地成为"财富 500 强"中为数不多拥有女性董事的公司，而这位女性董事正是这个大家族的母亲。

在 20 世纪 70 年代后期，万豪在产品市场经营方面实施了重大政策调整。万豪从拥有自己的酒店转为管理它们。也就是说，万豪酒店以前只建造、拥有和经营酒店。现在，万豪酒店依旧在建造酒店，然后，再把这些酒店卖给投资者，并负责合作经营设施的维护。如万豪 1980 年度报告（第 18 页）所述："这使得万豪在无须投入相应资本的情况下，保证酒店业务每年可以扩大 25%，从而释放这部分投资能力推动企业增长。"

资本结构

大约就是在这个时候，万豪的首席财务官加里·威尔逊开始考虑通过发行债券来置换股权资金，并借此调整公司资本结构。因此，我们的第一个问题就是：改变公司资本结构会带来怎样的影响呢？

要回答这个问题，我们首先要知道，资本结构是什么。我们不妨用最简单的语言解答这个问题，所谓的资本结构，就是企业如何取得购置资产所需要的资金。例如，万豪为获得资产的融资方式包括直接负债（银行借款）、抵押贷款、可转换债券、租赁和股权（参见本章附录 A 中的万豪集团利润表和资产负债表以及附录 B 所示的财务比率）。

不过，我们还是从最简单的情况入手，假设公司只有负债和股权两种融资方式。公司通过负债融资或是股权融资，这两者之间有什么区别呢？在做出这个融资决策的过程中，一个重要因素就是公司使用负债和股权融资的相对成本。通常，负债融资和股权融资之间的成本存在较大差异。1979 年，万豪的税后成本（K_d）和股权回报率

（ROE）分别在5%和18%左右。但这样的比较显然是不合适的：我们需要比较的是负债和股权的"市场"成本。负债成本本身就是以市场为基础的：万豪的税前负债成本约为10%，边际税率约为46%。考虑到债务利息可在税前扣除，因此，负债的有效税后成本是负债总额乘以1扣除税率差额后的乘积，约为5%。我们可以将这个过程表述为如下公式：

$$K_d = R_m \times (1-T_c)$$

式中：R_m为公司债务的税前市场成本；

T_c为公司的所得税税率。

股权成本在市场上难以直接得到。股权收益率（ROE）是一个以会计为基础的数字，它并不是对资本市场成本的正确估计。公司金融领域的专业人员往往以资本资产定价模型（CAPM）来估计股权成本。该模型表述为：

$$K_e = R_f + \beta \times (R_m - R_f)$$

式中：R_f是市场的无风险利率；

R_m是市场的整体收益率；

β（beta）为衡量公司收益率相对于市场整体收益率变化的风险因子。

通常，我们以美国政府债券的利率作为无风险利率（R_f）。在万豪做出以负债资金置换股权资金的决策时，美国国债的利率为10.4%。在使用CAPM公式时，R_m是不能单独使用的，而是采用（R_m-R_f）的估计值，也就是所谓的市场风险溢价（market risk premium）。市场风险溢价的估计值通常取（R_m-R_f）的历史平均值。在这个例子中，万豪的beta值为1.25，市场风险溢价的估计值为8%。因此，利用CAPM模型，万豪的股权成本估计值为20.4%，远高于18%的净资产收益率。

$$万豪的\ K_e = 10.4\% + 1.25 \times (8\%) = 20.4\%$$

现在，既然股权的成本远远超过负债成本，那么公司为什么不全部采用负债进行融资呢？企业不使用100%负债融资的理由是，尽管负债对投资者而言更安全，但却会使企业面对更大的经营风险。为什么说负债对投资者来说远比股权更安全呢？因为在公司破产时，债权人有优先取得破产资产的权利（即在破产时，负债人的受偿顺序先于股东）。此外，当公司不能履行偿债义务时，债权人有权强制公司破产。相比之下，公司并没有

---

① 公司1979年的净利润7 100万美元÷当年年初的股东权益3.97亿美元=17.9%（以净利润除以年末股东权益4.14亿美元，可得到ROE为17.2%）。如前所述（第二章），ROE的计算方法为：净利润÷年初股东权益。

② 万豪集团的平均税率为42%（所得税5 200万美元/税前利润1.23亿美元），当时，对于年营业收入超过10万美元的美国公司，适用的边际税率为46%。

③ Beta系数衡量公司股票收益相对于整体市场收益率的变化。Beta系数被定义为回归方程Rstock=α+βRmarket中的相关系数。

④ 至于无风险利率应采用五年期国债利率还是十年期国债利率，目前尚有分歧。我们将在本书随后讨论这个问题，以及有关无风险利率的其他问题。

法定义务向股东支付任何款项。不妨考虑一下，如果一家公司不能为股权支付回报，会发生什么事情呢？所有者（即股东）唯一可以主张的权力，就是将股份卖给别人。但如果企业不能偿还负债，债权人就有权强制公司破产。

简而言之，企业可以采用负债和股权的某种组合为资产提供资金。尽管负债成本低于股权融资的成本，但增加负债会增加公司破产的概率，因此，负债带来的风险更大。

如果资本结构变化，会发生什么呢

现在，我们假设负债和股权的成本保持不变。如果一家公司增加资本结构中的负债，负债成本会相应增加，因为随着公司违约风险的提高，债权人会要求以更高的回报弥补风险的增加。也就是说，假如负债的目前税前成本为10%，那么，随着负债在资本结构中的比重不断提高，由此招致增加的负债会造成负债成本相应提高。在不同的负债水平上，负债成本（或利率）的增长速度是不同的。与负债水平较低时相比，当一家公司已达到较高的负债水平时，同样数量的负债增量会导致利率出现更大幅度的提高。也就是说，当我们增加公司资本结构中的负债时，相同的增量负债带来的风险会越来越大，因而会导致负债成本越来越高。

随着负债比率不断提高，负债的成本持续增加。那么，负债成本最终是否会超过股权成本呢？莫迪利安尼和墨顿·米勒⊖（M&M）的模型显示，在增加负债时，负债成本会上升，股权成本也随之提高。随着公司资本结构中的负债比率不断提高，股权成本也会增加，但增速要超过负债成本的增速。也就是说，在任何情况下，在既定的负债水平下，负债成本始终低于股权成本。

我们不妨以一家破产公司为例。由于存在公司不能履约还款的风险，由此，破产公司的负债成本可能高达20%～30%。现在的问题是：如果公司的负债成本是25%，那么，市场对公司股权要求的收益会是多少呢？答案肯定大于25%。为什么呢？因为在破产程序中，股东需要在债权人之后受偿，所以他们要承担更大的风险，当然会要求取得更高的回报作为补偿。这一点应该是没有例外的。因此，我们通常都会认为，无论公司的负债处于什么水平，负债成本都要低于股权成本。

总之，在增加资本结构中的负债比例时，负债成本提高，股权成本随之上涨，但负债成本仍低于股权成本。

我们可以用符号表述这个关系：D%上升，意味着K_d上升，K_e同时增加，但$K_e > K_d$。

⊖ 弗兰科·莫迪利安尼和墨顿·米勒曾发表过两篇关于资本成本的重要论文，见第六章所述。第一篇论文指出了某些假设条件下（这些假设在现实中根本不可能存在）的资本结构不相关性。第二篇论文讨论了企业所得税对资本结构的影响。见：Modigliani and M. Miller, The Cost of Capital, Corporation Finance and the Theory of Investment, *American Economic Review* 48 （June 1958）：261–297; and F. Modigliani and M. Miller, Taxes and the Cost of Capital: A Correction, *American Economic Review* 53（June 1963）：433–443。

接下来，我们再看看另一个问题：如果公司以负债置换资本结构中的股权，就像威尔逊准备对万豪集团所采取的调整，其他财务指标会发生怎样的变化呢？首先，我们看看每股收益（EPS）。

EPS =净利润（NI）/股本数量

由于公司以低成本的负债替代高成本的股权，考虑到利息费用的增加，净利润会下降，但股本也会减少。只要 K_d 低于 K_e，股本数量就会比净利润减少得更多。因此，最终的净结果是每股收益增加。

接下来，如果每股收益增加，公司股价会发生什么变化呢？先上升，而后下降。股票价格可视为折现率 K_e 和 EPS 的函数。⊖

如果公司的每股收益增加，只要折现率保持不变，股价就应该上涨。但我们都知道，随着资本结构中负债比例的增加，折现率会上升。因此，以负债替代股权会增加 EPS，但也会提高 K_e。开始，每股收益的增幅超过折现率 K_e 的增幅。在这种情况下，股价会上涨。

最终，随着我们继续增加负债，折现率的增速会超过 EPS 的增速。在这种情况下，股票价格就会下降。

因此，D%上升意味着 K_d 上升和 K_e 上升，但 $K_e > K_d$，随后是 EPS 上升，股票价格上升，最终，股票价格开始下降。

万豪集团的决策就是一个说明改变负债和股权比重的绝佳案例，因为公司并没有把债券发行收入用于投资新项目。在这种情况下，威尔逊唯一考虑的，就是用这笔资金将万豪的股权置换为负债，而对公司的其他方面未做任何调整。资产是一样的，业务是一样的，管理也是一样的——公司所做的唯一变化，就是为资产提高资金的融资方式。换句话说，唯一的变化就是公司的资本结构，以及它所使用的负债和股权数量。

因此，现在我们都知道，在以负债替代资本结构中的股权时，负债成本会增加，股权成本也会上涨，但正如我们所讨论的那样，负债成本仍低于股权成本。此外，每股收益上涨，股价首先会上涨，而后会下跌。

我们的下一个问题是：市盈率（P/E）会如何变化呢？在假设折现率固定不变的条件下，市盈率会下降。如果企业的每股收益按一定百分比增加，且折现率固定不变，那么，公司股价就会以相同百分比与每股收益同步增长。例如，如果企业净利润增加 10%（假设目前不涉及其他现金流），那么，公司的现金流将增加 10%。如果资本成本不变，现金流增加 10%，就意味着股价上涨 10%。但正如上文所述，随着公司不断增加资本结构中的负债，股票折现率不会保持不变，而是会上升。因此，如果收益增长 10%，K_e 也增加，那么，股价的涨幅就不会超过 10%。

⊖ 如前一章所述，任何资产的价格都应等于按资本成本折现的现金流现值。对股票而言，其价值就是以 K_e 折现后的现金流现值，而收益则是构成股权现金流的主要组成部分。在这里，我们使用的是上述简化方法，我们将在后文深入讨论现金流问题。

总而言之，如果 EPS 上涨 10%，股价上涨不到 10%，那么，作为两者的比率，市盈率则会下降。此外，（由上面讨论可知），股权成本（K_e）首先会缓慢上升，而后会加速增长。最终，资本成本的上涨速度会超过每股收益的增长速度，于是，最终的影响同样是市盈率下降。

我们还可以从另一个角度解释这个问题：考虑到市盈率就是投资者为获得 1 美元收益而付出的代价。比如说，在市盈率为 10 的时候，1 美元的收益对应于 10 美元的股价。当公司的风险增加时，市盈率将会下降，因为投资者为取得更高风险收益所支付的价格要低于为更安全收益所支付的价格。现在，随着负债的增加，风险也随之增加；在增加风险时，市盈率会下降。因此，当负债比率提高时，市盈率会下降，而且只会下降。我们重申一下：如果负债/股权比上升，则负债和股权的成本都会上涨，但股权成本始终会高于负债成本。此外，如果负债/股权比上升，每股收益增加，那么，股价则会先涨后跌，与此同时，市盈率会下降，而且只会下降。

这就引出了一个新问题：如果企业增加负债，beta 系数会如何变化呢？也会增加，因为公司所面对的风险更大。了解资产 beta 系数的概念，有助于我们理解 beta 系数会随着负债的增加而提高的原因。资产的 beta 系数（即通常所说的无杠杆 beta 系数）是资产在完全依靠股权融资（即无负债）条件下的 beta 系数。⊖ 如果资产的 beta 系数为 1，那么这就意味着，如果市场的整体收益率为 10%，资产收益率会随之同步上涨 10%。由于公司全部采用股权融资，因此，股权收益率也会上升 10%。如果大盘下跌 10%，那么，公司的资产收益率也会下降 10%，股权回报率同步降低 10%。

我们不妨设想一家公司，通常情况下，它可以取得 100 美元的收益，并且没有负债，当然也就不涉及利息成本。由于无须偿还负债，因此，公司凭借发行股份可以获得全部 100 美元。如果大盘上涨 10%，且公司资产的 beta 系数为 1，那么，公司的资产回报率也会提高 10%，因此，资产总额将达到 110 美元。与此同时，股权增加 110 美元，相当于增长了 10%。如果大盘下跌 10%，则资产回报率同步下跌 10%，资产总额减少到 90 美元。此时，股权随之缩水到 90 美元，相当于下跌 10%。

现在，我们在组合中引入杠杆（即公司现在除采用股权融资之外，还开始使用负债融资）。假设利息成本为 50 美元。于是，这家在正常情况下可获得 100 美元资产回报的公司，现在还要额外支付 50 美元的利息费用。因此，公司的净资产或股权价值变成了 50 美元。如果大盘上涨 10%，由于资产的 beta 系数为 1，未发生任何变化，因此，资产回报率也随之上涨 10%，达到 110 美元。但是在有负债的条件下，负债需要首先拿到收益中的 50 美元支付利息费用，因此，股权只能获得剩余的 60 美元。这相当于股权价值增长 20%，而不再是 10%。如果大盘下跌 10%，资产回报率则同步下跌 10%，资产价

⊖ 通常，适用于公司股权的beta系数实际上是加杠杆的beta系数；也就是说，是公司在既定资本结构（或杠杆率）下的股权beta系数。资产的beta系数则是不考虑资本结构条件下仅针对资产的beta系数。在没有负债的情况下，资产的beta系数等于"无杠杆"的股权beta系数。

值减少到 90 美元。负债依旧优先取得 50 美元的利息,剩下的 40 美元收益属于股权。这就相当于股权价值减少 20%。由此可见,公司的杠杆率越高,股权回报率就越高。由于公司的股权 beta 系数取决于股东收益率的波动,因此,杠杆率越高,股权的 beta 系数就越高。

总之,如果没有负债,股权 beta 系数应等于资产 beta 系数。在提高杠杆率时,资产 beta 系数保持不变,但股权回报率的波动性会加强,从而提高了股权 beta 系数。有趣的是,这是我们仅凭直观就可以看到的结论。如果公司需要在可变收入流中扣减固定的成本,那么,它的营利能力就会呈现出更大的波动性,如表 7-1 所示。

表 7-1 Beta 系数变化的影响

假设无杠杆的 beta 系数为 1,这也是资产的 beta 系数。			
假设资产取得的正常现金流为 100 美元。			
情况 1:没有负债,因此,现金流为 0 美元,股权获得资产创造的全部现金流。			
情况 2:有负债,现金流为 50 美元,股权获得全部现金流扣除 50 美元利息支出后的余额。			
情况 1:零负债情况下的现金流	资产取得的现金流	负债取得的现金流	股权取得的现金流
基准情况	100 美元	0 美元	100 美元
市场收益增加 10%	110 美元	0 美元	110 美元
市场收益减少 10%	90 美元	0 美元	90 美元
资产收益率增加或下降 10%,股权收益也会随之上升或下降 10%。因此,股权的 β=资产 β 系数=1。			
情况 2:50 美元负债情况下的现金流	资产取得的现金流	负债取得的现金流	股权取得的现金流
基准情况	100 美元	50 美元	50 美元
市场收益增加 10%	110 美元	50 美元	60 美元
市场收益减少 10%	90 美元	50 美元	40 美元
资产收益率增加或下降 10%,股权收益也会随之上升或下降 10%。因此,股权的 β 系数=2,资产 β 系数=1。			

我们再看看 CAPM 方程,$K_e=R_f+\beta\times(R_m-R_f)$,其中,β 是股权的 beta 系数。增加负债会增加股权的 β 系数,从而增加了 K_e。这与上面的结论是一致的:随着负债的增加,K_d 会增加,K_e 随之提高,因为它始终会高于 K_d。

我们不妨再总结一下:如果公司改变负债/股权比率,会发生什么呢?随着公司负债的增加,负债成本会相应上升,股权成本也随之上升,但股权成本始终高于负债成本,在每股收益增加的情况下,股价先上涨然后下跌,市盈率下降,beta 系数增加。Beta 增加会导致股权成本上涨。在负债/股权比提高的情况下,K_e 始终高于 K_d,且与股权成本保持一致。

接下来,我们再看看负债和股权成本与杠杆率之间的关系,并参见图 7-1。在 K_d 的起点处,公司的负债水平为零。这也是我们借入第一美元时贷款人所收取的贷款费用,表示为 y 轴上的一个点。现在我们都知道,在增加负债时,由于风险的增加,负债成本会上升。此外,随着负债的增加,负债成本的增长率也会提高。也就是说,低水平负债对应的负债成本增速也较低;在高水平负债的情况下,负债成本的增速会加大。也可以换种说法来描述这个关系:最初,负债成本缓慢上升,贷款人愿意在不提高利率的情况下增加贷款。但随着公司负债水平的提高，违约风险（即借款人不能偿还贷款的风险）加大，使得新增负债带来的风险也更大。于是，贷款人会要求更高的利率，以补偿风险的增加。这意味着，利率不仅会上涨，而且会加速上涨，在图 7-1 中表示为 K_d 所代表的曲线。

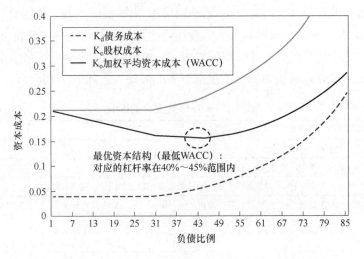

图 7-1　资本结构成本

接下来，我们看看 K_e 的轨迹。我们同样以零负债作为 K_e 的起点，这也是股票投资者在没有负债时的预期收益率。请注意，即使在零负债水平，K_e 也高于同处于零负债条件下的 K_d，原因是股权成本永远大于负债成本。对投资者来说，股权的风险永远大于负债带来的风险。在增加负债时，股权成本的趋势与负债成本基本相似——处于上升状态。K_e 最初增长较慢，而后加速上涨，但在任何负债水平下，它都会高于负债成本。

资本成本

不过，作为首席财务官，我们最大的担忧不是负债或股权的个别成本，而是资本的总成本。我们的目标不是最大限度减少负债或股权的成本，实际上，只需要不采用负债，我们即可做到这一点（见图 7-1）。相反，我们的目标是最大限度地降低总资本成本（K_o）。

因此，我们看看总资本成本的轨迹，它是负债成本和股权成本的加权平均数。在没有负债的情况下，资本的总成本就是股权成本 K_e（由于公司采用 100%股权的资本结构）。如果改变负债/股权比，提高负债的比率，就会导致股权占比下降。在理论上，我们应该以负债（成本较低）替代股权（成本较高）。这导致资本的总体成本首先出现下降。然而，随着负债/股权比的增加，负债成本和股权成本均出现提高。虽然负债成本在任何情况下均低于股权成本，但由于负债成本和股权成本都在提高，因此，总成本（在经历了最初阶段的下降后）最终还是会提高的，体现为图 7-1 中的 K_o。请注意资本的总成本：尽管在零负债时，它等于 K_e，但随后始终处于 K_d 和 K_e 之间。[⊖]

因此，在讨论资本结构以及负债/股权比变化带来的影响时，我们又增加了一个新的要素。前文曾解释过，在提高负债/股权比时，负债成本增加，股权成本随之增加，但股权成本始终高于负债成本，每股收益上涨，股价随之先涨后跌，市盈率下降，beta 系数增加。现在，我们可以给出一个补充性解释，当负债/股权比上升时，资本的总体成本先下降，而后上升。

如上所述，首席财务官感兴趣的，是如何最大程度降低公司的总资本成本。但对一家公司来说，对应于资本成本最小化的负债/股权比未必是唯一的。毫无疑问，任何单一的某个负债/股权比都不能保证公司始终维持资本成本的最小化。

现实中，对个别公司来说，CFO 绝不能去寻找这个唯一的总资本成本最优点。相反，他们需要努力找到一个能保证资本成本最优化的负债/股权比变动区间。如图 7-1 所示，这家企业的资本成本先是下降，而后在一个范围内维持稳定，最后再次上升。因为我们不可能精确计算出与每个负债/股权比对应的资本成本，因此，寻找一个目标区间而不是某个点，或许才是 CFO 最现实的最优化选择。

负债/股权比的最优区间因行业而异。例如，在公用事业行业，增加负债会让负债成本（现金流稳定）发生怎样的变化呢？由于现金流稳定，使得增加额外负债带来的风险低于其他类型的企业，因此，贷款人最初不会提高负债成本（即与现金流风险较高的行业相比，公用事业企业的 K_d 上升速度相对较慢），公用事业的股权成本增速也更慢（请记住，负债和股权的成本与投资者取得回报的风险有关。只要现金流稳定，任何债务水平下的收益风险都会降低）。这意味着，对于公用事业，资本成本在上升之前会经历更长时期的下降。对一个现金流波动性更稳定的行业，其债务成本的加速上涨阶段会比公用事业企业出现得更早，而且上涨速度也更快。因此，K_e 会更快地进入上升阶段，并呈现出更快的增速，而 K_o 则会在很长时间内不会下降。也就是说，这些企业的资本成本不仅会更高一点，而且对应于最优资本结构的负债/股权比也低于公用事业。比如说，像 Wham-O[⊖] 这样的公司，由于产品线易受消费时尚的影响，因此，现金流会体现出更明显的周期性和波动性，从而导致资本成本相对较高，而且资本成本最低点所对应的负债/股权比绝对数字也相对较低。

图 7-2 描绘了两个假想公司的 K_o：一家是具有稳定现金流的公用事业公司，另一家则是现金流不稳定的玩具制造公司。如图 7-2 所示，公用事业的 K_o 不仅低于玩具公司，而且最优的负债/股权比也是在负债比率较高水平上实现的。提高负债水平对两家公司的影响是相同的，即随着负债水平的提高，负债成本相应增加，股权成本随之上升，

⊖ 莫迪利安尼和米勒（1958）认为，在没有税收的情况下，K_d 和 K_e 的变化会相互抵消，无论债务处于怎样的水平，K_o 都将保持不变。

⊖ Wham-O 玩具公司发明了呼啦圈、飞盘和电子手写板等玩具。

最终导致股价上涨。只不过这些拐点出现在不同的位置上，并且对应于不同的负债/股权比。

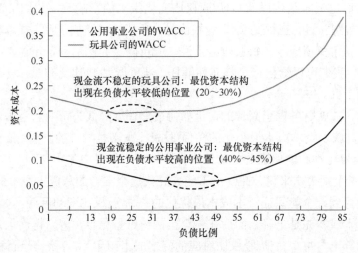

图 7-2　资本结构成本

接下来，在图 7-3 中，我们将股票价格与负债/股权比的关系绘制在一张图中，而在另一张图上，则是股价与资本成本的关系。看看股票价格达到最高点的位置（点或区间），我们会注意到，在这个点或区间，资本成本 K_0 也达到最小。因此，资本成本的最小化对应于股价的最高点。这其实并非偶然。在维持其他条件不变的情况下，在成本达到最小化时，自然会带来最高的股价。任何成本都是如此；例如，如果你最大限度地降低劳动力成本，在其他方面保持相同的条件下，你就可以最大限度地提高股价，或是寻求材料成本最小化，保持其他方面不变，那么，你同样可以得到最大化的股价。从理论上讲，在维持所有其他条件不变的时候，只要资本成本达到最小化，就可以实现股票价格的最大化。

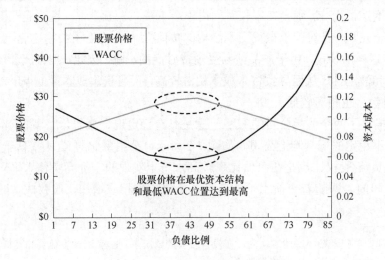

图 7-3　资本结构对股票价格的影响

工业设施收益债券是体现资本成本概念重要性的最好例证，这些债券可以为发行公司带来巨大的成本优势。虽然它们在利息上与市政债券一样，都享受免税待遇，但它们的发现者是公司，而不是市政当局。由于这种税收优惠，使得这种债券的利率低于企业发行的同风险等级的公司债券。

工业设施收益债券的目的在于刺激经济发展。如果市政当局希望公司落足本地、兴建工厂并扩大在当地的就业，那么，他们就会批准公司发行这种债券。由于债券投资者取得的利息收入无须缴纳所得税，因此，收益型债券的利率通常低于国债利率，这就大大降低了发行者的资本成本。这种工业设施收益债券最初不受发行规模限制，但美国政府最终还是对市政当局的发行总额设置了上限（与当地人口数量挂钩）。零售连锁企业也是这种债券的主要发行者，这种债券为大型连锁企业带来了当地其他企业无法比拟的竞争优势。[1]

我们不妨假设，在斯普林菲尔德有一家小型服装店，他们购置存货的资金主要来自当地银行贷款，利率按银行现行优惠利率上浮 2%。[2] 接下来，我们再假设，凯马特或是沃尔玛也进入了当地市场，并在高速公路旁边开设大型购物中心。显而易见，与当地的这家服装店相比，这些大型购物中心不仅拥有明显的购买力优势，而且在广告等方面也有着显著的规模经济效应。假设这些大型购物中心也通过发行工业设施收益债券为采购存货融资。这意味着，大型商场对存货的融资成本低于政府债券 2%~3%，而当地商家则需要支付超过 2%的利率（或是按美国政府债券的利率 5%）。因此，大型商场在存货融资方面的总成本优势至少为 6%。在其他条件相同的情况下，即使不考虑其他成本优势，这些大型商场也拥有远低于竞争对手的资本成本。而这种成本优势可以让他们采取更低的商品售价，获得更高的利润，或是两者兼而有之。同样，改变公司资本结构会改变资本成本，从而影响企业的竞争能力、营利性和股价，并让他们在很多方面领先于竞争对手。

企业在实践中如何设计资本结构

现在，我们再回过头看看前面有关资本结构和负债比率重要性的理论。从理论上看，这似乎很明显，而且也很简单，但是在实践中，公司到底应如何确定合理的负债水平呢？当然，首席财务官没有办法绘制出图 7-1、图 7-2 和图 7-3 这样的图例。在实务中，他们主要通过以下三个要素确定公司的最佳资本成本。

（1）内部分析：确定企业在经济衰退时能承受的负债水平是多少。具体方法就是预测企业的未来现金流，并按照各种不利情境编制备考报表，分析公司在什么时候会因偿

---

[1] 关于工业设施收益债券的详细情况，参考：Alan Hall, Industrial Bond Basics, www.rodey.com/downloads/rodey_industrial_revenue_bond_basics.pdf，登录日期2014年12月20日。

[2] 对小型企业来说，支付2%~3%的上浮利率是很正常的事情。

还债务而遭遇财务困境。

（2）外部分析：分析公司负债率对公司与银行、投资银行、分析师和评级机构之间关系带来的影响。也就是说，评级机构是否会调低企业的信用等级、分析师是否会发出提示和投资警告、银行家是否会改变对待公司的态度？

（3）横截面分析：看看公司的竞争对手在做什么。就像我们在第五章里对梅西-弗格森进行的分析那样，如果行业平均水平或势均力敌的竞争对手拥有30%的负债率，那么，这家公司是否需要把负债率提高到47%？如果CFO复制竞争对手的策略，那么，即使他的决策是错误的，但至少不会落后于对手。如果CFO选择采取不同于业内其他公司的资本结构，而且又是错误的，那么，他就会让公司（当然还有他自己）陷入危险中。

所以，我们不妨回答如下这两个问题。首先，公司的负债会不会太多？绝对有可能！此时，警报已经响起，公司正在违约，债券等级已被下调，企业可能要承担财务困境成本，而且公司正在遭到竞争对手的攻击。从根本上说，这家公司极有可能重蹈梅西-弗格森的覆辙。⊖ CFO肯定不想这样做。他当然想晚上能好好睡觉，千万不要彻夜不眠，这让他有足够的动机维持低水平负债。

第二个问题：一家公司会不会有负债不足的情况？也是绝对有可能的！负债太少意味着资本成本还没有达到最小化（即在没有负债的情况下，公司的资本成本等于股权成本，而股权成本永远高于负债成本），因而，股价也没有达到最高点。此外，负债太少还意味着公司还没有最大限度利用税盾的节税效应，而是把更多的资金交给政府，没有用于为股东创造价值。而低股价则意味着，公司易于遭受另一种攻击：成为其他公司的收购目标。⊖

因此，作为一名CFO，你绝不能忽视资本结构，而且必须设计出合理的资本结构。太多的负债固然不好，因为这有可能让你成为下一个梅西-弗格森，让约翰迪尔夺走你的市场，甚至把你赶出市场。但负债太少同样不好，因为这样你就得担心有人在觊觎你的公司，将你的公司收入囊中。因此，最重要的就是要确保资本结构的合理性，最大限度地降低资本成本，最大限度地创造企业价值，这一点非常重要。

公司金融政策

在加里·威尔逊接任万豪集团的首席财务官职位时，他向公司董事会提议了一系列融资政策。这些政策包括：⊜

（1）负债应维持在融资总额的40%～45%之间（或者，负债与租赁之和维持在50%～

⊖ 我们在第五章讨论过梅西-弗格森农用设备公司的情况。

⊖ 收购公司甚至可以使用目标公司（未使用的）的负债能力筹集收购资金。

⊜ 上述融资政策主要来自三个方面的资料来源：1978年到1980年期间的万豪公司年度报告；Marriott Corporation（1986）9-282-042 Harvard Business School Publishing；对万豪前董事会成员的访谈。

55%之间)。

(2)穆迪对商业票据的评级至少应达到 P-1,或是更高(基本相当于 A 或以上的债券评级)。⊖

(3)融资的主要资金来源应该是国内,并采用无抵押的固定利率长期债券。

(4)不应考虑发行新的可转换债券或直接发行优先股。

(5)作为不成文规定,万豪从 1978 年 1 月开始支付现金股利(以前采取的是股票股利)。

现在,我们来看看为什么说这些政策对万豪集团而言意义重大。

(1)负债在资本结构中维持 40%~45%的比率(这也是万豪年度报告中发布的目标),是帮助 CFO 加里·威尔逊实现资本成本最小化的基本前提,其根本目标在于实现公司价值的最大化。也就是说,如果我们为万豪集团绘制一张如图 7-3 那样的图例,那么,它的最低资本成本应出现在 40%~45%的负债率区间内。

(2)拥有 P-1 穆迪评级的商业票据(相当于债券的 A 级)是维持资本市场准入资格的前提。⊖ 当时,万豪正使用银行借款兴建新的酒店。由于此前从未出现过 A 级债券不能发行的先例,因此,这就让万豪得以在公开资本市场上发行债券、筹集资金。

(3)发行境内债券是一项基于债券市场基本特征的政策。全球有两大债券/负债市场,即美国债市和欧洲债市。⊜ 在美国发行债券的理由并不是出于货币偏好,而是因为很多欧元债券都是以美元发行的。真正的原因在于当时这两个市场的不同属性。欧洲债券市场是一个"名称"市场——也就是说,散户投资者的作用远大于机构投资者。这个市场的特点在于,投资者是否熟悉发行人的姓名,发行者个人的信誉远比债券的信用评级或其他外部措施更重要。因此,在欧洲债券市场上,投资并不是依据信用评级,而是依据发行人的名气和声誉。

而美国负债市场则恰恰相反,投资的依据依赖于市场评级。在一个以评级为基础的市场中,保险公司、共同基金和退休计划都要根据信用评级进行债券投资。当时,万豪在欧洲还没有什么名气(和埃克森石油这样的公司相比,根本没有办法平起平坐),而且很难在欧洲找到有"名气"的投资者。因此,万豪选择在美国市场发行债券。

至于发行无抵押债券的依据,则是根据万豪在 1978 年公司年报发布的经营决策,

⊖ 如上一章所述,全球三大评级机构分别为标准普尔、穆迪和惠誉。各评级机构采取的评级标准略有不同,但从总体上看,债券的最安全评级为AAA,随着安全性的下降,信用等级依次为AA+等。最低评级为D,表明公司已处于违约状态,或者目前已无法按协议支付利息和本金。D级以上的信用等级为C,该级别仅限于收益型债券。对商业票据而言,最安全的信用评级是P-1。

⊖ 在20世纪80年代以及垃圾债券市场(由迈克尔·米尔肯及其所在的德崇证券公司发明)兴起之前,信用评级低于A的公司有时会无法进入债券市场进行融资。即使是在市场做出调整之后,如果市场资金趋紧,投资者也会选择信用等级更高的公司债券或政府债券。

⊜ 欧元债券可以用任何货币计价,出售对象为美国以外的投资者。欧洲债券不受美国证交会监管,也无须在证交会登记注册。

即从拥有和经营酒店转型为只经营酒店。万豪集团的新策略就是购买或建造酒店,然后把酒店所有权出售给外部投资者,而自己只从事酒店的管理和经营。⊖ 以前,万豪酒店也为建造酒店融资而发行过担保债券,但成本肯定非常低。而现在,万豪酒店之所以选择发行无担保债券,是因为这可以给他们带来更大的灵活性,即在不偿还债券的情况下也可以出售酒店物业。

至于公司为什么要发行长期债券这个问题,最经典的答案就是实现资产到期日与负债到期日的匹配。⊜ 但是对万豪而言,资产到期日(从万豪建成酒店到出售酒店)要短于负债期限。加里·威尔逊之所以想发行固定利率的长期债券,是因为他预期通胀率和利率都会上涨。资本市场会接受他的选择吗?在做出这个决策时,资本市场呈现为反向收益曲线(即短期利率高于长期利率)。这意味着,未来的预期通货膨胀率将会下降,进而导致利率下降。如果CFO的预期与市场相同,公司选择发行短期债券或长期债券,也就没有太大区别了。因为收益会将市场预期反映在债券的市场价格中。如果威尔逊预期未来利率会上涨,而市场则预期下跌,这就意味着,他将以固定利率发行长期债券。如果他的判断正确,将为公司节省大量的融资成本。如果预测失误,但只要负债是随时可赎回的,公司还可以进行再融资(尽管要付出一定的代价)。⊜ 最后需要申明的是,万豪采用的融资渠道是公开市场,而不是银行,是因为银行只接受可浮动利率的贷款。

(4)排除可转换债券和直接优先股的理由,⑭ 可以解释为万豪对未来现金流和业务性质的预期。⑮可转换债券通常由处于初创期的公司发行,这些公司通常拥有较高的增长潜力和较高的期权价值,但对贷款人而言,风险也更高。为什么呢?因为这类公司可以按低于直接负债的利率发行可转换债。对这些公司来说,直接借款的利率水平非常高。而对于可转换负债,如果未来股价上涨,债券持有者可根据自身意愿将债券转换为股权,因此,他们能为公司提供较低的利率。正是因为这种期权是有价值的,因此,可转债的持有者可以接受低于直接债券的利率。⑯ 由于万豪是一家经营稳定、但增长空间有限的公司,因此,市场认为公司的期权几乎没有任何价值。在这种情况下,万豪酒店发行可

⊖ 担保负债需要特定的抵押品,如酒店物业,债权人在出现债务人违约不能偿付时有权占有这些抵押品。这与无担保负债形成了鲜明对比,在无担保负债的情况下,债权人无权占有任何特定资产,只能在有担保债权人受偿之后,按普通债券参与破产财产的一般性分配。

⊜ 这个规则在实际上并不正确,因为我们的真正目的是实现产品市场期限和融资策略的匹配。我们稍后会详细讨论这个问题。

⊜ 可赎回债券是发行者可在债券到期之前赎回的债券。因此,如果利率下降,发行企业就可以赎回旧债券,并发行新债券。为保护债权人避免因债券提前赎回而受到损失,公司债在发行后的一段时间内通常是不可赎回的,或是需要发行者在赎回债券时支付赎回溢价。这意味着债券的实际利率会高于持有到期债券的实际利率。

⑭ 可转换债券可按预先约定的转换比率转换为股权。

⑮ 优先股股东享有普通股股东所没有的某些权利,比如说,先于普通股获得股利,以及在破产时优先于普通股受偿。

⑯ 比如说,在1981年,MCI为直接债券支付的利率约为14%,为可转换债券支付的利率约为10%。

转换债券没有任何好处（即利率低于直接负债利率的概率很少，甚至根本就没有可能）。

那么，万豪为什么不选择发行直接优先股呢？最直接的优先股是由银行和公用事业公司发行的，因为这类公司的资本结构受到严格监管。也就是说，监管机构通常会要求银行和公用事业公司的资本结构中必须满足最低水平的股权比率（对银行来说，目前的这个最低标准为8%）。从银行或公用事业的角度看，由于他们总能得到隐含甚至是明确的政府担保，防止他们因无法偿还债务而破产，因此，这类公司有足够的动力尽可能多地利用杠杆融资。于是，为限制他们的杠杆率，政府就会设定最低的股权比率。从监管角度来看，优先股属于股权。但优先股需要支付固定股利，因此，与其说认为它是股权，还不如说它更像是债权。因此，如果企业希望在资本结构中设置超过监管机构允许的负债水平，那么，公司首选这种更像是债券的股票类型——直接优先股。

归根到底，银行和公用事业公司更希望采取超过监管机构允许的杠杆率。因此，它们会选择直接优先股，以尽可能地满足它们对股权的偏好。由于万豪的资本结构不受监管约束，因此它们没有理由发行直接优先股。此外，直接优先股需要支付固定的股息率，而股息不能在税前抵扣，这一点不同于金额固定但却能避税的利息。因此，对大多数公司来说，如果违约概率较低，发行直接债券比直接优先股更可取，因为利息可以降低资本的有效税后成本。

最后，万豪决定支付现金股利的决定，显然会受到某些股东的欢迎。但当时的股息还需要按个人所得税纳税，由于资本利得税率更低，因此，资本利得形式的收益更有吸引力。那么，为什么要接受更高的税率呢？我们将在第十一章详细讨论公司的股利政策。

可持续增长和现金流过剩

1978年12月31日，万豪集团在其年度报告中宣布，公司决定对优先级负债和资本租赁（融资租赁）设定45%的最高限额。但仅仅在两年之后，万豪便决定发行2.35亿美元的债券，并回购1 000万股流通股。这对45%的债务上限会带来怎样的影响呢？回购股份显然有悖于这一规定。那么，他们为什么还要回购股票呢？在过去的两年里，到底发生了什么事情，促使公司管理层在如此短的时间内便背弃前言呢？

答案很简单，因为万豪集团认为，它们当时拥有越来越多的超额现金。如果公司不调整政策，那么就无异于承认，他们认为公司的负债率会下降。这是万豪可持续增长率发生变化带来的结果。可持续增长是指，公司在不利用外部融资的情况下可实现的内部增长速度。

如果公司的净资产收益率大于内部增长率和股利支出率的总和，并且公司不采取其他任何措施，那么，公司的杠杆率将会下降。1976年，万豪的净资产收益率（ROE）为10.6%，而资产则增长了14.6%。企业的增长速度能否比ROE更快呢？当然能！之前，我们曾在第二章讨论过PIPES的案例。企业的增长速度怎样才能超过ROE呢？答案就在于，使用负债融资或股权融资为成长提供资金支持。如果企业的增长速度超过可持续增长速度，那么，它就需要额外发行债务或是股权，筹集新的资金。企业的成长速度能否低于 ROE 呢？同样是有可能的。但结果却是相反的，公司必须花掉多余的现金，或是用所谓的超额现金回购债务或股份。

万豪的可持续增长率刚刚开始提高。为什么呢？一方面，销售收入/资产之比开始上升（1976 年为 1.05，1979 年为 1.51）。也就是说，万豪酒店每 1 美元的资产现在可以给他们创造出更多的销售收入。而造成这种进步的主要原因就是万豪一直在出售资产。如前所述，万豪酒店对产品策略的政策也进行了变更，它们对酒店物业已不再拥有所有权，而只拥有经营管理权。相反，管理层决定，在开发酒店物业之后，再把酒店资产转手出售给外部投资者，并继续对酒店进行管理。由于这种转型，获得相同收入来源所需要的资产数量大幅下降。因此，被称为资本强度的销售/资产比也出现了大幅提高。

此外，万豪的利润/资产比或利润率也有所提高（从 1976 年的 3.5% 提高到 1979 年的 4.7%）。公司不仅调整了经营策略，还清理了没有盈利的业务，从而让利润/资产比得到了改善。

对此，我们不妨重新回顾一下杜邦公式，其定义如下：

ROE=（净利润/销售收入）×（销售收入/资产）×（资产/权益总额）

= 净利润/权益总额

按照杜邦公式，公司的股权收益率（ROE）是利润率、资本强度和杠杆率的乘积。这三个指标分别表示为净利润/销售收入、销售收入/资产以及资产/权益总额。也就是说，企业可以使用三个杠杆指标来增加 ROE——可以提高营利能力、资本强度或是杠杆率。我们还可对上述方程进行简化，同时消去分子、分母中的销售收入和资产，最终得到的公式为：ROE =净利润/权益总额。

请注意，杠杆也可以表述为多种形式。比如说，负债/权益和负债/资产，都是具有等价意义的常用杠杆率，负债增加会导致杠杆率提高。杜邦公式中使用的资产/权益比也是常见的杠杆率指标。如果权益/资产比提高，则杠杆率下降。相反，如果资产/权益比提高，则杠杆率提高。

在杜邦公式中，前两项（净利润/销售收入和销售收入/资产）的乘积即为净利润/资产，也就是所谓的资产回报率（ROA）。⊖ 对万豪来说，他们的利润率（净利润/销售收入）和资产周转率（销售收入/资产）在 1976 年到 1979 年期间均有所增长。这就使得万豪的资产回报率（净利润/资产）从 1976 年的 3.7% 提高到 1979 年的 7.1%，增长了 92%。

回到杜邦公式，如果 ROA 上涨 92%，而杠杆率保持不变，那么，ROE 则同步提高到 92%。但是，万豪的杠杆率并不是固定不变的。在整个期间（从 1976 年到 1979 年），

⊖ 该定义取决于公司当前的资本结构，因为净利润是扣除利息和税费之后的利润。要在不考虑融资方式的前提下计算资产收益率，可将公式转换为：[净利润+（利息费用）×（1−税率）]/资产总额。

杠杆率（资产/权益总额）下降了 17%（从 2.9 下降到 2.4）。最终的净结果是，万豪的 ROE 增长了 76%，从 10.6%提高到 17.2%。

我们再看看万豪杠杆率变化对 ROE 的影响。1976 年，万豪的资产回报率 ROA 为 3.7%。到 1979 年，万豪的 ROA 已上升到 7.1%。1976 年，万豪的利息保障倍数（即 EBIT/利息费用）为 3.5 倍（见本章"附录 B"），1979 年则达到 5.4 倍。因此，万豪的营利能力已远远超过制定债务上限时的水平，而资本强度也相对更低。因此，万豪酒店正在形成超额现金，如果其他方面保持变化的话，超额现金的增加自然会降低万豪的杠杆率。

杜邦公式	1976 年 12 月 30 日	1977 年 12 月 30 日	1978 年 12 月 29 日	1979 年 12 月 28 日
利润率（净利润/销售收入）	3.5%	3.6%	4.3%	4.7%
资产周转率（销售收入/资产）	1.05	1.29	1.32	1.51
资产回报率（ROA）=利润率×资产周转率	3.7%	4.6%	5.7%	7.1%
杠杆率（资产/权益总额）	2.9	2.68	2.6	2.39
净资产收益率（ROE）	10.7%	12.4%	14.8%	17.0%

如何应对超额现金

对万豪酒店或是其他所有公司来说，都只能通过如下五种方法处理超额现金问题，[⊖] 包括：①清偿债务；②支付更高的股利；③增加对现有业务的投入；④收购其他公司；⑤回购股份。

公司还可以怎样处理多余的现金呢？面对多余的现金，所有公司要做的事情都不可能超出这五种可能性。请注意，第①、②和⑤项是金融市场的解决方案，而第③和④项则是属于产品市场的解决方案。这和一家需要以多余现金流追求增长的企业恰恰相反。也就是说，假如一家企业没有足够的现金，那么，管理层就可以反其道而行之，即借钱、减少股息、减缓业务增长、出售资产或是发行新股份。这完全是五种相反的措施。

在这五种可能中，万豪酒店应如何选择呢？偿还债务如何呢？在万豪酒店的 1980 年年报中，我们发现了如下语句：

维护过剩的负债能力有违股东价值最大化的目标：未能充分利用的负债能力相当于让工厂产能处于闲置状态，因为现有股权足以支撑更多的生产性资产。充分利用这种能力，有助于最大限度地提高股东收益……负债比权更便宜，因为它是可以抵税的。因此，高负债降低了公司的加权资本成本，也降低了实际的收益。（"年报"第 20 页）

万豪酒店的言外之意是，他们认为，现在的资本结构就是最优资本结构，而低于最优范围下限的负债率并不会带来资本成本的最小化，当然也无助于实现股价的最大化。

⊖ 超额现金是公司不能用来投入生产经营的现金。如第六章所述，从公司资本结构的角度看，我们可以把超额现金视为负的负债。

万豪是否应该增加股息分配呢？同样，公司 1980 年的年度报告也指出：

> 如果使用超额现金进行的投资不会给公司带来更多收益，那么，万豪就应该支付更高的股息。但股息需要按普通所得税税率纳税。（第 20 页）

我们把这句话解释为，万豪酒店不可能决定以单一形式分配资金，因为从税收角度看，这不利于公司的大股东——马里奥特家族。

万豪是否应该增加对目前业务的投资呢？1980 年的年报中也提到了这一点：

> 万豪的业务已处于快速发展期，进一步提速可能会超出公司管理能力的上限。（"年报"第 20 页）

在这里，万豪酒店想要说的是，公司的增长速度已达到目前管理层的能力极限。

万豪是否应收购其他公司？1980 年的年度报告认为：

> 高级管理层已开始关注主动性的酒店扩张计划。但是在同步进行的多样化拓展过程中，也存在着协同效应被稀释的风险。因此，过度积极的扩展是不谨慎的。此外，其他许多公司也在试图通过收购来解决流动性过剩问题，但结果却未能如愿，导致公司一蹶不振。（第 20 页）

万豪公司的意思是说，由于管理层能力有限以及收购价格太高，使得收购新业务并非合理的选择。

万豪应回购股票吗？1980 年的年度报告认为：

> 如果公司的股价被低估，那么，回购股份可能会带来较高的财务收益。此外，公司还可以利用负债能力减少管理层的经营压力，或是承担多元化带来的风险。在对公司的业务前景及现金流预测进行全面深入的研究之后，管理层认为，公司的股价是被低估的。（第 20 页）

这相当于直接圈定了万豪可以采取的政策，即发行债券和回购股份。

万豪是否应发行新债并回购股份呢？加里·威尔逊认为，万豪酒店有足够的营利能力，而且这种状况还会持续下去。此外，他还认为，目前公司现金流的水平已超过可持续增长率的要求。因此，如果万豪保持现状，杠杆率将会降低（增加超额现金或是偿还负债）。这样，万豪对这五种方案进行了适当的筛选，并最终剔除了其中的四个选项。⊖

这就让我们再次回到最初的问题：万豪是否应改变资本结构呢？

本章小结

到此为止，我们已讨论了资本结构问题以及万豪是否已接近其最优资本结构。毫无疑问，这是一个典型的融资决策。考虑到回购股份是万豪可以采取的最优融资解决方案，

⊖ 为进一步厘清问题，万豪的选择是剔除五个可选方案中的四个。实际上，一家公司也可以同时选择多个方案。归根到底，企业只能以这五种方案处理过剩的现金流；反之亦然，当公司缺乏现金流时，他们也只能在这五个选项中做出抉择。

因此，我们现在就可以提出第二个问题：万豪应为回购股份支付多少钱？

这实际上需要万豪同时做出两个决定。首先，这是一个合理的融资决策吗？其次，这是一个合理的投资决策吗？两个决策的答案未必一致。企业可以拥有一个次优的资本结构，但由于其股价过高，以至于让回购成为一个代价高昂的方案。或者说，公司可能已达到最优资本结构，但由于股价太低，使得回购股票成为更合理的投资决策。需要注意的是，总存在一个让投资者难以接受的股价上限，同样，也存在一个对投资者拥有吸引力的股价下限。换句话说，不管拥有怎样的现金流，只要价格足够高，就会让投资项目的净现值变成负数。如果能认识到这一点，就可以说，你已经掌握了所有并购决策的一半。并购的关键就在于能否发现正确的价格。任何投资决策本身都无所谓好坏，唯一的标准，就在于你为这笔投资付出的成本是多少。

期待下一步

在下一章里，我们首先考虑的是，万豪酒店采取了要约收购方式，按每股23.50美元的价格回购1 000万股股票。因此，我们的第一个问题是，按23.50美元的价格回购股票，是否是一个不错的投资决策？请注意，万豪当时的每股账面价值只有12.90美元，而当时的股票市场价格则为19 5/8美元。⊖ 在下一章里，我们暂不对万豪的股票进行全面估值（我们将在随后章节里探讨估值问题）。相反，我们将在下一章里讨论CFO的第二项任务：如何制定合理的投资决策？

附录 A　万豪集团的利润表和资产负债表

金额单位：千美元	1976	1977	1978	1979
销售收入	890 403	1 090 313	1 249 595	1 509 957
营业费用	817 884	990 984	1 130 608	1 358 972
营业利润	72 519	99 329	118 987	150 985
利息费用净额	20 755	30 206	23 688	27 840
税前利润	51 764	69 123	95 299	123 145
所得税费用	20 919	30 073	40 999	52 145
净利润	30 845	39 050	54 300	71 000
全面摊薄的每股收益	0.86	1.04	1.43	1.95
年终的每股市价	13.54	11.75	12.13	17.38
年末已发行股份总数（1000股）	36 464.70	36 507.00	36 714.60	36 224.50
市值（股价×股份总数）	493 732	428 957	445 348	629 582
现金与可交易有价证券	20 753	16 990	53 257	21 270

⊖ 在1991年采用十进制标价方式之前，纽约证券交易所的股票交易价格以1/8为单位。后文将约等于19.63美元。

(续)

金额单位：千美元	1976	1977	1978	1979
应收账款	50 293	61 484	76 774	99 955
存货	35 504	41 498	41 108	46 629
待摊费用	7 580	9 444	9 571	9 868
流动资产	114 130	129 416	180 710	177 722
固定资产	836 611	956 072	957 474	1 066 338
折旧和摊销	155 218	204 152	212 430	241 160
固定资产净额	681 393	751 920	745 044	825 178
其他资产	48 703	68 174	74 501	77 465
资产合计	844 226	949 510	1 000 255	1 080 365
短期借款	2 989	3 976	3 473	4 054
当期到期的负债和租赁	10 119	10 813	11 758	10 497
应付账款	41 503	46 666	66 960	71 528
其他负债	43 653	64 410	91 181	102 420
流动负债	98 264	125 865	173 372	188 499
在建工程借款	16 000	—	—	—
应付抵押票据	219 906	214 090	175 565	163 520
无担保债券	115 022	107 332	110 457	178 075
融资租赁负债	—	48 092	23 877	23 684
可转换次级债	31 340	29 515	28 165	26 918
其他负债	48 350	58 820	70 163	86 166
负债合计	528 882	583 714	581 599	666 862
所有者权益	315 344	365 796	418 656	413 503
负债和所有者权益合计	844 226	949 510	1 000 255	1 080 365

附录B 万豪集团的财务比率

金额单位：千美元	1976	1977	1978	1979
销售收入增长率	21.60%	22.50%	14.60%	20.80%
毛利率（毛利润/销售收入）	8.10%	9.10%	9.50%	10.00%
净利率（净利润/销售收入）	3.50%	3.60%	4.30%	4.70%
ROA（净利润/期初资产总额）	3.70%	4.60%	5.70%	7.10%
ROE（净利润/期初所有者权益）	10.7%	12.4%	14.8%	17.0%
应收账款周转天数 [资产/应收账款/（销售收入/365）]	20.62	20.58	22.43	24.16
应付账款周转天数 [资产/应付账款/（期初销货成本/365）]	18.52	17.19	21.62	19.21
资产周转率（销售收入/期初资产总额）	1.05	1.29	1.32	1.51
流动比率（流动资产/流动负债）	1.16	1.03	1.04	0.94
杠杆率（期初资产总额/期初所有者权益）	2.90	2.68	2.60	2.39
负债率 [负债/（负债+所有者权益）]	55.60%	53.10%	45.80%	49.60%
负债率 [负债/（负债+市值）]	44.50%	49.10%	44.20%	39.20%
利息保障倍数（EBIT/利息）	3.49	3.29	5.02	5.42

第八章
投资决策（万豪集团和它的 CFO 加里·威尔逊）

在第七章中，我们概括介绍了万豪董事会制定的五个政策性指导原则。具体来说，这五项政策可归纳为：

（1）负债应维持在融资总额的40%～45%之间（或是负债与租赁之和维持在50%～55%之间）。

（2）穆迪对商业票据的评级至少应达到P-1或更高（基本相当于A或以上的债券评级）。

（3）融资的主要来源应为国内，且采用无抵押的固定利率长期债券。

（4）不应考虑发行新的可转换债券或直接发行优先股。

（5）作为不成文规定，万豪从1978年1月支付现金股利（以前采取的是股票股利）。

此外，我们在第七章里还介绍了制定这些指导方针的原因。

两年之后，万豪酒店出现了超额现金，如果不对原有政策进行调整，其债务/股权比将低于万豪确定的最优水平。正像我们所讨论的那样，从公司金融角度看，超额现金就相当于负的债务。也就是说，如果一家公司拥有0元现金和5亿美元债务，而另一家公司则拥有5亿美元现金和6亿美元债务，那么，前者的负债率要远远高于后者。在计算实际的负债/股权比时，我们必须从债务总额中扣除超额现金（此外，在计算杠杆beta系数和非杠杆beta系数时，也需要从债务总额中扣除超额现金）。

我们在第七章里还指出，面对多余的现金，万豪集团可以有五种选择，包括促进现有业务更快增长、收购其他公司、偿还负债、支付更高的股利以及回购股份。

前两种解决方案属于产品市场的解决方案，后三种则属于财务范畴内的解决方案。

在第七章结尾指出，万豪认为，回购股份是最可取的融资决策。但现在的问题是：按什么价格回购（即是否应按每股23.50美元的价格回购1 000万股股票）？

如前所述，对任何项目来说，总存在一个足够高的价格，让这个项目的净现值成为负数。此外，也总存在一个足够低的价格，让项目的净现值变成正数。这听起来似乎很简单，却是公司金融中非常重要的一个问题。一个项目的净现值既可以从负数转换到正数，也可以从正数变成负数，而转换的关键，就取决于投入价格。尽管这听起来简单，但对估值而言却至关重要，我们将在后面深入讨论这个问题。

万豪酒店不仅是在制定融资决策，也是在确定一项投资决策。做出正确的融资决策，并不能保证公司一定会做出正确的投资决策，反之亦然。也就是说，即使一个决策可能是正确的，另一个却未必正确，但也可能两个决策都正确，抑或是两者都不正确。也就是说，一方面，回购股票或许能给万豪带来正确的资本结构，但公司有可能要为回购股票支付过高的价格。另一方面，万豪可能对资本结构制定错误的决策，但这个决策却有利于按较低价格回购股份（比如说，万豪希望按什么样的价格回购股票）。因此，这两个相互关联的决策未必都需要正确。在第七章里，我们已经讨论了融资决策。本章将介绍和讨论投资决策的问题。不过，在此并不打算全面讨论估值问题，我们会在以后的章节中专门讨论这个主题。

正确的价格是多少

那么，万豪以每股 23.50 美元的价格回购自己的股票，这个价格是不是太高了呢？当时的市场股价为每股 19.63 美元。万豪的每股收益为 1.96 美元，由此确定的市盈率（PE）为 10 倍。每股账面价值为 12.90 美元。这就提出了一个重要问题：市场认为万豪的股票价值为 19.63 美元。既然如此，为什么还会有人支付更高的价格呢？为什么万豪回购自己股票的价格是 23.50 美元，而不是 19.63 美元呢？

万豪酒店为市场支付的溢价是多少呢？3.87 美元，或者说 20%。也就是说，公司要为 1 000 万股股票支付 3 900 万美元的溢价。如果万豪确实有多余的现金，因而确实有能力支付这笔溢价，他们是否真的应该支付这笔溢价呢？万豪支付的价格为什么会比市场估值高出 3 900 万美元呢？是市场正确、万豪犯错，还是市场犯错、万豪正确呢？

有时，支付溢价是为了获得公司的控制权。[⊖] 但这显然不是万豪需要解决的问题，因为马里奥特家族已经控制了这家公司——他们持有的股份比例已达到 20%，在公司董事会中也占据了过半的席位。因此，尽管控制权在其他情况下有可能成为问题，但在这一次回购中，显然不是万豪需要解决的问题。

万豪应如何回购自己的股票

我们不妨换个角度看这个问题，先回答一个稍有不同的问题。如果公司股票在市场上的每股价格为 19.63 美元，那么万豪为什么不直接在市场上购买股票呢？换句话说，既然可以在市场上按 19.63 美元的价格直接买入，为什么还要以要约收购形式支付 23.50 美元的价格呢？万豪酒店之所以愿意支付超过市场的价格，一个原因就在于，他们认为，他们不可能按 19.63 美元的价格买到这 1 000 万股股票。原因不难理解，一旦他们购买股票，股价就会上涨。但是，假如万豪按 20 美元的价格买入 100 万股，再按 20.50 美元的价格继续买入 100 万股，按 21 美元价格再买入 100 万股，以此类推，买入价格会逐渐抬高。这意味着，购买第一个 100 万股可以为万豪节约 350 万美元，第二个 100 万股可以节省 300 万美元，以此类推。实际上，还有一个重要原因导致万豪无法以这种方式回购股票——如果万豪不事先向市场发布公告的话，那么，以这种方式进行回购就是违法的。如果万豪打算悄无声息地在市场上收购股票（而没有发布回购公告），那么，按法律规定，回购数量最多不得超过四周流通量（即交易量）的 25%。

我们不妨看看这背后的含义。1980 年 10 月，万豪股票的交易量为 1 782.5 万股。这

⊖ 控制溢价涉及公司治理问题，这种情况经常出现在竞争性的兼并和接管中。

意味着，在这四周时间里，万豪可以私下回购的股票数量不得超过4 456 250股；11月份的交易量为584.4万股，因此，万豪在11月份可以私下回购的数量不得超过146.1万股；12月份的交易量为701.4万股，则当月的私下回购数量不得超过175.35万股。在这种情况下，如果万豪想要在不对外发布回购公告的情况下私下买回1 000万股，必然需要很长时间，不可能一蹴而就。

不过，万豪还有另一种选择——公开宣布其回购意图，然后以"公开市场"回购的方式买回自己发行的股票。也就是说，如果万豪公开宣布其回购计划，就无须遵守25%的上限规定。因为设定25%私自回购上限的目的，就在于防止企业操纵股价。⊖ 如果一家公司宣布将在市场上回购高达1 000万股的股票，那么它就可以按任何价格购买这些股票。既然如此，为什么不这么做呢？公开宣布回购会带来一个问题：股价通常会因为发布回购公告而上升。但这个价格会不会超越23.50美元呢？因此，现在的问题就是，如果公司按23.50美元的价格要约回购1 000万股，在这1 000万股中，是不是会有部分股票的交易价格低于23.50美元呢？也就是说，万豪酒店是否可以按21美元的价格先买入100万股，然后在21.50美元的价位上再买入100万股，以此类推呢？

归根到底，公司的买入价格是沿着供给曲线向上，还是会改善整个供给曲线的形状和位置呢？无论是私下回购，还是采取公开收购计划，公司都可以通过要约收购（tender offer）回购自己发行在外的股票。在要约收购中，公司可以在某个时点回购一定数量的本公司股票。要约收购必须公布准备回购的股票数量以及公司愿意支付的价格区间，或是公布某个特定的回购价格以及准备回购的股票数量区间。之所以需要采取这样的安排，完全是出于监管的要求，即要约收购要么设定回购的价格范围，要么设定回购的数量区间，但无须同时设定这两个参数。这种规定的目的是保护股东利益。此外，要约收购还需要提供一定时限的要约有效期，且不得少于20个交易日。

与要约收购相比，公开市场回购的一个重要特征在于，尽管它是成本较低的股票回购方式，但往往需要更长的时间。相比之下，要约收购的回购价格通常较高，但完成既定回购数量的速度更快。我们将在随后的敌意收购部分讨论要约收购及类似方法。由于公开市场收购的价格低于要约收购，但收购速度却慢于要约收购，因此，公司首先需要回答这样一个问题：如何判断股票价格的未来走向，以及股票需要多长时间完成这个走向？如果公司认为股价会维持低位，那么，公开市场收购当然是成本更低的选择。但如果公司认为股价将在未来6个月内翻番，那么，选择要约收购或许是更可取的方案。

⊖ 顺便提一下，大宗交易无须服从25%上限的规定，因为大宗交易被视为大型投资者之间的交易。因此，如果高盛以大宗交易方式向J.P.摩根出售大宗股份，则不必担心受25%上限的约束。但是，这显然不适合我们所讨论的案例。

再谈股票价格

我们再回到估值问题上。不妨回顾一下,万豪考虑的是按每股 23.50 美元的价格进行要约收购。额外支付的价格是来自每股收益的增加还是税盾效应呢?我们都知道,如果通过发行债券为回购股票融资,那么万豪的每股收益会有所提高。表 8-1 告诉我们,在做出拟回购股份的决策后,EPS 的备考数值确实发生了变化,从 1.96 美元上涨到 2.19 美元。如果按 10 倍市盈率计算,公司的股票价格将达到 21.90 美元。但我们也知道,10 倍的市盈率是最大值。根据第七章的讨论,我们可以看到,如果提高资产负债率,就可以提高每股收益,但却会减少市盈率。因此,每股收益 EPS 可以增加到 2.19 美元,但市盈率将跌破 10 倍大关。因此,我们不可能通过市盈率效应得到 23.50 美元的股价。

对万豪来说,税盾有多大的市场价值呢?假设税率为 20%[⊖],那么按照万豪持有 2.35 亿美元的债务,税盾价值[⊖]约为 4 700 万美元。考虑到万豪的收购价格超过目前市场价格 3.90 美元,因此,被回购股票持有者得到的总溢价为 3 900 万美元。万豪目前的流通股总数为 3 620 万股,如回购 1 000 万股,那么,市场流通股总数将减少为 2 620 万股。因此,按 4 700 万美元的税盾计算,出售方股东得到 3 900 万美元的溢价,而剩余 2 620 万股的价格永远也不会达到 23.50 美元。

表 8-1 万豪公司的当前及备考每股收益(EPS)

净利润表示为	71 000 000 美元
流通股总数	36 225 000
当期 EPS	1.96 美元
净利润表示为	71 000 000 美元
新增负债(1 000 万股×23.50 美元/股)	235 000 000 美元
税后的利息成本*10.6%×(1-46%) =	5.72%
回购股份形成负债的税后成本	(13 451 400 美元)
调整后的备考净利润	57 548 600 美元
调整后的备考流通股**(3 622.5 万股-1 000 万股)	26 225 000 股
备考盈利	2.19 美元

注释*:假设 30 年期美国国库债券利率的溢价率为 0.5%,其中,1979 年底的 30 年期美国国债利率为 10.1%,公司所得税税率为 46%。

注释**:万豪酒店在 1979 年底的流通股总数为 3 622.5 万股。

未来通货膨胀是否会支持更高股价呢?或者说,市场是否会忽略股价,而只考虑未来通货膨胀带来股价上涨这个事实呢?由于目前公司股票的市场价格为 19.60 美元,但

⊖ 估计公司税盾的价值需要考虑公司所得税率及个人所得税率。我们在第六章曾讨论过这个问题,当时,我们是按20%的税率来估计税盾得到的净效应。

⊖ 在第六章针对M&M理论的讨论中,我们曾解释过税盾的概念。

账面价值仅为 12.90 美元。因此，投资人肯定清楚，公司的股票价值要高于账面价值。在这种情况下，虽然未来通货膨胀的因素至少能在一定程度上解释万豪愿意支付每股 3.90 美元的溢价，但显然不足以成为唯一的理由。

因此，我们还需要再次回到最初的问题：到底是什么原因促使万豪酒店（和加里·威尔逊）愿意支付比市场更高的溢价回购自己的股票呢？答案似乎在于，万豪对公司的未来前景有着完全不同于市场的预期。1980 年，市场分析师预测的万豪平均每股收益为 2.08 美元，最高估计值为 2.20 美元。⊖ 对净资产收益率的平均估值为 14.8%，最高为 16%。1983 年估计的平均每股收益为 3.38 美元（最高估计值为 3.80 美元），平均净资产收益率为 15.4%（最高估计值为 17%）。这是分析师对万豪营利能力的预期，也可以认为是市场对万豪的预期。那么，万豪自己的期望又是怎样的呢？1980 年，加里·威尔逊曾指出，他认为万豪的 ROE 在 1983 年至少能达到 20%以上，这显然远远高于分析师的估计。此外，他还预计，公司的资产收益率将从 1979 年的 6.6%上涨到 1981 年的 8.7%，这相当于万豪的资产收益率提高了 32%。

我们再来讨论一下 ROE 和 ROA 之间的关系。ROA 资产收益率等于净利润与资产总额之比，也可以表述为净利润与销售收入之比（毛利率）和销售收入与资产总额之比（资本强度）的乘积，即：

ROA =（净利润/销售收入）×（销售收入/资产）= 净利润/资产

如果将这个公式再乘以负债率，即资产总额与所有者权益之比（资产/权益），就可以得到净资产收益率，即：

ROE =（净利润/销售收入）×（销售收入/资产）×（资产/权益总额）

=净利润/权益总额

这是财务分析中的一个重要公式，也就是我们在前面提到的杜邦公式。⊖ 其含义表述为，净资产收益率等于销售利润率、资产周转率及杠杆率的乘积。此外，这个公式也告诉我们，提高销售利润率（使每 1 美元销售收入可以带来更多的利润）、增加资产周转率（相同资产带来更多的销售额）或是增加杠杆率（提高资产中负债融资的百分比），就可以改善净资产收益率。

因此，公司保持资产/净值比不变（即杠杆率不变）的情况下，假如资产回报率上升 32%，净资产收益率也会上涨 32%。因此，分析师（即市场）认为，他们预计万豪在 1980 年到 1983 年期间的 ROE 将分别为 16%和 17%（预计的每股收益将在 2~4 美元之间）。与此同时，万豪则表示，他们预计 ROE 至少将达到 20%，如果按杜邦公式测算，ROE 甚至可能会更高。对于公司的未来，威尔逊和万豪的预期远比市场更乐观。

所以，当时的形势可以概括为：市场认为，万豪的股票价值为每股 19.60 美元，但威尔逊和万豪认为，他们的股票要比这值钱得多。而且这远非税盾所带来的收益，更与

⊖ 哈佛商学院案例研究——万豪集团，9-282-042（1986）13。

⊖ 我们已在第五章详细论述了杜邦公式。

通货膨胀无关,而是公司对未来的另一种观点。此外,威尔逊认为,市场对通货膨胀的预测是错误的。因此,税盾和通货膨胀可能会支持威尔逊和万豪的预期,但显然不是决定性要素。可见,威尔逊对万豪未来的看法明显有悖于市场。而且他还坚信,随着万豪的营利能力持续改善,公司的债务水平将会下降,因此,他建议万豪回购股票。

马里奥特家族的决定

那么,如果万豪集团考虑的最终方案,就是通过要约收购方式回购 1 000 万股股票,那么,马里奥特家族会做何打算呢?也就是说,他们打算如何处理自己手里的股票呢?在这个时候,马里奥特家族想继续持有自己的股份,而不是卖出。因此,我们就要考虑下一个问题了。你相信谁,是相信威尔逊和马里奥特家族,还是相信分析师或者说市场呢?

假设加里·威尔逊是错误的,那么万豪的后果会是怎样的呢?首先,万豪将支付比市场价值高出 3 900 万美元的溢价。此外,万豪的负债水平将显著上升。虽然负债水平还不至于把万豪拖入财务困境,但这至少意味着,万豪可能会在财务上失去足够的灵活性,而且不得不放弃未来的机会。威尔逊和万豪是在拿公司的命运作赌注吗?当然不是,他们绝没有在赌博。按照当时的情况,万豪根本就没有必要担心回购会把公司拖入破产或者被收购的境地。没有人会考虑收购万豪酒店,因为马里奥特家族依旧持有 20% 的股份。如果要约收购顺利完成,他们的持股比率将达到 29%。

万豪集团确实会增加不少负债,但这还不足以危及企业的生存能力。即便如此,万豪在这次回购中还是需要一点赌徒的精神。所以,这就提出了一个新问题。假设你在上周买入股票的价格为每股 19.60 美元,而万豪此次收购要约提出的报价是 23.50 美元。你是否应该把股票卖给万豪呢?在本质上说,这个问题的核心就在于,你是相信威尔逊和万豪,还是相信市场。

我们讨论一下马里奥特家族是如何处理自己的股份的。如果万豪要约收购的股份总数为 1 000 万股,而且马里奥特家族说"我们也参与回购,而且我们打算卖出手里的全部 650 万股",这是否会影响你的决定呢?与此相反,假如我们知道,马里奥特家族决定在此次回购中不卖出任何一股,那么,这又会对你的决定产生怎样的影响呢?内部人处理所持股票的方式带来的市场影响,也就是所谓的信号机制(signaling)。

我们可以总结一下。万豪可以通过公开市场购买方式进行此次股票回购,而且采用的具体方式是要约收购。但万豪不能私下在市场上购买自己的股票,因为这么做是非法的。如上所述,根据证监会的规定,公司回购自己股票的数量不能超过任意四周平均成交量的 25%。

贷款协议

我们再转换一个主题,谈谈贷款协议。贷款协议是贷款人对债务本身设置的约束性条件，用以监督和控制借款人的行为。[○] 如果借款人违背贷款协议的约定，即使按时支付利息，从技术层面说也属于借款人违约，因而有可能被迫提前偿还债务。协议采取的约定手段通常为比率，包括对债务的绝对数额和相对比率的约束。

如果万豪以发行债券的收入回购1 000万股股票，万豪的贷款协议会发生什么变化呢？尽管不能一一列出，但债务的巨额增长可能将导致万豪违反部分条款。实际上，即便在回购之前，万豪就已经违反了其中禁止营运资金出现负数的约定。

不过，尽管出现技术性违规，万豪的债权人并未要求还款。加里·威尔逊和万豪也没有主动纠正违约行为，而且是贷款人自动放弃对违约条款的追究。事实上，万豪在1979年年度报告的第18页就已经表示："万豪不刻意维持正的营运资金，因为我们的主要业务是服务，而不是以出售货物而换回现金。因此，公司始终维持较低水平的应收账款和现金余额……货币资产只会因通货膨胀而贬值。"此外，年报还进一步指出："负营运资金也是一种没有利息的融资来源。"因此，万豪和威尔逊实际上就是在说，万豪酒店的营运资金确实是负数，而且拥有负的营运资金是一件大好事，因为这是一种免费的资金来源。万豪的目标就是维持负的营运资金。他们的应收账款水平非常低，只要能继续扩大应付账款，就相当于供应商在为他们提供免费资金。

万豪的贷款银行是否担心公司的负营运资金呢？显然不在意。因为万豪已经违反了贷款协议中的个别条款，银行完全有权强制要求万豪提前还款。尽管万豪还在继续偿付本金和利息，这的确是不争的事实，但违约同样是毋庸置疑的客观情况。那么，为什么没有一家银行提前收回对万豪的贷款呢？最简单的答案是，万豪还可以换其他银行继续借款。万豪的贷款银行用实际行动表明，他们主动放弃了追究万豪违约责任的权利。实际上，贷款合同原本更有利于保护贷款人的利益，但如果银行认为，违约不会使他们的贷款受到威胁，银行也会放弃贷款合同赋予他们的权利。

总而言之，在万豪的资本结构中，债务比例为40%～45%，因此他们拥有大量资产可为其增加杠杆提供支撑。一方面，万豪一直在按时偿还债务，另一方面，始终维持为正数的现金流还在继续增长。实际上，万豪只是违反了贷款协议中的一项约定，如果银行要求强制还款，万豪酒店只需将贷款转到另一家银行，以新贷款偿还旧贷款即可解决问题。因为万豪是一个非常优质的客户，他们的生意也红红火火，绝对不会让银行受损。

此外，万豪对公司未来前景以及市场利率走向的看法，与当地分析师的预测也大相径庭。加里·威尔逊找到马里奥特家族，并向他们建议："我们应借款2.35亿美元，然后，使用这笔钱按照每股23.50美元的价格，以要约收购形式回购1 000万股股票。"于是，马里奥特家庭决定批准这份股份回购计划，但他们自己不卖出手中持有的任何一股。

[○] 此外，大多数债务都会设置交叉违约条款。这意味着，如果公司对任何一笔债务违约，即可认为债务人公司对所有债务自动违约。

产品市场对融资政策的影响

如上所述,万豪公司正在执行两项公司融资决策。那么,这两项决策到底是好还是坏呢?首先是一个关于资本结构的决策。通过借款2.35亿美元,万豪将把资本结构中的债务比率增加到40%~45%,但这可能只是暂时性的。如果加里·威尔逊是正确的,万豪就不会发行更多债务,那么公司的债务比率将远远低于目标水平。尽管此次债券发行最初略有超量,但之后应会自动回落。第二项决定是针对投资。如果市场是正确的,那么每股23.50美元的价格显然太高了。但如果加里·威尔逊的判断是正确的,那么每股23.50美元就是一个合理价格,而且万豪的实际回购价格可能远远低于公司未来的股价。

推动这些决定的,则是万豪在产品市场运作中实施的重大政策调整。如第七章所述,万豪酒店已从持有并经营酒店转型为只管理不拥有酒店。也就是说,万豪酒店现在只是建造酒店,然后就会把酒店资产出售给投资者,并通过协议继续以万豪酒店的品牌经营这些酒店资产。因此,万豪酒店以前曾拥有大量资产,要不断扩张,万豪就必须依赖于资本市场。但现在的情况却不一样了。从拥有并管理到只管理不拥有,万豪眼下的资产增长对融资需求并不是很大。

这对我们的目标债务评级来说,又意味着什么呢?万豪还需要维持A级吗?可以是,但绝非不可突破的事情。此外,万豪酒店不必始终维持保守的融资水平。他们可以在债务率指标上更激进一点;也就是说,他们可以适当提高债务率,尤其是短期负债。此外,万豪认为,公司的股价偏低,因此他们愿意为当前市场支付3 900万美元的溢价,这自然也不难理解。如果万豪的预期不正确,他们将会在很长时期背负巨大的债务负担。更重要的是,如果预期错误,他们会失去很多投资机会。

万豪的回购决定

那么,结果到底怎样呢?1980年1月24日,万豪宣布,公司将以每股22美元的价格回购500万股,总回购金额为1.1亿美元。按照万豪提出的要约收购议案,他们的此次回购将不限对象,回购股份的总数为500万股,但也有可能提高到1 100万股,但不会超过这个上限。这意味着,万豪将保证,如果有出售意愿的股东准备卖给万豪的股数不超过500万股,那么,万豪公司将以每股22美元的价格收购。如果有出售意愿的股份总数超过500万股,万豪可以选择购买或者不购买超过部分。此外,万豪还表示,回购总数不会超过1 100万股。

下面,我们简单讨论一下要约收购这个话题。公司在提出要约收购时,可以约定固定价格和固定数量。比如说,一家公司按每股22美元的价格要约收购500万股。但同时固定价格和回购数量的情况极为少见。一般来说,公司可以保证其中的一个参数为变数。比如说，将回购价格固定为每股 22 美元，然后按此价格在一定数量区间内进行收购，如 500 万～1 000 万股，万豪的此次回购就采取了这种模式。或者说，可以将回购的数量约定为 1 000 万股，然后把回购价格设定在一定范围之内，比如每股 18～25 美元。这就是所谓的荷兰式拍卖。⊖ 那么，为什么回购公司不会同时让回购价格和回购数量均处于可变状态呢？比如说，以每股 18～22 美元的价格，回购 500 万～1 000 万股股票呢？不限定所有参数，这本身就是不合法的。按照美国证券交易委员会（SEC）的规定，价格和数量均不固定的要约收购有可能会侵害持股人的利益。尽管过去曾出现过以这种方式进行的要约收购，但 SEC 的现行规定已明令禁止这种做法。因此，公司可以设定价格、调整回购数量，也可以设定数量、调整回购价格，但不得同时让数量和价格成为变量。

于是，万豪的初始要约收购于 1980 年 1 月 24 日生效，当时的规定是按每股 22 美元的价格回购 500 万～1 100 万股。一个星期后，也就是 1980 年 1 月 31 日，万豪将六家酒店物业出售给公平人寿（Equitable Life），作价 1.59 亿美元。随后，万豪再以回租方式取得这些酒店的经营权。于是，万豪调整了要约收购方案，按每股 23.50 美元回购不超过 1 060 万股。一个月后的 1980 年 2 月 28 日，要约收购期满，万豪合计回购了 750 万股股票。

这次要约收购是否成功呢？如果一家公司按每股 23.50 美元的价格回购 1 000 万股，那么，公司可能出现的最糟糕结果是什么呢？他们会得到全部 3 620 万股股票。为什么说这个结果不好呢？首先，这意味着公司的回购报价过高。实际上，公司根本就没有必要提供这么高的回购价格。而且这还表明，在某些情况下，这只是公司给自己股份的一个内部标价。如果一家公司提出 23.50 美元的价格收购要约，而且所有股份持有者都有出售意愿，那么，潜在敌意收购者就可以据此判定，这是一个他们可以着手接管公司的价格。当一家公司要约收购的标的是 1 000 万股股票时，其真实意图只是想回购不超过 1 000 万股的股票。如果 1 000 万股为回购上限，但实际有出售意愿的股份数量达到 1 500 万股，就意味着公司的回购定价过高，导致出售股份比持有股份更有吸引力。实际上，公司在确定回购价格的时候，只是想保证回购数量在 1 000 万股左右。

假设一家公司进行要约收购，按每股 23.50 美元的价格回购 1 000 万股，最终回购的数量是零或 100 万股，这同样不是好事。在这种情况下，公司并没有改变资本结构，因为它没有买回预期数量的股份。为什么呢？因为报价太低。因此，我们在判断一家公司在要约收购中的定价是否合理时，一种方法就是看最终实际回购了多少股份。按照这种方法，我们就可以推断出，万豪最初的方案是以 22 美元的价格回购 500 万股，但最终并没有买回足够的股份数量。于是，万豪将回购价格上调至每股 23.50 美元，随后回

⊖ 要了解实际股份持有者在荷兰式拍卖中对要约收购的反应，可参考：Simon Bagwell, Dutch Auction Repurchases: An Analysis of Shareholder Heterogeneity, *Journal of Finance* 47, no. 1 (1992):71–105。

购了 750 万股。这还算不上糟糕的结果。因为这个数量足以改变公司的资本结构,而且实际回购数量也未超过目标回购数量。⊖

那么,公司应如何确定要约收购的价格和数量呢?在要约收购中,一家公司需要确定其股票的供给曲线,然后在供应曲线上为要约收购选择合理的报价。这显然不可能是一个完美无瑕的过程,因为任何公司都无法找到那个唯一的最佳价格点,而且公司要在很大程度上依赖于投资银行对供应曲线的建议。

资本市场的影响及其未来

要约收购期满 10 天后,也就是在 1980 年 3 月 10 日,基于万豪酒店负债率的提高,穆迪将万豪酒店的商业票据评级从 P-1 下调到 P-2。万豪对此在意吗?当然会有些影响,但影响不大,因为万豪已不再像以前那样依赖资本市场了。此外,万豪酒店债券评级可能遭遇的最大降幅,或许也只是被下调一个等级,从 A 级调到 BBB 级。万豪愿意接受这个信用等级。

让我们再回顾一下,这中间到底发生了什么。1979 年,万豪的每股收益 EPS 为 1.96 美元,净资产收益率为 17.2%,公司净利润为 7 100 万美元。资本结构中的长期负债和融资租赁合计占 49.6%。负债总额是 4.07 亿美元。万豪酒店的营运资金为 380 万美元,年终的股票价格是每股 19.63 美元。然后,万豪以每股 23.50 美元的价格要约收购了 750 万股。

对于计划将股份出售给公司的股东来说,这是一笔不错的交易吗?或者说,对马里奥特家族来说,这是一笔糟糕的交易吗?归根到底,我们需要注意的是,万豪只回购了 750 万股。这意味着,决定不卖出股份的股东远多于决定卖出股份的股东。也就是说,很多人选择继续信任马里奥特家族,而不是分析师。

一般来说,如果公司愿意按溢价回购股份,而管理层没有将所持股份卖给公司,那么,市场就会认为,这是一个积极的信号。另外,正如我们在随后章节中将要讨论的那样,只要公司发行股票,股价通常就会下跌。也就是说,如果公司宣布发行新股,股价下跌是大概率事件。因此,当公司愿意按当前价格出售股份时,将被市场解读为,当前的股价可能太高。⊜

表 8-2 列出了万豪酒店在 1979 年到 1983 年期间的财务业绩。⊜其中,年均销售增长率为 18.2%(从 1979 年的 15.1 亿美元增加到 1983 年的 29.5 亿美元),净利润的年均

⊖ 最初价格设定的太低总比太高要好。如果收购价格最初设定得过高,就有可能导致股份回购数量太多。如何设定回购价格是个非常有趣的话题,与其说是科学,不如说是艺术,但这显然已超出本书讨论的范围。

⊜ 这仅仅是增发股票的次要原因。首次公开发行股票(IPO)的过程显然是不同的。

⊜ 1978年7月31日至12月31日,万豪调整了1978年的财务数字。此后,所有增长率均采用1978年12月31日的数字。

复合增长率为12.9%（从1979年的7 100万美元增长到1983年的1.152亿美元），每股收益从1979年的1.95美元提高到1983年的4.15美元。有趣的是，每股收益总计增长了113%[（4.15美元–1.95美元）/1.95美元）]，但净利润却只增长了62.3%[（11 520万美元–7 100万美元)/7 100万美元]。EPS的增长幅度为什么会高出净利润增幅这么多呢？因为万豪的负债水平从49.6%提高到了63.9%。我们都知道，如果公司增加杠杆率，并保持净利润不变，那么ROE和EPS将同步增加。对于万豪来说，他们发行债券只是为了置换股权资金。在资产和运营等其他方面没有做任何调整。此外，万豪也并没有扩大业务或是调整管理方式，也就是说，只是简单地调整了公司的融资方式。

表8-2 万豪公司1979–1983年的财务数据摘要

金额单位：千美元	1979	1980	1981	1982	1983
销售收入	1 509 957	1 718 725	2 000 314	2 458 900	2 950 527
营业费用	1 358 972	1 551 817	1 809 261	2 218 569	2 710 196
营业利润	150 985	166 908	191 053	240 331	240 331
利息费用净额	–27 840	–46 820	–52 024	–55 270	–55 270
税前收益	123 145	120 088	139 029	185 061	185 061
预提所得税	–52 145	–48 058	–52 893	–50 244	–76 647
营业收入	71 000	72 030	86 136	134 817	108 414
资产清理	—	—	—	10 887	6 831
净利润	71 000	72 030	86 136	145 704	115 245
每股收益	1.95	2.6	3.2	3.44	4.15
年末股价	17.63	32.75	35.88	58.50	71.25
流动资产	177 722	218 156	267 290	381 672	401 370
固定资产	825 178	916 383	1 072 770	1 494 227	1 791 782
其他资产	77 465	79 725	114 816	186 749	308 276
资产合计	1 080 365	1 214 264	1 454 876	2 062 648	2 501 428
流动负债（不包括借款）	173 948	222 725	266 837	391 091	455 227
负债合计	406 748	575 006	628 324	926 378	1 110 305
其他负债	86 166	105 028	137 986	229 174	307 692
所有者权益	413 503	311 505	421 729	516 005	628 204
负债及所有者权益合计	1 080 365	1 214 264	1 454 876	2 062 648	2 501 428
ROA（净利润/期初资产总额）	7.10%	6.70%	7.10%	10.00%	5.60%
ROE（净利润/期初所有者权益）	17.00%	17.40%	27.70%	34.50%	22.30%
资产周转率（销售收入/期初资产总额）	1.51	1.59	1.65	1.69	1.43
杠杆（期初资产总额/期初所有者权益）	2.39	2.61	3.9	3.45	4
负债率（负债/（负债+权益））	49.60%	64.90%	59.80%	64.20%	63.90%
利息保障倍数（EBIT/利息费用）	5.42	3.56	3.67	4.35	4.35

此外，我们还要注意到，万豪的营运资金在1980年年底为负的450万美元（2.182亿美元流动资产减去2.227亿美元的流动负债）。这意味着，万豪的融资更多依赖于由供

应商提供的无息资金。最后，万豪酒店的股票价格在 1980 年年底为每股 32 美元。现在我们清楚了，万豪为什么不到公开市场回购。在股票价格不会出现大幅波动的情况下，通过公开市场回购不必支付收购要约所带来的溢价。在这种情况下，公开市场购买的成本自然要便宜得多。但如果公司认为股价会在回购期会被大幅拉高，那么通过要约收购一次性买回，成本可能会更低。

1981 年，万豪的每股收益为 3.20 美元，净资产收益率为 27.7%，公司的净利润为 8 600 万美元。负债在资本结构中的比重为 60%，负债总额为 6.28 亿美元，营运资本为 50 万美元。万豪酒店的股票价格在当年年底为每股 35.88 美元。

1982 年，万豪的每股收益为 3.44 美元，1983 年再度提高到 4.15 美元。与此相反，按照分析师的预测，万豪在 1983 年每股收益最高限为 3.80 美元，而 1982 年和 1983 年的净资产收益率分别为 34.5% 和 22.3%，两个年度的净利润分别为 1.457 亿美元和 1.152 亿美元。两个年度的负债率和负债总额分别为 64.2% 和 63.9% 以及 9.264 亿美元和 11.103 亿美元。营运资金分别为 -940 万美元和 -5 390 万美元。1982 年的股价为每股 58.50 美元，1983 年上涨到 71.25 美元。

我们再深入剖析一下这些数字。一个最突出的变化是，万豪的负债率水平并没有下落，而是依旧维持在高位。出现这种情况，倒不是因为威尔逊误判了公司的未来现金流，而是因为万豪还在购买其他资产，并发行债券进行融资。例如，万豪在 1982 年收购了霍斯特国际（Host International）。霍斯特国际在美国的很多机场候机楼经营餐饮业务。回想一下，万豪酒店已将餐饮服务直接出售给航空公司，而现在的霍斯特国际则是向候机楼的乘客出售食品。⊖ 这样，我们就可以很容易解读万豪收购霍斯特国际的策略：既然万豪已开始从事机场业务，那为什么不顺便揽下这里的餐饮服务呢？此外，万豪还在 1982 年收购了区域性汉堡包连锁店 Gino's，作为对已拥有的汉堡包、烤牛肉专卖店 Roy Rogers 的一种补充。1985 年，万豪还购买了全国性连锁餐厅 Howard Johnson's。

在收购这些资产时，万豪常用的融资手段就是发行新债券，这就是万豪一直保持债务水平高企的原因。但最重要的是，我们必须了解以下几点：如果万豪判断失误，未能通过经营创造出足够的未来现金流，那么，因股票回购而增加的债务水平，就有可能导致他们失去收购霍斯特国际、Gino's 或 Howard Johnson 这样的好机会。

除收购食品服务资产之外，万豪还启动了打造万豪庭院连锁酒店（Marriott Courtyard）的项目，建立中等价位的酒店市场；随后，万豪又进入退休住宅行业，因为万豪已经意识到老一辈人正在衰老，这个细分市场可能会迅速扩张。万豪的另一个项目就是万豪公寓酒店（Marriott Residence Inns），从而形成万豪沿两个方向同时进军的发展格局。可以说，万豪正在通过收购和内部增长两条路径实现快速扩张。此外，尽管万豪回购了价值 2.35 亿美元的股票，但他们的资金来源是自有的超额现金。

⊖ 有的人可能已经在飞机上吃够了万豪的食品。

归根结底，万豪处理多余现金的方式取决于股票价格。当股价偏低时，万豪就会选择回购股票。当万豪认为股价很高时，就会以超额现金购买硬资产，从而实现内生性增长。到1986年，万豪的股票价格已达到每股37.00美元，而且这还是在按1∶5进行股票分割之后。也就是说，如果按分割之前的股价计算，股价应该是每股185美元。⊖从根本上说，到1986年，万豪的股价已经上涨了近十倍。

加里·威尔逊，你下一步想干什么？我打算去迪士尼乐园

顺便提一下，在1985年，加里·威尔逊离开万豪，成为迪士尼公司的CFO。⊖迪士尼公司的创始人是沃尔特·迪士尼（Walt Disney），在产品市场方面，迪士尼绝对是一家超级赚钱的公司，但却缺乏良好的融资政策。比如说，在1985年，迪士尼几乎完全采用了股权融资。原因很简单，在沃尔特最初打算建立第一家迪士尼乐园时，银行认为此举过于冒险。在银行家的眼里，主题公园和狂欢节一样，都是没有声誉的事情，因而都不愿意为迪士尼提供贷款。但沃尔特还是买了一小块土地，在加州建造了他的第一座迪士尼乐园。之后，公园周边的所有土地都变得价值连城。但是，因为迪士尼乐园而受益最大的人，却是迪士尼乐园附近的物业所有者。所有酒店和配套基础设施都不属于迪士尼。正是出于这个原因，沃尔特在佛罗里达州开始建造自己的迪士尼世界，共购买了27 743英亩土地，几乎相当于佛罗里达州一个郡的面积。因此，离佛罗里达迪士尼乐园最近的酒店都属于迪士尼乐园，并由迪士尼本人持有。

在沃尔特·迪士尼去世（1966）后，公司的控制权继续由家族成员持有（最初是他的弟弟，然后是他的侄子，再之后变成了他的女婿），但公司和股价却双双陷入停滞。于是，迪士尼成了被收购的目标，最终由巴斯兄弟获得公司的控制权。他们任命迈克尔·艾斯纳（Michael Eisner）担任公司董事长，并聘请加里·威尔逊担任CFO。来到迪士尼后，加里·威尔逊所做的第一件事，就是提高主题公园和酒店的价格。如果你去过迪士尼乐园，可能会住过他们的某个酒店。以前，迪士尼酒店制订的基本价格为每晚110美元，通常是一房难求。加里·威尔逊将价格提高到每晚170美元。结果怎样呢？依旧爆满。此外，迪士尼还开始建造更多的酒店。

以前，主题公园的门票是全天通票19美元。后来，加里·威尔逊将全天通票的价格提高到28美元。游客人数发生变化了吗？依旧人山人海，而收入则增长了近50%。威尔逊认为，主题公园的门票在价格上几乎没有任何弹性。很多人计划到迪士尼乐园度

⊖ 股票分割是指公司对现有股东按每持1股即向他们赠予若干股。因此，股价会下跌。但这也是一种信号效应，市场普遍认为，股票分割属于利好消息。见：P. Asquith, P. Healy, and K. Palepu,Earnings and Stock Splits, *Accounting Review 44*（1989）：387–403。

⊖ 迪士尼从1987年开始启动了一项广告宣传活动，当时，一位刚刚获得"超级碗"的NFL橄榄球运动员被问道："你下一步准备去做什么？"这位运动员不假思索地回答，"我准备去迪士尼乐园"。随后，他真的去了迪士尼乐园。

过假期,他们开车或搭乘飞机来到奥兰多,然后顺其自然地走进迪士尼乐园的大门,他们不会因为每天多花 9 美元入场费而转身离开。

回到万豪酒店

我们再回头看看万豪酒店和威尔逊以前的工作,威尔逊在 1979 年对通货膨胀做出的判断是否正确呢?他猜对了。回顾一下:威尔逊认为,市场的长期利率在 1979 年处于低位,而他通过发行长期固定利率债券,就可以锁定当时的低位利率。进入 20 世纪 80 年代初,市场利率开始飙升,并在 1980 年 12 月创下 21.5%的新高。㊀随着利率和收益曲线的变化,威尔逊开始调整万豪债务的利率结构。正如威尔逊在 1985 年年报(这也是他在万豪的最后一次发声)中所言:

> 万豪通过浮动汇率和债券利率的优化,实现了资本成本和风险的最小化……进入 20 世纪 80 年代,我们发行的浮动利率债券已突破目标水平,但这完全是为了利用当时成本更低的浮动性债务,而不是利用处于高位的固定利率进行投机。

因此,在利率处于低位时,威尔逊认为利率必将上行,于是,万豪发行了长期的固定利率债券。之后,随着利率逐渐上调,万豪开始发行短期的浮动利率债券。当利率再次反弹时,威尔逊通过利率掉期,以固定利率取代浮动利率,从而锁定低利率。

针对营运资本,威尔逊在 1980 年的年报中写道:

> 负的营运资本和递延税项为万豪提供了大量的无息资金来源。基于对资产负债表的管理以及公司业务的性质……随着公司的发展,负营运资本的绝对值还将不断增加。

万豪的年度报告进一步指出:

> 万豪并没有要求营运资本一定要是正数,因为我们的基本业务就是出售服务(而不是货物)以换取现金。因此,公司始终维持相对较低的应收账款及现金余额,因为货币性资产会在通货膨胀过程中出现贬值。而负营运资本则成为一种无息融资的来源。㊁

这实际上就是在说,万豪将会继续通过供应商获得免费资金。

在这里,作为一名公司金融专业的学生,重要的不在于加里·威尔逊的判断是否正确,尽管这对案例本身的结果至关重要。相反,最关键的是要认识到这样一个事实:加里·威尔逊不仅很清楚它们之间的相互关系,而且深知,当产品市场战略发生变化时,融资战略也需要随之调整。因此,当资本市场的形势变化时,万豪的融资方式必须要随之改变。

我们再回头看看第一章以及第五章介绍的公司战略示意图。㊂在示意图的最上面,

㊀ 基准利率在1978年年底为11.75%,1979年年底为15.25%。但是在进入1990年后,便持续下跌,直至10%。见: the Board of Governors of the Federal Reserve System, Bank Prime Loan Rate Changes: Historical Dates of Changes and Rates, https://research.stlouisfed.org/fred2/data/PRIME.txt。

㊁ 万豪公司的年度报告(1980年),第18页。

㊂ 见第一章或第五章。

是一家公司的基本战略（即设定企业目标）。尽管这不属于 CFO 的工作范畴，但仍需要 CFO 的参与。制定战略的是公司。对万豪来说，公司战略就是从拥有并经营酒店转型为只经营、不拥有酒店。从操作层面看，这意味着公司拥有的资产将大大减少。这反过来又会影响到公司的融资战略，所有这一切均属于示意图的第二个层次，因而也是 CFO 的一部分职责。战略的变化，意味着公司可以采取更积极的融资策略，也就是说，公司可以采取更激进的资本结构决策。至于万豪的融资政策，则显示在示意图中的第三个层次，有些发生了变化，有些则保持不变。我们假设万豪的股利政策保持不变。由于万豪的资本结构会发生变化，因此公司准备维持多少负债及其债券的评级都将发生变化。⊖ 至于如何进行长期负债和短期负债的组合，构建债务的期限阶梯，则取决于万豪对未来利率走势的判断。不管是固定利率还是浮动利率，都依赖于对未来利率的预测。因此，债务约定以及是采取有担保债券还是无担保债券等问题，都需要 CFO 在制定公司金融战略和融资政策时进行考虑，并做出合理的评估。

本章小结

总而言之，本章以及前几章讨论的核心主题就是公司的融资政策。其中最重要的政策就是资本结构政策。资本结构决策的目标就是在股价最大化的前提下实现资本成本最低化。事实上，正如我们所讨论的那样，只要资金成本达到最低，就必然可以实现股价最高的目的。因此，如果能处理得当，这自然可以成为 CFO 为公司创造价值的手段。这也是融资政策的主动性方面。与此同时，CFO 还要确保公司利用好资本市场，为公司找到维系长期增长所需要的资金。这是融资政策的支持性效应。融资政策不是一个非此即彼的单项选择题。因此，CFO 需要保证的是，公司既不缺乏增长所需要的资金，又能实现股价的最大化。而在财务上保持灵活性和宽松性，则是实现这一目标的基本前提。

回顾本章：这两章主要包含以下九个关键性概念

（1）资本结构。在考虑资本结构时，最重要的就是要认识到，未来的机会与这个决策休戚相关。如果威尔逊判断失误，万豪就无法收购霍斯特国际、Gino's 或是 Howard Johnson's。虽然这不会给公司带来破坏性结果，但注定会让公司明显放慢增长速度。

（2）融资政策。1979 年，万豪在国内以无抵押的固定利率长期债券形式进行了债务融资。为什么呢？首先，万豪采取的是固定利率的长期债券，因为加里·威尔逊认为，未来通货膨胀率存在上涨的可能性。鉴于这种预判，采用固定利率的长期债券有利于实

⊖ 股利往往具有"黏性"。将在第十一章详细介绍股利政策。

现公司价值最大化。接下来,万豪发行了无担保债券,这是因为万豪想卖掉自己的酒店资产,而不必在遭遇困难时进行再投资。但这一政策也意味着万豪需要支付高利息,虽然无担保负债的成本高于有担保负债,却可以增加公司在财务上的灵活性,而且可以让万豪在不必偿还负债的情况下继续出售资产。最后,万豪之所以选择在国内市场发行债券,是因为万豪在海外还缺少知名度,海外发行会遇到种种困难。

(3)营运资金。万豪酒店在营运资金上采取的策略,可以简单地概括为让负营运资金的绝对值最大化。顺便提一下,在整个经济范畴内,营运资金的代数和应该归零,因为一家公司的应付账款就是另一家公司的应收账款,反之亦然。加里·威尔逊的做法事实上就是遵从了财务上的老话:早收晚付。

(4)股利政策。万豪制定股利政策的基本点,就是实现股东税收的最小化,万豪酒店的最大股东是马里奥特家族。作为承担高边际税率的净值人士,如果能以资本利得的形式取得回报,就没有理由让他们为股利收益缴纳更高的税。

(5)股票。考虑到万豪酒店的融资政策,公司没有发行优先股或可转换债券。由于万豪的资本结构不受监管,因此在可以发行债券的情况下,就没有理由发行直接优先股,毕竟债券的利息是可以抵税的。万豪也没有发行可转换债券,这是因为市场认为万豪股价的上升空间是有限的。也就是说,市场认为,万豪股票的期权价值低于加里·威尔逊的预期。如果发行可转换债券,虽然万豪支付的利率低于直接负债,但由于期权价值较低,因而会导致实际筹集到的资金总额非常有限。如果公司认为期权价值超过市场预期,就不应发行可转换债券,而是直接发行公司债券。既然万豪酒店能以合理利率发行直接债券,而且手头又不缺少现金,自然也就没有理由发行可转换债券。

(6)内部资金市场。除融资战略和融资政策之外,这两章还揭示出内部资金市场的重要性,这集中体现于可持续发展的概念。一家公司到底应采取内部融资还是需要进行外部融资呢?这个问题的核心同样依赖于可持续增长这个概念。

(7)超额现金。这两章还介绍了公司应对超额现金的五种思路。至于企业到底应选择哪一种方案,取决于对未来现金流和股票价格的判断。这五种处理超额现金的思路都涉及财务解决方案(即回购股票、偿还负债或增加股利)和产品市场解决方案(提高内部增长速度或对外收购资产)。对万豪酒店而言,如果威尔逊认为公司股价较低,就可以使用超额现金来回购股票;当他认为股票价格过高时,就不会回购股票,而是购置其他资产。

(8)信息不对称。此外,近几章也提出了信息不对称的重要性。当公司宣布进行要约收购时,股票价格通常会上涨。当一家公司宣布通过公开市场回购股份时,股价也会上涨,但涨幅不及要约收购。这是出于市场对要约收购的反应——在要约收购中,公司愿意立即支付溢价,是公司股价即将上涨而且会迅速上涨的强烈信号。而在公司发行新股时,股价通常会下跌,就好像市场在说:"如果企业卖股票的话,肯定是因为他们缺钱了,或者说,是公司觉得自己的股票价格太高了。"如果你问一个CEO:"为什么公司现在不发行股票?"他们的答案往往是:"现在的股票价格还不够高"。如果有一天,CEO

宣布，"哦，顺便说一句，我们发行股票了"，尽管只是轻描淡写的一句话，但市场肯定会把这句话解读为一种信息。此外，股利政策也可以由信息不对称现象进行解释。我们将在第九章深入探讨信息不对称和市场信号问题。

（9）互动性。融资决策和投资决策之间是相互关联的。政策变化既可以是好的投资决策，也可以是好的融资决策。通常情况下，政策变化会对两者同时产生影响。因此，我们需要兼顾这两个方面。在本章的例子中，回购股票和发行负债的决定，既是一种会影响到资本结构的融资决策，也是一种能确定回购价格的投资决策。因此，对万豪酒店来说，我们可以得出这样的结论：这更有可能是一个好的融资决策，虽然它在不同时间是动态变化的。尽管有悖于维持最优资本结构的目标，但威尔逊认为，预期的未来现金流迟早会让负债率降下来。因此，我们还可以得出另一个结论：从投资决策的角度看，威尔逊的选择同样值得称道，因为随后的事实已经证明，23.50 美元的股价对万豪酒店来说并不高。

后记

1993 年，万豪酒店决定将整个公司一分为二：一个是持有大部分酒店物业的万豪国际（Marriott International），其他资产全部进入另一家公司——霍斯特-万豪（Host Marriott）。㊀ 在那个时候，酒店物业的运营情况要好于万豪集团旗下的其他业务。完成分拆之后，万豪将大部分债务转移给霍斯特-万豪，使万豪国际几乎无任何债务负担。这在当时引起了极大争议，至少有一位董事因此而辞职。在媒体的嘴里，分拆后的两家公司竟然被称为好万豪和坏万豪。好万豪是负债率最低、运营最好的公司，坏万豪则是业务脆弱不堪且债务缠身的公司。万豪的股票也被一分为二。分拆基本上采取了股票股利的形式，即现有股东按相同比例同时取得万豪国际和霍斯特-万豪两家公司的股份。

期待下一步

我们接下来会讨论哪些问题呢？在接下来的两章中，我们将再次以两家不同公司为例：AT&T 和 MCI。我们首先会探讨去管制之前的 AT&T 及其采取的融资政策，随后再看看去管制之后的 AT&T 和融资政策。最后，再对比一下 MCI 在去管制之前和之后的政策调整。

㊀ 见《华尔街日报》的报道：WSJ's Discordant Note, For Bill Marriott Jr., the Hospitality Trade Turns Inhospitable, *Wall Street Journal*, December 18, 1992。

第九章
融资政策决策（AT&T：1984 年剥离前后）

在本章里，我们将继续讨论融资政策这个话题。不过，在阅读本章之前，建议读者先阅读介绍万豪的几章，了解实施融资战略所需要的融资政策。在入门级的财务教科书中，融资政策往往被归结为鲜被关注的公司金融范畴。我们将在本章讨论投资银行在从事咨询项目时采用的概念。公司经常会找到投资银行，在制定股利政策或取得具体债券评级等方面向他们征求建议。尽管这些问题未必需要经常关注，但它们显然是公司实践中无法回避的问题，而这些决策的权限往往在于公司的 CFO 层面。

尽管本章内容在理论上并不深奥，但由于涉及因素众多，因而显得非常复杂。无论是对于公司的财务部门还是投资银行，公司金融事务的核心都是以估值和交易为导向。因此，在金融专业人士的工作中，大部分时间就是利用模型对新建工厂或是外部收购等潜在投资项目进行评估。

在本章中，我们将回顾公司的金融政策，并提供现实可行的案例。首先，我们将探讨"老" AT&T 公司（即在 1984 年 1 月 1 日分拆之前）的融资政策，判断公司金融政策是否满足融资需求。然后，再简要回顾一下"新"的 AT&T（1984 年 1 月 1 日分拆之后），讨论企业的金融政策应如何适应融资需求的变化，并据此做出调整，以及这种调整是否恰当。

本章将结合 MCI 的情况展开分析，旨在进行有针对性的比较。我们将对这两家身处同一行业的不同公司进行比较，看看它们在同一时间、相同环境下做出的选择，讨论适合每一家公司的金融政策。

我们首先讨论的是资本结构及其内涵。在这里，"资本结构"的含义不仅包括债权和股权的相对关系，还包括期限结构以及体现为固定利率和浮动利率的利率结构等方面。此外，我们还将了解股利政策及其对融资的影响，毕竟，当一家公司支付股利时，支付的现金也需要资金。最后，我们将探讨有价证券的发行和设计。在对这些主题展开分析时，我们都是以静态框架为基础的，这一点与前面几章相同。

笔者认为，只要能了解 AT&T 在业务上的变化给公司的金融状况以及可持续增长率带来的影响，并理解这些变化对融资需求造成的后果，那就足以说明，我们已经对公司金融问题有了非常深入的理解。

AT&T 的背景

美国电话电报公司（AT&T）成立于 1885 年 3 月 3 日，是美国贝尔公司（American Bell）旗下的一家全资子公司。1876 年，贝尔公司的雏形最早由亚历山大·格雷厄姆·贝尔（Alexander Graham Bell）创建，也就是在 1876 年发明电话的贝尔。当时，贝尔的其他两个合伙人分别是伽迪尼·哈伯德（Gardiner Hubbard）和托马斯·桑德斯（Thomas Sanders）。AT&T 建成了美国的第一条长途电话网络，即贝尔系统公司（Bell System）。在公司的大部分历史中，AT&T 都是一个受政府监管的合法垄断企业。1945 年，美国家庭电话服务的普及率为 50%，1955 年为 70%，1969 年达到 90%。

电信业的变化，最终导致美国政府对 AT&T 提起反垄断诉讼。诉讼始于 1974 年，并在 1982 年 1 月定案（1982 年 8 月 2 日，在经过法庭听证后，法院通过了最终裁决），AT&T 同意剥离其全资拥有的、从事本地交换服务的 22 家贝尔运营公司。这 22 家运营公司拥有的资产量占 AT&T 资产总额的 3/4。政府希望将 AT&T 分割为依旧合法的自然垄断业务（本地交换业务）和适合市场竞争性业务（长途电话、制造及研发）。剥离于 1984 年 1 月 1 日完成，并最终形成新的 AT&T 公司和被称为"小贝尔"的 7 家贝尔经营公司。⊖

在剥离之前，AT&T 已成为世界上最大的电信公司，销售额近 680 亿美元，资产总额超过 1 480 亿美元，员工人数过百万人。在剥离之后，AT&T 的收入为 330 亿美元，资产 340 亿美元，雇用人数为 37.3 万人。

从 1983 年 12 月 31 日至 1984 年 1 月 1 日，AT&T 的业务发生了巨大变化。在本章里，我们将详细介绍这些变化给公司金融政策带来的影响，尤其是公司金融政策与业务之间的关联性，以及如何以融资政策为这些变革提供支持。本章讲述的 AT&T 背景设定于 1982 年年底，也就是在政府做出剥离裁定之后到实际剥离尚未启动之前这段时间。

M&M 模型和公司金融的实践

首先，我们回顾一下公司金融理论的基本内容及其演化。

现代公司金融理论始于莫迪利亚尼和米勒（1958）。我们曾在第六章提到过，莫迪利亚尼和米勒（M&M）指出，在某些条件下，资本结构与公司价值无关，因而无足轻重。因此，在 M&M（1958）的理论中，公司价值不随公司资本结构的变化而变化。在他们最初提出这个观点时，曾遭到金融从业者们和诸多金融学者的反对。

但 M&M（1958）理论的假设前提是零税率。在 1963 年修订后的 M&M 模型中，莫迪利亚尼和米勒放宽了以前的零税收假设，从而对 1958 年模型的结论进行了修订。在新的 M&M（1963）模型中，由于债务的利息具有税盾效应，因此，公司价值会随着公司资本结构的变化而变化。在 M&M（1963）勾勒的新"世界"中，杠杆率越高，公司价值越高。

在原始的 M&M（1958）模型和修正后的 M&M（1963）模型（以及很多教科书）中，公司资本结构均被表述为债务和权益比重的函数。但是，公司债务的期限结构（即公司到底是以长期负债还是短期负债进行融资）、应在哪个市场发行债务（美元或是欧元）以及利率采用固定还是浮动等问题，在这两个模型中均没有得到体现。而本章将会提出这些问题。

⊖ 摘自 AT&T 的历史，见公司官网 ATT.com。

此外，M&M 也为建立企业股利政策提供了初步的理论基础。莫迪利亚尼和米勒在 1961 年提出的模型⊖表明，企业价值与企业是否支付股利或股利支付水平无关。这篇针对 M&M 模型的论文再次引起业界和学者的广泛关注，因为在那个时候，大公司的优势主要就体现在定期发放稳定的股利。正是基于这篇论文，1985 年之前的教科书大多认为，企业管理者无须担心是否派发股利或是派发多少的问题。此外，教科书也从不讨论股利政策的融资效应。

归根到底，在 1985 年之前，学术界很少讨论发行有价证券的性质和类型的问题（如直接优先股、可转换优先股或是可调整利率债券等）。

时至今日，作为公司金融领域的教学者，我们开始告诉大家，市场会把股利和股份发行看作信号，因此，公司股价会受到公司金融政策的影响。这种摆脱"纯" M&M 世界的结果，源于公司金融政策影响企业价值这一理论的研究结果。在本章里，我们将以万豪为例，深入讨论公司的金融政策。此外，正如我们在梅西-弗格森案例中所看到的那样，破产的真正代价不只有破产过程本身带来的直接成本（律师费和专业机构的收费），还体现为竞争优势的丧失。⊖财务困境带来的主要成本，就是竞争对手给公司产品市场战略造成的伤害。此外，随着公司股价的下跌，公司有可能成为被收购的目标。

换句话说，M&M 以后的理论研究告诉我们，金融政策会影响到公司价值。这给 CFO 职责带来的影响是多方面的。我们不妨考虑一个并不罕见的例子。假设一家公司所在的行业缓慢增长，甚至已陷入停滞期，因此，公司根本就没有真正的投资机会。在这种情况下，公司股价注定会低迷。此外，我们还假设，公司通过以往的盈利积累了大量超额现金或其他流动资产，从而让公司成为潜在的收购目标。为避免被收购，公司管理层必须提高股价。在 1985 年以前，金融学教育者很少会针对如何避免被收购提出建议。因为在他们看来，财务金融政策根本就不重要。但是在今天，大部分学者、所有投资银行或金融咨询公司，都会建议公司应适时进行股票回购或增加股利支付。因为这两种措施都有利于提高公司股价，而且这已成为公司抵御被收购而采取的标准操作程序，但这仅限于 1985 年之后。⊖

⊖ 请注意这两个名称在顺序上的变化。作为公司金融理论奠基石的论文有三篇，或者说，公司金融理论体系的形成依赖于三个M&M 模型：首先是M&M（1958），莫迪利亚尼和米勒在没有税收的基础上研究了资本结构；其次是M&M（1961），这是他们对股利政策的探讨；最后是M&M（1963），莫迪利亚尼和米勒将税收引入资本结构理论中。莫迪利亚尼和米勒分别在1984年和1990年获得诺贝尔经济学奖。我们认为，财务专业的学生或从业人员有必要了解这三篇论文的时间顺序和区别。
⊖ 它推翻了M&M理论关于财务困境成本无关紧要的假设。
⊖ 在第一章里，我们简要概括了金融学的发展史。在1958—1963年期间，莫迪利亚尼和米勒发表了三篇有关公司金融理论的论文。20世纪60年代，资本资产定价模型及其对投资理论的影响成为公司金融理论的核心。20世纪70年代，出现了期权定价模型以及有关资产定价的一系列研究。20世纪80年代，学术界开始重新审视M&M模型，结果显示，它们的很多假设在现实中是无效的。第一批重拾公司金融的学术论文出现于1985年。

第九章　融资政策决策（AT&T：1984 年剥离前后）

下面针对融资政策的讨论不仅限于理论层面，也有诸多实证研究的支撑。这些讨论的目的在于建立一种静态的均衡，以及实现这种静态均衡所需要的动态过程。此外，我们还试图把公司的静态目标、金融政策和信号机制、可持续增长以及融资需求等概念结合起来。

营利性企业往往拥有稳定的高水平现金流。这意味着，它们可以承受更高的负债水平（在未来更有可能取得现金流的情况下，借款的风险也相对较小），因而可以利用利息费用税盾效应带来的价值。相比之下，亏损公司的现金流水平较低，而且不稳定，因而，这些公司的负债风险也更大。因此，亏损公司应通过减少负债而降低其他风险。但实证研究往往表明，现实中的企业恰恰相反：亏损公司往往倾向于拥有更多的债务，而盈利企业反而愿意减少负债。这是因为盈利公司喜欢用多余的现金偿还债务，而亏损公司只能以更多的债务来弥补其现金流缺口。

现在，我们看看一个来自现实的案例：AT&T 在被迫剥离本地运营业务之前和之后的变化。

老 AT&T（1984 年之前）

我们的第一个问题是：老 AT&T 的金融政策是什么？要正确回答这个问题，我们首先要了解 AT&T 的财务数据。表 9-1 和表 9-2 中提供的信息有助于我们回答以下问题：AT&T 采取的债务政策是怎样的？AT&T 的股利政策如何？AT&T 想维持什么样的债券信用评级？

表 9-1　AT&T 1979–1983 年的利润表[⊖]

金额单位：百万美元	1979	1980	1981	1982	1983
销售收入	45 408	50 864	58 214	65 093	69 403
经营费用	33 807	38 234	43 876	49 905	56 423
营业利润	11 601	12 630	14 438	15 188	12 980
利息支出	3 084	3 768	4 363	3 930	4 307
其他费用	776	892	1 015	951	-5 053
税前利润	9 293	9 754	11 090	12 209	3 620
所得税	3 619	3 696	4 202	4 930	3 371
净利润	567	46 058	6 888	7 279	249
每股收益	8.04 美元	8.17 美元	8.58 美元	8.40 美元	0.13 美元
普通股每股股利	5.00 美元	5.00 美元	5.40 美元	5.40 美元	5.85 美元
税率（所得税/ 税前利润）	39%	38%	38%	40%	93%
股利分配率	62%	61%	63%	64%	4500%

[⊖] 除备考报表之外，AT&T的所有财务数据均直接摘自AT&T的年度报告。

表 9-2 AT&T 1979–1983 年的资产负债表

金额单位：百万美元	1979	1980	1981	1982	1983
现金及现金等价物	863	1 007	1 263	2 454	4 775
应收账款	5 832	6 783	7 831	8 580	9 731
预付费用	1 085	1 224	1 398	1 425	2 111
流动资产	7 780	9 014	10 492	12 459	16 617
土地、厂房和设备	99 858	110 028	119 984	128 063	123 754
投资及其他非流动资产	6 131	6 511	7 274	7 664	9 159
资产合计	113 769	125 553	137 750	148 186	149 530
短期负债	4 106	4 342	4 019	3 045	2 308
应付账款	3 256	4 735	3 792	4 964	8 396
其他流动负债	5 235	5 064	7 260	5 951	5 165
流动负债合计	12 597	14 141	15 071	13 960	15 869
长期负债	37 495	41 255	43 877	44 105	44 810
递延负债	15 605	17 929	20 900	25 821	26 055
负债合计	65 697	73 325	79 848	83 886	86 734
少数股东权益	1 563	947	969	536	511
实收资本	24 652	27 244	30 412	34 875	38 778
再投资收益	21 857	24 037	26 521	28 889	23 507
所有者权益	46 509	51 281	56 933	63 764	62 285
负债和所有者权益合计	113 769	125 553	137 750	148 186	149 530
负债率（负债/资产）	47%	47%	46%	43%	43%
利息保障倍数（EBIT/利息）	3.76	3.35	3.31	3.86	3.01
债券评级	AAA	AAA	AAA	AAA	AAA

表 9-2 的最后几行显示，很长时间以来，老 AT&T 在这些问题上的答案是一致的。在 1979–1983 年，公司的负债率一直维持在 46% 左右，利息保障倍数则维持在 3.5 倍左右。表 9-1 显示，公司在此期间的平均股利分配率为 62%（除 1983 年以外）。这意味着，AT&T 每年支付给股东的股利相当于 62% 的净利润。⊖ 基于 AT&T 的财务状况，公司在这段时期始终维持着 AAA 级的高债券评级。（在 AT&T 被分拆之前的历史中，以下各项比率基本保持高度的一致性。）

现在，我们可以看到，这些比率与公司金融政策是相关的。其中，利息保障倍数取决于公司的负债率，而债券评级则是企业负债率和利息保障倍数的函数。企业的负债率越低，利息保障倍数就越高（因为利息费用较低），因而，企业将获得越高的信用评级。此外，股利政策也会影响到公司的留存收益水平，从而影响公司的总股本。

⊖ AT&T 的财务比率保持稳定的时间范围已超过本书提供的数据期间。例如，从 1972 年到 1978 年，AT&T 的负债率始终维持在 47%～52%，而利息保障倍数则为 3.93～4.25。

⊖ 包括 1983 年，尽管 AT&T 在这一年依旧维持原有股利水平，但剥离带来的资产注销却导致收益大幅减少。

负债率的计算

在表 9-2 中，AT&T 的负债率是按负债和所有者权益的账面价值计算的。负债率并没有对超额现金进行调整。实际上，这种调整是必要的。

什么是超额现金？对财务人员来说，超额现金就是企业日常经营中不需要使用的闲置现金。它相当于负的负债，因为公司没有必要持有这些现金，它们本应该用来偿还债务。比如说，如果一家公司发行了 20 亿美元的债券，却不需要这笔现金，但这家公司仍需将发行取得的资产列示在资产负债表中的现金及现金等价物科目中。在这种情况下，20 亿美元现金并不是公司业务运营所必需的，因而就成为多余的超额现金。尽管公司需要为此承担 20 亿美元的债务，但也因此形成了 20 亿美元的超额现金，因此，这种负债实际上并没有带来杠杆作用（因为公司可以用这 20 亿美元超额现金随时偿还 20 亿美元的债务）。请注意，超额现金不一定全部是发行债券带来的：和一家同时拥有 20 亿美元负债和 20 亿美元超额现金的公司相比，一家只拥有 20 亿美元负债但没有超额现金的公司有着完全不同的杠杆率。

正因为这样，作为财务专业人士，我们应该把超额现金作为负的债务（或者说，作为账面债务的递减项；遗憾的是，并非所有人都这么认为）。需要提醒的是，这句话听起来很简单，但也很容易被忘记。不过，超额现金确实是一个非常重要的概念，它对公司的资本结构有着巨大影响，并最终影响到我们衡量公司风险的方式（即公司的 beta 系数）。

对任何企业来说，业务运营都需要维持一定数量的现金。举一个最简单的例子，超市必须在收银台预留一定的现金。从表 9-2 中可以看到，AT&T 的现金及现金等价物近 25 亿美元。我们的问题是：业务运营到底需要多少现金和现金等价物，多余的现金是如何计算得到的？如果计算一下 AT&T 的现金占销售收入的比率，我们就会发现，这个比率从 1979 年和 1980 年的 1.9% 的最低点，增加到 1982 年的 3.7% 最高位。假设必要的现金余额应该相当于销售额的 2.0%，那么这就意味着，在 1982 年年底的 24.54 亿美元的现金及现金等价物余额中，只有 13.02 亿美元（销售收入 650.93 亿美元×2.0%）是运营所需要的，其余 11.52 亿美元（24.54 亿美元现金减去生产经营所需要的 13.02 亿美元）为超额现金。

现在，我们不妨再计算一下公司在 1982 年的负债率，这里暂不考虑超额现金。

计算负债率的方法如下：

$$负债率 = 负债 / (负债 + 所有者权益)$$

其中，

$$负债 = 短期负债 + 长期负债$$

1982 年，AT&T 的负债总额为：

$$负债总额 = 471.5 亿美元 = 30.45 亿美元短期负债 + 441.05 亿美元长期负债$$

$$所有者权益 = 637.64 亿美元$$

因此：

负债率=负债/（负债+所有者权益）=471.5/（471.5+637.64）=42.5%

在考虑超额现金的情况下，正确的计算方法应该是：

负债率=净负债/（净负债+所有者权益）

其中，

净负债=短期负债+长期负债−超额现金。

1982年，AT&T的净负债计算方法为：

	金额单位：百万美元
负债总额（如上）=	47 150
现金及现金等价物=	2 454
经营所需要的现金（销售收入×2.0%）=	1 302
超额现金	1 152
负债净额=负债总额−超额现金=	45 998
所有者权益（如上）=	63 764

负债率=净负债/（净负债+所有者权益）=45 998/（45 998+63 764）=41.9%

在这个例子中，我们在计算负债率的时候考虑了超额现金，但由于超额现金金额很小，因而对负债率的影响不大。毕竟，超额现金只相当于债务总额的2.4%（11.52亿美元/471.5亿美元）。但如果超额现金占负债总额的比率较大，那么，我们就不能对超额现金对负债率的影响视而不见了。在本章里，所有负债率的计算均采用净负债（并假定经营所需要的现金水平为销售收入的2.0%）。

总而言之，超额现金是公司金融中的一个重要概念，它会导致"真实"的杠杆率和风险水平，与不考虑超额现金得到的结果相去甚远。

老AT&T的债务政策

AT&T为什么会选择这样的债务政策呢？首先，我们要讨论债务政策的某些细节。在债务政策中，最最重要的方面可能就是确定资本结构中的债务比重和股权比重是多少。债务比率将直接影响到利息保障倍数，进而影响到企业的债券评级。在确定了债务的目标比率之后，公司就需要确定获得债务的类型，在长期负债与短期负债、固定利率与浮动利率债务、担保债券与无担保债券以及公募债券与私募债券等方面做出选择。此外，公司还必须确定的是，通过什么渠道发行债务，以及使用什么货币作为发行货币。

在债务政策方面，首要的问题就是上述M&M模型需要解决的问题——债务和股本的比率，我们已在第五、六、七章讨论过这个问题，因而在此不做赘述。但需要注意的是，AT&T在整个历史中均维持着非常稳定的高水平现金流。这意味着，公司发行债务的风险较低，而且可以采取较高的负债率，以发挥税盾的价值效应。也就是说，在AT&T的业务中采取高负债率政策，符合M&M（1963）模型的结论。

而次要问题则包括负债的具体特征，包括债务期限的长短、固定利率和浮动利率、担保和无担保、公募和私募以及发行市场和发行货币等要素上的选择。考虑到这些问题在财务文献中鲜有提及。因此，我们将在下文结合金融学理论，从实务角度探讨这些问题。

在第七章提到的万豪案例中，我们认识到，公司在这些参数上的选择应以保证产品市场与融资策略的期限匹配为出发点。在这个例子中，加里·威尔逊希望发行固定利率的长期债券，因为他认为，通货膨胀率和市场利率都将上升。如果 CFO 与市场的预期相同，那么，无论是短期债券还是长期债券，两者不应有区别，因为收益曲线本身就是市场对未来预期的定价。如果 CFO 认为未来利率会上涨（下跌），而市场则认为利率会下跌（上涨），也就是说，两者预期相悖，那么，他就应该以固定（浮动）利率借入长期（短期）资金。

在 AT&T 的例子中，没有证据表明公司对未来利率的预期与市场不同。但如上所述，公司的长期产品策略是稳定的，因而需要长期融资与此进行匹配。考虑到巨大的融资需求，AT&T 无须采用借入融资而给公司带来额外的风险，因为这会导致公司为以旧还新而不得不频繁融资。

至于发行有担保债券还是无担保债券的决策，则取决于对财务灵活性和成本之间的权衡。正如第七章万豪案例所述，通常情况下，发行担保债券的成本低于无担保债券，因为市场更愿意接受抵押品质量较好、利率更低的债券。但对于担保债券来说，为债务担保的资产在债券到期之前是不能出售的。作为垄断企业，AT&T 根本就无须考虑为还债而出售资产，因此，公司应发行较低利率的担保债券。

公司债券的发行可以采取公开募集，也可以私下募集。公募债券的购买者主要包括机构投资者和个人投资者，私募债券可以是银行债券或是由私人配售发行的债券，银行债务则是公司从银行借来的贷款。私募是指将债券直接卖给保险公司之类的机构投资者，并不向公众公开发行的债券。

针对公募债券、银行债券以及其他私募债券的市场存在着制度上的差异。公募债券和机构投资者发行的债券更有可能采取长期固定利率（通常可长达 30 年）。如第七章所述，银行债务几乎完全采用浮动利率，期限通常为短期或中期（最长五年）。对于由机构投资者发行的公募债券与私募债券，它们之间的最大差异在于，公募债券除持有者范围更广之外，对公司设置的条款可能比私募债券更优惠（如息票利率和赎回条款等）。私募债券的优势在于，在遇到财务困境的情况时，与少数债券持有者谈判显然要容易得多（而公募债券的发行者则需要与大量债券持有者进行协商）。

我们在第七章的万豪案例中就曾提到过，全球两大公募债券市场为美元债券市场和欧元债券市场。⊖ 尽管还在其他债券市场，尤其是针对政府债券，但公司债券主要是在

⊖ 全球首只欧洲债券于1963年7月发行，发行规模为1 500万美元。欧元债券市场的创立，主要是为规避美国的一项特殊监管政策——限制以存款账户支付利息。该市场的规模已从1966年的10亿美元增长到2009年的4.5万亿美元。（见：*The Economist*, July 6, 2013, 14。）有关欧洲债券和其他国际债券市场的详细讨论，请参见：劳伦特 L. 雅克（Laurent L. Jacque）的《国际公司金融》（*International Corporate Finance*）（Hoboken，NJ：John Wiley&Sons，2014）第10章。

这两个市场上发行的。因此，在公司已选定其他标准（如长期或短期、固定利率或浮动利率、担保或无担保以及公募或私募等）的前提下，选择其中某一个市场的标准，就是谁的成本更低。

对于选择什么类型的债券，以及选择在哪个市场发行这个问题，AT&T 的答案是，在美国债券市场上发行固定利率的长期债券。⊖ 在当时的条件下，这或许是 AT&T 成本最低的债务融资来源了。

股权融资政策

对于股票融资，公司的选择策略与债券基本相似。第一个选择就是股权融资的数量——体现为股权在资本结构中占有的百分比。当然，股权百分比与负债百分比之和应为 1。也就是说，两者在数量上完全相反，它们之间是此消彼长的关系。此外，公司还要选择发行股权的类型。比如说，一家公司可以发行直接股权，也就是普通股；也可以发行支付特定股利的优先股。而优先股同样要涉及其他参数，比如说，优先股股东是否享有投票权，以及股利是否可累积等。最后，公司还可以发行可转换债券，它是负债和股权的混合体。我们将在下一章里讨论可转债。⊖

股权融资往往与某些不成文的"华尔街信条"有关，比如说："如果会稀释 EPS，就不要发行股票"、"如果公司还有未行权的可转换债券，就不要发行股票"（我们在下一章讨论的 MCI 就属于这种情况）、"不要以低于上次发行价的价格发行股票"以及"不发行低于账面价值的股票"等。稍后我们将讨论这些不成文的规则。

在发行何种类型股票这个问题上，AT&T 的回答是：选择发行最基本的普通股⊖（至于 AT&T 为什么选择这样做，在下一章讨论了 MCI 之后，答案就显而易见了）。

股利政策

我们的下一个问题是：AT&T 的股利政策是怎样的？如表 9-1 所示，AT&T 以现金形式支付的股利达到各年度净利润的 62%。按照这样的做法，AT&T 将长期维持现金股利的支付水平——也就是说，即使收入有波动，但实际发放的股利金额基本稳定，平均

⊖ AT&T的债务是无担保债券，这与很多人想象的恰恰相反，但由于公司拥有AAA信用等级，因此，采用无担保发行债券的方式对利率影响不大。此外，AT&T对股利支付政策设定限制。

⊖ 除普通股、优先股以及可转换债券之外，还存在其他形态的股权类证券。其中之一就是目标股票（targeted stock）。这种股票是公司针对内部不同业务发行的股票。比如说，通用汽车公司就曾发行过通用汽车普通股、通用汽车电子股、通用汽车H股、通用汽车优先股以及通用汽车可转债等。事实上，通用汽车曾发行过很多形式的有价证券，以至于有人戏称，通用汽车的普通股类型比他们的汽车型号还要多。因此，我们只需知道：股权证券的形式是多种多样的（但恰如其名的是，普通股永远是最常见的股票）。

⊖ AT&T以前也曾发行过一部分优先股，目前正处于赎回阶段。

水平相当于 62% 的净利润。除这种定期发放的现金股利之外，一些公司还支付特别股利，不定期发放，但 AT&T 并未采取这种政策。

此外，AT&T 还制订了一项股利再投资计划（Dividend Reinvestment Plan），也就是华尔街所说的 DRP 计划。何谓 DRP 呢？DRP 允许股东选择以股票形式而不是现金形式接受股利。有的时候，DRP 允许股东以折扣价格取得股票红利，而无须支付股票的交易佣金。AT&T 的 DRP 计划为股东提供了 5% 的价格折扣。公司为什么会按市场价的折扣价出售股票呢？企业试图达到怎样的目的呢？采取 DRP 计划的公司，实际上是希望借此吸引股东把股利重新投资于公司。DRP 相当于发行新股票，只不过发行成本低于公开发行的价格。尽管在 DRP 计划中会提高折扣，但也节省了公开发行所带来的相关费用，比如承销费，这笔费用往往可以达到发行总额的 5%～6%，因此，以这种方式发行股票的成本较低。DRP 也是公司发行股票的一种非常普遍的方式：已有超过 1 000 家公司为股东提供 DRP 计划。

此外，AT&T 还制订了员工购股计划，允许员工按折扣价格购买本公司的股票。按照这些计划，员工可在固定时间内购买固定数量的股票，购买价格通常设定为此前 30～60 天的某个交易价格。

如表 9-3 所示，AT&T 通常将 1/3 左右的现金股利重新投资于 DRP 计划和员工购股计划。当然，我们的讨论不可能涵盖公司的所有金融政策。实际上，公司在实务运行中还要涉及其他融资政策，比如说预先融资（在公司出现投资需求之前，提前获得大部分融资，MCI 就是这种情况）和流动性管理等。

总而言之，在 1984 年之前，"老" AT&T 在债务融资方面采取了如下政策：

- 固定或浮动利率？　　　　　　固定利率
- 长期还是短期？　　　　　　　长期
- 银行、公募还是私募发行？　　公募发行

⊖ 这是所有公司支付股利的典型方式。随着时间的推移，现金股利往往趋于稳定。股利在金额上不再频繁变动，即使需要调整，调整后的水平也继续保持稳定。也就是说，股利在数量上表现为"阶梯性函数"。我们将在第十一章讨论公司的股利政策。

⊖ 此外，还可以股票形式作为股利的支付方式，但这种股票股利实际上就是一种发行新股票的形式，而不是真正的股利。

⊜ 顺便提一下，股东必须对股利分配支付个人所得税，这和现金股利一样。

⑳ 参见：Investopedia, The Perks of Dividend Reinvestment Plans, www.investopedia.com/articles/02/011602.asp#axzz1wxPkXEp1，访问日期为 2014 年 10 月 5 日。顺便提一下，DRP 计划与卖空组合提供了一种套利机会。至于如何进行套利，可参考如下示例：Myron S. Scholes and Mark A. Wolfson, Decentralized Investment Banking: The Case of Discount Dividend-Reinvestment and Stock Purchase Plans, *Journal of Financial Economics 24*, no. 1（1989）：7–35。不过，作为布莱克-斯科尔斯期权定价公式提出者之一的迈伦·斯科尔斯（Myron Scholes）曾告诉笔者，利用 DRP 套利带来的问题是，频繁交易会让你的纳税申报报告超过 200 页（根据"D"系列纳税申报的要求，纳税人必须详细说明某个年份的每一个收入项目）。

- 美国债券市场或欧洲债券市场？　美国债券市场

就总体而言，在 AT&T 的资本结构中包含 45% 的债务（和 55% 的股权），其债券的信用等级为 AAA 级。AT&T 在股权融资方面采取了如下政策：

- 公募股票还是私募股票？　　公募股票
- 普通股或优先股？　　　　　普通股
- 直接发行还是可转换债券？　直接发行

针对股利政策，AT&T 的决策就是提供稳定的股利，且保持长期内的平均股利分配率不低于 60%。此外，AT&T 从未减少过股利。很多人认为，AT&T 最终派发了股票股利。投资者将 AT&T 的股票称为"孤儿寡母"式股票（即这种股票提供的稳定股利，恰好适合于需要稳定收入的个人）。

- 是否有红利？　　　　　　　现金股利
- 支付水平是多少？　　　　　不低于 60%
- 是否有股利再投资计划？　　有

由此，我们提出了一个核心问题：AT&T 的政策是否合理？

融资政策的目标

我们不妨回想一下。制定公司金融政策的主要原因到底是什么呢？第一个原因，就是维护企业的产品市场战略。财务金融在企业中扮演着诸多角色，但公司金融最大的作用还是维护和实现企业的产品市场战略。这也是 CFO 的最核心职能之一。确保企业开展必要的投资，对企业而言至关重要。（这也是我们反复强调的一句话，因为的确太重要了。）

制定公司金融政策的第二个原因就是为企业创造价值。因此，公司金融的目标就是在维护第一个原因的前提下，实现税盾价值的最大化，降低资本成本，并在可接受的风险水平下实现最高股价。

AT&T 的金融目标

因此，我们现在来看看 AT&T 是如何做的。要判断 AT&T 在 1984 年之前的金融政策是否合理，我们首先要回答这样一个问题：AT&T 到底是一家什么类型的公司？它是一家受政府管制的公用事业公司。这意味着，在是否需要进行基础设施投资这个问题上，公司实际上是没有选择的。因此，AT&T 的产品市场战略要求他们进行多大规模的投资，并不是管理层所能决定的事情。

在 1984 年之前，AT&T 是一家受政府保护的垄断企业。为享受这种垄断地位，AT&T 就需要根据任何客户的要求提供电话服务。如果城外建成一座新的住宅小区，那么，AT&T 就不能说："我们不打算再花三年时间在那里建造通信网络，因此，那里的居民还是等到以后再享受电话服务吧。"（需要提醒的是，此时还没有出现移动电话。）AT&T 没有拒绝提供服务的选择。此外，AT&T 也不能说，"你离城区更远，所以，我们要对

第九章 融资政策决策（AT&T：1984年剥离前后）

你的电话线路额外收费"。AT&T 需要为所有人以相同价格提供本地服务。

换句话说，AT&T 不能选择只投资拥有正净现值的项目。公司的所有建设项目都不是他们可以选择的。政府给予 AT&T 特权，作为回报，AT&T 就必须接受政府设定的费率结构，而且只要用户提出要求，不管在哪里，他们都要提供统一费率的系统服务。这意味着，AT&T 需要不断进行新的投资，因而需要不断融资。那么，对 AT&T 来说，他们在资本市场上最关键的诉求是什么呢？ AT&T 必须随时取得新的资本。因此，在产品市场层面，AT&T 在投资策略中别无选择，只能不断地建造新网络、设立新线路和建设新站点。因此，AT&T 必须在资本市场上不停地筹集资金。由于 AT&T 需要确保在适当的时机取得资金，因此，资本市场对他们来说至关重要。

和任何公司一样，AT&T 在任何一年的总投资，都应等于公司当年的业务收入减去支付的股利，再加上当年以新发行债务和股票形式筹集到的新资金。这意味着，AT&T 不仅要预测投资需求，还要预测营业利润。此外，公司还要随时利用资本市场。也就是说，要管理好他们的财务风险和基本业务风险。与此同时，还要尽可能地降低资金成本。

假如按剥离之前已确定的产品市场战略预测，我们不妨看看，公司应采取怎样的金融政策呢？

首先，我们需要建立一个合理的资本结构（即债务与股权比）。我们建议，在确定资本结构之前，公司首先要回答如下三个问题（划分为内部、外部和横截面三个角度）。

（1）内部分析：即使在最不利的时期，公司是否依旧能偿还其现有债务，并获得可能需要的新资金呢？在回答这个问题时，可以采用备考财务报表以及在最理想情境和最不理想情境下进行的模拟。备考报表首先要确定企业需要多少新资金，此外，还可以使用备考报表测试出，在满足公司目前支付需求的前提下，公司的销售收入和利润还有多大的下降空间，并为需要开展的投资取得额外融资。这种从内部进行的审查，从根本上衡量的是企业的基本业务风险（BBR）。需要重申的是，CFO 还需要利用备考数据去完成他们的另一项基本任务——"不要失去现金"（读者或许还记得，这也是第一章中提到的任务）。

（2）外部分析：市场能否满足公司的外部融资需求？这个问题的核心就是能否进入资本市场。反过来，它又在一定程度上依赖于对下面这个问题的回答：评级机构是否会改变公司的债务评级？为公司提供信贷的银行家会做出怎样的反应？公司的分析师会说什么？如果评级机构下调企业的信用等级，或是分析师给出了负面结论，就有可能导致公司难以或是无法以可接受的成本筹集资金。

（3）横截面分析：公司的竞争对手是如何融资的？这是另一种认识公司风险的方法。正如我们在第五章讨论梅西-弗格森时所看到的，如果企业比竞争对手承担更大的财务风险，就会导致在产品市场上的运营面临风险。在这个层面上，AT&T 在 1984 年之前并无竞争对手，因为当时的 AT&T 还属于标准的垄断企业。因此，横截面风险暂时与公司无关。

那么，AT&T 是如何确保自己能随时进入并利用资本市场的呢？⊖ 最重要的是，AT&T 必须始终维持 AAA 的信用评级，这才是他们进入资本市场的通行证。尽管这样的金融政策可能有点刻薄，但只有具备 AAA 级信用等级，他们才能确保自己拥有足够的融资能力。自大萧条（甚至在此之前）以来，还从未出现过拥有 AAA 级信用等级的企业不能进入资本市场的先例。

在表 9-3 中，我们可以看到老 AT&T 在 1979 年到 1983 年期间⊜的简化现金流量表，⊜这其中自然也包括了公司的融资需求。譬如，1979 年，AT&T 在新厂房和设备方面需要的资本性支出为 164 亿美元，而股利支付的资金需求为 36 亿美元，因此，公司的总资金需求为 200 亿美元（164 亿美元+36 亿美元）。公司通过自身经营可以提供的资金来源为 148 亿美元。这意味着，AT&T 在 1978 年的对外融资需求为 52 亿美元（200 亿美元-148 亿美元）。需要强调的是，AT&T 通过经营创造出 148 亿美元的资金来源，但公司还需要 164 亿美元用于对新设备进行投资，需要 36 亿美元用于支付股利，也就是说，公司存在 52 亿美元的资金缺口。因此，公司需要从外部筹集到短缺的这 52 亿美元资金。

表 9-3　AT&T 1979–1983 年的现金流量表

金额单位：千美元	1979	1980	1981	1982	1983
净利润	5 674	6 058	6 888	7 279	249
折旧	6 130	7 040	7 900	8 734	9 854
流动资金及现金的变动	3 034	2 398	2 746	2 817	-1 278
经营活动带来的现金（A）	14 838	15 496	17 534	18 830	8 825
资本性支出	16 448	17 590	18 619	17 204	7 040
股利支出	3 589	3 878	4 404	4 911	5 631
资金需求量（B）	20 037	21 468	23 023	22 115	12 671
对外融资需求量（A-B）	-5 199	-5 972	-5 489	-3 285	-3 846
股利再投资计划及员工持股计划	1 704	2 592	2 168	3 464	3 503
短期负债	334	236	-323	-974	-737
长期负债	3 161	3 144	2 644	-205	680
增发的新股票	—	—	1 000	1 000	400
外部融资总额	5 199	5 972	5 489	3 285	3 846
股利再投资计划及员工持股计划/净利润	30%	41%	31%	48%	35%

⊖ 需要提醒的是，在本章的第一段中，我们就已经指出，我们只是以AT&T作为例子，来说明金融政策应如何适应企业的经营环境，并尤其强调，"老"AT&T（即作为垄断企业的AT&T）的金融政策更有参考价值，而后，我们再来评述"新"AT&T采用的金融政策（即已不再享有垄断地位的AT&T）。

⊜ 请注意，AT&T的资金来源和使用情况表，实际上是按照当时的《公认会计准则》编制的。我们在这里提供的现金流量表，就是在对AT&T的原始报表略加修改的基础上得到的，以符合目前执行的会计准则要求。

⊜ 在这里，现金流量表的格式与标准会计报表略有差异，以便于更好地满足我们的金融讨论之需。

1980 年，AT&T 共需要 60 亿美元的额外新融资；1981 年为 55 亿美元；1982 年为 33 亿美元；1983 年为 38 亿美元。因此，从 1979 年到 1983 年，AT&T 每年都需要进行对外融资。平均每年的对外融资需求约为 48 亿美元。

那么，AT&T 可以到哪去筹集到这笔资金呢？表 9-3 显示，利用股利再投资计划（DRP）及员工股票发行计划，AT&T 在 1979–1983 年分别为公司提供了 17 亿美元、26 亿美元、22 亿美元、35 亿美元和 35 亿美元的资金。公司还在 1979–1981 年发行了长期负债，规模分别为 32 亿美元、31 亿美元和 26 亿美元；1982 年，公司偿还了 2.05 亿美元的长期负债，并在 1983 年再次发行新的 6.8 亿美元长期负债。此外，AT&T 还在 1981 年发行了 10 亿美元新股票，并在 1982 年再次发行 10 亿美元新股票。在 1979–1983 年，AT&T 每年发行的债务和股票（包括 DRP）平均额约为 48 亿美元。

让融资政策服务于企业融资需求

通过表 9-1 到表 9-3 所提供的财务信息，我们可以回答一个更重要的问题：AT&T 的融资政策是否符合企业的融资要求？或者换句话说，AT&T 每年能在多大程度上满足其融资需求？

根据表 9-2，我们可以推断出 AT&T 的融资政策目标，了解公司每年实现目标的程度。AT&T 的负债率是多少呢？AT&T 的负债率（负债总额/资产总额）在 1979–1983 年分别为 47%、47%、46%、43% 和 43%。由此可以推断，公司的目标负债率约为 45%。AT&T 的实际负债率距离 45% 的目标负债率差距大吗？相当接近。AT&T 的利息保障倍数（EBIT/利息费用）是多少呢？五年期间分别为 3.8、3.4、3.3、3.9 和 3.0，倍数合理且非常稳定，平均水平维持在 3.5 左右。 AT&T 的目标股利分配率是多少呢？似乎在 62% 左右，1979–1982 年的实际支付率分别为 62%、61%、63% 和 64%（唯有 1983 年出现异常）。

那么，AT&T 的融资政策是否符合企业的资金需求呢？显然是的！如果一家公司要在每年都完成目标值，那就需要保持良好的均衡，而且不能犯任何大的错误。这就是企业的生存原则，即任何长期有效且适用于不同公司或业态的政策，往往都是正确的。⊖

总之，老 AT&T 进行了大规模的对外融资，并取得了 AAA 级信用等级。为什么 AT&T 能始终维持 AAA 的信用等级呢？因为它需要进入资本市场。除美国政府以外，AT&T 在美国资本市场上的融资规模要超过其他任何实体。不妨想象一下，老 AT&T 聘请你担任财务总监的助理，主管公司融资事务：你的工作任务就是每年筹集到 48 亿美元（或是每天 1 840 万美元，一周五天，每年 52 周）。你必须在午餐前筹集 920 万美元，午餐

⊖ 在经济学中，生存原则是一个非常简单的概念。它基于这样一种想法：假如每个人都在以某种方式做某个事情，随着时间的推移，这种方式始终能行得通，那么，我们就可以认为，这种方式都是正确的，不管我们能否为这种方式给出合理的解释。

后再筹集920万美元。如果你准备休假两周,就必须在休假之前筹集到1.84亿美元。因此,你必须在每天离开办公室下班前筹集到这1 840万美元。这绝对是一大笔钱,而且你每天都要这样做,日复一日,年复一年。这就是AT&T为什么必须维持AAA信用等级的原因:他们要随时进入资本市场。

内生资金

现在,我们再看看第五章里讨论过的可持续增长问题。(笔者认为,重复是一种重要的学习方式,尤其是在不同环境下的重复。因此,在阅读这本书时,我们会看到很多被不断重复的概念,可持续增长就是其中之一。)

在公司金融中,最重要的一个原则就是财务目标之间必须相互适应,并与产品市场和资本市场保持一致。这也是财务金融政策为什么必须符合企业可持续增长率的原因所在。下面,我们再重新回顾一下可持续增长的概念。假设一家公司的销售收入按一定速度 g 持续增长(销售额增加)。

$$t+1 \text{ 年的销售额} = t \text{ 年的销售额} \times (1+g)$$

或者,

$$\text{销售收入}_{t+1} = \text{销售收入}_t \times (1+g)$$

如果公司的收入/资产比(销售收入/资产,即总资产周转率)保持不变,那么,资产增长率就应该等于销售收入增长率(即资产必然与销售收入保持同步增长)。

例如,

$$\text{收入}_{t+1}/\text{资产}_{t+1} = \text{收入}_t/\text{资产}_t,$$

且销售收入$_{t+1}$=销售收入$_t \times (1+g)$,那么,

资产$_{t+1}$=资产$_t \times (1+g)$。

现在,我们认为资产负债表的基本原则可以体现为:

$$\text{资产} = \text{负债} + \text{所有者权益}$$

这意味着,资产的任何增长都必须与负债和所有者权益的增长相对应。换句话说,负债与所有者权益之和的增长率必然等于资产的增长率。考虑到我们假设销售收入与资产之比是固定的,因此,这意味着,资产按销售额的增长速度同步增长,负债和所有者权益之和也要以相同速度增长。

我们也可以换一种说法:如果销售额的增长率为g,且销售收入/资产之比保持不变,那么,资产的增长率也为g。如果资产的增长率为g,且资产=(负债+所有者权益),所以,(负债+所有者权益)之和的增长率也应该是g。

最后,如果负债与所有者权益之间的比率保持不变(相当于负债/权益之比保持不变),那么,负债与所有者权益之和的增长速度必然等于资产的增长速度(即销售收入的增长速度)。

其原理体现为:

如果

收入 $_{t+1}$/资产 $_{t+1}$=收入 $_t$/资产 $_t$，且

销售收入 $_{t+1}$=销售收入 $_t$×（1+g），

那么，

资产 $_{t+1}$=资产 $_t$×（1+g）。

此外，如果负债 $_{t+1}$/所有者权益 $_{t+1}$= 负债 $_t$/所有者权益 $_t$，那么，负债和所有者权益的增长率均为 g。

现在，考虑到净资产增长率等于净资产收益率（ROE）减去股利分配率（DPR），其中：

净资产收益率（ROE）=净利润/净资产，以及股利分配率（DPR）=股利（D）/净资产（NI）。

因此，

净资产增长率=净资产收益率（ROE）×（1-股利分配率）。

按这种方式得到的净资产（或所有者权益）增长率也被称为可持续增长率。考虑到销售收入/资产及负债/净资产之比保持不变，因此，可持续增长率就是企业在不借助外部融资的情况下实现的长期增长速度。

现在，我们再沿着这个过程返回去，也就是说，我们首先从公司的可持续增长率开始。我们把可持续增长率定义为 ROE×（1-DPR），并假设可持续增长率等于 g。

如上所述，如果负债/权益之比保持不变（意味着负债与净资产的比率保持不变），那么，负债应按净资产的增长率实现增长，即负债的增长率也是 g。

由于资产负债表的原则体现为资产=（负债+所有者权益），即资产增长率必然等于负债增长率，而负债的增长率又等于所有者权益的增长率。

最后，如果销售额/资产比保持不变，那么，销售收入也将按相同速度（g）增长。其中，可持续增长率 g= ROE×（1-股利分配率 DPR）。

资产负债表	
资产 $_t$×（1+g）	负债 $_t$×（1+g）
	所有者权益 $_t$×（1+g）

要实现超过可持续增长率的增长速度，公司就必须采取如下措施之一：

- 减少股利分配率
- 增加负债/股本比（出售额外的债务）
- 提高收入/资产率（资产周转率）
- 对外发行股票

重要的是，我们不能毫无目标地制定财务金融目标。假设企业的 ROE 为 20%，股利分配率为 50%。如负债/权益及收入/资产保持不变，那么，销售收入会以怎样的速度增长呢？销售收入的增长率只能达到 10%。如果净资产收益率为 20%，股利分

配率为 50%，则公司的净资产（即权益）将增长 10%[20%×（1-50%）]。当负债率（债务/股本）保持不变时，公司的债务增长率即为 10%。此外，这也意味着，公司的资产增长率也是 10%。

如果公司的资产增长率为 10%，且收入/资产保持不变，那么，销售收入的增长率只能达到 10%。

我们不妨以笔者的一次亲身体会为例。一家大型金融机构的 CEO（我们在这里不直呼其名，以示对个人隐私的尊重）每年都要先于分析师协会发表演说，陈述公司为下一年制定的目标负债率、债券评级、销售增长率和资产收益率等指标。但他每年提出的目标都与事实结果相去甚远，几乎没有一年完成目标。这并不奇怪，因为任何公司都无法实现相互冲突的目标。比如说，公司预测的净资产收益率 ROE 为 20%，股利分配率为 50%，负债/权益以及销售收入/资产保持不变，而销售增长率却始终是 15%。这些目标本身就相互矛盾，因而在现实中也是不可能达到的。不过，我们还要公平地看待这位出身运营岗位的 CEO，毕竟，他在财务金融方面还算不上专家。但我们要说的是，即便财务不等于会计，但至少不应在基本问题上突破底线。

总而言之，如果我们让负债/权益、销售收入/资产以及净利润/销售收入这三个比率保持不变，那么，可持续增长率就将决定企业的销售增长率。而 ROE 乘以 1 减去股利分配率的差额，就是企业的可持续增长率。⊖

AT&T 的可持续增长

现在，我们看看 AT&T 的可持续增长率。在 1979-1982 年，AT&T 的平均 ROE 为 13.1%（见表 9-4）。同期的股利分配率为 62%（见表 9-1，请注意，我们采用的数据期间是 1979-1982 年，不考虑 1983 年的异常值）。因此，公司的可持续增长率（净资产收益率乘以 1 减去股利分配率的差额）为 4.98%[13.1%×（1-0.62）]。但 AT&T 的所有者权益则从 1979 年底的 465 亿美元增长到 1982 年底的 638 亿美元，年复合增长率为 11.1%。那么，AT&T 是如何做到这一点的呢？

我们已经知道，AT&T 的销售收入/资产比率是相当稳定的（见表 9-4，从 1979 年的 39.9% 到 1982 年的 43.9%，到 1983 年才增加到 46.4%）。负债/权益比也基本保持不变（见表 9-2，1979-1983 年分别为 47%、47%、46%、43% 和 43%）。我们再认真分析一下 AT&T 的净资产：如果以 1979 年底的 465 亿美元为计算基数，并在随后四年按可持续增长率 4.98% 的速度持续增长，那么，我们在 1983 年得到的最终价值应为 538 亿美元（465 亿美元×1.0498^3），这意味着，AT&T 还需要从外部获得 100 亿美元的股权资产，才能达到 638 亿美元的期末所有者权益金额。（AT&T 在 1982 年底的实际净资产为 638

⊖ 当然，公司的实际增长速度有可能会高于可持续增长率，也有可能会低于可持续增长率。改变上述关键比率的某一个，公司的实际增长率就会脱离可持续增长率。通常，公司可以通过发行债券或股票为加速增长提供资金支持。在这种情况下，负债/权益比将发生变化。

亿美元，以 1979 年底 465 亿美元为基数，并以 4.98%的年复合比率计算，可得到 1982 年底的净资产价值为 538 亿美元，两者之差为 100 亿美元。）

表 9-4　AT&T 1979—1983 年的主要财务比率

金额单位：百万美元	1979	1980	1981	1982	1983
销售收入增长率	不适用	12.00%	14.50%	11.80%	6.60%
净利润/销售收入（利润率）	12.50%	11.90%	11.80%	11.20%	0.40%
资产收益率（净利润/年初资产总额）	5.50%	5.30%	5.50%	5.30%	0.20%
净资产收益率（净利润/年初所有者权益）	13.30%	13.00%	13.40%	12.80%	0.40%
销售收入/期末资产总额（资产周转率）	49.90%	40.50%	42.30%	43.90%	46.40%

那么，AT&T 是如何获得这额外的 100 亿美元外部股权资产呢？在此期间（见表 9-3，1980—1982 年），扣除股利再投资计划和员工持股计划的总额 82 亿美元，剩下的差额为 18 亿美元（100 亿美元-82 亿美元）。在 1981 年和 1982 年，AT&T 曾发行过新股，每次的发行规模均为 10 亿美元，两次合计为 20 亿美元（差额为四舍五入的累计数）。了解这个概念的人可能会这样说，"这不是很有效吗"，当然，这种做法肯定会奏效。对于一家维持负债率、股利分配率和资产周转率不变的公司来说，要实现超过可持续增长率的增长速度，唯一的途径就是对外发行股票。以 AT&T 为例，我们看到的就是一家杠杆率和利润率保持不变的公司。此外，公司的股利分配率也基本保持不变。因此，如果对外发行股票的话，AT&T 必然会实现超过可持续增长率（ROE 乘以 1 减去股利分配率的差额）的增长速度，而且这也确实是 AT&T 的实际情况。这就是可持续增长的作用。

金额单位：百万美元	
AT&T 在 1979 年的实际净资产金额	46 509
可持续增长带来的增长率	1.049 8[3]
按可持续增长率得到的 1982 年净资产	53 809
按股利再投资计划和员工持股计划发行的新股数量	8 220
两次增发新股的发行股数	2 000
计算得到的 1982 年净资产	64 029
1982 年的实际净资产金额	63 764
取整误差	265

总而言之，原来的 AT&T 的融资政策目标是保持 AAA 级的债券信用评级⊖，以确保公司能随时进入资本市场进行融资；在美国债券市场发行长期固定利率债务；维持股利分配率在 60%以上；维持 45%的负债/权益比。所有这一切，都是为了满足公司每年 48 亿美元的需求资金（相当于每天 1 840 万美元）。这四项财政金融政策相互结合，成就了公司的可持续增长。

⊖ 债券信用评级的讨论见第五章中的脚注。

新 AT&T（1984 年后）

现在，我们再看看经过 1984 年 1 月 1 日大规模资产剥离后的"新"AT&T。（请注意，我们之所以将起点设在 1984 年 1 月 1 日，是因为正式剥离完成的时间就是这一天，而 1983 年则是启动剥离过程的年份。但考虑到本书只是对事件的事后描述，因此，我们还是把 1984 年以后的时期视为"未来"。）对于这个"新"的 AT&T，我们首先还是要提出和"老"AT&T 一样的问题。第一个问题是：新 AT&T 的融资需求是多少？请注意，假如我们是在 1984 年初提出这些问题，这就意味着，我们必须编制一套备考财务报表。但考虑到本章的核心在于讨论经营政策和财务金融政策的匹配性，而不是以预测为主题，因此，我们将备考财务报表的详细编制情况放在本章的附录部分。

表 9-5、表 9-6 及表 9-7 分别为新公司（已完成剥离）在 1984-1988 年间的备考利润表、资产负债表及现金流量表。

编制备考财务报表的假设和过程见本章附录。

表 9-5　AT&T 1984-1988 年备考利润表（剥离之后）

金额单位：百万美元	1984	1985	1986	1987	1988
销售收入（+4%）	35 910	37 347	38 840	40 393	42 010
经营成本（销售收入的81.3%）	29 195	30 363	31 577	32 840	34 154
营业利润（销售收入的18.7%）	6 715	6 984	7 263	7 553	7 856
利息支出（债务×12%）	1 180	1 063	943	812	669
税前利润	5 535	5 921	6 320	6 741	7 187
联邦所得税（40%）	2 214	2 368	2 528	2 696	2 875
净利润（2%）	3 321	3 553	3 792	4 045	4 312
股利分配率（净利润×60%）	1 993	2 131	2 275	2 427	2 587
股利再投资（股利×33%）	664	711	759	809	862

注释：假设的增长率及财务比例反映在第一列的括号中。例如，假设销售收入每年增长4%。其他比率与表 9-1 中的计算参数相同。需要提醒的是，在这里，我们假设 AT&T 的股利分配率和股利再投资率保持不变。

表 9-6　AT&T 1984-1988 年的资产负债表（剥离之后）

金额单位：百万美元	1984	1985	1986	1987	1988
现金及现金等价物（销售收入的2%）	718	747	777	808	840
其他流动资产（销售收入的31.5%）	11 312	11 764	12 235	12 724	13 233
流动资产	12 030	12 511	13 012	13 532	14 073
土地、厂房和设备（年增长率不低于4%）	20 711	21 539	22 401	23 297	24 228
投资及其他非流动资产（不变）	1 250	1 250	1 250	1 250	1 250
资产合计	33 991	35 300	36 663	38 079	39 551
短期负债（不变）	366	366	366	366	366
应付账款及其他流动资产（销售额的12%）	4 309	4 482	4 661	4 847	5 041

（续）

金额单位：百万美元	1984	1985	1986	1987	1988
流动负债合计	4 675	4 848	5 027	5 213	5 407
长期负债（插入值）	8 488	7 493	6 401	5 204	3 895
其他长期负债（常数）	4 098	4 098	4 098	4 098	4 098
负债合计	17 262	16 439	15 526	14 515	13 400
实收资本（加股利再投资率）	12 812	13 523	14 282	15 091	15 953
再投资收益（+净利润-股利分配）	3 916	5 338	6 855	8 473	10 198
所有者权益	16 729	18 861	21 137	23 564	26 151
负债与所有者权益合计	33 991	35 300	36 663	38 078	39 551
销售额/资产总额	1.06	1.06	1.06	1.06	1.06
负债率[债务/（负债+所有者权益）]	34.60%	29.40%	24.30%	19.10%	14.00%
利息保障倍数（EBIT/利息）	5.69	6.57	7.7	9.3	11.75
预期的债券信用评级	AA	AA	AA	AA+/AAA	AA+/AAA

表 9-7　AT&T 1984–1988 年的现金流量表（剥离之后）

金额单位：百万美元	1984	1985	1986	1987	1988
净利润	3 321	3 553	3 792	4 045	4 312
折旧（期初固定资产/20）	996	1 035	1 077	1 120	1 165
营运资金和现金的变动	−215	−309	−321	−334	−347
经营活动产生的现金（A）	4 102	4 279	4 548	4 831	5 130
资本性支出（固定资产变动）	1 792	1 864	1 939	2 016	2 097
股利（净利润的60%）	1 993	2 132	2 275	2 427	2 587
资金需求量（B）	3 785	3 996	4 214	4 443	4 684
需要的融资额（A-B）	317	283	334	388	446
股利再投资计划及员工持股计划	664	711	758	809	862
长期负债（插入值）	−981	−994	−1 092	−1 197	−1 308
对外融资总额	−317	−283	−334	−388	−446

如上所述，这里的现金流量表为简式现金流量表（注：可以将现金流量表转换为"资金来源与使用情况表"）。

资金来源预测

那么，AT&T 对未来新资金的需求量到底是多少呢？如表 9-7 所示，从 1984 年到 1988 年，AT&T 的资金需求大约为每年 42 亿美元。如果表 9-7（备考现金流量表）正确的话，那么，经营活动每年产生的现金平均为 46 亿美元，便足以满足未来建造新厂房、购置新设备以及支付股利的资金需求（请记住，在这里，我们假设固定资产的新增投资为销售收入的4%）。

这一切又意味着什么呢？原来的AT&T每年需要48亿美元新资金。而新AT&T依靠内部创造的现金即可应对工厂、设备和股利的增加。（我们即将做出的假设是，股利对净利润的比率保持不变。实际上，AT&T基本维持股利的绝对水平，也就是说，在净利润变化的情况下，股利水平基本不变——我们将在第十一章详细介绍公司的股利政策。

AT&T为什么在1983年之前需要这么多外部融资，而在1983年后则基本不需要外部融资呢？这源于几个方面的变化。首先，AT&T的销售收入/资产在1983年为46.4%（销售收入为694亿美元，资产为1 495亿美元），而在1983年剥离成立若干家"小贝尔"时，预估的销售/资产变成了105.6%（1984年的销售收入为359亿美元，资产总额为340亿美元）。这意味着，资产的减少速度超过销售额的下降速度。资产减少的原因就是AT&T对若干从事家庭通话业务的"小贝尔"经营实体进行了剥离，这部分业务在当时受政府严格监管，而且已处于亏损状态。公司本身则保留了最赚钱的业务：长途通话业务。因此，虽然家庭通话业务的拆分导致资产大幅减少，但由于这部分资产对应的业务缺乏营利性，所以销售收入并没有随之下降。⊖

最佳情境与最坏情境

接下来，我们进行一些模拟性分析。通常，我们至少需要模拟公司在三种情境下的表现，即最佳情境、最坏情境及预期情境。但是在这里，我们只进行两种情境的模拟分析——预期情境和最坏情境。预期情境分别以表9-5、表9-6和表9-7提供的数字为背景。之所以不考虑最佳情境，是因为预期情境的状态就已经非常乐观了。

在最坏情境下，我们不妨假设，AT&T在未来没有任何盈利（即假设营业成本达到销售收入的96.5%，毛利率为3.5%，使得净利润率接近于零）。此外，我们还假设销售收入的增长率仅为1%，而不是预期情境下的4%。利息成本仍保持为负债的12%——负债同样增长，但增长率低于1%。⊖ 因此，在预期情境下，AT&T在1984年的净利润勉强超过10亿美元，而在最坏情境下则只有2 400万美元。请注意，即使AT&T的实际净利润为负数，但由于税收损失可以向后递延，因此，公司的财务报表上并不会出现亏

⊖ 家庭通话业务实际上是用长途通话业务来补贴的。此外，AT&T也无须再修建电话线路和站点，也不需要在新地区为家庭通话网络设立线网设施。这已经成为威瑞森、南方贝尔、美国西部电话公司及其他公司的任务。因此，AT&T自然也就不需要那么多资产了。也就是说，通过剥离，公司改变了原来的可持续增长率。使得新AT&T可以在大幅削减资产的前提下，保证销售额仅有小幅下降。因此，在1983年以后，公司已不再需要那么多的资本金了。

⊖ 为营造出这种所谓的最坏情境，我们假设销售增长率仅为1%（而不是预期情境下的4%），将经营费用调整为销售收入的96%左右（而不是92%）。这样，最终的净利润基本接近于零，利润率（净利润/销售收入）则从2%下降到0%。

损。⊖同样，尽管 AT&T 在预期情境下是盈利的，但基于税收递延的缘故，会导致 AT&T 的账面净利润很少。⊜

需要提醒的是，在最坏情境下，我们假设 AT&T 将会把股利减少为零。但是在现实世界中，AT&T 可能不会减少股利。如前所述，我们将在第十一章讨论股利政策（到那时，你就不得不相信我们了）。

在表 9-8、表 9-9 和表 9-10 中，我们列示了 1984–1988 年 AT&T 在最坏情境下的利润表、资产负债表和现金流量表。

表 9-8　AT&T 1984–1988 年的备考利润表（最坏情境）

金额单位：百万美元	1984	1985	1986	1987	1988
总收入	34 874	35 222	35 574	35 929	36 290
经营费用（销售收入的 96.5%）	33 654	33 989	34 329	34 672	35 019
营业利润（销售收入的 3.5%）	1 220	1 233	1 245	1 257	1 271
利息支出（负债的 12%）	1 180	1 063	943	812	669
税前利润	40	170	302	445	602
联邦所得税（税前利润的 40%）	16	68	121	178	241
净利润 -假设接近于 0	24	102	181	267	361
股利（假设）	0	0	0	0	0
股利再投资率（DRP）（假设）	0	0	0	0	0

表 9-9　AT&T 1984–1988 年的备考资产负债表（最坏情境）

金额单位：百万美元	1984	1985	1986	1987	1988
现金及现金等价物（销售收入的 2%）	698	705	712	719	726
其他流动资产（销售收入的 31.5%）	10 985	11 095	11 206	11 318	11 431
流动资产合计	11 683	11 800	11 918	12 037	12 157
土地、厂房和设备	20 113	20 314	20 517	20 723	20 930
投资及其他非流动资产	1 250	1 250	1 250	1 250	1 250
资产合计	33 046	33 364	33 685	34 010	34 337
短期负债	366	366	366	366	366
应付账款及其他流动资产	4 185	4 227	4 269	4 312	4 355

⊖ 当公司连续多年缴纳税款后，如出现亏损，可将当年的损失向以前年度结转，从根本上说，就是把以前年度的利润和当期损失相抵后，按新得到的净利润重新申报以前年度的纳税申报表，并相应退还以前年度已缴纳的所得税税款。尽管相关法规在细节上不断调整，但是按美国目前执行的会计制度规定，允许公司将损失向前结转三年，即以前三年的利润弥补当期亏损，对于前三年不足弥补的亏损，可再向以后年度结转，允许结转的期限为10年。因此，在用以前年度利润弥补当期亏损时，相当于取得现金，我们将在第十五章和第十六章介绍现金流估值时深入讨论这个问题。在本章中，我们只讨论资金需求问题。

⊜ 有人可能认为，还需要设计出更糟糕的情境。此外，从技术上说，我们也应该通过预测收入和费用来编制备考利润表。不过，正如我们在编制资产负债表时所强调的，基于公司后期的实际情况，我们将底线设定为净利润为零就足够了。

(续)

金额单位：百万美元	1984	1985	1986	1987	1988
流动负债	4 551	4 593	4 635	4 678	4 721
长期负债	9 637	9 811	9 908	9 923	9 846
其他长期负债	4 098	4 098	4 099	4 098	4 098
负债合计	18 286	18 502	18 642	18 699	18 665
实收资本	12 148	12 148	12 148	12 148	12 148
再投资收益	2 612	2 714	2 895	3 163	3 524
所有者权益	14 760	14 862	15 043	15 311	15 672
负债与所有者权益合计	33 046	33 364	33 685	34 010	34 337
销售额/资产总额	1.06	1.06	1.06	1.06	1.06
负债率［债务/（负债+所有者权益）］	40.40%	40.60%	40.60%	40.20%	39.50%
利息保障倍数（EBIT/利息）	1.03	1.16	1.32	1.55	1.9
预期的债券信用评级	BB	BB	BB	BB	BB

表 9-10　AT&T 1984—1988 年的备考现金流量表（最坏情境）

年（金额单位：百万美元）	1984	1985	1986	1987	1988
净利润	24	102	181	267	361
折旧	996	1 006	1 016	1 026	1 036
流动资金变动	7	−75	−76	−76	−77
经营活动产生的现金（A）	1 027	1 033	1 121	1 217	1 320
资本性支出	1 195	1 207	1 219	1 231	1 243
股利支出	0	0	0	0	0
资金需求量（B）	1 195	1 207	1 219	1 231	1 243
需要的融资额（A-B）	−168	−174	−98	−14	76
以长期负债提供的融资	168	174	98	14	−76

在我们预测的最坏情境中，AT&T 的融资需求会怎样呢？在最坏情境下，AT&T 的融资需求（营运资金和资本性支出的差额）在整个五年期间合计只有 3.78 亿美元。这意味着，如果 AT&T 没有任何利润，也不支付任何股利，那么，公司每年的资金需求量仅为 7 500 万美元。相比之下，1984 年之前的每年需求量则是 48 亿美元。因此，在最坏情境下，AT&T 在整个五年期间的总资金需求量还不到 1984 年以前的一年需求量。为什么会这样呢？因为 AT&T 不再维护更多的资产，因此，它的资本性支出自然会减少——也就是说，公司的经营环境已发生了巨大变化。

至此，我们可以对本章此前的讨论做一个总结："老"AT&T 每年必须对外融资 48 亿美元。而在预期情境下，"新"AT&T 将通过自身经营创造出足够的超额现金，因此，他们所创造的内部资金即可满足未来的资本性支出需求。在表 9-7（对应于预期情境）中，1984 年到 1988 年期间经营活动创造的现金流总额为 229 亿美元，而公司需要的资本性支出仅为 97 亿美元，再加上支付股利需要的 114 亿美元，资金需求总额为 211 亿美元。这意味着，按照预期情境，AT&T 还可以在未来五年内偿还 18 亿美元的债务（229

亿美元–211 亿美元）。

相比之下，在最坏情境下，资本性支出比公司在五年内通过经营活动创造的现金流总额多出了 3.77 亿美元。在没有净利润和不支付股利的情况下（请注意，在最坏情境下，我们的假设前提就是净利润和股利均为零），AT&T 的年均资金需求量仅为 7 500 万美元。

正如我们在分析开始时所指出的那样，笔者认为，如果读者能理解 AT&T 经营层面的变化对企业财务状况的影响，进而认识到对可持续增长带来的影响，并能稍作引申，就完全可以理解运营变化给 AT&T 融资需求造成的影响。这就足以证明，你已经对公司金融有了非常深刻的领悟。

产品市场变化对财务（比率）的影响

接下来，我们再看看"老"AT&T 变身为"新"AT&T 过程中出现的变化，并分析这些变化对公司金融比率的影响。我们曾在第二章里提到过，比率分析是公司、外部分析师以及银行诊断公司财务金融状况的有效工具。

银行家在分析 AT&T 的财务状况时，必然要考虑财务比率和信用评级的影响⊖。为了分析的完整性起见，本书将这些比率分别置于预期情境、最坏情境以及最佳情境下加以考虑。

在我们利用数据深入分析财务比率的过程中，会同时计算新 AT&T 可能取得的债券评级。需要提醒的是，老 AT&T 的债券始终维持 AAA 信用评级。通过分析公司的负债率[即负债/(负债+权益)]和利息保障倍数（即 EBIT/利息费用），我们可以估计出新 AT&T 在 1984 年以后的债务评级。相关比率如表 9-12 所示，该表格涵盖了公司在 1984 年到 1988 年期间的两种假想情境——预期情境和最坏情境。

下面，我们详细解释一下表 9-12 中的数字。如前所述，通常情况下，我们还要考虑最佳情境，但考虑到预期情境已非常乐观，因此，分析最佳情境也就没有必要了。在表 9-12 中，AT&T 在 1984 年和 1988 年期间的预期情境显示于前两列。1984 年的负债率为 34.6%，1988 年为 14.0%。1984 年的负债率是这样计算的：负债为 88.54 亿美元（3.66 亿美元短期负债+84.88 亿美元长期负债），所有者权益为 167.29 亿美元。

表 9-11　AT&T 1984–1988 年的备考现金流量表

金额单位：百万美元	1984	最坏情境
经营活动产生的现金	22 890	5 718
资本性支出	9 708	6 095

⊖ 当投资银行承接新的融资、收购或融资政策变更（如股利政策）项目等时，需要编制一份计划书。计划书会针对公司的历史状况及未来发展前景等方面，对公司进行各时期的纵向比较以及与业内竞争对手的横向比较。对于刚刚入门的分析师来说（比如说新鲜出炉的商学院毕业生），编制这种计划书就是他们最主要的工作。

(续)

金额单位：百万美元	1984	最坏情境
股利支出	11 414	0
资金需求	21 122	6 095
五年期间的债务减少量	1 768	
五年期间的融资需求量		-377

表 9-12　AT&T 在预期情境和最坏情境下的财务比率

	预期情境		最坏情境	
	1984	1988	1984	1988
负债率	34.60%	14.00%	40.40%	39.50%
利息保障倍数	5.69	11.75	1.03	1.9
债券评级	AA	AA+/AAA	BB	BB

在 1984 年的预期情境中，AT&T 的利息保障倍数为 5.69 倍，1988 年为 11.75 倍。1984 年的利息保障倍数是以 67.15 亿美元的 EBIT 除以 11.8 亿美元的估计利息得到的。（利息费用的估计值是用前一年的负债总额乘以 12%的假定利率。⊖ 请注意，在计算本公司的数据时并不需要进行估计，因为实际支付的利息费用或借款利率是已知的。）

在 1984 年的预期情境下，AT&T 的负债率为 34.6%，利息保障倍数为 5.69 倍，AT&T 的预期债券评级可能是 AA。主要原因在于，新 AT&T 不再是一家公用事业公司。具有相同评级的公用事业公司可以持有更高的债务水平，因为公用事业公司本身是受到严格监管的，而且通常拥有稳定的现金流，因此，其风险相对较小。由于 AT&T 已不再属于公用事业行业，因此，它现在必须和与具有相近规模及风险特征的公司进行比较。

现在，我们再看看 AT&T 在 1988 年的预期情境下会有何等表现。预期情境下的备考财务报表显示，AT&T 的预期负债率将从 1984 年的 34.6%下降到 1988 年的 14.0%，而利息保障倍数则上升 11.75 倍。

那么，AT&T 在 1988 年的债务评级会怎样呢？由于各项财务比率的好转，1984 年的信用评级可能会达到 AA+或者 AAA。因此，在假想的预期情境下，AT&T 的财务状况似乎还算乐观。

如果将 AT&T 置于最坏情境下（例如，零利润），会发生什么呢？在最坏情境下，AT&T 在 1984 年的债务净额为 100.03 亿美元，略高于预期情境。负债率为 40.4%，利息保障倍数下降至 1.03 倍（在净利润接近零时，EBIT 实际上就等于利息费用）。

基于评级机构对利息保障倍数和公司规模与评级关系的评价，AT&T 的预期债券评级可能是 BB。在最坏情境下，如果评级机构认为零利润是偶发性事件，那么，公司的

⊖ 如本章附录所述，之所以选择12%的利率，是因为它接近于1983年年底美国十年期国库券的利率11.67%。

信用评级甚至有可能达到 BBB。⊖

展望 1988 年，AT&T 的负债率将小幅降至 39.5%，而利息保障倍数则会上升至 1.90 倍。

这意味着，如果 AT&T 在未来五年内完全没有盈利，且属于资本性支出的投资与销售收入同比增长（在最坏情境下，销售收入的增长率设定为 1%，而预期情境下则设定为 4%），那么，公司的负债率和利息保障倍数将基本保持不变。也就是说，AT&T 仍将是一家拥有大量资产的巨无霸公司。而拥有相同财务比率的小公司只会获得较低的信用评级。

因此，在预期情境下，AT&T 的信用评级将从剥离前的 AAA 被下调到 AA，到 1988 年，再重新回到 AA+或 AAA。在最坏情境下，AT&T 的同期信用等级将从 AAA 下调到 BB。

不妨回想一下，我们在前面曾提到过，公司应根据内部分析、外部分析和横截面分析等标准确定其负债率。上述比率分析应归属于哪一类呢？它们均属于内部分析。我们采用的是备考财务报表，在预期情境和最坏情境下估计公司的未来财务比率，并据此推断公司未来的信用评级。这就是我们所做的一切。尽管这个分析并不复杂，但很详细。

在考察了老 AT&T 的业绩、财务比率、融资政策及新 AT&T 的备考财务数据后，我们再来看一个新问题：新 AT&T 应采取怎样的融资政策呢？

新 AT&T 有两大变化。首先，公司已不再是一家受严格监管的公用事业公司。其次，公司在新基础设施方面的投资大幅减少，因此，对资金的需求量也将大幅下降。投资减少会导致公司的销售额/资产之比（资产周转率）从 0.46 提高到 1.06。这意味着，AT&T 的资本强度大幅提高。此外，AT&T 不再是垄断企业。尽管它依旧是一家大型公司，它毕竟只是高度竞争性行业中的一个参与者而已。所以，AT&T 的基本业务风险也将逐渐升级。

在 MCI 及其他竞争对手进入长途通话市场之前，AT&T 曾在这个市场上占据了 95% 的份额。此外，它们对大多数本地电话服务拥有垄断地位。截至 1984 年，AT&T 在长途通话市场中的份额已大幅减少，剥离后的本地运营公司已成为独立运营实体。此外，在 1984 年之前，如果你想买一部电话，只能去 AT&T 的某家子公司。但是现在，消费者却有了无数的选择，因为很多制造商都可以提供你需要的商品。

此外，所有这一切还意味着，在经历了漫长的垄断统治之后，AT&T 不得不开始学着去做市场营销。在剥离之前，AT&T 很少开展广告宣传。毕竟，一家拥有垄断地位的公司没有理由投放广告。但是在 1984 年以后，AT&T 则开始以多种方式进入这个领域。

新 AT&T 的融资政策

现在，我们开始讨论一下新 AT&T 的融资政策。针对新 AT&T 的融资政策，我们的

⊖ 尽管得到这个结论确实需要读者对债券评级有更多了解，但从根本上说，当公司的利息保障倍数为零时，它依旧是一家负债率适中（38%）的大公司。

第一组问题是：AT&T 应寻求什么等级的信用评级？既然 AT&T 已不再是公用事业企业，那么，AT&T 还应继续维持最高的 AAA 评级吗？如果 AT&T 要保持最高的 AAA 债券评级，那么，考虑它现在已经是一家工业企业，不再是公用事业企业，因此，它将必须降低负债率并提高利息保障倍数。如前所述，享有 AAA 信用评级的公用事业企业可以拥有较高的债务水平，因为它们中的大多数企业都属于垄断企业，因而比工业企业更稳定。但 AAA 评级对 AT&T 来说至关重要，因为它需要频繁进入资本市场。随着融资需求的减少，这对新 AT&T 来说已不像以前那么重要。既然如此，新 AT&T 的合理评级应该是怎样的呢？我们马上就可以回答这个问题。

我们的第二组问题涉及 AT&T 采取的股利政策。AT&T 还应继续维持 60% 的股利分配率吗？或是应改变股利政策？此外，如确需改变的话，新的股利政策应如何设定呢？如果公司削减股利，是应该快刀斩乱麻，还是采取循序渐进的方式呢？如果 AT&T 减少股利支付，实际上就是在向股东发出信号——因为只有股东才是股利支付的对象。

我们的第三组问题有可能是：AT&T 是应该继续在美国市场发行长期的固定利率债券，还是采用新的融资方式呢？

这三组问题表明，现在，AT&T 必须决定，到底是保留原有的财务融资政策，还是另立门户，重新制定一套新的融资政策。作为高度竞争性行业中的一家公司，AT&T 的新产品市场政策将决定公司在财务上应做何调整。

我们不妨再回顾一下 AT&T 在 1983 年年底的情况。当时，AT&T 拥有 48 亿美元的现金；负债率为 43%，利息保障倍数为 3.01 倍，债券的信用等级为 AAA；AT&T 的实际股利分配率达到 40%（名义上的股利分配率为 60%，但 20% 以股利再投资计划和员工持股计划等形式返还给公司）；此外，AT&T 的股票价格也达到 17 年以来的新高，每股 68.50 美元。但这家公司还有诸多不确定性。它刚刚剥离了一批"小贝尔"；它不再是受严格监管的垄断企业，现在，它必须与 MCI 及其他觊觎这个市场的潜在对手展开竞争。

那么，AT&T 应该怎么做呢？是静观其变？削减股利？出售股票？回购股票？还是发行债券？假如我们身处一间教室，在讲到这里的时候，你的老师可能会停下来，向学生提出问题，引发学生提出各种各样的答案，然后对这些答案展开讨论。现在，你不妨在自己的大脑里模拟这个过程。接下来，我们再看看现实中到底发生了什么以及其原因。

事态的发展和依据

1983 年 2 月 28 日，AT&T 宣布发行 10 亿美元的新股票。听到这个结果，你会感到惊讶吗？反正市场确实为之一震。在公告发布当天，AT&T 的股价便从 68 3/8 美元降至 66 美元，降幅达到 3.5%。这或许算不上暴跌，但 AT&T 毕竟拥有 896.4 万股流通股啊；这意味着，公司的市值在这一天时间里就蒸发了 21 亿美元（从 613 亿美元到 592 亿美元)。也就是说，当 AT&T 宣布发行 10 亿美元股票时，市场的回应是："这是真的吗？你现在的市值已经缩水 20 亿美元了，200%的稀释。"

市值为何会有如此大幅的下降呢？尽管 AT&T 看起来是一家相当不错的公司，但它的前景极为不明朗。公司拥有大把的现金，负债率非常低，债券的信用评级也很乐观，而且股价始终处于高位。但是，他们现在宣布要发行股票。市场会如何解释这个举动呢？公司的行动似乎表明，AT&T 的管理层预计未来股价将会上涨。此外，发行新股可能会向外界发出一个信号——公司未来可能没有足够的内部现金流满足资金需求。这就是信号机制的内涵，它是信息不对称带来的必然结果。在眼下存在极大不确定性的情况下，而且又是在明显不缺钱的情况下，管理层决定发行新股票，这只会让市场感到困惑，当然，更有担心！于是，股价应声下跌。

这种现象在其他企业常见吗？当然是的。就平均水平看，在公司发行股票时，发行收入的 31%会因为随后的股价下跌而化为乌有。○这意味着，如果一家公司宣布发行 1 亿美元的新股票，其市值（股票价格乘以流通股数量）将平均减少 3 100 万美元。不过，管理层却通过发行股票为公司注入了 1 亿美元的新资金。

发行新股绝不是影响公司股价的唯一财务事件。如果公司以要约收购或直接回购方式买回本公司发行在外的股票，股价通常会上涨。如果公司提高股利分配率，股价通常也会上涨。但如果减少股利分配率，股价一般会下跌。○

对于发行股票、股票回购、增加股利以及减少股利等不同情况，我们均可按股权现金流入或流出的原理进行分析。如果一家公司认为需要增加股权现金流的净额，那么，他们就可以出售股票或是削减股利。此时，市场会将这样的举动解读为负面信号，进而引发股价下跌。如果公司拥有足够的股权现金流，并使用这笔资金回购股票或增加股利，那么，市场就会把此举解读为正面信号，此时，股价通常会上涨。

我们可以在资金来源和使用的典型背景下展开分析。对所有公司来说，内部创造资金在企业投资资金需求中的平均比率约为 60%。换句话说，平均有 60%的投资资金是来自公司内部的可持续增长。债券发行对投资资金的平均贡献比率约为 24%。此外，还有 12%的资金来自营运资金。因此，发行股票筹集的资金仅占融资需求中的 4%。

由此可见，企业似乎并不愿意发行股票。因为发行股票对投资资金的贡献率最少。我们还可以用另一个例子说明这个问题：在一项为期 10 年、针对 360 家公司进行的研究中，研究者发现，只有 80 家公司在这 10 年中发行过一次或多次股票。○这意味着，如果以年为考察区间，相当于每年仅有 2%左右的公司发行股票。

为什么企业不愿意发行股票呢？可能是因为信息不对称会导致市场将发行股票解

○ 摘自：http://www.cei.ge/en/media/press_center/728/（2010）。

○ 针对这些在统计上具有显著影响的变化，可参见上述引用的文章：Asquith 和 Mullins（1986）。

○ 见 W. Mikkleson and M. Partch, Valuation Effects of Security Offerings and the Issuance Process, *Journal of Financial Economics* 15 (January/February 1986): 31–60.

读为负面信号。如上所述，在公司发行股票的情况下，新发行股票收入的 31% 会因后续股价下跌而蒸发。

公司对发行股票的内在抵触，在实践层面会给公司金融带来多方面的影响，这些影响体现出：

（1）可持续增长的重要性。当企业无法通过可持续增长创造足够的资金时，就必须依赖于债券或股权等外部融资渠道。

（2）内部资本市场和内部转移资金的重要性。内部资本市场可以成为外部资本市场的有效替代。

（3）财务宽松的重要性。㊀ 因为宽松的财务可以为公司提供利用外部资本市场进行融资的能力，让公司在需要新资金时可以发行债券。反之，如果财务紧张，公司发行债券的能力就会受到限制，因此，在需要资金时，或许就只能选择发行股票。

（4）公司债券信用评级的外延性影响（除对财务风险的影响之外）。因为它会影响到未来发行新债券的信用等级，进而影响到公司进入债务市场的能力，毕竟，股权融资是企业最希望规避的选择。按照传统的融资顺序，公司首先会在内部筹集资金，而后才会选择对外融资；在确实需要外部融资时，会优先选择债务融资。因此，企业需要确保进入债务市场的通道保持畅通。

（5）股利通常具有黏性。由于股利是企业发出的一种信号，如果不能上调，公司至少应维持原来的水平。我们将在第十一章深入讨论股利。在这里，我们只需知道，股利不会频繁变动。

（6）成本会发出错误信号。我们将在下一章讨论虚假信号的定义和影响。

（7）避免发行股票也验证了华尔街对发行股票的观念，诸如"如果会稀释 EPS，就不要发行股票"以及"如果公司还有未行权的可转换债券，就不要发行股票"等。㊁ 同样，我们会在下一章讨论这些观点。

因此，企业的资本结构决策会受到财务信号及信息不对称的影响。两者相互结合，构成静态 M&M 模型（见第六章的讨论）中的动态要素。假设一家公司尚未达到静态模型中的平衡点，而且需要新的资金。此时，企业应选择何种资金来源呢？如果企业要守住静态模型的均衡点，那么它就需要确定，如何在债券融资和股权投资中做出选择，才能使公司恢复静态模型的均衡。但基于财务信号和信息不对称的影响，会激励管理人员优先选择依靠内部收益作为投资资金。尤其是在管理者不想调整股利分配率的情况下，更是如此。在内部收益不能满足资金需求时，信息不对称和财务信号会引导企业把债务融资作为次优选择，最后的无奈选择，才是股权融资。

公司按内部融资、债务融资和股权融资顺序，依次进行融资的理论，被称为融资的

㊀ 财务宽松（financial slack）这个词的含义是，公司拥有多余的超额资金或拥有发行更多债券的能力。

㊁ 尚未行权的可转债是指目前股价低于转换价格的可转换债券，我们将在第十章中讨论这些术语。

"啄食顺序理论"（pecking order）。啄食顺序理论认为，公司会首先采取内部融资，而后是债务融资，最后才是股权融资。简单地说，如果一家公司出售股权，市场就会认为，这家公司之所以要卖出股权，是因为目前的股价非常高。

重要的是，由于啄食顺序理论而形成的融资选择动态，有时会导致企业脱离静态 M&M 模型下的均衡。我们将在第十二章再谈论这个问题，届时，我们将会看到处于动态世界中的 M&M 模型。

我们的预测是否准确

从表 9-13 和表 9-14，我们可以看到 AT&T 的实际表现——尽管 AT&T 的业绩表现大大低于我们的预期，但仍远远超过我们设定的最坏情境。在表 9-5 中，我们预测，AT&T 在 1984 年的预期销售收入为 359 亿美元，同比增长 4%，1988 年达到 420 亿美元。由如下分析可见：AT&T 在 1984 年的实际收入为 332 亿美元（比我们的预测值低了 7.5%），1988 年底才上升到 352 亿美元（实际年增长率为 1.5%）。营业费用远高于我们在预期情境下做出的 81.3% 的预测，销售收入的预期平均比率为 96.4%，非常接近于我们在最坏情境下做出的五年期平均预测值——96.5%。在预期情境下，我们曾预测，1984 年的净利润为 33 亿美元，1984—1988 年的净利润总额为 190 亿美元。1984 年，AT&T 的实际净利润为 14 亿美元，但由于 1988 年重组造成的亏损，1984—1988 年的实际净利润总额只有 36 亿美元。AT&T 的实际平均负债率为 29%，和我们预计的 24% 平均水平相当接近。最后，由于 AT&T 没有下调现金股利的支付水平，因此，股利分配率远超过 60% 的预期（如上所述，我们将在第十一章讨论股利政策）。

表 9-13 AT&T 1984—1988 年的利润表（剥离后）

金额单位：百万美元	1984	1985	1986	1987	1988
收入总额	33 188	34 910	34 087	33 598	35 210
经营费用	30 893	31 923	33 755	30 122	38 277
营业利润	2 295	2 987	332	3 476	-3 067
利息支出	867	692	613	634	584
其他收入（或其他费用）	524	252	402	334	269
税前利润	1 952	2 547	121	3 176	-3 382
所得税	582	990	-193	1 132	-1 713
净利润	1 370	1 557	314	2 044	-1 669
每股收益	1.25	1.37	0.05	1.88	-1.55
每股股利	1.2	1.2	1.2	1.2	1.2
股利分配率	96%	88%	2400%	64%	-77%

表 9-14 AT&T 1984—1988 年的资产负债表（剥离后）

金额单位：百万美元	1984	1985	1986	1987	1988
现金及现金等价物	2 140	214	2 602	2 785	2 021

（续）

金额单位：百万美元	1984	1985	1986	1987	1988
应收账款	9 371	8 996	7 820	7 689	8 907
预付费用	5822	5 707	5 150	4 496	4 674
流动资产	17 333	16 917	15 572	14 970	15 602
土地、厂房和设备	21 015	22 113	21 078	20 681	15 280
投资及其他非流动资产	1 479	1 432	2 233	2 775	4 270
资产合计	39 827	40 462	38 883	38 426	35 152
短期负债	0	0	0	0	0
应付账款	5 076	4 924	4 625	4 680	4 948
其他流动负债	6 191	6 563	6 592	5 895	6 277
流动负债合计	11 267	11 487	11 217	10 575	11 225
长期负债	8 718	7 698	7 309	7 243	8 128
递延负债	4 585	5 187	5 895	6 071	4 334
负债合计	24 570	24 372	24 421	23 889	23 687
少数股东权益	0	0	0	0	0
实收资本	10 375	11 009	10 528	9 761	9 687
再投资收益	4 882	5 081	3 934	4 776	1 778
所有者权益	15 257	16 090	14 462	14 537	11 465
负债与所有者权益合计	39 827	40 462	38 883	38 426	35 152
净负债/（净负债+权益）	32%	28%	27%	26%	3 7%
利息保障倍数	2.65	4.32	0.54	5.48	−5.25
债券评级	AAA	AAA	AAA	AAA	A AA

本章小结

在本章里，首先讨论了资本结构将如何影响企业的运营。随后介绍了资本结构理论的 M&M 模型（分是否考虑税收因素两种情况）。以万豪公司为例，揭示出资本结构决策只是公司需要考虑的诸多财务金融政策之一。通过 AT&T 的例子，介绍了财务金融理论在现实中的运用。

期待下一步

在下一章中，将以 MCI（AT&T 的竞争对手）为例，重新进行本章的分析。同样以 1984 年前和 1984 年后这两个时间区段分析 MCI 的表现，判断这家公司的财务金融政策是否符合它们在 AT&T 剥离之前和之后的融资需求。此外，我们还将再次检验经营变动对企业融资结构、战略和政策的影响。这也是对公司金融理论的再次应用。

第九章 融资政策决策（AT&T：1984年剥离前后）

附录 AT&T 1984–1988年备考财务报表的编制（预期情境）

本附录介绍了笔者编制AT&T备考财务报表的详细过程。由于我们已在第三章和第四章详细介绍过备考技术，因此，笔者在此不再赘述这两个章节的细节，而是突出强调本章的主题——财务融资政策。此外，我们还鼓励读者在阅读本章之后再阅读本附录。

按传统方法，在编制备考财务报表时，我们依旧从收入预测开始。对于AT&T，我们首先需要对AT&T在1979-1983年的收入进行分解（收入数据来自公司的1983年年报），分解结果如表9-15所示。在进行收入分解时，我们需要考虑到，AT&T将失去全部本地通话服务的收入，一并被剥离的还有广告黄页收入以及被列入"其他收入"部分的其他未知收入项。此外，大多数广告黄页收入似乎全部被剥离给本地经营公司。为简单起见，笔者认为，AT&T在剥离之后只保留长途通话服务的收入，并假设这项业务将在1983年之前实现快速增长，最新的增长率为4%。因此，在表9-5中，我们把1984年的销售收入设定为359亿美元（即在1983年345亿美元的收费服务收入的基础上增长1.04倍）。随后，我们再预计收入每年将以4%的速度持续增长。

表9-15 AT&T 1979-1983年的收入分解

金额单位：百万美元	1979	1980	1981	1982	1983
本地通话服务	20 209	22 449	2 553	28 986	3 274
收费服务	23 372	26 133	30 248	33 257	34 528
目录广告等业务	1 827	2 282	2 413	2 850	4 601
收入总额	45 508	50 864	58 214	65 093	69 403
收费服务的增长率	-	12%	16%	10%	4%

鉴于缺乏剥离后运营成本变动的参考数据，因此，笔者对总收入和总营业费用的关系进行了分析，结果如表9-16所示。鉴于近期的上升趋势，我们对营业费用做保守估计，按1983年收入的81.3%（营业费用与收入之比）估计未来的营业费用。

表9-16 AT&T 1979-1983年的经营指标

金额单位：百万美元	1979	1980	1981	1982	1983
总收入	45 408	50 864	58 214	65 093	69 403
营业费用*	33 807	38 234	43 876	49 905	56 423
营业利润	11 601	12 630	14 438	15 188	12 980
总收入	100.00%	100.00%	100.00%	100.00%	100.00%
营业费用	74.50%	75.20%	75.20%	76.70%	81.30%
营业利润	25.50%	24.80%	24.80%	23.30%	18.70%

*注释：AT&T在年报中单独列示的财产税和工资支出，均包括在营业费用科目（前面的数据也据此列示）

利息费用以上期期末的债务水平为基准，按 12% 的利率进行估计。这也是笔者在 AT&T 当时的利息成本基础上做出的估计（略高于 1983 年年底美国 10 年期国债的利率 11.67%）。

如表 9-1 所示，AT&T 的平均税率为 40%，因此，我们继续按这个税率预测未来的利息费用。

接下来，为编制 AT&T 在预期剥离后（1984 年 1 月 1 日）的资产负债表，我们首先从表 9-17 开始，该表为公司在 1983 年 12 月 31 日的实际简明资产负债表和备考简明资产负债表，其中，实际数据来自 AT&T 在 1983 年 12 月 31 日发布的年度报告。AT&T 在 12 月 31 日提供的资产负债表数据实为 6 月 30 日的资产负债表数据，因为在年底发布年度报告时，公司尚未得到 12 月 31 日的的剥离后的全部财务数据（相当于对 AT&T 的备考预测）。

显然，1983 年 6 月 30 日的资产负债表是对 1984 年 1 月 1 日剥离后资产负债表的近似代替。然而，AT&T 业务的周期性并不强，而且根据老公司年报（剥离之前）做出的其他所有估计都有可能不够准确。

遗憾的是，表 9-17 没有对 AT&T 剥离后的现金额进行分解。在历史上，AT&T 的现金与销售额之比始终徘徊在 2%～4% 之间（1978-1982 年的数据可由表 9-1 和表 9-2 计算得到）。由于我们预计 AT&T 在剥离后的现金需求量与剥离之前保持不变，因此，我们把现金需求量设定为销售收入的 2.0%。

表 9-17 AT&T 的 1983 年 6 月 30 日资产负债表以及剥离后的备考资产负债表

金额单位：百万美元	实际	备考	差异率
流动资产	14 886	11 556	−22%
土地、厂房及设备净额	130 057	19 914	−34%
投资	5 960	625	−90%
其他资产	2 615	625	−77%
资产合计	153 518	32 720	−39%
短期负债	1 617	366	−77%
其他流动负债	11 275	4 051	−64%
流动负债	12 892	4 417	−65%
长期负债	45 320	9 469	−79%
其他负债	27 807	4 098	−85%
负债合计	86 019	17 984	−79%
少数股东权益	536	—	−100%
实收资本	37 382	12 148	−68%
留存收益	29 581	2 588	−91%
所有者权益	67 499	14 736	−78%
负债与所有者权益合计	153 518	32 720	−79%

在表 9-17 中，流动资产总额为 1983 年分解后预测销售收入的 33.5%（11 556/34 528）。

在减去 2.0%的现金后，我们可以得到，其他流动资产的估计值为销售额的 31.5%。

在表 9-17 中，199 亿美元的"土地、厂房和设备"采用了 1983 年的年末数字。扣除折旧后的固定资产净额预期与销售额同步增长，增长率为 4%。折旧估计值为固定资产期初余额除以 20 年（现金流量表会用到这个数字）。

如表 9-17 所示，其他资产和投资总计 12.5 亿美元，并假定在一段时间内保持不变。

为简单起见，在表 9-17 中，我们假设，短期负债始终维持 3.66 亿美元的水平。类似于其他流动资产的计算，应付账款和其他流动负债（不包括短期负债）设定为销售收入的 12%，即表 9-17 中的金额除以 1983 年剥离后预计的销售额（4 051/34 528）。

长期负债是备考过程中的余额，属于"插入"数字。

为简单起见，假设其他长期负债保持不变。

我们以预计的实收资本作为 1984 年 1 月 1 日的数额，随后，我们再假设 AT&T 将继续实施股利再投资计划和员工持股计划。这将导致实收资本增加，增加额等于公司股利支付额的 1/3（基于本章的预测目标，我们将股利设定为历史支付水平，即净利润的 60%）。

我们以预计的留存收益作为 1984 年 1 月 1 日的数额，然后将会逐渐增加，增加额为预计利润扣除股利支付（同样设定为净利润的 60%）后的余额。

第十章
经营策略对公司金融政策的影响

在开始本章之前，我们首先回顾一下前两章的内容，回顾有两个目的：首先，是为了加强读者对相关知识的印象和理解；另一个目的就是帮助读者为学习本章做好铺垫。具体来说，我们将对前几章提到的信息不对称和信号理论进行深入剖析。随后，我们将以 MCI 公司为例，阐述公司的经营策略对融资政策的影响。

简要概述

我们曾提到过（第八章和第九章），有些行为可以向市场传递信号。当一家公司发行股票时，股价通常会下跌。当公司以要约收购形式回购自己发行的股票时，股价通常会上涨。当公司首次公开发行或是提高股利分配率时，股价往往也会上涨。而在公司削减甚至是取消股利时，股价则会下跌。实证研究显示，这些价格上的反应具有统计显著性。

在上一章里，我们曾指出市场会对这类事件做出反应的原因，就在于信息的不对称性。而信息不对称之所以会带来如此剧烈的市场反应，是因为投资者认为，管理者掌握的信息远远多于他们。因此，投资者会观察和跟踪管理层的一言一行，并据此采取判断。第二个理由是，投资者无法判断管理层言行的可信度。投资者很清楚：如果管理层增加股权现金流（equity cash flow）的支付，就说明公司可能存在过剩现金流（股权现金流的支付是通过股票回购和增加股利实现的）。此外，如果管理层筹集新股权资金或是减少股权现金流的支付，就说明公司有可能出现了现金流短缺（筹集新的股权资金或减少股权现金流是通过发行新股和减少股利实现的）。因此，股权现金流为投资者提供了信息，或者说，它本身就是一种信号。因此，当公司为股权持有者支付现金流时，股价将会上涨，因为这表明公司拥有过剩现金流；而在发行新股或是流向投资者的股权现金流减少时，股票价格则会下跌，因为这些信号表明公司缺乏现金流。

既然投资者会对公司发出的"信号"做出反应，那我们现在的问题是：什么是好信号？好的信号应该是值得信赖的，而且易于理解和考量。此外，信号应具有可见性，也就是说，所有投资者都会注意到这个信号的出现。而发出虚假信号的人应该受到惩罚。现在，我们不妨设想一位 CEO 在证券分析师会议上的讲话，如果他在讲话中反复提到公司"做得很好"，那么，这个"很好"是什么意思呢？假如 CEO 说的是，公司"做得还不错"，而不是"很好"，这有什么区别吗？因此，这样的说法还算不上是信号，因为我们很难判断"很好"和"不错"之间有什么区别。

现金流入或流出公司，这几乎是最完美无瑕的信号。首先，现金是最可信的：公司的一项重要任务就是支付或接受现金。其次，现金不仅易于理解，而且易于衡量——投资者无须解释"不错"与"很好"之间的差异。如果一家公司将支付的现金股利从去年的每股 1.00 美元提高到今年的 1.50 美元，我们就可以清晰无误地说，公司支付的股利增加了 50%。再次，现金是可见的。投资者或许不会阅读公司年报或听取 CEO 的发言，但他们肯定会注意到公司支付的股利，而且肯定会"兑现这张支票"（尽管股利已不再采取看得见摸得着的支票，这只是我们的一个比喻）。最后，发出虚假信号的人必须受到惩罚。如果管理层误导了投资者，也就是说，公司实际上并没有做得很好，但他们还是想方设法地增加了现金股利，那么，管理层就必须使用其他现金填补这个缺口。

我们打个比方：假设你参加一场同学聚会。一位老同学吹嘘自己在毕业后发展得有多好，甚至把经过审计的财务报表拿出来炫耀。与此同时，躲在墙角的另一位同学却悄无声息地给每位同学发出 1 000 美元红包。你认为，哪位同学更有可能发展得好呢？是夸夸其谈的那位，还是发红包的那位呢？显然，发红包那位的做法更令人信服。这就是一种信号机制的例子。

现在，我们不妨把万豪和 AT&T 案例中的内容结合一下。我们知道，公司并不情愿发行股票。这个事实也让其他财务概念变得更重要，比如说可持续增长。如果企业不愿发行新股，那我们就要重视可持续增长的威力了。如果一家公司关心的是资本结构和负债水平，而不愿意发行新股，那么，创造内部权益（这也是体现可持续增长的一个指标）的能力就非常重要了。此外，企业动用现金或信用额度的能力（有时也被称为"财务宽松度"）也很重要，因为公司在时机不合适的时候，未必会选择到资本市场去筹集资金。信号凸显出公司内部资本市场及内部现金流创造能力的重要性。

信号及其带来的影响还会引申出融资的啄食顺序理论（我们在第九章结束时提到过）。啄食顺序理论的核心，就是企业在进入外部资本市场之前，首先会考虑使用内部资金。此外，如果一家公司必须到外部资本市场去融资，那么，它首先考虑的应该是发行负债，最后才会想到发行股票。实际上，我们可以从两个角度看待这个结果：第一，内部资金、债务融资和股权融资的比率；第二，市场会对各种融资方式做出怎样的反应。还记得市场对股权现金流入和流出做出的反应吧。此外，发行新债券不会引发市场做出激烈的反应。

下面，我们罗列出企业的部分财务目标（这并不包含公司的全部财务目标，只是为了说明公司金融中某些无法规避的权衡）。

（1）实施所有净现值为正的投资项目。企业应落实所有净现值为正数的项目，因为它们会提高企业价值。

（2）维持最优的债务/权益水平。这会让公司最大限度地降低资本成本，最大限度地提高股价，而且不会招致过高的经营风险。

（3）不要减少股利。我们将在下一章中深入探讨这个问题，但不管出于何种原因，企业确实应尽可能地避免削减股利。

（4）最后一点，尽可能地不发行股票。

假设你是一家公司的 CFO，上面就是你需要达到的目标清单。现在的问题是如何同时实现这四个目标，这其中就需要权衡。譬如，如果公司有很多净现值为正的投资项目，但新项目的资金需求远大于企业通过可持续增长创造的现金流，那么，公司该如何选择呢？如果想实现第一个目标，实现所有净现值为正的项目，就必须采取以下措施之一：

发行新债券、发行新股或是削减股利。换句话说，必须放弃其他目标中的某一个。尽管这四个目标都是有利的，但未必能同时实现。这就需要权衡和取舍，这恰恰也是让公司金融变得妙趣横生的地方。如果 CFO 每年都能优哉游哉地实现这四个目标，那当然最好。老 AT&T 在每个年度都做到了这一点。但并非所有公司都能做到，包括新 AT&T。我们对前面章节的回顾到此为止：我们分析了 AT&T 在剥离前后的情况（我们将这两个时期的 AT&T 分别称为"老" AT&T 和"新" AT&T）；深入解剖老 AT&T 的融资政策和资金需求，在此基础上，我们考察了新 AT&T 的融资政策和资金需求。

现在，我们来看看 AT&T 的竞争对手——MCI。在本章里，我们将完全采用第九章的分析思路和结构。首先，我们认识一下在 1984 年 1 月 AT&T 剥离之前的 MCI，了解它在这个时期与 AT&T 的竞争情况。此外，我们还要回顾老 MCI 的融资政策和资金需求。最后，我们将对照新 MCI（对应于 AT&T 剥离后的时间）及其融资政策和资金需求。（笔者认为，以 MCI 与 AT&T 为例来讨论这些问题更有说服力，因为这可以让我们站在同一时间点上，对相同行业中两家不同的企业在相同财务概念上的表现进行对比。）

MCI 的发展历史

MCI（美国世界通信国际公司）的前身是由约翰·高肯（John Goeken）创立于 1963 年的微波通信公司（Microwave Communications, Inc.）。⊖ 1968 年，威廉·麦高文（William McGowan）加入这家公司，并成为后来的 CEO。公司最初的业务规划是使用无线电波和中继站，为伊利诺伊州和密苏里州提供点对点的私人电话业务，服务对象主要是货运公司和其他希望获得低于 AT&T 长途话费的小型企业。1968 年，MCI 决定在全国范围内普及微波中继通信系统。1969 年，MCI 的计划获得美国通信委员会批准。1980 年，MCI 将业务范围从商业型客户扩展到私人家庭客户。到 1990 年，MCI 已成为美国的第二大电信公司。

虽然 MCI 的商业计划依赖于在中继站之间转接电话，但是在自己的各中继站之间转接电话时，它还是要使用 AT&T 提供的本地电话线路。比如说，如果 MCI 的客户想从芝加哥打电话到圣路易斯，他首先需要通过 AT&T（AT&T 设在伊利诺伊州的贝尔子公司）将电话从办公室打到 MCI 设在芝加哥的中继站，然后，由 MCI 通过微波将电话从芝加哥转接到圣路易斯的中继站，最后，再通过 AT&T 在圣路易斯的本地电话线路，将电话从 MCI 在圣路易斯的中继站转接到客户拨打的圣路易斯当地电话号码。按照这个规划，MCI 的客户只需使用本地电话服务即可，而不必承担 AT&T 收取的长途话费。

但 AT&T 马上意识到 MCI 带来的威胁，于是，AT&T 拒绝为 MCI 提供 AT&T 设在

⊖ 有关MCI的详细介绍，请参阅Daniel Gross et al., William McGowan and MCI: A New World of Telecommunications from Forbes Greatest Business Stories of All Time, www.stephenhicks.org/wp-content/uploads/2012/01/forbes-mci.pdf（访问日期为2014年10月14日）。

本地的电话线路。这意味着，尽管 MCI 可以在自己的中继站之间传输电话信号，但却不能连接 MCI 的客户。此间，MCI 通过大量诉讼向 AT&T 发起攻击，其中就包括 1974 年指控 AT&T 违反美国政府《反垄断法》（1974 年 11 月，美国司法部曾在另一桩诉讼案中对 AT&T 提出过同样的指控）的诉讼。⊖

最终，美国司法部在 1982 年做出裁决，AT&T 必须剥离其本地电话服务（将本地业务剥离给独立的小贝尔公司）。剥离最终于 1984 年 1 月完成。

MCI 的财务状况

表 10-1、表 10-2 和表 10-3 为 MCI 在 1979-1983 年的利润表、资产负债表和现金流量表（相当于"老"MCI）。⊜需要注意的是，上述 MCI 财务报表中的金额单位为千美元，而上一章 AT&T 的财务报表则以百万美元为单位的。⊜我们将通过表格反映 MCI 的融资政策及融资需求。

表 10-1　MCI 1979-1983 年的利润表

金额单位：千美元	1979	1980	1981	1982	1983
销售收入总额	95 243	144 345	234 204	506 352	1 073 248
本地局部互连业务	20 542	32 998	50 242	76 203	172 661
客户安装和服务业务	8 827	6 951	18 532	47 001	137 221
日常运营业务	4 843	22 360	31 801	48 711	147 190
销售费用	7 549	12 822	27 172	50 743	101 838
一般管理费用	10 533	14 880	29 227	60 964	115 470
折旧费用	12 342	17 165	25 892	55 704	103 757
营业费用合计	64 636	107 176	182 866	339 326	778 137
经营收入	30 607	37 169	51 338	167 026	295 111
利息支出	23 366	24 132	27 361	53 364	75 322

⊖ 于公司在初创时期曾对AT&T发起不计其数的诉讼，MCI首席执行官威廉·麦高文开玩笑说，MCI天生就是"一个自带天线的律师事务所"，见Lorraine Spurge, *MCI: Failure Is Not an Option*（Encino, CA: Spurge, Ink!, 1988, 41）。1980年，陪审团裁决，由AT&T向MCI支付13亿美元的损失赔偿。AT&T提起上诉，而MCI却认为他们本应获得150亿美元的赔偿。最终，最高法院在1985年将赔偿金额减少到3亿美元。

⊜ 和AT&T一样，MCI现金流量表的格式也是经过对标准会计报表略有修改后得到的，目的是便于我们的分析。

⊜ 最初，MCI以每年的3月31日为财务年度截止日期。这意味着，1983年的数据是1982年4月1日到1983年3月31日期间的12个月。从1983年开始，MCI将财务年度的截止日期调整为公历的最后一天，即12月31日。鉴于这一变化，MCI在1983年发布了两套财务报表：第一套报表如表10-1所示，财务年度的截止日期为1983年3月31日。第二套是我们以备考财务报表形式给出的报表，截止日期为1983年12月31日（尽管我们知道，这可能会让读者感到略有凌乱，但有时候这就是我们的生活方式）。

217

(续)

金额单位：千美元	1979	1980	1981	1982	1983
其他收入（及费用）	−165	308	−454	15 640	20 802
税前利润	7 076	13 345	23 523	129 302	240 591
所得税	3 541	6 220	4 781	42 581	69 811
税后利息	3 535	7 125	18 742	86 721	170 780
减免税额	3 541	6 220	2 372	—	—
净利润（亏损）	7 076	13 345	21 114	86 721	170 780
利息保障倍数（EBIT/I）	1.3	1.55	1.86	3.13	3.92
销售增长率	28.60%	51.60%	62.30%	116.20%	112.00%

表 10-2　MCI 1979—1983 年的资产负债表（基准日为 3 月 31 日）

金额单位：千美元	1979	1980	1981	1982	1983
现金	10 277	7 867	12 697	144 487	541 991
应收账款	6 466	13 550	32 435	78 491	161 607
其他流动资产	1 026	2 535	3 814	5 450	9 566
流动资产总额	17 769	23 952	48 946	228 428	713 164
固定资产净额	188 948	281 990	409 980	619 485	1 324 166
其他非流动资产	2 755	3 901	7 966	12 485	33 137
资产合计	209 472	309 843	466 892	860 398	2 070 467
长期负债的当期到期部分	25 822	31 619	39 921	40 325	48 038
应收账款	13 297	22 280	31 030	119 875	202 653
预收账款及其他流动资产	564	4 245	2 778	25 340	70 728
流动负债合计	44 683	58 144	73 729	185 540	321 419
长期负债	153 304	172 852	242 707	400 018	895 891
其他长期负债	—	—	2 409	34 058	87 525
负债合计	197 987	230 996	318 845	619 616	1 304 835
实收资本	103 505	165 699	225 242	234 878	588 948
留存收益（亏损）	−92 020	−86 852	−77 195	5 904	176 684
所有者权益合计	11 485	78 847	148 047	240 782	765 632
负债和所有者权益合计	209 472	309 843	466 892	860 398	2 070 467
负债率［负债/（负债+所有者权益）］	94.00%	72.20%	65.60%	64.60%	55.20%

表 10-3　MCI 1979—1983 年的现金流量表（基准日为 3 月 31 日）

金额单位：千美元	1979	1980	1981	1982	1983
净利润	7 076	13 345	21 114	86 721	170 780
折旧费用	12 342	17 165	25 892	55 704	103 757
营运资金的变动	−381	1 481	−17 711	−68 075	−356 570
经营活动产生的现金	19 037	31 991	29 295	74 350	−82 033
资本性支出	52 502	110 252	155 654	271 464	623 010
优先股股利	—	—	—	3 352	11 457
资金需求总额	52 502	110 252	155 654	274 816	634 467

(续)

金额单位：千美元	1979	1980	1981	1982	1983
资金需求净额	33 465	78 261	126 359	200 466	716 500
外部融资：					
发行债券净额	3 963	18 972	77 327	157 466	827 979
发行股票净额	35 681	75 755	66 176	148 631	354 070
外部融资总额	39 644	94 727	143 503	306 097	1 182 049
净现金流量	6 179	16 466	17 144	105 631	465 549

老 MCI 的融资需求是多少呢（在 AT&T 进行剥离之前）？要确定企业应实施哪些财务融资政策，首先需要确定企业的融资需求。那么，老 MCI 的融资需求又是怎样的呢？我们可以用现金流量表确定以往的融资需求。而预测未来的融资需求，则需要采用我们在第二章到第四章为 PIPES 编制的备考财务报表。如表 10-3 所示，MCI 各年度的融资需求净额为：

年度	融资需求净额（单位：美元）
1979	33 465 000
1980	78 261 000
1981	126 359 000
1982	200 466 000
1983	716 500 000
合计	1 155 051 000

鉴于 MCI 的融资需求，它的财务融资政策又是什么呢？在上一章中，我们看到，老 AT&T 有一套维持不变的融资政策。但是对老 MCI 而言，这显然是不适合的。首先，我们从 MCI 的债务政策及其目标债务评级开始。由表 10-2 可以看到，MCI 的目标负债率并没有显示出明确的规律性。1979 年，MCI 的负债率为 94%，1983 年却变成了 55.2%。MCI 的利率保障倍数如表 10-1 所示，随着时间的推移，这一指标出现了明显改善（1979 年为 1.30 倍，1983 年为 3.92 倍）。此外，MCI 的债券在此期间并没有取得信用评级。[⊖]

那么，MCI 该如何进行融资呢？表 10-3 表明，MCI 既有债务融资，又有股权融资。表 10-4 很清楚地显示出 MCI 是如何开展融资的（在 1983 年 3 月 31 日之前），它们曾发行过两次普通股，三次可转换优先股，三次可转换债券，以及三次直接债券。（可转换优先股和可转换债券在发行时属于优先股和债券，但未来可根据持有者的判断选择是否转换为普通股。我们马上就会深入讨论可转换证券的话题。）最终，在 1980 年 3 月至 1982 年 12 月期间，MCI 对全部可转换优先股和两只可转换债券进行了转换。这对老 MCI 的负债率有什么影响呢？将优先股及可转债转换为普通股，会大大降低公司的负债率，因

⊖ 债券评级是不会自动获取的。企业必须主动联系评级机构，并支付相应的评级费用。但是在这段时间里，MCI并没有这样做。

为在 MCI 的资产负债表上，很多债务被转换为股份。

普通股

在商业计划得到美国通信委员会的批准后，MCI 在 1972 年向 AT&T 发起挑战。首先，MCI 完成了公开上市，并公开募集资金（IPO）。公司以每股 10.00 美元的价格发行了 330 万股普通股，募集到资金 3 300 万美元（扣除投行费用后的募集资金净额为 3 020 万美元）。⊖ 此外，公司还取得了 6 400 万美元的银行信贷，价格高于基准利率 3.75%，外加 0.5%的佣金费。这意味着，MCI 为这笔借款按 4.25%的费率支付中间费用（3.75%+0.5%）。

1975 年，MCI 按每股 0.85 美元的价格通过单位交易方式向市场公开发行新股。什么是单位交易（unit deal）呢？就是将若干相互关联的有价证券进行捆绑发行。有价证券包括可分拆证券或不可分拆证券两种。从根本上说，MCI 此次发行的是附有认购权的普通股。也就是说，投资者每支付 0.85 美元，就可以获得 1 股股票，外加 1 份认股权。按照这项权利，在未来的某个时间点（最长可延续到初次发行后的五年），投资者有权按每股 2.50 美元的价格再购买 1 股股票。这种由投资银行德崇证券为 MCI 量身定做的二合一交易目前已不存在。需要提醒的是，在 1972 年的 IPO 期间，股东购买 1 股的价格为 10.00 美元，而现在却只有 0.85 美元，而且投资者还享有未来追加购买 1 股的可选择权。

表 10-4　MCI 1979–1983 年的对外融资情况⊖

日期	证券类型	详细情况	发行收入（扣除承保费的净额）单位：百万美元
1972 年 6 月	普通股	330 万股，每股 10.00 美元	30.2
1975 年 11 月	附认股权证的普通股	112 万单位，每 4 股附 4 份认股权证（1 份认股权证换 1 股，转换价格为每股 2.50 美元）	8.5
1978 年 12 月	可转换累计优先股	120 万股，每股发行价 25 美元，股利分配率 2.64%（转换价格为 0.547 美元/普通股）	28.6
1979 年 9 月	优先级可转换优先股	495 万股，每股派发红利 1.80 美元，每股发行价为 15 美元（转换价格为 1.25 美元/普通股）	69.5
1980 年 7 月	次级债券	5250 万美元，利率为 15%，到期日为 2000 年 8 月 1 日	50.5

⊖ 当公司发行新股（或债券）时，他们通常会聘请投资银行为发行担保承销。承销商取得发行收入总额和净额之间的差额，即承销费。这个差价（或承销费用）的大小取决于担保类型、发行规模以及发行人的实力等因素。费用浮动区间很大，对于拥有最高信用评级的债券发行，费率可能只有1%，但小盘股首次公开发行的费率有可能达到发行收入总额的25%。

⊖ MCI的股价和转换价格并没有按股票分拆进行调整。该表的来源是MCI的10K报表、年度报告及招股说明书；Lorraine Spurge, *MCI: Failure Is Not an Option*（Encino, CA: Spurge Ink!, 1998）;and Philip L. Cantelon, *The History of MCI*（Dallas, TX: Heritage Press/MCI, 1993）。

（续）

日期	证券类型	详细情况	发行收入（扣除承保费的净额）单位：百万美元
1980年10月	可转换累计优先股	363万股，每股派发红利1.84美元，每股发行价为15美元（转换价格为2.25美元/普通股转换）	51.4
1981年4月	次级债券	1.25亿美元，利率为14.125%，到期日为2001年4月1日	102.1
1981年8月	可转换次级债券	1亿美元，利率为10.25%，到期日为2001年8月15日（转换价格为3.21美元/普通股）	98.2
1981年5月	可转换次级债券	2.5亿美元，利率10%，到期日为2002年5月15日（转换价格为5.625美元/普通股）	246.0
1981年9月	次级债券	2.5亿元美元，利率为12.875%，到期日为2002年10月1日（发行价为平的85.62%）	214
1983年3月	可转换次级债券	4亿美元，利率为7.75%，到期日为2003年3月15日（转换价格为13.03美元/普通股）	394.07

认股权证是公司发行的一种期权凭证。权证持有者可以"行使"权利，即以权证加现金的方式换回股权。这就是一种期权，权证有到期日，过期之后，权证便失去价值。但是和期权不同的是，认股权证通常是可赎回的。也就是说，公司既可以强制持有人行权，也可以让认股权在赎回日到期失效。

可转换优先股及可转换债券

如表10-4所示，MCI发行了多种可转换工具，包括可转换债券和可转换优先股。什么是可转换证券呢？首先，它是一种债券或优先股，为持有人提供将证券转换为股票的选择权。为方便起见，我们以可转换债券为例（可转换优先股的原理与此基本相同）。从本质上说，可换股债券就是一种附有股票期权的直接债券。那么，它是如何操作的呢？这种债券设有一定的转换比率和转换价格。我们假设一家公司发行了1 000美元可转换成20股的债券。转换价格是多少呢？50美元，我们以债券的面值（1 000美元）计算，除以每张债券可转换股份的数量，即为转换价格（1 000美元/20）。另一方面，如果有了债券的发行价格和转换价格，我们也可以计算出可转换的股份的数量：比如说，1 000美元债券除以50美元的转换价格，即可得到每张债券可转换的股份数量为20股。通常情况下，一家公司会选择发行债券，使得转换价格高于当前市场价格的15%～20%。换句话说，转换权是一种"虚值期权"（out-of-the-money option，又称价外期权，是指不具有内涵价值的期权，即执行价格高于当时期货价格的看涨期权或低于当时期货价格的看跌期权）。

可转换债券的利率与直接债券的利率相比如何呢？低于后者。为什么呢？因为公司为购买者提供了一种有价值的股权期权,作为补偿,公司自然会要求更低的票面利率。而对直接债券来说,买方只能按票面取得利息,却不能享受股价上涨带来的收益。有了可转换为股票的债券,如果股价上涨,债券持有人就有机会享受股价上涨带来的部分收益。正是因为有了这种可能性,可转债持有者才愿意接受较低的利率。此外,这种选择权的价值越大,利率就越低。

可转换债券的交易价格是多少呢?可换股债券的价值是基础债券价值或转股后股票价值中的较高者。只要转换价值还维持价外期权的价值,其交易价就会接近于债券价值,也就是说,它相当于按市场利率折现的利息现值(加上价外期权的少量溢价)。但是,只要转换权拥有价内期权,那么,债券的交易价格将接近被转换股票的价值。也就是说,它将以接近于股价与转换率的乘积(外加看跌期权价值的小额溢价,如下所述)。

举个例子,假设有一张面额为 1 000 美元的债券,转股率为 20,转换价格为 50 美元。现在,我们再假设股价为每股 60 美元。如果将这张债券转换为 20 股股票,那么,债券的转换价值就是 1 200 美元。因此,假如你是这张债券的持有者,就永远也不会按低于 1 200 美元的价格出售这张债券,因为只需把债券转换成股票,你就可以得到 1 200 美元。实际上,债券的出售价格可能比 1 200 美元多一点,因为它的实际市场价值高于 20 股股票的价值。为什么呢?因为债券可以规避市场下跌带来的损失。如果你拥有 20 股股票,而不是一张可转换债券,那么,当股价从 60 美元跌至 40 美元时,持有的股票价值就会从 1 200 美元减少到 800 美元。但如果拥有可转换债券,你仍然可以按期取得债券利息,并在到期时收回本金,两者的总和应该会超过 800 美元。因此,可转换债券的交易价格至少不低于等价的直接债券以及转股后股票价值中的较高者。

我们不妨再提出一个新问题:如果股价上涨到 60 美元,我们应该把这张债券转换为股票吗?哪一个更有价值:是每股 60 美元的 20 股股票,还是可转换为 20 股股票的债券呢?当然是债券。如上所述,由于看跌期权的原因,使得可转换债券价值高于股票的价值。这意味着,理性的投资者不会把债券转化为股票,因为一旦转股,就意味着放弃看跌期权。如果投资者要退出投资,他不会转换债券并卖出股票,相反,他只会直接出售债券。㊀

金融经济学家为过早把可转债转股的投资者起了一个名字:称他们为"医生"。他们是有钱的投资者,但对财务一无所知。所有过早转股的投资者都会丧失了期权的价值。那么,如果投资者不愿意转股,对于像 MCI 这样的公司来说,他们最终要如何处理可转债呢?可转换债券是可赎回的,发行公司可要求债券持有者强制转股。在可转换债券被赎回时,投资者必须将债券转换为股票,或者按面值 1 000 美元从公司获得现金。这意味着,如果公司的股价为每股 60 美元,转换比率为 20 股,那么,投资者可以选择转股,持有价值为 1 200 美元的股票,也可以以现金方式取得 1 000 美元。通常,发行公

㊀ 如上所述,可转换债券的最低价值就是直接债券的价值。此外,投资者可能选择转股的唯一原因,就是凭借股票获得的股利大于持有债券得到的利息。

司会给投资者留出 30 天或 60 天的时间做出决定,在期限结束时,他们必须将自己的选择告知公司。现在,投资者应该怎么做呢?转股:1 200 美元的股票总比 1 000 美元的现金更有价值。

顺便提一下,当发布赎回通告时,通常只有 98%左右的投资者会选择转股,这个结果似乎有点令人意外。也就是说,只有 1%~2%的投资者会接受 1 000 美元的现金,而不是持有价值 1 200 美元的股票。⊖(我们希望获得这些人的联系方式,因为我们有大把的建议想卖给他们)。

现在,为什么老 MCI 要发行可转债呢?为什么公司不直接发行股票?原因如我们所见,如果 MCI 发行股票,其股价将会下跌。发行可转换债券会怎样呢?在公司发行可转换债券时,公司的股价是否也会下跌呢?是的,但不及发行股票带来的下跌那么多,我们将在下面再做解释。

老 AT&T 是否应发行可转换债券呢?我们的观点是否定的。为什么不行呢?如果 AT&T 发行可转债的话,想想票面利率与直接债券票面利率的区别吧。我们在上文曾提到,由于可转债还具有期权价值,因此,其票面利率要低于直接债券的票面利率。至于低多少,则取决于这份期权的价值。股票价格的上涨趋势越大,期权的价值就越大,因此,可转债票面利率的折扣也就越大。⊖

比如说,假设一只股票在今天的价值为 30 美元,投资者预期明天依旧会维持在 30 美元,而且会永远维持在这个价位上(即使支付股利,也依旧能保持 30 美元的价格)。假设发行公司以 10%的票面利率发行 10 年期普通债。那么,你认为 10 年期可转债的票面利率应该是多少呢?同样是 10%。为什么呢?因为股价是恒定的,因而不存在期权价值(请注意,我们只是为了说明问题,毕竟这个例子太极端了)。需要记住的是,在发行可转换债券时,MCI 之所以能采用较低的票面利率,是因为 MCI 的股票拥有较高的期权价值。

那么,到底哪种类型的公司可以发行可转换债券呢?初创公司、拥有高科技或高研发优势的公司,以及现金流不稳定的公司。换句话说,拥有较高期权价值的公司(即股票价格有可能大幅上涨的公司)以及难以承受高水平固定利息费用的公司。因此,AT&T 不应发行可转换债券。为什么呢?因为市场并不认为它的股价还有很大上涨空间。AT&T 的股价在 1983 年年底为每股 68.50 美元,已经创下 17 年来的新高。此外,AT&T 发行的直接债券利率较低,而且拥有足够稳定的现金流来偿还这笔债务。因此,以低利率发行可转换债券不仅不会让 AT&T 受益,还会令其放弃股价潜在的上涨收益。

但可转换债券对 MCI 来说则是有吸引力的,因为较高的期权价值表明,公司会大

⊖ 关于可转换债券及其转换时机的更多内容,请参见,Paul Asquith and David W. Mullins, Jr., Convertible Debt: Corporate Call Policy, and Voluntary Conversion,*Journal of Finance* 46, no. 4 (1991):1273–1289。

⊖ 此外,我们还要认识到,当转股价值大于债券的面值时,MCI 也会将可转换债券转换为股份。

幅降低票面利率。由于预期现金流波动较大，因此，低利率给公司省下的现金流对 MCI 来说非常重要⊖。1982 年，MCI 对直接债券支付的票面利率为 14.5%，而可转债的票面利率却只有 10%。但读者还是应该认识到，在 MCI 发行可转换债券时，可能会为了换取低利率而失去股价上涨带来的收益。也就是说，当股价上涨时，可转债最终仍会按较低价格进行转股。

我们的下一个问题是：为什么公司股价在发行可转债时的跌幅会低于发行新股时带来的跌幅呢？如前所述，股票市场似乎将发行股票解读为公司未来发展不确定或是股权现金流不足的信号。如果公司发行可转债，尽管市场仍然会找麻烦，但强度会有所减少。实证研究表明，当公司发行相当于总股本 10%左右的新股时，股价大约会下跌 3%；但是在发行相同数量的可转换债券时，跌幅仅在 1%左右。⊖

至于市场对发行新股产生的抵触情绪要超过发行可转债，一种最直观的解释是：如果一家公司认为，未来的现金流足以偿还已发行债务（不存在违约风险），而且公司又预期股价将会上涨，那么，它当然会选择发行债券，而不会把股价上涨的收益拱手让给新投资者。然而，如果企业不确定未来现金流是否足够偿还已发行债券，这家公司就有可能会选择发行股票。这样，公司可以规避违约风险，但也向市场发出了利空信号。

尽管发行可转换债券会释放出负面信号，但其影响要小于发行股票带来的效应。信号相对微弱的原因在于，只要股价没有上涨到触发强制转股的地步，可转换债券仍然还是债务，需要按期还本付息。对此，我们还可以从另一个角度理解：如果管理层在发行股票时误导市场，并不会给公司的现金流造成影响。但如果管理层选择发行了可转债，却没有转股，那么，公司仍要承担债务，而且必须还本付息。从根本上说，未转换的可转债本身就是直接债券。公司要么支付利息，要么陷入违约风险。因此，可转债对股价的影响介于普通债券与股票之间的位置。

最后一种解释这个信号的逻辑是：当一家公司发行股票时，市场会把这个信号解读为：公司管理层认为股票价格处于相对高位，或是管理层对未来持负面预期。而在发行可转换债券时，转股预期表明，管理层认为未来的股价会上涨。

简单来说，拥有正净现值和充裕现金流的公司，会选择以直接债券进行融资。至于机会多、但现金流有限或不稳定的公司，则会发行可转换债券。最后，机会不确定、现金流也不稳定的公司会选择发行股票（如发行债券，即使是可转债，一旦遭遇不利，公司也会陷入财务危机）。

⊖ 这些数字分别对应于MCI在1982年5月发行的20年期可转换次级债券以及1982年9月发行的20年期直接次级债券（见表10-4）。直接债券以折价方式发行。我们将在下文里做详细解释。

⊖ 见 C. Smith Jr., Investment Banking and the Capital Acquisition Process, *Journal of Financial Economics* 15, nos. 1–2（1986）: 3–29。

> **引申思考**
>
> 当公司发行股票时，我们经常会提出"稀释"(dilution)的概念。稀释是指发行新股会减少现有股东的持股比例。当公司发行新的股份时，现有股东的持股比例会被稀释（除非是所有股东均按同一比率购买新股），但持有价值未必发生变化。如果新股发行的价格采用内在价值，也就是说，把新股发行的收入全部投资于零净现值的项目，那么，现有股票的价值就应保持不变。经验告诉我们，当发行新股时，股票价格往往会下跌，所以，最常见的理由就是"稀释"。但市场信号显然更适合解释股价的下跌。

债券利率和负债率

MCI 发行的直接债券利率是多少呢？在表 10-4 中，直接债券的票面利率并不是实际支付的利率。因为公司发行的这些债券均为按"原始折价发行"的债券（original issue discount，OID）。㊀ 我们以 1981 年 4 月发行的债券为例。由于此次发行的是 OID 债券，因此，MCI 并不是按面值发售，实际出售价格大概相当于票面价值的 84.71%。因此，MCI 出售 1 000 美元面值的债券，只能收到 847.10 美元的收入。然而，此次发行债券的标准面值为 1 000 美元，票面利率为 14.125%，或者说，单位债券的利息为 141.25 美元。这意味着，MCI 支付的实际利率远高于上述的 14.125%，而是 16.8%。㊁

MCI 的负债率是多少呢？经过这轮融资后，MCI 在 1983 年年底的债务总额为 9.439 亿美元，总资产为 17.095 亿美元（相当于 9.443 亿美元资产与 7.656 亿美元的权益之和），因此，公司的负债率为 55.2%。然而，MCI 也从新一轮融资中获得了 5 亿美元现金（总现金余额为 5.42 亿美元，而 MCI 在融资之前仅持有 4 200 万美元的现金）。这可能意味着，新融入的 5 亿美元现金有可能成为超额现金。我们应该还记得，**超额现金等于负的负债**。（我们之所以要反复强调这一点，是因为它确实是公司金融中的一个要点，而且经常被学生及从业者忽视。）

这意味着，MCI 实际上拥有 4.439 亿美元的债务（9.439 亿美元的负债减去 5 亿美元的超额现金），总股本为 12.095 亿美元（4.439 亿美元的负债加上 7.656 亿美元的有效负债），因此，公司的实际负债率为 36.7%（4.439/12.095）。从根本上说，这就是 MCI 在发行 5 亿美元新债券之前的负债率。如果 MCI 从未发行任何新债券，那么，公司将

㊀ OID 债券是按面值折价出售的债券。由于票面利率是以面值表示的，因此，这种债券的实际利率要高于票面标明的利率。

㊁ 按票面价值的折扣价出售，就意味着实际利率高于名义利率。我们先看看实际利率（或收益率）是如何确定的：按照 847.1 美元的实际出售价格，对 20 年期、票面价值为 1 000 美元的债券，每年需要支付的利息为 141.25 美元，在 20 年到期时，最后一次还需支付 1 000 美元的本金。这个过程可以表述为：847.1 美元 = 141.25 美元/$(1+r)$ + 141.25 美元/$(1+r)^2$ + …… + 141.25 美元/$(1+r)^{19}$ + 141.25 美元/$(1+r)^{20}$ + 1 000 美元/$(1+r)^{20}$。由此得出，收益率 r=16.8%。我们将在第十三章详细解释这个过程。

只有 4.439 亿美元的债务，按照 7.656 亿美元的股权计算，它的负债率就是 36.7%。

因此，MCI 发行 5 亿美元债券并将发行收入以现金形式保留，这实际上并没有改变公司的负债率，因为 MCI 完全可以使用这笔现金随时偿还债务。如果企业使用超额现金购买其他资产，那么，所有债务都需要包含在公司的负债率中。但有一点是可以肯定的，在 1983 年年底，MCI 的实际负债率（考虑超额现金）为 36.7%。

租赁

MCI 也开展了融资租赁业务（lease financing）。什么是融资租赁呢？比如说，一家公司在其业务中需要特定资产，借助于租赁模式，这家公司就可以从另一家公司长期租赁这种资产。融资租赁包括两种方式：首先，一家外部公司可能已经拥有这种资产，它可以将资产出租给需要使用该资产的公司；其次，需要使用这种资产的公司可以先行购买该资产，然后，再把该资产出售给一家外部公司，并和这家公司签署租赁合同，向这家公司租用资产。那么，公司为什么需要先购买资产，再把它卖给另一家公司，而后通过租赁合同租回刚刚出售的资产呢？公司为什么不直接购买资产并使用呢？为什么出租人会签署这样的出租合同呢？租赁资产（如 MCI）的最大好处在于，他们可以使用资产，但却无须支付购买资产的成本——也就是说，租房住，而不是买房住。对拥有资产的公司来说，好处就是它们可以收取租金，还可以利用固定资产折旧带来的税盾效应，达到避税的目的。

MCI 不需要考虑避税吗？只是最近才开始考虑。MCI 的第一个盈利年份是 1977 年（此前 14 年始终亏损，亏损总额已超过 1 亿美元）。这意味着，MCI 在以前根本没有应税利润，因而也无法从折旧税盾中获益。⊖ 即使到了 1980 年，MCI 还在用以前年度结转的累计亏损抵减当期利润。除税收影响之外，MCI 也没有足够的现金流或负债能力为其资本性支出提供资金。而采用融资租赁，MCI 只需每年支付租金即可。

新 MCI 的融资需求

现在，我们开始分析 1984 年 1 月（AT&T 的剥离时间）后的新 MCI 融资需求。为此，我们首先需要编制一套备考财务报表。（和 AT&T 一样，由于本章的主题在于经营战略和融资政策的匹配性，而不在于如何编制备考报表，因此，我们将详细的预测过程以及备考利润表和资产负债表收录在本章附录中。）

⊖ 如果一家公司在某一年出现亏损，那么，它可以在以前年度或未来年度的利润中扣除这一亏损，从而达到减少实际纳税的目的。也就是说，假如某一年度亏损 100 万美元，下一年盈利 100 万美元，那么，应该首先用下一年的 100 万美元利润弥补上一年的 100 万美元亏损，因此，下一年的应纳税利润为零。针对亏损可向前或可向后结转的年限，税法已做出多次修改。

预测 MCI 备考报表的两个关键要素，就是 MCI 的销售增长率和资产周转率，或者说销售收入/资产之比。也就是说，MCI 将会实现怎样的增长速度，以及需要多少资本开支（CAPEX）为增长提供必要的网络。从表 10-1 可以看出，MCI 在 1979—1983 年间的销售收入年均增长率高达 74%（分别为 28.6%、51.6%、62.3%、116.2% 和 112.0%），随着业务网络的建设，资产总额的年均增长率也达到 70.7%（分别为 29.9%、47.9%、50.7%、84.3% 和 140.6%）。

显然，如此之高的销售增长率是不可持续的。1984 年年初，MCI 的销售增长主要来自两个方面：第一个是长途业务收入的总体增长（在此期间的年均增长率为 15%），它是 MCI 在维持现有市场份额不变条件下可以实现的最低增长率。⊖MCI 的第二个收入增长来源是从 AT&T 手里争取到的市场份额。（需要提醒的是，在 1984 年 1 月，MCI 已不是唯一一家新的电话公司，包括 GTE 和 IBM 在内的其他公司也在觊觎这个市场。）

随着 MCI 网络的建设，MCI 资产的高增速也会随之下降。在建立基础设施的过程中，最初会出现销售收入/资产的下降。一旦基础设施建成并带来新收入，销售收入/资产就会转而提高。一些公司的销售收入/资产会随着时间的推移而不断变化（比如说，快餐连锁店通常只依靠开拓新渠道即可增加收入）。

总而言之，在 1984 年以后，为 MCI 编制报表的两个关键要素，就是如何预测销售收入增长率（随着 MCI 的市场不断扩大，收入增速可能会减缓）和销售/资产（随着资本开支的下降和资产的增长而提高）。本章附录是笔者为编制备考利润表及资产负债表做出的假设。表 10-4 为依据这些假设得到的备考现金流量表。

如表 10-5 所示，MCI 预计将以收益、折旧和外部融资作为满足融资需求的手段。公司在 1984 年的盈利预测为 1.39 亿美元，1988 年稳步上升到 5.35 亿美元，五年期间的盈利合计为 15.6 亿美元。折旧的估计值从 1984 年的 1.75 亿美元增加到 1988 年的 4.81 亿美元，五年期间合计为 17.7 亿美元。因此，通过经营活动在五年内创造的现金流总额预期为 33.3 亿美元。

表 10-5　MCI 1984-1988 年的备考现金流量表：预期情境（单位：千万美元）

年	1984	1985	1986	1987	1988
净利润	139 473	229 767	281 878	371 182	534 812
折旧	174 875	272 753	384 618	459 441	480 567
营运资金的变动	—	—	—	—	—
经营活动产生的现金流	314 348	502 520	666 496	830 623	1 015 379
资本性支出	1 024 036	1 381 150	1 513 531	826 994	535 516
优先股股利	—	—	—	—	—
融资需求总额	1 024 036	1 381 150	1 513 531	826 994	535 516
融资需求净额	709 688	878 630	847 035	−3 629	−479 863

⊖ 见 Larry Kahaner, *On the Line: The Men of MCI Who Took on AT&T, Risked Everything, and Won* (New York: Warner Books, 1986), 145.

经营活动产生的预计现金流与预计资本性支出之间的差额，即为 MCI 的融资需求。如表 10-5 所示，MCI 的预计融资需求净额在 1984 年、1985 年和 1986 年分别为 7.10 亿美元⊖、8.79 亿美元和 8.47 亿美元。1987 年的预计融资需求接近于零（具体数值为-400 万美元）。到 1988 年，MCI 的融资需求为-4.8 亿美元。为什么会这样呢？因为 MCI 的资本性支出需求会不断下降（公司初期的网络建设已逐渐完成），与此同时，公司利润则不断上升。因此，公司可以凭借内部创造的资金满足其资本需求。⊜ MCI 在 1984-1986 年期间的累计融资需求约为 24.4 亿美元，随着产品市场战略趋于成熟，公司的融资需求净额将会降至零以下。

融资需求净额为什么会呈现出先升后降的趋势呢？在这五年期间，MCI 的收入持续增长。此外，公司的资本性支出也表现出先升后降的趋势。

请注意，如本章附录所示，在这段时间内，我们假定营运资金的净增加额为零。有争议的是，MCI 几乎没有任何库存需求，相对较低的应收账款可以和应付账款相互抵消。

现在，我们还要再回想一些重要问题：以上是 MCI 的预期情境。正如我们在介绍 AT&T 时采取的方法，但我们还要清楚：MCI 最糟糕的情况会是什么样呢？对于 AT&T，我们假设，在最糟糕的情况下，公司的利润将接近于零，但公司仍会幸免于难。而对于 MCI，确实有可能出现两种最坏情境。首先，利润为零，这意味着，MCI 将在未来五年内需要额外的 15.6 亿美元融资（因为收益将会减少）。也就是说，MCI 需要对外融资大约 40 亿美元（1984-1987 年），略高于表 10-5 中基准情境下 24.4 亿美元的一半。因此，如果 MCI 没有盈利，就需要更多的额外现金来维持生存。

然而，MCI 还要面对另一种糟糕的融资情境。如果 MCI 的增长速度超过预期，MCI 也会需要更多的现金。1983 年 3 月月底，MCI 的长途电话收入还只有 AT&T 的 3% 左右。在本章附录所示的表格中，我们假设 MCI 所在市场的年均增长率为 8%，到 1988 年年底，MCI 的市场份额将增长到 10.8%，销售收入/固定资产之比从 1984 年的 80.0% 提高到 1988 年的 117.6%。现在，我们再假设，公司的市场份额增长速度超过 8%，而且 MCI 占据了更大的市场份额，销售收入/固定资产并未出现快速增长。在这种情况下，MCI 的资本性支出需求会怎样呢？肯定会更高。这就回到我们在第三章里讨论的话题：公司的发展速度越快，营运资金和资本性支出需求就越多，企业的融资需求也越大。

下面，我们简单回顾一下这个概念。使用表 10-5 中的备考报表，我们对预期情境进行预测：MCI 需在未来三年内筹集到 24.4 亿美元的资金。在过去两年中，MCI 预计会拥有超额现金，而且可以用来偿还债务。这两方面的原因会导致 MCI 的融资需求有可能高于预期：首先，如果 MCI 的利润未达到预测水平；其次，如果 MCI 比预测的结

⊖ 回顾一下上述讨论，1983年3月31日，MCI拥有5亿美元的超额现金。公司可在1984年使用这笔现金，从而让新的融资需求净额从7.1亿美元减少到2.1亿美元左右。

⊜ Amazon.com是另一个例子。Amazon也曾连续多年现金流为负，但是在基础设施和客户群体确立之后，现金流便逐渐变成了正数。

果更成功（即获得更多的市场份额）；那么，公司就需要为搭建规模更大的通话网络、设立更多的线路和站点提供资金。

MCI 的下一步将走向何处

在上一节中，我们得到了 MCI 的预期融资需求，这也是决定资本结构最重要、但也是最容易被忽视的一个要素。在本节里，我们将探讨 MCI 在 AT&T 剥离后应采取的融资政策。我们首先从 MCI 的市场竞争地位谈起。具体来说，我们首先看一下公司在 1983 年的 BBR（基本业务风险）。这是笔者最常用的一个术语，但并不是标准术语。每家公司都会面临财务风险和竞争风险或者说商业风险。我们把这种行业风险或竞争风险称为 BBR。

在 1984 年之前，MCI 是如何与 AT&T 进行竞争的呢？最简单的答案是，最初的 MCI 不允许进行完全竞争。按照监管机构的要求，AT&T 必须允许 MCI 使用自己的接入线路，而且 AT&T 必须按严格规定的通话费率收取费用，不得私自下调。剥离之前，MCI 相对于 AT&T 的竞争优势体现在何处呢？那就是低费率。竞争结果又如何呢？1983 年，MCI 的收入已超过 10 亿美元，而在四年之前（1979），他们的收入还不到 1 亿美元。1983 年，MCI 的净资产为 7.66 亿美元，拥有超额现金 5 亿美元，而在四年前，其净资产还只有 1 200 万美元。

现在，尽管 MCI 可以收取更低的通话费率，但他们的服务质量也很差。对于今天的长途电话而言，消费者只需拨号 "1" 即可接通长途电话。但是回到 20 世纪 80 年代后期，如果消费者拿起电话拨打 "1"，就会被自动转接到 AT&T 的长途电话公司。如果消费者要接受 MCI 的服务（及其低费率），他们就需要先拨 "1"，然后再拨 10 位数的接入号码，最后才能拨打对方的电话号码。因此，如果消费者使用 AT&T 的服务，只需拨打 11 位数字。但如果消费者使用 MCI 的服务，则需要拨 21 个数字。此外，AT&T 会把 MCI 的呼叫自动转接到最陈旧的线路上。这就意味着，在使用 MCI 的服务时，消费者的成本较低，但他们只能得到质量较差的服务，而且还要拨更多的数字。此外，消费者每次通话都要这样操作，而且不只是第一次打电话。当时，消费者还无法做到通过固定数字进行自动拨号（这项功能是在可编程手机出现后实现的，但最早的电话全部是由 AT&T 旗下的子公司西部电气生产的不可编程电话）。

到 1984 年，随着本地运营业务从 AT&T 中剥离出来，MCI 才赢得了拨 "1" 即可接入号码的权限（不再需要拨通 AT&T 的接入号码），但 AT&T 却赢得了定价权。

现在，我们再看看，MCI 在 1984 年 AT&T 完成剥离后的业务发展情况。在 1984 年年初的时候，整个行业是什么状况呢？此时已出现了五家主要竞争公司：AT&T、IT&T、IBM、GTE 和 MCI，其他公司也开始进入最早由 MCI 开辟的电讯市场。与其他公司比较，MCI 的表现如何呢？在五家公司中，MCI 的规模要小得多。事实上，MCI 利润表的数量级还不足 AT&T 四舍五入时舍掉的零头。MCI 的所有竞争对手都拥有百万美元级别的收入，而 MCI 的财务报表还停留在千美元的级别上。1983 年，MCI 的资本性支出为 6.23 亿美元，而 AT&T 同年的资本支出已达 70 亿美元。因此，在剥离之后，MCI 是在与四个巨人竞争，即 IBM、ITT、GTE 和 AT&T。

那么，此时的 MCI 拥有哪些竞争优势呢？MCI 不仅比所有竞争对手都小得多，而且还失去了价格优势。此外，MCI 尚未进行多元化经营，只从事单一的电讯业务。相比之下，GTE 拥有多个业务线，IBM 拥有多个部门，AT&T 还可以通过西部电气公司制造电话。结果如何呢？尽管 MCI 很小，但它很好斗。MCI 是从一无所有成长起来的，而且没有任何后顾之忧。对于 MCI，我们最基本的观点就是，它始终关注竞争，而且习惯于竞争，而 AT&T 则不是。

那么，MCI 有什么需要担心的吗？MCI 的主要风险是什么呢？最重要的风险之一，就是 AT&T 会降低价格。它们会吗？很难说。当然，有人会说，AT&T 不会降价，因为它可以凭借 70% 的市场份额维持较高价格，而不是通过降低价格去拿下全部市场。也有人认为，AT&T 将会降低价格，将 MCI 彻底挤出市场。然而，在 1984 年那个时候，没有人知道 AT&T 究竟会怎么做。

MCI 的另一大风险就是技术风险。在 1983 年的时候，这种风险可能来自光纤、微波和卫星通信。（最终，对 MCI 的业务规划造成最大威胁的并不是这些，而是移动电话。虽然风险无处不在、无时不在，但并非总是可预见的。）

我们再来分析一个问题：这是一个有风险的行业吗？从整体上说，行业的风险不大。电信行业是个非常稳定的行业。即使是在经济衰退期间，人们也不会说，"在经济复苏之前，我不会打电话给你了"。无论是对企业还是消费者，电话都是不可或缺的。因此，作为一个行业，电信是一个稳定的低风险业务。但是在企业层面，未来前景可能不会非常稳定。1983 年以后，已经有四五家大型电信企业加入竞争，因此，这已经不再是由一家垄断企业独霸天下的行业。展望未来十年，电信行业内还会是这些玩家吗？可能不会。如果让你说出一个幸存者的名字，你会想到谁呢？AT&T。MCI 会成为幸存者中的一员吗？不清楚。尽管电信业在总体上是一个稳定的行业，但是从竞争格局上看，它并不稳定。

因此，MCI 的主要风险在于，它目前必须在丧失价格优势的情况下维持并扩大市场份额。事实上，在 1985 年中期，美国联邦通信委员会一致认定，只有 AT&T 的客户才能拨打"1"接入的做法有失公允，因此，政府要求所有消费者必须选择一个长途电话运营商为其提供接入拨号服务。在具体操作层面，采取在各地进行一系列的轮回性"区域投票"，政府将选票邮寄给顾客，然后由顾客选出他们心仪的运营商。

在投票过程中，大多数人会怎样做呢？他们根本就不愿意费脑筋去投票，这次投票也不例外。由于大多数人并没有明确选择运营商，因此，政府只能默认由 AT&T 设在当地的电话运营公司（现已从 AT&T 被剥离出去，但是在很长时间内，它们和 AT&T 的关联是割舍不断的）作为长途运营商。⊖

⊖ 在本质上，"小贝尔"对待这场投票的态度就像是一场代理权竞争。也就是说，如果你没有明确表决（即反对AT&T），那么，你的代理人就被假定为AT&T（及支持AT&T）。

为推翻这样的局面，MCI 再次走上法庭。MCI 提出，不应该将没有投票的客户自动分配给 AT&T 下属的本地运营公司。法院接受了 MCI 的建议，并做出最终裁定，虽然不能强迫客户投票，但可以将未投票客户按投票客户的相同比率随机配置长途运营商。因此，根据新的规则，按投票人选择的结果对非投票者进行随机分配。

最终，只有 10% 的客户参加了投票。在法院做出裁定之前，另外 90% 的人将由 AT&T 在当地的电话公司提供服务。法院裁定后，另外 90% 未投票者根据 10% 投票者的选择与电话运营公司对接。（请注意，这意味着，这 10% 的投票客户每个人投出了十张选票。）

因此，在 1986 年，MCI 必须参加在全国各地进行的多轮投票[①]。怎样才能在投票中成为胜利者呢？最老套的方法就是购买选票。你可能会觉得，电话运营商的广告在当下已无处不在。实际上，在那个时候更普遍。假设你正在美国的某个地区参加投票，你会发现，AT&T 和 MCI 的广告会铺天盖地地向你袭来。这对 MCI 来说意味着什么呢？市场营销费用会大幅上涨。

不妨回顾一下：我们已经知道了 MCI 的融资需求，也了解老 MCI 的融资政策，因此，我们就可以将 MCI 的目标总结为一个词——生存。这就是他们需要做的事情。现在，我们又预测了新 MCI 在预期情境和最坏情境下的备考财务报表。此外，我们也考虑了 MCI 的基本业务风险。可以说，到此为止，已经万事俱备，唯一需要做的事情，就是制定新的融资政策。

考虑到现在的 MCI 正处于发展时期，规模越来越大，营利性越来越高，唯一的挑战，就是必须在没有价格优势的高度竞争性行业中坚持下去。那么，MCI 应采取什么样的融资政策呢？

我们首先从负债率开始。MCI 的未来负债率会怎样呢？1983 年 12 月，MCI 的负债率为 36.7%（调整超额现金之后），而 AT&T 的负债率则在 40%～45% 之间徘徊。MCI 的负债率是应该提高还是应该下调呢？从表 10-5 可以看出，至少在未来三年内，MCI 需要更多的融资。我们也知道，如果 MCI 提高负债率，那么，它在财务上的灵活性会更多，但风险也会更大。他们似乎不应该向着这个方向发展，但我们还是先来看看几个简单的话题，稍后再来讨论这个问题。

MCI 的股利政策应该是怎样的呢？依旧采取零股利政策（像过去那样）吗？我们不妨考虑以下几个方面：此时，MCI 有 1.17 亿股流通股。1983 年，公司的每股收益为 1.69 美元。如果 MCI 支付的股利分配率为 50%——相当于每股 0.85 美元，这就意味着，公司每年需要以股利形式支付 1 亿美元左右。因此，在五年期间，MCI 将支付大约 5 亿美元左右的股利。这就是说，如果 MCI 采取 50% 的股利分配率（且盈利保持不变或上升），那么，公司就必须在未来五年内另外筹集至少 5 亿美元的外部资金。

这显示出融资政策和股利政策的相互关联性。公司不可能单独制定股利政策，而不

[①] 见 Daniel Gross et al., William McGowan and MCI: A New World of Telecommunications, www.stephenhicks.org/wp-content/uploads/2012/01/forbes-mci.pdf。

考虑融资政策。如果 MCI 设定了 50%的股利分配政策，这就意味着，公司必须从外部另外筹集到 5 亿美元。此外，投资者预期公司的股利水平继续维持不变。因此，如果管理层发出一个错误的信号（也就是说，公司对外宣称，它们准备支付某个水平的股利，但实际上根本就没有能力维持这个股利水平，因为公司根本就没有足够的未来现金流），那么，公司要么削减未来支付的股利，要么增加外部融资。（在下一章，我们将深入讨论股利政策。）

那么，MCI 现在应采取怎样的股利政策呢？还是零股利。至少在 MCI 能创造出超额现金流量之前，应维持零股利政策。

MCI 的债务期限应采取长期还是短期呢？长期。要多长呢？至少应该在 1987 年以后还款。为什么呢？备考财务报表显示出，从 1987 年这一年开始，MCI 将不再需要新融资，并开始拥有超额现金。MCI 想做的最后一件事，就是在 1988 年之前、尚需新资金注入的情况下，保持继续进行融资的能力。例如，尽管商业票据的融资成本低于当时的长期债券，但期限最长也只有 270 天（因而需要反复地进行再融资）。如果需要再融资、却没有再融资能力的话，MCI 会怎么样呢？公司会遇到麻烦，而且是 MCI 无法承受的麻烦。因此，公司不能两次或三次去反复筹集相同规模的资金。相反，MCI 必须保证债券的到期期限一定要覆盖资金的使用期限。

这一点非常重要，但也经常被人们忽略和误解。实质上，企业应实现融资策略的期限结构与产品市场战略的期限结构相匹配。笔者经常听到有人说，如果资产是长期的，那负债也应该是长期的。这并不正确，我们在第七章讨论万豪酒店时就已经提到这一点。以长期负债为长期资产融资可能是正确的，但不能以资产期限来决定融资的方式。如果产品市场战略是长期的，那么，融资策略也应该是长期的。如果公司的资金需求期限至少为五年，那么，公司或许不愿再做低于五年的再融资。MCI 当然也不想反复融资，三番五次地去借同一笔钱。难道 MCI 需要一次性拿到 20 年的资金吗？当然也没这个必要。如果 MCI 相信自己的预测，那么，MCI 至少应完成未来 10 年的融资。只有在成本非常低的情况下，才有必要考虑一次完成 20 年的融资。

债务是采用固定利率还是浮动利率呢？固定利率。为什么呢？MCI 的全部竞争对手均采用固定利率的债务，毕竟，这是在通货膨胀率的上涨时期。如果通货膨胀率和利率突然上涨，MCI 自然不希望出现成本高于竞争对手的情况（不妨回想一下第五章提到的梅西-弗格森的遭遇）。既然 MCI 的所有竞争对手均采用固定利率融资，那 MCI 当然也不应采用浮动利率融资，因为这可能会带来利息上涨的风险。

MCI 是否应该预先融资，也就是说，在资金需求出现之前获得融资呢？也许有这个必要。MCI 应如何处理超额资金呢？还是用于原有的投资。公司在未来五年是需要外部资金的，不过，重要的不是什么时候需要这笔钱，而是能否获得这笔钱。

因此，我们现在已经掌握了一些决定 MCI 未来融资政策的基本要素：采用零股利政策；至少五年的债务期限，或者更长；发行固定利率的债券；而且 MCI 应考虑预先融资。但是，我们还需要进一步讨论 MCI 的负债率，也就是说，MCI 到底应该发行债券、股票还是可转换债券?

其他可以选择的融资方案

我们不妨回到问题的起点:MCI 到底应发行什么类型的融资?这涉及 MCI 应采取怎样的负债率。

我们已经了解到如下数据:按照 MCI 的预测,公司在 1984 年的资本性支出为 13 亿美元。此外,公司还拥有 5 亿美元的超额现金(来自刚刚募集的资金),预计未来三年将有超过 20 亿美元的融资需求。假设 MCI 咨询投资银行——德崇证券公司应采取什么类型的融资方式。投资银行家的答复是,MCI 可采用多种融资方式。公司可以发行直接债券、可转换债券、股票或是它们的某种组合。各种方案的融资规模和融资成本如表 10-6 所示。

表 10-6 MCI 在 1983 年 4 月可选择的融资方案(针对 1984 年财务年度)

不同融资的方案内容		融资规模
方案 1	发行 20 年期直接债券,票面利率为 12%	5.00 亿美元
方案 2	发行普通股 100 万股,每股价格 42.50 美元	4.25 亿美元
方案 3	发行 20 年期可转换债券,票面利率为 10%,转股价格为每股 55 美元	7.50 亿美元
方案 4	由 10 年期、票面利率为 10%的债券及每 1 000 股可认购 18.18 股普通股认股权证构成的单位	10.00 亿美元

第一种方案是发行 20 年期的直接债券,融资规模为 5 亿美元,票面利率为 12%。第二种方案是 MCI 按每股约 42.50 美元的价格发行 4.25 亿美元股票,这个发行价格相当于 1983 年股价 47 美元的 90%左右。第三种方案是发行总额为 7.5 亿美元的 20 年期可转换债券,票面利率为 10%,转股价格为每股 55 美元(相当于在市场价格基础上加 15%左右的溢价),五年后可赎回。

一向以创意著称的德崇证券为 MCI 量身定做了第四种方案,即发行 20 亿美元的"单位"交易,票面利率为 9.5%,每张债券附 18.18 份的认股权,并在三年后赎回。⊖这种发行方式之所以被称为"单位",是因为投资者可一次性买到两种证券。(不妨回想一下,MCI 第二次发行的股票即采用了单位交易方式,即每一股股票均附有未来可购买股票的认股权。)在单位交易中,两种证券可以是"相互附着"的——两种证券需要同时交易,也可以是相互分离的。也就是说,在发行时,发行者可以单独出售这两种证券(股票和认股权证)。但更重要的是,对于 MCI 的未来融资,债券是"可使用的"。在这种情况下,"可使用"表明投资者可以用附认股权的债券替代现金。如果以这种方式"使用"债券,其价值应等于 1 000 美元的现金。基于这样的运作方式,这种附有认股权的债券有时也被称为合成可转换债券(synthetic convertible)。

对我们这本教科书来说,这种融资工具或许有点超前。因此,我们随后将对它的结

⊖ 请注意,认股权证不能在三年后赎回。

构做一些解释。

我们首先需要清楚的是，认股权只是一种期权。认股权证与在期权交易所交易的其他大多数期权的差别在于，前者由公司发行（通常会存续较长一段时期），而后者则由期权市场提供。⊖（期权通常被称为衍生品，因为它们的价值是由其他基础资产"衍生"而来的，在很多情况下，基础资产是指公司发行的股票。）

在上述工具中，通过认股权证，持有者就可以凭一个认股权和外加55美元的现金，向发行公司换回1股股票，或是用18.18份认股权外加一张债券，换回18.18股股份。我们还可以从另一个角度认识这种期权：持有人可以将1 000美元现金外加18.18份认股权证交给公司，然后，从公司取得18.18股股票，或者说，持有人也可以用一张债券（面值为1 000美元）外加18.18份认股权证，向发行公司换回18.18股股票。（应该注意的是，18.18×55.00美元=1 000美元。）

如果债券的实际价值就是1 000美元，这个例子会更加直接，但通常情况并非如此（按如下段落的介绍，如果将认股权证转换为股票，那么，债券的价值就是1 000美元）。虽然债券的面值为1 000美元，但9.5%的票面利率却低于表10-6所示的直接债券市场利率——12%。因此，作为独立的金融工具（不附认股权证），债券的实际价值将低于1 000美元。（不妨回想一下，我们在前面提到过，MCI曾发行过一些"OID"债券，即原始发行折现债券，其利率低于相同评级债券的市场利率，因此，这些债券的发行价格低于票面价值。）

因此，如果单独交易的话，债券的市场价值将小于1 000美元。但是在将认股权证转股时，可以用债券来取代1 000美元现金。考虑到我们可以按这种方式使用附认股权证的公司债券（以债券转股，而不是单独用现金转股），因此，我们称这种债券是"可用的"。此外，在以这种方式使用这种债券时，由于其市场价值高于独立使用时的价值，因此，大多数权证的持有者会将债券转股，而不是以现金转股。即使出现这种情况，转股也是在债券到期或清偿时进行的。（在行使权证时，如果要使用发行单位中包含的债务部分，就相当于终结债务，从而以新的股权取代原有的债务）。因此，这种单位交易类似于可转换债券。在转股时，相当于可转换债券被终结，并转换为股份。正因为这样，这种附认股权证的公司债券才被称为合成可转换债券。

上面的讨论很复杂，要真正搞清楚或许需要反复阅读上述转换过程。

至于选择合适的价格对认股权进行转股，类似于我们在本章开头时提到的可转债转股。如果认股权证的转换价格为每股55.00美元，现在，我们假设MCI的股价为70美元。尽管这并不意味着所有权证持有者都会转股，但至少可以肯定的是，认股权更有价值。因为持有者可以用一个认股权外加55美元现金，换到1股价值为70美元的股票。

每个交易单位由1 000美元面值的债券和18.18份认股权证构成，因此，其现值应

⊖ 期权的做市商就是发行供其他人买卖期权的公司或个人。因此，对期权合约负有财务责任的是期权的做市商，而不是公司。

为1 272.60美元（18.18×70美元）。将全部18.18份认股权证转换为股票，需要持有者拿出1 000美元现金（18.18×55美元）或是交出债券。因此，如果认股权证被赎回或是到期，那么，持有者应选择转股。其次，如上一段所指出的那样，对债券转股而不是使用现金转股，符合持有者的经济利益。⊖

从资产负债表的角度来看，我们还可以给出一个略显深奥的提示：对公司来说，发行附认股权证的公司债券比发行直接债券更可取。在资产负债表中，这种附认股权证的公司债券需要被分拆为债务（债券）和所有者权益（认股权）。⊖这就相当于公司发行了新的股份，而且会降低违反债务契约的可能性。

现在，我们再总结一下，公司为什么更愿意发行附认股权证的公司债券，而不是发行直接债券。当然，我们的总结已不完全属于公司金融的范畴，而是更多地涉及金融的投资层面。虽然未经证明，但确实会有人（尤其是投资银行家）认为，企业应大规模发行合成可转债，而不是直接债券或者可转换债券。这种情况尤其适用于存在这个"细分市场"的时候——如果投资者不接受不同类型证券的相互替代性，那么，针对这些投资者，附认股权的债券就会形成一个独立的市场。在出现这种情况时，我们就可以在三个不同的细分市场中出售附认股权证的公司债券：可转债市场（附认股权）、直接的高收益（垃圾）债券市场以及股票和期权市场（与认股权分离）。这种观点背后的逻辑在于，如果能在三个不同市场（高收益债券、可转换债券和股票）出售证券，显然更有助于扩大公司的融资规模。

那么，你会选择哪个市场呢？票面利率为12%的5亿美元直接债券？按每股42.50美元的价格发行4.25亿美元股票？发行7.5亿美元、票面利率为10%、转股价格为每股55美元的可转换债券？还是10亿美元的附认股权证的公司债券呢？

有些人可能会试图将这个问题进一步简化：企业是否应选择能筹集到最多现金的方案呢？答案是"不"，企业应选择最符合公司融资政策的方案。

下面，我们不妨通过直接对比来缩小选择范围。从MCI的角度看，债权加认股权证的方案优于可转债，因为它具有较低的票面利率和较高的转换价格（也就是说，在利率较低时，公司能更多享有股价上涨带来的收益）。债权加认股权的方案也优于发行直接债券的效果，因为较低的票面利率有助于公司筹集到更多的资金。（也就是说，如果附认股权证的公司债券继续维持债务地位，MCI支付的利率将是9.5%，而不是12%）。因此，通过对比三

⊖ 可以想象，如果利率下降，债券的当前价值可能高于1 000美元的面值。在这种情况下，认股权的持有人应使用现金而不是直接用债券进行转股。

⊖ 要把10亿美元的总融资额度在债券与股票之间分配，精确的分配比例取决于可比债务的利率以及MCI债券的票面利率。如果MCI发现，20年期债券市场利率为12.5%（即公司对10亿美元直接债券需要支付的利率），且附有认股权证债券的利率为9.5%，那么，债券的市场价格应为7.81亿美元（对每6个月支付的4 750万美元利息以及20年后偿还的10亿美元本金进行折现，且半年期的复合折现率为12.5%）。为便于计算，我们将以7.5亿美元作为债券的账面价值，以2.5亿美元作为认股权证（股票）的账面价值。

种债券发行方案,我们认为,附认股权证的债券应是占据主导地位的融资方案。

但是在做出最终决定之前,我们还要看看这些方案对 MCI 资本结构的影响。(我们首先排除第三个方案,因为它明显逊色于第四种方案。)表 10-7 将在两种情境下对比剩余三个方案对 MCI 资本结构的影响。诚如经济学家所言,这是两种完全不同的状态。在第一种状态下(第一列),MCI 表现不佳,股价停滞甚至下跌。在第二种状态(第三行)下,MCI 表现优异,股价大幅上涨。在股价不会上涨的状态下,无论是可转换债券还是认股权证,都不会转换为股份。在第二种方案下,由于股价上涨,因此,持有者会把其持有的可转换债券和认股权证转换为股份。

表 10-7 MCI 在各种融资方案下的资本结构(单位:千美元)

基准案例:不发行新的债券或股票	MCI 表现不佳	可能转股	MCI 表现优异
1983 年 3 月			
现有的可换股债券	400	−400	0
直接债务	544		544
超额现金	−500		−500
负债总额调整为	444	−400	44
所有者权益	766	+400	1 166
负债与所有者权益合计	1 210		1 210
负债率	36.70%		3.60%
方案 1:发行 5 亿美元的直接债券			
1983 年 3 月			
现有的可换股债券	400-	400	0
直接债务(+500)	1 044		1 044
超额现金	−500		−500
负债总额调整为	944	−400	544
所有者权益	766	+400	1 166
负债与所有者权益合计	1 710		1 710
负债率	55.20%		31.80%
方案 2:发行 4.25 亿美元的新股票			
1983 年 3 月			
现有的可换股债券	400	−400	0
直接债务	544		544
超额现金	−500		−500
负债总额调整为	444	−400	44
所有者权益(+425)	1 191	+400	1 591
负债与所有者权益合计	1 635		1 635
负债率	27.20%		2.70%

(续)

基准案例：不发行新的债券或股票	MCI 表现不佳	可能转股	MCI 表现优异
方案4：发行美元10亿的单位交易*			
1983年3月			
现有的可换股债券(+750)	1 150	−1 150	0
直接债务	544		544
超额现金	−500		−500
负债总额调整为	1 194	−1 150	44
所有者权益	1 116	+1 150	2 166
负债与所有者权益合计	2 210		2 210
负债率	54.03%		1.99%

注释：单位交易是指附有认股权证的债券。

我们将剩余的三个方案依次列示在表10-7中。在进行任何新的融资之前，均以MCI作为基准案例。MCI的初始债务为9.44亿美元（其中包括已经发行的4亿美元可转换债券，其余5.44亿美元为直接债务），拥有5亿美元的超额现金（列式为负的负债），所有者权益为7.66亿美元。

在没有任何新融资的情况下，MCI的基准情况在第一种状态下（第一列）的负债率（负债除以负债与所有者权益之和）为36.7%，相比之下，在现有4亿美元可转债转股后的第二种状态下（第三列），负债率为3.6%。现在，我们分析一下融资方案。

方案1——直接债券：MCI发行5亿美元的20年期直接债券，票面利率为12%。在第一种状态下（MCI的股价没有上涨甚至下跌），公司目前的资本结构中拥有55.2%的债务。在第二种状态下（MCI的股票价格上涨，且足以对现有可转债进行强制转股），MCI的资本结构中拥有31.8%的债务。这意味着，如果MCI发行直接债券，并且在第一种状态下发行，那么，MCI将成为一个高负债率的企业，很可能无法继续进行债务融资。也就是说，在负债率已达到55.2%的情况下，MCI已不太可能继续增加债务。在第二种状态下，MCI的资本结构将比目前债务占36.7%的情况有所改善。

方案2——发行股票：MCI发行4.25亿美元的新股。在第一种状态下，MCI在调整超额现金后的债务余额为4.44亿美元，股权增加至11.91亿美元。在新股发行后，负债率从36.7%（融资前的基数）下降至27.2%。在第二种状态下，现有的可转换债券将被转股，MCI的负债率会下降到2.7%。因此，如果MCI直接发行股票，即使在第一种状态下，负债率也是可控的。在任何状态下，MCI的负债率都非常低，因而不会影响他们在短期内再次进行债务融资。（同样，为方便浏览，我们排除了第三个方案，因为它明显不及第四个方案。）

方案4——发行附认股权证的单位交易：MCI再发行10亿美元的附认股权证债券，假设债务价值为7.5亿美元，认股权证的价值为2.5亿美元。在这种情况下，MCI的债务在按超额现金调整后，将增加到11.94亿美元，而股权则增加到11.16亿美元。在第一种状态下，MCI的负债率会上升到54.03%，而在第二种状态下，负债率则下降到

1.99%。因此，该方案在第一种状态下（不转换）类似于第一个方案——以直接债券进行融资，而在第二种状态下则类似于方案 2——股票融资。

现在，我们来总结一下：如表 10-7 所示，如果 MCI 的股价没有上涨（状态 1），那么，发行 5 亿美元直接债券会导致负债率将从基数的 36.7% 上涨到 54.03%；发行股票则会让负债率下降到 27.2%；而在发行 10 亿美元附认股权证债券的情况下，负债率会提高到 54.03%。

在方案 2 中，MCI 的股票价格上涨，全部债券转换为股票（现有可转换债券无条件地转换为股票，在方案 4 中，新发行债券也转换为股票）。在这种情况下，发行直接债券会导致 MCI 的负债率从基准情境下的 3.6% 提高到 31.8%，发行股票则会让负债率下降到 2.7%，而发行 10 亿美元附认股权证债券后的负债率则是 1.99%。

如本章前面所讨论的那样，本质上，可转换债券就是一种嵌入看涨期权的债券。因此，期权和债券是不可拆分的。在这里，按照我们所讨论的附认股权证的债券，MCI 可以把债券和期权进行拆分后单独发行。由于行使认股权可以把这种债券变成"可使用"债券（即使用债券而不是现金进行转股），因此，MCI 只需赎回认股权，即可取得发行可转债的效果。如果不使用债券转股，MCI 实际上就是发行 7.5 亿美元的债券和 2.5 亿美元的股票，且债务在认股权行权之前始终存在。正是这种"可用性"，让附有认股权证的债券成为一种合成可转换债券。既然它（附认股权证的公司债券）走路像鸭子（可转换债券），叫起来像鸭子，那么，它就是一只鸭子。

负债率的比较	不转股	假如转股
金额单位：千美元		
基准情境：不发行新的债券或股票	36.7%	3.6%
方案 1：MCI 发行 5 亿美元的直接债券	55.2%	31.8%
方案 2：发行 4.25 亿美元的新股票	27.2%	2.7%
方案 4：MCI 发行 10 亿美元的单位交易	54.03%	1.99%

MCI 的融资选择

我们再回到最关键的问题：MCI 应如何选择呢？正如我们所看到的那样，在 MCI 可以选择的方案中，直接债券不及附认股权证的公司债券。即使附认股权证的公司债券不转股，它也可以让 MCI 按较低利率进行大规模融资。可转换债券也不如附认股权证的公司债券：通过附认股权证的公司债券，MCI 可以取得优于可转换债券的条款。

如果同时选择方案 1 和方案 2，即同时发行债券和股票，结果会怎样呢？同时发行债券和股票的方案不及发行附认股权证的公司债券。为什么呢？因为在第一种状态下，两个方案涉及的债务金额大致相同，而且融资金额也基本相同。但附认股权证债券在债务上承担的利率要低得多，而债务总额却是直接债券的两倍。因此，同时发行债券和股票方案在债务利率方面远超过附认股权证的债券。而在第二种状态下，一旦转股，附认股权证债券的融资优势便显露无遗。

这意味着，MCI 最终应在直接发行股票和附认股权证债券之间做出抉择。这样，我们又回到公司金融的一个重要原则：永远不存在准确无误的答案。那么，MCI 到底应选股票还是附认股权证债券呢？

如果 MCI 发行股票，公司将获得 4.25 亿美元的资金。此时，第一种状态下的负债率最低。如果 MCI 发行附认股权证债券，虽然风险较大，但公司可以获得 10 亿美元的资金，而且又能享受到方案 2 的最低负债率。在这里，或许有必要提一下，如果不承担风险，公司将不可能存在。毕竟，这是一家紧跟在全球最大垄断公司 AT&T 身后的初创公司。

MCI 是怎样做的呢？请注意，如果 MCI 从未考虑过附认股权证债券，笔者或许根本就不会去讨论它。1983 年 7 月， MCI 发行了附认股权证的债券。⊖ 那么，接下来发生了什么呢？利润并没有达到我们在备考分析中做出的预测。在获得批准之后，AT&T 便马上开始下调通话费率，而联邦通信委员会则允许小贝尔提高接入费用。因此，MCI 必须降低成本，这就减少了公司的利润率。在随后五年里，MCI 的收入从 10 亿美元增加到 40 亿美元。但公司的净利润却在这五年里从 1.71 亿美元减少到 8 800 万美元。

MCI 后记

1983 年 7 月，MCI 的股票价格创下历史新高的每股 47 美元，而在本章涉及的大部分预期期间内——从 1983 年到 1988 年，股价始终在 10 美元范围内波动。因此，所有可转换债券（可按每股 53 美元的价格转换为股票）仍列示在资产负债表上，认股权也是如此。（也就是说，未发生转股。）MCI 的负债率从 1983 年的 55.2%（未调整超额现金）上升到 1987 年年底的 68%。接下来的故事情节是怎样的呢？MCI 不但在短期内遭遇亏损，而且为避免大幅削减资本性支出，公司不得不降低营销成本。

回想一下，在这段时期，MCI 曾通过"投票"赢得长期运营商的市场份额，这意味着，营销支出对公司来说是必不可少的。投票是由法院推动的，而且一次性完成。如果 MCI 没有在这些投票中取得胜利，下一次机会可能出现在什么时候呢？永远都不会再有机会了。投票结束后，MCI 必须一个个地争取新客户。在分析梅西-弗格森时，我们曾提到，他们将市场永久性地让给了韩国及日本企业。对 MCI 而言，在这次投票中失去的客户，即使不是永久性地失去，至少在短期内是无法挽回的。

那么，MCI 做了些什么呢？公司开始"推销"自己（也就是说，它开始寻找合并伙伴来收购自己）。但问题是，没有人愿意收购 MCI。最终，IBM 取得 MCI 18%的股权。

⊖ 1983年，MCI根据德崇证券的建议，实际发行了11亿美元（融资净收入为9.863亿美元）。

但IBM的购买对价不是现金，而是他们的电信业务（当时还不赚钱）。

现在，我们假设MCI发行股票——世界变化得就是这么快。那么，发行股票的MCI会怎样呢？他们可以发行更多的股票，也可以发行更多的债券。MCI的负债率肯定会降低。这是否足以避免营销费用被压缩呢？也许吧，但不能肯定。

MCI在这一时期的CEO是麦高文，1991年，麦高文曾因心脏病发作进行了心脏移植手术。有趣的是，直到两个星期后，MCI才宣布麦高文的心脏病情况和移植手术的消息。SEC在对此事进行调查后裁定，尽管麦高文是公司的CEO，但因心脏移植手术而造成的缺席和治疗情况不属于必须对投资者披露的实质性信息。⊖

在心脏移植手术之后，麦高文辞去了CEO职务，并于1992年6月去世，终年66岁。当时，MCI的年销售额为105亿美元，净利润为6.09亿美元，员工达到3.1万人。公司已实现了业务范围覆盖全国的目标。1993年，英国电信以43亿美元的价格取得MCI 20%的股权。

最后有必要提一下的是：1998年9月14日，MCI作价40亿美元与世通公司（WorldCom）合并。从1998年到2000年，这家公司的名字一直是MCI WorldCom。在2000—2003年期间，MCI的名字被撤掉，公司变成了WorldCom，即世界通信公司。2002年6月21日，世通公司申请破产保护（这也是美国当时最大的破产申请），总资产估计为110亿美元（当然，这也是当时美国最大的财务欺诈案）。⊖ 2003年，公司名称再度被改回MCI（如第五章所述，破产公司往往会借助改变名称的手段，以达到掩人耳目的目的）。2006年1月，这家公司再次被威瑞森通信（Verizon Communications）收购，目前是威瑞森的一个业务分支。

本章小结

我们需要牢记的是，MCI只是这个行业中最小的一家公司，也是业内风险最高的一家公司。此外，由于放松管制和"电话投票"，导致这一时期的商业风险大幅膨胀。鉴于这种环境，公司并不一定是业内负债率最高的公司。如果股票价格上涨，那么，公司当然会过上好日子。但遗憾的是，公司的股价并没有上涨，最终的MCI看起来有点像梅西-弗格森农用设备公司，而AT&T则在这场大戏中扮演了约翰迪尔的角色。此外，MCI与AT&T的关联性也弱于梅西和约翰迪尔的关系。

下面，我们总结一下本章的基本要点。

⊖ 这也提醒我们，当公司由个人把握大局时，一旦个人生活环境发生变化，就有可能影响到他们所创建或运营的公司的命运。最近的一个例子就是史蒂夫·乔布斯及其创建的苹果电脑公司。在史蒂夫·乔布斯患病时，苹果就很少披露他的健康信息。

⊖ 见CNN Money, WorldCom Files Largest Bankruptcy Ever, http://money.cnn.com/2002/07/19/news/worldcom_bankruptcy（访问日期为2015年2月12日）。

（1）融资政策应支持企业的投资策略。

（2）融资政策不仅涉及企业的负债率（负债/权益），还涉及对债务的类型（长期或短期以及固定利率或浮动利率等）、股权类型（优先股或可转换债券等）以及股利政策的选择等。

（3）融资政策必须具有一致性。请记住，我们已经两次提到了公司金融的决策示意图，示意图的起点就是公司的产品市场战略和财务金融战略。在示意图中，融资政策（基于第一章介绍的金融战略）必须具有一致性。换句话说，这些政策不是相互孤立的。比如说，一家公司不能随便设定自己的股利政策。公司支付股利的金额是公司在设计外部融资方案时需要考虑的事情，而外部融资又是决定公司资本结构的基本前提。

（4）融资政策能传递信息。由于信息的不对称性，投资者会把公司在融资政策上做出的决策视为信号。

（5）不对称信息和信号原理导致公司不愿削减股利，也不愿发行股票。这就形成了融资的啄食顺序理论，也就是说，公司会优先考虑可持续增长和内生资金，而后再考虑外部融资。

（6）我们可以通过多种混合工具减轻这种信号效应（如可转换债券和PERCS）。⊖ 但公司的融资方式至关重要。

（7）企业不仅要确定静态的融资政策，还要考虑如何在动态变化中实现这些政策。因此，对静态政策进行适当调整是必需的。此外，公司的融资政策必须随着产品市场战略的变化而调整（正如我们在第七章万豪酒店案例中所见）。

切记：所有企业都需要制定政策，而且所有这些政策必须保持一致，并通过政策传递信息。

阶段性总结

现在，我们不妨对这个部分做一次更全面的回顾。首先从梅西-弗格森农用设备公司开始，这个例子告诉我们，融资对公司而言至关重要。随后，我们剖析了老万豪集团及其融资政策。我们看到，万豪酒店从拥有和经营酒店（需要大量资金，进而形成巨大的资金需求）的产品市场政策转型为只经营、不拥有酒店的政策（由于资本基础的减少，导致资金需求下降）。在此基础上，我们讨论了产品市场战略的变化是否需要新万豪在融资政策上做相应调整。在第九章中，我们分析了老AT&T的融资需求及融资政策。在

⊖ PERCS（preference equity redemption cumulative stocks，可赎回的累积优先股）首先是一种可转换的优先股，也被称为附带上限的普通股。尽管PERCS支付的股利收益高于基础的普通股，但不同于大多数可转换债券，它对股价上涨的转换比率设定上限。典型的可转换债券与股票价格无关，转股率是固定的。因此，可转债的价值与股价涨幅保持固定比率。但是按照PERC，如果股票价格上涨达到一定幅度（通常在30%左右），转股率就会下调，从而让投资者分享股价上涨的程度受到限制。

AT&T 发生剥离之后，由于放松管制和剥离带来的影响，新 AT&T 推出了新的融资政策。最后，我们将视角锁定在老 MCI 的身上——它几乎没有任何融资政策。当 MCI 的竞争环境发生变化时，我们提出的问题是：公司应该制定怎样的新政策？为回答这个问题，我们六次将产品市场政策和融资政策联系起来——其中，三次是针对产品市场发生变化之前的老公司，三次是针对产品市场变化之后的新公司。

期待下一步

我们将在下一章里探讨另一个融资政策——需要支付何等水平的股利。我们将以苹果公司为例，分析公司应该如何制定股利政策。

附录　MCI 1984-1988 年的备考财务报表

我们可以通过多种方式取得表 10-8、表 10-9 及表 10-10（全部为备考形式）所示的 MCI 备考财务报表。在现实世界中，我们需要进行大量的敏感性分析，包括蒙特卡罗模拟。但这显然不是本章介绍的内容，为简单起见，笔者按如下假设前提生成一组备考数据。（我们假设，读者已对本书到此为止的全部内容进行了系统学习，因而知晓备考报表的编制原理和方法，并在适当调整假设前提的基础上，编制符合自己要求的备考财务报表。）下面，我们将逐一介绍备考报表中的每个项目，并简要介绍相应的假设。

表 10-8　MCI 1984-1988 年的预期收益表——预期情境

金额单位：千美元	1984	1985	1986	1987	1988
销售收入	1 738 662	2 625 379	3 675 531	4 778 190	5 686 046
互连业务、电话安装及运营成本	695 465	1 050 152	1 470 212	1 911 276	2 274 419
销售及一般管理费用	521 599	787 613	1 102 660	1 433 458	1 705 814
固定资产折旧	174 874	272 753	384 618	459 441	480 566
成本费用合计	1 391 938	2 110 518	2 957 490	3 804 175	4 460 799
营业利润	346 724	514 861	718 041	974 016	1 225 247
利息费用	132 150	161 374	284 382	402 967	402 459
税前利润	214 574	353 487	433 659	571 048	822 788
所得税	75 101	123 720	151 781	199 867	287 976
净利润	139 473	229 767	281 878	371 182	534 812
利息保障倍数（EBIT / I）	2.62	3.19	2.52	2.42	3.04
销售收入增长率	62.00%	51.00%	40.00%	30.00%	19.00%

表 10-9　MCI 1984—1988 年的资产负债表——预期情境

金额单位：千美元	1984	1985	1986	1987	1988
现金	86 933	131 269	183 777	238 910	284 302
应收账款	208 639	315 045	441 064	573 382	682 326
其他流动资产	9 566	9 566	9 566	9 566	9 566
流动资产	305 138	455 880	634 406	821 858	976 194
固定资产净额	2 173 327	3 281 724	4 410 637	4 778 190	4 833 139
其他非流动资产	33 137	33 137	33 137	33 137	33 137
资产合计	2 511 602	3 770 741	5 078 180	5 633 185	5 842 470
长期负债的当期到期部分	48 038	48 038	48 038	48 038	48 038
应付账款	295 572	446 314	624 840	812 292	966 628
预付账款及其他负债	70 728	70 728	70 728	70 728	70 728
流动负债	414 338	565 080	743 606	931 058	1 085 394
长期负债	1 104 634	1 983 264	2 830 299	2 826 671	2 346 807
其他非流动负债	87 525	87 525	87 525	87 525	87 525
负债合计	1 606 497	2 635 869	3 661 431	3 845 254	3 519 726
实收资本	588 948	588 948	588 948	588 948	588 948
留存收益（赤字）	316 157	545 924	827 802	1 198 983	1 733 796
所有者权益合计	905 105	1 134 872	1 416 750	1 787 931	2 322 744
负债和权益金额	2 511 602	3 770 741	5 078 180	5 633 185	5 842 470
负债率［负债/（负债+权益）］	56.00%	64.20%	67.00%	61.70%	50.80%

表 10-10　MCI 1984—1988 年的现金流量表——预期情境

金额单位：千美元	1984	1985	1986	1987	1988
净利润	139 473	229 767	281 878	371 182	534 812
固定资产折旧	174 875	272 753	384 618	459 441	480 567
营运资金的变动	—	—	—	—	—
经营活动产生的现金	314 348	502 520	666 496	830 623	1 015 379
资本性支出	1 024 036	1 381 150	1 513 531	826 994	535 516
优先股股利	—	—	—	—	—
融资需求总额	1 024 036	1 381 150	1 513 531	826 994	535 516
融资需求净额	709 688	878 630	847 035	-3 629	-479 863

销售收入：如文中所述，笔者认为，MCI 的销售收入随着长途电信市场的增长而增长；与此同时，MCI 的市场份额也表现为持续增长。在备考分析中，我们假设市场的整体上涨幅度为 8%，而 MCI 在第一年的增长率为 50%，在截止 1988 年的四年期间，增长率分别为 40%、30%、20% 和 10%。因此，1984—1988 年的净销售收入增长率分别为 62%、51%、40%、30%和 19%。

互连业务、电话安装和运营成本：设定为销售收入的 40%，这个比率是公司在 1978—1983 年的平均水平。

销售及一般管理费用：设定为销售收入的 30%，高于公司在 1978-1983 年的平均水平 20%。我们认为这种增长是有理由的，因为 MCI 要扩大市场份额，就必须增加对广告和营销工作的投入。

固定资产折旧：假设固定资产按平均值（期初和期末的平均值）在 10 年内平均折旧（即采用直线折旧法）。

利息费用：按期初债务总额（短期负债加长期负债）的 14%计算（比当时的美国 10 年期国债利率高出约 3%）。

所得税：设定为税前利润的 35%。

现金：设定为销售收入的 5%（1978-1983 年的中位数）。⊖

应收账款：设定为销售收入的 12%（1978-1983 年的平均值）。

其他非流动资产：为简单起见，假设其他流动资产和其他非流动资产在本期间均保持不变。

固定资产：1984 年和 1985 年的固定资产设定为销售收入的 125%，1986 年设定为销售收入的 120%，1987 年为销售收入的 185%，1988 年为销售收入的 85%（这导致 1988 年的固定资产几乎未发生变化）。之所以采用这样的假设，是因为我们已经在文中指出，即公司在通话网络上的资本性投资（CAPEX）会随时间的推移而下降，从而导致固定资产/销售收入之比持续提高。

长期负债的当期到期部分：假设不随时间变化。

应付账款：设定为销售收入的 17%（1978-1983 年的平均值）。

预付账款及其他负债：假设在此期间保持不变。

长期负债：为插入值或平衡项。

其他非流动资产：假设在此期间保持不变。

实收资本：假设在此期间保持不变。

留存收益：假设增加额为当期净利润（即假设 MCI 在此期间不支付股利）。

⊖ 我们之所以使用中位数，而不是平均值，是因为1983年融资造成现金余额出现了较大波动。

第十一章
股利政策（苹果公司）

本章将介绍公司以股利形式向股东返还现金的原因和方式。首先，我们将讨论股利理论和实证研究。然后，以苹果公司（Apple Inc.）为例，讨论公司可以采取的股利政策。接下来，我们将介绍股票回购理论，以及苹果最近使用海外汇回资金回购股票的过程。

股利政策理论

要了解公司股利的理论基础，还是从 M&M 理论入手，这也是我们一向的做法。但针对股利，我们需要从 M&M（1961）开始。不妨假设存在一个拥有高度有效市场的 M&M 世界（在这里不存在信息不对称，即每个人都知道所有信息，而且每个人都能在同一时刻获悉所有信息，交易成本为零，没有税收，也不存在进行成本套利的机会）。回想一下，我们在第六章讨论资本结构时，就曾假设了一个这样的世界。

在传统的 M&M 模型中，股利政策并不重要。M&M（1961）模型表明，支付股利是一次零净现值（NPV）的交易（无论是否支付股利，都不会改变公司公司或股权的价值）。其实，在 M&M 的模型中，认为股利政策无关紧要的理由很简单：在这样的世界里，拥有 50 美元的股票，或是拥有价值 48 美元的股票外加 2 美元的现金，对投资者来说没有任何区别，因为投资者随时可以进行无成本套利。

套利理论认为，如果投资者喜欢股利，但其持有的股票不支付股利，那么，他就可以通过出售部分股票，以出售股票的收入作为股利的替代品。因此，要想每年取得 5% 的股利，投资者只需每年卖掉 5% 的股票即可。需要提醒的是，在 M&M 的世界里，既不存在交易成本，也不存在信息成本，更没有税收。因此，投资者出售股票实现的收入，完全等同于直接取得的股利。同样，如果某个投资者不想得到股利，却收到股利，那么，他可以用现金股利去购买更多的股票，这就相当于抵消了股利支付。

因此，在没有交易成本、没有税收而且市场有效的 M&M 世界中，不管公司是否真正支付股利，投资者都可以通过调整股票和股利的组合方式，实现和预期股利政策相当的价值。也就是说，在这个完美的世界里，股利和股票回购是等价的。

在介绍资本结构理论的章节（第六章）中，我们已经列举出从 M&M 理想世界向现实世界实现过渡时需要考虑的五个要素，即税收、财务困境成本、信号理论、信息不对称和委托代理问题。

现在，我们将逐一讨论这五个因素对最优股利政策的影响。在影响资本结构政策（税收和财务困境成本）的这五个要素中，前两项对股利政策的制定并不重要。而后三个因素而是决定股利政策最重要的因素。尤其是信号理论，而信息不对称和委托代理问题的影响相对较低。

让股利政策理论走进现实

1. 税收

正如税收对资本结构政策的重要性一样,它同样会影响到股利政策——只不过重要性不及对前者而已。公司可以采取两种形式回报股东,即支付股利和资本利得,但这两种分配方式对应的税率却不同。长期以来,股利和资本利得的适用税率一直在变化,而且后者的适用利率通常低于前者(见下文)。而纳税时间则让税率差异变得更复杂。股利在收到时立即纳税,而资本利得只有在收益实现时才需要纳税(这在一定程度上会影响到有效税率,既有可能增大有效税率,也有可能降低有效税率)。税率和纳税时间上的差异,还会影响企业对股利政策的选择。

> **股利的适用税率**
>
> 在2003年之前,股利的适用税率高于资本利得的适用税率。(股利按收入进行纳税,其税率与收入相同,而资本利得则按较低税率征税。)股利税率高于资本利得的税率,而且资本利得可推迟纳税,这两点相结合,使得资本利得对股东更有吸引力。
>
> 但是从2003年到2012年,股利和资本利得适用于相同的税率(均为15%)却低于资本利得的适用税率(最高税率为20%),这就抵消了资本利得在税收上的优势。因此,尽管从税收角度看(即低利率和延期纳税),资本利得以前的税收优势是明显的,但是在2003—2012年期间,这种优势已不再明显,股利的适用税率也开始下降,但资本利得依旧可递延纳税(2013年,股利的最高税率提高到20%)。

2. 财务困境

在讨论如何让资本结构决策更加符合现实时,我们需要考虑的第二个因素是财务困境成本。它在确定资本结构政策方面扮演了重要角色。但财务困境对股利政策的影响远不及对资本结构决策的影响。如果财务困境导致公司无法向贷款人支付利息,会发生什么呢?贷款人可以强制公司宣布破产(并发生相关费用)。但是,如果财务困境导致公司未能向股东派发股利,会出现怎样的结果呢?股东没有办法惩罚公司。如果公司不能支付股利,股东可以到年会上申诉,或是干脆抛售股份。但不支付股利这件事本身,还不足以让股东强制企业进入破产程序。⊖ 因此,财务困境成本对股利政策的重要性不及它对债务政策的影响。

3. 信号理论

股利的信号理论可以归纳如下:超额现金流对公司的用途之一,就是向股东支付股

⊖ 在公司没有过剩现金流时,它通常不会支付股利,因此,财务困境不会直接影响到股利政策。但是在遭遇财务困境时,公司可能会决定减少股利,以便于把有限的现金流用于其他更重要的方面。

利。而急需现金的公司显然没有能力支付股利（我们在万豪、AT&T 和 MCI 的案例中都曾提到这一点）。股利和股票回购是公司向股东返还现金的两种基本方式。因此，如果一家公司向股东支付股利或是回购股份，那么，它就是在向市场发出一个信号：公司有足够的现金流为股东支付股利。如果公司希望向市场传递积极的信号，而且确实支付了股利或进行了回购，但是在没有超额现金流的情况下，这样做只会给公司带来额外的成本——因为它必须通过额外的融资来取得这部分现金。

在讨论信号时，我们为什么要把重心全部放在现金流上呢？因为现金本身就是一个奇妙的信号，它不仅最值得信赖，而且简单、可见，更重要的是，制造任何有关现金流的虚假信号都要付出成本。

不妨设想一下，在某家公司的年报中，管理层声称："去年对于我们来说是伟大的一年，今年我们度过了非常美好的一年，因此，我们可以预见，明年将是神奇而特殊的一年。"这样的标榜值得信赖吗？他们到底想表达什么呢？谁能猜出他的真实用意何在？事实上，我们根本就不知道管理层是否在说实话。如果今年和明年恰好都不是好年头，那么，管理层就可以说："哎呀，我们最初的预测错了。"管理声明只是在陈述，既然是陈述，其准确度和真实性就无从提前确定。

再设想一下：管理层宣布增加股利。增加股利这个信号可信吗？当然可信。股利增加是实实在在的事情，它意味着公司需要为此付出成本。也就是说，公司必须用现金来支付增加的股利。如果手头现金不足，公司就不得不增加未来的对外融资，以支付增加的股利。

股利是个简单的信号吗？当然是。虽然管理层可以说去年是伟大的一年，但投资者并不了解这个"伟大"到底意味着什么。因为"伟大"这个词很难度量。相比之下，如果管理层去年为每股支付了 1.00 美元的股利，并计划在今年增加到 1.20 美元，这就一目了然了。20%的增长率是一个很容易衡量的标准，这意味着，公司会有一个好年景。

股利是个可见的信号吗？是的。股利比管理层的任何声明或证券披露资料都更明显。投资者可能不会跟踪针对公司发表的每一篇报道评论，但他们不可能对公司发放股利的支票视而不见；这是投资者可以看到和摸到的真金白银。⊖

最后，利用股利释放虚假信号是需要成本的。由于信息不对称，我们不知道管理层的预测是否准确，而管理层的预测不准确，几乎不会给他们带来任何后果。但是在股利这个问题上，如果管理层的股利政策在未来不可持续，那么，它就会对企业融资造成影响。

在第十章里，我们讨论了 MCI 是否应支付股利的问题。如果 MCI 对每股支付 1.00 美元股利，并在未来五年预计支付 5.85 亿美元（MCI 拥有 1.17 亿股流通股）。如果 MCI

⊖ 正如我们在上一章中提到的例子，在同学聚会中，坐在角落里发红包的同学，肯定比虚张声势者发出的信号更可信——他才是成功者。

支付这个股利的原因，仅仅是因为它错误地预测了更高的现金流，或是试图发出虚假信号，那么，它就必须从外部额外筹集这 5.85 亿美元的资金。

回购股票作为信号的价值有多大呢？读者可能从第八章关于万豪的案例中发现，回购股票是企业向股东返还现金的另一种方法。

那么，股票回购是否可信、简单、易见呢？股票回购当然是可信的，这一点与股利类似，因为它们都代表了公司对现金的使用，也是公司需要支付成本的行为。只不过，回购股票的简单体现为另一种方式。股利的变动可以视为对以前股利的调整。股票回购涉及回购价格和回购金额两个方面。回购股票同样是可见的，因为股东很少会忽视公司发布的收购要约或股份回购计划。

如果说股票回购和股利是公司向股东返还现金的两种基本方法，而且股票回购需要按资本利得纳税，那么，在目前股东个人税率低于股利收益税率的情况下，公司为什么不更多地进行回购呢？一个重要的原因就在于，美国国税局以法律形式限制公司以股份回购来代替股利。如果公司定期进行股票回购（比如说每季度一次），那么，国税局可以将这些股票回购视为股利，避免公司人为以股票回购方式逃避应按股利缴纳的税款。

那么，股票回购是否也像股利一样可靠呢？还达不到这样的程度，因为股票回购不像股利那么有规律。另外，我们曾讨论过，股利具有黏性（即一旦支付，就很少会下调），而股票回购则不然（例如，即使管理层已经宣布了回购计划，但依旧可以推迟执行，甚至随后取消）。

因此，按季度定期支付的股利不仅体现了信号理论，而且与信号理论完全匹配。⊖ 因为股利简单、明了而且可信，如果支付没有足够现金流支持的股利，就需要公司付出高昂的代价。因此，信号理论也是解释股利政策最有力的理论。

4. 信息不对称

信息不对称理论的含义是，管理层永远比外部投资者更了解企业的真实价值。当然，这也是信号存在的依据。投资者对公司行为（特别是涉及现金流入或流出的行为）做出反应，以确定对公司未来发展前景的看法，进而影响到公司当前的股价。因此，股利之所以被当作信号，就是因为存在信息的不对称性。

5. 委托代理问题

对于公司支付股利的原因，还有一种解释，就是所谓的"现金流假设"⊖（agency theory）的代理理论。这个理论认为，管理层和股东之间往往存在利益冲突，如果公司

⊖ 对于不定期发放、金额不固定的特殊股利，既不享受股票回购的税收优惠，也不具有正常股利的信号优势。尽管我们不准备在这里进一步讨论，但有一点可以说明，特殊股利的使用频率远远低于常规股利或股票回购，且通常需要一次性对股东分配现金。

⊖ 见 Michael Jensen, Agency Costs of Free Cash Flow, Corporate Finance and Takeovers, *American Economic Review* 76, no. 2（1986）：323–329。

有多余的现金,管理层可以用现金去实现自己的目的,而不是着眼于股东利益。保留多余现金可以让管理层打造自己的企业帝国、承接负净现值的项目、进行过多的职务消费等活动。而股利则是一种让超额现金脱离管理层掌控并返还给股东的方式。

因此,按照现金流假设的要求,应追加企业债务,从而增加利息费用,限制管理层使用现金流的自我裁量权。虽然股利也可以达到这个目的,但债务显然比股利更有利于限制管理层的非理性活动,因为债务的利息是强制性的,而股利的发放则不是。

实证研究

现在,我们来看看有关股利政策的实证研究结果,⊖如下结论是我们已知的:第一,股利具有黏性,也就是说,一旦公司开始支付股利,就会尽可能地保持股利支付不变,因此,股利在各年度之间不会剧烈波动。比如说,如果一家公司在某个年度支付 0.20 美元的股利,即使次年收入大幅上涨(或下降),也有可能会按上一年的水平支付股利。

第二,即使股利确实需要调整,也倾向于采取阶梯式的调整规律。即在若干年内保持不变,在某个年度做出调整,然后,在新的水平维持多年,若干年后再做一次调整,以此类推。

第三,公司不仅会保持股利的黏性,而且很少会削减股利。需要记住的是,公司不必一定要支付股利,既然如此,股利就是可以减少的。但是在现实中,减少股利却是非常罕见的事情。如果一家公司确实减少了股利,那么,依经验来看,这将是向市场发出的非常强烈的负面信号,我们可能会看到,公司股价会大幅下滑。因此,股利通常会保持稳定,削减股利是公司非常不愿做的事情。

重要的是,长期以来,股利实证研究的结论基本是一致的。这已经是一个被无数人研究过的问题,而且结果大同小异:股利往往具有黏性。研究表明,如果公司将股利增加 1%,股价的平均涨幅约为 3%。如果公司将股利减少 1%,股价的平均降幅约为 7%。因此,市场对股利减少的处罚力度远超过股利增加带来的奖励效应。对此的一种解释是:市场认为,公司只有在陷入困境时才会削减股利。因此,削减股利就表示,市场认为公司的现金流不足以维持股利,而且股利通常不是构成现金流的主要成分。因此,市场会认为,减少股利是一个非常消极的信号。

当然,还有很多理论对公司支付股利的原因做出了解释,包括上面提到的现金

⊖ 见 J. Lintner, Distribution of Incomes of Corporations among Dividends, Retained Earnings, and Taxes, *American Economic Review* 46, no. 2（1956）: 97–113, E. F. Fama and H. Babiak, Dividend Policy: An Empirical Analysis, *Journal of the American Statistical Association* 63,（1968）: 1132–1161, and Douglas J. Skinner and Eugune F. Soltes, What Do Dividends Tells Us About Earnings Quality? *Review of Accounting Studies* 16, no. 1（March 2011）: 1–28.

流假设。而最近还出现了一种股利迎合理论（catering theory of dividends），即当投资者希望得到股利时，公司就会支付股利，而在市场不需要股利时，公司就不再支付股利。㊀然而，这些理论的说服力显然都不及信号理论。此外还有一点需要记住的是，股利与资本利得有所不同，笔者认为，税收论或许应该在解释股利政策中扮演更重要的角色。㊁

我们在针对信号理论的最后一个注解中曾指出：有些研究人员声称，互联网大大改善了信息在市场上的传播效率。因此，当下投资者会掌握更多关于公司的信息这会减少股利作为信号的重要性。尽管这是一个很有趣的想法，但笔者的研究表明，随着时间的推移，市场对新股利的反应确实有所减弱，但仍会做出明显的反应。

引申阅读

还有一个经验事实指出，支付股利公司的数量呈现出持续相对下降的趋势。从1926年到1962年，纽约证券交易所（NYSE）超过70%的上市公司支付股利（见图11-1）。但是在进入20世纪70年代之后，支付股利的公司的相对数量开始下降。为什么呢？我们也不知道：法玛和芬奇（French）（2001）*发现了这个趋势，结果令学术界感到震惊。他们发现："支付现金股利的公司已从1978年的66.5%减少到1999年的20.8%。"

现在，我们再补充一个实证依据：支付股利的公司没有停止支付！我们已经说过，公司不会减少股利，而且他们也确实没有减少股利。此外，股利支付的总额处于上升趋势。支付股利的公司仍在支付股利，并且支付的金额更高。到底发生了什么事呢？一种解释说，在1980年以后上市的新公司确实没有分配股利。坊间的普遍观点是，只要能支付股利，所有公司都会支付股利，但这显然已不再是事实了。

是什么造成了这种变化呢？或许是因为公司在主要交易所上市变得更容易。证券交易所都在争夺上市公司。过去，只有规模庞大、非常成熟的公司才能在纽约证券交易所上市。现在，即使是一家几乎小得不能再小的公司，也能在纽约证券交易所登堂入室。或许这些公司会在发展成熟之后再支付股利。还有一种可能的原因是，不支付股利的新上市公司来自和以往不同的行业。这些公司大多数是高科技、成长型公司或网络公司等。我们都知道，高科技公司对现金流的需求很大，因此，在他们急需以现金推动增长时，自然就不会分红。笔者也研究过这个问题，并创建了预测性回归模型，试图揭示支付股利公司的比率以及全部公司的变化规律。遗憾的是，我们的模型还不够有效。按照计量经济学的术语，我们存在遗漏变量问题。有些变量肯定没有被我们所关注到，但我们也

㊀ 见 Malcolm Baker and Jeffrey Wurgler, A Catering Theory of Dividends, *Journal of Finance* 59, No. 3（June 2004）: 1125–1166。

㊁ 股利支出与股利承受的税率密切相关，见R. Chetty and E. Saez, Dividend Taxes and Corporate Behavior: Evidence from the 2003 Dividend Tax Cut, *Quarterly Journal of Economics* 120, no. 3（2004）:。

不知道到底哪些变量被遗漏了。等笔者编写本书的下一版时，或许会有所感悟（感悟可能来自我们，也可能是其他人）。

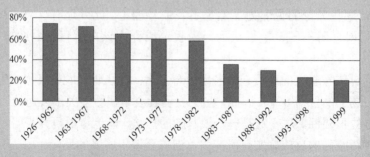

图11-1　纽约证券交易所上市公司支付股利的比率

* 见：Eugene F. Fama and Kenneth R. French,"Disappearing Dividends: Changing Firm Characteristics or Lower Propensity to Pay?"*Journal of Financial Economics* 60, no. 1（2001）：3-43。

因此，我们的结论是：M&M（1961）是一个很有底蕴的理论，但它并不符合现实世界的条件。实际上，我们发现，很多公司在支付股利，当公司开始支付或是增加股利时，公司的股价往往会上涨。此外，当公司削减股利时，股价会下跌。笔者认为，目前解释股利最有效的理论无疑是信号理论。遗憾的是，信号理论却无法解释支付股利公司所占的比重为什么会出现大幅减少。

股利政策和现金流

信号理论表明，拥有超额现金流的公司会支付股利。但这并不是公司使用超额现金的唯一方式。正如我们在第七章介绍万豪公司时所看到的，公司可以五种方案来处理多余的现金，即加快增长率、收购其他公司、偿还债务、支付股利和回购股份。前两种属于产品市场的解决方案，后三种则属于融资政策范畴的解决方案。在这五种方案中，支付股利只是持有超额现金流的公司可采取的选择之一。

苹果公司及是否支付股利的决策

到此为止，我们已经介绍了股利的基础理论和实证研究成果。下面，我们再研究一个现实世界中的股利决策问题。苹果公司在2011财年并未支付股利，但是在2012年，公司开始考虑是否支付股利。在做出这个决定之前，我们先简单回顾一下苹果公司的历史。㊀

1977年1月3日，史蒂夫·乔布斯（Steve Jobs）和史蒂夫·沃兹尼亚克（Steve

㊀ 除另有说明之外，苹果公司的所有数据均摘自公司每年向证券交易委员会提交的10K年度报告。

Wozniak）在加利福尼亚州创建了苹果电脑公司。公司的第一款产品就是 Apple I 型电脑，当时的市场零售价为 666.66 美元。1977 年 4 月，苹果公司推出 Apple II 型电脑，这款机器通过软件电子表格程序 VisiCalc，创建了以商业应用为主的个人电脑市场。在公司诞生后的四年里，也可以说，在 1980 年 12 月 12 日上市之前的四年中，苹果公司的收入几乎每四个月即翻一番。苹果公司在 1980 年 12 月 12 日公开上市时的股价为每股 22 美元（2014 年 6 月，经股票分拆调整后的价格为 0.39 美元）。㊀ 2007 年 1 月，公司正式将企业名称由苹果电脑更名为苹果公司。

尽管在很短时间内就取得了辉煌的成就，但史蒂夫·乔布斯还是于 1985 年 5 月离开苹果。在新管理层的内部权力斗争中，他以失败告终。苹果在 1995 年继续保持了良好发展势头，但是在 1996 年和 1997 年却经历了两年的亏损。1996 年 2 月，苹果公司宣布，将以 4.25 亿美元的价格收购由史蒂夫·乔布斯创立和运营的 NeXT 公司。对 NeXT 的收购让苹果公司创始人重返掌门人的位置，1997 年 7 月，乔布斯再度成为苹果公司的 CEO。

在乔布斯回归后不久，苹果公司的财务几乎已经触底。1997 年 10 月，媒体援引苹果主要竞争对手的创始人迈克尔·戴尔的话称，如果他负责苹果，他会选择"关闭公司，把钱还给股东"。㊁

> **引申阅读**
>
> VisiCalc（如前所述，这是推动苹果取得成功的重要因素）最初由哈佛商学院的两名 MBA 学生丹·布里克林（Dan Bricklin）及鲍勃·弗兰克斯顿（Bob Frankston）开发。不久之后，麻省理工学院的两名学生米切尔·卡普尔（Mitch Kapor）及埃里克·罗森菲尔德（Eric Rosenfeld）又开发出一款电子数据绘图软件，并以 30 万美元的价格将这款程序出售给 VisiCalc。米切尔·卡普尔在毕业前离开麻省理工学院，用这笔收入创建了莲花开发公司（Lotus Development Corporation）。但他在 1986 年离开这家公司，公司最终在 1995 年被 IBM 以 35 亿美元的价格所收购。获得麻省理工学院金融博士学位的埃里克·罗森菲尔德则成为所罗门兄弟公司的董事总经理，之后又成为长期资本管理公司（LTCM）的创始人之一。可以说，他的金融学博士之路丝毫不亚于他在创建科技创业企业方面的成就。

史蒂夫·乔布斯明显有不同想法，而苹果也开始推出新的产品。iMac 于 1998 年上市，iPod 在 2001 年推出，iTunes 商店在 2003 年开业，2006 年则迎来了 MacBook，最后，iPhone 的成功则在 2007 年彻底改变了这家公司。随后，AppStore 于 2008 推出，iPad 出现于 2010 年，iCloud 在 2011 年投入运营。在此期间，苹果的股价从 1998 年分拆调

㊀ 这些股票最初的定价为每股 22 美元，但是在此后，公司股票先后经过三次一股转两股的分拆（三次分拆的时间分别为 1987 年 5 月 15 日、2000 年 6 月 21 日及 2005 年 2 月 18 日）和一次一股转七股（时间为 2014 年 6 月 2 日）的分拆。

㊁ 见 CNET, Dell: Apple Should Close Shop, CNET, October 6, 1997, www.news.cnet.com/Dell-Apple-should-close-shop/2100-1001_3-203937.html。

整后的 0.50 美元起步，到 2004 年年初已超过 1.50 美元，而在 2012 年 9 月已经暴涨到每股 100 美元。㊀在这 15 年的时间里，苹果公司为投资者创造了 20 000%的回报！（此后，股价持续上涨，并在 2018 年 10 月 3 日创下每股 237.07 美元的新高。）

在长期与胰腺癌斗争之后，史蒂夫·乔布斯最终于 2011 年 10 月 5 日去世，享年 56 岁。早在 2011 年 8 月 24 日，他就已经提前宣布辞职。在市场获悉他的辞职信息后，股票暂停交易（几个小时），当交易恢复后，股价下跌 5%，至 357 美元（拆分后调整为 51 美元）。㊁由于苹果公司拥有近 930 万股流通股，因此，相当于公司市值减少约 175 亿美元。尽管市场依旧接受苹果的产品线和营利能力，但担心是显而易见的，失去了公司的创始者和形象代言人，苹果很难维持已有的成功。

苹果在其 2014 年年度报告中称，公司的业务范围包括"设计、制造和销售移动通信和媒体设备、个人电脑及便携式数字音乐播放器，并销售各种相关软件、服务、外围设备、网络解决方案和第三方数字内容及应用程序。公司的产品和服务包括 iPhone®、iPad®、Mac®、iPod®、Apple TV®、各类消费和专业软件应用程序包、iOS 和 OS X®操作系统、iCloud®以及各种附件、服务和支持产品。此外，公司还通过 iTunes Store®、App Store™、iBooks Store™和 Mac App Store 销售和提供数字内容及应用程序。" 2014 年，苹果的品牌价值已公认超过可口可乐的品牌价值。

后史蒂夫·乔布斯时代的苹果公司

表 11-1 和表 11-2 是苹果公司 2008—2011 年的利润表和资产负债表。在此期间，苹果公司发展迅猛，销售收入及利润持续增长。2011 年度，苹果公司的营收总额达到 1 082 亿美元，实现净利润 259 亿美元（净利率为 24%），毛利率更是达到 40.5%（43 818/108 249）。尽管公司规模庞大，但 2011 年依旧继续增长了 66%（2010 年的增长率更是高达 79%）。在此期间，苹果公司在研究和设计方面投入了巨大资金，2011 年的研发投入达 24 亿美元（占收入的 2.2%、净利润的 9.4%）。

苹果的资产负债表反映了公司的营利能力。实际上，公司没有任何短期或长期负债，所有者权益对资产总额的平均占比为 58%（2011 年为 66%）。到 2011 年，苹果拥有大量的现金（超过 810 亿美元，包括短期及长期有价证券）和股票投资，但却没有债务。重要的是，尽管苹果持有超额现金和有价证券资产，但是在 2012 年，苹果公司却未向股东支付股利，或进行任何形式的现金分配。

㊀ 苹果公司的市值（股价乘以流通股总数）已超过戴尔电脑。2012年8月20日，苹果成为全球最有价值的公司，市值达到6 190亿美元。2012年9月19日，苹果公司的股价创下703.99美元的历史新高（分拆调整后为100.57美元），2012年9月28日（财年截止日期），股价以667.10元（按分拆调整后的价格为99.30美元）收盘。

㊁ 见CNN Money, Apple Stock Tumbles 5% in After Hours Trading, *CNN Money*, August 25, 2011,http://money.cnn.com/2011/08/24/technology/apple_after_hours_shares/。

表 11-1 苹果公司 2007-2011 年的利润表

单位：百万美元	2007年9月29日	2008年9月27日	2009年9月26日	2010年9月25日	2011年9月24日
销售收入净额	24 006	32 479	36 537	65 225	108 249
销售成本	15 852	21 334	23 397	39 541	64 431
利润总额	8 154	11 145	13 140	25 684	43 818
研发费用	782	1 109	1 333	1 782	2 429
销售及营业费用	2 963	3 761	4 149	5 517	7 599
营业利润	4 409	6 275	7 658	18 385	33 790
其他收入（亏损）	599	620	326	155	415
税前利润	5 008	6 895	7 984	18 540	34 205
所得税	1 512	2 061	2 280	4 527	8 283
净利润	3 496	4 834	5 704	14 013	25 922
每股收益	4.04	5.48	6.39	15.41	28.05
股利分配率	0	0	0	0	0
销售收入增长率		35%	12%	79%	66%

表 11-2 苹果公司 2007-2011 年的资产负债表

金额单位：百万美元	2007年9月29日	2008年9月27日	2009年9月26日	2010年9月25日	2011年9月24日
现金和短期投资	15 386	22 111	23 464	25 620	25 952
应收账款净额	1 637	2 422	3 361	5 510	5 369
存货	346	509	455	1 051	776
其他流动资产	63	8	84	−46	443
流动资产合计	21 956	32 311	36 265	41 678	44 988
长期有价证券	—	2 379	10 528	25 391	55 618
土地、厂房和设备	1 832	2 455	2 954	4 768	7 777
商誉及无形资产等	1 559	2 427	4 104	3 346	7 988
资产合计	25 347	39 572	53 851	75 183	116 371
应付账款	4 970	5 520	5 601	12 015	14 632
预提费用	4 329	3 719	3 376	5 723	9 247
递延收入	-	4 853	10 305	2 984	4 091
流动负债	9 299	14 092	19 282	20 722	27 970
长期负债	—	—	—	—	—

金额单位：百万美元	2007年9月29日	2008年9月27日	2009年9月26日	2010年9月25日	2011年9月24日
其他非流动负债	1 516	4 450	6 737	6 670	11 786
负债合计	10 815	18 542	26 019	27 392	39 756
实收资本	5 368	7 177	8 210	10 668	13 331
留存收益	9 101	13 845	19 538	37 169	62 841
其他	63	8	84	-46	443
所有者权益合计	14 532	21 030	27 832	47 791	76 615
负债和所有者权益合计	25 347	39 572	53 851	75 183	116 371
所有者权益/资产总额	57%	53%	52%	64%	66%

尽管苹果从表面上看似乎是一只炙手可热的股票，但实则不然。2011年9月26日（苹果2012财政年度的开始日期），苹果股价以每股399.86美元（分拆调整后为57.12美元）开市，市盈率仅为14.3倍（股价399.86美元/每股收益28.05美元）。⊖ 相比之下，标准普尔500指数的市盈率约为15倍。这意味着，尽管拥有高增长率，但苹果股票的市盈率却低于大盘。

为什么苹果没有成为2012年的热门股呢？毕竟，苹果还在赚钱，而且赚了很多钱。影响苹果估值的一个重要因素是，市场担心竞争的加剧将会导致苹果公司在很多不同的产品系列中丧失市场份额，尤其是平板电脑和智能手机领域的新产品线。例如，到2012年，谷歌的安卓操作系统智能手机（如三星的Galaxy系列功能与iPhone基本相似，但售价却低得多）的市场份额已提高到50%，而iPhone则始终维持在总市场的20%左右。⊖ 此外，苹果还面临着与亚马逊在平板电脑市场上的竞争。那么，市场的担心是什么呢？市场最担心的是，这些竞争对手不仅会减少苹果的市场份额，而且一旦苹果以降低售价来应对竞争，苹果的利润就会下降。

产品市场策略及新产品定价

假设你出席苹果公司的2012年管理层会议：面对现有的竞争态势，苹果应采取怎样的定价政策呢？苹果应下调价格以保持市场份额，还是继续维持目前的盈利水平呢？

⊖ 如果股价下降到313美元，苹果公司的每股现金及有价证券净额大约为87美元，市盈率则下降到11.2（313 美元/28.05美元）。

⊖ 见Sameer Singh, Global Smartphone Market Share Trends: Android, iPhone Lead, Windows Phone Struggles, *Tech-thoughts*, July 17, 2012, www.tech-thoughts.net/2012/07/global-smartphonemarket-share-trends.html。

比如说，苹果是否应该令新 iPhone 4S（2011 年 10 月发布）的价格低于 iPhone 4（2011 年 4 月发布）的 660 美元呢？㊀ 苹果是否可以利用降低价格来提高竞争力呢？苹果是否有足够的成本优势做到这一点，尚不得而知。如果苹果选择降价，盈利水平会发生怎样的变化呢？

苹果公司的状态被视为不可持久的垄断。这也是经济学中的一个经典问题：一家公司拥有垄断地位，但他们知道，这种垄断不会永久地持续下去。那么，公司应该怎么应对呢？公司可以兑现全部垄断价值，而且争取在最短时间内兑现；或是降低产品价格以维持垄断地位。

这就是苹果面临的两难抉择。这同样是经济学教科书中的一个经典话题，在此，我们不打算花费力气去寻找精确答案。总之，苹果决定不降价。

那么，苹果在其他策略上准备如何对待竞争对手呢？苹果要做的第一件事，就是起诉它的竞争对手三星公司。苹果的诉讼主张是什么呢？侵犯专利技术，苹果能赢得这场官司吗？据传，2012 年，三星被裁支付赔偿金。2018 年，法官最终裁定，三星应向苹果公司支付 5.39 亿美元的损害赔偿金。最终，双方于 2018 年 6 月 27 日达成和解，苹果公司终止上诉。最终赔偿金额未对外披露。

更重要的是，苹果采取的对策是尽可能地加快创新步伐。其策略就是通过不断创造更新、更强大、更有效、设计更优良的产品来创造先发优势。也就是说，通过推出新产品或是改善现有产品的性能，创造出新的不可持续的垄断。这样的策略显然可以让苹果维持高价格。

此外，苹果公司还加大了广告营销活动力度，并继续为新产品积极造势。作为一家创新型企业，苹果公司能否掌握设计精良、技术尖端的"超酷"产品，这一点至关重要。那么，苹果能否在产品市场战略上取得成功呢？到目前为止，他们似乎比竞争对手更成功。在苹果发布新的电脑或手机产品时，人们总会在苹果商店排队购买，甚至会提前几天。为什么呢？因为每个人都"不得不拥有"一款苹果生产的小玩意。

这个策略有什么问题吗？加速创新会给苹果带来不利影响吗？当然会。毕竟，苹果需要承受庞大的研发（R&D）费用，因此，加速创新会导致公司无法收回现有产品的全部回报。通常，在推出新产品后，公司往往希望为初始投资带来尽可能高的回报率。苹果公司是这样做的吗？不是。在推出下一代产品时，苹果公司已经充分吸收了上一代产品所能创造的全部利润。而苹果的竞争对手并没有像苹果那样去创新：他们只是在等待苹果创新，然后再复制苹果的创新成果。这就可以让苹果的竞争对手节省一大笔研发支出。

此外，史蒂夫·乔布斯也是苹果创新形象的一个重要组成部分。关于苹果公司能否继续创新并引领市场，他的去世给人们留下了一个问号。那么，他的离世是否也是苹果公司需要改变策略的信号（比如降低价格）呢？在撰写本书时，苹果给出的答案仍然是"不"。

㊀ 见维基百科，iPhone：http://zh.wikipedia.org/wiki/IPhone（2014年11月13日访问）。

苹果在 2012 年年初的融资政策是什么？应该做什么调整吗

分析了苹果公司的产品市场战略，我们再看看苹果的融资政策。正如我们所讨论的那样，融资政策包括目标债务及股利政策两大要素。苹果的目标债务政策是什么呢？采取什么类型的债务呢？苹果根本就没有债务。事实上，苹果持有大量的超额现金，因此，它的负债是负的。如果苹果发行债券，需要发行长期债券还是短期债券呢？是采用固定利率还是浮动利率呢？是在国内市场发行、还是在国外市场发行呢？是发行直接债券、还是可转换债券呢？这些融资政策的选择都与苹果无关，因为他们没有债务。

苹果的股利政策是什么呢？截至 2011 财年结束，苹果公司尚未派发过股利。苹果的股票政策是什么呢？虽然苹果过去发行过新股，但是从 2008 年到 2011 年，他们只发行过员工认股期权（发行总额分别为 3.65 亿美元、4.83 亿美元、4.75 亿美元、6.65 亿美元和 8.31 亿美元）。

所以，我们不妨回顾一下。

在 2012 财年开始时，苹果对负债做出这样的选择：

- 资本结构中的债务比率？　　　　　　　　　　0%
- 固定利率还是浮动利率？　　　　　　　　　　不适用
- 长期负债还是短期负债？　　　　　　　　　　不适用
- 发行公募债券还是私募债券？　　　　　　　　不适用
- 在美国市场发行还是在欧洲债券市场发行？　　不适用

此外，苹果公司对股权的安排是这样的：

- 公募发行还是私募发行？　　　　　　　　　　发行公募股票
- 普通股还是优先股？　　　　　　　　　　　　普通股
- 直接发行还是采用可转换债券？　　　　　　　直接发行
- 是否进行股票分割？　　　　　　　　　　　　是

苹果在股利政策上的决定是不支付股利。

- 是否发行股利？　　　　　　　　　　　　　　否
- 支付股利的水平？　　　　　　　　　　　　　0%
- 是否采取股利再投资计划？⊖　　　　　　　　 否

苹果在历史上曾采取的一项融资政策就是股票分割。如上所述，该公司首次公开发行（IPO）的价格为每股 22 美元，但此后进行过三次一股转两股的分割（1987 年 5 月 15 日、2000 年 6 月 21 日及 2005 年 2 月 18 日），并在 2014 年 6 月 2 日进行了一股转七股的分割。

⊖ 我们曾在第十一章里讨论过 DRP（股利再投资计划）。

这就是我们的核心问题：苹果的融资政策是否合理？

我们承认，苹果公司只有一项融资政策，那就是积累越来越多的现金。公司在2007—2011年维持了高达34%~40%的毛利率，其营利能力非常可观。公司没有制定分配现金股利的融资政策。我们在第十章介绍了一个类似但却相反的例子，即MCI也只有一项融资政策：为了生存，不惜一切代价地获得现金。

积累大量现金带来的主要问题是什么呢？第一，大量的多余现金会让公司成为有吸引力的收购目标。苹果会成为这样的被收购目标吗？不，苹果绝对不会成为别人的收购目标。仅以现金判断还不足以确定收购目标。只有当公司对收购者而言的价值超过它对所有者的价值时，公司才能成为潜在的收购对象。现金过多、管理不善以及缺乏投资机会，都有可能让一家公司成为潜在收购目标。苹果的股票价格及其高市值表明，公司拥有极其强劲的增长实力。股票市场已给予苹果无比巨大的估值，至于是否还有哪家公司认为苹果公司拥有超过市值的价值，那就无从判断了。⊖

超额现金的第二个缺点，就是它所带来的次优资本结构。苹果持有810亿美元的现金（包括短期和及长期有价证券），这笔资金是不能避税的。（我们已经在第六章中非常深入地讨论过，为什么说杠杆是有价值的，然后，我们又在第七到第十章中对此进行了检验，不知道读者是否还记得——**超额现金相当于负的债务**。

超额现金的第三个缺点是代理成本。苹果公司的管理层可以随时随地走进公司的金库，摆弄一下这些现金（也就是说，管理层可以使用超额现金进行职务消费，或是进行次优性的投资）。

那么，手头持有一大堆现金的最大好处是什么呢？归根结底，就是在财务方面拥有极大的灵活性。苹果需要维持自己的研发，而且是无条件地绝对维护。（切记，融资政策的首要目标，就是维护企业的产品市场政策。）苹果每年在研发上的投入有多少呢？不计其数（从2008年到2012年，每年的研发费用分别为8亿美元、11亿美元、13亿美元、18亿美元和24亿美元）。请记住，2012年，苹果的产品市场战略就是拥有先发优势，因此，他们永远在考虑下一代产品。这需要苹果拥有巨大的现金流。

对苹果和某些其他跨国公司而言，2012年，在海外持有现金会让他们享有巨大的税收优势。按照美国税法的规定，汇回美国的海外收入属于纳税收入。这意味着，苹果和其他公司可以让现金留在海外的保险箱，从而达到推迟对海外利润纳税的目的。从根本上说，以前，美国公司必须按美国或外国税率中较高者对海外利润纳税，但这个较高者通常是美国的税率。不过，在海外利润汇回本土之前，美国公司可以对这笔利润推迟纳税；在利润汇回美国时，公司再补缴按美国税率和外国汇率差额计算的差额（也就是说，

⊖ 苹果在2012年年初的价值基础在于公司超群的研发能力，归根到底，取决于公司的人才（今天的苹果仍然如此）。但其他公司可能不认同员工（或R&D）能为公司带来更多的价值，而且也不能保证在收购后继续留用原有的雇员（员工是流动的，因此，他们有时也被称为"晚上要回家的公司资产"）。本书将在稍后部分详细讨论收购问题（见第十八章）。

在国外已经支付的税款准予抵免在美国需要交纳的税款)。这就意味着，只要能把利润转换为海外利润，他们就有足够的动力持有大量现金。

但 2018 年颁布的《减税和就业法案》(Tax Cuts and Jobs Act) 改变了这种状况，因为美国也和世界上大多数国家一样，采取了"属地征税原则"，在这个体系中，企业仅需对实现利润的所在地国家或地区纳税，而无须再向美国政府纳税。此外，新的法律还规定，对于留存海外的利润，对现有的现金及现金等价物按 15.5% 的税率一次性征税，对非流动资产适用 8% 的征收率。考虑到美国国内的公司税率从 35% 降至 21%，这意味着，持有海外现金的优势已被基本抵消。

如果使用超额现金实施掠夺性的定价策略呢？也就是说，苹果可以通过降低价格，迫使其他竞争对手退出市场。没有证据表明苹果曾经采用过这样的策略，而且掠夺性定价也未必有效。苹果的成本结构不低于任何竞争对手（部分原因就在于他们的巨额研发费用）。如果苹果公司降低产品价格，迫使竞争对手跟风降价，以至于丧失营利能力，苹果的盈利也会受损。苹果的产品市场策略就是对新产品制定高溢价，从而实现新产品线利润营利能力的最大化。总而言之，苹果以前是一家营利性公司，现在依旧是，它的核心就在于借助业内最庞大的研发开支创造大量现金流。

我们顺便再看看苹果的可持续增长情况。我们已经在前几章里讨论过可持续增长的概念，但是在这里，我们的目的只是为了从不同侧面来运用和验证这个概念。可持续增长会影响公司的融资及股利政策，因为它最终确定企业能在内部创造多少现金，以及是否需要进行外部融资。那么，企业的可持续增长率如何计算呢？就是股权收益率 ROE 乘以 1 和股利分配率差额的乘积。苹果的股利分配率是多少呢？零。这意味着，苹果的可持续发展速度就是公司的净资产收益率 (ROE)。

2011 年，苹果的净资产收益率 (ROE，或者说可持续增长率) 是多少呢？大多数人会用公司的净利润 259 亿美元除以所有者权益 766 亿美元，由此得到的结果是：

净资产收益率=净利润/年末所有者权益= 259 亿美元/766 亿美元=33.8%

但这个计算是有问题的，我们曾在第二章里指出过。要计算正确的净资产收益率，我们应该使用苹果在年初的净资产，即 478 亿美元。由此得到的 ROE 为 54.2%。⊖

即，净资产收益率=净利润/期初所有者权益= 259 亿美元/478 亿美元= 54.2%。

因此，苹果的真实净资产收益率，或者说可持续增长率，在 2011 年（无股利）应

⊖ 如第二章所述：如果1 000美元银行存款在年底支付的利息是100美元，那么，存款人取得的回报率是多少呢？计算的方法肯定不是100美元/1 100美元（年末存款），而是100美元/1 000美元（年初存款余额）。在这里，之所以要重新强调这一点，就是为了提醒读者，在期末考试或是现实生活中计算ROE时，千万不要以年终净值为基础。在实践中，金融专业人士几乎都在使用净利润/年终净值，因为净值在整个年度内通常变化不大。但苹果正处于快速增长时期，其营利能力与日俱增，因此，如果使用期末净资产来计算ROE，苹果公司的营利能力将是33.8%，但如果要正确地计算，苹果的真实营利能力就应该是54.2%。对于快速成长尤其是那些不分红或很少分红的企业来说，使用期初数字或是期末数字，差别可能是显著的。

该是 54.2%。

如表 11-3 所示，在 2008-2011 年，苹果的年均 ROE 为 41.2%。这已经是一个非常高的净资产收益率了。而苹果的可持续增长率等于 ROE，因为苹果公司没有分配股利。与此同时，苹果公司在这四年期间的年均销售增长率为 48.1%，公司资产则每年增长 46.7%。因此，从可持续发展角度看，苹果是均衡增长的（参考我们之前关于可持续增长率和均衡增长重要性的讨论，见第九章）。

表 11-3　苹果公司 2008-2011 年的主要财务比率

年度	2008 年 9 月 27 日	2009 年 9 月 26 日	2010 年 9 月 24 日	2011 年 9 月 24 日
ROE（净利润/期末权益）	23%	20%	29%	34%
ROE（净利润/期初权益）	33%	27%	50%	54%
销售收入增长率	35%	12%	79%	66%
总资产增长率	56%	36%	40%	55%

因此，苹果的产品市场策略核心就在于不断创新，充当先行者，并收取溢价。截至 2012 年，这一策略对苹果公司而言是非常适合的：公司拥有超级强大的营利能力，到 2012 财年开始时，苹果公司已拥有超过 810 亿美元的超额现金。这意味着，苹果有足够的资金为未来若干年的研发提供资金支持。然而，苹果的融资政策并不像产品市场策略那么明确，尤其是考虑到大量的累积现金余额，让他们始终维持着负杠杆率的资本结构和零分配率的股利政策。虽然苹果的销售额及资产增长率非常可观，却不能超越可持续增长率。因此，苹果从不向外部筹集资金。

苹果应如何制定未来的融资政策

因此，苹果（及其财务人员）需要回答的一个重要问题是：苹果应如何处理这么多闲置的现金呢？而在回答这个问题之前，我们首先要解决另一个问题：这家公司正确的融资政策应该是怎样的呢？

我们再看看苹果公司的负债和股利政策。苹果应拥有多少债务最合适呢？回顾一下第六章，我们曾指出，债务政策因行业而异。虽然增加债务会带来税收优惠，但如果企业的现金流不足以偿还债务（即拥有的现金余额超过公司产品市场的需求），也有可能给公司带来额外的风险。

我们曾提到，公用事业类企业往往拥有非常稳定的现金流，而制药和高科技公司的现金流非常不稳定。因此，它们所能承受的负债水平往往会低于公用事业公司。在产品创新可以决定公司生死存亡的行业里，竞争对手的新产品随时可能取代公司的现有产品，进而夺走公司的市场份额和收入。因此，拥有不受现金流波动影响的资本结构，是公司成败的关键。此外，在创新日新月异的高新技术产业，研发支出的重要性不言而喻。如果你的产品线突然过气，就必须采取措施阻止销售额下降。与此同时，还要进行新一代产品的研发创新。在这种情况下，持有的现金就成为公司最宝贵的资产。

如果将苹果与其他行业的公司进行比较，我们会发现，很多公司都有类似的资产负债表。截至2011年年底，微软拥有686亿美元的现金、119亿美元有价证券及债券投资。同样，谷歌的证券和投资类资产为454亿美元，而负债仅为30亿美元。制药公司也属于高科技、高创新和高研发类企业，它们均持有非常高的现金余额。比如说，默克制药拥有193亿美元的现金及投资性资产，负债却只有175亿美元，辉瑞公司的现金类资产为363亿美元，负债为349亿美元。⊖ 从根本上说，这些公司都拥有类似的产品市场策略：高研发、高产品营收、持续性的新产品创新研发和非常快的淘汰率。因此，它们都持有非常高的现金余额，并拥有较低的债务（需要提醒的是，因为超额现金是负的债务，因此，这些公司的负债率实际上是负数）。

苹果的资本结构似乎类似于上述公司：苹果创造了很多新的产品线，而且始终受到竞争对手的攻击——这些敌人一直试图以更好的技术和更优惠的价格取代苹果的产品。因此，尽管苹果的现金流量持续大幅增长，但我们不能就此认为，这种现金流是稳定或是有保障的。相反，对苹果来说，低负债率或许是正确的。而且在整个行业中，几乎所有主要厂商都具有非常低的债务水平（如前所述）。

因此，在2011年，苹果公司没有债务，而且拥有足够的现金（即融资能力）为未来的研发提供资金保障。那么，多少现金算是足够呢？为保险起见，苹果的现金至少应满足未来若干年的研发开支。事实上，苹果的现金不只是满足未来若干年的研发支出：假如按目前的数字计算（持有810亿美元的现金，每年的研发开支为24亿美元），苹果公司足够应付33年的研发费用。即使按高科技、创新、高研发行业的标准，苹果的现金仍绰绰有余。

作为2011年苹果公司的股东，他们肯定会关注：苹果能合理地使用这些现金吗？

回想第七章介绍的万豪案例，我们列举了公司使用超额现金可以做的五件事情：清偿债务、支付更高的股利、增加对现有业务的投入、收购其他公司以及回购股份。

因此，一种可能性是苹果开始支付股利。他们应该支付股利吗？当然应该。考虑到研发或经营活动根本就用不完这么多的现金，因此，苹果公司最好应回馈股东。那么，公司应支付多少股利呢？我们不妨假设一种简单的情境：如果苹果决定支付每股2.00美元的股利。考虑到公司目前的流通股总数为9.24亿股，因此，按每股支付2.00美元的股利，那么，每年需动用18.5亿美元左右的现金。这笔钱多吗？对苹果来说不算多，他们有810亿美元现金（如果每年支付18.5亿美元的股利，这个数额足够应付40年）。请注意，在苹果持有的这810亿美元现金中，很大一部分是出于节税目的而由海外公司持有。

除了向市场发出积极的信号外，支付股利还会增加苹果公司的潜在投资者数量。因为某些投资者（包括散户投资者及机构投资者）只投资于支付股利的公司。

⊖ 从税收目的出发，制药公司经常将盈利留在海外，而不是汇回国内。这可能导致他们在国内借款的同时，还拥有大量的现金余额。

我们不妨将苹果的股利政策与MCI（第十章）和AT&T（第九章）采取的股利政策做一个简单比较。在考虑MCI的股利政策时，我们认为，MCI不应在1983年支付股利，因为MCI在这一年还需要把现金用于资本性支出。尽管苹果也需要把现金用于研发，但考虑到他们强大的营利能力（而MCI还在亏损的悬崖边挣扎），而且苹果手头掌握着似乎取之不尽用之不竭的现金，因此，苹果完全有能力支付股利。

相比之下，AT&T已连续多年支付现金股利，尽管有时也需要对外融资。他们之所以这样做，是因为公司的可持续增长率与剥离前的资本性支出需求基本持平。正是有了这种平衡（如果有必要的话，读者可以温习一下第九章），AT&T才能在支付正常现金股利的同时，无须压缩资本性支出或产品市场策略。至于MCI，他们根本就做不到未来收支平衡；但苹果不一样，因为他们拥有巨大的超额现金储备。

让我们再考虑另一种处理超额现金的方案，回购股票。苹果应该回购一部分股票吗？回想一下，如果管理层认为股价太低，企业通常会考虑回购股票。苹果的股价很低吗？尽管市场中存在信息不对称性，对苹果来说，这种不对称性如何，笔者当然无从知晓。但这显然是苹果公司管理层应该自问的问题，或许他们早已想到这个问题。（请注意，苹果在2011年10月1日的股价为50.68美元，⊖ 截至2014年12月1日，股价已上涨到120美元。）

如果苹果决定回购股票，那么，他们应如何实施回购计划呢？还记得我们在万豪案例中提出的股票回购问题吧：我们指出，公司可以通过三种方法回购股票。首先，公司可以在公开市场收购自己的股票（可随时随地购买股票）。但如果要在短时间内购买大量股票，公司必须提前披露回购计划。（具体来说，如果公司的回购数量达到此前四周日均交易量的25%，按照证交会的规定，公司就必须公布回购计划。）

其次，公司可以进行固定价格的要约收购。当企业进行固定价格的要约收购时，必须同时公开披露回购股票的价格及数量。公司可以设定具体的最低回购数量，这样，就可以在此基础上回购更多股份。按照这种方式，公司实际回购的股票数量必须达到这个最低限额。如果有意愿出售的股票数量超过这个数量，公司就可以选择回购更多的股份。

最后，公司可以进行荷兰式拍卖的要约收购，即公司可以确定固定的回购数量或每股回购价格，但无须同时固定数量和价格。因此，公司可以确定回购的最低股份数量，并由股东通过投标形式确定回购价格；或者，公司也可以采用固定的最低回购价格，由股东通过投标确定可以回购的股票数量。通常，公司在进行荷兰式拍卖的要约收购时，都会确定最低的回购数量。

苹果是否应发行长期债券来满足其支付股利或回购股份的资金需求呢？也许吧。苹果公司为什么不能完全使用超额现金去支付股利或回购股份呢？主要原因就

⊖ 股价已按2014年6月的一股转七股分割进行了调整，http://finance.yahoo.com/q/hp?s=AAPL&a=09&b=1&c=2011&d=10&e=14&f=2011&g=d，（登录日期2015年1月15日）。

在于税收。苹果的超额现金大部分在境外形成,如果把这些现金汇回境内,就需要按美国税法进行纳税。因此,通过发行债券在美国境内筹集现金,可以避免利润汇回带来的税负成本。

从股东角度来看,苹果应采取怎样的融资政策呢?针对 2011 年的股东价值最大化目标,笔者给出如下的建议:

(1)苹果至少应取得数十亿美元的银行信贷额度。这是针对所有公司的一个标准建议。

(2)苹果应保留足够的现金,至少应满足两代或三代产品技术研发创新的资金需求。

(3)苹果应分红。

(4)假如管理层认为股价太低,苹果就应回购部分股票。

(5)苹果的资产负债表应持有少量负债,或是没有负债(财务人员应记住,超额现金实际上是负的负债)。

(6)如果苹果公司预期美国的税收政策不会发生有利于公司的变化,那么,他们应继续将海外收益搁置在海外。

上述建议的依据

在本书的开始我们就曾提到过,在融资话题中,根本就不存在一个绝对正确的答案(但错误的答案可能比比皆是)。因此,以上建议乃至本书中的其他建议,同样都不是完美无瑕的。但我们还是认为,这些建议是有根据的。因此,我们不妨简单地证明一下:

(1)获得银行信贷额度意味着,如果苹果用光了现金(如果下一代 iPhone 或是平板电脑不能得到市场的青睐等),那么,银行需要为公司提供足够的贷款额度,给苹果再博一次的机会。那么,按照这个方案,银行需要为苹果提供多少信贷额度呢?在当时的情况下(2011 年 10 月),苹果尚拥有非常强劲的财务优势,因此,这足以让大型银行为他们提供成本非常低的信贷额度(利率可以维持为每年 25 个基点)。这是一种低成本的保险。如果苹果公司等待下一代产品遭遇滑铁卢之后再去借款,不仅难以拿到银行的资金,而且成本也是可想而知的(切记,购买保险是在生病之前做的事情)。

(2)苹果应保留足够的现金,至少满足两代或是三代产品技术创新的资金需求。请注意,我们不希望苹果拥有更多的现金,我们更希望公司能把多余的现金支付给股东。原因很简单,如果苹果丧失优势,未来两三次尝试均无法带来有竞争力的产品,那么,我们可不希望公司用股东的钱去进行更多的冒险。

(3)苹果应该支付股利,将现金返还给股东,并借此扩大苹果的投资者群体。公司确实拥有多余的现金,而且也没有必要用现金去满足未来 33 年的研发开支。

(4)苹果可能需要回购股票,但也未必。如果管理层预期未来的苹果股价会上涨,那么,公司就应该回购股票(苹果有足够的超额现金做到这一点)。在高科技行业,信息不对称问题是非常明显的。只有管理层才知道公司的研发流程是什么,而投资者则一无所知。苹果不可能提前公布研发进程的时间表，因为他们不希望竞争对手知道自己在做什么。请注意，有些分析师会阅读公司的专利申请报告，以确定公司的发展方向。当然，研究公司专利申请报告的人，不只有分析师，还有竞争对手。[⊖]

那么，苹果应如何回购股票呢？苹果应采取要约收购或公开市场收购的方式。如果股价有望快速上涨，要约收购或许更可取。如果股价有望保持平稳或缓慢上涨，那么，在公开市场上直接购买可能会更好一点（关于股票回购的全面讨论见第八章）。然而，苹果是否回购以及如何回购股票，最终还取决于管理层对股票价格未来走势的判断。

（5）既然苹果拥有如此之多的现金，自然也就没有理由发行债务了。不过，如上所述，税务也可能会成为公司持有债务的理由。

（6）最后，如果苹果公司预期美国对海外利润执行的税收政策会发生变化，或希望对海外利润采取类似于2004年免税期那样的优惠政策（按照2004年的税法，海外利润可以按5.25%的税率纳税），那么，更合理的做法是，公司在本地借钱用于支付股息，而不是按目前35%的税率对利润纳税。

因此，我们认为，在资金问题上，苹果完全有能力满足两到三轮的新产品开发。当然，这是基于他们以往在创新方面取得的成就。如果新产品开发失败，或是竞争对手率先占领市场，苹果或许只有一两次机会。如果企业连续失败两三次，那么，从股东角度来看，收回投资并转向新投资目标，或许是更理性的选择。股东当然不希望为公司的第五次乃至第六次失败埋单，到那个时候，苹果早已经耗尽了它的全部超额现金，埋单的就只有投资者了。[⊖] 归根到底，投资者需要的是投资回报：他们需要得到股利，或是通过股票回购收回投资。不过，成功的公司绝不会孤注一掷。

苹果是如何做的

从1987年到1995年，苹果每年均支付股利（各年度分别为0.12美元、0.32美元、0.40美元及0.44美元，而在1991-1995年间均为每股0.48美元），但是在出现亏损后，

⊖ 制药业也是如此。公司不愿意公布产品线的内容，以防他人抢先申报专利。如果一家公司拥有了新的心脏病治疗药物、降低胆固醇药物、他汀类药物或是其他在研发技术上有特殊之处的创新，那么，公司必然会把这些新技术作为最高机密，直到取得FDA的批准。一旦提交专利申请，他们就需要公布新技术的药学原理，其他公司就有可能以申报材料为基础，仿造开发出同类的新技术。

⊖ 最典型的例子就是黑莓。公司在1997年10月28日完成了IPO，首发股价为1.20美元（7.25美元按2004年的1股转2股和2007年的1股转3股分拆调整后的价格）。2008年12月21日，黑莓的股价飙升至140美元，但是到2014年12月21日，股价已经暴跌到10美元。见Nick Wadell, My 1996 Investment in RIM: Adam Adamou Remembers, March 29, 2010, www.cantechletter.com/2010/03/my-1996-investment-in-rim-adam-adamou-remembers/。

公司于1996年第二季度停止分红（在1996年，苹果仍支付了1996年第一季度0.12美元的股利）。此后，一直到2011年年底，苹果公司再未支付过任何股利。

2012年3月19日，星期三，苹果公司宣布，将从2012财年第四季度开始，支付每股2.65美元的季度股利（由此给公司带来的季度成本为25亿美元，或者说，每年用于支付股利的成本为100亿美元）。此外，公司还表示，将开始实施股票回购计划。随后，苹果股价上涨了2.7%（15.53美元），报收于601.10美元。⊖

2013年，苹果的季度股利上涨到每股3.05美元（按季度计算，每季度的成本为29亿美元，每年的成本为116亿美元），2014年为3.29美元（预分拆）（每年成本达到124亿美元）。2014年，苹果还进行了一次1股转7股的股票分割。最后，苹果公司在2013年回购了价值229亿美元的股票，2014年，他们再次回购了350亿美元的股票。苹果公司对股票回购计划采取了谈判交易和公开市场交易两种方式（依照《证券交易法》"10b5-1号规则"）。

顺便提一下，当苹果公司宣布每年以现金形式向股东返还100亿美元股利时，你感觉如何呢？我们猜想，你肯定会觉得这家公司太棒了。你看到什么了？一种信号。

最后，苹果公司在2013年发行了170亿美元的长期债券（发行期间为2016-2043年）。此外，苹果还在2014年发行了63亿美元的商业票据。但是在考虑超额现金（相当于负的债务）的情况下，这家公司的资本结构仍然保持为零负债。

提醒一下，1992年9月17日，英特尔（一家与苹果相近的科技公司）就已经开始支付现金股利。《科学计算机评论》（*Technology Computer Review*）的分析师理查德·夏福德（Richard Shafford）指出，"当一家高科技企业开始支付股利时，这表明，公司相信股东可以在其他地方取得更高的回报。如果我是英特尔的股东，我宁愿用自己的40美分股利反哺创新。"这句话会让你产生什么想法呢？它告诉你，这位分析师永远都不会看摆在我们眼前的这本书。

假如有一天，夏福德真的看到这本书，他就会知道，支付股利是公司向市场发出的积极信号。当英特尔宣布首次派息时，英特尔的股价当日即上涨1.2%。⊖

接下来发生的故事

2012年，苹果公司的销售额和利润分别大幅增长至1 565亿美元和417亿美元（如表11-4所示）。如上所述，2012年，苹果开始按每股0.38美元的标准派发季度股利（实

⊖ 见David Goldman, Apple Announces Dividend and Stock Buyback, *CNN Money*, March 19, 2012, http://money.cnn.com/2012/03/19/technology/apple-dividend/.

⊖ Lawrence M. Fisher, Company News; Intel to Pay a Dividend, Its First Ever, *New York Times*, September 18, 1992, www.nytimes.com/1992/09/18/business/company-news-intel-topay-a-dividend-itsfirst-ever.html.

际派发的股利为 2.65 美元；针对 2014 年 6 月 9 日 1 股转 7 股分割调整后的股利为每股 0.38 美元）。此后，苹果的增长速度开始放缓。从 2012 年到 2017 年，销售额从 1 565 亿美元增长到 2 292 亿美元，而净利润则从 417 亿美元增长到 484 亿美元。但是到了 2017 年，苹果公司再次把股利水平上调到每股 2.40 美元。这表明，苹果公司在 2017 年发放的股利总额为 128 亿美元。

表 11-4 苹果公司 2012—2017 年的利润表

单位：百万美元	2012 年 9 月 29 日	2013 年 9 月 28 日	2014 年 9 月 27 日	2015 年 9 月 26 日	2016 年 9 月 24 日	2017 年 9 月 30 日
销售收入净额	156 508	170 910	182 795	233 715	215 639	229 234
销售成本	87 846	106 606	112 258	140 089	131 376	141 048
利润总额	68 662	64 304	70 537	93 626	84 263	88 186
研发费用	3 381	4 475	6 041	8 067	10 045	11 581
销售及营业费用	10 040	10 830	11 993	14 329	14 194	15 261
营业利润	55 241	48 999	52 503	71 230	60 024	61 344
其他收入（亏损）	522	1 156	980	1 285	1 348	2 745
税前利润	55 763	50 155	53 483	72 515	61 372	64 089
所得税	14 030	13 118	13 973	19 121	15 685	15 738
净利润	41 733	37 037	39 510	53 394	45 687	48 351
每股收益	5.81	5.72	6.49	9.28	8.35	9.27
每股股息	0.38	1.64	1.82	1.98	2.18	2.40
销售收入增长率	45%	9%	7%	28%	-8%	6%
股票回购总额	—	22 860	45 000	35 253	29 722	32 900
股息支付	2 488	10 564	11 126	11 561	12 150	12 769
债务发行	—	16 896	11 960	27 114	24 954	28 662
偿还定期债务	—	—	—	—	2 500	3 500

此外，苹果还在 2013 年回购了 229 亿美元的股票（在 2008—2011 年，公司没有回购任何股票，在 2007 年也仅回购了 300 万美元市值的股票）。如表 11-4 所示，从 2013 年到 2017 年，股票回购的总价值为 1 657 亿美元。将股票回购与 2012 年至 2017 年期间支付的 607 亿美元股利总额相加，我们可以看到，苹果在 2012—2017 年间向股东合计返还了 2 264 亿美元的价值。

即使是扣除这 2 264 亿美元的股利和股票回购，苹果的总现金余额（短期和长期的现金与有价证券）还是从 2012 年的 1 213 亿美元增长到 2017 年的 2 689 亿美元，如表 11-5 所示。而存放在海外的现金总额则从 826 亿美元（占总额的 68%）增加到 2 523 亿美元（占总额的 94%）。

表 11-5 苹果公司 2012-2017 年的资产负债表

金额单位:百万美元	2012年9月29日	2013年9月28日	2014年9月27日	2015年9月26日	2016年9月24日	2017年9月30日
现金和可交易有价证券	29 129	14 259	25 077	41 601	67 155	74 181
应收账款净额	10 930	26 287	17 460	16 849	15 754	17 874
存货	791	13 102	2 111	2 349	2 132	4 855
其他流动资产	16 803	19 638	23 883	28 579	21 828	31 735
流动资产合计	57 653	73 286	68 531	89 378	106 869	128 645
长期可交易证券	92 122	106 215	130 162	164 065	170 340	194 714
土地、厂房和设备	15 452	16 597	20 624	22 471	27 010	33 783
商誉及无形资产等	10 837	10 902	12 522	14 565	17 377	18 177
资产合计	176 064	207 000	231 839	290 479	321 686	375 319
应付账款	21 175	22 367	30 196	35 490	37 294	49 049
预提费用	11 414	13 856	18 453	25 181	22 027	25 744
递延收入	5 953	7 435	8 491	8 940	8 080	7 548
商业票据	—	—	6 308	8 499	8 105	11 977
流动债务中当期到期的部分	—	—	2 500	400	3 500	6 496
流动负债合计	38 542	43 658	63 448	80 610	79 006	100 814
长期债务	—	16 960	28 987	53 463	75 427	97 207
其他非流动负债	19 312	22 833	27 857	37 051	39 004	43 251
负债合计	57 854	83 451	120 292	171 124	193 437	241 272
实收资本	16 422	19764	23 313	27 416	31 251	5 867
留存收益	101 289	104 256	87 152	92 284	96 364	98 330
其他	499	−471	1 082	−345	634	-150
所有者权益合计	118 210	123 549	111 547	119 355	128 294	134 047
负债和所有者权益合计	176 064	207 000	231 839	290 479	321 686	375 319
所有者权益/资产总额	67.10%	59.70%	48.10%	41.10%	39.9%	35.7%
现金和有价证券合计	121 251	144 761	155 239	205 666	237 585	268 985
海外持有股份的数量	82 600	111 300	137 100	186 900	216 000	252 300
海外持股比例	68.10%	76.90%	88.30%	90.90%	90.9%	93.8%

在派发高股利和股票回购消耗了这么多资金的情况下,苹果公司的现金余额是如何做到继续快速增长的呢?除盈利之外,苹果公司现金余额的增长还得益于发行债务。他们发行了多少债务呢?表 11-5 显示,苹果公司合计发行了 972 亿美元的长期债券。什么要发行长期债券呢?苹果拥有这么多的现金,为什么还要发行债务借钱呢?因为苹果公司认为,发行债务以支付股息和回购股票,要比使用海外汇回的现金便宜。(请注意,这已经不是我们第一次看到公司通过发行债务用来支付股利了。回想一下第九章,AT&T 也是这么做的。)

截止 2017 财年结束(苹果公司以 9 月份的最后一个星期六作为财年截止日期),苹果公司的销售额为 2 292 亿美元,净利润 484 亿美元,股价为 154 美元,总的现金余额为 2 523 亿美元，其中 94%的现金存放在海外。

苹果对未来税率和免税期的赌注（我们在"建议 6"中讨论过）最终在 2018 年得到了回报。如前所述，《减税和就业法案》不仅把适用于美国国内公司的税率从 35%降低到 21%，而且还把全球统一的税收原则调整为属地征收原则。对苹果公司而言，税改带来的最大影响，就是对现有的海外流动资产按 15.5%进行一次性征税，对非流动资产按 8%进行一次性征税。这意味着，如果苹果现在把存放在海外的 2 523 亿美元现金和有价证券汇回美国，需要支付的税费费用约为 391 亿美元（按 15.5%的税率），而不是 883 亿美元（按 35%税率计算）。

那么，苹果到底应如何处理这些汇回资金呢？2018 年 5 月 1 日，苹果宣布，将股利在 2.52 美元的基础上提高 16%，每年为 2.92 美元。此外，公司还宣布，预计将至少动用 1000 亿美元资金回购股票。实际会发生什么呢？在你阅读本书时，我们或许就有了答案。

本章小结

在本书的这个部分里，我们对资本结构和融资政策进行了分析。在理论分析（使用 M&M）和实证研究相结合的基础上，我们对明显不同的产品市场政策进行了分析（以梅西-弗格森农用设备公司、万豪酒店、AT&T 和 MCI 等公司为例）。在此基础上，我们归纳出适合这些公司的最优融资政策。在本章里，我们以苹果公司（其所在行业的特点体现为：产品市场创新日新月异，成长迅猛，而且超额现金快速增长）为例，阐述了股东股利政策及其他现金分配政策。

（1）本章首先解释了为什么说股利在 M&M 模型中无关紧要的原因。因为在 M&M 假设的世界里，根本就不需要股利政策。随后，我们放宽了对 M&M 理论设定的假设，并研究了税收和破产成本对股利的影响。我们发现，税收和财务困境成本对股利的影响非常微弱。相比之下，实证研究则以强有力的结论表明，股利具有信号效应：启动股利机制或增加股利的公司，其股价会出现不同程度的上涨。而减少股利则会导致股价下跌。

（2）从苹果的身上，我们发现，作为一家高科技企业，苹果公司在研发方面投入巨大，其销售额快速增长，他们拥有最具创新性的新产品，但却没有明确的融资政策。与此同时，苹果创造并持有海量的超额现金。

（3）苹果建立起来的进入壁垒就是研发创新（这是他们的先发优势）。此外，苹果的产品市场战略也是建立在这种优势的基础上。苹果的目标就是永远拥有最新的产品、最先进的技术和最高昂的价格。因此，这些目标让苹果公司在财务上大获成功。

（4）针对苹果公司的融资政策，笔者的建议是：以足够的现金储备为未来若干轮次的技术创新提供资金，支付现金股利，并维持低水平的负债。如果需要与研发活动争夺现金，那么，支付现金股利就是没有意义的。但考虑到苹果目前的现金水平，适当分红没有任何问题。

（5）虽然本章并未明确指出，但实际上对苹果这种维持高科技研发开支的创新型企业，市场很难对股票做出合理定价，这就会造成严重的信息不对称问题。因此，在这种创新行业中，优秀的分析师需要密切跟踪企业的专利申请以及 FDA 的批准情况等。

期待下一步

在下一章中，我们将对资本结构理论进行归纳，并以动态机制重新解读第六章提出的静态融资模型。

第十二章
资本结构理论的延续

第五章到第十三章构成了一个完整的部分,其核心就是企业应如何进行融资,以及应选择怎样的融资政策,而本章则是这个部分的最后一章。在本章里,我们将对前面七章的内容做一个归纳性总结。与第六章相似,本章同样从M&M模型和资本结构理论开始。第六章的主题在于静态比较,而本章则将上述理论扩展到动态模式下进行讨论。

现在,读者不妨静下心来,倾听我们的回顾。在本章里,我们会指出需要读者给予特殊关注的章节和内容。因此,我们首先从一些非常简单的案例开始,随着案例的深入,分析自然会变得越来越复杂。此外,在回顾的同时,我们将拓展分析这些观点的二阶效应。需要记住的是,就总体而言,本章只是一次回顾和总结,其中的大部分内容都是各位已经掌握的。

在这里,我们主要强调两种研究方法:首先,我们将对理论进行简单扼要的概述和分析;其次,讨论实证研究得出的结论(经验论的观点)。对本章的部分内容而言,融资理论本身就能做出很好的解释(也就是说,金融学本身即可在理论上做出近乎完美的自证),而实证研究也能给予有力的支持(即实证研究与理论的结论存在很高的一致性)。不过,还有一些内容,尽管在理论上已自成体系,但在实践中还缺乏足够的可行性,或者说与现实还有差距,抑或是尚未进行有效的实证研究,甚至与实证研究的结论相互冲突。

用一种客套的话说,金融学本身就是不断演化的。或许设想一下,在20年之后,当读者看到本书的第10版时,肯定会与现在的这个版本有很大不同,很多内容会被更新,或是发生变化,以至于让二手书市场彻底丧失生存空间。我们当然希望科学永不停止前进的步伐,财务融资理论同样需要不断完善。因此,本章试图强调的是,我们永远不会对自己丧失信心,但也要关注财务融资理论的变化,而且我们也期待着变化的到来。

现代公司金融始于资本结构理论——具体来说,现代公司金融始于莫迪利安尼和米勒(M&M)在1958年完成的论文。在最简单的M&M模型中,资本结构政策无关紧要,与公司价值无关。也就是说,资本结构毫无意义。为什么资本结构在最简单的M&M世界中会无足轻重呢?因为在这个世界里中,我们面对的是完全市场,投资政策是固定不变的,而且没有税收,在这种情况下,所有融资政策自然也就无关紧要了。而且要证明这一点其实并不难。根据M&M(1958)的假设,所有融资交易的净现值均为零。既然每一笔融资交易的净现值都是零,那么,融资交易当然也就不重要了。因此,资本结构也顺理成章地失去了价值(更详细的解释见第六章)。

延伸开来,在一个简单的M&M世界中,以下所有内容均与公司价值无关,因而是无关紧要的。

(1)资本结构。
(2)长期负债及短期负债。
(3)股利政策。
(4)风险管理。

而现在，这个简单的 M&M 世界只存在于我们的公司金融课堂上，但笔者也是在 20 世纪 70 年代末才开始接触公司金融这门课，或者说，公司金融直到这个时候才登堂入室。在这些课程中，讲师用两个星期的时间给我们讲授了公司金融的内容，仅此而已。更多的课程则是关于已形成理论体系的投资学内容，如有效市场理论、CAPM 以及期权定价理论等。自此之后，金融界（至少是财务融资领域）的学者对公司金融的看法才有所改变。

在第六章中，我们列举了 M&M 理论的五大假设，我们认为，这些假设在现实中是不存在的。于是，在这一章中，我们放宽了其中的两个假设——不存在税收（公司和个人税收）假设以及无财务困境成本的假设。在放宽这两个假设之后，我们才得以在这一章里用"权衡"的观点去认识资本结构。

在本章里，我们继续放宽其他三个假设：交易成本为零、信息不对称以及不存在代理成本的假设。发行债券和股票会带来交易成本，但考虑到成本非常小，以至于可以忽略不计，因此，交易成本假设的调整不会对理论带来实质性影响。而最后两个假设——即针对公司现金流信息的不对称性以及代理成本（资本结构如何影响公司的投资决策），其重要性则是不容忽视的。

首先，我们来看看第六章讨论的内容。我们最先看到的是静态权衡理论（static trade-off theory），有时也被称为教科书模型。在教科书中，对最优资本结构的最简单看法，就是在债务的成本和收益之间进行权衡。负债的最大好处是能带来税盾效应，从这个角度说，企业应该借更多的债务。而最大的成本则是财务困境成本，这会导致企业尽可能地减少债务。但这个理论并不能告诉我们如何量化目标债务水平，它只能给我们提供一个范围。在为万豪制定资本结构决策时，这也是 CFO 加里·威尔逊必须解决的问题。当然，这也从另一个侧面验证了这样一种观点：如果一家公司实现了加权平均资本成本（WACC）的最小化，自然会最大限度地提高其股价。

债务的税盾效应

债务的税盾效应对企业所得税和个人所得税而言是不同的。首先，债务利息的可抵扣性减少了企业的所得税税负，因为公司需要为负债支付相应的利息，而利息可以在税前扣除。公司支付的股利却不能在税前扣除，但个人税收往往会减少并部分抵消这一效应。

那么，个人税收是如何影响公司资本结构的呢？个人所得税的税率很重要，因为投资者在向公司投入资本时，衡量投资者回报率的合理方法应是税后收益。投资者的回报可以来自股权现金流（通过收取股利或卖出股票），也可以来自债务利息的支付。然而，对以股权现金流形式获得的收益，适用于个人投资者的所得税率低于适用于利息收益的税率。这意味着，在其他条件相同的情况下，投资者更愿意从公司取得股权现金流，而不是利息收益。在这种情况下，投资者会要求较高的债务回报率，以弥补投资所包含的高税收成本。⊖ 因此，尽管公司可以通过发行债务获得税收优惠，但由于适用于个人投资者的所得税税率更高，因此，他们不得不向投资者支付更高的回报率。由此可见，公司所得税和个人所得税对企业价值的影响是相反的——公司所得税带来的税盾效应不仅仅依赖于公司所得税的税率。

至于个人税收能抵消多少由负债带给公司的税收优惠，取决于不同税收的税率，包括公司所得税的税率、适用于个人利息的所得税税率、股利的个人所得税税率以及仅适用于资本利得的个人所得税税率。我们已在第六章里详细讨论了这一点。从历史上看，只适用于股利的个人所得税税率有时与适用于利息的所得税税率是相同的，有时也会低于后者。因此，从公司所得税角度看，债务越多，企业价值就越大。但是从个人税收角度看，以债务利息形式支付的比率越高，个人投资者取得的税后收益就越少。因此，公司税收和个人税收之间存在此消彼长的逆向关系。

总而言之，公司使用负债是有利的（可增加公司价值）。这种优势来自公司所得税带来的税盾效应，但这种效应会被个人所得税抵消一部分。

财务困境成本

现在，我们再来看看杠杆率和财务困境对成本的影响。财务困境的预期成本等于遭遇困境的概率乘以真正陷入困境时所发生的实际成本，具体总结为如下方框的公式。

> **遭遇财务困境的概率×陷入困境时发生的实际成本**
> 1. 遭遇困境的概率
>   （1）通过如下问题，可以帮助我们估计最好情境和最差情境下发生的预计现金流波动情况：
>   - 行业是否存在波动性？企业的战略是否有风险？
>   - 是否存在因竞争带来的不确定性？
>   - 是否存在技术变革风险？
>   - 企业对宏观经济冲击以及季节波动的敏感性如何？
>
>   （2）掌握企业及行业的基本认识。
>   （3）寻觅环境变化（这是很容易被忽略的因素）。
> 2. 陷入困境时发生的实际成本
>   （1）法律费用（通常很少）。
>   （2）冒险行为（"为自救而赌一把"）。

⊖ 但这并不能说明，债务收益率一定会高于股权回报率，而只是说，债务的收益率肯定会高于无税收差异影响时的水平。

(3) 吓跑客户和供应商。
(4) 因无力筹集资金而放弃好的投资:"债务积压"。
(5) 竞争对手的攻击。

虽然遭遇财务困境的概率取决于诸多因素,但最基本的决定性因素还是现金流的波动。那么,应如何评估企业的财务困境风险呢?这就要求我们首先从预测分析开始,预测出企业可能面对的最佳情境和最坏情境。在预测时,我们需要考虑以下问题:行业的现金流是否存在波动性,公司的产品市场战略是否有风险,竞争是否存在不确定性,以及是否存在技术变化风险等。

要回答这些问题,就需要我们了解企业的产品市场情况,尤其要预测公司产品市场环境的变化(其中,又以新技术的出现为重点)。由此,我们既有可能得到一个拥有稳定现金流的"安全"企业,也有可能得到一个现金流剧烈变化、甚至持续萎缩的"危险"企业。产品市场环境的这些变化是备考分析中最容易被忽略的因素。

下面,不妨举一个简单的例子。多年以来,柯达的胶卷和照片处理技术始终主导着美国的摄影器材市场。尽管柯达也面对宝丽来在部分领域带来的竞争,但作为市场领导者,柯达的优势地位是无法撼动的。同样,柯达还要面对来自富士的竞争,尤其是富士生产的胶卷。然而,对柯达公司的现金流带来真正打击的,既不是宝丽来,也不是富士,而是数字摄影技术本身——这是一种全新的技术。在考虑风险时,技术变化往往是最容易被忽略的一个方面。我们都不知道目前的风险是什么,会担心竞争对手突然出现在眼前以及出现新竞争对手的可能性,但新技术显然是难以预料的,而它的确可以彻底改变产品市场。(对此,尽管找不到任何显而易见的预测方法,但我们不得不担心,一旦新技术打破眼下的市场平衡,我们需要面对怎样的现实呢?)

财务困境带来的成本是多方面的。法律费用通常很少。正如梅西-弗格森农用设备公司的案例,律师费和酒店账单可能已达数百万美元,但相对于破产的总成本而言,几乎是可以忽略不计的。相比之下,管理层采取冒险行为的潜在成本(例如,孤注一掷的管理层会选择高风险项目,或是推迟必要的资本性支出)、管理重心的偏移(管理层全身心地投入到破产事务中,却忽略了日常业务)或是客户(如果公司长期面对不确定性,客户就有可能不愿意购买他们的产品)和供应商(没有人愿意和陷入破产危机的企业打交道)的损失则是不容忽视的。

此外,陷入财务困境的企业有时还会遇到债务积压的问题,即公司债务的账面价值(本金)已超过资产总值。在这种情况下,债务持有人(债权人)基本无法收回债务的账面价值。⊖ 当公司出现债务积压问题时,其融资能力会大为削弱,以至于难以维持必要的投资和日常经营。此外,这些公司还有可能被迫放弃净现值为正数的新投资机会。

公司在陷入财务困境或面临破产时,为什么不得不放弃原本可以赚钱的新投资机会呢?因为投资者不愿为债务超支的企业注入新资金。在这种情况下,新债权人创造的价

⊖ 这种情况往往会导致公司破产。

值价格会被转移给老债权人。也就是说，当新项目为公司带来正的净现值时，新创造的价值将首先会转移给现有的债务持有者，只有在他们的债权得到全额补偿后，剩余价值才能被用于偿付为新项目提供融资的新投资者。因此，由于债务积压效应的存在，使得企业在陷入财务困境后难以取得新融资，进而导致企业不得不放弃净现值为正的项目。

最后，竞争对手往往会对陷入破产危机的企业发起攻击。回想我们的例子，梅西-弗格森在国内受到约翰迪尔的围攻，在国外又遭到韩国及日本制造商的堵截，并最终失去了市场。

简单来说，公司的资本结构决策不仅取决于对行业和公司特征的理解，还要考虑公司财务困境成本的水平高低。

现在，我们再看看有关债务税盾效应带来的好处，以及针对财务困境成本的理论分析和实证研究（见第六章的讨论）。

- 关于债务税收的优势以及财务困境成本的理论研究和经验证明，其说服力似乎已毋庸置疑。
- 关于财务困境成本与现金流波动相关性的理论研究和经验证明同样极具说服力。
- 在设置公司的资本结构时，行业效应的影响是显著的。具有稳定现金流的行业（如公用事业和房地产行业等）往往会选择较高的负债率。相比之下，现金流波动较大或是技术、研发变化较快的行业（如高科技和制药行业等）则具有较低的负债率。
- 因此，理论和实证研究均明确显示出，不同行业间的资本结构存在巨大差异。

在第一部分理论（第六章）讲述中，我们指出，企业应从三个视角考虑资本结构问题：内部（企业能够负担得起）、外部（市场如何看待公司的资本结构，即分析师怎么说，公司的贷款人怎么说，公司的债务评级等会发生什么变化）以及横截面（公司的竞争对手在做什么）。这才是企业确定资本结构政策的合理方法。

交易成本、信息不对称和代理成本

在本章中，我们将首先放宽 M&M 理论的其他三个关键假设，对资本结构进一步展开讨论，这三个假设分别是交易成本为零、信息不对称及不存在代理成本。

对于影响资本结构的所有融资交易，尽管它们的交易成本在现实世界中都不会为零，但影响确实非常有限（相对于企业的总价值而言）。交易成本主要包括证券发行费用、套利交易以及直接破产费用等。因此，它们在理论研究领域涉及得相对很少，而实证研究也证实了交易成本的可忽略性。⊖

⊖ 例如，笔者之一发现，纽约证券交易所和美国证券交易所公司开展的一项调查显示，平均破产成本相当于公司债务账面价值与股票市值之和的3.1%。见Lawrence A. Weiss, Bankruptcy Resolution: Direct Costs and Violations to Priority of Claims, *Journal of Financial Economics* 27, no. 2（1990）: 285–314。

信息不对称

当管理者比外部投资者拥有更多关于公司的信息时，就会出现信息不对称的问题。在纯粹的 M&M 世界中，由于市场是完全透明的，因而不存在不对称信息。但是现在，不仅理论假设证实了不对称信息的存在性，实证证据也对理论分析给予了支持。我们曾在第八章（万豪公司的案例）介绍过这个概念，并在第九章和第十章做了进一步分析（以 AT&T 和 MCI 为例）。

在这些章节中，我们指出，由不对称信息引申出信号理论，外部投资者和分析师需要依赖企业发出的"信号"，尤其是股权现金流的信号强度最为明显。

股权现金流包括发行股票、回购股票、增加股利及减少股利。当股权现金流入量为负数时，市场会将这一信号解读为，公司需要外部提供的股权现金流（内部现金流不足）。而股票现金流出是一个积极的信号，市场会认为，公司拥有足够的超额现金，因而可以增加对股东支付的股利。

一个典型的例子是，如果管理层认为公司应发行股票，有的时候，他们自己会卖掉持有的一部分股票。这就是一个非常强有力的信号，它表明，公司股票已被高估，此时股价通常会下降。[1]一个相反的例子是，当管理层决定回购股票时，如果他们不愿意向公司卖出自己的股票，就会对外发出一个信号——公司的股价被低估，于是，市场往往会推高股票价格。由这两种情况引发的股价变动，可以解释为市场识别出公司发出的信号，并据此做出响应。

我们再认真分析一下实证研究的结果：图 12-1 摘自笔者在 1986 年完成的一篇论文，[2]图线为发行股票公告前后 10 天内的平均累计超额收益。考虑到大盘的变化，超额回报指高于或低于预期的回报。从根本上说，我们可以将公司的实际收益与按 beta 系数和简单市场模型计算得到的预期收益进行比较。[3]在公告日期前后的 20 天时间内，宣布发行股票的公司的平均超额收益约为-3%。也就是说，对宣布发行股票的公司，其收益率低于按大盘调整后的收益率近 3%。

---

[1] 当公司发行新股并收到发行收入时，被称为首次发行（primary offering）。如果包括管理层在内的现有股东在承销过程中将其持有的股份出售给市场，则被称为二次发行（secondary offering）。如果公司在通过初级发行发售股票，而管理层则在二次发行中同时出售股份，这种现象被称为联合发行（combination offering）。

[2] P. Asquith and D. Mullins, Equity Issues and Offering Dilution, *Journal of Financial Economics* 15, nos. 1–2（1986）：61–89。

[3] 例如，如果一家企业的beta系数为1.0，大盘上涨了2%，那么这个价格股票的预期回报为2%。如果股票确实上涨了2%，那么超额收益率就为0。如果股价只上涨了0.6%，则超额回报率为−1.4%。有关更多详情，请参阅Asquith和Mullins的论文。

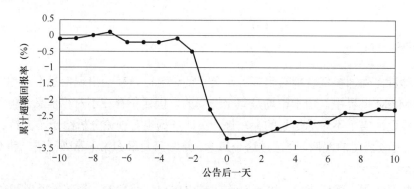

图 12-1　股票价格对股票发行公告的反应

注：531 只普通股的发行在消息公布前 10 天和后 10 天内的平均累计超额收益（Asquith 和 Mullins, 1986）。

在这里，最基本也是最关键的一点在于：发行股票带来的股价下跌，并不一定表明发行股票是错误的。约翰迪尔也曾发行股票，并出现股价下跌，但发行股票这件事本身是正确的。AT&T 在发行股票时也遭遇股价下跌，但这是市场的正常反应。发行股票本来就是一种可能导致股价下跌的信号事件，由于它表明公司需要额外资金投资于产品市场，因此，不发行股票造成的代价或许更为昂贵。不妨回想一下第九章的内容，我们看到，AT&T 发行了 10 亿美元的股票，并导致公司市值下降了 21 亿美元。通过发行股票，AT&T 向市场发出信号，它并不像市场那样看好公司未来的现金流、发展前景或股价趋势。AT&T 明确表示，在剥离后，新的竞争格局将会给公司带来更多的困难。

如果 AT&T 没有发行股票，你还认为股价会下降吗？会的。因为市场迟早都会知道管理层掌握的信息（即市场高估了 AT&T 的短期前景），因此，股价最终还是要下跌的。但由于 AT&T 发行了股票，让市场更快地掌握这个信号，因此，股价也更快地出现了下跌。但这并不等于说，不发行股票就一定能维持高股价，也不意味着发行股票是错误的。

1981 年 1 月 5 日，约翰迪尔发行了 1.72 亿美元的股票（我们将这轮操作称为财务重组）时，当天的公司市值就下降了 2.41 亿美元。（注意：企业的市值下降幅度已超过发行收入，但出现这种情况的概率仅在 6% 左右。）不过，这并不是说，市场信号会破坏价值。如果管理层向市场发出的信号是市场本身也能得到的信号，只不过会稍有延迟而已，那么，这些信号的作用只是加快市场对基本面的调整速度，但不会改变基本面的本质。因此，信号效应并不是说管理层发行股票是错误的。

涉及外部融资的公司行为及投资者行为

现在，我们考虑一下企业管理层和投资者之间存在信息不对称带来的后果。也就是说，既然信息不对称是这个世界的常态，那么，我们预期公司管理者和股市会采取怎样的行为呢？

由于信息不对称，管理者更愿意在股票被高估时发行股票，而在被低估时，则要尽量避免发行股票。有关信息不对称的理论和实证研究都验证了这一结论。此外，投资者会把发行股票当作信号。同样，理论分析和实证检验的结论都是非常明确的。

此外，如前几章所述，企业似乎是按以下顺序进行融资的。首先，企业会使用内部产生的资金；其次，企业会通过向银行或资本市场借款进行债务融资；最后，企业会通过发行股票取得资金。这个经验性的融资顺序被称为融资啄食顺序理论。它背后的基本原理和信息不对称理论及信号理论是一致的。⊖这一发现同样得到了实证研究的强力支持。

但最近，法玛和芬奇（2005）对公司首先使用内部资金、而后是负债、最后才是股权投资的观点提出了质疑。他们认为，发行股票才是"常见的现象"。在他们选取的企业样本中，过半数企业在取样期间（1973–2002）发行了股票。但这些发行通常不是直接向市场发行或承销发行。相反，它们的发行方式降低了信息的不对称效应（如对员工发行、发行认股权证和直接购买计划等）。法玛和芬奇的研究结果显示，股票发行（包括所有类型的股权发行）在融资中的重要性远比我们以前想象得大。为此，他们认为，啄食顺序理论可能需要修订。⊜

公司发行股票的意愿是否会随着时间的推移而波动呢？不清楚。尽管有的理论支持这种观点，但却没有得到实证研究的支持（至少就我们所知，还找不到这样的实证研究结论）。另一方面的实证研究却告诉我们，股票发行往往会扎堆出现，使得市场呈现出冷热不均的冰火两重天格局。但我们还找不到合适的理论解释这种现象，更没有依据去预测市场会在什么时候升温、什么时候降温。

融资的啄食顺序理论（它本身就是不对称信息的结果）带来的相关后果是，由于管理者不愿意进行股权融资，因此，企业有时可能会放弃净现值为正数的项目。笔者认为，支持这个结论的说法在理论上还缺乏说服力，实证结论也只是停留在传闻轶事的层面上。

总而言之，在债务融资和股权融资之间，公司实际上就是在权衡税盾与财务困境成本的利弊，因此，这种典型的静态观点并不完整，因为它没有考虑到信息的不对称性（当然还有其他疏漏）。因此，在考虑信息不对称的情况下，市场必然会对企业的融资方式做出反应。

信息不对称与企业融资

现在，我们通过几个例子说明信息不对称带来的结果。为此，我们将针对存在信息不对称以及不存在信息不对称两种情况下，对企业可能采取的行为进行分析。

假设 Logic 公司的资产目前受如下非系统风险的影响（具体来说，这家公司最终只

⊖ 见 S.C.Merers，The Capital Structure Puzzle，*Journal of Finance* 39（1984）：575-592。

⊜ 见 E.F. Fama and K.R. French, Testing Trade-Off and Pecking Order Predictions about Dividends and Debt, *Review of Financial Studies* 15（2002）：1–33. And E.F. Fama and K.R. French, Financing Decisions: Who Issues Stock? *Journal of Financial Economics* 76（2005）：549–582。

会出现如下两种可能结果中的一个）：

资产价值	概率	预期值
1.5亿美元	50%	7 500万美元
5 000万美元	50%	2 500万美元

可见，这家公司的预期价值为1亿美元（7 500万美元+2 500万美元）。

我们还假设，Logic目前正在考虑一个新投资项目，项目的具体参数如下：

- 投资支出：1 200万美元。
- 投资第二年有保证的回报：2 200万美元。
- 折现率：10%。⊖
- 现值（PV）=2 200万美元/1.1=2 000万美元。
- 净现值（NPV）=-1 200万美元 + 2 000万美元 = 800万美元。

注意：为了让这个例子简单易懂，我们假设项目本身不存在信息不对称的问题。

我们将面对两种情况：（案例1）不存在信息不对称的问题；（案例2）存在信息不对称的问题。为此，我们会有相应的两种融资方案：第一个方案是内部资金；也就是说，Logic有足够的现金为这个项目提供资金，而不需要进行外部融资。第二个方案是利用外部资金；也就是说，Logic本身没有足够的现金资助该投资项目，因此，公司必须通过借款或发行股票进行对外融资。按两种情况下的两种方案，我们能够得到四种可以采取的组合。

案例1：不存在信息不对称问题（所有人都拥有相同的信息）。
- 情景A：Logic手头持有足够的现金。
- 情景B：Logic需要从外部筹集资金。

案例2：存在信息不对称问题（管理层比投资者掌握更多的信息）。
- 情景A：Logic手头持有足够的现金。
- 情景B：Logic需要从外部筹集资金。

针对这四种可能的结果，我们均假设税收和财务困境成本保持不变。此外，假设新项目的净现值是确定的（即对该项目的投资是无风险的，且投资第二年即可回收2 200万美元）。因此，这个项目有点类似于套利——这是一个股东净现值（800万美元）的项目。

Logic应该做这个项目吗？显然应该做：因为这是一个净现值已确定无疑的项目。那么，Logic会开展这个项目吗？那就要看具体情况了——信息不对称和融资形式都有可能影响到公司决策。为此，我们再次回到最初的问题：Logic公司会在何种条件下实

⊖ 这是一个"安全"的项目，也就是说，因为我们假设项目的回报是确定无疑的，所以该项目适用于无风险折现率。即该项目等于无风险套利，因此可以对项目的现金流以无风险利率进行折现。

施这个项目呢？这就是公司面对的场景。现在，我们分析一下各种可能性。

案例 1A：没有信息不对称问题，公司拥有足够的内部资金。也就是说，外部投资者掌握的信息和公司管理层一样多，而且 Logic 内部拥有 1 200 万美元资金，并使用该资金投资该项目。由于 Logic 可取得 2 000 万美元有保障的现金流入，因此，项目的净现值为 800 万美元。考虑到 Logic 以内部资金为该项目提供资金，因此，现有股东将获得项目带来的全部净现值 800 万美元。公司会实施该项目。

案例 1B：没有信息不对称问题，但公司没有足够的内部资金。为筹集资金，公司需要对外发行股票。现在，一旦项目宣布，所有人都将知道，项目拥有 2 000 万美元的价值（因为不存在信息不对称）。因此，公司的价值将会是 1.2 亿美元（目前的 1 亿美元预期价值加上新项目创造的 2 000 万美元新增价值）。要筹集所需要的 1 200 万美元，公司就需要发行 1 200 万股股票。新增股票占公司总股本的 10%（1.2 亿美元×10%=1 200 万美元）。

在这种情况下，现有股东将保留 90% 的股权。也就是说，目前的股本价值为 1.08 亿美元（90%×1.2 亿美元）。以前，这些股东持有 100% 的公司股权，当时的公司价值为 1 亿美元。通过发行新股票，现有股东持有的股权比率会下降，但股权价值却可以从 1 亿美元增加到 1.08 亿美元。公司同样会实施这个项目。

因此，在不存在信息不对称问题的情况下，公司无论如何都会实施该项目。至于是以内部资金做投资，还是从外部融资解决投资所需要的资金问题，都不会影响到管理层的决策，都会让现有股东（如果管理者拥有股份的话，也包括管理者）得到相同的回报。

现在，我们开始提高这个例子的复杂性（使之更接近于现实）。

股东和市场均知情		只有管理者知情	
资产价值	概率	资产价值	概率
1.5 亿美元	50%	1.5 亿美元	100%
50 万美元	50%	5000 万美元	0%

案例 2A：管理者比外部投资者掌握更多的信息，因而存在信息不对称问题。公司仍是同一家公司，他们拥有的资金可以为项目提供资金。在"只有管理者知情"下增加的两栏表明，管理者比投资者拥有更多的信息，这意味着，信息是不对称的。

股东和市场仍然认为，公司价值为 1.5 亿美元的概率为 50%，价值为 5000 万美元的概率为 50%，由此可以得到，公司的预期市场价值为 1 亿美元。但是在这种情况下，只有管理层清楚，公司的真实价值是 1.5 亿美元（概率为 100%）。因此，他们知道，公司的价值目前处于被低估状态。

Logic 目前拥有 1 200 万美元的内部资金，并使用这笔资金进行项目投资；结果与"案例 1A"同。Logic 通过新项目获得 800 万美元的正净现值，现有股东获得项目创造的 800 万美元。

因此，当公司拥有足够的内部资金（"案例 1A"和"案例 2A"）时，不管信息是否不对称，项目都会实施。

案例 2B：同样存在信息不对称问题，但是在这种情况下，Logic 没有足够的内部资金承担该项目。为了筹集资金，Logic 将发行股票。市场对公司的估值为 1 亿美元，项目估值为 2 000 万美元。这意味着，公司的预期价值将从 1 亿美元增加到 1.2 亿美元。因此，为了募集到新的股权资金 1 200 万美元，Logic 必须发行占原股本 10% 以上的股份。新股发行后，现有股东将拥有公司 90% 的股份。

在这种情况下，公司管理层知道，公司的实际价值将会达到 1.7 亿美元（目前的 1.5 亿加上投资项目带来的 2 000 万美元）。因此，如果公司发行 10% 的新股权，现有股东的股权价值将达到 1.53 亿美元（占总价值 1.7 亿美元的 90%），而新股东的股权价值则是 1 700 万美元（占总价值 1.7 亿美元的 10%）。如果公司没有发行新股票，那么，现有股东将持有公司 100% 的股权，价值为 1.5 亿美元。那么，从现有股东的角度来看，这个新项目的价值是多少呢？300 万美元（1.53 亿美元−1.5 亿美元）。

因此，在项目带来的 800 万美元净现值中，现有股东只得到 300 万美元，而新股东则获得 500 万美元。之所以会出现这种情况，是因为公司在发行新股份时，公司价值是被市场低估的。这就可以让新股东在股票上涨时取得更大的收益。在这种情况下，项目也会实施。

但也可能会出现另一种情况——也就是我们稍后将要介绍的，新股东取得的价值超过项目带来的全部净现值。也就是说，现有股东持有股份的价值不仅没有增加，还要让出原有的一部分价值给新股东。在不存在信息不对称的世界里，这是不可能发生的。只有在信息不对称且公司价值被低估的时候，如果管理层认为股价会大涨，那么，管理层可能会在某种情况下不会发行新股。⊖

这个分析的一个要点在于：对于一家价值被低估的公司，发行新股带给现有股东的价值不及内部融资带来的价值。如果一家公司被正确定价，或者不存在信息不对称，那么，公司使用内部还是外部融资并无区别。但是，如果公司的价值被低估，而且存在信息不对称，那么，管理者肯定就更喜欢内部融资，而不是向外部投资者发行股票。这一点不难理解，因为通过内部融资，现有股东会享有股价上涨带来的全部收益，无须与他人分享。

所以，我们现在可以这样认为：当股权价值被低估时，管理者更愿意选择内部融资，而不是向外部投资者发行股票。

我们将讨论的下一个问题是：公司在什么情况下会倾向于发行新债券，而不是新股票？我们再回想一下上述的"案例 2B"——存在信息不对称，且内部资金不足以支撑新项目。此时，公司会选择对外融资，我们假设这次发行的是债券，而不是股票。假设

⊖ 信息不对称会导致股价出现被低估或高估的可能性。如果管理层知悉股票被低估，那么，即使是拥有正净现值的项目，他们也不愿意发行股票。如果管理层知道股票被高估，那么，无论是否有需要投资的新项目，他们都会发行股票。

公司对这笔债券需要支付的利率等于我们先前设定的折现率10%（由于项目的回报是有保证的，因此，这里使用的折现率也应该是无风险债务的利率）。于是，公司发行1 200万美元的新债券，而且需要偿还1 320万美元的本息（本金1 200万美元和10%的利息）。项目的净现值仍为800万美元，即项目的未来价值（2 200万美元）减去未来需偿还债务（1 320万美元）的差额，按10%的资本成本进行折现（即2 200万美元−1320万美元）/1.1 = 880万美元/1.1=800万美元）。

在公司发行债务为项目融资的情况下，现有股东能得到多少呢？1.58亿美元。为什么呢？股东拥有公司目前的全部价值1.5亿美元，再加上项目带来的800万美元净现值。因此，当公司通过发行债券而非股票来筹集这1 200万美元时，现有股东可以获得项目带来的全部800万美元收益。这意味着，对股价被低估且内部资金不足的公司而言，他们宁愿选择发行债券为具有正净现值的项目融资，而不会选择发行股票。

所以，我们现在可以这样认为：当股价被低估时，管理者更愿意选择债务融资，而不是向外部投资者发行股票。

请注意，当管理者坚信股票被低估，即使事实上股票并没有被低估，他们也会这样做。总之，他们最喜欢的是内部资金，然后是债务融资，最后才是股权融资。

现在，我们再讨论一种包含了更微妙要素的例子（当然，只有认真阅读教科书，你才能发现这个要素）。在前面的例子中，我们发行的债务是"安全"债务。也就是说，债权人的收益是完全有保证的。实际上，公司在使用内部资金或是"安全"债务为项目融资时，两者之间几乎没有任何区别。但如果债务存在某种程度的风险（即收益是无保证的，因而其信用评级会相对较低），那么，上述的分析就不适用了。对"安全"的债务来说，债务的价值与企业价值无关，而且信息不对称也无关紧要。公司管理者和市场对这种"安全"债务的定价是相同的——它永远都不会被低估。如果债务是有风险的，而且公司价值又被市场低估，那么，当市场认识到公司的真实价值时，债券持有者将获得股价上涨带来的部分收益，尽管其收益通常不及发行新股时引入的新股东。

我们不妨以"案例2B"来解释发行安全债券和风险债务的区别。假设Logic的预期市场价值为1亿美元，但管理层知道，公司的真正价值为1.5亿美元（即存在信息不对称，且公司价值被市场低估）。此外，我们还假设，公司准备以1 200万美元的借款为新项目融资。现在，如果市场知道公司的真实价值是1.5亿美元，那么，债券就应该取得高于市场认为公司价值只有1亿美元时的信用评级。由于企业价值的不确定性，因此，债权人要求的利率会高于10%的无风险利率。我们不妨再假设，公司必须对债券支付12%的利率。这意味着，即使真实的风险水平只有10%，但企业也要为债券持有人支付12%（或144万美元）的利息。因此，由于存在信息不对称，债券持有人可以得到额外的2%利息，或者说24万美元。

风险债务的引入会对我们的融资决策造成什么影响呢？当债务存在风险时，市场就要索取更高的利率。因此，公司的首要资金来源依旧是内部现金，因为它的成本最低。或者，公司也可以用安全债券进行融资。接下来，公司才会选择有风险的债务。之后，在某些条件下，当风险债务的成本可能会变得很高（以至于公司无法承受时），公司就只能借助于股权融资了。因此，我们应该把传统的融资啄食顺序理论更新为：内部资金=安全债务>风险债务>股权。

上面的例子表明，不对称信息会影响到企业对正净现值项目进行的融资决策。如果进一步拓展这些例子，我们会看到，在有些情况下，不对称信息也可能会导致 Logic 公司放弃拥有正净现值的项目。

我们重新考虑"案例 2B"，并假设新项目需要更高的投资成本。如果新投资项目的成本增加到 1 800 万美元（而不是原来的 1 200 万美元）。此外，我们还假设，项目的现值维持确定的 2 000 万美元（一年收入 2 200 万美元，折现率为 10%）。因此，项目仍然拥有正的净现值，只不过从 800 万美元减少到 200 万美元。

如果 Logic 有足够的内部资金，只要投资 1 800 万美元，就可以确保拿到这 2 000 万美元，并且全部归老股东占有。因此，现有股东的价值会因此而增加 200 万美元。但是，如果公司必须通过发行新股票来募集这 1 800 万美元，那么，就需要发行价值 1 800 万美元的股票，占公司总股本的 15%（1 800 万美元除以公司的预期价值 1.2 亿美元）。这样，现有股东持有的股份将减少到 85%。

现在，假设管理层知道公司的真实价值应该是 1.7 亿美元（最初的 1.5 亿美元加上新项目带来的 2 000 万美元）。如果新项目没有实施，也未发行新股，那么，管理层知道，现有股东将拥有公司全部价值 1.5 亿美元的 100%。相比之下，当公司实施项目并发行新股时，在 1.7 亿美元的公司总价值中，现有股东拥有 85%的份额，相当于 1.445 亿美元。因此，在这个例子中，如果存在信息不对称的情况，不实施正净现值的项目反而会改善老股东的福利。

本节关于信息不对称影响投资决策的观点，不仅在理论上有坚实的基础，在直观上同样易于理解。对信息不对称情况下的正净现值项目，公司会优先选择内部资金，然后才是债务融资或股权投资。从理论上说，当公司价值被严重低估且项目的正净现值很小时，公司就有可能放弃这个正净现值的项目。但我们无从判断这种情况在实践中的发生频率，因为我们不知道企业在现实中因信息不对称而放弃正净现值项目的概率——研究未发生事件当然很困难。

信息不对称和发行股票的时机

股票发行时间是不均匀分布的。我们将再融资发行事件（SEO）绘制在图 12-2 中，将首次公开发行（IPO）事件绘制在图 12-3 中。我们会看到，这些事件似乎很集中。事实上，即使是华尔街也不总能准确发现市场的冷热时点。不过，尽管目前尚无关于 SEO 或 IPO 为何会集中出现的理论，有些观点还是声称可以对此做出解释。一种观点认为，公司之所以喜欢在牛市期间发行股票（在熊市时会减少发行），是因为在牛市中，投资机会可以带来更高的净现值，因而让他们更愿意接受发行成本。这或许有道理，但在理论上还不够严谨，股票的集中发行期并不总是出现在有利的经济环境中。

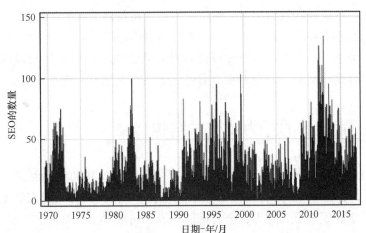

图 12-2　1970 年到 2017 年的再融资股票发行（SEO）

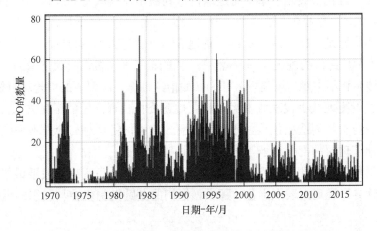

图 12-3　1985 年到 2017 年期间的首次公开发行（IPO）

还有一种观点认为，公司会选择在发行成本处于低位时发行股票。换句话说，发行股票的时机既有可能是"好"时候，也有可能是"坏"光景。也有观点将股票集中发行解释为信息不对称的程度。当信息不对称程度较低（高）时，发行成本较低（较高），因为市场此时对公司股价给予的折现也较低（多）。也就是说，这种解释的核心点就在于信息不对称的程度是变化的——但这显然是无法以实证研究做出检验的。所以，与其说这是一种观点，还不如说，它本身就是一个假设。

股票集中聚集的另一个解释是股市泡沫带来的结果。比如说，在 1997—2000 年的网络泡沫期间，股票的高估值已远远脱离了实际水平，这自然会刺激企业加大发行力度。按照这个解释，表明股市有时是无效的。因此，虽然在学术界不乏解释股票集中发行的观点，但显然还无法上升到理论层面，只是停留在直觉检验层面。遗憾的是，迄今为止，我们还无法根据宏观、股市或监管因素做出解释。（股票市场上的并购也有集中趋势，犹如波浪一般。不过，我们同样无法从理论上做出合理解释。）

总而言之，至少税盾效应和财务困境成本理论是值得信赖的，而且也得到了实证研究的支持。信息不对称理论对股利、股票发行及回购的影响，还仅仅停留在感官层面。建立在信息不对称基础上的啄食顺序理论同样合乎逻辑，而且不乏经验数据。但是在股票发行时点选择这个问题上，现有观点显然还无法令人信服，而且缺乏实证支持。

代理成本：管理者的行为及资本结构

M&M（1958）模型认为，企业的投资政策不随资本结构的变化而变化。这是因为，M&M（1958）模型假设，融资过程不存在代理成本。然而，如果我们放宽这一假设，企业经理人的激励因素及其行为完全有可能会因公司资本结构而发生改变。

当委托人（股东）授权代理人（管理者）代为管理公司时，就会出现委托代理问题。如果管理者并没有代表股东行事，而是从自身利益出发采取有损股东利益的行为，问题就出现了。因此，管理者存在追求个人福利最大化的趋势，而不是致力于股价的最大化。这样的例子比比皆是，比如逃避责任（管理人员不够努力）、打造企业帝国（为追求个人荣誉而扩大亏损部门的规模）、职务消费（如购置私人飞机、收藏艺术品、建造豪华气派的办公大楼）和不必要的风险规避行为（如拒绝拥有正净现值的风险项目等）。㊀

如何最大限度地减少代理成本呢？企业规避委托代理问题的常见方法，就是让管理者的收入与企业价值创造相挂钩。体现在薪酬政策中，就是对高管层不采取固定的直接薪酬，而是让管理层的部分薪酬与公司绩效挂钩。

将管理层薪酬与企业绩效联系起来的一种方法，是给予管理者股票或股票期权。如果公司业绩优异，经理人表现出色，那么，他们的激励机制就会与股东的激励机制保持一致。

第二种方法是对管理层的行为进行有效监督，这是由独立董事（不只是内部管理者的岗位监督）借助董事会完成的。此外，公司还可能拥有持大额股份的大股东以及养老基金和共同基金等机构投资者，他们可以在董事会里扮演更积极的监督角色。此外，还存在企业的控制权市场，其监督机制是通过收购实现的，我们随后将会讨论这个问题。（公司控制权市场的主要功能，就是由私募股权基金收购企业，在这种情况下，基金将成为公司的控制人，并在管理权限方面发挥更大的作用。）

第三种方法是杠杆效应对管理层行为的影响，但这种观点似乎还有争议。如果提高企业的杠杆率，管理者就必须对债权人支付更多的现金流。由于向债务持有人支付利息

㊀ 在本章以及本书前面的讨论中，我们已经解释过，在确定资本结构时，必须考虑债券持有人与股东之间的利益冲突。但股东和管理层之间也存在利益冲突。这些矛盾源于代理关系，因而被称为代理问题。委托代理问题（或称代理问题）并不是公司金融特有的概念，而是公司治理领域理解管理层与股东关系的一个基本概念。

是法定要求，因而在破产的威胁下，管理者会减少资金浪费。^㊀

在代理成本问题上，一个被无数人研究过的经典案例来自 20 世纪 80 年代的一家石油公司——海湾石油公司（Gulf Oil）。这家公司每年投入约 20 亿美元进行新油田的勘探。尽管公司每年都在寻找新石油，而且每年发现的新储量价值约 20 亿美元，但问题是，从新石油的发现到进入市场平均需要七年的时间。为了在七年后获得 20 亿美元，而在今天投入 20 亿美元，这显然是一个净现值为负数的投资项目，但海湾石油公司还是年复一年地重复着这个过程。当时最有名的敌意收购者 T.布恩•皮肯斯（T. Boone Pickens）注意到它们，并开始收购部分石油公司，试图阻止它们进行负净现值的石油勘探项目。为此，很多石油公司的管理层确实停止了这些负净现值投资（我们将在本书随后讨论兼并收购时，详细介绍并购市场限制管理自行裁量权的概念）。

那么，如果一家公司拥有自由现金流，增加杠杆会降低代理成本吗？发行债券要使用自由现金流，这就减少了管理者可自由使用的现金流，从而限制了他们进行面子工程或打造企业帝国等方面的行为。因此，债务的偿还义务是强制性的，这就迫使他们不能将资金浪费在其他方面，从而强化了管理者的关注点。支付股利也要使用自由现金流，但支付股利是非强制性的。

这是使用债务（增加杠杆）减少管理者和股东之间委托代理问题的论据，这是一个很好的理论。那么，使用债务减轻上市公司实证的委托代理问题，是否也能在实证检验中得到认可呢？不完全是。我们知道，它在某些时候是有效的（我们有一些有用的实证案例），但我们确实不知道它是否具有通用性。

第二层委托代理问题：懒惰的管理者和"安静的生活"

另一个委托代理问题，就是如何避免管理者的自大。当公司拥有过剩的现金流时，运营效率就有可能会下降，但他们的工资收入增长速度依旧会超过市场平均水平，并用盈利部门的盈余补贴亏损部门的赤字。但增加杠杆也会给管理层带来一定的压力。比如说，发明玻璃纤维的康宁玻璃纤维公司（Owens Corning Fiberglass）是一家拥有优质细分市场的公司。虽然不属于垄断企业，但公司拥有巨大的市场份额，现金流非常稳定。公司甚至一度创办了多份公司简报，而且全职聘用收费不菲的编辑、摄影师和行政人员等。如果某个公司拥有多份通讯简报，那么，它极有可能就是一家善于浪费的公司。增加债务，并迫使管理层按期还本付息，有助于让管理人员被动地提高效率。此外，债权人也会对公司管理层进行监督。下面，我们分析一下这些观点。

大量有关杠杆收购（LBO）的文献对代理问题和杠杆作用进行了研究。通过这些研究，我们发现，高度依赖负债的 LBO 融资结构往往可以解决很多代理问题，似乎对提

㊀ 见 Michael C. Jensen, Agency Costs of Free Cash Flow, Corporate Finance, and Takeovers, *American Economic Review* 76, no. 2（1986）: 323–329. Papers and Proceedings of the Ninety-Eighth Annual Meeting of the American Economic Association（May）.

高公司效率卓有成效。比如说，史蒂文·卡普兰（Steven Kaplan）对76笔杠杆收购及管理层收购进行了研究，他发现，在这些收购中，负债比率从19%上升到88%（大幅增长）。与此同时，资产收益率、销售利润率和净现金流均出现了增长。⊖ 换句话说，企业在增加债务后变得更有效率。公司为什么会在提高杠杆率后变得更有效率呢？因为他们别无选择，必须提高效率（只有这样，才能偿还大笔负债）；否则，公司将被迫破产。卡普兰发现，经营效率因管理层激励的增加而得到了改善，原因很简单，因为债权人的监督更有效率。

私募股权公司的影响与杠杆收购类似。尽管债务增加，但由于只有一个股东（私募股权公司）行使监督权，消除了搭便车问题，因此，它会更好地履行监督业务，提高效率。总而言之，杠杆收购似乎有助于提高效率，最有可能的原因，还是在于管理层激励的改善和债权人监督的强化。而且，这种观点也不乏理论支撑。但LBO提高效率的理论是否得到了证实呢？是的。

杠杆与股东和债权人之间的利益冲突

虽然负债会减少股东和管理层之间的利益冲突，但股东/管理层与债权人之间的矛盾依旧存在。为什么呢？既然管理层有把股东利益转移给自己的动机，那么，股东/经理也有动机将债权人的财富据为己有。

这种行为可以采取多种形式，比如说，在借款之后从事高风险的活动，在破产案件中推迟清算，或是在破产之前转移侵占公司财产。一个有说服力的例子就是投资银行德崇证券，他们曾在破产之前的三周时间里，向雇员发放了3.5亿美元奖金（1990年2月13日）。同样，在被美国银行接管之前的最后几个月里，美林证券也曾发放数百万美元的奖金（2009年1月）。

但是，这种行为并非是完全不受约束、没有监督的。债权人肯定会预期到这些问题的出现，因而会通过合同或高利率来维护自己的利益。高风险的债务需要更高的利率。尽管合同的保护作用参差不齐，但就总体而言，合同可以通过限制财富转移行为来减少这种利益冲突。所有这些理论均脉络清晰、逻辑严密，而且得到了实证研究的支持。现在，我们总结一下本章的内容，并用若干命题解释其内涵。

命题之一：税收优惠与增加债务融资风险之间存在此消彼长的权衡关系

M&M（1963）为债务的所得税税收优势提供了理论依据。随后，财务困境成本的理论解释了需要限制负债的理由。总之，资本结构理论以极具说服力的逻辑指出，因税

⊖ Steven Kaplan, The Effects of Management Buyouts on Operating Performance and Value, *Journal of Financial Economics* 24, no. 2（October 1989）: 217–254.

盾而增加的债务和因财务困境而减少的债务之间,是一种此消彼长的关系。

这种权衡的影响最终体现为行业效应:在现金流稳定的行业中,公司杠杆率应高于现金流波动较大的行业。实证证据强烈支持这一预测。

命题之二:融资政策包含着信息要素,进入公司的现金流,传递关于公司的信息

市场认为,"好"企业首先会使用内部现金,如果内部资金不足,才会发行债券。"坏公司"的含义就是没有内部现金,因而才需要发行股权。这就解释了市场为什么会对公司发行股票做出逆向反应。

展开而言,公司的融资政策会传达信息,而股票价格会对这些融资政策的变化做出反应。因此,如果公司改变股利政策、股票发行政策或回购政策,市场的变化并不是随机的,而管理者不愿降低股价的做法也是有道理的。这不仅在理论上得到了验证,也得到了实证研究的支持。

在一项以 360 家公司为对象、跨越 10 年(1972-1982 年)时间范围的研究中,学者们发现,这些公司只发行了 80 次新股(这意味着,每一年平均只有 2% 左右的公司会发行股票)。⊖ 因此,公司不会频繁公开发行股票。那么,我们应给公司提出哪些建议呢?公司的优先选择是使用内部资金,随后是借款。最后,如果前两种方案仍不能满足融资需求,才应该选择发行股票。这三个偏好的先后顺序,恰恰就是融资的啄食顺序理论。

经验证据与啄食顺序理论传递了相同的信息。在发行有风险的证券时,它向投资者发出的信号是,公司管理层认为股价被高估。实证研究的结果是,当公司发行股票时,公司的股票价格平均跌幅为 3%,约占发行收入总额的 30%。如果一家公司发行可转换债务,股价下降幅度平均为 2%,约为发行收入总额的 9%。⊖ 在发行债券时,公司的股票价格在平均水平上没有变化。当公司启动股票回购时,市场的反应是带来 4% 左右的平均收益率。

总而言之,实证研究为啄食顺序理论提供了佐证。最早对此开展实证研究的是 Asquith 和 Mullins(1986)。30 年前,他们以 1962-1983 年间的数据为研究对象进行了研究。此外,笔者之一最近完成的研究(尚未发表),将他们的研究范围更新到 1962-2010 年间的数据,而且结论未发生任何变化。当公司发行股票时,股价会下跌;公司回购股份时,股价会上涨。当公司增加股利时,股价上涨;当公司削减股利时,股价下跌。换句话说,

---

⊖ 见 W. Mikkleson and M. Partch, Valuation Effects of Security Offerings and the Issuance Process, *Journal of Financial Economics* 15(January/February 1986):31-60。

⊖ 有些读者或许已经注意到,股票的平均发行量约为流通股总数的 10%,所以,股价下降 3%,就意味着市值减少 30%。相比之下,可转换债务的平均发行规模约为流通股总额的 22%,所以,股价下跌 2%,意味着公司市值只减少 9%。

30年后，这些结论仍然成立。

命题之三：项目的价值可能取决于融资

我们的第三个命题是，项目的价值可能取决于融资方式。由于信息是不对称的，因此，当公司的股票被低估时，同一个项目在内部融资情况下的价值要超过使用外部融资时的价值。原因在于，当公司的股票被低估时，如果使用外部融资，项目创造的收益需要在老股东与新股东之间分享。

这意味着，如果采取内部融资或是相对安全的债务融资（即必须采用有风险的债券或是发行股票进行融资），公司就会放弃一些净现值为正数的项目。在实证方面，尽管我们尚未找到反映因融资方式而放弃项目的数据，但这种情况确实存在于处在某些情况下的公司。正因为这样，有些现金流不足和债务过量的公司才容易出现投资不足的问题，而现在，我们也可以解释，为什么有些公司喜欢囤积现金，或是维持"财务上的宽松"。

说到这一点，你可能会说："等一下……这是不是说，发行债券比发行股票更好呢，但债务过量带来的财务困境成本如何呢，这是不是说，债务也有问题呢？"这确实是一个很要命的话题。由于存在财务困境成本，因此，公司价值会随着债务发行的增加而下降。因此，这是两种相互抵触的效应。

命题之四：资本结构的啄食顺序理论

我们的第四个命题是，因信息不对称造成的啄食顺序理论会造成企业价值的损失。因此，融资选择的目标之一，就是最大限度地减少这种损失。在进行融资决策时，企业首先会使用内部的留存收益，随后是借款，而发行股票则是最后的无奈选择。此外，信息不对称程度较大的公司，对发行股票的厌恶程度也更大，因而会努力维持公司的负债能力。

也就是说，啄食顺序理论还表明，营利性企业会降低杠杆率，以创造"财务上的宽松"。这种观点的另一个含义是，非预期的资金需求可能会迫使公司不得不发行股票。但这种能力最终还要取决于公司是否拥有足够的现金流。

现金流充裕的公司	==>无须发行债券
	==>实际上还能偿还部分债务
	==>杠杆率下降
现金流不足的公司	==>需要发行债券
	==>不愿意发行股票
	==>杠杆率上升

一家现金流较高且稳定的公司，完全可以利用内部资金实施项目，因而没有必要进行债务融资。事实上，这些公司甚至可以用多余的现金来偿还债务，并降低杠杆率。相比之下，一个现金流不足且不稳定的公司，就只能通过发行债券（因为按照啄食顺序，

公司最不愿意做的事情就是发行股票)为项目筹集资金,这就会增加公司杠杆率。此外,从实证方面看,不仅不同行业之间存在差异(就平均水平而言,制药企业的杠杆率低于公用事业),每个行业的内部也有所不同(营利能力最强的公司,其负债率最低;而利润率低的公司,其负债率相对较高)。

这似乎违反了权衡理论(第六章及本章介绍的第一个命题)。按照权衡理论,现金流稳定的公司应具有较高的债务水平,以享受利息带来的税盾。现金流存在风险的公司,会因为财务困境成本而减少负债。

此外,实证研究也表明,在某些行业内,现金流充裕且稳定的公司通常不会拥有大量负债,其债务水平要低于现金流不稳定的其他同行企业。换句话说,在某些行业内,现金流稳定的企业,其债务水平要低于现金流不稳定的企业。⊖

命题之五:股票发行在时间上是不均匀的

我们的第五个命题是,股票发行不会随着时间的推移而持续发生,首次发行(IPO)和二次发行(SEO)市场有冷热之分。为什么会这样呢?可能是因为信息不对称的环境以及市场效率的差异。实证研究结果显示,股票发行往往会集中出现,但解释这种现象的理论并不充分。但华尔街的传闻轶事似乎更有利于我们回答:"为什么会这样呢"。

遗憾的是,这些毕竟只是轶事。至于股票发行为什么会集中出现,至少尚无既有说服力、又有实证支撑的理论。

从1997年到2000年,互联网行业的IPO掀起一轮热潮,互联网股票的市盈率也高得惊人(有些人可能会说太高了)。我们很难解释这种现象,但当时肯定会有人告诉你为什么(或者说,至少他们自己是这样认为的)。我们也拜读过这些理论,但始终觉得不足采信。他们或许是对的,但却没有证据——他们似乎只是在讲述一个故事。

命题之六:混合工具或许有助于缓解信号效应

我们的下一个命题是,混合工具可能有助于减轻因信息不对称带来的信号效应。比如说,我们可以把可转换债券视为"后门"股票。那么,这个"后门"股票的含义是什么呢?假设公司认为投资机会很好,而且股价会上涨,但市场却不这么认为。此外,我们还可以假设,公司缺乏投资所需要的内部资金,而且目前发行债券的成本又非常高(风险较高,且信用评级较低)。那么,公司可能会选择发行股票,但他们又希望避免发行股票而导致市场做出负面反应。此外,公司也不想在低价位上发行新股,因为他们觉得好光景马上就会到来。如果公司缺少内部资金,又没有能力发行债券,而且也不想发行股票,那该怎么办呢?发行可转换债券,等到股价上涨时,再进行强制转股——从本质

⊖ 见Lakshmi Shyam-Sunder and Stewart C. Myers, Testing Static Trade-off vs. Pecking Order Theories of Capital Structure, *Journal of Financial Economics* 51(February 1999):219–244。

上说，这就是通过另一种方式变相发行股票。

市场对公司发行可转换债券会做出怎样的反应呢？虽然也会做出负面反应，但可能不及对发行股票那么激烈。为什么呢？如果公司管理层决定发行可转债，并且未来现金流又未能如期而至，那么，债务依旧是债务，管理者要么还本付息，要么面对破产风险（这会招致更高昂的代价）。因此，发行可转换债券对管理层的约束力要强于发行股票，因此，市场不会把可转债视为一种强烈的负面信号。这个解释非常完美，它完全可以揭开可转换债券缓解信号效应的秘密，而且也得到了实证研究的鼎力支持——市场对发行可转换债券做出的负面反应，远不及对发行股票那么强烈。

混合金融工具的其他操作方式还包括：最早由摩根士丹利发行的可赎回累积优先股（PERCS），这是一种在固定年限（通常为三年）后可强制转股的可转债；可交换为普通股的债券（DECS），它与 PERCS 基本类似，只不过在转股上有更大的可选择性；短期股权参与单位（STEPS），这是一种以投资组合或指数为对象的合成 PERCS，而 PERCS 的操作对象是个股。

> **引申阅读**
>
> 采用首字母缩略词的做法在华尔街很重要，因为我们无法将一种创意或理念注册为商标或版权。因此，在华尔街，当有人提出一种新融资工具的创意并发布出售意向书时，我们可以相信，所有竞争对手都会第一时间做出反应，随后，它们会开始逆向工程，或是干脆直接复制。但采用首字母的缩略词，就可以进行商标注册，而且有助于推销金融产品。例如，当所罗门兄弟公司提出 CATS 这个产品的创意（有担保的国债债券）时，美林公司紧随其后就推出一款类似产品 TIGRS（国债收入成长债券）。其他类似动画片人名的字母缩略词还包括 LYONS（流动收益期权票据）、ELKS（股票挂钩证券）和 ZEBRAS（零基础风险互换）。还有一些貌似正规的字母缩略词，包括 CAPS（可转换可调优先股）、CARS（汽车应收账款凭证）、CARDS（摊销周转信贷证明）和 PIPEs（私人投资公开股票，这个词与我们在第二章和第三章讨论的公司 PIPES 似曾相识）。

命题之七：委托代理问题与资本结构

我们的最后一个命题是，在 M&M 模型中，假设公司的实际投资政策不会因资本结构而改变。但我们都知道，资本结构会影响到管理层的激励机制和行为。虽然适当的杠杆可以缓解代理问题，但杠杆过度则会加剧代理问题。也就是说，它们之间是非线性的关系。在 M&M 模型的世界里，投资政策是固定不变的；但在非 M&M 的现实世界中，投资政策却是不固定的，资本结构可能会影响到企业对投资政策的选择。

上述命题的综合

我们不妨回顾一下，迄今为止，我们分析了影响资本结构的如下要素。

（1）税收：负债越多，税盾效应就越大。因此，应增加债务最大限度地享受税盾效应。

（2）财务困境：负债越少，公司陷入财务困境的预期成本就越低。因此，应减少债务，以减少公司预期的财务困境成本。

这是静态的最优理论（我们在第六章进行的讨论），它取决于公司对税盾与财务困境预期成本之间的权衡。在本章里，我们又进一步补充了如下要素。

（3）不对称信息：从这个角度说，债权优于股权，因为股权会被市场解读为负面信号。

（4）代理问题：对资本结构的影响不确定。在某些情况下债务可能会缓解代理问题，但在另一些情况下也有可能加剧代理问题。

融资需求的金额

千万不要忘记，在确定资本结构时，我们首先需要回答这个问题：根据公司的经营状况和销售预测，公司需要筹集多少资金，以及应该在什么时候筹集？

在确定融资需求时，务必牢记如下法则。

- 可持续增长的概念永远不会告诉我们，增长到底是不是好事。一家公司可以增长 10%，但并不意味着它应该增长 10%。
- 只有在无法或是不愿意筹集股权资金或是提高债务/权益比时，可持续增长才是有约束力的。
- 融资策略和商业策略的制定不是孤立的。

要回答需要对外筹集多少资金，以及应该在什么时候筹集这些资金，我们首先需要预测公司的财务报表，预测短期和中期的未来现金流。此外，我们还要计算公司的可持续增长率，这是公司在没有外部资金支持条件下可实现的增长速度。

$$可持续增长率\ g = 净资产收益率\ ROE \times (1- 股利分配率\ DPR)$$

在备考分析中，对现金流和可持续增长率的预测，共同决定了公司预期的对外融资需求。

在确定融资需求后，我们将以两个基本理论分析企业的最优资本结构：静态权衡理论（static trade-off theory），该理论的核心就是税盾、财务困境成本以及与信息不对称相关的啄食顺序理论。这些理论未必兼容。但我们建议，最好的办法还是从静态权衡理论出发，在此基础上确定最优杠杆率。当公司的负债率接近这个最佳水平时，就是我们考虑信号效应的时候了。

我们不妨按如下标准对此前介绍的两家案例公司进行检验：梅西-弗格森农用设备公司和万豪集团。

设定目标资本结构的对照标准

	梅西·弗格森	万豪集团
公司所得税带来的税盾:		
是否存在债务带来的税盾	是	是
财务困境成本:		
现金流的波动性	高	中等
对产品市场进行投资的必要性	高	低
对外融资的必要性	高	目前较低
因缺少现金而受到竞争对手的威胁	高	低
顾客对公司遭遇财务困境的担心程度	高	低
减少债务和开展重新谈判的容易性	非常困难	容易
资产是否易于出售	否	是
信号机制:		
信息不对称的程度是否很高	高	高
发行市场是否火爆	否	否
代理成本:		
是否缺少明确的清单	?	?

可见，静态评估表明，梅西的最优负债率应低于实际的负债率。梅西和万豪都会得益于税盾效应，这也是它们当时增加债务的一个依据。但这两家公司的财务困境成本不同。梅西的现金流波动性更大，而且更需要投资，因此，对外投资的资金需求量也更大。此外，如果现金不足，梅西就要面临来自其他公司的更大竞争。因此，一旦梅西遭遇财务困境，就有可能永久性地丧失更多市场份额。梅西的客户也很担心公司的财务状况，因为他们还要依赖梅西提供零部件的更换和维修。

万豪的现金流相对较为稳定，而且对投资的资金需求也远远低于梅西。此外，由于经营模式已从拥有转为租赁经营，因此，万豪对外部资金的需求大为降低。此外，万豪的客户并不担心公司的未来。只要酒店还在，客户入住时的房间还干净，他们就可以在这里住上一两晚。因此，他们根本就不关心未来的酒店业主是谁。在这种情况下，我们通过静态评估得到的结论是，梅西应拥有较低的负债率。

但我们不能只看税盾和财务困境成本之间的权衡。在信号和代理成本问题上，梅西和万豪基本相似。首先，这两家公司所处的行业都不难理解，企业本身也并非异常复杂。因此，尽管企业的信息不对称性较高，但仍低于其他行业。

相比之下，制药公司的信息不对称程度则大得多。外部投资者可能根本就不清楚，公司下一代产品的成功率有多大。这就会造成严重的信息不对称，从而让制药公司比梅西或万豪更不愿意发行股票。最后，虽然代理成本也是需要考虑的，但在大多数情况下难以量化。

另一个需要强调的重点是，梅西的债务来自诸多国家的很多银行，而万豪的贷款人只有一家银行，这就会导致梅西很难通过谈判解决财务困境问题。有必要提醒的是，资本结构理论本身还不完善。今天，学者已开始放松 M&M 理论的五个假设（税收、财务困境成本、交易或发行成本、不对称信息、资本结构对投资的影响），并据此重新建模分析。但不可否认的是，还有很多特征尚未纳入模型，因而也未得到充分体现。比如收益支付结构，也就是说，债务的利率是固定的还是可变的；融资顺序的结构，即为什么债务需要在股权之前予以偿还，以及应在何时偿还；债务的期限结构，即是采取长期负债还是短期负债。

此外，有些特征在 M&M 模型中根本就未被涉及。例如，尽管模型中没有明确合同的约束力，但我们都知道，它是有价值的，因为我们可以对合同进行定价。同样，我们还可以对投票权、控制权、期权以及提前赎回条款等进行定价。[⊖] 尽管这些契约很重要，但融资理论始终没有针对它们建立完整的模式。当然，我们在这里也不打算做这项工作，因为本章的重点在于信息不对称和代理成本。

本章小结

笔者认为，首先应使用权衡理论（税收和财务困境成本）来确定资本结构，从而建立起长期的"目标"资本结构（请记住，在这里，我们需要认真分析企业及行业的策略和结构）。然后，才有必要考虑股票发行或是减少股利带来的股价信号。

在公司有足够内部现金流的情况下，针对市场对融资决策做出的反应，唯一值得担心的就是利润会受到影响。一旦公司需要对外融资，它就可以找到偏离长期目标杠杆的理由。

然而，公司的理由应该是准确的，而且是系统性的。也就是说，偏离目标债务水平带来的利益是否会超过由此招致的成本？此外，资本结构的决策还应避免无条件的经验法则。比如说："在还有未转股的可转债时就不要发行股票"，或者"永不在熊市期间发行股票"等。[⊖] 这些经常在华尔街听到的所谓约定俗成，在某些情况下或许是合理的，但绝不是放之四海而皆准的规律。换句话说，我们的分析应始终建立在个案基础上。

公司财务的四个基本目标及其比较：

公司目标	比较
接受所有拥有正净现值的项目	削减股利或发行债务，为投资提供资金
拥有"最优"债务/权益比	削减投资或发行股票
支付高额股利	减少投资或筹集外部资金以便于支付股利
不发行新股	减少投资、减少股利或增加债务

如果公司有很多能带来正净现值的投资项目，却没有足够的内部资金，那么，它就

⊖ 提前赎回条款属于一种期权。
⊖ 如果当前股价低于转换价格，可转债持有者就不会进行转股。

必须决定是否①放弃其中的某些投资、②削减股利、③通过发行债券或④股票来改变债务/股权结构。目标①和②代表了公司的静态最优结构，而目标③和④则是对信号的响应。如果不存在信号效应，那么，第③点和第④点就是无关紧要的（即如果市场不会对减少股利或发行股票做出反应）。㊀ 因此，现有的两个资本结构理论都体现于上述四个目标之中。不过，两种理论不仅不完全一致，也不是我们的目标。

在这里，我们还有两个重要的经验值得与读者分享。

首先，公司价值主要是在产品市场上创造的。公司不可能在公司金融层面创造价值（需要提醒的是，说这句话的也是你们的同行，他们可都是名正言顺的金融学教授）。虽然合理的融资决策可能会增加企业价值，但融资决策的真正作用还是在于支持和强化公司的产品市场决策（此外还需要注意的是，不合理的融资决策有可能会破坏公司的产品市场战略和价值）。另外，如果不了解产品市场战略的意义，公司就不可能做出正确的融资决策。

其次，我们已经指出，公司的产品市场方面比财务融资方面更重要，但这并不等于说财务融资工作就不重要，也不表示任何人都可以做融资。多年来，麻省理工学院始终没有设立正式的CFO岗位。麻省理工学院的所有财务人员都直接由学院院长领导，这就让学院院长成为事实上的CFO。但学院院长毕竟只是麻省理工学院的学术职位，通常由科学或工程学院教授担任。作为各自领域的专家，过去的学院院长几乎对财务一无所知。在几年前的一次会议中，笔者之一在讨论麻省理工学院的财务融资政策时曾说过："没有人敢在一座由会计师建造的桥梁上开车，所以说，你们为什么要让工程师做学院的财务工作呢？"在本章结尾，我们也想提出一个类似的观点。对于非财务人员来说，财务的确非常重要。它不会让企业成功，但却有可能让企业失败。

为了说明最后这两点，请允许我们讲一段关于公司金融的笑话。（在公司金融这个话题上，好的笑话确实不多，但这个笑话肯定是其中之一。）

我们都知道，商学院在录取新生时会出错。在任何一个班级，所有学生都知道，这个被错误录取的人是谁——就是每个学习小组都不想收留的人，在上课时没有人愿意听其发言的那个人。

设想一下，在毕业20年之后，你走在大街上，突然看到对面走来毕业班那个被错误录取的同学。于是，你走到大街对面，希望避开他，但他却一眼就看到了你，也穿过大街，直接向你迎面走来。在简短的寒暄之后，他坚持要在星期五晚上找个地方聚餐。你最初没有同意，但是在听到吃饭地点之后，你居然惊讶地发现，那是整个城市最高档的餐厅，位于城市最繁华的地段，而且是在最高档的建筑里。星期五晚上，你准时赴约，又意外地发现，这位同学居然包下了整整两层楼。走进餐厅之后，你才发现，那个地方简直令人难以置信，墙上的原创艺术品、昂贵的家具无处不在。这让你大吃一惊！

最后，你实在忍不住了，便开口询问老同学在做什么。对方坦然地回答："你知道

㊀ 代理问题可能属于目标②的范畴，但这个问题从总体上说还不够清晰。

的，我开了一家小型制造企业。我们生产那些易磨损而且需要经常更换的厨房用具。每件产品的成本是 1 美元，但我们卖 8 美元！你肯定会好奇，8%的利润加起来为什么会这么多啊（这个人显然不是不擅长数学，而是一个傻子）。

因此，我们的看法是：如果一家公司能以 1 美元生产一件产品，然后以 8 美元的价格卖出去（想想，苹果或是英特尔大概就是这种情况吧），那么，融资对它来说还有什么意义呢。公司是利用产品赚钱的：这才是他们创造价值的世界。而财务融资的最大用途，就是支持企业的产品市场战略。

期待下一步

在下一章里，我们将会看到，当现金流不足以偿付到期债务时，公司会如何重新搭建它们的资本结构。

第十三章
重组与破产：当厄运不可避免时（亚美亚控股）

本章将对企业如何应对财务困境展开讨论。在第五章，我们曾以梅西-弗格森农用设备公司为例，对公司因现金流不足以支付债务本息而陷入困境的情况进行了概括性介绍。尽管梅西-弗格森的营业利润还算可观，但他们的融资政策却相互矛盾，而且资本结构的杠杆度也明显高于竞争对手（即持有更多的债务）。因此，当经济衰退袭来，梅西-弗格森无力偿还到期债务，以至于不得不进行重组。此后，他们再也未能找回昔日产品市场的地位，并最终将业务出售。

第五章的目的就是让我们认识融资的重要性。这一章不仅是探讨公司融资政策的序幕，也对公司面对的财务困境进行了总体性概述。而在本章里，我们也无意于详尽解析财务困境问题，而是强调公司及其债权人面对财务困境时可采取的操作实务。企业在财务困境中所采取的行为，不仅要符合经济学的基本原理，更要遵守有关重组破产的各项法律法规。

在本章中，我们将以 2017 年破产的亚美亚控股公司（Avaya Holdings Ltd.，AVYA）为例，探讨企业的重组和破产过程，并借此讨论有关财务困境的相关理论和法律框架。

当危机到来时

公司在什么情况下会陷入财务困境呢？在无法履行其财务义务（譬如，企业未按合同约定向债权人支付利息或本金）以及企业负债价值超过资产价值（资不抵债）时，企业就会遭遇财务困境。产品市场和金融市场失灵也可能导致企业陷入财务困境。如本书前文所述，所有公司都离不开产品市场和金融市场。产品的市场失灵是指市场条件变化（即需求下降、出现新的竞争对手、成本增加或是出现新的替代产品）导致企业运营遭受损失。在前面提到的例子中，我们曾看到柯达公司的胶卷及冲洗技术是如何被新的数码摄影所取代的。当公司的融资政策出错，尤其是资本结构不当时，就会造成财务融资市场失灵（就像我们在梅西-弗格森案例中所看到的那样，尽管公司的业务仍然盈利，但债务过多依旧让他们难以为继）。

亚美亚控股则是一家同时遭遇产品市场失灵和财务市场失灵的典型案例。最终，这家公司陷入无法自拔的财务困境并申请破产。但亚美亚仅用了一年时间，便从破产的绝境中绝地重生。

亚美亚控股

亚美亚控股公司是一家"全球性商业通信公司"，主要业务是为呼叫中心、视频信息、社交媒体网络和服务提供硬软件服务。该公司是朗讯技术公司（Lucent Technologies）在 2000 年分拆上市形成的一家企业，而朗讯技术本身也是 1996 年从 AT&T 中剥离出来的。朗讯随后又合并了西部电气（Western Electric）和贝尔实验室（Bell Labs）的业务，而且这两家公司以前都属于 AT&T。亚美亚控股的两个最大竞争对手就是思科系统

（Cisco）和微软（Microsoft）。

这家公司做得如何呢？表 13-1 是亚美亚控股在 2004 年到 2007 年间的利润表和资产负债表数据。从表中可以看出，2004 年，亚美亚控股的营业收入为 3.23 亿美元，净利润为 2.91 亿美元，收入总额为 41 亿美元。2007 年，营业收入为 2.66 亿美元，净利润为 2.15 亿美元，收入为 53 亿美元。在融资方面，亚美亚在 2004 年发行的债务总额非常有限（只有 5.93 亿美元，占总资产的 14.3%），而在 2005 年到 2007 年间竟然完全没有债务。⊖

表 13-1 亚美亚控股 2004—2007 年的主要财务信息

金额单位：百万美元	2004年9月30日	2005年9月30日	2006年9月30日	2007年9月30日
产品收入	2 048	2 294	2 510	2 882
服务收入	2 021	2 608	2 638	2 396
收入合计	4 069	4 902	5 148	5 278
产品成本	928	1 049	1 168	1 295
技术摊销费用	1 196	1 297	1 320	1 512
服务成本	—	259	270	1 512
直接成本合计	2 124	2 605	2 758	2 827
利润总额	1 945	2 297	2 390	2 451
销售和一般行政费用	1 274	1 583	1 595	1 552
研发成本	348	394	428	444
无形资产摊销	—	22	104	48
商誉与无形资产减值	—	—	—	36
重组净额		—	—	105
营业成本合计	1 622	1 999	2 127	2 185
营业利润（EBIT）	323	298	263	266
利息支出及其费用	66	19	3	1
其他收入（支出）	−15	−32	24	43
税前利润	242	247	284	308
所得税	−49	−676	83	93
净利润	291	923	201	215
折旧及摊销	272	272	269	291
息税折旧摊销前利润	595	570	532	557
资产合计	4 159	5 219	5 200	5 933
有息债务合计	593	—	—	—
所有者权益合计	794	1 961	2 086	2 586

低债务和稳定现金流相互结合，让亚美亚控股成为极富吸引力的收购目标。（我们

⊖ 亚美亚控股在2001年的债务总额为6.45亿美元，2002年为9.33亿美元，2004年为9.53亿美元（占资产总额的比例分别为11.2%、23.5%和23.9%）。

稍后将讨论让一家公司成为理想收购目标的基本要素。）2007年10月，亚美亚控股被得克萨斯太平洋投资集团（TPG Capital）和银湖投资（Silver Lake Partners）两家私募股权公司以82亿美元的价格收购。㊀ 新股东计划削减成本并扩大企业呼叫中心软件业务，借此增加亚美亚控股的现金流水平。利用亚美亚控股强劲的财务状况与可预见的现金流，两家私募公司得以取得58亿美元的借款，帮助他们偿还了收购亚美亚的成本。得太集团和银湖集团以82亿美元收购亚美亚控股的资金来源包括：

	金额单位：百万美元
优先级资产担保循环信贷额度	335
优先级抵押定期贷款（2014年到期）	3 800
优先级担保多币种周转信贷额度	200
优先级无担保现金偿付贷款（2015年到期）	700
优先级实物支付转换贷款（PIK）（2015年到期）	750
债务总额	5 785
股权投资	2 441
收购总金额	8 226

被收购后，亚美亚成为一家非公开上市公司，并在2007年10月从纽约证券交易所退市。

接下来发生了什么呢？当然，就是一个关于财务困境的经典篇章。

遗憾的是，即使公司认真地规划未来，细致地进行模拟并预测未来现金流，有时候还是会出现问题。尽管公司制定了正确的融资政策，也会遭遇危机，只不过错误的融资政策更容易引发危机。图13-1绘制了亚美亚的收入变化趋势，图13-2是亚美亚在2007年至2016年期间的营业利润（EBIT）和净利润，在此期间，亚美亚控股是一家非上市公司。图13-3则是亚美亚控股同期的债务总额和总资产比率。

2007年底开始的全球金融危机给亚美亚的经营带来了巨大冲击。此外，随着呼叫中心从硬件密集型开始向软件密集型转化，它们的产品市场也受到影响。当然，它的两个主要竞争对手思科系统和微软也不会静观其变，他们开始以更花样繁多的服务和更优惠的价格拉拢亚美亚的客户。㊁ 2009年，亚美亚不仅没有迎来4.18亿美元的预计净利润，反而出现了8.45亿美元的亏损。图13-1显示，亚美亚的收入在2008年下降了6.7%，然后在2009年又继续下降15.7%。随着经济的复苏，亚美亚的收入在2010年和2011年有所反弹，但随后再次进入下行通道，直至2016年。

㊀ 2007年6月4日，得太集团和银湖投资同意，按每股17.50美元的价格收购亚美亚控股，收购价格较亚美亚先前的最新收盘价溢价约28%。有关此次收购的介绍参见http://www.genesisglobalinc.com/nortelhistory.html和http://www.enterprisenetworkingplanet.com/news/article.php/3854486/Avaya-Closes-Nortel-Enterprise-Acquisition.htm。

㊁ 参见https://www.wsj.com/articles/avaya-how-an-8-billion-techbuyout-went-wrong-1482321602。

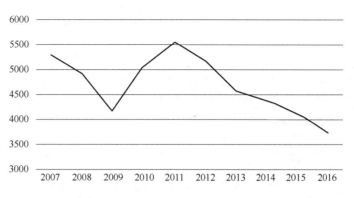

图 13-1 亚美亚的收入（百万美元）

如图 13-2 所示，在 2008 年最初遭遇营业利润和净利润的双重下挫之后，亚美亚曾设法修复业务颓势，让营业利润从 2008 年的 11 亿美元亏损变成 2012 年至 2015 年期间的持续盈利。2015 年，公司营业利润已达到 3.71 亿美元。在同一时期，亚美亚的净利润也从 2008 年的亏损 13 亿美元减少到 2015 年的 1.44 亿美元亏损。（在实现营业利润的情况下，造成净利润依旧为负数的主要原因，就是亚美亚承担的利息费用。）2016 年，亚美亚收入继续下降，公司的营业利润再次变为负数。（收入减少到 18 亿美元，营业亏损为 3.16 亿美元，净利润为负 7.3 亿美元。）

图 13-2 亚美亚的营业利润（EBIT）和净利润（百万美元）

如图 13-3 所示，在融资方面，由于收购，亚美亚的债务水平在 2008 年发生了巨大变化。2007 年，亚美亚控股本身没有任何债务，但由于得太集团和银湖集团的收购主要是以债务购买亚美亚公开发行的股票，因此，此次收购导致债务增加到 52 亿美元。（针对以债务收购股份的操作机制，我们将在第十八章中做进一步说明。）由此得到的债务与资产比率为 52.2%。相比之下，思科的资产负债率为 11.7%，微软的资产负债率为 0（两家公司也有大量现金）。此外，思科和微软的规模远大于亚美亚控股，而且收入来源也更多样化。亚美亚控股在 2008 年总资产为 100 亿美元，而思科 587 亿美元，微软为 728 亿美元。

图13-3 亚美亚的计息债务总额（百万美元）和亚美亚的债务/资产总额

在退市成为非上市公司期间，亚美亚继续对运营进行投资。2009年，亚美亚控股以9.15亿美元的价格收购了北电网络公司（Nortel Networks）；2012年，他们再次斥资2.3亿美元收购了从事视频会议业务的锐迪讯通信技术发展公司（Radvision）。这些收购资金均来自对外负债带来的融资，这就可以解释，公司在2010财年的债务为何会出现大幅增加，如图13-3所示。尽管有了这些投资，但截至2016财年末，亚美亚的销售收入仍比2007年减少了29.9%。

图13-3显示，亚美亚控股的债务水平在2009年上升至59亿美元（因两次收购），债务比率（计息债务与总资产的比率）则提高到59.5%。在2010年至2016年期间，债务水平非常稳定，但由于经营亏损，依旧导致亚美亚的资产价值受损，债务与资产比率急剧上升。到2016年，债务水平为60亿美元，债务比率为102.3%。（当债务比率超过100%时，意味着计息债务大于总资产，或者说，已经资不抵债。）

因此，收入下降和高利息费用的结合，加剧了亚美亚的财务困局（这有点类似于梅西-弗格森的情况）。亚美亚在经营上的改善还不足以偿还债务，而且在2010年至2016年这段时间，公司的总债务水平基本保持不变。导致形势更加难解的是，公司的大部分债务将于2014年到期。按照亚美亚的初步预测，公司可以偿付其中的部分债务，并以借新债还旧债的方式处理剩余无法偿还的部分。如图13-3所示，在此期间（2011年、2013年、2014年和2015年），尽管亚美亚并未真正偿还任何债务，但还是进行了四次大规模的再融资。在每一次再融资中，亚美亚都把即将到期的旧债务替换为到期日推迟的新债务。

亚美亚申请破产保护

为什么要申请破产

亚美亚一直在按时支付利息，并通过再融资偿付到期本金，而且公司债券的信用评级也在2007-2015年间维持不变（穆迪的平均债务评级为B3，标准普尔给出的平均债务评级为B-）。但如图13-3所示，亚美亚的债务与总资产比率大幅上升，产品市场地位则在下降（表现为收入的大幅下降）。2016 年底，亚美亚需要再次为到期债务进行再融资。

不幸的是，如上所述，亚美亚的经营在 2016 年遭遇滑铁卢。收入从 2015 年的 41 亿美元下降到 2016 年的 37 亿美元。更重要的是，营业利润变为负数，净利润也从 -1.44 亿美元继续降至 -7.3 亿美元。

到 2016 年底，亚美亚的未来现金流似乎已不足支付利息。同样，如图 13-3 所示，此时的公司债务总额已开始超过资产价值。这些结果意味着，亚美亚为其债务进行再融资的能力已开始受到质疑。此时的亚美亚既没有资金用来支付利息，也丧失了筹集新债务资金的能力，因此，公司不得不申请破产保护（通俗地说，就是他们耗尽了现金）。㊀

2017 年 1 月 19 日，亚美亚控股公司按《破产法》第十一章的规定提出破产保护，当时申报的资产总额为 55 亿美元，负债总额为 63 亿美元。在不到一年后的 2017 年 12 月 15 日，公司完成第十一章规定的破产保护程序，并重新公开上市（股票代号 AVYA）。下面，我们详细梳理一下这个蜕变过程。

2007 年爆发的全球金融危机，再加上体量更大、资金实力更雄厚的竞争对手带来的压迫性挑战，使亚美亚在产品市场上面临空前挑战，也极大损害了公司的产品市场地位，其最直接的表现就是收入和利润的萎缩。加上新股东为收购而带来的巨大债务负担，把这家公司拖入泥潭，并最终陷入财务困境。如果亚美亚从未借钱，公司也就不会破产，继续生存下去无疑会容易得多。

现在，我们看看与财务困境相关的经济学规则和制度规范。

破产的基本经济原则就是拯救尚符合生存逻辑的公司

我们应在什么时候拯救一家陷入财务困境的企业呢？或是换一种说法，我们应在何时对一家陷入财务困境的公司进行清算呢？许多人认为，破产就标志着公司业务的终结。有时的确如此，但这不一定是实际情况，当然也不是最好的结果；尤其是破产的根源在于错误的财务融资政策，而不是产品市场的失灵时。

大多数人都知道，在产品市场出了问题，有可能会让公司遭遇财务困境（比如出现更优质或是更便宜的产品时，前面提到的柯达就属于这种情况）。亚美亚也在产品市场上遇到了一些问题，包括硬件销售的下降、整体经济下滑以及来自微软和思科的竞争加剧。当业务本身丧失营利能力时，公司唯有解决产品市场问题才能存续下去。这往往需要他们削减丧失营利能力的部门，出售低效或无效资产，并降低运营成本。有时，这些措施确实可以奏效，而且至少公司的部分业务还能苟延残喘。但有时也会毫无效果，让公司就此寿终正寝。

㊀ 我们在本书开头就已经指出，首席财务官有三项主要任务，第一项任务是不要耗尽现金。亚美亚显然没有做到这一点。

然而，企业也会因为融资政策的不当选择而遭遇财务困境。梅西-弗格森就属于这种情况，他们原本已在小型拖拉机市场拥有了稳固的市场地位，但在经济不景气时期，他们却负债累累。在完成私有化退市并进行负债加杠杆之后，亚美亚也出现了类似境遇：凭借原来无负债的资本结构，公司原本可以克服产品市场的问题（实际上，在2008年到2016年的大部分时间里，他们的营业利润都是正数），真正把公司拖入财务困境的，恰恰是无法逃避的偿债义务。

尽管不能一概而论，但至于说一家公司是否应生存下去，毕竟还是有其一般性规律的：**如果这家公司还拥有能创造利润的业务，那么，它就有理由存续下去。**换句话说，问题的关键完全与资本结构无关，而是在于，公司能否在产品市场上赚钱？换一种说法：**如果公司全部采取股权融资，它还会盈利吗？**

公司应在什么时候提交破产申请

什么是破产呢？破产是指对公司所面对的全部利益主张者实行自动中止的法律程序（即禁止债权人自行对债权行使求偿权的法律行动）。被自动中止的债权包括债权人享有的全部利息和本金。此外，破产程序还会启动由法院管理监督的程序，从而导致对公司的求偿权发生变化。从本质上说，破产程序中止破产企业向债权人偿付债务，并对经营现金流进行重新分配。破产对企业有哪些帮助呢？如果把公司需要支付的现金流减少足够数量，尤其是需要债权人支付的现金流，那么，公司价值就有可能会变为正数。**只有宣布破产才能做到这一点吗？**并非如此，其实，企业可以请求利益主张者自愿调整债权，从而实行债权重组。如果一家公司能进行自愿性的债务重组，往往就需要申请破产。在M&M模型假想的世界中（交易成本为零，无财务困境成本，零税收，无信息不对称现象，且市场有效），当公司出现破产事由时，利益主张者只需要对索取权进行简单的重新估值，不涉及任何交易成本。⊖ 但我们都知道，M&M所描绘的世界是不存在的，重组也不可能是没有成本的。

哪些因素限制公司不能在破产程序之外寻求债务重组呢？尽管许多公司确实在破产范围之外完成了债务重组（比如说，修改债务条款、对未予以偿付的债权易于豁免等，都是常见的债务重组方式），但债务重组仍要面对两大障碍。首先，债务重组必须取得全体债权人的同意，其次就是税收。

在某些情况下，债权人会"坚守"原有债权而拒绝接受重组是有利益动机的。也就是说，假如除一个债权人以外，其他所有债权人都同意减让债权金额（将债权金额减少到低于原债务的合同价值），那么，这个不同意重组的债权人有可能获得全额偿付，而

⊖ 在第五章里，梅西公司与债权人之间进行的谈判，实际上是一次重组，而不是破产。通过谈判，梅西把原有的短期债务置换为新的股权，从而对债务进行了重组。

其他债权人只能得到低于债权账面价值的偿付。㊀

比如说，假设一家公司有 100 名债权人，每个债务人持有的债权金额为 100 万美元，则总的债权金额为 1 亿美元。我们再进一步假设，由于产品市场的变化，目前的公司价值只有 8 020 万美元。公司计划将每个利益主张者的债权置换为一笔 80 万美元的新债权，那么，公司新的债务总额为 8 000 万美元。如果有 99 名债权人同意置换条件，只有一个债权人不接受置换。于是，同意置换的债权人将获得价值为 80 万美元的新债权，而保留原债权金额的那个债权人继续维持原有的债权 100 万美元（公司的债务总额为 8 020 万美元）。可以想象，很多债权人都会同时算计这笔买卖，因此，不可能只有一个人坚持不让步，可能会有很多人不愿放弃，在这种情况下，置换方案必定失败。

那么，难道我们就不能拉拢足够多理性的债权人，通过在投票中取得大多数优势，迫使所有人都接受债务重组交易吗？不可能。即使获得多数票的赞成，我们也不能强迫每个债权人都接受交换，至少不能在破产程序之外达成这个目标。为什么呢？在美国，《1939 年信托契约法》（Trust and Indenture Act）明确禁止在未取得一致同意情况下改变公开债务的本金、利息或期限。因此，哪怕只有一个人坚持原有债权，也会导致在破产之外的潜在交易胎死腹中。

在经历了 1986 年的 LTV 钢铁公司破产案后，出现了另一个导致债权人在重组期间坚持不妥协的动机。在这个案例中，公司在重组后依旧申请破产。在破产执行过程中，法官裁定，之前已参与债务置换（即将旧债务置换为较低价值的新债务）的债务人只对"重组后"的债务价值负责，而不考虑签署重组协议之前的债务面额。这样，那些不接受将旧债务置换为较低价值新债务的债权人，就可以在破产程序中维持原有价值更高的债权。在经历了 1986 年这起判例之后，债权人开始担心，如果参与重组，而企业随后又提出破产申请，那么，他们最终就只能接受债权缩水的结局。这就增加了他们坚持原有债权不让步的决心。

怎样才能让所有人接受重组方案

如前所述，如果公司有幸生存下来，而且债权人也有机会得到全额偿付，那么，投资者就有动力坚持下去，对债权拒不妥协。但问题是，如果很多投资者都得出相同结论，那么，重组注定无法实施；如果不能进行重组，所有债权人都会遭受更大损失。基于此，融资专业人士提出了许多策略，激励投资者接受债权置换（从根本上说，就是把"坚持"变成"支持"）。

在拟实施的证券置换中，新债券通常具有如下某些特征，这些特征只会让坚持下去的投资者变得更糟糕：

㊀ 实际上，即使重组会增加公司的总价值，让他们在清算中可以面对一块更大的蛋糕，但债权人和其他利益主张者通常还是会反对重组。

1. 如果有可能的话,应该让新债务在偿还顺序上优先于旧债务。这意味着,如以后确实发生破产,那么,新债权人(参与置换的债权人)的受偿顺序优先于所有不接受债权减让的债权人。

2. 新债务的到期日应短于旧债务。这会让坚持债权的投资者承担的风险大于接受置换的投资者。

3. 如果无法让新债务优先于旧债务,可以采用"退出同意"(exit consent)条款剥离相关债务契约。尽管美国《1939年信托契约法》规定,不得改变债务的利率或期限,但大多数债券约定,在征得2/3债权人同意的情况下,可对债务契约进行修订。因此,通过消除旧债务的契约,会让持保留意见投资者的受偿结果更糟糕。

4. 如果允许的话,可以把旧债务置换为现金与新债务的组合,这样,就使得新债权的价值更高,而且更有吸引力。虽然保留投资者可以维持最初的债权账面价值,但参与置换的债权人现在就可以拿到部分现金,从而降低了因公司未来无法偿还债务带来的风险。

5. 为保证债权置换的约束力而对支持率提出更高的要求,会造成一种囚徒困境,让每个坚持不减让的投资者都将成为关键决策点(也就是说,在全体一致接受的情况下实现重组的概率减少了)。

重组的第二个主要障碍来自税收。按照美国国税局(IRS)《税法》第108条的规定,(在破产程序之外)注销的债务应立即确认为收入。因此,当财务陷入困境的公司现金不足时,债务重组会让公司出现纳税义务。(在上面的案例中,债务价值从1亿美元减让到8020万美元,被注销的1980万美元债务形成公司的应税收入。)⊖

重组的成本非常高,在某些情况下,债权人坚持原有债权不减让或债务注销带来的税收成本,都有可能阻碍各方无法通过谈判达成解决方案。那么,如果一家公司不能说服债权人接受减让,或是无法承受税收带来的成本,该如何是好呢?公司仍可选择申请破产。破产即可解决债权人坚持不让步的问题和税收问题。或者说,《1939年信托契约法》并不适用于破产程序。只要有足够多债权人(至于多大的比例算足够多,参见如下定义)达成一致,即可强制同类债权的全体债权持有者接受他们协商确定的方案。此外,注销的债务在破产过程中不属于应纳收入。

然而,破产本身就需要承受高昂的成本。我们在本书第六章提到的经验证据显示,

⊖ 需要注意的是,如果公司的损失超过被注销或是被免除的债务,这当然就不是问题了。重组过程的复杂性还体现在其他很多方面。比如说,如果公司股权结构发生变化,那么,就有可能导致公司不能在某个年份使用前期经营亏损抵减当期应税收益的金额。如果一家公司无力偿债(或资不抵债),那么,在破产程序以外豁免的债务就无须纳税,除非通过豁免债务可以让这家公司恢复偿付能力。此外,债务人往往会降低资产价值,或使用前期经营亏损匹配本期被注销的债务(即被豁免的债务金额)。公司甚至可以把债务转换为股权。最终,当债权人摇身一变而成为股东时,就可以把债务减免转换为股权成本的增加。

对大型企业（如"《财富》500强"）而言，直接破产成本（包括律师费、会计师收费和法院诉讼费等）可达到公司价值的2%至5%，中型公司的这个比例在20%至25%左右。此外，财务困境带来的间接成本可能更高（譬如，客户、供应商、员工和业务机会的损失；管理层专注于挽救企业，而忽略市场竞争）。因此，尝试破产以外的解决方案仍是必要的，而且也是有吸引力的。

除债务重组或破产以外，还有其他方法可以降低重组成本吗？ 当然有，第三条重组途径介于两者之间，换句话说，部分是在破产程序内进行，还有一部分是在破产程序之外进行。这种方法被称为"预打包"（prepackaged）破产。按照这种模式，在申请破产之前首先进行谈判（这一点类似于重组），然后，按已商定的重组计划申请破产保护。就可以防止个别债权人不接受减让而破坏重组，因为破产申请会迫使他们接受其他债权人已达成的计划。此外，这种方法不仅可以让公司快速进入破产程序，还可以快速退出破产保护。从本质上说，这是一种重组，不仅不需要全体达成一致，而且可以规避因债务注销而产生的应税收入。

当然，预包装破产也需要付出代价。首先，公司必须有足够现金流维持正常运营，并在谈判期间偿还债务。这意味着，公司必须在形势不可逆转之前预料到发生财务困境的可能性。有的时候，管理层只是不愿承认会遭遇困境。但有的时候，危机确实会突兀而至，事先毫无预料。其次，在预包装破产模式的谈判过程中，无须自动中止债务，这意味着，在谈判之前，如果某些债权人警觉地意识到，公司有可能爆发财务危机，那么，他们就可以在此过程中想方设法地执行债权。再次，无担保债权（如贸易性债务、租赁欠款或是对雇员和工会的负债）通常难以在破产程序之外最终敲定。只有在公司申请破产后，才能厘清全部债权。⊖ 但预包装破产可以规避冗长而拖沓的破产程序，从而有助于降低过程当中发生的成本。

破产法则

美国的破产法主要规定了两种类型的公司破产。这两种破产形态分别由《破产法》的第七章和第十一章 ⊖ 予以界定（两种类型的破产也因此以《破产法》的相关章节命名）。⊖ 其中，第七章对公司的有序清算做出规定，也就是说，对公司资产以分散或整体形式进

⊖ 在破产过程中，公司最终面对的偿付追索额往往超过资产负债表上列示的债务金额。部分原因在于，某些价值在破产之前是未知的，还有一部分原因在于，考虑到需要放弃一部分债务，因此，债权人往往会高估他们所持有的债权价值。

⊖ 《破产法》第十三章是针对有能力在未来（比如五年）偿还债务的个人破产者，因而允许这些债务人继续保留财产。

⊖ 笔者曾考虑把本章放在讲述苹果案例之前，从而以亚美亚控股为例介绍《破产法》第十一章规定的破产重组；但笔者最终还是认为，现在这个位置最适于从理论上做出解释。

309

行出售。如果这些资产的清算价值大于尚在运营当中的资产价值，有序清算显然是最理想的解决方案。这种情况往往是因为产品市场的问题未得到妥善解决而造成的。在第七章规定的破产程序中，债权人按债权的优先级顺序依次得到偿还（例如，首先偿还第一担保债务，然后是第二担保债务，再次是无担保债务，最后是股权）。

但如果持续运营中的资产价值超过清算资产的价值，则公司应继续运营。按照《破产法》第十一章规定，允许利益主张者通过谈判进行债务重组，并由他们确定每类利益主张者应取得的偿还比例。在按第十一章进行的破产中，核心思路就是确认公司的全部债务，确定其优先级，并创建一个决策流程，让那些未获得全额偿付的债权人有权决定是对公司进行清算，还是允许公司继续经营。⊖ 这种方法背后的逻辑是，只有那些承受风险的债权人，才有动机和能力在清算与持续经营这两种方案中，以理性的方式选择价值更高的方案。

在本章的其余部分中，我们的重点将是《破产法》第十一章界定的破产程序，即在破产中，一家公司的经营价值为正，而且只要制定合理的财务融资政策，公司将会恢复盈利。

归根到底：《破产法》第十一章本身不能解决产品市场出现的任何问题。破产程序可能会引入新的管理层、新的经营战略以及重新定位的公司。但这显然不是破产法的预期目标，而且不会自然地成为破产程序的一部分。破产程序的终极目的，就是通过确定哪些债权人有资格参与破产财产的分配，以及可分配到多少破产财产，从而对公司的未来现金流进行重新配置。

因此，破产法只适合于亚美亚控股这种拥有正现金流可分配的公司。

那么，在《破产法》第十一章规定的破产程序期间，由谁来经营公司呢？这是一个至关重要的问题，因为它有助于确定哪些债权是合法有效的，会对产品市场运营进行哪些更改，对融资政策如何进行调整，以及由谁提出拟实施的重组计划。在许多国家和地区，由法院任命受托人监督（甚至有可能取代）公司管理层，负责执行和监督公司在破产期间的运行。在美国，最有可能的方案就是由现任管理层继续负责公司运营（除非利益主张者有证据证明，管理层存在欺诈行为或严重管理不善）。破产管理人（无论是现任管理层还是受托人）应在 120 天内提出重组计划，然后，有 60 天时间争取利益主张者（所有声称对公司享有利益主张权的人）批准该计划。法院可批准适当延长这个期限，这是常有的事情。

⊖ 有担保债权人仅以抵押品的价值获得优先受偿。比如说，如果有担保债权人持有的债权金额为1亿美元，担保品的清算价值为8 000万美元，那么，债权人只能按这8 000万美元的抵押品价值获得优先受偿。剩余2 000万美元作为无担保债权，按一般债权参与破产财产的分配。此外，破产期间发生的应计利息受偿额也仅以抵押品价值为限。譬如，有担保债权人的债权为1亿美元，抵押品价值为1.05亿美元，那么，超过500万美元以上的应计利息部分也作为无抵押债权。也就是说，按照快速清偿程序，这1亿美元（对应的抵押品价值1亿美元）的有担保债权人获得的清偿金额可能不到1亿美元。为什么呢？因为他们可能需要等待数年才能获得受偿款，而这段时间发生的应计利息是无抵押的，而且获得全额偿还的概率很小。

如何确定对破产公司财务索取权的合法性呢？法院与法官将共同评估针对公司的索取权是否合法（这也是他们需要做出的重大裁定之一）。既然法官很重要，那么，**公司是否会游说法官做出有利于自己的裁定呢**？在法律技术层面上，一家公司可以选择受理破产申请案的法院：受理的法院可以是公司注册地、住所所在地或主要营业场所所在地的法院。因此，这就让公司在选择受理法院方面有很大的自由裁量权（进而也选择了法官）。但是在选择向哪家法院申请破产时，公司会利用自身所拥有的自由裁量权吗？确有这样的传闻。比如说，本书作者之一曾在论文中提到过此类数据：尽管美国有 93 家地区法院有权受理破产案件，但是在纽约证券交易所和美国证券交易所的上市公司中，向纽约南区地方法院申请破产的比例一度曾高达 30%。（这些案件的规模或复杂性显然不能解释他们对申请地的选择。⊖）

那么，破产重组计划如何获得批准呢？ 如上所述，破产公司（由管理层或受托人代表）有 120 天时间制订并提出重组计划，然后，他们还有 60 天时间取得全体利益主张者（债权持有者和股权持有者）对重组计划的批准（尽管法院通常会延长这个时间期限）。重组计划需得到按计划会受到损失的每一类利益主张者的批准。利益主张者类别是指所有对公司拥有债权和股权的权利人。在每个利益主张者类别中，重组计划的批准需要同时满足如下两个条件：得到大多数投票（每个债权人或股东拥有一票）的支持，支持者持有权利的金额超过 2/3。这是什么意思呢？首先，只有那些会因重组计划而导致其权力受损的债权人才有资格参加投票。如果某一利益主张者类别按重组计划将获得全额偿付，那么，该类利益主张者就无权参加投票（可自动认为，这类利益主张者接受重组计划）。其次，计算比例所采用的总额以实际参加投票的债权为准。再次，只要出现如下两种方式之一，重组计划即可被否决：被大多数投票人否决；或是被拥有该类主张权总额 1/3 以上的投票人所否决。

回到前面提到的例子：假如公司的资产价值为 8 020 万美元，并有 100 个债权人，每个债权人的债权金额都是 100 万美元。如果所有债权人均参加投票，那么，重组计划得到批准需要同时满足两个条件：至少有 51 个债权持有人（大多数）同意该计划；且同意该计划的债权人至少拥有 6 700 万美元的债权（相当于债权总额的 2/3）。⊖ 如果出现这种情况，而且其他所有类别的投票者也通过满足这两个条件而批准该计划，那么，所有持保留意见的债权人都必须接受债务置换计划。在债权持有人的主张权分布不均时，通过该计划仍需满足多数表决权和 2/3 以上债权金额这两个条件。

⊖ 特拉华州目前似乎已成为这些公司申请破产案的首选地。

⊖ 在这个案例中，由于全部100名破产债权人的索赔金额均为100万美元，因此，要达到破产债务总额2/3，就需要取得67张赞成票。在这里，一个有约束力的条件，就是赞成票所代表的债权价值达到破产债权总额的2/3以上。如果破产债权人未全部参加投票，那么，投反对票的1/3债权人所代表的债权价值，就有可能达到全部参加投票债权人所代表价值的一半，从而导致重组计划被否决。

如何处理未被确认的重组计划（即重组计划被投票人否决）呢？首先，法官规定，提出重组计划的是债权人，而不是管理层。其次，即使不是所有债权类别均表决通过重组计划，法官也会批准并强制执行该重组协议——也就是所谓的"强制批准"（cram down）。如果法官裁定，当债权人反对重组计划时，他们将在清算过程（按债权的优先顺序进行偿付）中获得较低偿付，此时，就会出现这种"强制批准"。以前，确定利益主张者是否会在清算中获得较少偿付的过程需要很长时间。最近，通过法院审理流程的调整，破产程序的时间已大大缩短。

维持破产公司的价值

在按《破产法》第十一章进行的破产过程中，公司需要做的一件事就是维持正常运营。正如我们在第一章中提到的那样，首席财务官的一项关键任务，就是管理公司的现金流。在破产期间，仅仅停止支付利息和偿还债务是不够的。如果员工没有得到应有的报酬，他们就不会继续工作；当公司遭遇财务危机时，如果不能在发货时取得现金回款，供应商往往会停止交付新货。如前所述，在公司运营中，没有什么问题是不重要的。

那么，破产公司如何为持续经营找到所需要的现金呢？的确，公司停止支付所有利息和债务，确实有助于为运营提供资金，但这往往还不足以维持公司的长期生存。公司仍希望，而且也完全有可能从客户那里收取现金。（但这可能会变得越来越困难，因为某些客户可能会停止与公司继续做生意，还有些客户可能会延迟支付已收到商品和服务的款项（直到法院对他们发出强制执行令时，他们才会付钱。）但大多数破产公司仍需要融资（也就是说，他们需要继续筹集现金）。当然，出售资产是一种选择，但这显然需要花费时间，而且会影响到公司的持续经营能力。对即将进入破产或是已经破产的公司来说，它们往往已经无法进入债券或股票市场。此时，公司往往可以选择一种独特的融资形式，被称为"拥有控制权的债务人融资"（debtor-in-possession financing，或 DIP 融资）。

DIP 融资是《破产法》允许采用的一种债务融资形式，这种债务优先于其他所有债务（也就是说，它是优先级最高的债务）。破产公司需获得融资，就必须为新债权人提供"超级优先权"，如果没有这种拥有超级优先权的债权，就不会有人愿意在破产期间为公司提供贷款。从定义上看，DIP 融资违反了"绝对优先权"规则，即公司必须先支付优先级担保债务，而后支付次级担保债务，以此类推，最后才支付股权。因此，DIP 融资（以及公司的采用）必须获得法院的批准。

在 DIP 融资中，一个非常独特的方面在于，尽管它是为破产公司提供的贷款，但考虑到这种债权的超级优先性，这种贷款的风险可能不会很高。因此，一家破产公司反倒可能以低于破产前的利率获得 DIP 融资——这也是让此类融资方式得以存在的另一个特征。（需要提醒的是，并非所有国家都允许进行 DIP 融资。）

破产的提出需要多长时间？以前，破产谈判可能要花费数年才能最终达成一致。尽管破产计划一旦得到批准，所有参与者就必须执行该计划，但批准过程本身需要在每个债权类别中进行投票。即使是优先级较低的债权人不同意，也会推迟最终解决方案的达成。为什么低优先级债权人更可能否决重组计划呢？有的时候，他们甚至会刻意投票否决重组计划，以便于让优先级债权人做出让步，从而换取更快捷的解决方案。但这种情况已不像以前那样频繁出现了。

最近，本书笔者之一通过研究发现："今天……控制破产程序的债权人往往是有担保的债权人。他们对公司的全部或几乎全部资产享有留置权，因而会对破产企业拥有巨大影响力。"[⊖] 这种控制权变更带来的结果，使得目前的破产执行程序比 20 年前快得多。如今，即使是规模非常大的破产案件，往往也只需要不到一年的时间即可完成，而且在破产财产的分配中，遵守主张权的优先性已成为规则，而非例外。

走出破产重组的亚美亚

在破产过程中，谁是亚美亚的控制者呢？在破产之前以及破产重组期间，亚美亚的高管层并未更换。但随着破产程序的完成，自 2008 年以来一直担任公司领导者的首席执行官凯文·肯尼迪（Kevin Kennedy）让位于原首席运营官吉姆·基里科（Jim Chirico），后者从 2008 年以来一直在亚美亚任职。

如上所述，对于破产公司的利益主张者来说，他们通常不知道能否得到全额偿还，这就让他们有动机夸大公司对他们的欠款。亚美亚也不例外。在申请破产后，亚美亚收集到 3 600 项主张权，涉及金额约 200 亿美元，远远超过亚美亚在破产申请中申报的 63 亿美元负债。公司对这 3 600 项主张权大多提出异议，法院也确实驳回了其中的很多主张权。

在 2017 年 8 月 7 日的《修订披露声明》中，亚美亚对其承担的偿债义务估计如下：

	金额单位：百万美元
行政主张权	150
专业机构收费	65
拥有控制权的债务人融资（DIP）	727
拥有优先偿付权的税收负债	14
拥有第一留置权的债权	4 378
拥有第二留置权的债权	1 440
退休金负债	1 240
普通无抵押债权	305
合计	8 319

⊖ 参见 Barry Adler, Vedran Capkun, and Lawrence A. Weiss, Value Destruction in the New Era of Chapter 11. *The Journal of Law Economics and Organizations*, 29 (2013).

在这个债务总额中,不仅包括前面提到的退休金负债,还有以 DIP 融资形式新得到的 7.27 亿美元债务。亚美亚从花旗银行拿到了这 7.27 亿美元 DIP 融资,利率为 Libor 上浮 750 个基点(2017 年的六月期贷款 Libor 利率平均为 1.475%,这意味着,亚美亚需要为这笔 DIP 贷款支付的利率约为 8.975%),为公司在破产期间的持续运营提供了资金。亚美亚通过经营和 DIP 融资取得的现金,为公司继续运营、熬过破产提供了充足的流动性。

产品市场方面发生了什么? 亚美亚试图出售其合同中心业务。为此,公司曾联系了 34 位潜在买家,其中有 8 家提交了竞标书。其中一位投标者的出价为 39 亿美元,但谈判最终破裂。随后,亚美亚再次收到一份 37 亿美元的报价,但最终还是决定放弃。⊖ 此外,亚美亚控股还为网络业务联系了 37 个潜在买家,并获得四份出价。最高出价为 3.3 亿美元,但该出价竞标者后来退出交易。出价次高的是极进网络(Extreme Networks)。他们最终以 1 亿美元的价格买下亚美亚的网络业务。⊜

亚美亚于 2017 年 4 月 13 日提交了第一份重组计划。但公司未能取得债权人对这项计划的批准。2017 年 9 月 9 日,法院召集债务人和主要债权人进行了调解,并在 2017 年 10 月 24 日提出第二份重组计划,该计划在 2017 年 11 月 28 日获得债权人和法院的批准。这份获得批准的计划包括如下内容:

- 在破产重组结束后,亚美亚将全额偿还拥有控制权的债务人融资(DIP)7.25 亿美元。
- 第一留置权债权人(即优先级的有担保债权人)获得 21 亿美元的现金和 9 930 万股普通股,其中,股权价值约为 16 亿美元,占重组后公司普通股总数的 90.5%,但有可能因新股发行而被稀释到 2.55%(2.55%的股份比例是根据为董事、高级管理人员和某些关键雇员提供的股权激励计划确定的。)因此,第一留置权债权人可以凭借其 44 亿美元债权收到约 37 亿美元的偿付。⊜ 这意味着,他们对其全部债权的偿付率为 84.1%,在支付给全部利益主张者的还款总额中,占到 86.6%的比例。
- 第二留置权债权人(即优先性仅次于第一留置权债权人之后的有担保债权人)获得 440 万股普通股,市场价值约为 7 040 万美元,约占重组后公司普通股总数的 4%(在重组后有可能被稀释到 2.55%)。此外,他们还获得 560 万份认股权

⊖ 参见https://www.crn.com/slideshows/networking/300084634/avayas-reorganization-planfiling-10-key-takeaways-for-partners.htm/pgno/0/5。

⊜ 参见https://www.bizjournals.com/sanjose/news/2017/03/08/extremenetworks-avaya-networking-acquisition.html。

⊜ 亚美亚控股的股票于2017年12月18日开始交易,开盘价为15.875美元,收盘价为18美元。笔者选择以16美元的股价对置换成债权人的股权进行估值。对每一类债权人的负债金额摘自2017年8月18日提交的《修订披露声明》。

证，持有者可按每股 25.55 美元的执行价格购买普通股。㊀因此，第二留置权债权人的 14 亿美元债权合计可收回约 7 040 万美元。也就是说，这些债权人最终取得的偿还率为 5.0%，占全部债权偿还总额的 1.7%。

- 普通无担保债权人可以选择收取 5800 万美元现金，或购买不超过 20 万股的普通股。（未用于支付普通无抵押债权人的剩余现金全部支付给第一留置权债权人。）因此，无抵押债权人对其全部 3.05 亿美元债权可收回 5 800 万美元。这意味着，他们的全部债权回收率为 19.0%，占全部债权偿还总额的 1.4%。㊁

- 养老金福利担保公司（Pension Benefit Guaranty Corporation，PBGC）收到 3.4 亿美元的现金和 610 万股普通股，股票价值约为 9 760 万美元（约占重组后公司普通股的 5.5%，但如上所述，持股比例有可能在上述股票发行后被稀释到 2.55%）。因此，PBGC 对其 12 亿美元债权收回约 4.376 亿美元。或者说，这家公司对所持债权的回收率为 36.5%，占全部债权偿还总额的 10.4%。㊂

- 破产重组之前的股票（包括优先股和普通股）均被注销（即原股权持有者一无所获）。公司注销全部原有股票，并授权重新按面值 0.01 美元发行 5 500 万股优先股和面值为 0.01 美元的 5.5 亿股普通股。

- 这家重组后的新公司取得 29 亿美元的长期融资，到期日为 2024 年 12 月 15 日，并获得到期日为 2022 年 12 月 15 日的 3 亿美元循环信贷额度。

此外，亚美亚还有望全额偿还约 1.5 亿美元的行政债权、6 500 万美元的专业机构费用以及 1 440 万美元需优先支付的税收负债。㊃

因此，随着亚美亚走出破产程序，公司再次获得了约 30 亿美元的新融资。在 2017 财政年度，尽管亚美亚尚处于破产程序当中，导致公司销售收入减少了 11%（4 亿美元），但营业利润仍达到 1.37 亿美元。公司的净利润为亏损 1.82 亿美元，造成亏损的主要原因是 2.43 亿美元的利息费用（2016 年为 4.71 亿美元）和 9 800 万美元的重组成本。截至 2018 年，由于破产重组带来的债务和养老金负债减让，预计将使公司的未来现金流增加 3 亿多美元。

㊀ 尽管所有期权都是有价值的，但在这种情况下，我们很难确定期权的价值。由于行权价格远低于IPO价格，因此，笔者在本次计算中未考虑期权的价值。

㊁ 如上所述，在《破产法》第十一章规定的破产重组中，绝对优先权并未始终得到遵守。

㊂ PBGC是一家政府组织，它的一部分责任就是为企业的养老金计划提供担保。作为附加债权人，PBGC声称，亚美亚对退休金计划的欠款为12亿美元。在破产期间，亚美亚终止按退休金计划向1 000名在职员工和7 000名退休员工支付养老金。参见https://www.reuters.com/article/us-bankruptcyavaya/u-s-judge-clears-avaya-inc-to-exit-bankruptcyidUSKBN1DS2W9。

㊃ 需要提醒的是，行政收费和专业费用合计为2.15亿美元，占公司破产程序开始时52亿美元债务账面价值的4%。

本章小结

产品市场或融资市场的失败,会把企业拖入财务困境。因此,只有同时修复这两个市场的问题,公司才能生存下去。产品市场失灵往往涉及产品市场状况的变化(例如竞争对手的转型、新产品的出现或是成本的变化),但也有可能是由管理不善造成的。而财务融资市场的失灵,通常是指公司采用了错误的融资政策,尤其是资本结构政策。如本章所述,对公司债务进行的重组以及按《破产法》第十一章进行破产保护的目的,完全是为了修复后者,与前者无关。

需要关注的要点

重组和破产重新分配了公司的现金流,因而改变了公司的价值及其债务和股权的结构。

至于是否决定公司应生存下去,应依赖于执行新融资政策的企业持续经营价值是否高于清算价值(换句话说,新的融资政策是否能让公司的净现值变成正数)。

我们可以使用三种基本类型的重组策略应对财务困境:

1. 自愿性重组。这种方法难以得到债权持有人的支持,而且注销的债务会给公司带来纳税义务。

2. 按《破产法》第十一章进行重组。这种方法可以解决自愿性重组涉及的两个问题,但会由于法律程序的实施而带来额外费用。

3. 预打包破产。从根本上说,这是一项向破产法院提交的自愿性重组协议,该协议对反对重组的债权人有强制执行力,而且需要尽早确认即将发生的财务困境。

期待下一步

作为全书第二部分的结束,本章着重讨论了融资决策和融资政策。现在,我们开始转向估值问题,或者说,我们应该做出高质量的投资决策。在下一章里,我们将探讨估值中采用的两个主要工具:折现法和净现值法(NPV)。

附录 债权人的协调问题

破产中一个经常被忽视的特征是,它要求处于同一优先级别的所有债权人得到公平偿付(即所有债权按相同的比例获得受偿)。背离了这个特征,一旦公司陷入财务困境,所有债权人都会有想方设法取得还款的动力。这也为债权人施加了巨大的监督成本。在早期的很多银行危机中,"先到先得"都是背后的罪魁祸首之一(下面这个轻松的例子足以说明问题)。而破产法则限制了债权人单独行使收款的权利,为重新就债务开展谈判提供了一种机制,并确保资产价值在拥有相同优先受偿权的债权人之间按相同比例公平分配。

先到先得

《玛丽·波平斯》(Mary Poppins)是一部虚构的儿童故事片,故事的背景发生在1910年的伦敦,其中,有一幕精彩的片段就生动诠释了"先到先得"的概念。班克斯先生(玛丽·波平斯的老板)带着儿子迈克尔来到自己工作的银行,银行董事长要走了男孩的零用钱(两便士),把这笔钱存入银行。但这个男孩想用这点钱买鸟粮,然后,他大声要求银行退钱。其他人听到男孩的喊声,都以为是银行拒绝付款。于是,这场小小的误会引发了一场银行挤兑(存款人排队要求取出存款),银行被迫暂时关闭大门。这个故事发生在英国或美国银行开始购买存款保险之前,这意味着,如果一家银行倒闭,储户就有可能会亏钱。出现这种危机的第一迹象就是,储户匆匆忙忙地赶到银行取钱。前几个人当然会拿回他们的全部存款,而最后一个人有可能一无所获。

第三部分
投资与估值

第十四章
货币的时间价值：折现法和净现值

作为本书第三部分的开始，我们将在本章里首先介绍估值问题。在本书的开头曾提到过，CFO 有三项主要任务，即：制定合理的融资决策，制定合理的投资决策，在完成前两项任务的同时不要用光现金。因此，本书第一部分的主题就是如何不要用尽资金。而第二部分则讨论了融资决策及其他融资政策。在第三部分中，我们将探讨如何制定合理的投资决策。为此，首先要掌握估值过程中需要用到的各种工具，其中最重要的工具可能就是折现法和净现值（NPV）。不同于本书讨论的大部分主题（我们认为，这些都是其他教材并非严肃讨论的话题），所有基本的会计财务资料都会涉及折现法和净现值的概念。以下，就是我们对这个问题的讨论。

货币的时间价值

货币的时间价值是财务中最强大的概念之一。这是一个连小孩子都明白的道理，因为他们也会说，"我现在就想要，不是一会儿之后，现在就要！"简单来说，这句话背后的逻辑体现为：今天值 1 美元的东西，明天肯定要卖到 1 美元以上。

解释货币时间价值的一个简单方法，就是以一个银行账户为例。假如你在年初将 100 美元存入这个银行账户，并在这一年里享受 5%的年存款利率，那么这个银行账户在年底会有多少钱呢？你会有 105 美元，即原来存入的 100 美元加上本年度获得的 5 美元利息（100 美元×5%）。这意味着，如果利率为 5%，今天的 100 美元就相当于一年后的 105 美元。相反，一年后的 105 美元只相当于今天的 100 美元。

以今天的某个金额为基数，计算它在未来的价值，这个过程被称为复利（compounding）。如果以未来的某个金额为基数，反推出它在今天的价值，这个过程被称为折现（discounting）或贴现。复利和折现是两个互逆的过程。

如果你在第二年将 105 美元继续存入银行，并同样收取 5%的利息，结果会怎样呢？在第二年结束时，你的银行账户里会有多少钱呢？你会有 110.25 美元。因为你在第二年年初的初始资金是 105 美元，在这一年里又赚到 5.25 美元，这是你在第二年按 5%利息率赚到的利息（105 美元×5%）。也就是说，你在第二年（5.25 美元）里比第一年（5.00 美元）赚到了更多的钱——因为你在第二年年初有更多的本金。在第二年里，这个账户最初的资金是 100 美元，首先按 5%的利率赚到了 5 美元利息；然后，第一年赚到的 5 美元利息，在第二年又按 5%的利率赚到了 0.25 美元新的利息。换句话说，你在前一年赚到的利息在次年也能赚到新的利息。这个例子也说明，两年后 110.25 美元的价值只相当于今天的 100 美元。

我们可以用以下的时间序列来表示这个价值变化过程：

	100 美元		105.00 美元
	5 美元		5.25 美元
100 美元×5%=5 美元		105 美元×5%=5.25 美元	110.25 美元
今天		第一年年终	第二年年终

假如我们把今天当作现在，那么，100 美元是这笔存款现在的价值（简称 PV 或现值），105 美元则是这笔资金在第一年结束时的未来价值（简称 FV 或终值）。同样，110.25 美元是这笔钱在第二年结束时的终值。为了区分这两者，我们将 105 美元称为这笔钱在时间点 1 的终值（FV_1），110.25 美元是它在时间点 2 的终值（FV_2）。于是，我们可以把上述的时间序列调整为如下方式：

100 美元×5%=5 美元	105 美元×5%=5.25 美元	110.25 美元
PV	FV_1	FV_2

5%是我们采用的利率，表示为 r（有时也表示为 i）。这样，我们就可以把上述时间序列表述为如下公式：

$$FV_1 = PV \times (1+r) \rightarrow 105 \text{ 美元} = 100 \text{ 美元} \times (1+5\%)$$

$$FV_2 = FV_1 \times (1+r) \rightarrow 110.25 \text{ 美元} = 105 \text{ 美元} \times (1+5\%)$$

将上述第一个公式代入第二个公式，可以得到：

$$FV_2 = PV \times (1+r) \times (1+r) = PV \times (1.05)^2$$

按照上述利息，代入具体数字后为：

$$110.25 \text{ 美元} = 100 \text{ 美元} \times (1.05)^2$$

对未来任何年度 n 结束时的终值计算公式为：

$$FV_n = PV \times (1+r)^n$$

其中，每个计算期按利率 r 计算，从现在起，第 n 年年末的终值应等于现值乘以 $(1+r)^n$。

这种以复利方式计算未来终值的方法，是一个大多数人都熟悉的概念，也包括那些与财务无关的人。当我们把钱放在银行里收取利息时，就会遇到这个问题。

但是要把未来某个时点的终值折现为现值，对财务圈以外的人来说，往往会觉得有点新颖。其实，折现系数只不过是复利系数的倒数。在数学上，它是这样计算的：

我们将方程式 $FV_n = PV \times (1+r)^n$ 的两边同时除以 $(1+r)^n$ 后，就可以得到 PV（现值）：

$$PV = FV / (1+r)^n$$

使用上面的数字，将 110.25 美元的终值 FV_2 按 5%的利率向前折算两年，即可得到未来这笔钱的现值 100 美元。

$$PV = 110.25 \text{ 美元} / (1.05)^2 = 100 \text{ 美元}$$

上面这个例子就是复利（向后计算）、折现（向前折算）和货币时间价值的本质。

现在，我们把这个概念应用到不同的情景中。

复利与折现的进一步讨论

我们再用另一个简单的例子来说明上面这个过程。设想一下，你面对一种选择：可以在今天一次性得到 12 000 美元（方案 1），或是在四年后一次性获得 18 000 美元（方案 2），这四年期间适用的年利率为 8%。[⊖] 你觉得哪个方案的价值更大呢——是在今天拿到 12 000 美元，还是在四年后拿到 18 000 美元？

要回答这个问题，我们首先要选择一个基准日，然后，确定两种方案在这个基准日的价值（可以是任何一个日期：今天、四年后的年终或是两者之间的任何一个日期）。首先，我们看看两种方案在四年后年终的价值。按照终值的定义，"方案 2" 在四年后的价值为 18 000 美元。那么，"方案 1" 在四年后的价值是多少呢？也就是说，四年之后，这 12 000 美元会变成多少钱呢？按照上面的公式，我们可以得到，PV=12 000 美元，r=8%，n=4：

$$FV_n = PV \times (1+r)^n = 12\,000 \text{ 美元} \times (1.08)^4 = 16\,325.87 \text{ 美元}$$

因此，我们应选择在四年后一次性拿到 18 000 美元的方案，而不是在今天收到 12 000 美元、并按 8% 的收益率进行投资的方案。

再重复一遍，我们在今天拿到 12 000 美元，然后再计算其未来价值的方法被称为复利，表述为如下的时间序列：

```
                                              18 000.00 美元（方案 2）
                                                     及
12 000 美元  →            r = 8%         →    16 325.87 美元（方案 1）
├────────────┼────────────┼────────────┼────────────┤
0            1            2            3            4
```

此外，我们还可以比较两个方案目前的价值，来回答"哪个方案的价值更大"这个问题。按照定义，方案 1 现在的价值为 12 000 美元。那么，方案 2 现在的价值是多少呢？也就是说，四年后的 18 000 美元相当于现在的多少钱呢？在上面的公式中，FV=18 000.00 美元，r=8%，n=4，我们可以得到：

$$PV = 18\,000.00 \text{ 美元} / 1.08^4 = 13\,230.54 \text{ 美元}$$

在未来拿到 18 000 美元，然后再计算这笔钱现在的价值，这个过程就是折现。表述为如下的时间序列：

（方案 1）12 000.00 美元

与

```
（方案 2）13 230.54 美元 ←         r = 8%              18 000.00 美元
├────────────┼────────────┼────────────┼────────────┤
0            1            2            3            4
```

必须提醒的是：采用复利计算的方案 1 是为了计算未来的终值；而折现方案 2 则是

⊖ 在商业领域，这个过程就相当于在今天投入 12 000 美元，并在四年内得到 18 000 美元。所谓"适用"利率则反映了包括通货膨胀率在内的投资风险。

计算现值，两者均表明，四年后的 18 000 美元在价值上超过今天的 12 000 美元。无论从哪个方向看（计算未来的终值还是现值），结果都是一样的。

因此，面对"哪个方案的价值更大"这个问题，我们可以按复利和折现过程计算两个不同方案在同一时间点的价值。在比较之后，我们会得到相同的答案。结果是一致的：方案 2 的现值大于方案 1 的现值，方案 2 的未来终值也大于方案 1 的终值。⊖

定期利率

在谈论利率和复利时，另一个重要因素就是需要采用的期限。在上面的例子中，我们假设利率为年利率，也就是说，每年年底计提一次利息。但每年进行一次以上计息的情况是很常见的。在美国，最常见的情况是债券每年支付两次利息（或称息票）。这意味着，需要进行复利计算的利率为债券票面（或年度）利率的一半。不妨考虑一种年利率为 8%的美国债券，这种债券每年需要进行两次复利计算。也就是说，这种债券实际上是每六个月按 4%支付一次利息。因此，如果按每六个月支付 4%的利息，那么，这种债券的收益实际要超过每年按 8%的利率支付一次利息的债券。为什么呢？如果债券的票面值为 100 美元，那么，在第一个六个月结束时，利息收益为 4 美元（4%×100 美元）。第二个六个月结束时，重新按 4%计算利息，但这一次的初始价值则是 104 美元，因此，对应的利息为 104 元的 4%，即 4.16 美元。如果债券年底到期，投资者首先要收回 100 美元的成本（称为"本金"），再加上两个半年取得的利息，分别为 4 美元和 4.16 美元，收回的投资总额为 108.16 美元。如果债券每年只支付一次利息，那么，要取得这个年终金额，则需要按 8.16%的利率计息。

因此，一定时期的实际利率取决于对利率进行复利计算的频率。

在上面的例子中，对 12 000 美元按 8%的利率每年进行一次复利计算，四年后得到的价值为 16 325.87 美元。如果调整这个例子：投资的本金依旧是 12 000 美元，名义上的年利率依旧为 8%，但每季度支付一次利息，也就是说，需要在每季度进行一次复利计算，即每三个月按 2%计算一次利息（即将 8%的名义利率划分到四个季度，每个季度的利率为 2%）。要计算这笔钱在四年后按季度复利计算的价值，我们首先以 2%的利

⊖ 另一种比较方法是计算让两个方案拥有相等金额的折现率，再将这个折现率与计算折扣或复合所采用的"利率"进行比较。为求解让两个方案得到相同价值的折现率，可通过如下方程式：$FV_n = PV \times (1+r)^n \rightarrow (1+r)^n = FV_n/PV$，我们的目标是求解方程式中的r。因此，我们将两个方案等价时的r称为$r_{等价}$。最终的答案是：$r_{等价}$=10.67%，因为$(1+r_{等价})^4$=18 000美元/12 000美元。因此，如果按10.67%的利息投资于四年期债券的话，投资者在眼下拥有12 000美元和四年后收到18 000美元具有相同的现值，也就是说，两种方案是等价的。由于10.67%高于8%，因此，按8%的利率投资12 000美元，在四年之后得到的价值会低于18 000美元。作为一般性规则，如果我们求解让两个金额等价时的r，如果得到的$r_{等价}$高于进行折现或复合时采用的利率，那么，未来一次性取得的金额将拥有更高价值。但如果这个$r_{等价}$低于我们采用的利率，那么，就应该选择在今天拿到一笔钱，然后再进行投资的方案，因为这笔投资的未来价值将超过未来一次性拿到一笔钱的价值。

率为 r，n 为 16（记住，n 是计算复利的期间数，在这个例子中，由于计算的期间为季度，因此，在四年中的合计计息次数应该是 16 次）。[1]

于是，我们的计算方法如下：

$FV_n = PV \times (1+r)^n$

则 $FV_{16} = 12\,000$ 美元 $\times 1.02^{16} = 16\,473.43$ 美元

请注意，在四年时间，根据 8% 的年名义利率，按季度计息得到的 FV_{16}（12 000 美元 $\times 1.02^{16}$），要超过我们直接按年度进行复利计算得到的价值 16 325.87 美元（12 000 美元 $\times 1.08^4$）。

我们可以使用这个概念计算出一年计息一次的复利利息，我们将这种方法称为年利率（annual percentage rate，APR）[2]，它适用于采用各种计息期间的复利计算。

将复利转换为 APR 的公式如下：

$$APR = (1+r/j)^{n \times j} - 1$$

其中，j 是每年进行复利计息的次数。

年金（annuity）

年金是指定期支付相同金额款项的合同。重要的是，尽管名为"年金"，但对应的支付期间不一定是年度。住房抵押贷款就是一种典型的年金（一次拿到大笔借款，然后在未来 10 年、20 年或 30 年内每月支付相同的还款）。此外，大多数债务合同均属于年金（定期支付利息）和最后一次偿还本金的组合。

请注意，我们可以用表格来计算年金现值和终值的表格。目前，这些表格已被计算机电子程序替换——按照电子表格程序，我们只需填入每期的付款金额，即可通过折现或复利过程得到年金的价值。

我们可以用一个例子来说明这个过程：假设在每年 6 月月底和 12 月月底分两次支付相同的 30 万美元，连续支付两年，首次付款的日期为 2019 年 6 月。此外，假设年名义利率为 12%（即每六个月的利率为 6%）。那么，请问这笔年金在 2019 年 1 月 1 日的价值是多少呢？

答案如下：

付款日期	付款金额	折扣系数	折现因子	价值
2019 年 06 月 30 日	300 000 美元	$1/(1+r)^1$	0.943396226	283 019 美元
2019 年 12 月 31 日	300 000 美元	$1/(1+r)^2$	0.889996440	266 999 美元
2020 年 06 月 30 日	300 000 美元	$1/(1+r)^3$	0.839619283	251 886 美元
2020 年 12 月 31 日	300 000 美元	$1/(1+r)^4$	0.792093663	237 628 美元
2019 年 1 月 1 日的价值（r = 6%）				1 039 532 美元

---

[1] 当然，也可以按不到一年的时间标明利率（如三个月的利率为2%）。只不过以年为时间标明利率是常见惯例。

[2] 有时也被称为年度百分率（APY）。

净现值（NPV）

在财务中，投资决策通常以净现值来表示。如果净现值为正数，就可以认为这是一个好的投资。如果净现值为负数，则属于不良投资。那么，什么是净现值呢？它是投资创造的全部现金流的现值，包括现金流入和现金流出。通常，投资首先需要一笔初始付款（即现金流出），然后收到一系列的投资回报（表现为一系列的现金流入）。

我们再看看上述银行账户的例子，将 100 美元按每年 5%的利率存入银行。现在，我们假设在第一年到期后提取这笔资金。在这个过程中，净现值的计算方法如下：第一年出现 100 美元的初始现金流出，假设第二年年底全额提取这笔钱的话，该年则会出现 105 美元的现金流入。

净现值是这两笔现金流的现值。现在存入银行 100 美元的现值为 100 美元，由于是现金流出，因此，在计算中表示为负数：−100 美元。一年后 105 美元现金流入的现值为 100 美元，相当于按 5%利率对一年后的 105 美元进行折现，得到的现值为 100 美元。因此，这笔投资的净现值为 0 美元（−100 美元+ 100 美元）。

上述过程的计算公式可表述为：

净现值 $NPV = 现金流_0 + 现金流_1/(1+r)^1 + 现金流_2/(1+r)^2 + \cdots\cdots + 现金流_n/(1+r)^n$

请注意，一笔现金流既可以是正数，也可以是负数。现金流入以正数表示，现金流出则表示为负数。

在上述例子中，净现值为：

$$NPV = -100 \text{ 美元} + 105 \text{ 美元}/(1.05)^1 = -100 \text{ 美元} + 100 \text{ 美元} = 0 \text{ 美元}$$

0 美元的净现值并不意味着投资没有收益。相反，它说明这笔投资可以从其他方面取得更有吸引力的回报。如果利率确实是 5%，那么，在今天投入 100 美元，然后在一年后取得 105 美元，这既算不上好投资也算不上差投资。这是一个公平的回报，投资者的收益率为 5%，净现值为 0 美元。但是，假如一家公司不是在银行存入 100 美元，而是用这 100 美元购置新设备（与银行风险相同），并在一年后获得 110 美元。那么，这笔设备投资项目的净现值为 4.76 美元（计算方法为：−100 美元+110 美元/1.05）。因此，投资的净现值为正数。在投资风险相同的情况下，应优先选择第二个投资方案，因为它有较高的净现值。

使用 NPV 进行投资决策的方法如下：正的 NPV 表明，投资取得的未来收益大于投资所承担的风险，负的 NPV 则意味着未来收益小于投资所承担的风险。请注意，负的 NPV 并不能说明未来现金流的总和小于初始投资（比如说，如果初始投资为 100 美元，净现值为负数，并不一定表示后来获得的现金流入为 90 美元）。它只能说明，未来现金流不足以给初始投资带来必要的收益率。因此：

- NPV> 0 美元 好投资；

- NPV <0 美元 投资不良；
- NPV =0 美元 投资获得有竞争力的回报。

现在，我们用前面提到的年金案例来说明这个问题：假设 100 万美元的初始投资可以带来一系列的现金流。按时间序列可以表述为：

−100 万美元	30 万美元	30 万美元	30 万美元	30 万美元
2019 年 1 月 1 日	2019 年 12 月 31 日	2020 年 12 月 31 日	2021 年 12 月 31 日	2022 年 12 月 31 日

按 6%的折现率计算，该项目的净现值为 39 532 美元（−1 000 000 美元+1 039 532 美元）。如果你发现一个项目拥有这样的预期现金流和预期利率，那么，你应为这个项目支付的投资成本是 100 万美元，因为这是一个拥有正净现值的项目。⊖

内部收益率（IRR）

有时候，也可以采用内部收益率（IRR）替代 NPV 作为衡量投资项目的标准。IRR 是指所有现金流的净现值等于零时所对应的折现率。IRR 对应于必要的最低回报率（threshold required rate），也被称为门槛收益率或临界收益率（hurdle rate）。如果内部收益率高于这个最低回报率，就是一笔可以接受的投资；如果低于最低回报率，则是不应该接受的投资。

使用 NPV 公式，我们可以让 NPV 等于零，然后再求解公式中的 r，即：

NPV=0 美元=现金流$_0$+现金流$_1/(1+r)^1$+现金流$_2/(1+r)^2$+……+现金流$_n/(1+r)^n$

"现金流$_0$"表示初始投资，"现金流$_1$"为第一年的回报，以此类推。请注意，任何一笔现金流既可以是正数，也可以是负数。

使用 IRR 的投资决策标准是：

- 如果 IRR 大于公司所要求的最低投资回报率，这就是可以接受的好项目。
- 如果 IRR 小于公司所要求的最低投资回报率，它就是不能接受的坏项目。
- 如果 IRR 等于最低投资回报率，表示该项目可以带来有竞争力的收益率。

从直观上看，使用 IRR 对潜在投资进行筛选，其实质在于：如果项目带来的收益等于或大于公司要求的最低收益率，那么，这就是一笔值得接受的好投资；否则就不是。

我们不妨继续以上面的例子来说明：按 5%的利率将 100 美元存入银行。接下来，我们假设在第一年结束时取回 105 美元。那么，这笔投资的 IRR 为 5%，因为 NPV 等于零时对应的折现率为 5%（如前所示）。由于这个 IRR（5%）等于我们要求的最低收益

⊖ 相应的现金流包括一笔初始的负现金流出以及随后的正现金流入。通过计算NPV分析这个投资机会，就是对四年期的30万美元年金进行折现，并与100万美元的初始成本进行比较。按期支付的30万美元年金相当于投资定期取得的回报或现金流入，而100万美元初始投资成本则是投资的初始流出。但投资回报并不总是像年金那样有规律：投资的现金流可能是变化不定的。尽管如此，NPV仍是一种强大的分析工具，适用于所有情况。就本质而言，净现值就是将全部现金流（正和负）折现为现值后的总和。

率 5%，因此，这笔投资取得了有竞争力的回报。

现在，我们再看看前面的另一个例子——现在投入 100 万美元，并在未来四年内每年取得 30 万美元的现金流入。此外，我们还像以前一样，假设折现率为 6%。运用 IRR 公式：

NPV=0 美元=现金流$_0$+现金流$_1$/(1+r)^1+现金流$_2$/(1+r)^2+……+现金流$_n$/(1+r)^n，即：

0 美元=−10 000 00 美元+300 000 美元/(1+r)^1+300 000 美元/(1+r)^2+300 000 美元/(1+r)^3+ 300 000 美元/(1+r)^4

由上述公式可以得到，IRR 为 7.71%。由于 IRR 高于公司所要求的最低收益率 6%，因此，这是一个值得投资的好项目。

付款日期	付款金额	折扣系数	折现因子	现值
2019 年 01 月 01 日	−1 000 000 美元	1/1	1.000000	−1 000 000 美元
2019 年 06 月 30 日	300 000 美元	1/(1+r)^1	0.928384	278 515 美元
2019 年 12 月 31 日	300 000 美元	1/(1+r)^2	0.861898	258 569 美元
2020 年 06 月 30 日	300 000 美元	1/(1+r)^3	0.800172	240 052 美元
2020 年 12 月 31 日	300 000 美元	1/(1+r)^4	0.742868	222 860 美元
2019 年 1 月 1 日的价值（r =15.428%，半年利率为 7.714%）				−4 美元*

*-4 美元的余额为四舍五入取整后留下的误差。

到底应使用哪个标准：是 IRR 还是 NPV 呢

按 IRR 和 NPV 得到的结论通常是一致的。在上面的银行存款例子中，投资的 NPV 为零，IRR 等于必要的最低回报率，这表明投资机会（即存入银行的钱）在既定风险水平下带来了有竞争力（公平）的回报。

在上述的第二个例子中，NPV 为折现率 6%，且 7.714% 的 IRR 高于折现率 6%。因此，两个标准都表明，这是一笔好投资。

但 IRR 和 NPV 有时也会产生不同的结果，这主要是由如下四个方面的原因造成的。

第一，IRR 没有考虑投资项目的规模。假设公司只投资于两个相互排斥的项目之一（譬如，两个项目需要使用同一块土地，因此，只能在这两个项目选择其一），且投资所要求的最低回报率为 12%。两个项目可能有相同的 IRR（如 15%），但一个项目的规模较小，而另一个则较大。比如说，一个项目要求现在投入 10 万美元，一年内得到 11.5 万美元的收益，那么，该项目的 IRR 为 15%。即：

项目 A：

0 美元=现金流$_0$+现金流$_1$/(1+r)^1+……+现金流$_n$/(1+r)^n

0 美元 =−100 000 美元+115 000 美元 /（1+r）

IRR=15%

同样，另一个项目要求现在投资 100 万美元，一年后收回 15 万美元，该项目同样取得 15%的 IRR。即：

项目 B：

$$0\text{ 美元}=-1\,000\,000\text{ 美元}+1\,150\,000\text{ 美元}/(1+r)$$

$$IRR=15\%$$

因此，两个项目的 IRR 是相同的。如果折现率为 12%，那么，两者都是可以接受的好投资。也就是说，如果以 IRR 为评价标准，我们无法判断哪个项目更可取。但如果折现率取 12%，两个项目的 NPV 则是不同的。

两个项目的 NPV 分别为：

项目 A 的净现值：NPV=−100 000 美元+115 000 美元/1.12=2 679 美元

项目 B 的净现值：NPV=−1 000 000 美元+1 150 000 美元/1.12=26 786 美元

在相同的风险水平下，第二个项目的 NPV 更大。因此，在只能选择一个项目的情况下，应首选第二个项目。在这种情况下，IRR 和 NPV 对两个项目给出了不同的答案。以 IRR 进行评价，两个项目是等效的。但是按照 NPV 的规则，项目 B 优于项目 A。

第二，项目的 NPV 会随着折现率的变化而变化，而 IRR 则与折现率无关。

我们再考虑两个潜在的投资项目 A 和 B。假设两个项目都需要现在投入 100 万美元的初始支出。项目 A 在前三年没有收益，但是在第四年年底一次性取得 1 688 950 美元的回报。而项目 B 则在每年年底返还 357 375 美元，为期四年。

项目 A

（1 000 000 美元）　　　　　　　　　　　　　　　　　　　　　　　1 688 950 美元

2019 年 1 月 1 日　2019 年 12 月 31 日　2020 年 12 月 31 日　2021 年 12 月 31 日　2022 年 12 月 31 日

项目 B

（1 000 000 美元）　357 375 美元　357 375 美元　357 375 美元　357 375 美元

2019 年 1 月 1 日　2019 年 12 月 31 日　2020 年 12 月 31 日　2021 年 12 月 31 日　2022 年 12 月 31 日

项目 A 的 IRR 为 14%，通过如下公式可求得 r：

$$0\text{ 美元}=-1\,000\,000\text{ 美元}+1\,688\,950\text{ 美元}/(1+r)^4$$

项目 B 的 IRR 为 16%：

$$0\text{ 美元}=-1\,000\,000\text{ 美元}+357\,375\text{ 美元}/(1+r)+357\,375\text{ 美元}/(1+r)^2+$$
$$357\,375\text{ 美元}/(1+r)^3+357\,375\text{ 美元}/(1+r)^4$$

使用 IRR 标准，在折现率低于 14% 的情况下，由于第二个项目的 IRR 较高，因此，公司应接受第二个项目。

请注意，按 IRR 标准评价得到的结果是一样的，与公司所要求的最低回报率无关。也就是说，在计算 IRR 时无须考虑最低回报率。

在使用 NPV 标准时，NPV 则会由于采用的折现率不同而发生变化。我们按 NPV 公式对两个项目计算如下：

项目 A 的 NPV= −1 000 000 美元+1 688 950 美元 $/(1+r)^4$= 0 美元

项目 B 的 NPV= −1000 000 美元+ 357 375 美元/(1+r) + 357 375 美元/$(1+r)^2$+ 357 375 美元/$(1+r)^3$+357 375 美元/$(1+r)^4$= 0 美元

以不同折现率计算的 NPV 如下表所示。如果以折现率 10%或 11%（实际为 11%或更低）计算，项目 A 的 NPV 大于项目 B。当折现率达到或超过 12%时，项目 B 的 NPV 大于项目 A。请注意，在折现率为 14%时，项目 A 的 NPV 为零，而在折现率为 16%时，项目 B 的 NPV 为零。因此，14%和 16%分别为项目 A 和项目 B 的内部收益率 IRR。

因此，如使用 NPV 作为判断标准，当折现率低于 12%时，项目 A 更可取；当折现率在 12%～16%之间时，项目 B 更可取；当折现率高于 16%时，两个项目均不可取。

在这个例子中，项目 B 的 IRR 大于项目 A 的 IRR。但由于 NPV 的结果最终还要取决于所采用的实际折现率，因此，项目 B 的 NPV 并不总是大于项目 A 的 NPV。在这种情况下，如果我们一定要在两个项目之间做出选择，使用 NPV 得到不同答案的概率更有可能大于使用 IRR。

因此，当实际采用的折现率发生变化时，使用 IRR 和 NPV 进行投资项目的评价可能会得出不同的答案。

折现率	投资于项目 A 的 NPV	投资于项目 B 的 NPV
10%	153 582 美元	132 831 美元
11%	112 570 美元	108 737 美元
12%	73 365 美元	85 473 美元
13%	35 871 美元	63 002 美元
14%	0	41 288 美元
15%	−34 332 美元	20 298 美元
16%	−67 202 美元	0
17%	−98 686 美元	−19 636 美元
18%	−128 853 美元	−38 639 美元

IRR 和 NPV 有可能得出不同答案的第三个原因在于，IRR 假设收到的全部现金流全部继续按 IRR 的收益率进行再投资。

也就是说，按照 IRR 的标准，我们假设公司将收到的现金流入再投资于项目，并获得相当于 IRR 的收益率，直至项目结束。这个假设往往与现实不符。尤其是在 IRR 非常高的情况下（这会导致公司将该项目视为值得接受的好投资），项目取得的现金流很难继续按这个收益率进行再投资。

以上面提到的两个项目为例：

项目 A

项目 B

项目 A 在第四年结束时收回 1 688 950 美元,由此得到 IRR 为 14%。

项目 B 每年返回 357 375 美元,为期四年,由此得到 IRR 为 16%。

但是,我们假设项目 B 每年得到的收益只能按 11% 的收益率进行再投资。那么,项目 B 在 2022 年 12 月 31 日的未来终值是多少呢?可以这样计算:

$$357\ 375\ 美元 \times 1.11^3 + 357\ 375\ 美元 \times 1.11^2 + 357\ 375\ 美元 \times 1.11^1 + 357\ 375\ 美元$$
$$= 1\ 683\ 140\ 美元$$

因此,如果现金流不能再投资于 IRR,使用 IRR 规则就有可能带来次优决策。

第四,项目的 IRR 未必是唯一的。

在按上面公式求解 IRR 时,我们只是在多项式方程中求解 r。因此,每次现金流符号改变时(比如,现金流出为负数,现金流入为正数),就会得到一个新的 IRR 结果。[⊖] 如果投资先有现金流出,而后有现金流入(如上面的例子),这就相当于一次符号改变,出现一个新的根,对应于 IRR 的另一个新解。但如果投资项目先有现金流出,然后有现金流入,随后又出现现金流出,就相当于符号改变了两次,对应得到的两个根,也就是得到两个新的 IRR。因此,对很多需要在初始投入一笔现金并在未来还需继续投入现金流(如维护费用)的投资,IRR 的解可能不是唯一的。另一方面,NPV 每次给出的解都是唯一的。

不妨考虑这样一个项目:2014 年 1 月 1 日,需要初始投入 100 万美元的资金,第一年年末的现金回报为 210 万美元,则在第二年年末还需追加 110 万美元的投资。

-100 万美元	210 万美元	-110 万美元
2019 年 1 月 1 日	2019 年 12 月 31 日	2020 年 12 月 31 日

求解,r = IRR = 0% 和 10%

r = 0% 时,0 = -100 美元 + 210 美元/1.0 - 110 万美元/1.0^2

r = 10% 时,0 = -100 美元 + 210 美元/1.1 - 110 万美元/1.1^2

不管采用哪个折现率,NPV 均为唯一的解。

通过上面的四个例子,我们可以看出,IRR 和 NPV 的标准有时会给出不同的答案。NPV 不仅更准确,而且还考虑到了项目的规模、利率的变动、现金流入的再投资收益率以及多重根的影响,所以,NPV 应该是首选的投资评价标准。

投资回收期

在讨论投资标准时,我们同样无法回避的是"投资回收期"(payback)。尽管今天已经不被很多公司所使用,但是在过去,投资回收期却是评估投资项目的主要标准之一,现在,很多家庭和个人在考虑个人投资时仍在使用这个概念。投资回收期按照从初始投

⊖ 这是"笛卡尔符号规则",在一个多项式中,根的数量等于符号变化的数量。

资支出到全部收回所需要的时间来评价投资项目。在上面的第二个例子中，回收期为 2.8 年。即 1 000 000 美元为初始投资，每年收回的现金流入为 357 375 美元，为期四年，因此，这笔投资在 2.8 年后即可全部收回（即 1 000 000 美元/357 375 美元）。按投资回收期标准，回收期最短的项目为最优项目。作为对项目进行的初始评价标准，投资回收期在某些情况下还是有意义的。

既然如此，我们为什么不使用投资回收期呢

投资回收期没有考虑市场收益率或货币的时间价值。我们可以看一个简单的例子，假设有两个项目——A 和 B，两个项目都需要 100 万美元的初始投资支出。项目 A 在第一年的回报为 80 万美元，第二年和第三年的回报均为 20 万美元。项目 B 的回报在第一年为 20 万美元，第二年为 80 万美元，第三年为 20 万美元。尽管两个项目拥有相同的回报，但它们的 NPV 却不同。到此为止，我们应该认识到，项目 A 的 NPV 高于项目 B。即使两个项目的总现金流相等，但项目 A 在第一年的回报相当于项目 B 的四倍。由于折现或复利的影响，我们知道，即使两笔资金的静态数额相同，但在第一年取得的资金要比第二年取得的相同资金更有价值。NPV 标准就反映了这种时间价值带来的差异，而投资回收期则未考虑货币的时间价值。

但这并不表示投资回收期永远不能给出正确的答案。例如，在 20 世纪 90 年代初之前，宝洁公司一直把投资回收期作为项目评价的一项内容。这个标准确实适合他们，因为宝洁的大多数产品都属于相近的消费品，具有相同的风险和现金流特征。宝洁需要不断对新产品进行投资、宣传和上市。因此，当产品具有相似的风险特征时，则意味着它们应具有相似的折现率。也就是说，按投资回收期确定的项目优先性应该与 NPV 标准是一致的。因此，根据经验，宝洁就可以用投资回收期来确定项目的优先性，并以投资回收期是否足够短作为评价投资好坏的标准。在这种情况下，使用投资回收期基本可以让他们确定项目的 NPV 是正数还是负数。

寿命期不同的项目

在财务中，一个常见问题就是如何比较具有不同寿命期的项目。如果项目在使用寿命结束时必须更换，就会出现这种情况。譬如，我们可以设想一个房主需要更换屋顶，他可以使用屋顶板（寿命为 20 年），也可以使用石板（寿命为 30 年）。

考虑到它们是拥有不同使用寿命的资产，那么，我们该如何在屋顶板和石板之间做出选择呢？是选择拥有更高 NPV 的资产吗？不，为什么不呢？因为使用屋顶板（在第 20 年更换）的更换时间要早于使用石板（在第 30 年更换）。毕竟，房主不能在第 21 年到第 30 年之间没有屋顶。因此，如果一个项目的寿命周期为 30 年，而另一个项目的寿命周期是 20 年，我们不能简单比较它们的 NPV。也就是说，我们只能对拥有相同寿命

周期的项目进行 NPV 的比较。

对于这个问题，我们可以用两种方法来解决。

首先，就是让两个项目具有相同的寿命周期。我们称之为"共同寿命"（common years）。如果两个项目的寿命期分别为 20 年和 30 年，那么，我们可以用 60 年（即，两个不同项目寿命期的最小公倍数）作为它们的共同寿命。这意味着，在进行净现值比较时，我们需要考虑连续三个 20 年的项目和连续两个 30 年的项目，然后，再选择在共同寿命内具有最大净现值的项目。

其次，就是计算所谓的"约当年均成本法"（equivalent annual cost，有时也称为"约当年均收入"）。这种方法有点类似于 IRR。

按照约当年均成本法，我们需要计算出 NPV 为零（给定初始现金投资和市场折现率）时的年现金流。需要注意的是，在以 IRR 法评价投资项目时，我们需要在同一个方程中求出 NPV 为零（在这种情况下是给定初始现金投资和现金流）时的折现率。因此，它求解的不是 NPV 等于零时的 IRR，而是让 NPV 为零所对应的现金流。相应的求解公式为：

$$0 \text{ 美元} = \text{现金流}_0 + \text{现金流}_1/(1+r)^1 + \cdots\cdots + \text{现金流}_n/(1+r)^n$$

在公式中，r 为已知数，我们需要求解的是现金流。

比如说，我们不妨比较如下两个项目。

项目一：资本投入为 1 亿美元，寿命期为 10 年，折现率为 10%。

项目二：资本投入为 1.6 亿美元，寿命期为 15 年，折现率为 10%。

现在，让两个项目的 NPV 为零，即：

$$0 \text{ 美元} = -1 \text{ 亿美元} + \text{现金流} \times (1/1.10 + 1/1.10^2 + 1/1.10^3 + \ldots + 1/1.10^9 + 1/1.10^{10})$$

$$= -1 \text{ 亿美元} + \text{现金流} \times \sum_1^{10}(1/1.10^n)$$

$$1 \text{ 亿美元} = \text{现金流} \times \sum_1^{10}(1/1.10^n)$$

$$1 \text{ 亿美元} = \text{现金流} \times 6.1446$$

$$1 \text{ 亿美元}/6.1446 = \text{现金流}$$

每年的现金流 = 1 630 万美元

因此，项目一的约当年均成本为 1 630 万美元。

$$1.6 \text{ 亿美元} = \text{现金流} \times \sum_1^{15}(1/1.10^n) = \text{现金流} \times 7.6061$$

$$1.6 \text{ 亿美元}/7.6061 = \text{现金流}$$

每年的现金流 = 2 100 万美元

因此，项目二的约当年均成本为 2 100 万美元。

由此可见，投资评价的标准就是选择约当年均成本最低的项目。在这个例子中，我们应选择项目一，其约当年均成本为 1 630 万美元，而项目二的约当年均成本则是 2 100 万美元。

我们可以这样考虑这种方法：将项目初始现金支出形成的付款转换为每年支付的相同金额（类似于年租金）。事实上，上述两种方法（共同寿命法和约当年均成本法）是等价的。

在对具有不同使用寿命的项目进行比较时，所需年现金流最低的项目，其 NPV 最高。

永续年金法

进行估值时，我们经常会用到永续公式。在理论上，估值需要将全部现金流折算为现在的价值。在现实中，我们更希望预测期远远低于预期存在现金流的时间区段。举个例子，像苹果这样的公司会不断推出 Apple Pay 之类的新产品或新服务。一个项目的实际使用年限可能在 50 年以上。不过，分析师只能预测到 5~10 年的现金流。这就会出现一个问题：如何处理超过正常预测期之后的现金流呢？

永续法可以解决这个问题，它可以对一系列定期支付的永续年金进行估值。对永续支付的相等现金流，其现值的计算公式如下：

$$PV = 现金流/r$$

还是以前面提到的银行存款为例，并假设可永久性地每年赚取 5 美元。这就形成了永续年金，将每年 5 美元收入的现值按 5% 进行折现，即 100 美元（5 美元/0.05）。按照这个逻辑：如果我们向银行存入 100 美元，并把这笔钱永久地放在银行，每年收取 5% 的利息，那么，每年都会带来 5 美元的收入。因此，按 5% 的利率每年获得 5 美元的利息，并永久性地延续下去，这笔钱在今天的价值应该是 100 美元。

永续增长

假设定期获得的收入不是常数，而是按固定增长率 g 永久性持续增长。对于按增长率 g 永续增长的现金流，其现值的计算公式为：

$$PV = 现金流/(r-g)$$

以 Apple Pay 为例。设想，如果苹果预计第一年的现金流为 1 亿美元，此后，现金流每年按通货膨胀率持续 2%。我们再假设，这个项目的折现率为 12%。也就是说，永续价值（即永续现金流的现值）为：1 亿美元/（12%–2%）= 10 亿美元。

永续年金是公司估值的常用方法，尤其适用于终值的计算，我们将在下一章中详细介绍估值问题。

本章小结

本章介绍了投资决策所采用的一些分析工具，这些工具都依赖于货币的时间价值以及复利和折现等概念。我们重点介绍了净现值、内部收益率和投资回收期等投资评价标准，它们的结论通常是可以相互印证的，但 NPV 在分析投资优势和筛选投资项目等方面的适用性明显优于其他标准。以 NPV 评价投资项目非常简单：以最低回报率对全部现金流进行折现，如果全部现金流的 NPV 为正数，则接受投资项目，如果是负数，则拒绝该投资项目。但需要注意的是，如果项目的 NPV 为零，说明它能带来相当于最低投资回报率的回报率。

期待下一步

在接下来的两章里，我们将使用本章介绍的工具进行投资决策。首先，我们将使用备考分析法讨论公司的自由现金流（FCF）。然后，再计算用于对现金流折现并确定终值的资本成本。归根到底，它们构成了决定项目投资价值或公司价值的基础。

第十五章

估值与现金流(Sungreen–A)

在本书开始时我们就提到过，CFO 的三个关键任务是：
（1）如何做好投资决策。
（2）如何做好融资决策。
（3）如何在做好前两项决策的同时，管理好公司的现金流。

第二章到第四章的主题是营运资金管理，包括公司应如何避免现金流枯竭。为此，我们介绍了一些最基本的财务分析工具（资金来源与使用情况表、财务比率分析以及备考预测）。在随后的第五章到第十二章里，我们的侧重点是如何制定良好的融资决策，并主要探讨了 M&M 理论（1958 年、1961 年和 1963 年）、税收优势、财务困境成本、信号机制、信息不对称、融资的啄食顺序理论和股利政策。

从本章开始，重点是如何制定合理的投资决策，并把关注点集中于估值。对此，我们的基本观点是：预期回报是否高到足以支撑初始投资和预期风险。和上一章一样，在沿着知识曲线前行的过程中，最初可能会令人沮丧，但我们坚信，最终一定会有所感悟。

那么，我们就从这里出发吧。

投资决策

所有投资决策都要包括如下三个基本要素：
- 战略要素。正在考虑的项目在经济上是否可行？是否符合公司的业务和目标？
- 估值分析。项目的价值是多少？从估值角度看，这是不是一笔好投资？
- 执行。我们如何让投资取得预期成果？最主要的制度因素是什么？

通常，公司首先考虑的应该是战略要素，但本书的核心在于融资，因此，我们将首先从估值谈起。⊖

如何对项目进行估值

我们可以通过五种基本方法来对投资项目进行估值（在这五种方法中，每一种方法又都有不同的变异，但笔者还是把估值限制在这五个"大类"中）。

（1）折现现金流法（如公司自由现金流、股权自由现金流、APV 以及 EVA 等）。
（2）收入乘数或现金流乘数法（如市盈率、EBIT、EBITDA 及 EBIAT 等）。
（3）资产乘数法（如账面价值、市场价值和重置价值等）。
（4）可比价值法（如衡量原油储量的桶、表示黄金重量的盎司、森林面积的公顷、零售店面的平方英尺、人口以及网站的访问次数等）。

⊖ 如果这一章的主题是收购，那么，我们的首要关注点必然是战略。战略分析将告诉我们，是否存在经济因素让目标公司的未来价值超过其当前价值。

(5) 未定权益（也称或有权益，即期权估值法）。

在本章里，我们将介绍前四种估值方法，但不准备探讨未定权益，主要是考虑到很多读者可能还不了解期权定价方面的知识。此外，这种方法也确实很少用于对公司的融资项目进行估值。

在项目估值的五种方式中，最受学术界青睐的方法无疑是折现现金流法。本书的笔者同时也是一名学者，因而同样对这种方法情有独钟。因此，我们的估值分析也从这种方法开始。折现现金流技术还有很多细分类型，作为最常用的一种，我们首先将要介绍的是公司自由现金流（free cash flows to the firm，FCFf）。尽管FCFf是一种技术的名称，但它实际上是指我们的估值对象——投资项目带来的自由现金流。

项目、项目还是项目

估值的一个基本规则就是以项目为核心。也就是说，要使用项目的现金流、项目的资本结构和项目的资本成本。这是估值中最重要的一个规则，但也是我们在估值分析中最容易被忽略的原则。

如果一家公司准备收购另一家公司，或是建造一座新工厂，那么，估值中包含的现金流是只和新投资或新项目有关的现金流。在这种情况下，最关键的就是不要将任何与新项目无关的现金流（原有项目的增量现金流）纳入估值对象中。此外，必须在既定的项目风险水平上对现金流进行估值。也就是说，必须以对应于投资项目风险水平的资本成本对现金流进行折现。令人费解的是，很多财务专业人员或许永远都不会使用公司现金流进行项目估值，即使在使用现金流估值时，也往往会错误地使用公司资本成本。我们将会看到，要评估项目的资本成本，就意味着我们首先要确定项目的资本结构。

我们将在本章和下一章里详细探讨这些问题。

现金为王

在估值过程中，第一个需要牢记的原则就是现金为王。现金可以成全你，也可以摧毁你。尽管会计师也谈盈利，但在财务融资方面，最重要的还是现金流。盈利的确构成了现金流的很大一部分，其重要性不言而喻，但占据主导地位的还是现金流。公司可以长时间地维持亏损（比如，亚马逊在创建后8年的时间里，累计发生近30亿美元的亏损），但如果现金流不足，公司将加速走向死亡。在网络泡沫期间，网络公司能否熬过这场浩劫，完全取决于它们的烧钱速度（也就是说，公司会在多长时间里耗尽现金）。很多网络公司是盈利的。在第一章里，我们曾提到一句老话，"用收入买香槟，用现金买啤酒"。如果公司赚钱，大家都高兴，但能让我们每天维持下去的，却是现金流。总而言之，估值的全部内容就在于现金流。收入的重要性仅仅体现为它们构成了现金流的一个组成部分。不同的估值技术会采用现金流的不同定义（比如，公司自由现金流和股权自由现金流等）。要了解不同现金流定义之间的区别，最好还是从资产负债表开始研究。因此，我们不妨考虑如下这个简单的资产负债表。

资产负债表	
资产	负债和所有者权益
净自发营运资金	短期负债
（现金+应收账款+存货-应付账款）	银行借款
长期资产	长期负债
	所有者权益

在资产一侧，有一个项目名为"净自发营运资金"（net spontaneous working capital）。什么是净自发营运资金呢？这个术语目前已不太常用。净自发营运资金是指流动资产减去流动负债后的余额，其中，负债不包括有息负债。⊖ 这就是说，在计算自发营运资金净额时，不考虑长期负债中当期到期的部分、银行借款、有息票据等项目。营运资金净额与固定资产净额的总和，即为资产总额，它们构成了资产负债表的左侧。右侧为公司的负债（包括全部有息负债、银行借款以及短期和长期负债）及所有者权益（净资产）。

首先，我们考虑资产带来的现金流（即资产创造的现金流）。我们将来自资产侧的现金流称为 FCF_f，它等于公司的净利润加上无须支付现金的固定资产折旧，扣除必要的资本性支出，最后再减去（加上）净营运资金的增加（减少）额。FCF_f 的计算公式如下：

$$FCF_f = EBIT \times (1-T_c) + Dep - CAPEX - (NWC_{期末} - NWC_{期初}) + 其他杂项$$

其中：FCF_f = 公司自由现金流；EBIT = 息税前利润；T_c = 公司支付的平均税率；Dep = 折旧和摊销；CAPEX = 资本性支出；$NWC_{期末}$ 及 $NWC_{期初}$ = 年末及年初时的净营运资金（净营运资金是经营所需的正常现金加应收账款及存货，再减去应付账款）；其他杂项=补贴等项目（并非在所有情况下均会出现的项目）。⊜

随后，我们将分别讨论公式中的各个要素。

然而，首先还是要再次提醒，尽管这个公式被称为公司自由现金流（FCF_f），⊜但它实际上却是资产带来的自由现金流。

此外，我们还可以从资产负债表的右侧计算现金流。这一侧体现的是流向负债和所有者权益的现金流（稍后会讨论这些现金流）。但需要强调的是，不要将资产负债表两侧的现金流混为一谈。比如说，FCF_f 不包括支付的利息、股利以及对借款的还本付息等。资产负

⊖ 如果按净营运资金的概念，流动负债并不是列示在资产负债表的右侧，而是与流动资产合并后，以最后的净额列示在资产负债表的左侧。但流动负债（到期不到一年的债务）不包含在流动资金中，它只是流动资金的抵减项目。营运资金也不考虑任何有息负债，即使是短期负债。

⊜ 递延税款的变动也是FCF_f的组成部分之一。该项目有时会包含在流动资金中，有时会在资产负债表上单独列示。

⊜ 在实践中，我们已习惯于使用"公司自由现金流"的说法，或者说，流入公司的自由现金流，但实际上应该是流入项目的自由现金流。

债表左侧的现金流和资产负债表右侧的现金流是两个不同的概念,千万不可将两者混同。

商业银行有时会犯这个错误,因为他们只想知道银行可动用的现金流。在信贷分析中,他们可以将资产带来的现金流减去流向所有者权益的现金流,以确定哪些是可用于偿还债务持有者(即银行)的现金流。这对信贷分析而言或许正确,但对估值而言却是错误的。

估值案例:Sungreen 公司

现在,我们不妨介绍一家虚构的公司——Sungreen,说明如何通过公司创造的自由现金流和折现率来评估投资项目的价值。

假设时间是在 2018 年年初,此时的 Sungreen 公司是一家大型林业产品和造纸企业。2017 年,公司的销售额为 65 亿美元,净利润为 2.21 亿美元。该公司主要从事三个方面的业务,包括建筑产品、造纸和纸浆以及化学品。Sungreen 的利润表、资产负债表以及过去三年的其他财务信息,分别显示于表 15-1、表 15-2 和表 15-3 中。分析师将 Sungreen 所从事的行业归入"林业产品"类,原因在于,2017 年,公司销售收入的 60%和营业利润的 70%来自建筑产品部门。

就总体而言,林产产品行业对整体经济形势的变化非常灵敏,响应迅速。在这个行业里,胶合板等产品的销售收入和利润与建筑业活动有关,而建筑业显然是一个对经济周期和市场利率非常敏感的行业。

案例中的主要人物分别是 Sungreen 公司的董事长帕特·莱希(Pat Lahey)和首席财务官汉娜·萨默斯(Hanna Summers)。两人定期在午餐会上见面,讨论新建一家造纸厂和印刷厂的扩建项目,项目目标为生产包装纸。

表 15-1 Sungreen 公司截至 12 月 31 日的年度利润表

单位:百万美元	2015	2016	2017
销售收入净额	5 414	5 402	6 469
销售成本	4 720	4 791	5 653
销售及一般管理费用	327	377	399
EBIT	367	234	417
利息费用	87	89	77
税前利润	280	145	340
所得税费用	98	51	119
净利润	182	94	221

表 15-2 Sungreen 公司截至 12 月 31 日的资产负债表

金额单位:百万美元	2015	2016	2017
流动资产	1 417	1 449	1 516
固定资产净额	3 643	3 701	3 463
总资产	5 060	5 150	4 979
短期负债	257	167	10

（续）

金额单位：百万美元	2015	2016	2017
应付账款	552	568	627
当期到期的长期负债	85	95	95
长期负债	1 487	1 618	1 523
其他负债	475	480	482
所有者权益	2 204	2 222	2 242
负债和所有者权益合计	5 060	5 150	4 979

表 15-3 Sungreen 公司的主要财务指标

金额单位：百万美元	2015	2016	2017
销售成本/销售收入	87.20%	88.70%	87.40%
销售及一般管理费用/销售收入	6.00%	7.00%	6.20%
流动资产/销售收入	26.20%	26.80%	23.40%
固定资产净额/销售收入	67.30%	68.50%	53.50%
应付账款/销售收入	10.20%	10.50%	9.70%
所得税/税前利润（税率）	30%	34%	35%
负债/（负债+所有者权益）	45.40%	45.80%	42.10%
年末流通股的数量（单位：百万）	100.00	100.00	100.00
年末的每股价格	30.15	36.25	37.75
市值	3 015	3 625	3 75
负债/（负债+市值）	37.80%	34.20%	30.10%
Beta 系数		1.1	

包装纸市场

包装纸是指带有艺术装饰的彩色纸制品，包装纸的主要用途是包装礼物，也用于包装服装和玩具。包装纸供应商之间的竞争主要依赖于价格、产品设计风格以及纸张和印刷质量。包装纸的原材料是纸张，而且这种纸张是由专业造纸厂使用木浆为原材料生产而成的。纸浆通常由软木类树木制成。为生产包装纸，需要在用纸浆制成纸张之前进行漂白，然后再涂色。目前，《环保法》要求造纸和化学品供应商必须使用具有环保特性的漂白剂和颜料。

在设计团队确定了纸张的设计方案之后，再通过将图像雕刻到印刷滚筒上的机器，读取包含数字图形设计的计算机文件。包装纸生产商拥有最先进的印刷设备，可以同时完成多种颜色的印制，并可以提供金箔、彩虹色、珠光和绒面漆等特殊表面处理。从造纸厂出厂的纸张被卷成大卷，运送到工厂的其他车间进行继续加工。

如果包装纸直接用来销售给消费者，还需要用机器对纸张进行切割，并制成更小的圆筒形包装或是折叠成平板形包装，直接待售。而礼品包装纸卷筒则立即用预先打印制造商信息和价格的透明包装进行压缩包装。平板形包装也需要加外包装并密封。这两种类型的包装纸最终都要码放在纸箱中，以便于装运到礼品卡商店、百货公司以及其他零售店。

包装纸行业具有明显的季节性，下半年的销售额通常可达到全年销售额的 60%。商品主要用于赠送礼物，尤其是用于高档礼品的包装，类似于奢侈品，包装纸行业的行情也和整体经济密切相关。因此，包装纸的价格具有相当强烈的波动性，年度内的波动幅度在 10%～15%之间。但包装纸行业的周期性不及建筑产品。主要原因在于，在市场处于高利率期间，新房开工基本处于停滞，但赠送用的礼品和消费品包装却不存在这种情况。

制造商和分析师预期，2019 年对包装纸行业来说将是一个好年头。预期需求旺盛，但供应有限。因此，有限的新增产能有望使该行业的产能利用率接近 100%。鉴于行业成本的很大一部分是固定的，因此，较高的营业利润通常会带来可观的净利润。⊖ 随着经济复苏，消费需求加强，包装纸销售预计将提高到 GNP 的近 7%左右。不过，预期销售增长率的很大一部分还要归功于 5%的预期通货膨胀率。到 2021 年年底之前，预计只有 1%～2%的新增产能可投入生产。因此，包装纸制造商需要在史上最高的产能利用率条件下开工运行，其开工率预计将稳定在 96%左右（相当于每年运行 350 天）。而包装纸的价格预计将从 2004 年的每吨 740 美元上涨到 2023 年年底的每吨 882 美元。

包装纸对 Sungreen 的兴趣

Sungreen 打算增加包装纸产能的计划，在造纸和纸浆行业已成为众所周知的事情。该公司目前的包装纸加工厂位于俄亥俄州的托莱多，可日产 780 吨空白包装纸和纸巾。这在国内总产能中仅占有很小的份额，也就是说，Sungreen 在预期增长的包装纸市场中，只是分享了其中的很小一部分。更重要的是，Sungreen 甚至无法为自己的印刷厂提供足够的空白包装纸供应，因此，它也成为唯一依赖外购空白包装纸的主要纸张生产商。Sungreen 每年需要从竞争对手那里购买约 15 万吨空白包装纸，以满足印刷厂的生产需要。由于空白包装纸市场目前处于严重的供不应求局面，因此，空白包装纸的价格扶摇直上，这让 Sungreen 几乎难以为继。这就有可能导致 Sungreen 的印刷厂不得不拒接订

⊖ 造成这种情况的原因就是所谓的"经营杠杆"，即可变成本与固定成本在成本总额中的百分比。固定成本所占的比重越大，销售收入的增加额（减少额）转换为利润增加额（减少额）的比率就越大。例如，两家公司的销售收入同为100美元，总成本均为90美元，净利润为10美元。对于其中的一家公司，在它们的总成本中，有80美元为可变成本，10美元为固定成本（总成本为90美元）；而另一家公司的可变成本为20美元，固定成本为70美元（总成本为90美元）。现在，我们假设两家公司的销售收入和可变成本均增加了10%。因此，两家公司的销售收入都会增加10美元，它们的固定成本保持不变，分别为10美元和70美元。第一家公司的可变成本将增加8美元（80美元×10%），而第二家公司的可变成本仅增加2美元（20 美元×10%）。因此，第一家公司的利润将增加2美元（10美元-8美元），或者说增长了20%（2美元/10美元）；而第二家公司的净利润则增加了8美元（10美元-2美元），或者说增长了80%（8美元/10美元）。

单,进而侵蚀了印刷业务原本丰厚的营利能力。

Sungreen 也研究过可能采取的补救措施。为此,公司首先调查了主要竞争对手的情况,并根据产能和经营历史等因素,对美国现有的包装纸厂进行评级(评定结果为 A、B 或 C)。不同于商学院学生的成绩,很多公司被评为 C 级。随后,莱希逐一给 11 家获得 A 评级的工厂老板打电话,询问他们是否有兴趣出售企业。遗憾的是,没有一家愿意出售。

2018 年初,莱希发现,大陆集团有限公司有意将旗下三家造纸厂打包出售,三家工厂的年产能超过 110 万吨(即每天 3 143 吨),大约相当于 Sungreen 现有年产能的四倍。但是在这次竞买中,Sungreen 败给了 Cyperus 公司(也是一家虚构的公司),后者的产品线几乎完全由包装纸和薄纸组成。Cyperus 董事长兼首席执行官罗杰·斯通(Roger Stone)对这次收购做出了如下回顾:

在对这三家工厂的收购中,我们实际上是按每吨每日 14.4 万美元的价格完成的。当然,这并不包括营运资金。因此,包含在交易中的印刷厂几乎是白送的。这笔钱只相当于目前新建相同产能工厂总成本的 80% 左右,也就是说,新建工厂每吨每日的成本绝对不会低于 18 万美元。而且,新建工厂不可能在一年之内投产。

创造新产能

在未能找到合适的造纸厂和印刷厂之后,莱希先生找到萨默斯女士,让她计算一下,看看新建一座造纸厂和印刷厂是否值得。按照莱希的想法,就是要新建一座年产量约 35 万吨(日产量 1 000 吨,年开工时间约为 350 天)的工厂。造纸厂的部分产品供应给采用最新技术的印刷厂,并在这里加工为成品包装纸,剩余产品将供应给 Sungreen 目前的印刷厂使用。项目的预计成本(预算)为 4.1 亿美元(其中,造纸厂的建设成本为 3.3 亿美元,印刷厂的建设成本为 4 500 万美元,3 500 万美元用于解决流动资金需求)。新的造纸厂和印刷厂计划建在田纳西州的金斯波特市。一旦投入运行,公司需支付全部施工建设费用,预计这一项目将在 2019 年初开工。

萨默斯女士的第一个目标就是预测未来现金流。那么,她应该预测未来多少年的现金流呢?最简单的答案是:尽可能预测更多年的现金流。如果一家公司提供五年期预测,那么,分析师就应采用五年期的预测数据。尽管以五年为预测期是业内惯例,但这还要取决于项目的性质以及可合理预测的程度。不管选择多长的预测期,总要有一个终点——假设项目在这个终点位置进入某种稳定状态(恒定、稳定增加或稳定下降)。项目在这个时点的价值即为终值。

那么,Sungreen 预测企业自由现金流需要用到哪些数据呢?按照前面的公式,我们对公司自由现金流的定义是:

$$FCF_f = EBIT \times (1 - T_c) + Dep - CAPEX - (NWC_{期末} - NWC_{期初}) + 其他杂项$$

因此,我们需要确定公式中的每一个变量。这些变量的取值来自公司的备考利润表和资产负债表。

表 15-4 和表 15-5 是汉娜·萨默斯为金斯波特造纸厂及印刷厂编制的备考利润表及资产负债表。预测期间为截至 2023 年的五年。2023 年以后，她手下的员工预计，新工厂的销售额将按通货膨胀率的速度实现增长，预计增速为 3%。此外，在 2023 年以后，净营运资金预计将与销售额实现同步增长，而资本性支出则等于固定资产折旧。其他假设在表 15-5 最后部分的预测中列出。

表 15-4 Sungreen 为金斯波特项目编制的预测利润表

单位：百万美元	2019	2020	2021	2022	2023
销售收入	259.00	271.95	285.54	296.97	308.85
销售成本（销售收入的 72%）	186.48	195.8	205.59	213.82	222.37
利润总额	72.52	76.15	79.95	83.15	86.48
销售和配送费用：销售收入的 11%	28.49	29.91	31.41	32.67	33.97
折旧［固定资产+资本性支出）/40 年］	9.38	9.28	9.21	9.17	9.14
营业利润	34.66	36.96	39.33	41.31	43.37
利息支出（4.48%×负债）	4.13	4.11	4.10	4.10	4.11
税前利润	30.53	32.85	35.23	37.21	39.26
所得税（21%）	6.41	6.90	7.40	7.81	8.24
净利润	24.12	25.95	27.83	29.40	31.02

表 15-5 Sungreen 为金斯波特项目编制的预测资产负债表

单位：百万美元	2019 年初	2019 年末	2020	2021	2022	2023
现金	0	0	0	0	0	0
应收账款（销售收入的 13%）	33.00	33.67	35.35	37.12	38.61	40.15
库存（销售收入的 12%）	30.00	31.08	32.63	34.27	35.64	37.06
固定资产：期初固定资产−期末固定资产+资本性支出	375.00	371.25	368.47	366.62	365.70	365.70
资产合计	438.00	436.00	436.45	438.01	439.95	442.91
应付账款（销售收入的 11%）	28.00	28.49	29.91	31.41	32.67	33.97
负债（设定为负债和所有者权益的 22.5%）	92.25	91.69	91.47	91.49	91.64	92.01
所有者权益（设定为负债和所有者权益 77.5%）	317.75	315.82	315.07	315.11	315.64	316.93
负债及所有者权益合计	438.00	436.00	436.45	438.01	439.95	442.91

2019—2023 年间的主要假设包括：

- 2019 年的销售收入为年均产量 35 万吨乘以每吨 740 美元的价格。2020 年，价格预计上涨 5%，2021 年的价格涨幅为 5%，2022 年为 4%，2023 年为 4%（到 2023 年年底，每吨价格预计将达到 882 美元）。
- 销售成本预测为销售收入的 72%。
- 销售和配送费用预计为销售收入的 11%。
- 假设造纸厂及印刷厂的固定资产按直线法计提折旧，折旧年限为 40 年，即每期折旧为固定资产期初余额除以 40 年。
- 从 2019 年到 2023 年，每年的资本性支出（CAPEX）假设分别为固定资产累计折旧的 60%、70%、80%、90% 和 100%。固定资产每年的增加额为 CAPEX/40。
- 利息费用为上一年年底负债的 4.48%（具体解释见下一章）。
- 预计所得税率为 21%。
- 为简单起见，假设现金为零（考虑到预测对象为生产性工厂，因此，利用信用额度足以满足它的全部现金需求）。
- 应收账款预计为销售收入的 13%（从理论上说，应收账款的年初余额应为零，到第二个月中旬应达到年终水平。因此，为简单起见，我们假设应收账款为年初数）。
- 存货预计为销售额的 12%（在持续销售的情况下，存货的年初余额必须达到这一数额）。
- 工厂预计将于 2019 年年初投产。一旦造纸厂和印刷厂投产使用，应付账款预计为销售收入的 11%。
- 负债设定为负债和所有者权益合计数的 22.5%。至于为什么会选择这个比率，我们将在下一章进行讨论。
- 所有者权益是备考财务报表中的一个插入项。它等于期初余额加上当期净利润，再减去当期支付的股利。

名义现金流和实际现金流

折现现金流所采用的折现率既可以是名义折现率，也可以是实际折现率。大多数人会使用名义折现率，这也是财经媒体经常引用的折现率。名义折现率包括实际收益率和预期通货膨胀率两部分。相比之下，实际折现率则不包括通货膨胀率。例如，如果债券的名义收益率为 6%，通货膨胀率为 4%，那么，它的实际回报率约为 2%。

两种折现率之间的关系可表述为如下公式：

$$r = (1+R_n)/(1+i) - 1$$

其中：$r=$ 实际折现率；

$i=$ 通货膨胀率；

$R_n=$ 名义折现率。

目前通常使用的是名义折现率，因此，相应的现金流为名义现金流。以前，企业有时会使用实际现金流，但在这种情况下，必须使用实际折现率。反之亦然。如果使用的是名义折现率，那么现金流也必须采用名义现金流。相反，如果使用的是实际折现率（即不包括通货膨胀率的折现率），就必须使用实际现金流。

需要强调的是，目前的典型（绝大多数）估值方法使用的是名义现金流和名义折现率（即名义与名义的组合）。之所以这样，是因为我们通常是以市场利率来计算负债和股权成本，而市场利率属于名义利率。要得到实际利率，还需要根据通胀率对市场利率进行调整。

此外，在预测现金流时，通常应计算名义现金流，即考虑通货膨胀因素的现金流。为什么呢？因为计算名义现金流时，我们还需要按预期未来价值来预测价格和成本，使得名义现金流更为精确（尽管出错的概率也更大）。如果公司利润表中的不同项目按不同速度增长（例如，由于采用长期劳务合同，劳动力价格可能上涨 3%，而石油成本则有可能上涨 7%），这些差异很容易会体现到按名义现金流进行的估值中。在使用实际现金流时，调整不同增长率的工作更为复杂，而且在实务中也很少进行调整。

企业自由现金流计算公式中各变量的确定

如上所述，企业自由现金流的计算公式为：

$$FCF_f = EBIT \times (1-T_c) + Dep - CAPEX - (NWC_{期末} - NWC_{期初}) + 其他杂项$$

我们的计算从息税前利润（EBIT）开始。首先，我们需要调整预计税收，以计算出 $EBIT \times (1-T_c)$。那么，应该使用哪个税率，是边际利率还是平均利率呢？应采用平均利率，因为我们要得到的是平均现金流。请注意，对公司而言，平均税率和边际税率往往是非常接近的（这一点不同于个人利率）。如表 15-4 所示，在这个例子中，我们选择的平均税率为 35%。按税率对息税前利润进行扣减，即可计算出 $EBIT \times (1-T_c)$，即息前税后利润（EBIAT）。

考虑到 2019 年的 EBIT 预测值为 3 466 万美元（EBIT 为营业利润），因此，$EBIT \times (1-T_c)$ 的结果为 2 738 万美元[3 466 万美元×（1-21%）]。

因此，企业自由现金流为：

$$FCF_f = 2\,738\,万美元 - CAPEX - (NWC_{期末} - NWC_{期初}) + 其他杂项$$

顺便提一下：上述计算中隐含了一个假设，即 EBIT 为正数。如果 EBIT 为负数的话，除非公司另有其他收入，否则，公司将无法享受税盾效应。换句话说，如果公司没有缴纳税款，就不会得益于税盾效应。这一点从表面上看似乎微不足道，但实际上很重要：只有在公司有真实纳税的情况下，税盾才能发挥节税效应。

例如，假设你决定在车库里做一个项目，前五年每年需投入的开支为 100 万美元，且没有任何收入。那么，在未来五年内，你每年将有 100 万美元的亏损。现在，我们假设微软决定在实验室中启动同一个项目，在前五年时间里，每年的现金流同样为-100 万美元。那么，你和微软在现金流方面有区别吗？当然有。几乎可以肯定的是，微软肯定会用 100 万美元的年成本抵消其他业务收入。也就是说，如果所得税的税率为 21%，那么这 100 万美元的税前亏损会形成 79 万美元[100 万美元×（1-T_c）]的税后亏损。换句话说，你和微软可能拥有相同的税前现金流，但税后现金流就大不一样了。即使你可以在未来的某个时候实现盈利，并享受税盾带来的节税效应（假设有未来收入的话），但这些现金流的现值是完全不一样的。

在计算出 EBIT 并按税率调整税后，我们就需要确定现金流公式中的下一个项目——折旧。如表 15-4 所示，折旧费用就是将造纸厂和印刷厂的 3.75 亿美元投资平均摊销到资产的全部预期寿命内（我们在这个例子中假设，资产的使用寿命期为 40 年）。2020 年及以后年度折旧额还要考虑到当年新增的资本性支出（CAPEX）。（我们假设新增的资本性支出也在40年寿命期内按直线法计提折旧。）

遗憾的是，无论是表15-4还是表15-5，都未提供未来几年的预计资本性支出。我们需要利用这个数字计算固定资产折旧，而且它也是现金流公式中的下一个项目。不过，我们可以根据已知数据得出资本性支出。那么，应如何根据备考财务报表计算出资本性支出呢？我们可以利用以下这个会计等式：固定资产的净变动额等于资本与折旧的差额。或者说，固定资产净额与固定资产折旧的合计就是资本性支出。也就是说：

固定资产_{年初}+资本性支出-固定资产_{折旧}=固定资产_{年底}，因此，

资本性支出=固定资产_{年初}+固定资产_{折旧}-固定资产_{年底}

我们曾在第三章的厨房备料例子中解释过这个公式。假设在本周初，厨房储藏室有价值100美元的食品；你在这个星期内消费（吃）了70美元的食品。如果本周内没有任何新增购货，那么，储藏室中剩余的食品价值应该是30美元。但是，如果你在本周内消费了70美元的食品，而本周结束时剩下的食品为80美元，这意味着，你在本周内新购买了50美元的食品。按照这个道理：假如在本周开始时，食品储藏室有价值100美元的固定资产，本周结束时的固定资产价值就应该为80美元。如果将本周消费的70美元食品看作固定资产，那么，你本周内花费到储藏室固定资产的支出就应该是50美元，即本周发生了50美元的CAPEX。

表15-6是根据前面的假设，为2019-2023年间公司对金斯波特项目计算的备考资本性支出。

表15-6　Sungreen为金斯波特项目编制的资本性支出预测表

单位：百万美元	2019	2020	2021	2022	2023
期末固定资产	371.25	368.47	366.62	365.7	365.7
加：累计折旧	9.38	9.28	9.21	9.17	9.14
期初固定资产	375	371.25	368.47	366.62	365.7
资本性支出	5.63	6.5	7.37	8.25	9.14
资本性支出设定为：	折旧的60%	折旧的70%	折旧的80%	折旧的90%	折旧的100%

现在，FCF_f=2 738万美元+938万美元-563万美元-（NWC_{期末}-NWC_{期初}）+其他杂项，

在企业自由现金流计算公式中，最后一项是净营运资金变动量（见表15-7）。净营运资金的增加类似于资本性支出：公司投入资金，会增加营运资金的净额（现金加应收账款加库存，减去应付账款），⊖从而降低了企业自由现金流。这与增加资本性支出没什么区别。净营运资金的减少会增加公司的现金流。因此，我们必须确定每年的净营运资金，然后再计算净营运资金在每年内的变化额。（如果净营运资金每年保持不变，则对公司的现金流没有影响。）

⊖ 假设所需要的现金金额没有发生变化。

表 15-7　Sungreen 为金斯波特项目编制的净营运资金预测表

单位：百万美元	2019 年初	2019 年末	2020	2021	2022	2023
应收账款（销售收入的 13%）	33	33.67	35.35	37.12	38.61	40.15
存货（销售收入的 12%）	30	31.08	32.63	34.27	35.64	37.06
应付账款（销售收入的 11%）	28	28.49	29.91	31.41	32.67	33.97
净营运资金	35	36.26	38.07	39.98	41.58	43.24
净营运资金变动额		1.26	1.81	1.91	1.60	1.66

现在，我们看看 Sungreen 的净营运资金。造纸厂和印刷厂将于 2019 年初竣工投产。因此，当年初的净营运资金为 3 500 万美元。为什么呢？这个数字是工厂运行所需要的存货和应付账款余额。从理论上说，应收账款在年初应该为零。随着销售收入的增长，到第二个月中旬应达到年终水平——因此，为简单起见，我们假设应收账款为年初数。

如果 2019 年期初的营运资金净值为 3 500 万美元，那么，2019 年底的营运资金净值应该为多少呢？表 15-7 中列出的数字来自表 15-5 所示的备考资产负债表。年末，公司预计将拥有 3 367 万美元的应收账款，加上 3 108 万美元的存货，减去 2 849 万美元的应付账款，可以得到净营运资金余额为 3 626 万美元（3 367 万美元+3 108 万美元–2 849 万美元）。⊖ 年营业资金从年初的 3 500 万美元开始，到年末达到 3 626 万美元。这就是当年的净营运资金增加额——126 万美元。公司必须为当年新增的这笔净营运资金筹集资金，因此，它减少了流入公司的自由现金流。

最后，

FCF_f = 2 738 万美元+938 万美元–563 万美元–（3 626 万美元– 3 500 万美元）+ 其他杂项

汇总计算

使用表 15-5、表 15-6 及表 15-7 中的数据，我们可以计算出公司在金斯波特项目上的公司自由现金流，如表 15-8 所示。请注意，尽管我们采用的是公司自由现金流计算方法，但实际上则是对应于项目的自由现金流（即金斯波特新建造纸厂和印刷厂的自由现金流）。这没有什么神奇的，没有任何秘密可言。表 15-8 中的基本数据全部来自上述为金斯波特项目编制的备考利润表和资产负债表。

表 15-8　企业自由现金流预测表

单位：百万美元	2019	2020	2021	2022	2023
EBIT	34.66	36.96	39.33	41.31	43.37
$(1-T_c)$ = $(1-21\%)$	0.79	0.79	0.79	0.79	0.79
EBIT×$(1-T_c)$	27.38	29.19	31.07	32.64	34.26

⊖ 应收账款估计为销售收入的 13%，存货估计为销售收入的 12%，应付账款估计为销售收入的 11%。

(续)

单位：百万美元	2019	2020	2021	2022	2023
加：固定资产折旧	9.38	9.28	9.21	9.17	9.14
减：资本性支出	−5.63	−6.5	−7.37	−8.25	−9.14
减：净营运资金增加额	−1.26	−1.81	−1.91	−1.6	−1.66
企业自由现金流	29.87	30.16	31	31.96	32.6

加权平均资本成本（WACC）

在确定自由现金流之后，我们的下一个问题就是：这些未来的现金流在今天的价值是多少呢？更具体地说，Sungreen 在金斯波特项目上发生的未来现金流与购买价格（或建筑成本）相比如何，是高于成本还是低于成本？要回答这个问题，需要对现金流进行折现，这就需要用到折现率。我们将在本部分的下一章介绍折现率的计算过程。折现率取决于资本成本，其计算过程稍显复杂。因此，我们认为，有必要对这个问题单设章节加以探讨。

请注意，如上计算的自由现金流是指公司在金斯波特工厂发生的自由现金流。因此，我们必须根据金斯波特工厂的预期资本结构计算相应的资本成本，并以此作为折现率，对现金流进行折扣，而不是使用 Sungreen 本身的资本成本。如前所述，这个概念非常关键，而且也是在估值中经常被忽略的问题。使用 Sungreen 的资本成本对金斯波特的工厂进行估值显然是不正确的。回到我们在本章开始时提到的基本原则，在估值中，最重要的规则就是项目，一切应以项目为主，从项目出发。也就是说，我们必须使用项目产生的现金流，使用项目本身的资本结构和项目的资本成本。

现在，企业现金流代表资产负债表左侧带来的现金流。它们是公司资产创造的现金流，因此，我们将这些流入公司的现金流称为"公司自由现金流"（FCF_f），它们的去向是负债的持有人及股东（即资本的供给者）。公司自由现金流需要按公司（或项目）的折现率进行折现，而股权现金流则需按股权成本进行折现，负债现金流以负债成本折现。但是在使用公司现金流时，折现率则是负债成本和权益成本的综合成本。我们将这个综合成本称为加权平均资本成本（weighted average cost of capital），或简称为 WACC。

资本成本应考虑两个方面，即现金流的风险和资本市场的资金成本。

我们需要的折现率应兼顾反映现金流的风险以及资本市场向企业收取的资本费用。大多数情况下，资本市场为项目提供资金所收取的费用应反映项目现金流的风险。但情况也并非总是如此，因为资本市场的资金成本有时还包括补贴或其他因素（即在某些情况下，市场对实际风险的定价也是不同的）。基于在这里进行的讨论，我们假设，市场利率应充分反映项目风险（我们将在随后的第十六章放宽这一假设）。

WACC 的计算公式如下：

$$WACC = 负债的比率 \times 负债的税后成本 + 股权的比率 \times 股权成本$$

或采取更正规的表达方式，

$$WACC = K_o = [D/(D+E)] \times K_d \times (1-T_c) + [E/(D+E)] \times K_e，$$

其中：

D = 有息负债；

E = 所有者权益；

$D/(D+E)$ = 负债在资本结构中的百分比；

$E/(D+E)$ = 所有者权益在资本结构中的百分比；

K_d = 负债成本；

T_c = 边际税率（使用 FCF_f 公式中的平均值）；

K_e = 权益成本或股权成本。

因此，要确定 WACC，首先需要确定公式中的各参数。也就是说，我们首先需要定义"权重和成本率"。我们将在下一章详细讨论这些基本参数。

终值

在得到公司自由现金流并将其折算为现值之后，我们是否就可以对项目进行估值呢？还不完整，因为表 15-8 只提供了前五年的预测数据。因此，我们还要计算 2024 年及以后的现金流价值。不过，我们不打算，而且也无法预测以后乃至永久的现金流。相反，我们只需计算出一个终值作为近似即可，即预测期以后全部现金流的价值。那么，怎样才能做到这一点呢？在现实中，我们可以使用很多方法计算现金流的终值，常见的技术包括永续年金公式、收入乘数法和资产乘数法。

看起来太熟悉了吧。回想一下，本章开头就曾提到过，我们只能通过五种方法对资产进行估值，即折现现金流、收入乘数、资产乘数、可比价值及或有权益。这五种方法也适用于计算终值，但前三种方法更为常用。

和上面计算折现现金流采用的方法相对应，在这里，我们首先也是从永续年金法开始。实际上，它只是在折现现金流的基础上得出的一种方法。那么，永续年金的含义是什么呢？

$$终值（TV）=企业自由现金_{年终} \times (1+g)/(k-g)$$

其中：

k = 折现率；

g = 未来现金流的年增长率。

尽管这个公式用于财务，但实际上却来自数学。我们首先假设，未来的现金流保持恒定，没有增长，即 $g = 0$。如果未来每年的预期现金流永远保持为 1 000 美元，年折现率 k 为 10%，那么，这个永续年金的现值为 10 000 美元（1 000 美元/10%）。这很容易理解，假如我们在今天按 10% 的收益率投资 10 000 美元，那么，我们就可以预计未来每年将获得1 000美元的收益。

这在数学上（和财务上）很重要，假如你今天投资10 000美元，那么，就需要等到一整年之后才能拿到1 000美元的回报。因此，这里的关键点在于，按永续年金终值计算公式得到的，是自今天起一年后全部未来现金流的现值。

但现金流或许并不总是恒定不变的。通常情况下，现金流会随着通货膨胀而增长（请记住，我们使用的是名义现金流和名义折现率）。但同样需要提醒的是，永续年金公式的作用是把现在起一年之后的现金流折现到今天。因此，如果1 000美元的预期现金流每年按5%的固定比率永续增长，那么，这笔投资自今天起一年后的现金流应该是1 050美元。在数学上，永续年金公式采用的是年终现金流，年增长率为g。因此，在我们的例子中，分子应该是1 050美元，而不是1 000美元。⊖ 随后，我们以资本成本（k）扣除未来现金流增长率（g）的差额作为折现率，对上述现金流进行折现。

回到 Sungreen 的例子，我们看看金斯波特项目的终值预测。首先，我们从预期增长率开始。莱希的财务人员预计，金斯波特造纸厂和印刷厂的销售额将在2023年后按通货膨胀率增长，预计为3%。净营运资金预计将在2023年以后与销售额同步增长，资本性支出预计为当年的固定资产折旧。此外，他们还假设项目的毛利率保持不变，税率始终为21%。按照这些假设，我们可以计算出，2023年后的自由现金流增长率为3%。⊖

按照上述讨论，2023年底的自由现金流为3 260万美元，到2024年，按3%的增长率增长到3 358万美元。即：

$$FCF_{2024} = FCF_{2023} \times 1.03 = 3\,260\text{万美元} \times (1.03) = 3\,358\text{万美元}$$

使用永续增长的年金公式，2023年年底的终值为：

$$TV_{2023} = FCF_{2024} / (k-g)$$

其中：

k = 折现率；

g = 增长率；

TV_{2023} = 3 358万美元 / (k−3%)。

这是2023年底的终值。但是，我们需要的是2019年开始时点的现值，因此，我们还要把2023年的终值折现成2019年初的价值，即：

$$TV_{2019\text{年年初}} = TV_{2023}/(1+k)^5 = (3\,358\text{万美元}/(k-3\%))/(1+k)^5$$

在永续增长年金公式（以及对前五年自由现金流进行折现）中，最后一个需要确定的变量就是折现率k。在使用FCF_f技术时，我们采用的折现率是WACC，这也是本书下一章将要讨论的主题。

计算终值的其他方法如何呢？如上所述，确定终值的方法也就是估值（折现现金流、

⊖ 一种极其常见的错误是，使用年初现金流（在我们的例子中为1 000美元）除以（k−g）来计算永续增长年金的终值。实际上，要获得今天的现值，必须使用一年以后的现金流。

⊖ 实际上，现金流的增长速度不一定正好是3%，这取决于折旧和资本性支出的增长速度。

现金流乘数、资产乘数、可比价值及或有权益）的五种方法。我们将在第十七章深入研究终值问题。

本章小结

本章首先列举了五种最基本的估值技术，而后，详细介绍了最常见的估值方法——公司自由现金流折现法。为此，我们以 Sungreen 公司及其是否建立新造纸厂和印刷厂的投资决策为例，介绍了公司（项目）自由现金流的计算方法。公司自由现金流依赖于备考利润表和资产负债表。

接下来，我们简要介绍了如何计算资本成本，并将其作为折现率对自由现金流进行估值。最后的一个问题是计算终值的相关技术。我们并没有对本章提及的最后两点（资本成本和终值）像自由现金流那样做详细阐述。因此，如果读者对估值方法的这部分内容稍感不易理解，也在意料之中。

期待下一步

在下一章中，我们将继续以 Sungreen 为例，讨论资本成本和终值的计算。在随后章节中，我们将逐一深入探讨估值的三个重要参数——现金流、WACC 及终值。

第十六章

估值（Sungreen-B）

在第十五章里，介绍了估值的基本理论，并解释了如何通过折现现金流及企业自由现金流法对企业或投资项目进行估值。在本章里，将完成第十五章提出的问题——对Sungreen 投资的金斯波特造纸厂和印刷厂项目进行估值。为此，我们将使用在第十五章估计得到的预计现金流。然后，我们需要计算该项目的资本成本及终值，并阐述预测现金流、终值和资本成本如何影响项目或公司的估值。依照已多次重复强调的基本思想，我们将在随后章节中不断强化这些基本的估值概念。

Sungreen 的预测现金流

表 16-1 列出了 Sungreen 对金斯波特造纸厂和印刷厂预测的公司自由现金流，表中数字来源于第十五章的表 15-8。

表 16-1　备考企业自由现金流表

单位：百万美元	2019	2020	2021	2022	2023
EBIT	34.66	36.96	39.33	41.31	43.37
$(1-T_c) = (1-21\%)$	0.79	0.79	0.79	0.79	0.79
EBIT×$(1-T_c)$	27.38	29.19	31.07	32.64	34.26
加：固定资产折旧	9.38	9.28	9.21	9.17	9.14
减：资本性支出	-5.63	-6.50	-7.37	-8.25	-9.14
减：净营运资金增加额	-1.26	-1.81	-1.91	-1.60	-1.66
企业自由现金流	29.87	30.16	31.00	31.96	32.60

我们已在第十五章里提到，可用如下公式计算流入公司的公司自由现金流：

$$FCF_f = EBIT \times (1-T_c) + Dep - CAPEX - (NWC_{期末} - NWC_{期初}) + 其他杂项$$

在上述公式中，现金流概念是大多数财务金融专业人士所熟知的，自然无须赘述。但还是有若干因素让这个公式极为重要，第一个要素就是 "EBIT×$(1-T_c)$"，这个术语永远不会出现在利润表上，因为税收成本并非 EBIT 的扣除项目。税收的基础是息税前利润扣除利息后的余额（也称为 "税前利润"）。换句话说，在利润表上，我们不会使用利息和税收之前的利润；纳税申报表使用的是税前利润（扣除利息费用，即 EBIT）。

相比之下，自由现金流（FCF）公式中使用的却是 EBIT×$(1-T_c)$，其中，所得税费用是以全部 EBIT 为基数的。因此，公式似乎夸大了公司实际支付的所得税成本。FCF 公式为什么要这样做呢？这是基于折现率的计算方法，因为在计算公司自由现金流的时候，采用的折现率为 WACC。

加权平均资本成本（WACC）

如第十五章所述，加权平均资本成本的计算公式如下：

$$\text{WACC} = K_o = [D/(D+E)] \times K_d \times (1-T_c) + [E/(D+E)] \times K_e$$

其中：

D = 有息负债；

E = 所有者权益；

D/（D+E）= 负债在资本结构中的百分比；

E/（D+E）= 所有者权益在资本结构中的百分比；

K_d = 负债成本；

T_c = 边际税率；

K_e = 权益成本。

由公式可见，WACC 就是资本结构的债务比例与 $K_d \times (1-T_c)$ 的乘积，再加上权益比例和 K_e 的乘积。

为什么在负债成本（K_d）中要扣除税率呢？这是为了计算以负债为基础的利息税税盾。也就是说，负债的税盾价值已包括在 WACC 中。由于税盾包含在 WACC 中，因此，在 FCF 中不能重复计算。税盾只应体现在某一个项目中，要么是现金流，要么是折现率。由于 WACC 使用的是负债的税后成本，所以，税盾包含在 WACC 而不是在现金流中。因此，我们在 FCF 公式中使用的是 $EBIT \times (1-T_c)$，尽管这个项目确实不属于利润表。[⊖]

此外，在第十五章里还解释过，由于公司自由现金流针对的是金斯波特新建工厂项目，因此必须根据金斯波特工厂的预期资本结构计算相应的资本成本，并以此作为折现率。因此，WACC 反映了金斯波特项目的资本成本和资本结构。

要计算金斯波特工厂的 WACC，需要确定公式中的各个参数。也就是说，必须先确定"权重和折现率"。

权重

债务和股权的权重（占融资总额的百分比）是多少呢？在这里，债务的内容只包括有息债务。如果债务存在市场价值的话，应使用其市场价值。遗憾的是，债务很少能找到市场价值，这就导致我们不得不采用账面价值作为债务的价值。但这显然不够完美，因为债务的账面价值往往只是债务市场价值的近似值。[⊖]对于股权，我们使用市值（即每股股价乘以流通股数）。但如果找不到市值的话，我们是否可以使用股权的账面价值呢？有时可以，有时不可以。尽管可以这样做，但股权的账面价值往往不是市场价值的合理替代。虽然我们在实践中经常使用债务和股权的账面价值，但理论上还是应该使用它们的市场价值。

为确定项目资本结构中的债务及股权所占的比率，首先从整个 Sungreen 的资本结构入手，并据此介绍计算债务和股权比例的方法。之所以能这么做，是因为我们可以利

⊖ 我们将在随后的章节中解释，为什么说公司自由现金流不等于股权自由现金流与债权自由现金流。

⊖ 只要市场利率和债务的信用质量在发行后未出现大的变动，市值就应该接近于发行价格。

用 Sungreen 的现成数据（当然，我们在第十五章里提到过，这只是一个"虚构"的案例，是笔者凭空杜撰出来的故事），介绍衡量资本结构的方法。随后，再解决金斯波特工厂的资本结构。

对于 Sungreen，我们可以参见第十五章中的表 15-2。在资产负债表中，可以看到，Sungreen 在 2017 年的有息债务账面价值合计为 16.28 亿美元（由三部分构成：1 000 万美元的短期负债，长期负债中当期到期的 15.23 亿美元的债务，以及 9 500 万美元的长期负债）。股权（即权益）的账面价值为 22.42 亿美元，而市值为 37.57 亿美元（见第十五章的表 15-3）。当时，公司的股价为每股 37.75 美元，已发行 1 亿股流通股。根据股权的账面价值或会计数字计算，在 Sungreen 的资本结构中，以负债融资的比例为 42.1%[1 628/（1 628+2 242）]，但如果使用股权的市场价值，可以得到更准确的债务融资比为 30.1%[1 628/（1 628+3 775）]。

如果金斯波特造纸厂和印刷厂完全照搬 Sungreen 的资本结构，那么 30.1%就是对该项目预计的债务比率。但如下所述，Sungreen 对该项目假设的目标债务水平要低于这个数字。

使用项目的资本结构

在估计项目的资本成本时，为什么不使用一家公司（即 Sungreen）的总资本结构作为项目的相对权重呢？或者说，当一家公司的不同部门正在实施不同项目时，应如何处理公司的风险呢？

设想一下，假如你在两家公司持有股份。一家公司从事石油钻井业务，另一家公司从事石油运输管道业务。假设市场对石油钻井业务（可认为是高风险业务）收取的资本成本为 20%，而对管道业务收取的资本成本为 10%（由于管道是在探明石油储量之后修建的，因此，管道运输的风险相对较低）。

此外，假设石油钻井公司目前有四个潜在的石油钻探项目，回报率分别为 16%、18%、22%和 25%。那么，公司应选择哪个或者说哪些项目呢？只能选择回报率为 22%和 25%的项目。为什么呢？因为只有这两个项目的收益率高于石油钻井公司的最低期望收益率，即 20%的资本成本。

现在，假设石油管道公司也有四个潜在项目，回报率分别为 8%、9%、12%和 14%。管道公司应选择哪些项目呢？只能选择回报率为 12%和 14%的项目，因为只有这两个项目的收益率超过管道公司 10%的资本成本。

现在，再稍微改变一下情境：将两家相互独立的公司变成一家公司，同时从事石油钻井（占业务总量的 50%）和管道（占业务总量的 50%）业务。公司加权平均资本成本是多少呢？两个部门的加权平均资本成本为 15%（50%×20%+ 50%×10%）。如果这家公司同样有八个潜在可开展的项目（包括四个钻井项目，回报率分别为 16%、18%、22%和 25% ；四个管道项目，回报率分别为 8%、9%、12%和 14%）。公司应选择哪些项目呢？应该选择与以前相同的项目（回报率为 22%和 25%的石油钻探项目以及回报率为

12%和14%的管道项目）。

为什么这样选择呢？综合公司难道不应该接受所有回报率超过15%的项目、拒绝所有回报率低于15%的项目吗（即选择所有石油钻探项目，但不选择任何一个管道项目）？试想一下，如果公司对所有项目均设置15%的最低预期收益率，会发生什么呢？接受所有收益率超过15%的石油钻探项目，拒绝所有收益率低于15%的管道工程项目。这意味着，部分质量不佳的钻井项目也要被接受，而一些好的管道项目将被拒绝（如果项目的收益率低于资本成本，即可认为项目"不好"；如果项目的收益率高于资本成本，即可认为项目是"好"项目）。

此外，如果这样选择，公司业务将会迅速失衡（原来的设计规模为石油钻探占一半，管道运输占一半），而完全侧重于石油钻井业务。当公司逐渐成为一家石油钻井公司时，它的资本成本会怎样呢？贷款人最初可以按15%的利率提供资金，但随着公司业务重心的偏离，他们很快就会发现，他们是在以15%的利率为风险收益率为20%的项目提供贷款。在这种情况下，当公司只从事石油钻井业务时，贷款人将对新项目收取20%的费用。因此，公司将不会再按15%的资本成本维持钻井和管道各占一半的业务模式。最终，公司将成为一家只从事石油钻井业务的企业，其资本成本为20%，它的全部业务就是承担几个收益率低于20%的钻井项目。

通过这个简单的例子可以看到，为什么各部门、各项业务或各个项目都要使用反映项目各自风险水平的折现率（要求获得的最低预期收益率），而不是由公司平均风险水平决定的折现率。这个概念被称为多重最低期望收益率（multiple hurdle rate）。主持这些项目的管理者可能会辩解，公司应对所有项目设置统一的平均收益率。但这么做的问题是，公司的总资本成本是按所有项目的组合计算的，个别项目之间的收益率不能相互转移。也就是说，不能用某个项目的收益去补贴其他项目的亏损。

你可能会觉得，所有公司都应该认识到这一点，并据此采取行动，但实际情况并非如此。几年之前，笔者之一曾为美国一家大型商业银行提供咨询，这家公司就使用了统一的资本成本。该银行为投资银行提供的隔夜贷款（风险较低）与对不发达国家发放的贷款（风险较高）采用了相同利率。可以想象，随着时间的推移，在银行的贷款组合中，会出现越来越多的对不发达国家贷款，而更安全的隔夜贷款则会越来越少。为什么会这样呢？因为他们对安全贷款收取的费用太高，以至于会逐渐失去这些客户。此外，虽然在高风险贷款上赢得客户，但却存在收费不足的问题。你可能会觉得银行的财务有点复杂，但实际上，对所有类型的公司来说，这类错误都会让他们付出惨重代价。

考虑到这是一个非常重要的概念，我们不妨深入分析一下。我们可以在纽约证券交易所的上市公司中找出资本成本最低的公司，并称之为低成本公司。现在，假设这家拥有最低资本成本的公司准备收购纽约证券交易所的其他上市公司。如果低成本公司用自己的资本成本对目标公司估值，那么这场收购必然会取得正的净现值。为什么呢？因为你是以低资本成本的资本成本去评估其他公司的现金流。

如使用自己的资本成本对收购目标进行估值，当低成本公司准备收购所有净现值为正数的公司时，它会选择哪些猎物呢？当然是纽约证券交易所的全部上市公司。然而，随着收购的开始，收购后的资本成本将不断上升，这家公司的资本成本就不再最低。因此，在对项目估值时，必须使用被估值项目本身的资本成本，而不是估值者自己的资本成本。

归根到底，如果使用了错误的资本成本，就无法准确判断是否应该接受项目。因此，要牢记以项目为核心的原则，时刻叮嘱自己，"项目、项目还是项目"：要使用项目的现金流、项目的折现率和项目的资本结构。

过程融资（execution financing）

另一个重点是，不要将过程融资与目标的债务水平混为一谈。这是什么意思呢？当公司购买一项业务或是收购另一家公司时，有可能需要借助于债务为收购提供融资。这就是所谓的过程融资，即在购买或收购时所筹集的资金。但如果这个债务规模并不是企业长期运行项目所需要的水平，它就不应该是在预测中使用的债务水平。这个债务水平可能会发生变化，比如说，因公司发行新股份或其他收益分配而减少。因此，资本结构的计算必须采用项目本身的目标债务水平，也就是说，按照项目的预期运行方式确定。我们将在第十七章进一步讨论这个问题。

折现率：beta 系数及风险收益的分布

在选择债务成本和股权成本之前，首先应按由低到高的顺序认识风险收益。个人或公司可投资的风险最低的资产是什么呢？美国政府债券的风险水平最低，这也是它们拥有最低收益率的原因。按风险由低到高的顺序，排在美国国债之后的投资类型是什么呢？拥有 AAA 信用评级的公司债券，随后是拥有其他信用评级的债券。股票市场的整体风险高于债券，而风险最低的股票类型是公用事业板块发行的股票，接下来可能就是超市了。在某种程度上，股票大盘的整体风险水平应出现在这个风险标尺的后半段，即属于风险相对较高的投资对象。某些行业的风险在总体上高于大盘，如化学、航空及生物技术公司等，它们的风险水平呈现递增趋势，且高于市场的整体风险水平（即高于市场指数的风险水平）。

衡量公司债务和股权风险水平的一种基本方法，就是借用资本市场理论的概念。在资本资产定价模型（CAPM）中，我们把 beta 系数（β）作为风险水平的量度，其定义为特定公司的收益率与市场总体收益率之比。⊖

因此，我们可以利用 beta 系数来衡量投资项目的风险水平。国债的 beta 系数是多少呢？零。为什么呢？因为它是一种无风险的担保，无论市场发生什么，它的收益率都

⊖ 这是对beta系数的一个粗略解释，大多数关于资本市场的财务教科书中都会涉及这个概念。从定义上理解，beta系数等于资产收益率与市场收益率的协方差除以市场收益率的方差。

第十六章 估值（Sungreen-B）

不会发生变化。○ 在 CAPM 公式中，由于 beta 系数为零，按照第七章介绍的公式，$K_e = R_f + \beta \times (R_m - R_f)$，我们就可以得到，$K_e = R_f$（其中，$R_f$ 被视为无风险率的代表）。

对拥有 AAA 信用等级的公司债券，其 beta 系数是多少呢？很低，大约为 0.15。这就是说，随着整体市场的变化，这种债券的收益率并没有太大变化。因此，它的 beta 系数接近于政府债券，因为 AAA 级公司债券的风险水平仅比政府债券高一点点。接下来，公用事业股票的 beta 系数是多少呢？在 0.6~0.75 之间。连锁超市的 beta 系数呢？大约为 0.85。

大盘的 beta 系数是多少呢？比如标准普尔 500 指数是多少？我们将这个市场的 beta 系数设定为 1.00。按照 CAPM 理论，市场收益率本身是存在波动的。按照 CAPM 的公式中，$K_e = R_f + \beta \times (R_m - R_f)$，如果把 beta 系数设定为 1.00，由此可以得到 $K_e = R_m$，这就是整个市场的收益率。

再看看风险稍高的例子——化学公司、航空公司和生物技术公司的 beta 系数会是多少呢？分别在 1.2、1.6 和 2.1 左右，这些公司的风险水平高于整个市场，它们的 beta 系数与公司的风险水平分布密切相关。

大多数人在实务中会如何计算 beta 系数呢？太幸运了，大多数人根本就无须做这个计算。多数人可以通过在线查询或是向经纪公司咨询这个系数。这并非不可，但那些提供 beta 系数的人是如何进行计算的呢？一般情况下，他们以个别资产（通常为公司股票）的收益率对市场收益率的回归系数作为 beta 系数。当然，作为回归基准的市场收益率，既可以是纽约证券交易所指数，也可以是其他任何市场指数。进行回归计算的区间是多长呢？习惯上是五年。为什么是五年呢？因为人们以前一直习惯于使用月度数据，五年的时间可以提供 60 个数据点（5 年×每年 12 个月），一般情况下，这个数据样本量足以在统计上得到有显著性的结论。目前常见的做法是对个股的一年期日收益对大盘的一年期日收益（按一年 240 个交易日计算，可获得 240 个数据点）进行回归计算。○

那么，Sungreen 在金斯波特项目上的 beta 系数是多少呢？无从知晓。因为金斯波特的造纸厂和印刷厂还不存在，即使已经建成，也从属于这家大公司。因此，我们找不到作为回归对象的收益率或股票价格。那么，如果我们按 1.1 倍的 beta 系数（来自第十五章的表 15-3）计算 Sungreen 新项目的资本成本，是否正确呢？○ 不正确。因为包装纸业务的风险水平远高于 Sungreen 现有的产品线。而前面的讨论已经告诉我们，我们需要的是项目现金流、项目的资本成本以及项目的资本结构。

既然如此，我们怎样才能找到这个项目的 beta 系数呢？常见的方法就是找到一个具

○ 在2008年美国金融危机爆发之前，大多数人认为，美国政府债券是无风险的。但是现在，我们都知道，即使是美国政府债券，也是会有一些风险的。

○ 如果一家公司正在进行合并（如刚刚收购另一家公司），或者出于其他某种原因导致业务风险已彻底不同于前一年，使用上年度计算的beta系数可能就无法准确反映公司目前的风险水平。

○ Sungreen的beta系数为1.1，从直观上感觉，这个数值还是合理的，因为纸业公司的股价可能与整体市场紧密相关，且风险水平低于航空或生物技术股。

有可比性的"孪生"公司，以这家可比公司的 beta 系数作为新项目的 beta 系数。

可比公司

可比法始终是一个属于财务学的概念。例如，要为一个拥有 BBB 信用等级的新发行 20 年期债券进行估值，投资银行家首先会看看其他现有 BBB 等级债券的当前市场收益率。可以想象，要估计非上市公司或具体项目的 beta 系数，首先要参考同行业上市公司的参数。对于 Sungreen 的金斯波特造纸厂和印刷厂项目，也可以采用这种方法。

这个过程需要采取若干步骤。在选取可比公司时，不仅要在公司的产品市场风险上进行匹配，还要在财务融资风险上进行比对。这意味着，我们必须考虑公司的产品线和财务杠杆。通常需要借助如下四个步骤。

（1）寻找一家或多家与被估值项目具有可比性的上市公司。

（2）获得可比公司的 beta 系数，然后剔除可比公司目前的债务水平（即杠杆）对 beta 系数的影响（从而获得所谓的"无杠杆 beta 系数"）。

（3）以可比公司的无杠杆 beta 系数作为估值项目的无杠杆 beta 系数。

（4）对步骤（3）获得的无杠杆 beta 系数重新加杠杆，体现项目的目标债务水平（即项目运行预期达到的债务水平）。由此得到的 beta 系数兼顾了项目的产品市场风险和财务风险，因而是适用于项目估值的杠杆 beta 系数。

步骤一：在 Sungreen 公司，由萨默斯女士负责的这个项目有两家可比上市公司，Cyperus 纸业和 Standard 纸业，它们的业务模式类似于公司管理层准备兴建的金斯波特造纸厂和印刷厂。两家公司的主要业务均为销售包装纸。因此，使用这两家公司的资本成本对金斯波特项目进行估值，会比使用 Sungreen 的资本成本进行估值更为准确。如表 16-2 所示，Cyperus 纸业和 Standard 纸业的 beta 系数分别为 1.38 和 1.55。

表 16-2　金斯波特项目的可比公司财务信息

	Cyperus 纸业	Standard 纸业
销售收入	16.88 亿美元	2.755 亿美元
净利润	1.33 亿美元	1.93 亿美元
包装纸收入占总销售额的百分比	88.40%	93.60%
每股收益	2.95 美元	4.75 美元
年末股价	70.98 美元	73.83 美元
债务的账面价值	8 亿美元	10 亿美元
股本的市值	3 200 万美元	达到 3 000 万美元
杠杆率：[债务/（债务+权益）]	20.00%	25.00%
债券评级	A	A
股权的 beta 系数	1.38	1.55

步骤二：目前的 beta 系数反映了可比公司在当前债务水平下的产品市场风险和财务风

险。但要估算金斯波特项目的 beta 系数，还需要根据项目的杠杆水平调整财务风险（消除被估值对象与可比公司的杠杆差异）。因此，在这个步骤中，需要对可比公司的 beta 系数进行"去杠杆"，然后，再按项目的预期债务水平重新加杠杆。具体可通过以下公式完成：

$$\beta_{无杠杆} = \beta_{杠杆} \times 权益/（债务+权益）$$
$$\beta_{杠杆} = \beta_{无杠杆} \times （债务+权益）/权益$$

我们可以采用很多公式得到这个无杠杆的 beta 系数。很多公司和学校均有自己的计算公式，而且每个公式都需要进行一定的调整。比如，如果有人使用包含税盾的公式计算无杠杆的 beta 系数，那么这个人很可能毕业于芝加哥大学。为什么呢？因为在芝加哥大学前教授兼院长鲍勃·哈马达（Bob Hamada）提出的无杠杆 beta 系数计算公式中，就包含了税盾效应，这也是芝加哥大学在教学中一贯采用的公式。如果你在麻省理工学院学习，你或许会使用前面讨论过的模型，因为这也是理查德·布里厄利（Richard Brealey）和斯图尔特·迈尔斯（Stewart Myers）在他们编著的教科书中采用的模型（斯图尔特·迈尔斯和笔者之一均曾任职麻省理工学院，担任财务学教授）。笔者认为，这可能是最有效的公式：因为它是最常用的公式，而且包含的假设也最简单，事实也证明，更复杂的公式并不会显著改善结果的精确性。⊖

为采用上述公式计算 Cyperus 纸业和 Standard 纸业的无杠杆 beta 值，我们首先需要了解两家公司各自的债务和股权。由表 16-2 可以看出，Cyperus 纸业的负债账面价值为 8 亿美元，股权市场价值为 32 亿美元；而 Standard 纸业的负债账面价值为 10 亿美元，股权市值为 30 亿美元。这就是说，在 Cyperus 纸业的资本结构中，债务比率为 20%[0.8 美元/（0.8 美元+3.2 美元）]，而在 Standard 纸业的资本结构中，债务比率为 25%[1.0 美元/（1.0 美元+3.0 美元）]。因此，我们可以按如下公式计算无杠杆 beta 系数：

Cyperus 纸业，$\beta_{无杠杆} = \beta_{杠杆} \times 权益/（债务+权益）=1.38 \times 3.2/（0.8+3.2）=1.10$
Standard 纸业，$\beta_{无杠杆} = \beta_{杠杆} \times 权益/（债务+权益）=1.55 \times 3.0/（1.0+3.0）=1.16$

步骤三：可以预料，鉴于两家可比公司的相似性，它们的无杠杆 beta 系数应非常接近。无杠杆 beta 系数衡量的是基本业务风险（BBR）。考虑到两家公司处于同一行业，可以预期，它们应具有相似的 BBR。无杠杆 beta 系数有时也被称为资产的 beta 系数，因为它代表了资产在任何财务风险条件下的风险。由于两家可比公司具有相近的无杠杆 beta 系数，因此可选择其中一家公司的无杠杆 beta 系数，或是使用两家公司的平均值。在这里，使用两家公司的平均值作为无杠杆 beta 系数，即 1.13，（1.10 + 1.16）/2。

步骤四：那么，我们是否可以把 1.13 作为确定 Sungreen 金斯波特造纸厂和印刷厂股权成本的 beta 系数呢？除非 Sungreen 准备在无债务条件下经营新的造纸厂和印刷厂，否则，就不能直接使用这个 beta 系数。需要提醒的是，刚刚得到的 beta 值只是反映项目经营风险的资产 beta 系数，但是，我们需要的是一个同时反映业务风险和财务风险的股权 beta 系数。因此，下一步任务就是用项目的目标债务水平计算金斯波特项目的有杠

⊖ 我们将在第十七章讨论计算加杠杆和无杠杆 beta 系数的其他公式，以及这些公式的推导过程。

杆 beta 系数。假设金斯波特造纸厂和印刷厂将采取 22.5%债务的资本结构（这也是 Cyperus 纸业和 Standard 纸业的平均债务水平。当然，如果出现公司关于具体资本结构的其他信息，就要按相关信息确定债务水平）。

可以将上述去杠杆公式反过来，计算按项目目标债务比率重新加杠杆后的 beta 系数，即：

$$\beta_{杠杆} = \beta_{无杠杆} \times (债务 + 权益)/权益$$

因此，对金斯波特的造纸厂和印刷厂项目：

$$\beta_{杠杆} = \beta_{无杠杆} \times (债务 + 权益)/权益 = 1.13 \times 1/0.775 = 1.46$$

需要提醒的是，从根本上说，重新加杠杆的 beta 系数是 Cyperus 公司和 Standard 公司的杠杆 beta 系数的平均值，因为我们是按平均资本结构计算两家可比公司的无杠杆 beta 值，并对这个无杠杆系数按项目的目标债务比例重新加杠杆。如果按相同资本结构完成去杠杆和重新加杠杆，则无须实施这个步骤。（在这里，我们的主要目的是介绍计算过程，并提醒读者，重加杠杆时采用的是工厂的目标负债率，而不是公司的负债率。）

在这里，需要重点强调的是，这些公式的基础在于两个重要假设：首先，它们都假设 beta 值和债务比率存在线性关系。这意味着，如果债务占资本结构的比率从 10%上升到 20%，或是从 50%上升到 60%，对 beta（风险增加）产生的影响是同步的（按线性比率同比相同），也就是说，风险也会增加相同的比例。不过我们都知道，这在实践中是不成立的。由第六章可知，随着风险的增加，K_e 的成本最初会缓慢增长，然后会加速增长。因此，在现实中，Beta 与债务比率组合的轨迹是一条曲线，其增长呈现为曲线，而不是直线。

其次，上述公式假定，债务的 beta 系数为零。事实上，债务的 beta 系数通常不为零，只是非常低而已（回忆一下，我们假设政府债务的 beta 系数为零，而拥有 AAA 信用评级的债券 beta 系数为 0.15）。我们将在第十七章里指出，放松这个假设（并使用另一个更详细的公式）通常不会改变最终结果。因此我们只需记住，这个公式成立的前提，就是假设债务的 Beta 系数为零。

股权成本

现在，我们的问题是：Sungreen 在金斯波特项目上的资本成本是多少？在理论上，股权成本是股东投资于企业时所要求的收益率。目前，确定股权成本（K_e）最常用的方法是资本资产定价模型（CAPM），即：

$$K_e = R_f + \beta \times (R_m - R_f)$$

其中：

R_m = 市场利率；

R_f = 无风险利率；

β = 风险系数。

第十六章 估值（Sungreen-B）

按照上一节的计算，beta 值为 1.46。因此，在这个公式中，需要估计的参数是 R_f 和 (R_m-R_f)。R_f 是无风险利率，(R_m-R_f) 为市场风险溢价。

该如何估计无风险利率 R_f 呢？美国政府债券的利率最适合于代替无风险利率。为什么是美国政府债券呢？我们曾在第七章指出，美国政府债券是现有投资中最安全的投资。因此，下一个问题是：应选择哪一种美国政府债券的利率（美国政府会发行不同期限的债券）呢？通常，金融专业人士会使用长期（即 20 年或 30 年）的美国政府利率。但财务从业人员及教师认为，这个利率应与项目的期限相匹配。因此，10 年期项目应采用 10 年期美国国债的利率，而更长期的项目则应采用 20 年或 30 年期的美国国债利率。

少数人（包括笔者）则对无风险利率进行调整。对较长期的项目（即 20 年或 30 年），笔者采用的方法是以美国长期政府债券利率减去 1%的差额作为 R_f。为什么要扣除 1 个百分点呢？之所以按"减去 1%"进行调整，是因为资本资产定价模型理论假设，该公式确定的是股权在当前时点的价格。因此，这个 R_f 应该是短期利率。但如果将 K_e 用于更长时期的定价，R_f 就应该是在较长时期内估计的短期利率。

在进行调整时，我们需要认识到，投资者要以风险溢价抵消长期负债的风险，而对短期负债不存在这个问题。㊀这个风险溢价通常被称为流动性溢价（liquidity premium）或期限溢价（term premium）。只有获得这种额外的收益补偿，投资者才愿意接受长期投资的风险。㊁

罗杰·伊博森（Roger Ibbotson）㊂的研究发现，长期政府债券对短期国债（即国库券）的流动性溢价约为 0.8%（80 个基点）。㊃为简单起见，在实务中，人们通常将流动性溢价取整为 1%。因此，在资本资产定价模型中，我们通常以长期政府债券利率扣除 1%这个流动性溢价后的差额作为无风险利率。毕竟，这是在短期国债基础上做出的最佳估计。㊄

对于 Sungreen 的金斯波特工厂，如果采用 20 年期政府债券的利率 2.96%，流动性溢价为 1%，即可得到无风险利率（R_f）为 1.96%。

㊀ 举个例子，如果短期美国国债的利率在未来5年维持10%的水平，那么，5年期的利率通常应在10%以上，超过10%的部分即为流动性溢价。

㊁ 注意，除利率的期限结构外，流动性溢价还有可能受其他因素影响。

㊂ 耶鲁大学的罗杰·伊博森教授创建了伊博森学会（Ibbotson Associates，目前由Morningstar拥有），该学会对外提供各种财务领域的研究结果。

㊃ 美国政府发行的期限在一年以内的债券被称为"国库券"，通常缩写为"T-bill"（T代表财政部）。

㊄ 一个需要着重提醒的问题是：在读者参加面试时，当然可以告诉面试官，正确的算法应是在长期政府债券利率基础上减去1%，但面试你的人未必熟悉这种做法。因为很多教科书并未采用这种做法。但无论如何，从长期政府债券利率中减去流动性溢价，是对市场风险溢价更合理的估计，至少我们是这样认为的。

在计算股本成本（K_e）之前，还需确定最后一个估计值——市场风险溢价，即（R_m-R_f）。市场风险溢价等于预期的市场收益率减去无风险资产的预期收益率，它是因承受市场风险而得到的额外补偿。市场风险溢价通常按市场平均收益率减去国库券利率的差额来估计。

和通常借助其他数据来源的beta系数一样，市场风险溢价也是如此。市场风险溢价的估计值通常采用 R_m-R_f 在长期内的平均值（或中值）。⊖ 如何计算 R_m-R_f 的平均值呢？可以用两种方法计算平均值——算术平均值（所有数字总和除以数字的个数）或几何平均值（相当于复合收益率，即 n 个数值乘积的 n 次方根）。

哪种方法正确呢？算术平均值是正确的，我们不妨用一个简单例子来说明。假设有对应于六个期间的收益率：10%、10%、10%、10%、10%和10%。那么，这六个收益率的算术平均值为10%，几何平均值也是10%。但是现在，我们假设收益率分布在30%到-10%之间（分别为+30%、-10%、+30%、-10%、+30%和-10%）。六个收益率的算术平均值仍为10%（60%/6），但几何平均值则小于10%（8.17%，如下所示）。

解释如下：设想投资者以100美元作为初始投资，投资先上涨30%，而后下跌10%。投资者最终会有多少钱呢？答案是117美元。计算过程如下：首先，100美元×（1+30%）=130美元，随后，130美元×（1-10%）=117美元。这笔投资的平均（算术平均）收益率为10%，（30%-10%）/2。而复合收益率（或几何平均值）为8.17%，117美元/$(1+r)^2$。实际上，复合回报率（几何平均值）总是小于或等于算术平均值⊖（只有在个别投资的收益率完全相同时，两者才是相等的）。对此，我们不做深入研究，因为这完全是一个数学概念，只是在财务中用到而已。

那么，应使用算术平均值还是几何平均值呢？当然应使用算术平均值。原因何在？因为对一年期收益率的最佳估计数为算术平均值（在这个例子中，算术平均值为10%）。在按时间序列出现的年度收益率中，这个数字相当于每一年投资的预期收益率。即使收益率在各年度出现变化，也不会改变总体的预期收益率。遗憾的是，并非所有人都清楚这个概念，很多教科书和文章主张采用几何平均值，但这是不正确的。⊖

⊖ 不同于来源广泛的beta系数（谷歌财经、雅虎财经和Value Line等媒体均提供beta系数），市场风险溢价的数据来源并不常见，目前最主要的出处是伊博森学会。而且银行和其他金融机构对市场风险溢价的估计结果也会有所不同。因此，读者应该清楚，不同银行的估值之所以存在重大差异，主要是因为对WACC公式中相关参数采用了不同的估计，其中自然也包括市场风险溢价。

⊖ 可以举一个更简单的例子：假设首先使用的收益率是10%，然后变为-10%。因此，投资收益率的算术平均值为0，而几何平均值为负数。在此，如果以100美元作为初始投资，假设投资先上涨10%，或者说增值10美元，至110美元，然后再下跌10%，或者说下跌11美元，减少到99美元。最终的结果是亏损1美元，因此，总的收益率应小于零。可见，在这个例子中，以几何平均值进行估计是不正确的。

⊖ 脚注中有关理查德·布里厄利和斯图尔特·迈尔斯的最初解释是，使用算术平均值的原因"是显而易见的"，并未做深入解释。这样的解释有点牵强，还请读者见谅。

应采用怎样的时间区段估计市场风险溢价呢？通常采用的时间范围是从 1926 年到现在。之所以追溯到 1926 年，是因为这一年是我们能获得可读数据的最早时点。在这一年，美国证券价格研究中心（CRSP）开始按时间序列记录股票的收益率。假如该中心记录的数据从 1946 年开始，那么我们的时间起点就应该选在 1946 年。还有些人认为，应把时间起点设在 20 世纪 60 年代。在估计市场风险溢价时，使用不同的时间范围未必错误，但我们必须判断的是，这个用作风险溢价的区间长度是否足以为未来提供合理的预测。比如，如果只考虑一个熊市周期，就极有可能发生估计偏差。

对于 Sugnreen 为金斯波特造纸厂和印刷厂预测的股权成本，我们将以 6% 作为市场溢价（R_m-R_f）的估计值。这个数字是伊博森学会对 1926-2016 年间提供的市场溢价算术平均值。[1]

现在，汇总全部输入参数，按如下公式计算 K_e：

$$K_e = R_f + \beta \times (R_m - R_f) = 1.96\% + 1.46 \times 6\% = 10.72\%$$

其中，R_f =1.96%（美国国债利率 2.96%–调整流动性溢价 1%），β=1.46（使用可比公司法），（R_m-R_f）=6%（市场溢价或市场收益率扣除美国国库券利率的差额）。

债务成本

现在，再估计一下适用于金斯波特造纸厂和印刷厂的债务成本。确定债务成本最简单的方法，就是跟踪债券的市场利率：为新项目发行新债券的成本是多少？在这里，我们不能使用公司以前进行项目融资时支付的实际成本，因为那只是沉没成本，与公司为新项目发行债券而发生的成本毫无关联。设想一下，你的朋友准备购置房产，他想了解抵押贷款的利率。你会告诉朋友以前某个时点的抵押贷款利率吗？肯定不会，你只会告诉他，眼下抵押贷款的利率是多少，因为这才是他借款需要支付的利率。

十年前的金融市场波澜壮阔，而 2019 年 1 月的行情却平静如水。虽然投资级债券的收益率在最近几个月已有所抬头，但仍低于历史平均水平。表 16-3 为资本市场的相关数据。

由表 16-3 可见，由于 Sungreen 的债务比率为 30.1%，因此其债券的信用评级可能是 A，利率为 4.48%。金斯波特造纸厂和印刷厂的预计债务比率为 22.5%（相当于两家可比公司的平均水平）。这意味着，为金斯波特项目发行的债券也可能被评为 A 级。[2] 莱希的下属参考了造纸业的行业负债率，并考虑到金斯波特项目的预期债务比率低于 22.5%，因此，他们将工厂的债务成本估计为 4.48%。

---

[1] 关于市场风险溢价估算的深入讨论，见 Pablo Fernandez, Equity Premium in Finance and Valuation Textbooks, IESE Business School–University of Navarra, 2008。

[2] 债券评级的目的在于衡量特定债券投资的相关风险。虽然债务比率在评级过程中是比较重要的参考指标，但绝不是唯一因素。其他需要考虑的因素还包括企业规模、管理水平及经营年限等。

表 16-3　截至 2018 年 6 月 11 日的资本市场数据

美国的市场利率					
	20 年期国债利率	5 年期国债利率	国库券利率（6 个月）	银行借款最低基准利率	
	2.96%	2.80%	2.06%	4.75%	
公司债券的利率					
	AAA	AA	A	BBB	BB
	4.00%	4.35%	4.48%	4.85%	6.10%
不同债券评级的杠杆率（负债占公司市值的百分比）					
	AAA	AA	A	BBB	BB
工业	18%	25%	30%	37%	47%
造纸业		18%	23%	30%	40%

调整税盾效应

在计算加权平均资本成本（WACC）时，我们使用了债务的税后成本：$K_d \times (1-T_c)$。接下来需要估计税率 T_c，这是 Sungreen 为金斯波特造纸厂和印刷厂支付所得税的预计边际税率。从 2015 年到 2017 年，Sungreen 的实际税率分别为 30%、34% 和 35%。但如前所述，按照新的《减税与就业法案》，适用于美国公司的所得税税率在 2018 年下调至 21%。因此，在计算时将以 21% 作为新工厂的所得税税率。

工厂的 K_o 或 WACC

现在，我们已经确定了计算金斯波特造纸厂和印刷厂加权平均资本成本的全部输入参数，按上述公式：

$$WACC = K_o = [D/(D+E)] \times K_d \times (1-T_c) + [E/(D+E)] \times K_e$$

即，

$$WACC = K_o = 22.5\% \times 4.48\% \times (1-21\%) + 77.5\% \times 10.72 = 9.10\%$$

最终的估值

现在，可以计算出金斯波特造纸厂和印刷厂的净现值。建议将整个估值对象划分为三个部分，如下所示。

（1）初始投资（或购置价格）：初始投资为 4.1 亿美元（见第十五章）。

（2）现金流的现值：为 2019—2023 年备考现金流（见第十五章中的表 15-8）的现

○ 表中的部分数字为2019年1月10日访问网站www.federalreserve.gov查询获得，其他数字由笔者自行估计。

○ 为便于比较，Sungreen的WACC应改写为：30.1%×4.48%×（1−21%）+ 69.9%×8.7%= 7.105%。

值，按 9.10%的 WACC 进行折现。结果为表 16-4 所示的 1.202 4 亿美元。

表 16-4 金斯波特工厂自由现金流的净现值

金额单位：百万美元	2019	2020	2021	2022	2023
自由现金流	29.87	30.16	31	31.96	32.6
折价因子 $/(1+r)^n$	1.09	1.19	1.3	1.42	1.55
现值 FCF $/(1+r)^n$	27.38	25.34	23.87	22.56	21.09
净现值（五年合计）					1.202 4 亿美元
2019—2023 年间自由现金流的净现值为：					1.202 4 亿美元
终值的净现值为：					3.561 2 亿美元
金斯波特项目的净现值合计为：					4.763 6 亿美元
金斯波特项目的收购价格为：					4.10 亿美元
因此，金斯波特项目最终的净现值为：					6 636 万美元

（3）终值。这是未来现金流在 2023 年底的价值。我们已在第十五章简要介绍过终值的计算方法，并将在第十七章继续深入探讨这个话题。在这里，我们仅采用最简单的永续年金法，并假设年金每年增长 3%（如第十五章所述，这是莱希手下财务人员做出的预测结果），资本成本为 9.10%（如上所述）。最后，还要把这个终值折现到现在（在这里例子中，现在是指 2019 年初）。因此，终值 3.561 2 亿美元的计算过程如下：

$$TV_{2019\text{年年初}}=TV_{2013}/(1+9.10\%)^5=[(32.60\times1.03)/(9.10\%-3\%)]/(1+9.10\%)^5$$
$$=[33.58/(9.10\%-3\%)]/(1+9.10\%)^5=3.561\ 2\ 亿美元$$

金斯波特项目的净现值为上述三个部分之和：现金流现值 1.202 4 亿美元，加上终值的现值 3.561 2 亿美元，再减去 4.10 亿美元的初始投资，最终为 6 636 万美元。

这里之所以把终值与现金流净现值分开列出，主要是考虑到终值与项目净现值的重要性是不同的。比如说，假设有两个项目，每个项目的初始投资均为 1 000 万美元，净现值均为 2 000 万美元。此外，还假设第一个项目包含以下三部分价值：初始投资为 1 000 万美元，五年现金流的现值为 1 800 万美元，终值为 1 200 万美元。因此，第一个项目的 NPV 等于 2 000 万美元（即，-1 000 万美元+1 800 万美元+1 200 万美元）。现在，再假设第二个项目也包括以下三部分价值：初始投资 1 000 万美元，五年现金流的现值为 800 万美元，终值为 2 200 万美元。因此，第二个项目的净现值也是 2 000 万美元（即，-1 000 万美元+800 万美元+2 200 万美元）。两个项目的 NPV 相同，因此，如果只看 NPV，两个项目是无差异的。但我们知道，第一个项目在五年之后会带来一个正的 NPV，而第二个项目在五年后的 NPV 则是负数。假如这两个项目具有互斥性，那么，第一个项目将成为首选。（正因为如此，我们才说投资回收期还有一定的参考价值。）

对于金斯波特造纸厂和印刷厂，将终值的现值与现金流的现值分开也是有意义的。这样就可以看到，终值才是项目取得正 NPV 的关键（终值为五年现金流的 3.0 倍，占现金流总额的 74.8%）。终值在总价值中的占比越大，我们就越会感到不舒服。为什么呢？因为更多的价值出现在更远的未来，这显然会增加项目价值的不确定性。

因此，尽管我们得到了金斯波特项目具有正净现值的结论，但任务显然还没有完成。我们从一开始就反复强调，所有投资都应包括战略、估价和执行三项内容。此外，我们还提到，作为笔者，我们可以不完全按顺序行事——比如说，也可以从估值入手。唯一的理由就是，本书的主题毕竟局限于财务。但是在实践中，我们必须先进行战略分析，判断投资是否符合企业的产品市场战略。因此不妨在这里简单探讨一下战略分析问题，在第十九章再做深入讨论。

战略分析

战略分析的含义是什么呢？从本质上说，这个概念的核心就在于如何回答这样一个问题：Sungreen是否应该新建造纸厂和印刷厂？从财务逻辑出发，我们的答案是"肯定的，因为它的净现值为正数"。为什么可以用"净现值为正数"来回答战略分析问题呢？对Sungreen而言，项目拥有正净现值意味着，公司通过金斯波特项目实现的收益率高于市场的平均收益率。之所以能实现具有竞争力的收益率，是因为与其他造纸厂和印刷厂相比，金斯波特的造纸厂和印刷厂要么拥有更高的现金流，要么拥有更低的资本成本。

如果一家公司准备收购或建造一座新工厂，首先需要回答的问题是：预期成本是否低于同行业中的其他竞争对手？如果预计成本高于竞争对手（比如地理位置不便利或是运输费用较高），那么这个方案可能就不是好的战略决策。如果成本低于竞争对手（例如，新工厂所在地的运输成本明显低于竞争对手），那么它就有可能是一项值得推进的战略决策。

我们的预测能否实现呢？答案最终还取决于产品市场。比如，如果预测未来的年销售增长率为10%，那么它首先需要产品市场有足够的需求增长。假设行业的预期销售增长为2%，而且所有竞争对手都能增加产能。那么为什么唯独只有这家公司能实现10%的增长率呢？可能性不大。因此，战略分析为我们的预测提供了前瞻性的经济基础和依据。

是什么导致金斯波特的项目拥有正净现值呢？如下因素皆有可能成为成功的关键：新工厂可以收取更高的价格，增加了销售量，或是降低生产成本。而且，每个因素都有可能体现为多种形式。比如说，公司通过新建或收购新工厂而获得垄断地位。在这种情况下，公司就可以提高产品价格，以相同的销售量和生产成本取得更多的收入；或是因为公司采用了降低成本的新技术；或许是目前的管理方式缺乏效率，而新建或收购则带来了更有效的管理；或是通过新的劳务合同，在劳动力成本上领先于竞争对手；当然，还有可能是Sungreen借助新工厂实现了规模经济。

当然，还有其他很多可能性，这里列举了其中的几种而已。通过收购或新投资实现正的净现值，表明新管理层实现了更高的收入或是更低的成本。需要提醒的是，Sungreen是我们虚构的公司，其目的仅在于说明估值方法，因此我们并没有过多提及产品市场的影响，但这才是战略分析所必需的。在第十九章，将以现实生活中的公司为例做深入分析。

在创业融资或风险投资课程中，战略分析都是一项单列内容，而估值程序往往被归结为简单的概括：以资本成本对预测现金流进行折现。之所以存在这么大的差异，是因为战略分析必须考虑所有或有事项和可选方案。比如，如果买家在完成收购的六个月之后给卖家打电话，在技术问题上寻求帮助，卖家有可能会挂断电话。但是，如果需要按最终结果支付收购款，而且大部分收购款尚未付清，卖方就有动力确保预期最终结果的出现。在后一种情况下，收购方和被收购方有着相同的激励机制——确保项目按承诺运作，因而，出售方更有可能与收购方合作。尽管这一分析确实很重要，但已超出本书范围，毕竟我们讨论的主题是估值。

本章小结

（1）本章以 Sungreen 计划中的金斯波特造纸厂和印刷厂为例，介绍了以折现现金流法（DCF）为主题的估值技术。DCF 是五种估值技术中的一种，而公司自由现金流法则是 DCF 法中最常用的形式。

（2）在使用公司自由现金流的 DCF 估值法时，需要预测公司的现金流（见第十五章），确定资本成本（在使用公司自由现金流的情况下，资本成本为 WACC），并计算终值。

（3）公司自由现金流的定义为：

$$FCF_f = EBIT \times (1-T_c) + Dep - CAPEX - (NWC_{期末} - NWC_{期初}) + 其他杂项$$

（4）WACC 的定义为：

$$WACC = K_o = [D/(D+E)] \times K_d \times (1-T_c) + [E/(D+E)] \times K_e$$

（5）在 WACC 公式中，债务和权益的相对权重通常按债务账面价值和权益市值进行计算。K_d 是指项目目前债务的市场利率（未必是整个公司获得借款的利率）。K_e 是采用单因素 CAPM 模型计算得到的，在该模型中，需要用到项目的 beta 系数、无风险利率和市场风险溢价。无风险利率采用相同期限的美国政府债券利率（如果期限更长，应扣减 1%）。市场风险溢价是股票市场收益率超过美国国库券利率的算术平均值。所使用的税率（T_c）为预期的边际税率。

（6）需要提醒的是，针对项目，必须随时遵循一切以项目为核心的原则，谨记"项目、项目还是项目"的魔咒。也就是说，一定要使用项目的现金流、项目的资本结构和项目的资本成本。

（7）估值应考虑如下三个要素：初始投资（或购买价格）、现金流的现值及终值的现值。这种划分有助于我们认识每个部分的相对重要性。

（8）本章介绍了投资的战略分析概念。具体来说，我们研究了项目的基本经济机制是否支持现金流的预测。换句话说，财务预测必须基于合理的经济基础。

期待下一步

本章介绍了折现现金流的基本估值方法。在第十七章，将深入解析估值的诸多构成要素。

第十七章
估值细解

在前两章里，我们以企业自由现金流法对Sungreen公司进行了估值。也就是说，在估计公司未来现金流的基础上，我们以平均加权成本（WACC）对这些现金流进行折现，从而得到公司的价值。本章将进一步拓展这一分析，并介绍估值过程及其所涉及的诸多细节。

本章将围绕估值的三个基本部分展开深入解析，即现金流、资本成本和终值。对每个部分，我们将在第十五、十六章的基础上做进一步的拓展和深入。最后，我们还要了解其他估值技术（APV和APT）和相关问题。

现金流细解

在估值过程中，第一个需要牢记的原则就是现金为王。现金可以成全你，也可以摧毁你。公司可以长时间地维持亏损，但如果现金不足，就不会坚持很久。记住第一章引用的话："现金像空气，收入像食物。尽管两者对一个组织的生存缺一不可，但即使没有收入，企业也能喘息一段时间，而它却一刻不能没有现金。"

比如说，初创公司（如网络企业）最担心的就是烧钱速度，也就是说，公司会在多长时间里耗尽现金。很多公司从来没有正的收入，在这种情况下，它们的生存时间实际上就是依赖手头现金所持续的时间。这并不是说收入无关紧要；收入当然很重要，因为它们往往是构成公司现金流的主要部分。但是在对公司估值时，我们依赖的不只是收入，归根到底，现金流才是决定性的。我们在第一章里还提到过一句老话："用收入买香槟，用现金买啤酒。"因此，需要切记，估值的第一要素是现金，而不是收入。

现金流：它应该包含什么，不应该包括什么

接下来，我们再来讨论一下，现金流到底应该包含什么，不应该包括什么。和投资评价一样，现金流也不考虑非现金项目（如会计中的折旧、预提费用和待摊费用等）和沉没成本。比如说，在项目估值中，企业发生的管理费用被视为沉没成本，因为它不属于增量现金流。如果某个项目不会因为投资价值的增加而改变，那么，它就不应该被纳入现金流的范畴。

什么是沉没成本呢？它是指以前已经支出的现金。比如说，已完工工程的可行性研究费用就属于沉没成本——因为它是已经花出去的资金。沉没成本不应包括在项目估值中（估值包括以往项目投资创造出来的现金流，但不包括在以前投资项目中花掉的现金）。归根到底，投资分析始终是前瞻性的。

假如我们的估值对象是一个项目，而不是整家公司，那么，我们就需要忽略非相关项目或公司非相关部分的现金流——总之，只要是不会因项目而变化的内容，就不能被纳入我们考虑的现金流范围。也就是说，如果不构成被估值项目的组成部分，就不属于相关现金流，因而在估值中不予考虑。

要确定现金流是否与项目相关，一种方法就是看该现金流是否会随项目的进展而发生变化。也就是说，不管现金流出现在公司的哪个部分，只要是随项目而变化的现金流，

就应该纳入我们的估值范围中。这似乎不符合我们反复强调的"项目、项目还是项目"原则，实则不然。我们强调的是项目的总现金流，因此，只要是属于估值范围内的现金流，就需要予以考虑，而不管它出现在什么地方。此外，我们还要剔除与项目无关的任何现金流（不受项目影响或是不属于项目构成部分的任何现金流）。

现金流的出现时间也很重要。我们刚刚提到，确定相关现金流的一种方法，就是看它是否随项目而变化。这种变化既体现为数量上的变化，也体现为时间上的变化。也就是说，如果现金流因这个项目而推迟或是提前出现，那么，我们就必须将这部分现金流纳入估值范围中，因为现金流出现的时间同样会影响到价值（我们在第十四章中讨论过现金流的时间价值）。

2018年实施的《减税与就业法案》为我们认识现金流时点的重要性提供了一个示例。新税法允许实行加速折旧。很多资本性支出允许在发生时全额计入费用，而无须按时间计提折旧。由于货币的时间价值，这些被加速计提折旧的现金流将增加公司的价值。

如果某个资产带来的现金流可能有多种，其中一部分可能与我们正在估值的项目无关。在这种情况下，应如何处理呢？比如说，新项目需要一条配套的火车轨道，受通行权的限制，该线路不得用于任何其他目的，因此，取得通行权的成本必须全部由项目承担。但如果按照通行权的界定，线路还可用于其他目的（比如说，电力传输线路、管道或电信电缆等也允许使用该线路），那么，不管新项目是否完成，都可以忽略取得通行权的成本。因此，判断是否纳入估值范围的标准，就在于现金流的变化是否因新项目而来。

使用其他部门过剩产能是否应对项目收费，并将使用费纳入项目的估值范围呢？也就是说，如果公司现有产能过剩，我们将这些过剩产能用于项目，会对项目估值产生什么影响呢？如果没有新项目，企业就永远不会利用这部分过剩产能，那么，新项目就不应该为使用这部分产能承担费用。如果企业总会以其他利益使用这部分过剩产能，而且利用这部分产能减少了新项目承担的成本，从而影响到项目的现金流，那么，这部分成本就应计入新项目的估值。也就是说，这部分成本是增加项目产能而必须支出的未来费用。

在评估项目的现金流时，还应考虑哪些相关内容呢？现金流往往会忽略项目带来的机会成本。开展一个新项目的时候，往往需要中断现有业务或是放弃另一个项目机会，从而减少了公司可以获得的其他现金流。比如说，我们以最简单的沉没成本为例——新投放的产品可能会影响当前产品的销售（新产品存在对现有产品的替代，因而会在一定程度上侵蚀其他产品的销售）。因此，在估值中，我们需要在现金流中体现这部分沉没成本的全部影响（即被挤压产出的损失导致收入减少，从而造成EBIT损失等）。

与放弃成本（abandonment cost）相关的现金流是另一种经常被忽视的例子。它们是完成项目所必需的现金流，同样应包括在项目估值中。⊖ 放弃成本包括净营运资金，尤

⊖ 在项目结束时，终结过程中往往会发生一部分现金流。譬如，如果工厂关闭，可能还有退休金或医疗保险等应付未付的费用。

其是已注销的应收账款或存货。

总而言之,估值必须考虑到所有相关的现金流,无论是项目带来的新现金流,还是由项目带来的固有现金流的变化。估值的唯一对象,就是(而且是)实实在在的现金,而不是会计上的账面收益。此外,以往活动都是过去已发生的事情,因而无须记忆(对应于沉没成本)。我们关心的只是项目未来的现金流入和流出的数量和时间。

通货膨胀对现金流有何影响

如第十五章所述,估值过程必须以真实折现率对真实现金流(不考虑通货膨胀)进行折现,或是以名义折现率(考虑通货膨胀)对名义现金流(考虑通货膨胀)进行折现,而名义折现率即为市场折现率。

大多数从业者习惯于使用名义折现率和名义现金流。为什么呢?主要是因为名义数据更容易取得。名义现金流就是实际收到的现金流,可以直接套用会计报表的数字。名义折现率则是市场收取的折现率。因此,最常用的折现方法就是采用名义折现率与名义现金流的组合。在现金流不同部分增长率不同的情况下,名义数据更有优势。比如说,公司的劳动力成本可能受制于与工会签订的合同,表现为固定增长率;而材料成本则受通货膨胀率影响,表现为变化的增长率。因此,使用名义现金流有利于对不同增长率做出调整。

资本成本细解

在第十六章,我们计算了企业自由现金流的资本成本。为此,我们采用了加权平均资本成本(WACC)的概念。WACC 的计算公式为:

$$WACC = 负债比率 \times 负债的税后成本 + 权益比率 \times 权益成本$$

加权平均资本成本的计算公式如下:

$$WACC = K_o = [D/(D+E)] \times K_d \times (1-T_c) + [E/(D+E)] \times K_e$$

其中:

D = 有息负债;

E = 所有者权益;

$D/(D+E)$ = 负债在资本结构中的百分比;

$E/(D+E)$ = 所有者权益在资本结构中的百分比;

K_d = 负债成本;

T_c = 边际税率;

K_e = 权益成本。

WACC 的公式要求我们首先确定债务和权益的百分比、债务成本、权益成本和税率。此外,股权成本还要求我们确定 $R_m - R_f$ 的贝塔系数、无风险利率和市场风险溢价。权益成本（Ke）的计算公式为：

$$K_e = R_f + \beta \times (R_m - R_f)$$

其中：

R_m = 市场利率；

R_f = 无风险利率；

β = 风险系数。

在第十五章里，我们直接给出了 WACC 计算公式。在这里，我们将详细解析这个计算过程。

计算债务和权益百分比的一个关键点，就是不要把过程融资（execution financing）与目标债务结构混淆。这是什么意思呢？当公司投资一个新项目或是收购另一家公司时，它可能需要以暂时性融资筹集收购成本。

比如说，公司最初可能完全通过债务（或权益）为购置新资产提供融资。这就是所谓的过程融资，即投资或收购时实际采用的融资金额和融资方式。然而，如果这种为投资或收购而涉及的融资结构（即债务和股权的比率）并非为新项目长期运行设计的资本结构，那么，它就不是计算资本成本所对应的债务水平。在收购的执行过程中，可能会暂时动用整个公司的负债能力，导致负债水平大幅上升，但随后，则会因为增发股份（通过留存收益转股或发行新股份）而减少。或者说，在股票交易中，最初使用股权融资的比率会因新债务的发行而发生变化。重申一下，项目的资本成本反映的是由目标债务水平决定的资本结构，它是项目预期运行所采用的资本结构。

WACC 的基本假设

我们在第十六章里对 WACC 进行了估算，这个公式背后的一个基本假设，就是负债率[债务/（债务+权益）]保持不变。WACC 总会假定一次性发行一定数额的债务，但不管采取何种安排，债务总量均保持不变。也就是说，WACC 假定债务占公司价值的比率为常数。因此，当公司价值上涨或下跌时，负债总额会随之同步变化。例如，如果最初的负债率为 22.5%，当公司价值增加 1 倍时，负债总额也会增加 1 倍，以确保负债率维持不变。

这是一个强假设，并且显然不能实现。WACC 之所以要假设负债率恒定，是因为税盾价值来自永续年金公式。因此，WACC 假设债务也是永续的。实际上，即便是在备考分析中，资本结构也是变化的，而且 WACC 也是按平均资本结构估算得到的。当公司从过程融资向永久融资过渡时，这种情况尤其突出。在第十五章的表 15-5 中，我们将负债在资本结构中的比率固定为 22.5%。

WACC 的另一个特征体现为，企业自由现金流不随资本结构的变化而变化（如第十九章所述）。此外，还有一点需要牢记的是，财务毕竟不是一门科学，它更像是一种艺术，因此，任何合理的估值都要针对不同的资本成本进行敏感度分析。

那么，负债率保持不变的假设在什么时候最重要呢？不妨以杠杆收购或私募股权交易的估值为例（我们将在第十八章对这两种情况做详细分析）。在这两种情景中，公司通常会先加杠杆（达到非常高的负债率），然后，随着时间的推移，公司陆续偿还债务，负债率逐渐下降。随着公司价值持续增长（当然，这是公司希望的结果），债务水平不断下降。因此，债务在资本结构中的比率并不是固定的，而是体现为公司价值的反函数，并随着时间的推移而下降。在这种情况下，我们显然就无法采用 WACC 模型进行估值，因为税盾不是恒定的。此时，估值就应采用按 K_e（我们将在第二十一章讨论这个参数）进行折现的权益现金流。

债务成本

对计算 WACC 所采用的债务成本，我们通常假定为市场利率。这意味着，不存在任何导致利率低于市场利率的补贴（例如，为发行工业设施收益债券或政府债券提供的特殊退税优惠）。市场利率假设的例外情况并不难处理。㊀比如说，我们可以单独计算利率下调带来的收益，并将这个附加收益加入项目的净现值中。但重要的是要记住，如果存在补贴的话，WACC 仍要采用市场利率，而不是补贴后的利率。

那么，对补贴后的利率应如何处理呢？我们不妨考虑一个虚构的例子（这个虚构的例子仅仅是为了说明问题，不必考虑其逻辑性是否合理）。假设目前长期债券的市场利率为 10%，而为项目前三年融资而发行的工业设施收益债券则提供 7% 的利率。如果项目收益率低于市场利率，那么，项目估值应采用的正确折现率是多少呢？正确的折现率仍是 10% 的长期市场利率。为什么不采用工业设施收益债券的 7% 利率呢？首先，工业设施收益债券的利率不能反映市场对项目的风险评价——这是一种经过补贴后的利率。项目估值采用的折现率必须反映市场对项目的风险评价。其次，公司不太可能按补贴利率筹集到所需要的全部资金。那么，我们是否可以对工业设施收益债券的补贴利率视而不见呢？当然不会。补贴带来的价值必须单独考虑，它们是构成项目价值的一部分。

我们再看一个可能对每个人都有参考价值的例子。设想一下，在读完本书之后，你准备给自己买一辆车，庆祝你在财务估值方面更上一层楼。于是，你找到一家汽车经销商，他们为你量身定做了一套方案。如果支付现金，他们会给你提供 3 000 美元的现金回扣（即价格直接扣减 3 000 美元）。这样，按原来的价格 23 000 美元，你只需支付 20 000 美元即可；另一种选择是，由汽车经销商按 1% 的利息为你提供全额贷款，而目前银行的汽车贷款利率则是 6%。你会如何选择，是直接享受现金折让，还是使用低息贷款呢？1% 利率的贷款值多少钱呢？在这种情况下，你需要计算一下这笔低息贷款的现值，然后与 3 000 美元的现金折让进行比较，并选择现值较大的方案。

你该怎么做呢？本书的所有读者都应该比汽车销售员更善于处理数字，下面，我们一起分析这个计算过程：

㊀ 我们曾在第七章讨论过工业收入债券的利率问题。

我们的第一种算法是，计算每月 23 000 美元按 1%融资所节约的利息费用（相对于 6%的借款利率）。在这里，我们假设汽车贷款的期限为三年，按月付款，第一次还款日期为销售当天。

按 6%的利率借款 23 000 美元，每月还款额为 696.22 美元⊖
- 按 1%的利率借款 23 000 美元，每月还款额为 648.25 美元。

每月的还款差额为 47.97 美元。

对每月 47.97 美元的成本差额，以 6%为折现率（即银行收取并反映现金流风险的市场利率），得到的现值为 1 584.71 美元。

然后，与购买时可以直接取得的现金折让进行比较，后者的现值即为购买当日所能享受的 3 000 美元。

由此可见，享受 3 000 美元现金折让的方案显然更可取，因为该方案可带来 1 415.29 美元（3 000 美元−1 584.71 美元）的净现值。

随后，我们再看看另一种方法，即比较两者方案实际支付的费用。如果你准备使用经销商提供的贷款，就必须按 23 000 美元的全款取得贷款。但如果你先到银行借款，然后再向经销商支付现金，那么，你只需支付 20 000 美元（在 23 000 美元全款的基础上享受 3 000 美元的现金折让）即可。

- 按 1%的利率借款 23 000 美元，每月还款额为 648.25 美元。
- 按 6%的利率借款 20 000 美元，每月还款额为 605.41 美元⊖

因此，如果以 6%的利率向银行借款 20 000 美元，随后再以现金支付经销商的汽车价款，每月可以节约 42.84 美元。将 42.84 美元的成本差额按 6%折现，得到的净现值为 1 415.23——两种方法的差异非常小，仅为取整出现的 0.06 美元。

实际上，这种方法适合于任何补贴项目（低于市场价格）的估值。形成低利率的补贴是有价值的，因此，必须把补贴作为项目价值的附加。但它不是项目的资本成本，因为企业无法为整个项目提供补贴（比如说，你不能为其他采购取得汽车贷款所对应的补贴利率）。此外，补贴率通常会有一定的时间限制，不会贯穿项目的整个寿命周期。因此，项目的市场利率才是正确的折现率。

引申阅读

最近出现了一个令人咋舌的补贴案例：2014 年，特斯拉公司在内华达州投资 35 亿美元兴建了一座蓄电池工厂。为此，内华达州为公司提供了一笔高达 12.5 亿美元的税收优惠。整个交易的内容包括：
- 在 20 年内全额减免销售税：7.25 亿美元。
- 在 10 年内全额减免不动产税和个人动产税：3.32 亿美元。

⊖ 每月还款额的计算公式为：每月还款金额=23 000美元/ $[1+1/(1+r/12)^1+1/(1+r/12)^2+\cdots\cdots+1/(1+r/12)^{35}]$。在这个例子中，r的取值为6%或1%，n=36。完整的讨论请参阅第十三章。

⊖ 假设对银行还款的时间点为每月初。

- 在10年内享受营业税（工资税）优惠待遇：2 700万美元。
- 每增加一个就业岗位可享受1.23万美元的可结转税收抵免，最高可达到6 000个就业岗位：7 500万美元。
- 在完成第一个10亿美元投资后，按投资额享受5%的可结转税收抵免，在完成第二笔25亿美元投资后，按投资额享受2.8%的可结转税收抵免：1.2亿美元。
- 在8年内享受电价减让：800万美元。
- 内华达州将购买美国公园大道延伸路段的通行权：4 300万美元。
- 内华达州将把美国公园大道延伸至里昂公司所在的50号高速公路：价格未知。
- 特斯拉将在5年内为内华达州承担750万美元的教育经费：3 750万美元。

资料来源：[内华达]经济发展州长办公室；Anjeanette Damon"Inside Nevada's $1.25 Billion Tesla Tax Deal,"Reno Gazette-Journal, September 16, 2014, www.rgj.com/story/news/2014/09/04/nevada-strikes-billion-tax-break-dealtesla/15096777/.

目前美国税法对利息税盾效应的限制

2018年美国颁布的《减税与就业法案》对WACC的使用方式带来了重要影响。在此税法颁布之前，公司的全部利息均可从公司的应税收入中扣除（如本书第六章所示）。但是现在，按照最新的美国税法规定，到2022年，利息费用的可扣除额不得超过EBITDA的30%；此后，扣除限额按EBIT的30%确定。

应如何考虑这个30%的利息扣除上限呢？ 如上所述，WACC假定税盾价值是永久性的，而且不受任何限制。由于现行的公司税法将税收抵免上限确定为不超过EBITDA的30%，这意味着，以这种方式使用WACC模型会高估项目价值（高估金额相当于利息超过抵扣上限所对应的税款）。在使用WACC模型时，要合理确定税盾价值减少的金额，就要求以类似于上述补贴利率的方法处理不允许抵扣的利息。但这个不是用来增加价值，而是要从按WACC法得到的价值中扣减。

因此，合理确定税盾中不允许扣除部分的价值，并从WACC估值中扣减这个价值，即可为我们提供正确的净现值。考虑到我们假设债务成本是衡量实现税盾价值的风险准备，因此，在计算不允许扣除利息带来的税盾现值时，应使用债务成本。

需要提醒的是，当30%上限不再有约束力时，可以将税盾的不允许抵扣部分向后期结转，作为未来税前利润的抵扣项目。如何安排税盾的时间会增加计算的复杂性，但它在理论上显然是不可忽视的。我们认为，在实务中，如果上限在最初几年具有约束力，大多数从业者不会考虑税盾递延的价值，因为与总净现值相比，未来税盾的现值可能很小。

表17-1（与第六章相同）表明，新税法的这一调整非常重要。在该表中，我们可以看到，在按行业划分的纽约证券交易所上市公司中，2017年受到两个30%上限影响的公司比例（如果该法律于2017年生效）。

表 17-1　2017 年利息支出超过 EBIT 和 EBITDA 30%的纽约证券交易所上市公司比例

行业	EBITDA	EBIT
造纸、橡胶和塑料	3.40%	27.60%
制药	8.30%	16.70%
粮食生产	9.10%	36.40%
零售业	9.80%	28.30%
化学品	11.80%	25.00%
电力、天然气和卫生服务	18.10%	49.10%
电脑软件	20.00%	30.00%
航空	25.00%	50.00%
合计（包括财务）	18.00%	34.90%
合计（不包括财务）	13.80%	33.60%

资料来源：Compustat。

除需要扣除不允许递减的利息价值以外，其他两种不使用 WACC 模型的估值技术也能合理体现税盾价值的变化：APV（将在本章中讨论）和股权自由现金流（将在第二十一章进行讨论）。

如何估计项目的债务评级及债务成本

如果潜在项目的预期负债率与公司其他部门相去甚远，且该项目没有以自己的名义或抵押品公开发行债务，这个项目的债务成本就很难估计。这很容易解释，项目（和私人公司）通常不会以现有的市场利率公开发行债务。如果项目与母公司有类似的资本结构和风险水平，那么，我们可以采用母公司的债务利率。否则，我们就必须对项目的债务成本进行估计。

由于债务评级反映了投资者为债务承担的风险，因此债务成本与信用评级高度相关。在这种情况下，如果无法直接取得市场利率，我们就可以采用可比公司法来估计目标公司的债务评级。按照可比公司法，首先确定项目的潜在债务评级，然后根据该评级确定市场对债务收取的利率。

现在的问题是：公司债务的信用评级是如何确定的？评级机构的主要评级标准就是负债率和利息覆盖率。我们可以把这些标准作为第一道关口：如果公司规模较大、管理完善，信用评级将会相应上调；如果公司规模偏小、管理不健全，评级将会相应下调。公司的经营历史也是一个重要因素，经营时间长的公司往往会受到评级机构的偏爱，而初出茅庐的公司则会让评级机构谨小慎微。在此，笔者不打算详细介绍不同评级对应的参数。毕竟，我们需要了解的，就是根据公司的预期参数估计相应的债务评级。

通常，可以通过评级机构、证券公司或其他财务专业人士直接取得债务评级。如果不能通过公开渠道得到，还可以根据公司现有财务数据及备考财务报表预测其债务评级。如第十五章所述，2019 年，Sungreen 对金斯波特造纸厂和印刷厂的预期负债率为

22.5%。Sungreen 的利息保障乘数（EBIT/I）约为 8.4。此外，该项目属于非常稳定的业务。总而言之，这三个因素与拥有信用评级为 A 的企业比较一致。此外，债务评级还要考虑企业或项目的规模、业务风险（是否拥有非常稳定的低风险现金流）、负债率（22.5%对所在行业来说并不高）以及利息保障乘数（利息保障乘数 EBIT/I 为 8.4，因而具有较大的安全边际）。

在将 Sungreen 的债务评级预测为 A 后，我们就可以放眼市场，看看 A 评级该对应怎样的利率。

计算权益成本的一个细节：加杠杆和无杠杆的 beta 系数

现在，我们讨论一下对项目权益 beta 系数进行加杠杆和去杠杆的不同方法。在财务中，我们可以通过几个公式实现这个过程。在第十六章中，我们采用了最简单的一种方法。首先，我们采用下面这个最简单的公式进行计算。

$$\beta_{无杠杆} = \beta_{杠杆} / (1+债务/权益) = \beta_{杠杆} \times 权益 / (债务+权益)$$

然后，我们根据项目的目标债务利率，得到加杠杆的 beta 系数，即：

$$\beta_{杠杆} = \beta_{无杠杆} \times (债务+权益) / 权益$$

在这些公式中，我们均假设债务的 β 为零。

要了解这个公式的内涵及其来源，我们还要从整个项目的 beta 系数开始。项目的 beta 系数不仅体现了项目的资本结构，也反映了债务和权益的 beta 系数。

$$\beta_{项目} = \beta_{债务} \times 债务比率 + \beta_{权益} \times 权益比率$$

债务也有 beta 系数吗？当然有。那么，债务的预期 beta 系数是多少呢？债务的 beta 系数反映了债务收益率与市场收益率之间的关系。从理论上说，它应该等同于权益的 beta 系数，计算方式也相同。无风险债务的 beta 系数为零，而公司债券是有风险的，因此，它的 beta 系数应该大于零（通常，我们假定美国政府债券是无风险的）。

对无风险债务使用 CAPM 公式，我们可以得到以下结果：

$$R_{债务} = R_f + \beta_{债务} \times (R_m - R_f)$$

如果 $\beta_{债务} = 0$

那么，$R_{债务} = R_f$

当然，这就等于说，政府债券的收益率就是无风险利率。

现在，我们通过一个例子来看看债务的 beta 系数不等于零的情况。实际上，所有公司债券都属于这种情况。不妨以苹果公司为例，假如大盘整体上涨，在其他条件完全相同的情况下，苹果公司的股票也会上涨（苹果股票的 beta 系数约为 0.9）。当苹果的股价上涨时，苹果已发行债券的市场价格也可能会上涨。为什么呢？随着市场的改善和苹果公司股价的上涨，债务违约的可能性自然会下降。在其他条件相同的情况下，这会降低市场对苹果债券所要求的最低收益率（即折现率），从而提高债券的价值。[○] 同样，如果大盘和苹果股价同时下跌，债务风险会加大，市场对苹果公司债券要求的最低收益率会相应提高，债务成本上升导致已发行债券价格下降。苹果公司债券收益率与市场收益率之间的关系定义了苹果债务的 beta 系数。

请注意，这种变化不同于市场利率造成的债券价值变动。尽管债券价格与市场利率存在反向变动关系，但它不会直接影响债券的 beta 系数。债券的 beta 系数取决于债券收益率和市场收益率之间的相关性。当然，市场收益率也可能会影响到利率，反之亦然。在计算债务的 beta 系数时，我们使用的不是市场利率的变化，而是市场收益率的变化。

在上一章里，我们曾提到过，在讨论风险收益的分布特征时，AAA 级债券的 beta 系数约为 0.15。假设发行该 AAA 级债券的公司的 beta 系数为 0.15，股权的 beta 系数为 1.5，且负债在资本结构中的百分比为 33.3%（这意味着，权益占总资产的比率为 66.7%）。

计算公司 beta 系数的完整公式为：

$$\beta_{无杠杆}=债务的\ \beta_{杠杆} \times 债务/（债务+权益）+权益的\ \beta_{杠杆} \times 权益/（债务+权益）$$

代入相关数字后，我们得到无杠杆的公司 beta 系数：

$$\beta_{无杠杆}=0.15 \times 33.3\% + 1.5 \times 66.7\% = 1.05$$

无杠杆的 beta 系数也被称为资产 beta 系数。资产 beta 系数或无杠杆 beta 系数等于无债务公司的股权 beta 系数。

我们曾在上一章介绍过无杠杆 beta 系数的计算公式：

$$\beta_{无杠杆}=\beta_{杠杆} \times 权益/（债务+权益）$$

使用这个公式，权益的无杠杆 beta 系数为：$\beta_{无杠杆}=1.5 \times 66.7\%=1.0$。这接近于按完整公式得到的股权无杠杆 beta 系数——1.05。实际上，我们先前介绍的简化公式就是以这个完整公式为基础的，并假设债务的 beta 系数为零。

在这个例子中，按简化公式得到的无杠杆 beta 系数为 1.0，而按完整公式得到的无杠杆 beta 系数为 1.05。

现在，我们分别按完整公式和简化公式计算不同目标负债率下的无杠杆股权 beta 系数，比如，66.7% 的债务和 33.3% 的股权（而不是 33.3% 的债务和 66.7% 的股权）。

按简化公式表述为：

$$\beta_{杠杆}=\beta_{无杠杆} \times （债务+权益）/权益 = 1.0 \times 1.0/0.333 = 3.00$$

按完整公式表述为：

$$股权的\ \beta_{杠杆}=[\beta_{项目}-债务的\ \beta_{杠杆} \times 债务/（债务+权益）] \times （债务+权益）/权益$$

即，$\beta_{杠杆}=[1.05-0.15 \times 0.667] \times (1.0/0.333) = 2.85$

○ 在第十三章，我们曾提到过，债务的现金流是由债务契约确定的。对于任何给定的现金流，较低的折现率会对应于较高的现值。

现在，如果公司的杠杆率增加一倍，可以预期，债务的beta系数必然会发生变化。假设债券的beta系数为0.3，且负债率在33.3%的基础上增加一倍，达到66.7%（假定可以达到这样的水平），那么，完整公式变为：

$$\beta_{杠杆}=0.30\times1.0/0.667+1.05\times1.0/0.333=3.60$$

同样，按完整公式和简化公式得到的结果基本相近。需要提醒的是，如果公司的杠杆率加倍，我们应该预期到，债务的β系数值不会保持不变。

对使用完整公式和简化公式得到的杠杆beta系数和无杠杆beta系数来说，两者之间会存在怎样的差异呢？只要债务的beta系数足够低（比如拥有高信用评级的债券），而且负债率很低，那么，按简化公式得到的beta值就会非常接近于完整公式的结果。即使beta系数和负债率出现较大变化，两种方法得到的beta系数依旧不会相差太大。此外，由于股权的beta系数很容易取得，而确定债务beta系数则相对困难。因此，很多分析师经常以简化公式近似替代完整公式。

那么，关于杠杆beta系数和无杠杆beta系数，我们有什么需要牢记的吗？首先，两者的计算方式均有很多不同的公式（在这里，我们只提及最简单、最常见的两个公式）。⊖ 其次，需要注意的是，在简化模型中，我们假设项目的债务beta系数为零。

它们对估值的资本成本有什么影响呢？在有杠杆和无杠杆的情况下，beta系数对估值的影响是不同的。请注意，这里有两个重要假设：一个假设是债务的beta系数等于零。我们只是说，这个假设通常不会有太大影响，尽管它本身在现实中并不成立。第二个假设是，beta系数存在呈线性增加的趋势，当然，我们也都知道，这个假设同样是不真实的。

在上面的例子中，我们假设债务大幅增长，从33%开始增加了一倍，达到67%。但我们的公式则假设债务增加会导致股权的beta系数呈线性增长。在第五章和第六章讨论杠杆及其对债务成本及股权成本的影响时，我们就曾指出，随着负债率的提高，债务和权益的成本首先会缓慢上升，然后会加速增长。也就是说，我们假设，杠杆和风险之间的关系呈现出曲线分布的特征。

归根到底，使用完整公式也只是得出一个近似值，而简化公式更是不同程度上的近似替代而已。总之，它们都是近似值，只是在近似的程度上存在差异。在华尔街，几乎所有人都在使用简化公式。为什么呢？因为在数量级上的差异通常是很小的，因此，问题的关键就在于，两个公式都需要假设。（在阅读了这部分之后，如果再碰到完整公式，你就可以知道它的含义是什么、从何而来以及为什么没有得到普遍采用了）。

另一个求解加杠杆和去杠杆beta系数的公式，则来自于芝加哥大学的鲍勃•哈马达（Bob Hamada），公式如下：

⊖ 它们并不是计算杠杆beta系数和无杠杆beta系数仅有的两个公式。现实中，我们还可以根据对负债率和税盾采取的不同假设方法来计算杠杆beta系数和无杠杆beta系数。比如说，Pablo Fernandez曾详细介绍了七种不同的计算公式，见Pablo Fernandez, Levered and Unlevered Beta, Working Paper IESE Business School, October 17, 2008。

$$B_U = B_L / [1 + (1 - T_c) \times (D/E)]$$

其中，B_U 为去杠杆的 beta，B_L 是加杠杆的 beta，T_c 为公司税率，D/E 为债务/权益比率。

估计权益成本的其他方法：套利定价理论（Arbitrage Pricing Theory，APT）

到目前为止，我们一直在使用单因素 CAPM 模型来估计 K_e。套利定价理论则是另一种计算资产（如股权）预期收益率的方法。从简化模型看，套利定价理论体现为一组风险因素的线性组合，每个因素都有自己的 beta 系数。套利定价理论由麻省理工学院教授史蒂夫·罗斯（Steve Ross）提出。APT 模型假设，任何资产的收益率都可以体现为该资产风险因素之间的关系，即：

$$R_j = \alpha_j + \beta_{j1} \times F_1 + \beta_{j2} \times F_2 + \beta_{j2} \times F_3 + \ldots$$

其中：

α_j = 常数；

β_{j1} = 每个风险因子的特定 beta 系数；

F_n = 风险因子。

套利定价理论还指出，资产 j 的预期回报可以表述为：

$$E(R_j) = R_f + \beta_{j1} \times (F_1 - R_f) + \beta_{j2} \times (F_2 - R_f) + \beta_{j3} \times (F_3 - R_f) + \ldots$$

其中：

R_f = 无风险利率；

β_{jn} = 每个风险因子的特定 beta 系数；

F_n = 风险因子。

beta 系数是通过回归计算得到的（与 CAPM 模型采用的方法相同）——以资产的收益率 j（R_j）为因变量，风险因子作为自变量。对此，我们认为，最重要的问题在于，到底存在哪些风险因子，而这个理论并没有告诉我们哪些因素是不可或缺的。㊀ 在实践中，我们需要使用会影响到证券收益率的风险因子。风险因子（F_n）可以是宏观经济指标（如市场利率和石油价格），也可以是反映市场状态的因素（譬如，市场收益率几乎是不可或缺的因子），还可以是行业的特定因素（如大宗商品价格指数），更可以是公司的具体特征（如规模）。

在实证方面，套利定价理论在回归中采用了大量解释性变量（但通常都会包括市场收益率），因而，其结论的适用性要好于 CAPM 模型。实际上，我们可以将 CAPM 模型看作单因素的特例，并通过资产收益率对市场收益率进行回归而得到 beta 系数。

㊀ 尽管很多投资基金号称已找到影响资产收益率的其他风险因子，但他们认为这属于专利，因而不对外披露。

1993年，尤金·法玛（Eugene F. Fama）和肯尼斯·芬奇（Kenneth R. French）通过实证研究确定了与股票收益率相关的三个要素，这三个因子分别为市场收益率（R_m）、规模收益（R_s）及账面/市值比。[⊖] 法玛和芬奇发现，股票收益率与市场收益率呈正相关，与企业规模呈负相关（小公司比大公司拥有更高的收益率），与企业的账面/市值比呈负相关。也就是说，账面/市值比较高的公司，其收益率低于账面/市值比较低的公司。法玛和芬奇提出的三因子模型也可以看作套利定价理论的一个特例。

最近，有研究人员在法玛-芬奇三因子模型基础上增加了第四个因子，即市场动力——如果股价上涨，它就会继续上涨；如果股价下跌，它就会继续下跌。

今天，大多数投资管理公司均采用多因素模型。但企业财务从业者几乎完全依赖于CAPM模型来计算权益成本。笔者认为，在未来的某个时候，人们将越来越多地使用APT的某种变异模型计算股权成本。所以说，我们还需要有所准备。

现金流和终值的区别

在上一章介绍估值时，我们将现金流的现值和终值的现值加在一起，然后与购买价格进行比较（在第十八章介绍收购时，我们还将做同样的比较）。现金流与终值之间的对比关系是否会影响到总价值呢？当然会，正如我们在第十六章所提到的那样，假设一家公司面对两个项目，它们分别拥有不同的现金流和不同的终值，但都拥有相同的净现值。假设项目A前三年的现金流现值为1 000万美元，终值的现值为200万美元，最终的总现值为1 200万美元。如果总成本为1 000万美元，那么，该项目得到了正的净现值200万美元，因此，公司决定接受项目A。相比之下，项目B前三年的现金流现值为-2 000万美元，终值的现值为3 200万美元，总的现值为1 200万美元。假设项目B的成本也是1 000万美元，那么，项目B的净现值也是200万美元。

现在，项目A和项目B有相同的总现值。但它们真的没有区别吗？管理层会以同样的方式看待两个项目吗？绝对不会。因为两个项目完全不同。怎么会这样呢？项目A更有可能被采用，因为它的大部分价值是在前几年得到的。而项目B更有可能被拒绝，因为它的大部分价值来自终值。

尽管这是一个很极端的例子，但它足以说明，笔者为什么认为有必要将终值的价值与现金流的价值区别开来。此外，如果一个项目（或一笔收购）需要在零时点进行初始投资支出，那么，我们建议，始终对投资支出、现金流的现值和终值这三部分价值区别对待。由于有了Excel等电子表格，大多数学生和分析师都不难计算净现值，因此，他们可能会只得到一个最终的净现值数字。然而，区分这三个部分显然有助于我们更清楚地看到价值到底来自何处。这对并购估值而言尤为重要，我们将在下一章里探讨这个问

⊖ 见 Eugene F. Fama and Kenneth R. French, Common Risk Factors in the Returns on Stocks and Bonds, *Journal of Financial Economics* 33（1993）: 3–56。

题。在理论上，项目 A 和项目 B 有相同的净现值，但它们在实现价值的时间点上却存在细微差别。

终值法细解

在讨论了单独计算终值的重要性之后，我们再看看计算终值方法上的诸多差异。如果我们只考虑永续性的现金流，并假设不存在终值，当然也就不存在这个问题了。但遗憾的是，这在现实中是不可能的。因此，终值是我们必须解决的问题。在确定终值之前，我们首先要确定应预测多少年的现金流。公司可以提供很多年的现金流数据，也可以缩根据实际情况进行合理预测。采用五年的预测时间范围是实务中最常见的方法，但也可以缩短至两年，或是延长到十年以上。现金流估值可以使用任何长度的时间段，但一定要在这个时间段结束时确定一个终值。

我们主要采用以下五种方法计算终值。
（1）使用永续年金法的现金流。
（2）账面价值或清算价值。
（3）收入乘数或现金流乘数法。
（4）可比价值法。
（5）未定权益法。

这些终值的计算方法看起来应该很熟悉吧，因为它们也是适用于项目估值的五种技术。据笔者的体验，现实中所采用的估值方法，无外乎这五大类。

前三种方法较为常用，因此，我们主要对它们进行讨论。

需要提醒的是，估值方法的对象要么是公司整体，要么是公司的债务和权益。终值也是如此。某些终值估值方法的对象是公司的整体价值，但有些只针对债务或权益的价值。下面，我们用几个例子来说明这个问题。

终值的永续年金法

我们在第十五章介绍的永续年金公式为：
$$\text{终值（TV）} = \text{自由现金流（FCF）} \times (1+g) / (k-g)$$

其中：
k = 资本成本；
g = 未来现金流的增长率。

我们曾在第十五章中指出，虽然这个公式用于财务，但实际上却是一个数学问题。如果想了解这个公式是如何得出的，建议读者重读这一章的相关内容。

在这里，我们想补充的细节就是为了回答一个问题：该公式应使用多大的增长率？最明显的答案，当然就是现金流的预期增长率。如果一家公司已完全融入市场，通常会采用通货膨胀率来代表增长率。但是，预测现金流未来增长率更常见的方法，还是研究备考分析中的预期现金流增长速度。也就是说，根据五年期的备考预测，我们可以计算出后四年的平均增长率，然后，将这个增长率用于永续年金公式。遗憾的是，这种方法有可能会导致对终值的高估。

之所以会出现高估，是因为备考期间的增长率有可能超过更长时期的预期增长率，尤其是对新公司或新项目而言，前期增长率往往高于后期增长率。在实务中，增长率（g）有时可能会高于资本成本（k），这就导致公式完全失去意义。这种现象被称为"超常增长"，超常增长显然是不可持续的现象。作为一般性经验，我们应以怀疑的态度对待备考中使用的"超常"增长率。公司增长速度达到经济增速的若干倍，这种现象通常只会在短时间内发生。比如说，公司以打击竞争对手为目的而大肆夺取市场份额，或是打造一个全新的行业。

比如说，假设公司在前五年的现金流以30%的速度逐年增长，且资本成本为15%，我们显然不应期望这种增长成为永续过程。因为按这样的趋势，公司迟早会成为世界上最有价值的企业。在这些情况下，我们需要做的，就是延长预测的时间区段，直到增长速度降至可接受的永续水平。

针对第十五章的内容，有必要提醒的是，在采用永续模型计算终值时，一种极为常见的错误，就是以今天的现金流（FCF）除以（k-g），而正确的做法应该是用从今天起一年之后的现金流（FCF）×（1+g）。按永续年金公式得到的是一年后的现金流，因此，还需要把这个价值折现到今天，才能变成我们需要的现值。要得到今天的价值，我们就必须用一年后的现金流价值，而不是今天的现金流价值。

以资产价值法计算终值

计算终值的第二种方法就是估计公司的资产价值；也就是说，公司会以什么价格出售资产或是重置资产。我们在第三章讨论PIPES的资产抵押价值时，曾使用过这个概念。

估计资产终值的出发点是资产的账面价值。事实上，人们经常以公司的账面价值来估计终值。但我们都知道，会计价值通常不反映市场价值，因此，账面价值只是资产终值的近似代替。那么，我们就需要回答这个问题：如何调整会计价值以反映市场价值？

显然，我们无法直接回答这个问题，但我们通常可以确定市场价值到底是高于会计价值，还是低于会计价值。为此，不妨用一个例子作解释。

假设，在备考预测期的期末，公司总资产的账面价值为1亿美元。现在，我们对比一下公司的账面总资产收益率和最低市场收益率。也就是说，我们需要用公司的总账面资产回报率（EBIT/总资产）与资本的市场成本（K_o）进行比较。如果账面的资产回报率大于市场要求的资产收益率，表明公司资产的市值应超过其账面价值。反之，如资产回报率低于必要的市场收益率，则表明资产的市场价值低于账面价值。有点拗口，对吧！

让我们解释一下。假设你开办了一家瓶装水公司。首先，你投入净额为100万美元的固定资产，这也是资产最初的市场价值和账面价值。假设每年的预期自由现金流为10万美元，并以永续方式保持不变。于是，账面资产的收益率为10%（10万美元/100万美元）。现在，如果我们假设，资本的市场成本（K_o）也是10%，那么，这家公司的市场价值（使用第十四章介绍的永续年金公式）也应该是100万美元（10万美元/10%）。因为我们假设的现金流是永恒持续出现的，因此，可以使用最简单的永续年金公式。由此可见，当资本的市场收益率等于资本的账面收益率时，资产的市场价值就等于资产的账面价值。

现在，我们再假设公司给瓶装水起了一个漂亮的名字，并开始大张旗鼓地宣传，称水中含有天然气泡（事实上只是人工将气体注入水中）。消费者认定，这就是值得他们信赖的产品，于是，公司业绩大增，每年的现金流增加到20万美元，同样以永续方式持续增长。现在，公司账面资产的收益率是多少呢？20%（20万美元/100万美元）。假设市场风险保持不变，因此，必须达到的最低市场收益率依旧是10%（请记住，这个最低的市场收益率取决于公司或项目的风险水平，风险越大，补偿风险所要求的最低收益率就越高）。这意味着，目前的账面收益率（20%）高于市场所要求的收益率（10%）。

如果该公司准备出售，那么，是否会按100万美元的账面价值出售呢？肯定不会，那到底应该卖多少钱呢？答案是，根据永续年金法，20万美元的现金流以10%的折价率计算，市场价值为200万美元（20万美元/10%）。在这种情况下，由于账面收益率高于最低市场收益率，因此，资产的市场价值低于账面价值。

在公司出售之后，新东家的第一件事就是在资产负债表上计入200万美元的资产，这是资产新的账面价值。现在，按资产账面价值计算的收益率是10%（20万美元/200万美元），与市场利率相同。于是，资产的市场价值同样等于账面价值。

现在我们再假设，公众发现，为创造泡沫的效果，公司居然将苯注入饮用水中，苯是一种致癌化学品。于是，公司的销售额骤减，现在，每年预计的现金流下降到10万美元，并维持永续方式。新东家现在的收益率是5%（10万美元/200万美元）。如果市场要求的最低收益率仍是10%，那么，如果再次出售这笔资产，新的市场价格将变成100万美元（100万美元/10%）。因此，当账面资产收益率低于市场要求的最低收益率时，资产的市场价值将低于账面价值。

这个例子显然过于完美，在现实中，它们之间的关系不一定是线性的。也就是说，如果账面收益率是最低市场收益率的两倍，资产的市场价格未必也是账面价值的两倍。首先，现金流未必是永续的；其次，由于产品市场本身的变化，现金流的翻倍也会改变市场的风险水平。但我们知道，如果市场需要的最低收益率低于（或高于）账面收益率，那么，资产的出售价格就有可能高于（或低于）其账面价值。因此，考察资产收益率（ROA）与必要市场收益率（K_o）之间的关系，可以为我们判断终值是高于还是低于账面价值提供一个经验法则。

顺便简单地提一下：这里有一个重要的问题，资产的价值是否需要扣除负债呢？或者说，我们可以用更常规的方式提出这个问题：到底应使用公司价值的终值还是所有者权益的终值呢？在使用公司自由现金流时，我们使用的终值是公司价值的终值。而扣除债务后的终值则是公司所有者权益或者说净资产的终端。人们经常会错误地把公司价值的终值与净资产价值的终值混为一谈（切记，公司价值等于债务价值与所有者权益价值之和）。⊖

以乘数法计算终值

到目前为止，我们已经介绍了永续年金法和资产价值法。计算终值的第三种方法是乘数法。而最常用的乘数就是市盈率（每股价格/每股收益）。但在使用 P/E 时，我们会得到什么类型的终值呢？我们得到的是所有者权益（净资产或股本）的终值。要获得公司价值的终值，还要加上债务的市场价值（由于债务的市场价值通常不能直接获得，因此，我们经常以债务的账面价值代替市场价值，这会带来一点小问题），按市盈率计算的股权价值与负债的账面价值之和，才是公司的终值。

使用市盈率还有一个问题：即使在同行业中，不同公司也会出现相去甚远的市盈率。在同行业里，市盈率为什么会出现如此之大的反差呢？最常见的原因就在于不同企业在杠杆率上的差异。通过第七章（万豪）的分析，我们就可以回答这个问题：随着企业杠杆率的增加，市盈率会发生怎样的变化呢？我们在第七章里指出，在杠杆率提高的情况下，市盈率会下降，而且只会下降。公司增加的债务越多，就会变得越危险，市盈率也越低。

那么，能否通过去杠杆得到正确的市盈率呢？尽管我们没有剔除市盈率杠杆影响的公式，但还是有办法解决这个问题，答案就是使用对整个公司估值的乘数。衡量整体价值最常用的乘数，是以 EBIT（息税前利润）和 EBITDA（税息折旧及摊销前利润）为基础的乘数。这两个乘数分别为 EBIT 或 EBITDA 除以公司价值（即债务价值与股权的价值之和）。债务价值通常采用账面价值，股权价值通常采用市值（每股价格乘以流通股数量）。

EBIT（或 EBITDA）乘数= 公司价值/EBITDA（或 EBITDA）

=（债务+权益）/EBIT（或 EBITDA）

一般来说，同行业公司在 EBIT（EBITDA）乘数上的差异要小于市盈率的差异。为什么呢？唯一受杠杆影响的乘数就是市盈率，而以公司整体价值计算的乘数则有助于消除杠杆带来的影响。EBIT（EBITDA）乘数最早出现于 20 世纪 70 年代的杠杆收购，它们最初曾被称为无杠杆市盈率（尽管在理论上并非不存在任何杠杆）。

总之，由于杠杆率不同，不同公司的市盈率乘数会有所不同。由于 EBIT 包括债务和权益，因此，公司之间的 EBIT 乘数差异并不明显。

以盈亏平衡法计算终值

在计算终值时，一种有效的方法就是考虑项目达到盈亏平衡时所需要的终值（即项

⊖ 在上面的例子中，可以用账面净资产收益率（ROE）和市场要求的最低收益率（K_e）替代ROA和K_a。也就是说，如果公司的净资产收益率大于市场要求的收益率，那么，公司净资产的市场价值就应大于其账面价值。

目的 NPV=0)。因此，我们首先从项目的初始投资价格开始，减去预测现金流的现值，由此得到不包括终值的 NPV。一般情况下，这个 NPV 为负数。然后，再计算出让 NPV 为零时所对应的最低终值。

随后，我们根据采用的终值估值技术，确定实现终值的必要假设，并判断这些假设是否能实际存在。如果不能发生，那么，公司就有可能无法实现盈亏平衡。比如说，如果采用永续年金法计算终值，那么，NPV 为零所对应的最低增长率是多少呢？在使用资产价值法时，资产出售价格需要占账面价值的多大比率，才能实现 NPV=0 呢？或者说，在使用 EBIT 等乘数法时，要让 NPV=0，EBIT 乘数应该是多少呢？

这种方法的基本思路，就是在各种终值测算方法下，考虑实现 NPV=0 所需要的假设基础，在此基础上进行逆向思考。也就是说，要确定怎样的假设才能实现盈亏平衡，就将这些假设与公司以往的实际情况进行比较。如果与实际相符，这个终值就可能让公司实现盈亏平衡，尽管此时可能还没有正的 NPV。如果从公司以往的表现来看，假设为真的概率不大，那么，这个终值就有可能还不够大，难以让公司实现盈亏平衡。比如说，当使用永续年金法时，如果盈亏平衡所对应的增长率为 10%，但历史增长率甚至没有超过 5%，那么，项目就不太可能实现 NPV=0，更不用说实现正的 NPV 了。

正因为如此，我们才有必要单独确认一个项目的终值，而不是将终值和现金流的现值以及初始投资合并为一个数字。单独确认终值，可以为评价项目是否可行提供进一步的证据。

计算终值的总体思路

我们不妨重复一下前述内容。前面章节表明，可以利用五种方法对项目或投资进行估值，即折现现金流、资产乘数、收入乘数、可比价值及或有权益。那么，终值应如何确定呢？同样可以使用这五种方法。对现金流进行估值的方法完全等同于确定终值的方法。

那么，哪种方法最可取呢？我们的建议是，永远不要使用一种技术确定终值。为什么不要这么专一呢？因为认识到技术与估计值的差异，只会增强我们对终值的信心。

例如，如果一个项目已接近寿命周期（比如一家寿命周期为 20 年的工厂，目前已运营至第 18 年结束），使用永续年金法或收入乘数显然缺乏合理性。在这种情况下，使用清算价值或许更可取（清算价值只是资产价值方法的一种变异）。相比之下，如果公司运行良好，预计会运营 100 年，此时，使用清算价值是不合理的。而永续年金法、收入乘数或市盈率更适合公司的实际情况。这些例子说明，在财务上，我们需要进行一定的判断，在各种可选方案中做出最优选择，采用最适合具体情况的估值方法。

同样需要提醒的是，在估值方面，大多数人只看到现金流，事后才会考虑终值。但千万不要忘记上一章所讨论的 Sungreen：在没有考虑终值之前，项目的净现值还是负值，但是在考虑终值之后，结果就会大不一样。不要一味强调对现金流估值，然后把按永续法得到的终值作为补充。有些假设——比如说采用的增长率，有可能会大幅改变项目的净现值。因此，终值是不可忽视的，而且往往会成为影响决策的关键要素，因而值得认真考虑。

估价的非财务原则

另一个细节在财务教科书中鲜有提及——即非财务原则在估值决策中的重要性。在某些情况下，非财务原则或是人性（如自利性）等因素的重要性甚至要超越财务分析的重要性。管理者可能会寻求个人薪酬的最大化，或是追求企业规模的大型化，有时还要尽可能地避免裁员（因为这对管理者来说是一种痛苦）。因此，非财务原则会影响到估值过程中的每一个要素，从现金流假设到资本成本的计算，都免不了要对非财务因素做一番权衡。

回顾一下第二章到第四章里介绍的备考财务分析，我们会发现，财务比率及增长率的假设是决定备考结果的基本前提。考虑到折现现金流法以备考现金流为输入变量，所以，一旦改变备考假设（比如说，将销售收入的增长率调整为 8%，而不是 6%；或是假设销售成本为销售收入的 22%，而不是 20%），未来现金流就会发生明显变化，进而导致估值结果出现变化。因此，牢记这一切至关重要，因为非财务因素往往会成为备考分析的决定性要素。

在备考分析中，哪些因素会导致财务比率和增长率假设发生变化呢？在第二章到第四章里，调整假设的原因是未来的真实比率和增长率存在的不确定性。但是，非财务因素的影响不容忽视。比如说，某个管理者主张对工厂进行现代化改造。在这种情况下，他自然有动机低估创新的真实成本，并夸大创新收益。估价从来就不只是数字问题。在某种程度上，它的核心在于假设，而假设往往体现人的主观意向，并不一定是对现实的客观反映。

我们还可以看看一个更贴近生活的例子：很多大学要求，在新建工程的资金来源中，由捐赠人实际捐助或意向捐助的金额必须达到总造价的一定比率（比如 60%）。假设建筑物的预期总成本为 1.11 亿美元，学校已收到 6 000 万美元捐赠资金。为确保顺利开工，院长可能会声称，新建筑的成本只有 1 亿美元，这样，他就可以开工建设，而在成本超过 1 亿美元后，他又会说，多出的 1 000 万美元属于超支（这种想法并不缺少老话的验证："宁愿请求宽恕，也不去恳求许可"）。

在不同环境中，很多项目的估值会受到非财务因素的影响。在最初提案得到批准后，管理者也可以提出合理建议，在最初提案的基础上进行修补。当然，管理者还有其他选择，比如说，将大项目拆分成小项目（比如说，将工程建筑与家具分开）。此外，管理者还可以通过现金流的实现时间来操纵项目假设。

可操纵的不只是预测现金流，折现率假设也会对项目估值产生巨大影响。例如，在使用最简单的永续年金公式时，如果将折现率设定为 10%，那么，每年 1 000 万美元真实现金流对应的现值是 1 亿美元；如将折现率设定为 9%，现值就会变成 1.11 亿美元。因此，使用正确的折现率，也是估值问题中最常见的问题。

一个最常见的例子，就是评估公司养老金负债价值采用的折现率，这是确定养老金资金需求量的基础，因此，这个决策对企业影响巨大。比如说，通用汽车曾以 3.73%为折现率，计算公司 2014 年的养老金资金需求。相比之下，福特则按 4.74%计算 2014 年的应付养老金计划。假设每年需要支付的养老金为 1 亿美元，那么，两家公司在折现率上的差异，将最终导致净现值出现 5.7 亿美元的差额（通用汽车的养老金负债净现值为 26.8 亿美元，福特为 21.1 亿美元）。

在估值时，投资银行通常会把现金流和折现率假设的差异做正常化处理。在评估项目时，投资银行会编制一张价值矩阵图（4×4 或 5×5），列示项目在不同现金流增长率及折现率假设组合下的净现值。尽管这看似可以消除非财务因素的干扰，但实际上，矩阵中的绝大多数单元都会出现正的净现值。也就是说，现金流增长率和折现率的绝大多数组合都能证明项目是可接受的。在增长率和折现率假设存在诸多选择的情况下，投行使用的矩阵工具为什么大多会支持项目的可行性呢？或许是因为项目的预期价值确实是正数，但也有可能是出于投行的收费结构。一旦交易实施，投资银行就可以收取一笔不菲的估值服务费，外加各种不确定的费用。因此，投资银行有强烈动力去证明，交易是可行的。这显然是一种缺乏公正性、先入为主的做法。

其他估值技术：DCF 的变异

尽管我们已多次提到——只存在五大类最基本的估值方法，但每种方法又存在若干变异。折现现金流法（DCF）也不例外，我们已在第十四章中讨论过这种方法的两种变异——内部收益率（IRR）和投资回收期。在本章里，我们再介绍另一种折现现金流法的变异，即调整现值法（adjusted present value，APV）。⊖ 之所以要介绍这种方法，是因为它已被众多学术资料和教材广泛使用。但正如我们下面所说的那样，它在实务中却难得一见。

调整现值法（APV）

调整现值法将公司价值或项目价值划分为两部分。首先，在全部采用股权融资（即零债务）的假设条件下对公司或项目进行估值；然后，再确定债务融资带来的税盾价值，并将两者加到一起，得到加杠杆后的公司价值或项目价值。即：

公司或项目价值＝无杠杆的股权价值＋税盾的价值

也就是说，调整后的现值是全股权公司的现金流价值与债务税盾的价值之和。现金流按 K_a 进行折现，其中，K_a 为采用无杠杆 beta 值得到的 K_e。如下所述，税盾按 K_d 和 K_a 之间的某个折现率进行折现。

那么，对全股权公司应如何进行估值呢？将股权自由现金流（零债务）按全股权公司的股权成本进行折现。在计算调整现值时，全股权公司的自由现金流与加杠杆公司使

⊖ 由斯图·梅耶斯（Stew Myers）提出。

用 WACC 时所采用的自由现金流相同。原因何在？在计算 WACC 时，我们使用的公司自由现金流与负债率无关（0%、10%、20%或更多）。为什么呢？不妨回忆一下，现金流不包含债务的利息税盾（我们对 WACC 的讨论表明，利息的税盾体现在折现率中，而不是现金流当中）。也就是说，不管债务水平如何或是有无债务，公司的自由现金流都是相同的（我们将在第二十章验证这个结论）。

那么，如果说现金流相同，没有债务情况下的折现率（也就是我们所说的 K_a）应该是多少呢？它应该是无杠杆公司现金流（即全部现金流均来自资产）的折现率。请注意，如果没有债务，资产的现金流就等于股权所有者的现金流。

要确定资产的折现率，首先需要衡量资产现金流的风险。为此，我们需要计算全股权公司的资本成本。我们使用前面章节介绍的 CAPM 公式，但公式中使用的 beta 系数为资产的 beta 系数（无负债）。

$$K_e = R_f + \beta \times (R_m - R_f)$$

这也是我们在用无杠杆公式计算时所采用的无杠杆 beta 系数，或资产 beta 系数。

$$\beta_{无杠杆} = \beta_{杠杆} \times 权益/(债务+权益) = \beta_{杠杆} \times 权益/(债务+权益)$$

在上述 CAPM 公式中，如何确定无风险利率和（$R_m - R_f$）呢？和以前一样，R_f 的取值按长期政府债券的利率下调1%，（$R_m - R_f$）是市场风险率。换句话说，在使用 APV 时，无杠杆公司的价值就是使用零债务条件下的 WACC 对现金流进行折现。

如上所述，我们还要考虑税盾的现值。该如何计算这部分价值呢？首先，我们要假设公司（或项目）需要使用多少债务。第一种方案，就是假设债务的面值保持不变，于是，利息费用也保持不变。也就是说，公司发行不随时间改变的固定金额债务。在这种情况下，我们应使用针对利息支付的折现率为 K_d（相当于市场对发行新债务收取的费用）。也就是说，税盾的价值为税率与债务利息的乘积（$T_c \times I$），再就这个价值按资本成本 K_d 进行折现。在这里，K_d 代表债务取得税盾的风险。股权现金流仍按 K_a 进行折现。

第二种方案，是假设债务对公司价值始终维持固定的比例（因此，债务价值会随着企业价值的变化而同步变动）。在这种情况下，税盾的价值与公司价值成正比。这意味着，税盾的风险大于初始 K_d。由于债务的金额（以及税盾的金额）因公司的风险而变，因此，计算税盾现值的折现率应接近或等于 K_a。

我们不妨看一个例子：假设有一家公司（比如说 Sungreen），发行了 5 000 万美元债券，那么，其税盾与债券本身都是确定无疑的。公司偿还债券的风险水平为 K_d，因此，适用于债务和税盾的合理折现率为 K_d。但如果公司发行债券的金额随企业价值而变化，那么，债务带来的税盾价值也会因企业价值的变化而变化。如果公司取得税盾的风险与公司价值的涨跌成正比，那么，就应该以 K_a 对税盾价值进行折现。

采用第二个方案（债务价值与公司价值正相关）会导致问题复杂化。要确定每年的债务价值，首先需要估计当年的公司价值。也就是说，在确定每年的税盾价值之前，首先需要取得当年的公司价值。因此，要使用 APV 方法对公司或项目估值，就意味着需要先行完成公司估值。

在使用 APV 并假设债务对公司价值保持固定比例时，应如何确定每年的公司价值呢？不管你是否相信，其实没有任何特别之处——通常就是把公司自由现金流按 WACC（假设债务比例保持不变）进行折现。这是真的吗？对，确实就这么简单。在使用假设债务比率与公司价值不同变化的 APV 方法时，我们需要了解每年的债务和税盾金额。这就需要我们首先清楚每年的公司价值，而公司价值通常是按公司自由现金流和 WACC 逐年估算的（这似乎是一个周而复始的死循环）。

学术界和其他教科书之所以青睐 APV 估值法，是因为它看上去确实是个高档而优雅的理论模型。按这个模型，公司价值就是全股权公司的公司价值与税盾价值之和。从这个角度认识公司估值，确实清晰而流畅。APV 估值法突出强调了税盾拥有可独立估算的价值这一观点，并凸显了公司杠杆率变化的影响。但是在现实中，APV 方法涉及大量负债的计算（比如说，每年都需要计算公司价值和债务水平）。

使用 APV 方法进行的估值不只局限于股权现金流和债务的税盾：APV 估值模型还能考虑到财务困境或补贴利率等因素。对于财务困境成本，当企业增加债务时，同时增加的不只有税盾效应带来的收益，企业的财务困境风险也会随之加剧，进而提高公司的资本成本。针对财务困境风险的增加来调整资本成本的一种方式，就是重新表述 APV 公式，即将全股权公司的现值加上税盾现值，然后再减去财务困境成本的现值（等于遭遇财务困境的概率与无谓损失的乘积）。

$$APV = 全股权公司的现值 + 税盾现值 - 财务困境成本$$

上述公式，或许会让我们回想起有税收和财务困境成本假设下的 M&M 模型（1963）。

APV 还适用于处理 30%利息抵扣上限带来的影响。新税法只允许在税前抵扣不超过 30%的债务利息。超过这个利率的任何利息都无法享受税盾效应，也就是说，超过上限的利息不会通过税盾效应给公司带来价值。因此，尽管公式没有变化，但是在计算税盾价值时，仅限于可在税前扣除的利息。

因此，APV 确实是一个清晰而优雅的理论模型，它表明，公司价值是股权价值与税盾价值的总和（如考虑财务困境的话，还要扣除财务困境成本）。但最大的问题在于，我们很难将 APV 估值法诉诸实践。本书的两位笔者一致认为，任何大型银行都不会把 APV 估值法作为主要估值方法。实际上，很多人根本就不使用这种方法。但随着 2018 年美国税法的调整，这种方法的使用频率或许会有所增加。由于利息可抵扣限额导致对税盾估值的难度加大，因此，按 WACC 法对流入公司的企业自由现金流估值会出现误差（参见上面的讨论）。

实物期权

最后，我们再简单介绍一下战略选择（strategic choices）这个话题，财务学教学人员习惯称之为"实物期权"（real options）。在现实中，公司的战略选择就是一种期权。公司有权进行未来的投资、转换投资、出售项目、清算项目或是放弃项目，对公司来说，这都是他们可以选择的方案。设想一下，假如公司面对的一种方案是现在对项目 A 进行投资，另一种方案是以后对项目 B 进行投资；如果现在不对项目 A 投资，那么，以后就无权对项目 B 投资。比如说，一家公司可能想进入某个新兴市场。作为独立的经营体，它进入这个市场的第一个项目可能会产生负净现值。但如果这家公司不接受第一个项目，就有可能丧失进一步投资的机会。如果考虑到未来扩大经营权的价值，就有可能让第一个项目取得正的净现值。但问题的关键在于，应如何确定这个战略或者说实物期权的价值。

我们不妨以美国电影业为例来阐述这个概念。在美国出品的全部影片中，有一半是赔钱的。这意味着，在美国每年制作的全部电影中，50%都会亏损。既然50%的美国电影会带来负的净现值（当然，赔钱或赚钱完全是事后才能确定的事情），为什么还有那么多人选择拍电影呢？答案很简单，好（盈利）电影非常赚钱（也就是说，所有影片盈亏的平均数或中位数是正数）。还有一个答案，就是赚钱的电影往往可以拍续集，而且续集通常也是赚钱的。

在影片制作期间，制片方当然不清楚会不会赚钱。然而，如果一炮打响，几乎可以肯定，续集还会接着赚钱。但关键在于，只有在取得第一部影片的放映结果之后，他们才能确定是否制作续集。因此，尽管确定第一部影片能否成功是一个非常艰难的财务决策，但确定是否拍摄续集却是一个再简单不过的决策。如果第一部影片失败，就不会有续集。如果第一部影片大获成功，续集就会随之而来。因此，续集的期权价值增加了第一部影片的现值，这个增值就是一种期权价值。

这个期权价值还会给电影产业带来其他影响。比如说，这就是为什么在《星球大战》这样的电影中，反派很少会丧命。因为没有了这个反派，就会导致续集难产。此外，续集还会带来另一个影响，即观众期望原来的演员继续出现在续集中。因此，《终结者2》的观众肯定希望阿诺（《终结者1》的男主角阿诺德·施瓦辛格）再度"回归"，这意味着，施瓦辛格自己就拥有期权价值。如果推出续集，施瓦辛格就可以对参加续集拍摄索取更高的片酬。制片方当然不会想不到这一点，因此，他们不仅会与演员签署眼下这部影片的合同，甚至将续集一并打包签署合同，这也是三部《指环王》会使用同一批演员的原因。制片方已经预见到《指环王》会成为票房里的重磅炸弹，如果判断正确，他们当然要确保这些小矮人都能参加续集的拍摄，而且无须为他们支付更高的片酬。

此外，这也可以解释，哪些电影最有可能被制片方选中。举个例子，让你考虑一下，到底是选择《摩登原始人》这样的题材，还是拍摄一部以海明威的《老人与海》为脚本的电影呢？如果《摩登原始人》取得成功，拍摄续集会更容易。相比之下，《老人与海》这样的电影却很难拍出续集（顺便提醒一下，小说结尾时，老人死去了）。这种选择不仅依赖于电影艺术性的影响，也依赖于财务基本面的影响。

尽管本书中没有深入探讨实物期权，但是，我们认为介绍一下这个概念还是有必要的，因为对任何一个项目来说，实物期权价值都是项目价值的一个组成部分。因此，项目净现值应该是项目价值与其实物期权价值的总和。比如说，可能会存在这样的情况：

一家公司愿意开展一个项目（例如，在某个国家创建一家软饮料生产厂或是开钻一口石油钻井等），但他们根本就不指望第一笔投资能取得正的净现值；相反，他们之所以承接这个项目，只是希望通过后续项目实现实物期权的价值。

计算并非全部：战略考量

进行数字计算（即确定项目的净现值是正数还是负数，以及现金流和终值带来的价值分别是多少）只是评估项目或收购标的价值的第一步。我们把这个过程作为本书的第一步（毕竟，这是一本关于公司金融的书籍），但实际上，它应该是第二步——第一步应该是战略问题。

数字本身并不能告诉管理者应该怎么做，因为数字只提供了某个事件的成本和收益信息。比如说，在其他所有条件都相同的情况下，应选择具有正净现值的项目，放弃净现值为负数的选择。但估值不会考虑其他因素，而战略和经济问题考虑的是备考预测能否实现。

完成预测相对容易，但要做到合理可行就不易了。因此，我们需要牢记，当一个项目或公司能取得有竞争力的回报时，其净现值为零。只有取得更高的现金流（价格高于竞争对手或是成本低于竞争对手）或是更低的资本成本，才有可能实现正的净现值。在战略考量中，我们需要通过经济分析确定现金流及资本成本能否兑现。切记，经济基础决定数字，而数字不会改变基本面。针对正净现值的项目，笔者有一个经验法则：用不超过五句话解释你的项目净现值为什么是正数，否则，我就不会相信你。

例如，在决定建设新造纸厂和印刷厂时，Sungreen 的关键战略考量是什么？在 Sungreen 必须考虑的问题中，包括竞争对手正做什么、是否有潜在的竞争对手进入市场、原材料的价格以及最终产品的市场前景（市场价格和销售数量）等。如果公司开始将新技术投入运用，那么，他们必须考虑新技术能否发挥作用。对于 Sungreen 来说，他们需要考虑的是包括印刷机在内的新技术。假设 Sungreen 计划为新工厂投入 2.05 亿美元，并为购置最新印刷机投入 5 000 万美元。如果新印刷机行不通，这笔投资会怎样呢？不仅会让印刷机的 5 000 万美元投资受到威胁，对工厂的 2.05 亿美元投资也会受到牵连。（如果 Sungreen 不能使用造纸厂生产的纸张，还可以将纸张出售给其他公司。因此，造纸厂和印刷厂的投资不会完全变成损失，但由于估值中已考虑到 Sungreen 的内部纸张消化能力，因此，这会减少造纸厂和印刷厂的价值。）

因此，对 Sungreen 来说，这个项目的主要关注点就在于，新型印刷机能否正常工作，也就是说，印刷机成为他们最关键的战略考量。如果印刷机能正常运行，这个项目就会得到正的净现值。但如果新技术失败，结果会怎样呢？应如何对项目进行估值呢？尽管我们可以估计成功的概率，但是在现实世界中，我们可以通过或有条款来处理这类估值问题。也就是说，根据第一步措施的结果采取下一步行动——供应商先行收到一笔预收款，如果新技术有效，再向供应商支付剩余款项。

在创业融资或风险投资中，这种类型的合同是一个很重要的部分。估值也可以采用完全相同的模式，当然，方法也是完全一样的。唯一的不同之处在于，所有或有情况均有合同托底。通常情况下，在买家付清购买款之后，卖方就会觉得，他们已对产品不承担任何责任了。但如果按或有结果预留一大笔未付款项，只有在取得特定结果的前提下，供应商才能拿到剩余款项，那么，卖方就会有足够动机确保预期结果的出现。在这种情况下，卖方和买方有相同的激励机制，确保项目按预期运行。

顺便提一下，在实践中，如果没有采用或有条款，一旦出现分歧就只能依靠律师了。在财务问题上，为避免这种情况，最好应签署辅助性或有合同。尽管如此，基础估值与前几章仍没有任何区别。

其他需要关注的细节

这些附加的估值问题已超出本书范围。比如说，一家公司已接近寿命周期终点，但尚未足额支付养老金负债。对这笔尚未支付的养老金负债（或是健康福利等其他类似负债），应采用怎样的折现率呢？养老金负债可能已被纳入与工会签订的劳务合同，公司确实有义务支付这笔钱，却没有足够的资金。养老金负债的支付顺序是排在普通债权人之前还是之后呢？如果养老金负债的受偿权优先于普通债权的持有人，其风险就相对较低，因而应采用较低的折现率。如果需要在普通债务持有者之后偿还，那么，养老金负债就会出现更大的风险，因而应使用较高的折现率。⊖

尽管本书的主题在于估值理论和方法，但是在实践中，还有很多问题是我们无法避免的。

本章小结

我们在本书前面已经指出，估值包括战略、估值和执行三个层面。到目前为止，我们的讨论重心都是估值和以净现值为主的估值方法；而确定净现值的主要依据，就是公司自由现金流以及作为折现率的 WACC。

针对公司自由现金流，我们以如下公式进行计算：

$$FCF = EBIT \times (1-T_c) + Dep - CAPEX - (NWC_{期末} - NWC_{期初}) + 其他杂项$$

如前所述，这个公式中的参数并没有出现在财务报表中，而且乍看起来似乎没有什

⊖ 在撰写本书时，底特律市的破产恰好涉及这些问题。尽管提议的清算方案并未涵盖全额债务，但退休金负债的最终受偿比率明显高于其他无担保债务。在很多公司的破产案件中，法院认定养老金负债和无担保债务按相同顺序受偿。联邦政府为此制订了一项保险计划，并由养老金福利担保公司（PBGC）具体实施，该计划负责按最低水平养老金进行赔付（但通常远低于实际的养老金损失）。回想一下，我们在第十三章对亚美亚控股的讨论中，PBGC也曾经是参与破产的债权人，而且偿付比例远高于其他无担保的债权人。

么现实意义。但通过这个公式，我们可以看到各种假设和调整可能对估值带来的影响。比如说，由于 WACC 考虑到税盾效应，因此，公式使用的是 EBIT×（1−T_c），而不是净利润。在确定 WACC 这个折现率时，我们首先要确定债务和权益的百分比，进而确定 K_d 和 K_e。

切记，正如前面所提到的那样，当价格上涨到某个高位时，总能让一个项目的净现值成为负数。同样，我们也总能找到一个足够低的价位，让项目的净现值成为正数。

需要牢记的关键点

（1）现金为王。估值的全部核心就在于现金流的金额和出现的时间。

（2）项目的现金流必须包括全部现金流，不管来自何地，也无论是正数还是负数；还要包括因项目而改变金额或时间的现金流。

（3）行政管理费用和财务费用都不重要，因为它们根本就不是现金流。

（4）不考虑沉没成本。

（5）必须对通货膨胀率进行适当调整。要么使用名义现金流和名义折现率，要么使用真实现金流和真实折现率。总之，现金流和折现率需按"名义"和"真实"的名称进行匹配。

（6）终值应单独确定。此外，终值必须与估值相匹配（即在对股权估值时，需要使用股权的终值；在对公司进行估值时，需要使用公司的终值）。

（7）必须考虑营运资金（应收账款+存货−应付账款）的变动和终值。

（8）资本性支出通常很重要。

（9）应考虑实物期权，但它的确难以估值。

期待下一步

在下一章中，我们将以康格里默公司为例，这也是资本市场中的第一宗大型杠杆收购（LBO）案例。在下一章里，我们探讨的主题将不再是如何对 LBO 估值，而是寻找价值源泉和如何创造价值。此外，我们还将通过这个案例了解私募股权市场的运作方式及原因。

第十八章
杠杆收购与私募股权融资(康格里默公司)

本章将为读者介绍杠杆收购（LBO），也就是当下很多的所谓私募股权融资（private equity financing）。我们将说明杠杆收购的操作过程及杠杆收购的价值创造方式。为此，我们将以 1979 年康格里默公司（Congoleum Corporation）的杠杆收购作为案例。由于此次杠杆收购的规模达到以往案例的很多倍，所以，自然也成为未来诸多杠杆收购及目前私募股权收购的模板。○

康格里默：历史简介

康格里默-纳林公司（Congoleum Narin）创建于 1886 年，是一家制造地板产品的公司，公司最初生产地板的原材料来自刚果（Congo，公司因此取名为 Congo-leum）。后来，康格里默开始生产油毡布，这种柔性乙烯基地板覆盖物的主要原材料是栓皮粉软木以及掺有粉末颜料和有机材料的氧化亚麻子油。康格里默是美国最早的油毡布生产商，在生产工艺不断改进的过程中，康格里默公司取得了多项专利。○

1968 年，巴斯工业集团（Bath Industries，一家美国控股公司，旗下拥有美国最古老的造船企业巴斯钢铁工业公司）收购了康格里默-纳林公司 42%的股份，并由此取得对康格里默的控制权。1975 年，巴斯工业将自己更名为康格里默工业公司（Congoleum Industries）。收购完成之后，地板产品为公司贡献了 40%的销售额和 95%的利润。

故事的主角

拜伦·拉达克（Byron Radaker）于 1975 年进入康格里默公司，并在 1976 年成为公司的首席运营官，1977 年，他开始担任总裁兼首席执行官，并在 1980 年成为公司的董事长。在进入康格里默之前，拜伦刚刚从瑟登帝公司（Certain Teed Corporation，一家建筑材料公司）辞职，之前，他曾被指控通过内幕交易为自己牟利，但这一指控始终未得到验证。

埃迪·尼科尔森（Eddy Nicholson）曾与 J. P.福库（J. P. Fuqua，杜克大学福库商学院就是以他的名字命名的）共事，以二号人物的身份参与了企业集团的创建。尼科尔森先生于 1975 年进入康格里默，1978 年年底成为首席运营官，并从 1980 年开始担任公司总裁。

詹姆斯·哈佩尔（James Harpel）是哈佛大学的工商管理硕士，他是最早确定将康格里默作为杠杆收购标的的人。在认为康格里默是一个不错的杠杆收购目标时，哈佩尔是怎样做的呢？他直接买下这家公司了吗？既可以说是，也可以说不是。他让世纪资本

○ 杠杆收购通常是指以负债形式取得资金并收购上市公司。经过杠杆收购后，该公司通常会退市。私募股权公司的实质就是一家投资公司，他们向投资者筹措资金，并将资金用于收购上市公司。

○ 其中的部分专利在1979 年完成杠杆收购后仍然有效。1976年，康格里默在与阿姆斯特朗木制品公司（Armstrong Cork Co.）的专利纠纷中被判胜诉，取得3 500万美元的赔偿。

公司（Century Capital Associates）按每股 13 美元（合计约 160 万美元）的价格买下康格里默公司的 12.4 万股股票。当时，哈佩尔是这家投资公司的执行合伙人。随后，他把以杠杆收购方式将康格里默从上市公司变成私人公司的想法透露给第一波士顿投资银行。这难道不是违法的内幕交易吗？完全和内幕交易没有关系。詹姆斯只是提出了这个想法，而且觉得这是一个不错的想法。他认为，自己最先发现了这个潜在的杠杆收购对象，之后，他购买了康格里默公司的股票，但他不属于内部人士，也没有利用任何尚未披露的内幕信息。多年后，哈佩尔先生成为名副其实的富豪，并通过捐赠成为哈佛肯尼迪政府学院的主席。那么，教给他知识的商学院为什么没有致富呢？稍后我们再讨论吧。

随后，第一波士顿联系到保诚保险公司（Prudential Insurance Company）及其他机构投资者，说服他们为此次杠杆收购提供资金。⊖ 对于即将开启的杠杆收购，第一波士顿为什么会找到保险公司做未来投资者呢？少安毋躁，我们马上就会谈到这个话题。

1980 年年初，各方参与者（第一波士顿、哈佩尔先生代表的世纪资本公司、包括保诚保险在内的各家金融机构以及康格里默的高管拜伦·拉达克和埃迪·尼科尔森）共同设立了一家控股机构——费比克公司（Fibic Corp.）。然后，由费比克以 4.45 亿美元（每股 38 美元）的价格先行收购康格里默的全部流通股，与康格里默当时的市场交易价格相比，这个收购价格的溢价幅度超过 50%。

开启杠杆收购的大幕：哪些因素成就一个理想的杠杆收购目标

我们会问：一家公司在经历杠杆收购之前，应该会是什么样的呢？哪些迹象让哈佩尔相信，康格里默是一个不错的接管目标呢？正如我们随后将要展开的深入讨论，康格里默确实是一个非常理想的杠杆收购对象，因为它的债务水平非常低，而且现金流超级稳定。

1975 年，刚刚加入康格里默的拜伦·拉达克和埃迪·尼科尔森临危受命，将振兴公司作为第一使命。从表 18-1 中，我们可以看到，康格里默在 1973-1975 年间的销售收入和盈利情况确实乏善可陈。公司的净利润已从 1973 年的 2 220 万美元下降到 1974 年的 50 万美元。1975 年，虽然销售额的下降幅度达到 1.11 亿美元（降幅为 30%），但净利润却反弹至 960 万美元。

表 18-1　康格里默公司在 1973-1978 年的利润表⊖

单位：千美元	1973	1974	1975	1976	1977	1978
销售收入净额	382 065	382 767	272 000	284 735	375 466	558 633
专利权使用费	—	—	6 983	10 080	13 163	17 197
收入总额	382 065	382 767	278 983	294 815	388 629	575 830

⊖ 虽然保诚保险是本次收购牵头的机构投资者，而且拥有最多股份，但收购还吸引了其他机构投资者。为便于说明，我们以保诚保险作为全体机构投资者的代表。

⊖ 资料来源：穆迪发布的行业手册、年报及"10-K"报表等资料。

(续)

单位:千美元	1973	1974	1975	1976	1977	1978
销售成本	285 602	323 036	219 182	224 028	285 770	385 851
销售及一般管理费用	49 703	53 116	34 441	37 805	55 023	108 648
营业利润	46 760	6 615	25 360	32 982	47 836	81 331
其他业务收入(损失)	—	—	5 171	3 821	3 538	4 281
利息费用	4 153	6 412	5 192	2 064	1 734	1 266
税前利润	42 607	203	25 339	34 739	49 640	84 346
所得税	19 752	-1 705	11 985	17 400	24 900	42 600
非持续经营业务损失	-666	-1 380	-3 796	-1 615	—	—
净利润	22 189	528	9 558	15 724	24 740	41 346
每股收益(美元/股)	2.83	0.07	1.25	2.04	2.39	3.58
每股股利(美元/股)	0.30	0.40	0.40	0.50	0.60	0.80
股价(高点)(美元/股)	36.88	22.25	13.75	19.38	21.88	26.25
股价(低点)(美元/股)	12.75	3.83	4.50	12.00	13.25	16.25

拜伦和埃迪是如何帮助公司起死回生,让收入和利润实现大幅反弹的呢?他们的努力颇具成效。仅仅在四年(1975—1978)的时间里,康格里默的总收入就增长到5.758亿美元,比1974年整整高出了50.4%,平均每年的增长幅度接近11%。净利润率也提高到销售收入的7.3%,每股收益从1974年的0.07美元增加到1978年的3.58美元。同期,康格里默的每股股利从0.40美元提高到0.80美元,公司的负债率则由41%(7 850万美元/19 230万美元)减少至8%(1 540万美元/20 290万美元)。而且这个负债率还没有考虑到公司肯定持有的超额现金。如表18-2所示,截至1978年年底,公司的现金及可交易有价证券总额为7 700万美元(而负债仅为1 540万美元)。华尔街也意识到康格里默脱胎换骨般的蜕变,于是,公司股价从1974年的3.83美元的低点飙升到1978年的高位26.25美元。

表18-2 康格里默公司在1973—1978年的资产负债表

单位:千美元	1973	1974	1975	1976	1977	1978
现金及有价证券	8 578	10 748	6 428	40 424	12 369	77 254
应收账款	48 212	43 418	28 533	37 478	73 989	64 482
存货	67 216	71 022	27 727	33 656	73 318	75 258
其他流动资产	14 218	7 258	65 253	34 382	5 679	3 511
流动资产	138 224	132 546	127 941	145 940	165 355	220 505
土地、厂房和设备	70 004	79 324	53 113	51 102	71 149	70 777
商誉等无形资产	24 616	24 964	48 798	31 320	29 876	31 770
资产合计	232 844	236 834	229 852	228 362	266 380	323 052
当期到期的长期负债	5 170	3 880	2 170	1 939	2 055	460
应付账款	25 663	20 534	15 212	18 662	38 391	41 578
其他流动负债	19 240	15 419	29 419	48 542	46 913	68 359

(续)

单位：千美元	1973	1974	1975	1976	1977	1978
流动负债	50 073	39 833	46 801	69 143	87 359	110 397
长期负债	59 330	74 627	52 246	16 596	16 067	14 949
其他长期负债	7 139	8 564	10 489	10 075	9 886	10 221
负债合计	116 542	123 024	109 536	95 814	113 312	135 567
实收资本	14 967	15 015	15 032	15 390	15 812	16 256
留存收益	101 335	98 795	105 284	117 158	137 256	171 229
所有者权益合计	116 302	113 810	120 316	132 548	153 068	187 485
负债和所有者权益合计	232 844	236 834	229 852	228 362	266 380	323 052

那么在四年之后，当股价涨幅已接近685%时，市场对康格里默的投资建议依旧是"买入"吗？是的，市场对康格里默给出的投资建议仍然是"买入"（当然，我们大多数人只能做事后诸葛亮，但哈佩尔当时就已经看到这一点）。1978年底，康格里默的股价已达到过去一年每股收益的7.3倍（26.30美元/3.58美元）。㊀ 当时，标准普尔指数的市盈率约为10倍，长期的平均市盈率约为15倍。㊁ 因此，康格里默的股价依旧有较大增长空间。

康格里默的主要业务是什么？地板产品（对销售额的贡献率为40%，对利润的贡献率为65%）、造船业（占销售额的38%和利润的21%）、汽车维修（占销售额的22%和利润的14%）。㊂ 这些业务的现金流是否稳定且有保障呢？康格里默的业务风险是什么呢？当时，康格里默的地板业务还享受专利权的保护。此外，康格里默的造船业务（即巴斯钢铁工业）也从美国政府获得了大量订单。最后，汽车零部件业务同样持有众多专利权，他们的主要产品是替代型零部件，而不是整车装配供应商（OEM）。由于OEM依赖于新车生产，因此，替代型零部件业务的产品寿命周期远小于OEM业务。因此，康格里默的三大主营业务似乎都拥有强劲而稳定的现金流。

公司的两位主要高管拜伦和埃迪怎么样？他们开心吗？他们每年可以拿到的基本薪酬分别为37万美元和29.5万美元，外加股票期权。这笔钱还算过得去吧？当然不少，无论在当时还是现在，这都是一笔大钱，但显然还不足以成为富豪。即使股价大幅上涨（不要忘记，他们拥有公司股票期权），高管还是会寻找其他增加薪酬的办法。

尽管康格里默拥有强劲而稳定的现金流，更有优秀的管理层，但股票市场为什么对康格里默只给出7.3倍的市盈率呢？一个潜在原因在于，康格里默的专利将马上到期。㊃

㊀ 历史收益是指过去一年的收益。通常，我们以历史收益来计算市盈率，但也可以用预计收益（即预期的次年收益）计算市盈率。

㊁ 标准普尔500指数的比率在各月之间会出现较大差异，长期平均水平为15.5，长期中位数为14.5（截至2014年1月15日）。相关数据可访问ww.multpl.com查询，本文引用数据的访问时间为2014年1月15日。

㊂ 不包括被列入"其他"业务的收入（仅占销售额的3%）。

㊃ 当时的美国专利权有效期为17年。康格里默的很多专利权已使用多年，因此剩余的有效期已远远低于17年。

这意味着，尽管当时的康格里默是一头现金牛，但还是要想办法应对专利权即将到期的问题。但这显然不是康格里默在20世纪70年代末需要解决的问题。他们在当时最头疼的问题，还是如何处理业务提升带来的丰厚现金。

公司可以用这些超额现金做什么呢？我们在前面提到过，公司只能把超额现金用到如下五个方面。

（1）偿还债务：康格里默已经在做这件事，但公司已没有大额债务了。

（2）支付更多的股利：这同样是康格里默正在做的事情，他们将每股股利从1974年的0.4美元增加到1978年的0.8美元，股利收益率为3.1%（股利收益率等于每年支付的现金股利额除以股票价格），而且公司可能会进一步增加股利分配的力度。

（3）回购股票：与市场约15倍的平均市盈率相比，公司在当时的市盈率只有7.3倍。很明显，市场认为公司股价已无太多的上涨空间（地板、造船和汽车零部件均不属于热门的成长行业）。这似乎是公司可以探索的未来前景。

（4）通过增加内部投资来推动增长：公司已在几个相对稳定的行业中实现了快速增长。因此，对这些行业增加投资能否带来正的净现值，此时还不得而知。

（5）收购其他公司：不清楚拜伦和埃迪是否有这样的想法。

正是考虑到这些因素，哈佩尔才发现，康格里默是一个理想的杠杆收购对象。在他和第一波士顿谈起这个想法时，对方也非常认同他的分析，并将这个想法转达给保诚保险。为什么第一波士顿要去找另一家公司呢？完全是为了融资。在当时的情况下（1979年），投资银行还不能为自己的交易提供资金，私募股权基金在当时尚未出现。因此，第一波士顿既不想、也没有能力为整个交易提供资金，于是，他们联系到一家保险公司。和养老基金一样，保险公司也是债券和股票市场上的大型机构投资者。从传统上看，保险公司和养老基金始终被视为机构投资者：它们分别收取保费和退休储蓄资金。因此，只有通过投资，它们才能支付未来的索赔。

有趣的是，伯克希尔·哈撒韦的核心业务也是保险。沃伦·巴菲特通过保费取得大量现金，然后再用这些现金进行投资。虽然巴菲特以其投资理念而著称，但他成功的关键，还是因为手里拥有大量可进行投资的现金，而保费则是巴菲特最大的现金来源。

交易细节

那么，康格里默的杠杆收购交易是如何操作的呢？㊀ 1979年7月16日，费比克公司提出要约收购的方案，计划以每股38美元的价格收购全部流通股（这个价格比当时的市场价格25.325美元高出近50%），收购总金额为4.678亿美元（其中包括收购管理

㊀ 有关此次杠杆收购的详细信息，摘自康格里默于1980年1月8日向美国证券交易委员会提交的《股东委托书》。《股东委托书》是监管机构要求的法定文件，必须在股东投票前提交股东审阅。《股东委托书》的内容是为股东提供需投票表决议案的详细信息。

层持有的 1 010 万美元股票期权和支付给证券机构的 1 000 万美元的交易费），具体如表 18-3 所示。

表 18-3　收购康格里默的总对价

支付股东的股权对价（流通股 1 178.3 万股，收购价格为 38 美元/股）	4.478 亿美元
购买管理层持有的股票期权	1 010 万美元
收购费用	100 万美元
合计	4.678 亿美元

回忆一下，费比克公司是一家以收购康格里默而成立的公司，由第一波士顿、世纪资本公司、保诚保险以及拜伦·拉达克及埃迪·尼科尔森共同持股。

在发出要约收购之前，费比克已通过债券和股权融资方式筹集到 3.796 亿美元，如表 18-4 所示。稍等！费比克花了 4.678 亿美元，但只筹集到 3.796 亿美元资金。数字是不是有问题啊？费比克怎么会比筹集到的资金多花了 8 820 万美元呢？额外多出的资金来自何处呢？额外多出的资金来自康格里默。实际上，费比克是在用康格里默公司自己的一部分钱（一大笔闲置无用的现金和有价证券，即"超额现金"）来收购它。我们不妨详细探讨一下其中的奥妙。

表 18-4　杠杆收购交易的融资结构

银行贷款（14%）	1.25 亿美元	
优先级债券（11.25%，B+）	1.136 亿美元	
次级债券（12.25%，B-）	8 980 万美元	
债务总额		3.284 亿美元
优先股（13.5%，CCC）	620 万美元	
普通股	250 万美元	
股本总额		5 120 万美元
融资总额		3.796 亿美元
替代方案：		
银行贷款		1.25 亿美元
捆绑融资：优先级债券	1.136 亿美元	
次级债券	8 980 万美元	
优先股	2 620 万美元	
普通股	1 650 万美元	2.461 亿美元
投资银行及管理层的股权		850 万美元
融资总额		**3.796 亿美元**

步骤一：成立一家新公司（费比克），并筹集到 3.796 亿美元的现金（这是全体所有权人以债权和股权形式对费比克公司的出资，包括第一波士顿、世纪资本公司、保诚保险以及拜伦·拉达克及埃迪·尼科尔森）。费比克以 4.477 亿美元的价格收购康格里默的全部资产和负债，其中也包括公司名称等无形资产。康格里默将全部资产和负债注入费比克，包括（截至 1979 年中期）约 1.3 亿美元的现金。

步骤二：随后，康格里默获得一项资产：对费比克公司的应收账款 4.477 亿美元。费比克则拥有康格里默的全部资产和负债，包括总额为 5.096 亿美元的现金（包括费比克筹集到的 3.796 亿美元以及康格里默自身拥有的约 1.3 亿美元现金）。此外，费比克承担对康格里默 4.477 亿美元的债务。费比克向康格里默偿还这 4.477 亿美元应付账款，同时支付的还有约 1 000 万美元的交易费用，以及购买康格里默管理层股票期权的 1 010 万美元。此时，费比克拥有 4 180 万美元的现金（5.096 亿万美元-4.477 亿美元-2 010 万美元）以及康格里默留下的全部负债和非现金资产。

步骤三：康格里默最终获得一项宝贵的资产：4.477 亿美元的现金。康格里默在将这笔现金分配给股东之后，宣布解散。

我们可以进一步对整个杠杆收购过程进行分解。

1. 交易之前

费比克	康格里默
现金 3.796 亿美元	现金 1.3 亿美元 其他所有资产和负债（造船厂、汽车零部件和地板等） ←现金 1.3 亿美元 ←其他所有资产和负债

2. 交易过程的中间阶段

费比克	康格里默
现金 5.096 亿美元 康格里默的资产和负债 对康格里默的应付账款 4.477 亿美元 应付 1 000 万美元的交易费用 应付 1 010 万美元的管理层股票期权 现金支付 4 4770 亿美元→	对费比克的应收账款 4.477 亿美元

3. 交易之后

费比克	康格里默
现金 4 180 万美元 ⊖ 康格里默的其他全部资产和负债	现金 4.477 亿美元

事实上，这笔交易要比上面描述的过程复杂得多。其中还涉及很多细节：首先，巴斯钢铁工业公司为康格里默的全资子公司。这意味着，康格里默拥有巴斯钢铁工业公司的全部股份，而不是这家子公司的单向资产和负债。为避免出现大额纳税，巴斯钢铁工业公司以单独交易方式出售给费比克，价格为 9 230 万美元；随后，费比克再以 3.554 亿美元的价格收购康格里默的其他全部资产和负债（9 230 万美元+3.554 亿美元=4.477

⊖ 1979年中期，也就是交易开始时，康格里默持有的现金为 1.3 亿美元。交易结束时，费比克的剩余现金为 4 180 万美元。因此，费比克支付给康格里默的 8 820 万美元来自康格里默自己。

亿美元）。其次，设立壳公司（费比克）进行杠杆收购，交易完成后，便对这家壳公司进行清算。也就是说，费比克变成了康格里默（冠名权也是被收购资产中的一部分）。因此，新的康格里默已没有股东，也不再是上市公司，而是一家由第一波士顿、世纪资本公司、保诚保险以及拜伦·拉达克和埃迪·尼科尔森持股的私人公司。尽管交易过程涉及的会计和法律细节异常复杂，但交易的基本内容无非如此。

我们还可以换一个角度考虑：从本质上看，对康格里默 1 178.3 万股的收购价格为 3.796 亿美元，相当于每股收购价格为 32.22 美元（3.796 亿美元/1 178.3 万股）。对老股东而言，价值 37.50 美元的股票，为什么只需要支付 32.22 美元即可拿走呢？因为收购价款中使用了老股东（康格里默）自己的一部分钱。

这笔交易的融资方式如何

这笔交易的实际融资额是多少呢（即多出的 3.796 亿美元来自哪里）？费比克向银行融到 1.25 亿美元的新增贷款。保诚等机构投资者通过捆绑融资（strip financing）购买了 2.461 亿美元的证券。第一波士顿和世纪资本合计购买了新公司发行 450 万美元的普通股。管理层（主要是拉达克和尼科尔森）⊖也购买了 400 万美元的新公司普通股。因此，这笔杠杆收购交易的融资总额为 3.799 亿美元。

在捆绑融资中，投资者同时购买由几种不同证券构成的"捆绑"证券，这种捆绑证券按单一证券的形式出售。在这个例子中，价值 2.461 亿美元的"捆绑"证券由四种不同证券构成：1.136 亿美元优先级债券、8 980 万美元次级债券、2 620 万美元优先股和 1 650 万美元普通股。捆绑债券可采取可分离和不可分离两种类型。在可分离捆绑债券中，各种证券可以相互分离并单独出售。而在不可分离捆绑债券中，各种证券必须按相同比率组合到一起。康格里默发行的是不可分离捆绑债券。

表 18-4 为费比克通过融资形成的资产负债表。

投资银行（世纪资本和第一波士顿）用于投资的这 450 万美元从何而来呢？大部分来自他们在交易中收取的中间费用。如上所述，他们从这笔交易中收取的总费用为 1 000 万美元，其中包括世纪资本和第一波士顿收取的交易佣金、对拉扎德公司（Lazard Frères，另一家为该项交易提供"公允价值"意见的投资银行）支付的 300 万美元费用以及会计师和律师的收费。⊖ 管理层的 400 万美元投资来自哪里呢？他们卖掉原来公司提供的股票期权，得到 1 010 万美元，并将其中的 400 万美元投入交易。

⊖ 拉达克购买了 7 万股（持股比率为 7%），尼科尔森购买了 5 万股（持股比率为 5%），其他二三十名高管合计购买了 4 万股（4%）。合并计算，公司高管层按每股 25 美元的价格购买 16 万股（16%）。

⊖ 独立第三方提供"公允价值"意见的目的，是为了证明交易对现有股东是公平的。这对杠杆收购尤为重要，因为管理层是从股东手里"买入"企业。因此，第三方介入是规避自我交易的重要手段。拉扎德银行针对此次杠杆收购发表的主要观点详见本章"附录B"。

那么，当尘埃落定之后，康格里默的资产负债表会变成什么样呢？表 18-5 显示了收购后重新列报的 1978 年负债及股权。新公司保留了原康格里默在 1978 年年底承担的 1 540 万美元负债，加上上述 3.438 亿美元新发行债务中的 3.284 亿美元，债务合计为 3.348 亿美元。考虑到总额为 5 120 万美元的优先股和普通股，新康格里默的负债率 [负债/（负债+权益）]从 7.6%[1 540 万美元/（1 540 万美元+1.875 亿美元）]提高到 87.0%[3.348 亿美元/（3.348 亿美元+5120 万美元）]。不过，这个数字并未考虑原康格里默资产负债表上的超额现金。我们将在本章"附录 A"中深入讨论这些细节。

表 18-5　1978 年的负债和所有者权益简表

	无杠杆收购		杠杆收购后的预测值
负债	1 540 万美元	+3.284 亿美元新发行债务	3.438 亿美元
所有者权益	1.875 亿美元	报表重报	5 120 万美元
负债/（负债+所有者权益）	7.6%		87.0%

天呐！负债率居然出现了如此巨大的增长。按本书前几章讨论的资本结构，公司的财务风险也应大幅提高。但这么考虑正确吗？新增债务（及其风险水平）真的有这么高吗？不可能。为什么不会呢？我们再看看表 18-4 中负债和所有者权益的构成情况。首先分析一下康格里默的普通股。公司合计拥有 2 500 万美元的普通股，在收购完成之后，保诚保险等机构投资者拥有 1 650 万美元普通股，第一波士顿和世纪资本拥有 450 万美元普通股，管理层（拜伦和艾迪）拥有 400 万美元普通股。换句话说，在公司的全部普通股中，保诚保险持有 66%的股份，第一波士顿和世纪资本持有 18%的股份，而拜伦和艾迪及其他几家机构则持有剩余的 16%。

接下来，我们再看看康格里默的银行债务。如果收购之后的康格里默不能偿还收购前的负债及其他新增银行债务，会发生什么呢？公司会出现被强制申请破产的风险。

但如果康格里默没有偿还优先级或次级债券，又会发生什么呢？请记住，对于保诚保险持有的优先级债券和次级债券，本身就是和优先股及普通股捆绑在一起的不可分割证券。这个细节非常关键。如果新康格里默对债务违约，保诚保险会起诉康格里默，让公司破产吗？如果保诚保险真的这么做，谁会成为受害者呢？所有股东都将蒙受损失；保诚保险也是公司的股权持有人之一，而在杠杆收购后更是拥有康格里默 66%的股权！从本质上说，优先级债券和次级债券并不是传统意义上的债券，因为这些债券是由股东持有的，不能与股权分开。因此，最重要的问题（被强制破产的风险）并不是债务。实际上，如果保诚保险申请康格里默破产，受伤最惨重的还是它自己。

因此，银行债务和原有负债是唯一能增加康格里默财务风险的"真实"债务，我们曾在第六章讨论过它们的影响。这就是说，在完成杠杆收购之后，新公司的"真实"债务实际上仅为融资总额的 35.5%[（1 540 万美元的原有债务+1.25 亿美元的新增银行债务）/（3.95 亿债务总额+股本）]。考虑到康格里默的现金流非常稳定，因此，35.5%的"真实"债务水平是相对安全的，破产风险很低。

由此可见，尽管账面负债率达到87%（3.438亿美元的债务总额/3.95亿美元的债务与股本总额），但实际情况并非如此。保诚保险拥有总债务中的59.2%和普通股中的66%。但如前所述，"真实"的债务水平实际上仅为35.5%。

我们再用一个简单的例子解释这种情况。假设你在自己家的车库里开办公司，业务就是借钱给自己，而且你拥有这家公司的全部股份。如果你不能偿还你借给自己的钱，你会去法庭告自己、强迫自己破产吗？当然不会。同样，只要康格里默偿还了旧债和银行借款，就不会有破产危险。因此，即使不能偿还对保诚保险的负债，康格里默也不会面临重大破产风险，因为保诚保险不仅持有公司的优先级债务、次级债务和优先股，更是大多数普通股的持有者。正因为这样，我们在之前才会说——捆绑债券并不是传统意义上的真正债务（在不能偿还真正债务的情况下，会增加公司强制破产的风险）。

那么，原有债务和银行债务的风险到底有多大呢？老债务的利息费用约为120万美元，银行借款的利息为1 750万美元。也就是说，康格里默需要用1 870万美元的收益来支付旧债和银行借款的利息。表18-1表明，在1978年，康格里默的息税前利润为8 560万美元，利息保障倍数为4.6倍。需要提醒的是，仅仅是康格里默在1978年取得的专利权使用费收入，就已高达1 720万美元，足以应对92%的利息费用。这表明，康格里默不难支付旧债和银行借款的利息，它们给公司带来的风险很小。

现在，我们从资本结构理论出发，换个角度看看针对康格里默的这次杠杆收购。请记住，在没有税收的纯M&M模型中，资本结构是没有意义的。相比之下，在有税收和无财务困境成本的M&M模型中，最理想的负债率为100%。但是在现实世界中，当债务增加时，财务困境成本通常会随之上涨，因此，最优资本结构取决于税盾收益与财务困境成本之间的权衡。在这种情况下，要确定杠杆收购的目标资本结构，我们首先要了解杠杆收购带来的财务困境成本是多少。

于是，我们不妨重新表述前面的问题：为杠杆收购进行融资的捆绑债券是否会带来财务困境呢？肯定不会。通过利用不可分离证券为杠杆收购融资资金，第一波士顿创造了一个只有税收、几乎不存在财务困境成本的M&M世界。在这个世界里，最优负债率要高得多。

到此为止，我们应该可以说服你了：在这场杠杆收购中，康格里默使用的捆绑债券并不是真正的债务，因为它们根本就不会增加公司的财务风险。但是，我们还是有必要补充一点证据。

由表18-4可以看出，我们将捆绑债券分解为几个部分，包括利率为11.25%的优先级债务和利率为12.25%的次级债务；每股派发股利11美元的优先股，相当于股利分配率约为13.5%（11美元/81.25美元的每股发行价）。上述三种债券的信用评级分别为B+、B-和CCC。

当时的新增银行借款利率是多少呢？约为14%。那么，新公司优先级别最高的债务是什么呢？当然是银行债务。⊖ 谁应该得到最先偿付呢？自然是最优先级债务的持有人。也就是说，是为新公司提供贷款的银行。那么，这笔最优先级债务的利率是多少呢？约为14%。受偿顺序排在银行之后的是谁呢？优先级债券的持有人（又称高级债券）。优先级债券的利率是多少呢？11.25%。次级债券的利率只有12.25%。

请注意，1978年的收益率曲线非常平稳，从1979年开始略有上涨（一年期政府债券的利率为9.28%，30年期债券的利率为10.65%）。这意味着，康格里默发行的优先级债券和次级债券的利差并不完全是因为期限不同造成的。

优先级债务的利率是否合理呢？如果优先级债务的利率达到14%，那么，次级债务的利率应是多少呢？通常要高于优先级债务，因为它的风险更大。但保诚保险的次级债务利率为什么会低于优先级别更高的银行利率呢？因为保诚保险拥有的债务并不是真正意义上的债务。保诚保险可以据此参与股权收益的分配，因此，他们甘愿让自己持有的优先级和次级债券接受更低利率。此外，保诚保险要求较低的利率，也有利于保证康格里默维持足够的现金流，不会对债务出现技术性违约。因此，优先级债务（即银行债务）利率为14%，而次级债务利率却不超过12.25%。这个事实也足以说明，此次级债务并非传统意义上的债务。

由于大多数股份的持有者（保诚保险）都持有这些捆绑债券，因此，这些证券在本质上更接近于股权。那么，为什么要采用捆绑债券，不是直接发行股票呢？如果公司将这种捆绑债券称为股票，公司就必须在支付股利之前纳税。但如果公司把它称为债券，并以此名义支付利息，那么，公司就可以在税前扣除利息。从而减少应纳税利润（享受税盾效应）。

杠杆收购最关键的结果是什么呢？从根本上说，康格里默更换了股东：公司的股东由公众股东转换为私人股东。为达到这个目的，他们采用了一种近乎华丽的融资结构。通过捆绑债券，康格里默不仅可以提高名义债务水平，而且在不招致财务困境成本明显增加的前提下减少了纳税。

这是史上第一个采用这种融资结构（捆绑债券）的杠杆收购案。另外，此次收购也是有史以来最大规模的杠杆收购案例，其规模至少相当于以前杠杆收购案例的五倍。可以说，康格里默的杠杆收购已成为未来杠杆收购的范例，也开启了杠杆收购的一个新纪元，更是当下所称私募股权投资的开山之作。下面，我们再讨论一番，保诚保险如何借助股权收益弥补债券的低收益，并最终取得丰厚的盈利。

杠杆收购的风险

现在，我们再重新回顾一下整个收购过程：康格里默的基本业务风险（BBR）是什

⊖ 对公司的受偿权按优先级别排列。优先级债券持有者首先受偿，因而风险最低，但利率往往也是最低的。银行债务往往是所有债务中"最优先级"的，而普通股的优先级别在受偿顺序中排在最后。

么？康格里默拥有三个不同的产品线，这就引出了另一个问题：三种业务各自的风险怎样？风险都不是很高。如前所述，这也让公司有可能成为理想的杠杆收购对象。家居装修行业的基本业务风险本身就非常低，而且康格里默又拥有杰出的专利权和品牌名称（在40年后的今天，康格里默地板仍然在市场上畅销）。造船业的基本业务风险非常低，毕竟，多年来，康格里默已从政府拿到了大量订单。汽车零部件的业务风险同样不高，因为公司不仅拥有众多专利，而且业务模式也只是向维修市场提供产品（风险远低于OEM市场）。此外，尽管现金流低于预期，但康格里默很容易剥离这些需要资金的业务，因为它们无一属于重要部门。

那么，我们不妨看看一个最关键的问题：预期现金流是多少呢？在本章稍后，我们将计算此次杠杆收购的备考财务报表。我们将会看到，债务持有者拥有非常强大、风险极低的现金流。⊖ 此外，我们预测的利息保障倍数（EBIT/利息）同样非常有利，而且会随着时间的推移而持续改善（由表18-9可见，从1.38提高到5.74），更重要的是，现金流非常稳定。还有一个关键点在于，康格里默通过专利权取得的特许权使用费，已经达到预期利息费用总额的一半。低业务风险与稳定的现金流、灵活的剥离能力、持续改善的利息覆盖率，这些有利特征相互结合，使得公司的"真实"负债率仅为35.5%，这显然是对贷款人莫大的安慰。

康格里默的管理又如何呢？管理质量优秀吗？投资者是否担心管理层会离开呢？我们知道，当时的公司管理层完全能经营好这家公司，以往的业绩就是最好的证明。此外，通过杠杆收购，管理层也持有康格里默的很大一部分股权，这显然是对他们最好的激励，因此，他们不可能离开。

从银行角度看，风险又怎样呢？中等偏下。这是一家经营非常稳健的公司，具有良好的现金流、高质量的抵押品、高水平的管理和低于平均水平的"真实"负债率。银行为公司提供了1.25亿美元的债务，仅为总资本的32%，而且属于优先级债务。

在保诚保险的眼里，这笔交易的风险又如何呢？不管是"真实"债务还是非真实债务，即使全部考虑在内，康格里默的总负债率也只是87%（3.43亿美元/3.95亿美元）。在债务总额中，保诚保险持有的比率为59%（2.034亿美元/3.43亿美元），均为次级债务。假如不考虑股权成分的话，即使公司拥有稳定的现金流和相对较低的商业风险，依旧会让保诚保险承受较高的风险。但保诚保险毕竟持有康格里默66%的股权。因此，就实际地位而言，我们应该把保诚保险视为股份持有人，而不是债务持有人。尽管从债权和股权的内在风险看，持有股权的保诚保险比持有债权的银行风险更大，但它能和所有股东一样，享受公司股价上涨带来的好处。此外，尽管这是一家负债率达到87%的公司，但保诚保险不同于典型的股权持有人，它持有这家公司的大部分债务。因此，其本身持有的次级债务，并不会给公司造成过高的财务困境风险。毕竟，保诚保险作为控制性股

⊖ 本章"附录A"中，我们假设置身于1980年的那场杠杆收购大潮中，并采用笔者认为已非常保守的假设（表18-4和表18-5），预测康格里默在1980—1984年间的利润表和资产负债表。

东，不太可能强制康格里默破产。

价值创造

我们刚刚指出，康格里默采用的杠杆收购结构确定创造了价值。那么，这次杠杆收购到底创造了多少价值呢？1979 年 7 月 15 日，康格里默公司的股价为 25 美元。考虑到公司当时的流通股总数为 1 178.3 万股，因此，康格里默的市值为 2.99 亿美元。这也是公司股权的市场价值。1979 年 7 月 16 日，保诚保险、第一波士顿、世纪资本和康格里默管理层以每股 38 美元的价格向现有股东发出要约收购。这意味着，全部 1 178.3 万股流通股的价值总额达到 4.477 亿美元。也就是说，在一天之内，股权的市场价值就增加了 1.487 亿美元（4.477 亿美元-2.99 亿美元），涨幅达到 50%。要约收购为什么会让股权市值产生如此大的增幅呢？

揭开现代金融的奇迹

	1979 年 7 月 15 日	1979 年 7 月 16 日
每股价格	25.375 美元	38.00 美元
流通股数量	1 178.3 万股	1 178.3 万股
股票市值	2.99 亿美元	4.477 亿美元

康格里默的运营方式并没有因为 LBO 而发生任何变化，它们的预期也没有因此而做出调整。

它们还是同一家公司吗	是
公司是否拥有相同的管理层	是
公司是否卖掉或收购了其他业务呢	否
这中间是否发生了某些协同效应呢	否
销售收入是否增加了呢	否
是否签署了新的劳动合同呢	否

康格里默从一家价值 2.99 亿美元的公众公司，变成一家价值 4.678 亿美元（实际支付的对价）的私人企业。那么，额外增加的价值来自哪里呢？让我们来看看吧。

康格里默的备考财务报表

假设现在的时间就是 1979 年 7 月，我们的任务就是在发生杠杆收购和无杠杆收购两种前提下，为康格里默编制备考财务报表。鉴于本章的主题不是研究备考预测（这是本书前面几章的重点），因此，我们将备考财务报表的编制任务放到本章"附录 A"中。请注意，与未发生杠杆收购情况下的预测相比，杠杆收购前提下的预测出现了两个重大变化。首先，利息费用大幅增加（1978 年为 120 万美元，1980 年则达到了 4 160 万美元），这完全是由增加的债务带来的；其次，由于杠杆收购以收购价格作为资产的账面价值，因此会导致折旧和摊销费用的增加。表 18-6 列示了康格里默在两种前提下的 1980 年备考利润表。

表 18-6　康格里默在有无/杠杆收购前提下的 1980 年考利润表

单位：百万美元	无杠杆收购的 1980 年预测值	有杠杆收购的 1980 年预测值	差异
销售收入总额	709.5	709.5	0
销售成本	475.4	475.4	0
销售及一般管理费用	134.8	176.8	42
营业利润	99.3	57.3	−42
利息支出	0	41.6	−41.6
其他业务损益	0	0	0
税前收入	99.3	15.7	−83.6
所得税（48%）	47.7	7.5	−40.2
净利润	51.6	8.2	−43.2

奇迹揭秘：杠杆收购和税收

表 18-6 显示，在没有发生杠杆收购的情况下，康格里默的备考净利润为 5 160 万美元，而 LBO 后的净利润仅为 820 万美元。为什么会出现这么大的差异呢？原因就在于杠杆收购。

（1）在完成杠杆收购后，由于资产按收购价格入账，导致资产尤其是固定资产的账面价值增加，折旧和摊销增加造成税前收入减少 4 200 万美元。

（2）为杠杆收购融资导致债务增加，因融资费用而造成税前收入减少 4 160 万美元。

这两个方面合并到一起，导致所得税减少 4 020 万美元。在财务上，我们把由此减少的税收费用分别称为折旧的税盾效应和利息的税盾效应。我们再次解释一下这两种税盾效应：表 18-6 中的备考财务数据显示，杠杆收购使得 1980 年的折旧和摊销费用增加了 4 200 万美元（由于折旧费用属于一般管理费用，从而体现为销售、管理及行政费用的增加），按 48% 的公司所得税计算，可以减少 2 020 万美元的所得税费用。

同样，1980 年追加的利息费用为 4 160 万美元，按 48% 的公司所得税计算，可以减少 2 000 万美元的所得税。

综合来看，折旧和摊销带来的税盾为 2 020 万美元，利息费用带来的税盾为 2 000 万美元，两者之和即为表 18-7 中的"所得税"差额：4 020 万美元。

展望未来五年，杠杆收购每年带来的税盾约为 3 530 万美元（1980 年为 4 020 万美元，1984 年为 2 930 万美元），如表 18-7 所示。

表 18-7　康格里默在有无杠杆收购情况下的税收变动

单位：百万美元	1980	1981	1982	1983	1984
没有杠杆收购的税收费用	47.7	52.9	58.7	65.2	72.4
有杠杆收购的税收费用	7.5	14.4	22.9	32.5	43.1
杠杆收购预计可减少的税收费用	40.2	38.5	35.8	32.7	29.3

对"现代金融奇迹"的理论解释

我们再回到资本结构理论。大家应该还记得，M&M（1958）理论表明，"比萨饼"总的大小是不变的，而资本结构只是决定我们如何切分这块比萨饼，以及谁能分到哪一块。而 M&M（1963）模型则告诉我们，通过税收，政府从中获得其中的一大块，因此，税收会减少其他利益相关者可以获得的比萨饼大小。而增加债务，我们就可以减少政府分得的那块比萨饼。按照同样的道理，杠杆收购会增加利息和折旧费用，因而减少了向政府转移的收益规模，并将这部分节约下来的收益用到其他方面。根据我们的备考财务报表，在康格里默的 1980 年收益中，政府分得的那份减少了 4 020 万美元。

但关键的是，谁得到了以前归属于政府的这 4 020 万美元呢？现在，它们以还本付息的方式进入债权人的腰包。那么，债务的持有人是谁呢？银行（部分）和保诚保险（最主要的）。但务必要记住的是，保诚保险还是最大的股东（持有公司 66% 的股权）。利用 87% 的负债率，公司减少了对政府支付的税款，但却增加了对债权人支付的利息。在讨论资本结构时，我们曾指出，增加债务的成本就是带来经营风险的增加。⊖ 但是在捆绑债券中，债务持有人与股东归于一处，因此，债务风险不会随着债务的增加而增加。

那么，公司借助这场杠杆收购得到了什么呢？一方面，康格里默在 1980 年少缴纳了 4 020 万美元的税收。从本质上说，康格里默只是向保诚保险借款，然后再用这笔钱购买自己的股票，现在，它就可以利用这笔通过债务节约下来的税款偿还对保诚保险的借款。

再回到上面那个有点拗口的问题——哈佩尔（哈佛大学的 MBA 毕业生）为什么要向哈佛肯尼迪政府学院捐款，而不是他的母校哈佛商学院呢？或许是为了向税法致敬吧，正是因为税法的规定成就了这个现代金融奇迹。（这完全是笔者毫无根据的主观臆断。）

面向未来的康格里默

本章附录 A 显示了康格里默 1980-1984 年的备考利润表和资产负债表，并介绍了

⊖ 注意，对 M&M（1963）模型最大的质疑，就是它没有考虑杠杆效应以及存在增加财务困境成本的风险。而通过捆绑债券融资则消除了债务增加带来的大部分风险，也为 M&M（1963）模型提供了用武之地。

编制过程。(同样，我们再次建议读者简单浏览一下本章的附录 A)。根据表 18-13，我们可以看到康格里默对超额现金流的预测情况，如表 18-8 所示。

表 18-8 康格里默 1980-1984 年的超额现金

单位：千美元	1980	1981	1982	1983	1984
息税前利润（EBIT）	57 346	68 272	80 400	93 862	108 805
EBIT×（1-税率48%）	29 820	35 501	41 808	48 808	56 579
加，折旧及摊销费用	41 381	41 381	41 381	41 381	41 381
减，资本性支出	0	0	0	0	0
加，期初净营运资金	31 247	56 185	70 622	86 649	104 437
减，末期净营运资金	-56 185	-70 622	-86 649	-104 437	-124 183
企业自由现金流	46 863	63 045	67 762	73 001	78 814

请注意，在这里，我们假设康格里默出于税收目的而对专利和其他资产计提折旧摊销，但无须以新的资本性支出维持这些专利及其他资产（如本章附录 A 所示，假设资本性支出等于杠杆收购之前的资产折旧。由于资本不增加，因此，随着资产持续计提折旧或摊销，杠杆收购带来的资产增值额会随着时间的推移而逐渐减少)。在杠杆收购之前，固定资产在 1978 年增加了 1 270 万美元，1977 年增加了 670 万美元。

由本章附录 A 中表 18-13 得到的表 18-9 显示，在杠杆收购后的前五年，债务总额大幅下降。这是基于表 18-8 所示的超额现金被用于偿还债务的假设。事实上，即使公司持有超额现金（而不是用于偿还债务），我们也知道，"真实"债务水平应等于债务扣除超额现金后的余额（超额现金相当于负的债务）。

表 18-9 康格里默在杠杆收购情况下的备考资本结构

单位：千美元	1979	1980	1981	1982	1983	1984
债务合计	328 400	306 710	267 089	219 866	163 967	98 544
权益合计	51 200	55 847	67 924	89 193	120 899	164 087
负债率［负债/（负债+所有者权益）］	86.50%	84.60%	79.70%	71.10%	57.60%	37.50%
利息保障倍数	不适用	1.38	1.79	2.46	3.6	5.74

因此，在完成杠杆收购之时，康格里默的负债率为 86.5%，我们可以预计，公司在五年后的负债率将减少到 37.5%。最重要的是，以前必须交给政府的税款，现在将归属于康格里默的资金提供者，其中不仅包括公司最主要的债务持有人（即保诚保险），也包括其他股东。一旦债务得到偿还，公司的资本结构将恢复到杠杆收购前的面貌，唯一变化的，就是公司的所有权如今已属于保诚保险、投资银行和公司的管理层。

除负债会大幅减少之外，康格里默的股本将会大幅增长，如表 18-9 所示。公司的优先股价值仍为 2 620 万美元。而普通股价值则从最初的 2 500 万美元增加到 1.379 亿美元（累积净利润减去累积优先股的价值）。

杠杆收购似乎非常复杂（既不是传统意义上的债务，也不是优先股）。尽管基本原理并不复杂，但它一定要在形式上非常复杂。为什么呢？只有这样，它在税收上才能被视为债务，尽管这种所谓债务的风险水平非常低。因此，这种融资结构的本质在于，捆绑债券在形式上被称为债务，但在实质上更接近于股权。这也是为什么要把这笔交易构造成由优先级债务、次级债务和优先股等组成的原因。政府能否看出其中的奥秘，进而调整税法，防止公司以这种方式规避纳税呢？很难判断。有些规则确实已经发生改变，但还有很多依旧如故。不过，康格里默的这笔交易及其他很多交易确实采取了这种模式，而且也确实未引发法律上的质疑。

股权收益

第一波士顿、世纪资本以及康格里默的管理层到底为康格里默投入了多少资金呢？1979年，他们的投资总额为850万美元。保诚保险追加投资了1650万美元的普通股。因此，公司的普通股股本总额变成2 500万美元。这些股权在1984年年底的价值是多少呢？根据本章"附录A"中表18-13所示的备考财务报表，我们可以看到，1984年，公司的预计净利润为4 670万美元。此外，公司还预期将偿还所有债务。因此，按照表18-14，债务（短期负债与长期负债之和）将从1980年年底的3.067亿美元减少到1984年的9 850万美元。

如果假设康格里默目前的全体股东决定在此时上市，他们所持股权的预期市场价值将是多少呢？我们先按市盈率考虑。如果市盈率为1.0，那么，现有普通股的价值将接近于翻一番（投资价值从原来的2 500万美元增加到4 670万美元）。但是，1.0的市盈率显然太低了。如果采用康格里默在杠杆收购之前的市盈率：7.3，那么，公司在上市后的市值（市场价格）将变成3.409亿美元。这相当于超过1 363%的收益率，或者说，每年的平均收益率为68.5%。现在，你应该知道，我们为什么会把这次杠杆收购称为"现代金融奇迹"了吧。如果现有股东（保诚保险和世纪资本等）能以15的平均市盈率出售康格里默，其回报将蔚为壮观：市值将达到7.005亿美元，这意味着，总收益率超过2 700%，相当于年均收益率为94.5%。

拜伦和埃迪会怎么办呢？别忘了，他们最初向康格里默公司投资了400万美元（他们凭借股票期权得到了1 010万美元，扣除重新投入公司的400万美元，还可以将剩余的600万美元用于其他用途）。为此，他们获得公司16%的股权。按7.3的市盈率，管理层最初的400万美元投资，将变成5 450万美元（3.409亿美元×16%）。当然，这还不考虑他们经营管理公司所取得的工资和奖金。与拉达克在收购之前的37万美元年薪相比，这个数字当然非常可观了。或许这就是富人和富豪的区别吧。现在，我们谈论的已经是富豪了。与此同时，我们应该清楚杠杆收购对管理层的诱惑力会有多大了吧。

保诚保险的总投资为2.461亿美元，其中的1 650万美元为股权投资，对应于康格里默66%的普通股。按照我们的预测，五年后，2.296亿美元的债务和优先股将全额受偿，按7.3的市盈率，股权价值预计为2.296亿美元（3.409亿美元×66%）。也就是说，保诚保险这笔投资在五年后的价值总额为4.546亿美元（2.296亿美元+2.25亿美元）。

因此，除了取得的年利率和优先股股利之外，保诚保险实现了84.7%的收益率，换算为年收益率为13.1%。

不妨总结一下：康格里默是第一个现代杠杆收购的典范。在这个案例中，认识价值创造的关键在于，现代杠杆收购代表了一个没有或是很少有财务困境成本的 M&M 模型。在 M&M 理论中，如果考虑税收但不考虑财务困境成本，那么，我们就应该最大限度地减少债务。但财务困境成本的客观存在，使得我们往往不希望无节制地增加负债。但是在康格里默案例中，参与者则设计出一种让股权披上债务外衣的融资方式。随后，他们留下了原本应支付给政府的钱，而不是以债务持有者身份简单地收取利息。

支付给老股东的收购价格

我们现在的问题是：每股 38 美元的收购价格是否公平？不要忘记，这个价格已超出市场价格的 50%。但是按每股 38 美元的价格，康格里默的管理层、投资银行、世纪资本和保诚保险都赚得盆满钵满。他们的回报是以牺牲老股东的利益为代价吗？他们是否应该向老股东支付更高的价格呢？按照当时的市场价格，老股东已经多赚了 50%。

如果上市公司的管理层向股东购买股份，这算是自我交易吗？此外，管理层以后是否会遭到追责的风险呢？为撇清责任（至少要保护自己免遭自我交易的指控），管理层应怎样做呢？他们必须聘请一家投资银行。为什么呢？他们必须取得一个公正的评价。⊖ 无论结果怎样（即使杠杆收购后各方皆大欢喜），管理层都有可能遭到起诉，但这份公证会保护管理层免遭自我交易的指责。据笔者了解，迄今为止，在杠杆收购之前取得第三方公允评价的情况下，还没有哪个公司的管理层、董事会或投资银行因杠杆收购而遭到诉讼。

那么，康格里默应该从何处得到这个估值意见呢？他们找到了拉扎德公司，这是一家独立于第一波士顿、保诚保险、世纪资本及康格里默管理层的投资银行。拉扎德对本次 LBO 发表的意见收录于本章附录 B。那么，拉扎德凭什么来证明收购价格的公允性呢？拉扎德利用若干估值乘数对康格里默的三项业务进行了估值。你能对康格里默的三项独立业务的部门做估值吗？在本书中，笔者希望你给出的答案是"没问题！"此时，拉扎德也会派人守在电话边，看看是否有人愿意出更高的价格。

如果让你出具这份鉴定，你准备收多少钱呢？你每小时的收费标准是多少呢？我猜测，你心目中的数字肯定远远低于拉扎德的要价——他们的报价是 300 万美元。（笔者现在还在想，其实很多学者和业内人士都有能力完成这种分析，而且质量丝毫不会逊色于任何一家投资银行，关键是收费会低得多。）

现在有人可能会认为，拉扎德是因为承担责任而获得的补偿，而且他们提供公允意见的资本就是信誉。但是，投资银行在提供估值意见时，通常会要求被评价公司针对意见本身带来的责任做出免责声明。也就是说，如果有人针对投资银行发表的意见对投资

⊖ 估值意见是专业人士对企业公允价值发布的意见（通常由投资银行提供）。

银行提起诉讼，即使投资银行败诉也无须赔偿。那么，投资银行的声誉价值到底是多少呢？我们还是把投资银行声誉的估值问题留给读者吧，但我们认为，声誉风险显然不是他们决定费用的依据。

此外，投资银行在参与并购时也经常会收取或有费用。在这个例子中，拉扎德在《授权委托书》的第 12 页明确指出，无论交易是否完成，他们都将获得 100 万美元的固定费用。如果交易成功，拉扎德还将获得额外 200 万美元的或有费用。因此，如果拉扎德认为这笔交易不公允，他们至少获得 100 万美元的固定费用。如果他们说这笔交易公正可信，进而促成交易达成，那么，拉扎德的收入就变成了 300 万美元。因此，增加收入的激励效应是显而易见的。

有一个笑话是这样说的：如果全世界确实希望在中东实现和平，那么，就应该让高盛代表冲突一方，摩根士丹利代表另一方，签署带有或有费用的和平协议。和平有可能在月底就能到来。

接下来发生的故事

后来的康格里默到底怎样了呢？在经历了杠杆收购之后，康格里默依旧非常抢眼。公司继续有效运行，也兑现了预期的利息税盾和折旧税盾。公司的实际盈利水平甚至高于预期，债务如期持续减少。五年后，由于资产折旧的增加和净值的减少，利息的税盾开始逐渐减少，而债务总额的减少也导致税盾大幅下降。对很多杠杆收购来说，这往往是公司再次上市的最佳时机。为什么呢？杠杆收购的税收优惠已经兑现，对盈利的影响已非常有限。此外，就像我们前面讨论的那样，即使采用适中的市盈率，杠杆收购投资者的回报也是非常可观的。

但康格里默并未重新上市。相反，它在 1984 年进行了第二次杠杆收购。在这次变化中，管理团队引进了新的合作伙伴，拜伦和埃迪最终持有的股份达到了 70%。保诚保险、第一波士顿和世纪资本则因为参与第一次杠杆收购而坐享了三倍的收益率。

随后又发生了什么事呢？1986 年，管理团队决定出售康格里默。《华尔街日报》的一份报道指出：⊖

康格里默已通过出售巴斯钢铁工业公司完成了公司分拆，但现在的工作就是如何处理 8.5 亿美元的现金。康格里默的灵魂人物——48 岁的埃迪·尼科尔森和 52 岁的拜伦·拉达克上星期就已经在考虑这件事了。他们自称拥有或控制了康格里默 70%的普通股。

归根到底，拜伦和埃迪将公司肢解后卖给了别人，⊖ 然后，将属于他们自己的 5.95 亿美元（8.5 亿美元×70%）收入囊中。

⊖ 1986年8月20日和1986年8月30日的《华尔街日报》。

⊖ 巴斯钢铁工业公司通过另一次杠杆收购，以5亿美元的价格被出售，包括总裁威廉·哈盖特（William Haggett）在内的巴斯管理层成为新公司的投资者。据报道，当时巴斯钢铁工业公司尚存的政府订单总额超过10亿美元。

后记：杠杆收购带来了什么变化

在经历了对康格里默的杠杆收购之后，LBO 发生了什么变化呢？变化体现在几个方面。经验告诉我们，任何时候我们都能想出好主意，一旦浮出水面，它就会被人们效仿。因此，更多的资金不断流入这个领域（即"更多的钱开始追逐交易"）。当然，最先被投资者选中的，必然是最能赚钱的交易。这意味着，随着时间的推移，交易的风险会不断加大：杠杆收购的目标也不再像以前那么有油水了，而且现金流趋于不稳定，管理层也没有那么得力。总之，杠杆收购的风险越来越多。

此外，投资银行也开始越来越贪婪。它们觉得，应该把更多的利润留在自己的口袋里，而不是把投资卖给保诚这种真正有实力的机构投资者。此外，出现于 20 世纪 80 年代的垃圾债券市场，也为杠杆收购提供了潜在的资金来源。因为它允许投资银行在垃圾债券市场进行融资（见第十章的讨论），而不是去找保险公司，投资银行家和管理层甚至会保留 100%的股权。但最大的区别在于，他们不再使用捆绑债券进行融资。垃圾债券投资者不会享受股价上涨的收益，不同层次的债务不再"捆绑"在一起。这也意味着，债务成本开始上涨，因为债务持有人无法分享股权的上涨，因而，必然会索取更大的风险回报。

但最重要的或许在于，与捆绑融资模式相比，采用分层融资模式的债务和杠杆收购必将面对更高的融资风险。当公司陷入财务困境时，债权人毕竟不同于股东，他们更希望强迫公司破产，实现自己的优先受偿权。

那么，投资银行做了些什么呢？他们走出包含税收但没有财务困境的 M&M 世界，步入更残酷的现实。在出现这种变化之前，也就是在 1984 年年底左右，总共发生了近 180 笔杠杆收购交易，其中只有一家公司遭遇破产（有论文对这一变化进行了描述和研究[⊖]）。但是在 1984 年以后，破产的杠杆收购公司数量开始上升，这显然是对融资结构变化的最好回应。

除投资银行方面的变化之外，国会也修订了税法，大大削弱了杠杆收购的诱惑力。特别是在 1986 年 10 月 22 日实行的《1986 年税收改革法案》（Tax Reform Act）中，废除了《一般公用事业法案》（General Utilities Act），消除了税法中的部分漏洞。这一点很重要，因为《一般公用事业法案》允许公司按实际支付的价格作为收购资产的账面价值，这就可以利用抬高资产价格的方式增加税前可扣除的折旧费用。新税法规定，外购资产不得按实际支付的价格作为计提折旧的资产基础，除非卖方已对资产增值纳税。

例如，根据《一般公用事业法案》，投资者可以按 1 亿美元的价格购置一座建筑物（或公司资产），并按这个价格计提折旧，一直到资产净额为零，然后再按市场价格出售给其他人。买家也可以按购买价格计提折旧，并一直到计提金额为零（从而获得税收优

[⊖] Kaplan and J. Stein, The Evolution of Buyout Pricing and Financial Structure in the 1980s, *Quarterly Journal of Economics*（1993）：313–357。

惠)。这会导致同一种资产被重复计提折旧。但是在税法改革之后，就不再允许出现这种情况。也就是说，当计提折旧的资产被出售后，卖方不得对购买价格与折旧后资产净额之间的差额计提折旧（对差额全体缴纳税款），即第二个买家只能按扣除累积折旧后的净额作为计提折旧的基础，从而避免了重复计提折旧的问题。按照新的税法，在康格里默的杠杆收购案中，税盾优惠将减少近一半，从而减少了交易的总体收益。

杠杆收购的绩效激励

上述分析并不是说杠杆收购的唯一优势就在于增加税盾价值。更重要的是，当管理者成为股东时，他们在管理公司方面会做得更好，这一点已得到实证研究的认可。史蒂文·卡普兰（Steve Kaplan）的研究表明，在杠杆收购之后，公司的绩效指标均有明显改善（表现为营业收入增加、资本性支出减少和净现金流增加）。⊖

因此，如果结构设计合理，杠杆收购机构不仅可以把我们带回理想的 M&M 世界——只有税收，但没有财务困境成本；也将我们带回一个没有代理成本的世界——因为管理者本身也是所有权人、委托人。

本章小结

(1) 哪些因素会成就一个理想的杠杆收购对象呢？理想的杠杆收购目标应满足三个基本要求，即低水平的债务、良好的现金流和有效的管理层。为什么要具有低水平的债务呢？因为没有低水平的债务，就无法进行杠杆融资。什么是良好的现金流呢？现金流在规模上必须足够大，至少要超过必需的新增债务；而且还要足够稳定，最大程度减少不足新增债务需求的风险。必须对公司进行有效的管理和经营，管理层既可以是现任管理层，也可以对现任管理层取而代之。

作为一个非必要条件，公司的业务最好是可分离的。一旦收购不能如期进行，就可以进行分拆出售。此外，超额现金肯定是加分项目。基于这些标准，康格里默显然是一个几乎完美的杠杆收购对象。

(2) 我们再看看公司金融的产品风险与财务风险二元论：从根本上说，康格里默的情况几乎与梅西-弗格森（第五章）完全相反。梅西-弗格森面对的是一个高风险的产品市场，它需要在财务融资方面予以保障。但对于杠杆收购，这显然是不合适的。因为杠杆收购需要一个非常安全的产品市场（相当于拥有非常安全的基本业务风险），但可以在财务层面承受更大的风险。正如我们指出的那样，即使是在财务层面上，杠杆收购的风险也不如表面看上去那么大，因为大部分债务只是打着债务幌子的股权。

⊖ 见 Kaplan and J. Stein, The Evolution of Buyout Pricing and Financial Structure in the 1980s, *Quarterly Journal of Economics*（1993）: 313–357。

（3）捆绑融资是降低杠杆收购中财务风险的关键。捆绑融资模式由第一波士顿（对康格里默的收购案）发明，捆绑债券虽然在形式和名称上被称为债务——以享受债务利息带来的税盾效应，但捆绑的真正用意在于将债务持有者和股权持有者融为一体，从而减少收购后的财务困境成本。捆绑融资是康格里默收购取得成功的关键，因为它让债权人和股东集于一身，消除了两者在受偿权上的冲突。实际上，它只是复制了包含税收和低财务困境成本要素的 M&M（1963）模型（区别于不考虑财务困境成本的 M&M 模型）。

（4）学术研究表明，杠杆收购的价值不仅源于利息和折旧税前扣除带来的存量收益，还有激励管理层带来的增量收益。我们并不是说，管理层在拿到 37 万美元年薪后没有努力工作。但基于杠杆收购带来的潜在收益，管理者肯定愿意将床搬进办公室。

（5）杠杆收购的投资者在什么时候取得回报呢？让杠杆收购公司重新上市往往是投资者取得最大回报的时机。毕竟，利息和折旧的税盾收益不会永远持续下去。当这两个方面的收益动力逐渐消减时，公司就可以考虑上市，而杠杆收购的股权持有人也会因为重新上市而收获颇丰。从杠杆收购完成到重新上市，通常需要三到五年的时间（对康格里默来说，应该是 1984 年年底）。为什么要用三到五年时间呢？因为此时的固定资产增值已基本折旧完毕，债务水平也开始下降，而现金余额则开始增加。

（6）目前的杠杆收购与康格里默所处的时期还一样吗？不。发生了哪些变化呢？很多方面发生了微妙的变化。首先，每当出现新的盈利行业或业务模式时，都会带来新的变化。只要发现新的模式（比如本案例中的杠杆收购），我们就会看到，投资者排着队等着为杠杆收购提供资金。第一批杠杆收购业务出现在 20 世纪 80 年代初，那个时候的杠杆收购是非常赚钱的，而且初期交易的回报来得易如反掌。随着业务的成熟，赚钱自然会变得越来越难。

其次，即便是最理想的收购对象，LBO 的收益率也会呈现下降趋势，毕竟，竞争加剧带来的收益递减也是自然规律。比如说，如果康格里默不是第一个杠杆收购案例，那么，当第一波士顿公司按每股 38 美元的价格进行收购时会发生什么呢？其他人也会随之而来，报出更高的价格。竞争会导致收购价格上涨，从而降低收购者的最终收益率。在康格里默这个案例中，根本没有人参与出价，因为根本就没有人了解什么是杠杆收购。（拉扎德在其股东授权书中就已指出，他们联系了 15 家其他潜在买家，但没有人感兴趣。）在那个时候，第一波士顿新设计的融资结构显然是难以理解的。人们根本就没有意识到，它就是没有财务困境成本的 M&M（1963）模型。

（7）LBO 市场的另一个变化是，投资银行不能再以捆绑债券的形式（1984 年左右）进行融资。现在，投资银行家开始通过分层债券形式为杠杆收购提供融资，而且主要手段就是将风险最高的一层债券卖给垃圾债券市场。这意味着，债权人将不再是股东。当投资银行从捆绑融资转向分层融资时，也就改变了它们在交易中的收益方式。这使得债务更接近于传统意义上的债务市场，债务持有人没有时间和精力去监督公司的管理者，代理成本随之而来。而且当投资银行提供分层融资时，也相应地增加了公司风险。

（8）除了这些竞争及结构性变化之外，监管环境也发生了变化。如前所述，废除《一般公用事业法案》减少了杠杆收购的一个重要价值来源——折旧的税盾效应已不复存在。

我们的世界永远在变化

在杠杆收购的传奇历史中，下一个伟大创举就是私募股权公司的出现。私募股权公司采用了最初的杠杆收购模型。这些公司筹集大量资金，然后收购上市公司并将其私有化。在这个过程中，私募股权公司为收购提供债务和股权融资（其负债率远高于上市公司本身的债务比率），因此，他们也能像杠杆收购一样，在降低风险的同时得到利息税盾的巨大收益。此外，私募股权公司还会密切监督被收购公司管理层的行为，从而降低了代理成本。随后，私募股权公司再对被收购公司进行分拆重组，使之重新公开上市，类似于康格里默采取的 LBO 模式。

笔者认为，2018 年颁布的《减税与就业法案》给私募股权行业带来了重大冲击。尽管新税收把公司税率从 35% 下调到 21%，但也对可抵扣的利息成本设置了上限。这个上限目前设定为公司 EBITDA 的 30%。此上限会让除高杠杆率的诸多优势化为泡影。不过，对于私募股权公司目前持有的投资组合，利息税收减免上限带来的影响不会太大，因为公司所得税税率的降低会抵消部分或全部利息税抵扣上限带来的损失。

我们预计，受利息税抵扣上限影响最大的，将是新的杠杆收购或私募股权收购。原因就在于新项目营利能力的下降：不妨设想一下，如果收购过程中的大部分税收优势不复存在，那么，康格里默的案例中会发生什么呢？

在 2018 年《减税与就业法案》颁布之前，私募股权公司需要与其他上市公司争夺收购目标。也就是说，上市公司 B 可以通过合并方式收购上市公司 A，而私募股权公司可以通过退市私有化方式取得上市公司 A 的控制权。在新税法生效后，情况仍将如此，但由于可抵扣的利息费用受到限制，因此，使得收购项目的营利性大打折扣，因此，私募股权公司就不愿支付更高的收购价格。因此，我们预计，私募股权投资行业的增长速度将会放缓，甚至是出现萎缩。

期待下一步

下一个案例将是美元树对家庭一元店的收购。我们将在随后四章里对战略、估值和执行展开讨论。

附录 A 康格里默在有/无杠杆收购两种情境下的备考财务报表

本附录中的备考财务报表由笔者根据历史数据预测得到，相关方法与第三章和第四章完全相同。其中，备考预测数字依据如下假设获得。

在假设未发生杠杆收购的前提下，我们会得到表 18-10 和表 18-11，分别为康格里默在 1978—1979 年和 1980 年期间的预测利润表和资产负债表。

表 18-10　未发生杠杆收购情况下，康格里默的 1979 年和 1980 年备考利润表

单位：千美元	1978	调整金额	1979	1980
销售收入	575 830	11%/年	639 171	709 480
销售成本	385 851	销售收入的 428%	428 245	475 352
销售及一般管理费用	108 648	销售收入的 19%	121 443	134 801
营业利润	8 133		89 483	99 327
其他收入	4 281	剔除	0	0
利息费用	1 266	估计数	1 000	0
税前利润	84 346	小计数	88 483	99 327
所得税	40 486	税前利润的 48%	42 472	47 677
净利润	43 460		4 601	51 650
每股收益	3.58	净利润/11 783	3.90	4.38
每股股利	0.80	净利润的 25%	0.98	1.10
年终的股票价格	26.25	7.3×每股收益	28.47	31.97

表 18-11　未发生杠杆收购情况下，康格里默的 1979 年和 1980 年备考资产负债表

单位：千美元	1978	调整	1979	1980
现金	77 254	插入项	85 857	112 642
应收账款	64 482	销售收入的 11%	70 309	78 043
库存	75 258	销售收入的 13%	83 092	92 232
其他流动资产	3 511	保持不变	3 511	3 511
流动资产	220 505		242 769	286 428
PP&E	70 777	保持不变	70 777	70 777
商誉等	31 770	保持不变	31 770	31 770
总资产	323 052		345 316	388 975
当期到期的长期负债	460	已付清	—	—
应付账款	41 578	销售收入的 7%	44 742	49 664
其他流动负债	68 359	保持不变	68 359	68 359
流动负债	110 397		113 101	118 023
长期负债	14 949	已偿还完毕	—	—
其他长期负债	10 221	保持不变	10 221	10 221
负债合计	135 567		123 322	128 244
实收资本	16 256	保持不变	16 256	16 256
留存收益	171 229	+净利润-股利分配	205 738	244 475
总股本	187 485		221 994	260 731
负债和所有者权益合计	323 052		345 316	388 975

表 18-12 为康格里默的 1979 年资产负债表，并假设杠杆收购已发生。事实上，杠杆收购的日期为 1980 年 1 月 29 日。为简单起见，我们在数据列示中忽略了多出一个月的影响。请注意，由于杠杆收购是年终之后发生的，因此，1979 年的年终利润表并未发生变化。

表 18-13 和表 18-14 为康格里默 1980–1984 年的预测利润表和资产负债表。

在未发生杠杆收购的情境下，编制康格里默备考财务报表（表 18-10 和表 18-11）所依据的假设如下：

- 销售收入的增长率为 11%（即 1974–1978 年的年均增长率）。
- 销售成本为销售收入的 67%（1978 年）。
- 销售、管理及行政费用为销售收入的 19%（1978 年）。
- 1979 年的利息费用水平略低于 1978 年（反映每年偿还债务的情况），1979 年为零（假设债务已偿还完毕）。
- 所得税为税前利润的 48%。
- 每股收益（EPS）按净利润除以 1 178.3 万股计算。
- 支付的股利为净利润的 25%（每股股利为总股利除以 1 178.3 万股）。
- 年终的股价为每股收益的 7.3 倍。
- 现金为插入数字，是维持资产负债平衡所需要的金额。
- 应收账款为销售收入的 11%（1978 年）。
- 存货为销售收入的 13%（1978 年）。
- 其他流动资产、固定资产及商誉金额均保持不变（1978 年）。
- 债务已清偿完毕（鉴于现金余额较大）。
- 应付账款为销售收入的 7%（1978 年）。
- 其他流动负债保持不变（1978 年）。
- 其他长期负债和实收资本保持不变（1978 年）。
- 留存收益为 1978 年期末余额加上表 18-10 中的备考净利润，再减去按净利润 25% 支付的股利。

杠杆收购情境下的备考财务报表

表 18-12（显示出康格里默在 1979 年完成杠杆收购后可能得到的资产负债表）来源于表 18-11 所示的 1979 年资产负债表（显示康格里默在 1979 年未发生杠杆收购时得到的资产负债表）。然后，根据杠杆收购带来的变化，对表 18-12 进行调整（比如说由杠杆收购带来的价值变化）。请注意，1979 年的利润表之所以未发生变动，是因为 LBO 在年终之后发生，因而对 1980 年及以前的收入没有影响。主要变化包括以下几点。

（1）完成杠杆收购之后，资产的账面价值上调 2.458 亿美元，其中，1.74 亿美元分配给专利权，其余 7 180 万美元分配给固定资产。这 2.458 亿美元从何而来呢？首先，为收购康格里默而支付的价格为 4.678 亿美元（支付给股东的金额为 4.477 亿美元，加上支付给拉扎德公司的 1 000 万美元费用，以及为购买高管所持股票期权而支付的 1 010 万美元），与此同时，在杠杆收购发生时，按照无杠杆收购对应的表 18-12，可以看到，康格里默公司的净资产账面价值为 2.22 亿美元（3.343 亿美元资产-1.43 亿美元负债），两者的差额就是资产的账面价值增加值（4.678 亿美元-2.22 亿美元）。分配给专利权的 1.74 亿美元来自康格里默股东委托书给出的估计数。① 为简单起见，将剩余的 7 180 万美元增加值全部分配给固定资产。实际上，所有单项资产和负债都应调整至市场价值，最后将调整后的净资产差额作为商誉价值。②

（2）短期负债增加 1.25 亿美元，为新增的银行贷款金额。

（3）如前所述，长期负债的增加额包括 1.136 亿美元的优先级债券、8 980 万美元的次级债券，增加额合计为 2.034 亿美元。

上述调整可总结为如下表格：

上述调整可总结为	单位：百万美元
对康格里默支付的现金（表 17.3）	467.8
备考总资产（1979 年 12 月 31 日）	345.3
备考总负债（1979 年 12 月 31 日）	123.3
账面价值净额（1979 年 12 月 31 日）	222.0
购买价格差异	245.8
分配给专利权的增值（评估增值）	174.0
分配给固定资产的增值	71.8	245.8

（4）如上所述，实收资本重新设定为 2 620 万美元优先股与 2 500 万美元普通股的总和，即 5 120 万美元。

（5）收购后的留存收益重新设定为 0，因为资产和负债均重新设定为购买价。

表 18-12 康格里默在进行杠杆收购前后的资产负债表

单位：千美元	杠杆收购之前	调整	杠杆收购之后
现金及有价证券	85 857	插入值	-2 343
应收账款	70 309	保持不变	70 309
存货	83 092	保持不变	83 092
其他流动资产	3 511	保持不变	3 511
流动资产	242 769		154 569
土地、厂房和设备	70 777	+调增 71 806	142 583
无形资产和专利	31 770	+调增 174 000	205 770
资产合计	345 316		502 922
银行借款	0	+银行债务 125 000	125 000
应付账款	44 742	保持不变	44 742
其他流动负债	68 359	保持不变	68 359
流动负债	113 101		238 101

---

① 股权授权书由1980年1月29日股东特别会议表决通过。这些文件为还是在1980年1月8日提交给美国证券交易委员会的相关文件，见C659750 16 22-78。
② 财务报表中的商誉是指公司在收购时的资产市场价值超过负债市场价值的差额。

单位：千美元	杠杆收购之前	调整	杠杆收购之后
长期负债	0	+新增债券 203 400	203 400
其他长期负债	10 221	保持不变	10 221
负债合计	123 322		451 722
实收资本	16 256	重新设定为 51.2	51 200
留存收益	205 738	重新设定为 0	0
所有者权益合计	221 994		51 200
负债和所有者权益合计	345 316		502 922

康格里默在完成杠杆收购后的备考财务报表，1980-1984年（表18-13 和表18-14）

现在，我们可以编制康格里默公司在发生杠杆收购后的备考利润表和资产负债表。为此，我们需要用到表18-10 和表18-11 中的很多假设，并采纳表18-12 中提到的若干调整。

备考利润表（表18-14）的编制采用如下假设：

- 销售收入的增长率为 11%（即 1974-1978 年的年均增长率）。
- 销售成本为销售收入的 67%（1978 年）。
- 销售、管理及行政费用为销售收入的 19%（1978 年），再加上折旧和摊销额 4 198 万美元。为简单起见，我们假设固定资产在 10 年内平均折旧，专利权的摊销期为 5 年。因此，折旧及摊销额估计如下：

固定资产的每年新增折旧额	71.8 美元/10 年	7.18 美元
专利权的每年新增摊销额	174.0 美元/5 年	534.80 美元
折旧和摊销的年增加总额		41.98 美元

- 利息费用是前一年年末银行借款余额的 14%（1980 年为：14%×1.25 亿美元=1 750 万美元），优先级债券的利率为 11.25%（1980 年为：11.25%×1.136 亿美元=1 280 万美元），次级债券的利率为 12.25%（1980 年的利率按 11.25% 计算，利息费用为 1.136 亿美元）。

  为简单起见，每年利息费用均根据上一年度末未偿还的债务余额计算。假设超额现金可用于在当年最后一天偿还债务；同时，假定银行债务首先受偿。这不仅是因为银行借款的利率较高，而且因为优先级债务（在本案例中指银行债务）通常会签署防止债务人优先偿还次级债务的约定。只要在银行债务全额清偿之后，再开始偿还优先级债券，最后受偿的才是次级债券。⊖

- 采用 48% 的所得税率，因为这也是公司在进行杠杆收购时采用的所得税税率。（今天，我们将采用接近于目前公司所得税的最高税率——35%，如果 30 年后再看这本书……不知道该使用什么样的税率。）

⊖ 康格里默在《股权委托书》详细说明了各种债务工具的实际还款情况。

表 18-13　康格里默在进行杠杆收购前后的备考利润表

单位：千美元	1980	1981	1982	1983	1984
销售收入总额	709 480	787 523	874 150	970 306	1 077 041
销售成本	475 352	527 640	585 681	650 105	721 617
销售和一般管理费用	176 782	191 611	208 069	226 339	246 619
营业利润（EBIT）	57 346	68 272	80 400	93 862	108 805
利息费用	41 608	38 244	32 697	26 086	18 950
税前利润	15 738	30 028	47 703	67 776	89 855
所得税	7 554	14 414	22 897	32 533	43 130
净利润	8 184	15 614	24 806	35 243	46 725

表 18-14　康格里默在杠杆收购之后的备考资产负债表

单位：千美元	1980	1981	1982	1983	1984
现金	10 642	11 813	13 112	14 554	16 156
应收账款	78 043	86 627	96 157	106 734	118 474
库存	92 232	102 378	113 639	126 140	140 015
其他流动资产	3 511	3 511	3 511	3 511	3 511
流动资产	184 428	204 329	226 419	247 939	278 156
净资产工厂及设备	135 402	128 221	121 040	113 859	106 678
无形资产	170 970	136 170	101 370	66 570	31 770
资产总额	490 800	468 720	448 829	431 368	416 604
银行债务	103 310	63 689	16 466	-	-
应付账款	49 663	55 127	61 190	67 922	75 393
其他流动负债	68 359	68 359	68 359	68 359	68 359
流动负债	221 332	187 175	146 015	136 281	143 752
长期负债	203 400	203 400	203 400	163 967	98 544
其他长期负债	10 221	10 221	10 221	10 221	10 221
负债总额	434 953	400 796	359 636	310 469	252 517
优先股	51 200	51 200	51 200	51 200	51 200
普通股权（CS&R/E）⊖	254 647	16 724	37 993	69 999	112 887
总股本	55 847	67 924	89 193	120 899	164 087
负债和所有者权益合计	490 800	468 720	448 829	431 368	416 604

备考资产负债表（见表 18-14）根据如下假设编制而成：

- 康格里默按销售收入的 1.5%维持最低限度的现金余额。高于这一比率的余额被视为超额现金，并用于偿还债务。
- 应收账款为销售收入的 11%（1978 年）。
- 存货为销售收入的 13%（1978 年）。

⊖ 开始时的2 500万美元普通股加上预测的留存收益。

- 其他流动资产保持不变（1978年）。
- 固定资产和无形资产按杠杆收购（按表18-12所示）的收购价格调增，固定资产按十年平均折旧（718万美元），无形资产按五年平均摊销（3 480万美元）。假定资本性支出为按前一年固定资产和无形资产余额计算的折旧摊销数（即固定资产和无形资产的变化仅为按杠杆收购价格对调增部分进行的额外折旧和摊销）。
- 如上所述，银行债务已偿还完毕。
- 应付账款为销售收入的7%（1978年）。
- 其他流动负债保持不变（1978年）。
- 如上所述，长期负债已偿还。
- 其他长期负债保持不变（1978年）。
- 实收资本保持不变（1978年）。
- 留存收益首先加上预计净利润，再减去对优先股支付的3.524亿美元股利（按322 000股计算，股利为11美元/股）。不支付普通股股利，因为所有超额现金均假定用于偿还债务。

因此，表18-10到表18-11有助于我们编制表18-13和表18-14。而表18-8则是在这四张表的基础上编制而成。

附录B　拉扎德估值报告的要点

1980年1月8日
拉扎德公司
洛克菲勒广场
纽约州纽约市，邮政编码10020
康格里默公司董事会
777 East Wisconsin Ave.
威斯康星州密尔沃基市，邮政编码53202
诸位：

鉴于第一波士顿公司（以下简称"第一波士顿"）牵头之私人投资者群体对康格里默公司（以下简称"康格里默"）的收购事宜，贵公司已聘请我们，对以每股38美元收购康格里默股东的价格公允性发表意见。此次收购，将涉及将康格里默的大部分资产（除按如下《股东委托书》所述需保留的现金及现金等价物以外）及康格里默承担的全部负债，出售给一家为收购康格里默而组建的私人公司。康格里默的股东将按每股38美元的价格参与清算分配，资金出自出售收入以及康格里默保留的现金，康格里默就此解散（上述交易以下简称为"交易"）。

为做出公允判断，我们采取如下措施（包括但不限于）：

（1）审阅康格里默发布的资料或关于康格里默的相关公开材料，包括以 10-K 格式提交的年度报告以及向美国证券交易委员会提交的中期报告……

（2）审阅了截至 1978 年 12 月 31 日的五年期康格里默公司财务状况和经营成果……

（3）分别审阅了截至 1979 年 9 月 30 日和 1978 年 9 月 30 日的 9 月期财务状况和经营成果，并与管理层就影响康格里默当前及未来业绩的关键因素进行了沟通。

（4）实地考察了康格里默的主要生产设施。

（5）审阅了我们认为与康格里默三项基本业务具有可比性的参照公司的同期财务状况和经营业绩。

（6）针对康格里默的三个基本业务单元，我们在模拟为"独立运营公司"的基础上进行了估值，估值采用的市盈率，是我们对与各业务单元相似的可比竞争对手或可比公司进行分析后得到的市盈率。

（7）充分考虑了康格里默的财务状况和经营业绩在近期出现的改善。

（8）审阅并分析了康格里默在过去五年里的股价变动情况。

（9）审阅了近期的主要收购交易条款。

（10）审阅并分析了第一波士顿就《股东委托书》所述交易做出的提案及相关文件。

（11）审阅了费比克公司在 1980—1984 年期间的市值及财务预测。

经独立验证，我们对《股东委托书》所述之信息、其他公开信息以及康格里默和费比克公司所提供之信息的准确性和完整性做出如下评价：上述信息准确、完整。基于上述分析以及我们认为相关的其他因素，包括我们对宏观经济、市场和货币状况的评估……我们发表如下意见：按每股 38 美元的价格对现有股东给予现金收购，在经济上对康格里默的股东是公允的。

此致，

拉扎德公司

除上述信函之外，《股东委托书》还指出，（见拉扎德提交给康格里默董事会的备忘录）拉扎德认为：

"经与可视为康格里默及任何主要业务潜在收购方的 15 家公司进行商讨，我们发现，无一公司有兴趣参与与之相关的任何收购……迄今为止，仅有一外部来源联系过康格里默，表达了可能有收购康格里默的意向，但经接洽之后，该来源再未继续跟踪此事……我们将康格里默的三个业务部门模拟为'独立运营公司'，并分别进行了估值。基于我们的估值方法，康格里默的价值约处于 4.3 亿美元（每股 35 美元）和 4.79 亿美元（每股 39 美元）之间，由该估值区间得到的价值中点约为 4.55 亿美元（每股 37 美元）。上述估值均扣除各种费用……"

第十九章

兼并与收购：战略问题（一元店）

在此后的三个章节中,我们将以美元树(Dollar Tree)对家庭一元店(Family Dollar)的收购为例,讨论合并交易的估值。合并是一种投资类型,因而也拥有所有投资都具备的三大要素:战略、估值和执行。㊀

合并和内部投资(如公司决定建立的工厂)之间的最大区别在于执行。如果公司决定建厂,工厂就不能不建。但是在合并时,目标公司往往会通过法庭或是各种财务操作抵制来自外部的收购。

正如本书反复强调的,在进行投资时,应首先做好战略规划。不过,考虑到本书作为金融财务教材的特征,因此,我们在以前章节都是从估值开始。在接下来的四章里,我们准备以正确的顺序完成这项工作。也就是说,首先是从战略起步,然后是估价,最后才是执行(这往往也是最有趣的部分)。在具体安排上,我们将战略和执行分别作为一章做介绍,再以两章的篇幅深化和总结估价问题。在这四个章节中,我们将以美元树对家庭一元店的收购为例。这个发生在两家低价消费品零售商之间的并购案不仅非常有趣,而且充满争议。

三大竞争对手

"一元店"经营模式是由 J. L. 特纳(J. L. Turner)和卡尔·特纳(Cal Turner)父子于 1955 年创建的。㊁ 他们的概念最终促成了多来店(Dollar General),到 2014 年年底,多来店已开设了 11 789 家门店,销售额达到 189 亿美元,净利润 11 亿美元,公司市值达 230 亿美元。2014 年,多来店已成为这个零售门类中的最大企业。

美元树与多来店的竞争始于 1954 年。到 2014 年年底,美元树开设了 5 367 家门店,总销售额为 86 亿美元,净利润为 5.992 亿美元,市值 160 亿美元。无论按市值还是利润计算,美元树均排名第二,仅次于多来店。但是按收入或销量排名,美元树则排在第三位。

家庭一元店创建于 1959 年。作为公司创始人的儿子,霍华德·莱文(Howard Levine)于 2003 年成为首席执行官。截至 2014 年年底,家庭一元店拥有 8 042 家店面,销售额为 105 亿美元,净利润为 2.845 亿美元,市值 90 亿美元。如果以市值和利润排名,家庭一元店排在第三位;但如果按销量或店铺数量,家庭一元店则名列第二。

表 19-1 是这三家公司 2014 年年终部分统计数据的比较。

㊀ 公司通常会聘请外部咨询机构(投资银行和咨询公司)在这三个方面提供专业意见。外部咨询机构通常是MBA毕业生最大的雇主。

㊁ 实际上,一元店和家庭一元店的商品价格通常在1~10美元之间,而美元树则以1美元以下的商品为主。

表 19-1　三家最大"一元店"零售商在 2014 年的数据比较

公司	多来店	美元树	家庭一元店
销售收入	18.9 亿美元	86 亿美元	105 亿美元
净利润	11 亿美元	5.99 亿美元	2.85 亿美元
店铺数量	11 789	5 367	8 042
每平方英尺的销售收入	230 美元	185 美元	180 美元
公司市值	230 亿美元	160 亿美元	90 亿美元
店面位置	农村及低收入地区	城市郊区	乡镇

尽管在 2007—2008 年遭遇了金融危机，或者也是因为这样，三家公司的店面总数从 2007 年的 18 430 家增加到 2014 年年底的 25 198 家，年均增长率为 4.6%，危机或许正是造成店面数量激增的原因。

近期历史

2007 年 7 月，科尔伯格-克拉维斯集团（KKR，自称是"全球顶级的投资公司"）以杠杆收购的方式，按每股 22.00 美元的价格收购了多来店，这笔交易的总价格为 73 亿美元。收购完成之后，KKR 增加了店面每平方英尺的销售收入，并降低其成本，大大提高了多来店的营利能力。就在两年之后的 2009 年 7 月，KKR 宣布，计划对多来店进行 IPO。上市于 2009 年 12 月 10 日完成，此次上市共出售 3 410 万股（多来店发行新股 2 270 万股，KKR 卖掉所持 2.952 亿股中的 1 140 万股）。每股出售价格为 21 美元，筹集资金总额为 7.161 亿美元。在上市之前，多来店已向 KKR 支付了 2 亿美元的特殊股利。上市之后，多来店的流通股总数为 3.179 亿股，市值达到 67 亿美元。在随后的五年时间里，KKR 先后按每股 30.50 美元、39.00 美元、45.25 美元和 60.71 美元的价格减持了全部剩余股份。其中最后一笔的出售时间为 2013 年 12 月 11 日。

特里安投资公司（Trian Partners，一家自称"管理数十亿美元资金的另类投资管理公司"）由纳尔逊·佩尔茨（Nelson Peltz）、皮特·梅（Peter May）和爱德华·加

○ 见 Michael Corkery and Dennis K. Berman, KKR Plans a Dollar General IPO, *Wall Street Journal*, July 29, 2009, www.wsj.com/articles/SB124883449189489059。

○ 截至 2007 年末，多来店开设了 8 194 家店面，家庭一元店拥有 6 430 家店面，而美元树仅有 3 806 家店面。

○ KKR Completes Acquisition of Dollar General Corporation, July 6, 2007, http://ir.kkr.com/kkr_ir/kkr_releasedetail.cfm?ReleaseID=333012

○ 见 Michael Corkery and Dennis K. Berman, KKR Plans a Dollar General IPO, *Wall Street Journal*, July 29, 2009, www.wsj.com/articles/SB124883449189489059。

○ 见 Phil Wahba and Clare Baldwin, Dollar General IPO Prices at Low End, Reuters, November 12, 2009, www.reuters.com/article/2009/11/13/us-ipos-idUSTRE5AC0A220091113。

登（Edward Garden，佩尔茨的外甥）创建。这家公司早已注意到KKR与多来店的成功合作，为此，他们决定购买"家庭一元店"的股份。2010年7月下旬，特里安投资宣布，他们已持有这家零售商的870万股股票，持股比例为6.6%（后来增至8%）。随后，佩尔茨和加登开始与家庭一元店管理层频繁接触，商讨如何"通过提高公司经营业绩来提升股东价值"。㊀

大约就在这个时候（2010年夏天），家庭一元店聘请投资银行摩根士丹利开展了如下工作：

对公司进行财务分析并就资产负债表提出建议……基于这些建议，家庭一元店发布了最新的独立发展战略规划，包括发行新债券、增加股票回购、强化现有店面的资本性支出以及加速开设新店。㊁

2011年2月15日，特里安投资公司提出，按每股55~60美元的价格，以现金收购家庭一元店的全部股份。提议允许莱文（创始人的儿子、公司当时的首席执行官）参与特里安发起的收购。㊂

在2011年3月3日的家庭一元店董事会会议上，"莱文先生向董事会透露，他无意接受特里安投资的邀请，以投资者的身份和特里安投资一道实施该提案，他同时还确认，他此前从未与特里安公司讨论过以投资者身份参与此次收购的事项。"

随后，董事会拒绝了特里安投资公司的提议，理由是这样的收购是"不恰当"的，并表示"继续实施独立发展战略规划，才是符合家庭一元店股东最大利益的举措"。㊃

2011年5月25日，潘兴广场资本管理公司（Pershing Square Capital Management，由威廉·阿克曼（William Ackman）创立和管理并由员工持股的一家对冲基金公司㊄）也宣布，他们已持有家庭一元店6.9%的普通股，到2011年6月9日，他们的持股比率进一步增加到8.9%。㊅

2011年11月13日，保尔森公司（Paulson and Co.）也宣布持有家庭一元店9.9%的流通股，并提议公司出售剩余股份。

此时，三家对冲基金均持有家庭一元店较大股份（特里安持股8.0%，潘兴广场持股8.9%，保尔森持股9.9%），家庭一元店似乎已经"入戏"并购对象这个角色。为了应

㊀ 见Melly Alazraki, Nelson Peltz's Trian Group Buys 6.6% of Familar Dollar, *Daily Finance*, July 28, 2010, www.dailyfinance.com/2010/07/28/nelson-peltz-trian-group-buys-6-6-of-family-dollar/。

㊁ 见Family Dollar Inc. Proxy Statement on Merger Proposal dated October 28, 2014, 68。

㊂ 同上，69。

㊃ 同上。

㊄ 在2007—2008年金融危机期间，威廉·阿克曼因豪赌市政债券保险将会崩溃而名声大振。他已成为全球最著名的做空投资者。2012年，阿克曼又在财经媒体做空康宝莱（Herbalife），认为这是一个典型的庞氏骗局，而另一位知名做空者卡尔·伊坎（Carl Icahn）则公开支持康宝莱，并买入其股票。

㊅ 见2014年10月28日《家庭一元店就收购提议的股东委托书》。

对特里安的收购要约，家庭一元店与特里安签订了为期两年的中止协议（2013年7月到期）。什么是中止协议呢？它是由被收购目标公司与潜在收购者达成的协议，约定收购者在一段时间内不再增持目标公司的股票——换句话说，双方同意"中止"目前操作。家庭一元店同意将董事会席位从10个增加到11个，并任命特里安投资公司的爱德华·加登为新董事。作为回报，特里安同意放弃收购家庭一元店的计划，并同意将对家庭一元店流通普通股的持股限制在9.9%以内。⊖

由表19-2可以看到，从2010财年（就在特里安投资宣布对家庭一元店进行投资之前）到2013财年，家庭一元店的业务质量还难以判断。旗下的店面数量同期增长16.7%（从6 785家增加到7 916家），销售额同比增长31.6%（从79亿美元增至104亿美元），净利润增长23.9%（从3.581亿美元增至4.436亿美元）。但2012年和2013年的EBIT基本持平，而在2014年则出现大幅下降。更重要的是，家庭一元店的每平方英尺销售额仅为180美元，远远低于多来店的230美元，足足比后者低了21.7%。

表19-2 家庭一元店2010-2014年的利润表

金额单位：千美元	2010年8月28日	2011年8月27日	2012年8月25日	2013年8月31日	2014年8月30日
销售收入	7 866 971	8 547 835	9 331 005	10 391 457	10 489 330
经营成本及其他成本	7 291 373	7 909 763	8 642 904	9 675 295	10 036 728
EBIT	575 598	638 072	688 101	716 163	452 602
利息收入	1 597	1 532	927	422	190
利息支出	13 337	22 446	25 090	25 888	30 038
税前收入	563 858	617 158	663 938	690 697	422 754
所得税	205 723	228 713	241 698	247 122	138 251
净利润	358 135	388 445	422 240	443 575	284 503
每股收益EPS	2.64	3.12	3.58	3.83	2.49
每股股利	0.6	0.695	0.6	0.94	1.14
店面数量	6 785	7 023	7 442	7 916	8 042
销售增长率	6.30%	8.70%	9.20%	11.40%	0.90%
净利润	4.60%	4.50%	4.50%	4.20%	2.70%
ROA		13.00%	14.10%	13.00%	7.70%
净资产收益率		27.30%	38.80%	33.90%	17.80%

表19-3是家庭一元店在此期间的资产负债表。在道琼斯工业平均指数大涨的背景

⊖ 该协议还设置了其他条款。比如说，如果取得家庭一元店的授权，或是董事会在当前股东放弃持有公司多数股权时提议进行要约收购，那么，特里安就可以进一步增持公司股票。见2014年10月28日《家庭一元店就收购提议的股东委托书》。

下，股市对家庭一元店的财务状况给予了正面回应：家庭一元店的股价上涨 33.7%，略高于同期道琼斯工业平均指数的涨幅 30.6%。

表 19-3　家庭一元店 2010-2014 年的资产负债表

金额单位：千美元	2010 年 8 月 28 日	2011 年 8 月 27 日	2012 年 8 月 25 日	2013 年 8 月 31 日	2014 年 8 月 30 日
现金和投资	503 079	237 411	224 885	180 442	180 020
存货	1 028 022	1 154 660	1 426 163	1 467 016	1 609 932
其他	129 107	141 773	117 122	209 547	312 094
流动资产	1 660 208	1 533 844	1 768 170	1 857 005	2 102 046
固定资产	1 111 966	1 280 589	1 496 360	1 732 544	1 688 213
其他	209 883	181 772	108 535	120 312	67 036
资产合计	2 982 057	2 996 205	3 373 065	3 709 861	3 857 295
短期负债	-	16 200	31 200	16 200	16 200
应付账款	676 975	685 063	674 202	723 200	773 021
其他	377 512	315 792	360 255	340 822	339 809
流动负债	1 054 487	1 017 055	1 065 657	1 080 222	1 129 030
长期负债	250 000	532 370	516 320	500 275	484 226
其他	256 016	359 706	493 461	530 309	578 314
负债合计	1 560 503	1 909 131	2 075 438	2 110 806	2 191 570
实收资本	-244 092	-882 675	63 243	29 430	-58 316
留存收益	1 665 646	1 969 749	1 234 384	1 569 625	1 724 041
所有者权益合计	1 421 554	1 087 074	1 297 627	1 599 055	1 665 725
负债和所有者权益合计	2 982 057	2 996 205	3 373 065	3 709 861	3 857 295

由于家庭一元店未能进一步改善业务并达到多来店的业绩，最终导致董事会考虑放弃独立经营的战略计划。然而，家庭一元店并没有被卖给特里安，而是考虑通过与另一家公司合作达到提升股东价值的目的。

物色公司，寻找买家

与其他公司进行合作可以采取如下两种途径之一：家庭一元店可以收购另一家公司，并由现有管理层接管被收购公司的运营；也可以由另一家公司收购家庭一元店。而在后一种情况下，家庭一元店的现有管理层有可能被取而代之。⊖

现在，我们再看看下一个问题：现有管理层留任或是被取代这两种情况，对家庭一元店的公司价值会有什么影响？也就是说，如果家庭一元店与其他公司合并，那么，

⊖ 但如果是善意收购的话，现有管理层仍有可能被留下，继续管理被收购后的公司。

现有管理层继续留任是否会提升公司价值；还是由对方公司管理层接管经营带来的增值更大？

合并背后的经济理由是：合并后的企业价值会出现"2 + 2 = 5"的效果。出现这种情况的原因是多方面的。但最能体现并购价值效应的概念还是"协同效应"，当然，这种协同有可能是真实的，也可能是虚构的。真正的协同效应体现为合并后的收入增加或成本降低。这种收益可能来自于规模经济、垄断实力的强化以及管理的改善（包括财务和产品市场政策的完善）。

如果合并的唯一目的就是追求规模经济或者垄断实力，那么，由谁来管理合并公司也就不重要了。但如果增值的根源在于管理改善，谁执掌公司的帅印显然就非常重要。在三家主要竞争对手均采用相同经营模式的情况下，家庭一元店的平方英尺销售额在三家公司中是最低的，这表明，为家庭一元店引入新管理或许有助于实现协同效应。

财经媒体发表的言论也支持这种观点，也就是说，公司理应寻求更优秀的管理层："公司目前的管理层还不够好"，"我认为他们最终不得不引入新的管理者"，"他们的执行是有问题的……这是管理上出了问题"。⊖

另外，通过强化垄断实力带来的协同效应，往往会遭到联邦贸易委员会（FTC）的审查。如果家庭一元店与多来店或是美元树进行合并，那么，在原本三足鼎立的行业中，两家公司的合并必定会大大提高行业集中度。这意味着，在三家公司中，任意两家公司的合并都会招致 FTC 的审查，因此，其交易难度可想而知。⊖

家庭一元店的董事会最终会做何决定呢？他们找到投资银行摩根士丹利寻求咨询。摩根士丹利的建议是把公司出售给多来店或美元树。最终，投资银行和公司董事会达成一致，与继续作为独立实体相比，家庭一元店在竞争对手眼里的价值更大。实际上，在对形势进行全面评估之后，家庭一元店也认为，多来店或美元树是最有可能的潜在买家，于是，他们开始邀请这两家对手（一次一个）"聚餐"。

多来店收购家庭一元店的战略依据

从多来店的角度来看待这次并购，他们需要回答的问题是：由行业中排名第一的公司收购排名第二的公司，在经济上是否合理？当然是合理的。首先，按每平方英尺的销售额计算（多来店为 230 美元，家庭一元店为 180 美元），多来店似乎有很大空间去改善家庭一元店的运营。其次，收购将增强多来店的市场实力（体现在收购和定价两方面），但 FTC 能否通过尚不得而知。而且这同样要面对一个最关键的问题：按什么价格收购？还记得吧，总有一个价格能让投资项目实现正的净现值，也总会有一个能让净现值变成

⊖ Ely Portillo and Linly Lin, Change Likely at Family Dollar, but Sale Far from Certain, *Charlotte Observer*, June 20, 2014, www.charlotteobserver.com/news/business/article9133838.html。

⊖ 同业并购取得FTC批准的一个重要条件，就是被收购公司需要剥离部分资产（如部门、厂房或店面等），以维护行业内的适当竞争。

负数的价格。

正如我们将在第二十二章所讨论的，至少在最初的时候，多来店决定要努力争取。

美元树收购家庭一元店的战略依据

行业中的第三大公司收购第二大公司有意义吗？当然有。首先，和多来店一样，美元树也能改善家庭一元店的运营。其次，收购可以让美元树成为行业老大，市场实力必然会得到增强（体现在收购和定价两方面）。此外，与多来店相比，美元树与家庭一元店在经营地域上重叠较少。因此，美元树对家庭一元店的收购更有可能得到 FTC 的批准。

在 2014 年 7 月 28 日发布的新闻简报中，美元树对收购进行了分析，并为收购家庭一元店提出如下"极具说服力的战略理由"：

- 创造北美地区最大的折扣零售商。从店面数量看，这笔交易将缔造出北美洲最大的折扣零售商领导者，店面将遍布美国的 48 个州和加拿大的 5 个省份，店面总数将超过 13 000 家，营业额将大大超过 180 亿美元，员工总数将超过 14.5 万人。
- 造成固定价位与多价位并存的商业模式互补性。美元树是美国最大的单一价格零售商，所有商品的销售价格均在 1 美元以下，而家庭一元店则是全球领先的多价位零售商，通过便利店，可以凭借更富有竞争力的价格机制为价格敏感型消费者提供服务。美元树计划将保留并逐步扩大自身的品牌，在此基础上，继续拓展家庭一元店品牌的市场，优化店面布置，提高单位销售面积的营业额。
- 将目标市场定位于更广泛的客户群体和市场区域。美元树的目标顾客是美国中部地区开设店面的城市郊区，而家庭一元店则通过城市及农村地区的店面为中低收入家庭提供服务。因此，通过这笔交易，美元树可以进一步扩大顾客群体，甚至可以提高为这些顾客带来的价值。
- 发挥各自在不同商品上的专长。美元树的主要商品大类包括消费品和季节性商品。而家庭一元店的主要商品则是消费品和家庭用品。在商品上的相互弥补，会让美元树和家庭一元店的品牌继续扩大经销范围，并为所有客户提供更多样化、更值得信赖的商品品种。
- 创造实现显著协同效应的机会。美元树预期会在采购、外包、管理费用、负债能力、配送和物流等方面提高效率，并实现店面格局的最优化。美元树预计，在交易完成后的第三年年底，协同效应每年可以为公司带来 3 亿美元的价值。
- 改善财务绩效、提升增长前景。扣除为实现协同效应的一次性成本，这笔交易预计将在成交后的一年内带来每股收益的增加。这将提高美元树投资现有和潜在市场及经销渠道的能力，并以多个品牌继续增加店面数量。合并后的公司预期将带来充裕的自由现金流，从而加速债务的偿还速度。

除媒体的渲染之外，两家一元店在战略上似乎确实存在契合点。潜在的协同效应不仅包括采购和市场势力两方面的规模经济，还可以体现为管理效率的改善。毕竟，无论是多来店还是美元树，都拥有相对较高的单位销售面积营业额，而且成本控制也优于家庭一元店。正如特里安投资公司的加德纳先生所言：

家庭一元店的每平方英尺店面的营业额只有180美元，相比之下，多来店是230美元……多来店很有可能会付出很大代价，因为他们的优秀管理团队需要把自己的管理模式搬到家庭一元店。⊖

至于其他方面，财经媒体似乎也有同样看法。比如有媒体称：

家庭一元店可以按更优惠的价格向美元树采购商品。此外，双方可以使用相同的配送中心和运输货车，这显然有助于降低成本。总体来说，这可以帮助家庭一元店实现更有竞争力的价格。⊜

本章小结

本章对多来店或美元树收购家庭一元店各自的战略依据进行剖析。

假设你是多来店或美元树的董事，现在，你正在出席公司的董事会会议，你的任务就是针对家庭一元店的收购提议进行投票。公司管理层已事先告知与会者，此项收购具有战略意义。投资银行家也在吹风：收购价格是公允的。此外，你还知道，另一家公司也有意收购家庭一元店，因此，你还要考虑这个对手给出更高收购价格的可能性。董事会会议仅持续了几个小时。提案在提出之后，得到了大多数人的支持，现在，轮到你投票的时候了，你该怎么投出这一票呢？在回答这个问题之前，你肯定还想深入了解一下收购的估值和执行问题。

期待下一步

最终，为了得到这个收购目标，多来店和美元树之间还是爆发了一场价格战，我们将在第二十二章详细介绍整个收购过程。但在此之前，我们首先将在第二十章和第二十一章看看家庭一元店的估值情况。

⊖ Shawn Tully, How the Dollar Store War Was Won, *Fortune*, May 1, 2015, 89–103。

⊜ Trefis Team, How Will Dollar Tree-Family Dollar Merger Impact Wal-Mart? *Forbes*, August 7, 2014, www.forbes.com/sites/greatspeculations/2014/08/07/how-will-dollar-treefamily-dollar-merg-erimpact-wal-mart/。

第二十章
针对收购的估值：一元店的公司自由现金流

在上一章里,我们介绍了家庭一元店与多来店以及美元树在战略上的匹配情况。在本章,我们将讨论家庭一元店的估值问题。

我们曾在第十五章和第十六章讨论了 Sungreen 案例的估值;并在第十七章对估值的一些细节进行了解析。在本章,我们将通过另一个案例深入探讨估值问题,以帮助读者更好地运用估值公式,而不只是死记硬背。和前面介绍的 Sungreen 案例一样,在本章里,我们同样以公司自由现金流(FCF_f)为起点,并在下一章里再介绍股权自由现金流(FCF_e)方法,并与公司自由现金流估值法进行比较。

我们先看看美元树对本次收购的报价。在确定现金流的备考数据和估计家庭一元店的资本成本时,我们主要依赖于家庭一元店的《股东委托书》,其中包括了摩根士丹利(家庭一元店的投行顾问)对收购做出的估计。作为一项必要的补充,我们还对股东委托书中未予以明确的估值过程进行了反向推算。随后,我们将使用乘数法和永续年金法计算现金流的终值。最后,我们将估值的三个组成部分(即收购价格、折现现金流和终值)进行合并,得到家庭一元店最终的估值。

请注意,对家庭一元店财务数据的备考是在 2018 年《减税与就业法案》出台之前完成的。因此,对可税前抵扣的利息费用没有上限。实际上,公司在 2018 年之前的利息支出已超过 EBITDA 的 30%,但在此后却低于 EBITDA 的 30%。因此,《减税与就业法案》不会改变摩根士丹利和笔者对此次预测分析做出的结论。但是,正如下一章所述,股权自由现金流本身就无需对利息可抵扣上限进行调整。

对家庭一元店的要约收购

2014 年 7 月 24 日,美元树对家庭一元店给出的要约收购价格为 85.2 亿美元,相当于每股 74.50 美元(对价方式为每股 59.60 美元现金加美元树自己的 0.266 5 股股票,美元树在报价日的股价为 14.90 美元,因此,美元树对家庭一元店的实际要约价格为:74.50 美元=59.60 美元+14.90 美元×0.266 5 股)。要约收购的对象包括家庭一元店的全部 1.143 亿股流通股,按报价前的股价计算,相当于收购对象的市值为 69.3 亿美元(每股 60.66 美元),因此,这个报价给出的溢价率约为 22.9%。⊖

这就是说,美元树对家庭一元店给出的要约收购价格包括:

现金	68.1 亿美元
美元树新发行的股票数量	17.1 亿股
总收购价格	**85.2 亿美元**

无论是相对于家庭一元店 69.3 亿美元的市值,还是 16.7 亿美元的账面净资产(见表 20-1),此次报价都提供了较大的溢价率。那么,我们的第一个问题就是,公司市值

⊖ 公司市值是按边际股票价格(最新交易价格)计算的。

和净资产账面价值为什么会存在如此巨大的反差呢？我们曾多次提及，资产负债表中的账面净资产是会计数字（按历史成本入账），与经济现实毫无关系，至于具体原因，可以参考第三章附录（"会计并不等于经济现实"）。而市值则是一个财务数字，它反映了市场股本或者说净资产的市场价值。

第二个问题是，美元树为什么愿意提供高出当前市值15.9亿美元的溢价呢？原因就在于，美元树认为收购会带来第十九章所介绍的协同效应。

表 20-1 家庭一元店在截至收购之前（2014年8月30日）的资产负债表⊖

	单位：百万美元		
流动资产	2 102.00	不包括借款的流动负债	1 112.80
土地、厂房及设备	1 688.20	借款	500.40
商誉	0.00	其他负债	578.30
商标及其他无形资产	0.00	负债总额	2 191.50
其他长期资产	67.00	所有者权益	1 665.70
资产合计（+7 610）	3 857.20	负债和所有者权益合计	3 857.20

在重新编报资产负债表时，公司对报价与账面价值在合并时点出现的差异进行了调整。也就是说，合并为公司提供了一个调整会计数字的机会，使其更接近经济现实。对于家庭一元店，调整的方法就是将68.5亿美元的差额在85.2亿美元的收购价格和16.7亿美元的账面净值之间进行分配。根据《股东委托书》，家庭一元店对差异做出的估计如下：

商誉	51.90亿美元
无形资产	24.2亿美元
其他非流动负债（主要为递延所得税）	-7.6亿美元
公允市价调整合计	**68.5亿美元**

什么是商誉呢？它等于收购方支付的收购价格超过被收购方净资产价值的差额。如上所述，美元树的报价远远超过家庭一元店的净资产（资产减负债的差额）的账面价值。因此，在将被收购公司的财务报表与自身财务报表合并时，美元树首先要评估全部资产和负债的"公允价值"，或者说市场价值（包括专利权和版权等全部无形资产）。上述收购价格与公允价值的全部差额被计入资产负债表上的"商誉"科目。因此，商誉等于购买价格减去资产和负债在收购成交日的公允价值。

什么是无形资产呢？它是公司的商标、名称、专利权、版权及其他非实物资产。在这个例子中，24.2亿美元的无形资产就是"家庭一元店"这个品牌名称的评估值。

表20-2为家庭一元店在2014年9月1日的资产负债表，表中的资产和负债已假设按上述方法进行了调整。

⊖ 这些数字摘自家庭一元店在2014年8月30日发表的年度报告。本文提及的流通股数量11 430万股及其他信息来自于家庭一元店2014年10月28日发布的《股东委托书》。

表 20-2 家庭一元店在收购之后（2014年9月1日）的重列资产负债表

单位：百万美元

流动资产	2 102.00	不包括借款的流动负债	1 112.80
土地、厂房及设备	1 688.20	借款（+6 810）	7 310.40
商誉（+5 190）	5 190.00	其他负债（+760）	1 338.30
商标及其他无形资产（+2 420）	2 420.00	负债合计	9 761.50
其他长期资产	67.00	所有者权益（-1 665.7+1 705.7）	1 705.70
资产合计（+7 610）	11 467.20	负债和所有者权益总额（+7 610）	11 467.20

请注意，在这里，我们假设公司以 68.1 亿美元（由美元树发行的新债券提供资金）现金回购原有股份，并发行价值 17.1 亿美元的新股，也就是说，总的收购价格为 85.2 亿美元。商誉、商标名称和负债的金额已按上述调整增加到公允价值中。

现在，我们已经做好了估值的准备。首先，从编制备考利润表和资产负债表开始。随后，将以这些备考财务报表为基础，获得计算公司价值的自由现金流。接下来，还要估计公司的 WACC。这就需要首先确定未来公司的资本结构以及相应的债务成本和股权成本。之后，将公司自有现金流按 WACC 进行折现。最后，我们将使用几种常见的估值技术确定终值。将收购价格、折现现金流和折现后终值加到一起，就是通过合并为美元树创造的预测增值。⊖

公司自由现金流

现在，我们准备计算家庭一元店的现金流。表 20-3 为家庭一元店 2010-2014 年的实际利润表和资产负债表，即收购前五年的财务报表。⊖

表 20-3 家庭一元店在收购之前（2010-2014 年）的财务报表

利润表（单位：千美元）	2010年8月28日	2011年8月27日	2012年8月25日	2013年8月31日	2014年8月30日
销售收入	7 866 971	8 547 835	9 331 005	10 391 457	10 489 330
销售成本	5 058 971	5 515 540	6 071 058	6 836 712	6 958 045
毛利润	2 808 000	3 032 295	3 259 947	3 554 745	3 531 285
销售及一般管理费用	2 060 365	2 211 768	2 381 899	2 627 303	2 844 372
折旧和摊销	172 037	182 455	213 835	239 485	265 461

⊖ 实际数据截至2014财年。我们需要估计的是未来五年的现金流，然后取得其终值，并全部折现到2015财务年度之初。

⊖ 2014年资产负债表的数字已按表20-2对收购进行了调整。

（续）

利润表（单位：千美元）	2010年8月28日	2011年8月27日	2012年8月25日	2013年8月31日	2014年8月30日
营业利润	575 598	638 072	664 213	687 957	421 452
利息收入	1 597	1 532	927	422	190
其他收入	-	-	23 888	28 206	31 150
利息支出	13 337	22 446	25 090	25 888	30 038
税前收入	563 858	617 158	663 938	690 697	422 754
所得税	205 723	228 713	241 698	247 122	138 251
净利润	358 135	388 445	422 240	443 575	284 503

资产负债表（单位：千美元）	2010年8月28日	2011年8月27日	2012年8月25日	2013年8月31日	2014年8月30日
流动资产	1 660 208	1 533 844	1 768 170	1 857 005	2 102 046
流动负债	1 054 487	1 000 855	1 034 457	1 064 022	1 112 830
净营运资金	605 721	532 989	733 713	792 983	989 216
固定资产	1 111 966	1 280 589	1 496 360	1 732 544	1 688 213
其他资产	209 883	181 772	108 535	120 312	67 036
资产合计	1 927 570	1 995 350	2 338 608	2 645 839	2 744 465
短期负债	-	16 200	31 200	16 200	16 200
长期负债	250 000	532 370	516 320	500 275	484 226
其他负债	256 016	359 706	493 461	530 309	578 314
负债合计	506 016	908 276	1 040 981	1 046 784	1 078 740
权益合计	1 421 554	1 087 074	1 297 627	1 599 055	1 665 725
负债和所有者权益合计	1 927 570	1 995 350	2 338 608	2 645 839	2 744 465
负债率	15.00%	33.50%	29.70%	24.40%	23.10%

表20-4 为家庭一元店在收购后五年（即2015-2019年）的备考利润表和资产负债表，财务报表已按收购调整了公允市场价值（在这个例子中，调整项目涉及商誉、商标和债务），如表20-2所示。

表20-4 家庭一元店在收购后五年（2015-2019年）期间的备考利润表和资产负债表

利润表（单位：千美元）	2015	2016	2017	2018	2019
销售收入	11 207 000	12 355 000	13 523 000	14 537 225	15 627 517
销售成本	7 306 964	8 055 460	8 816 996	9 478 271	10 189 141
毛利润	3 900 036	4 299 540	4 706 004	5 058 954	5 438 376

(续)

利润表 （单位：千美元）	2015	2016	2017	2018	2019
销售及一般管理费用	2 942 014	3 081 623	3 267 248	3 512 193	3 775 608
折旧和摊销	310 000	307 000	306 000	305 000	304 000
营业利润	648 022	910 917	1 132 756	1 241 761	1 358 768
利息支出	381 702	377 284	388 580	400 060	410 153
税前收入	266 320	533 633	744 176	841 701	948 615
所得税	95 343	191 041	266 415	301 329	339 604
净利润	170 977	342 592	477 761	540 372	609 011
资产负债表 （单位：千美元）	2015	2016	2017	2018	2019
流动资产	2 151 744	2 372 160	2 596 416	2 791 147	3 000 483
流动负债	1 277 598	1 408 470	1 541 622	1 657 244	1 781 537
净营运资金	874 146	963 690	1 054 794	1 133 904	1 218 946
固定资产	1 748 292	1 927 380	2 109 588	2 267 807	2 437 893
商誉	5 190 000	5 190 000	5 190 000	5 190 000	5 190 000
无形资产：商品名	2 420 000	2 420 000	2 420 000	2 420 000	2 420 000
其他	67 036	67 036	67 036	67 036	67 036
资产合计	10 299 474	10 568 106	10 841 418	11 078 747	11 333 875
短期负债	16 200	16 200	16 200	16 200	16 200
长期负债	7 239 260	7 456 503	7 677 261	7 871 360	8 077 768
其他负债	1 338 314	1 338 314	1 338 314	1 338 314	1 338 314
负债合计	8 593 774	8 811 017	9 031 775	9 225 874	9 432 282
实收资本	1 705 700	1 705 700	1 705 700	1 705 700	1 705 700
留存收益	0	51 389	103 943	147 173	195 893
所有者权益合计	1 705 700	1 757 089	1 809 643	1 852 873	1 901 593
负债和所有者权益合计	10 299 474	10 568 106	10 841 418	11 078 747	11 333 875
负债率	81.00%	81.00%	81.00%	81.00%	81.00%

表 20-5 是编制表 20-4 所采用的基本假设。这些假设主要来自家庭一元店的股东委托书。但我们都知道，股东委托书并未明确生成备考财务报表所需要的全部假设。此外，我们在这里还详细介绍了笔者按股东委托书进行的逆向推算。

表 20-5 编制家庭一元店备考财务报表（表 20-4）采取的假设

编制利润表的假设：

（a）2015-2017 年的销售收入为摩根士丹利在股东委托书中的估计（三年的收入增长率分别为 6.8%、10.2%和 9.5%）。2018 年和 2019 年的销售收入采用笔者的估计，每年均为 7.5%（相当于 2011-2014 年的平均增长率）。

（b）销售成本估计为销售收入的 65.2%（相当于 2011-2014 年的平均比率）。

（c）2015-2017 年，销售及一般管理费用占销售收入的百分比分别为 26.25%、24.94%和 24.16%。这些数字按摩根士丹利提供的营业利润（为扣除折旧摊销和税收前的利润）估算。2018 年和 2019 年估计为销售收入的 24.16%（按 2017 年的比率）。

（续）

(d) 2015-2017年的折旧按摩根士丹利在股东委托书中给出的估计。2018年和2019年的折旧延续2015-2017年的趋势。

(e) 利息费用为上一年的短期负债与长期负债之和的5.2%（即摩根士丹利假定的债务成本）。

(f) 税率为35.8%。这也是摩根士丹利在股东委托书中使用的数字。美国的联邦公司所得税税率为35%，增加的0.8%是对财产税的估计。在2010-2014年，家庭一元店的平均税率为35.7%。

编制资产负债表的假设：

(a) 流动资产、流动负债、固定资产分别估计为销售收入的19.2%、11.4%和15.6%（相当于2010-2014年的平均水平）。

(b) 商誉、无形资产、负债和其他负债按照表20-2进行调整，以反映收购价格超过资产公允价值的部分。

(c) 其他资产、短期负债和其他负债假定在一段时期内保持不变。

(d) 所有者权益（留存收益）每年按净利润扣除已支付股利后的余额增加。对股利进行调整，以确保通过债务（最终插入数）的增加或减少，维持负债率保持不变。也就是说，股利和债务仅为插入值。

通过前面几章的解释，我们都知道，公司自由现金流（FCF_f）等于$EBIT \times (1-T_c)$加上折旧，减去资本性支出，再减去营运资金及递延税款的增加额，最后加上其他全部项目，即：⊖

$$FCF_f = EBIT \times (1-T_c) + Dep - CAPEX - (NWC_{期末} - NWC_{期初}) + 其他杂项，$$

其中：

FCF_f = 公司自由现金流；

EBIT = 息税前利润；

T_c = 公司支付的平均税率；

Dep = 折旧和摊销；

CAPEX = 资本性支出；

$NWC_{期末}$及$NWC_{期初}$ = 年末及年初时的净营运资金（净营运资金是经营所需的正常现金加应收账款及存货，再减去应付账款）；

其他杂项 = 补贴等项目（并非在所有情况下均会出现的项目）。

$EBIT \times (1-T_c)$

不要着急，我们说过，本章的讨论一定会更深入，因此，我们要从细节入手了。在利润表中，可以看到净利润和税收费用这样的项目，但却没有$EBIT \times (1-T_c)$。你当然不会看到这个术语出现在利润表中，因为公司并不是按EBIT缴纳税款的。公司的纳税基础是（EBIT-I），它代表的是收入减去利息费用后的余额（因为利息费用是可以在税前扣除的），并在利润表中显示为"税前利润"。换句话说，我们首先要从EBIT中扣除利息费用，然后才能计算税金是多少。

那么，既然利息费用可以抵减应税收入并按（EBIT-I）缴纳税款，我们在计算公司自由现金流时为什么用的却是$EBIT \times (1-T_c)$呢？原因就在于这种估值法考虑了税盾的

⊖ 在上述公式中，净营运资金包括递延所得税的变动。某些公式将递延所得税的变动列为一个单独变量。此外，公式中采用的是减去"净增加额"，实际上，就相当于减去增加额，或是加上减少额。

价值。在 FCF_f 估值法中，税盾的价值包含在 WACC（即折现率）中。这意味着，我们无须在现金流中考虑税盾，而是在下面的折现过程中考虑税盾。

请记住，我们使用的 WACC 公式表述为：

$$WACC = K_o = [D/(D+E)] \times K_d \times (1-T_c) + [E/(D+E)] \times K_e,$$

其中：

D = 有息负债；

E = 所有者权益；

D/(D+E) = 负债在资本结构中的百分比；

E/(D+E) = 所有者权益在资本结构中的百分比；

K_d = 负债成本；

T_c = 边际税率（使用 FCF_f 公式中的平均值）；

K_e = 权益成本或股权成本。

WACC 使用的是税后成本，即 $K_d \times (1-T_c)$。也就是说，只有在计算折现率时才需要扣除债务利息的税盾价值。为了防止利息的税盾被重复计算（即现金流和折现率同时考虑税盾），我们在计算需要支付的税收费用时，用作纳税基础的利润无须扣除利息费用。

下面，让我们换一种方式重复表述 $EBIT \times (1-T_c)$：

$$EBIT \times (1-T_c) = (EBIT-I) \times (1-T_c) + I \times (1-T_c)$$
$$EBIT \times (1-T_c) = NI + I \times (1-T_c)$$

其中：

EBIT 为息税前利润；

T_c 为税率；

NI 表示净利润；

I 表示利息费用。

上述两个公式只是在代数上的转化，不涉及任何新的财务或会计事项。稍后，我们将把这两个公式统一替换为自由现金流公式。

WACC 和不同的资本结构

如第十七章所介绍的估值细节，我们使用的是公司自由现金流估值法，而其中的 WACC 则采取了一些强假设为前提。其中，影响最大的假设莫过于资本结构保持不变这一假设（即债务/股权保持不变）。另一个假设就是通过 $K_d \times (1-T_c)$，把税盾价值体现在 WACC 的公式中。因此，我们首先需要理解的是，在使用公司自由现金流估值法（FCF_f）时，改变资本结构不会改变现金流，因为 $EBIT \times (1-T_c)$ 不会随着债务金额（或支付利息）的变化而变化。此外，我们不对现金流做其他任何假设。因此，现金流（不同于净利润和利息费用）是固定不变的。

债务变化对企业价值的影响是通过改变 WACC 而不是通过现金流来体现的。资本结构的变化会以多种方式反映到 WACC 中，比如说，资本结构中的债务比率和权益比率发生明显改变。此外，K_d 和 K_e 也会随着风险水平而变化（在第七章，我们解释了债务变动如何改变企业的 K_d 以及公司的 beta 和 K_e，并最终影响到 K_o）。

在表 20-4 中，我们假设，在新的家庭一元店资本结构中，包含了收购公司所采用的全部债务。随后，我们将放宽这一假设，但需要注意的是，如本章附录所示，放松这个假设并不改变公司自由现金流。也就是说，尽管本章附录所示的资本结构采用了 35.7%的负债比率（基于笔者的估计），但它与表 20-4 采用 81.0%负债的资本结构所得到的公司自由现金流是一样的。

折旧和摊销，其他杂项、资本性支出和营运资金

FCF_f 公式中的下一个项目是 Dep，它表示折旧和摊销的会计费用。实际上，折旧和摊销并不是真正的现金流，不涉及现金的流入或流出。折旧是通过税盾影响到最终的现金流。比如说，如果我们增加了 100 美元的新折旧，是否就意味着公司自由现金流也会增加 100 美元呢？从公式上看，现金流确实增加了 100 美元。但这 100 美元的折旧费用对现金流的实际影响到底有多大呢？应该是 100 美元×T_c。也就是说，如果税率为 35%，计提 100 美元折旧就会减少 35 美元应支付给政府的税款，减少的支出就意味着流入公司现金流的增加。

事实上，公司自由现金流的公式确实会给我们造成这种错觉。这是为什么呢？它是通过公式中的几个参数实现的：如果折旧费用增加 100 美元，息税前利润（EBIT）就会减少 100 美元。因此，EBIT 扣除税收的余额就会增加 100 美元×T_c。那么，额外增加的现金流是多少呢？加回 100 美元的折旧，相当于-100 美元（1-T_c）+100 美元，也就是说，最终的结果是现金流增加了 100 美元×T_c。

重新看看这个例子的计算过程：

如果折旧增加 100 美元，那么，

EBIT 减少 100 美元，且

EBIT×（1-T_c）下降：100 美元×（1-T_c）=-100 美元+100 美元×T_c。

加回 100 美元的折旧（如公式），我们可以得到：

-100 美元+100 美元×T_c + 100 美元=100 美元×T_c，这就是折旧对现金流带来的净效应。

因此，尽管增加 100 美元折旧（见公式）从表面上看似乎让公司的现金流增加 100 美元，但实际的影响则是 "100 美元×T_c"。 ⊖

⊖ 顺便说一句，这也是黑石集团（一家金融服务公司）在面试中最喜欢提出的问题。作为一种检验手段，黑石集团要求应聘者计算在公司现金流中考虑折旧的结果。如果大多数应聘者只记住了公式，他们可能会不加思考地回答 "加回折旧"。如果应聘者了解这个公式的来龙去脉，他们会回答，"按折旧的税后成本增加现金流"。

同样，在计算纳税和编制财务报表时，商誉和无形资产的摊销也是可在税前利润中扣除的项目，不过这个例子中不涉及这种情况。但目前的财务报告已不对商誉和其他很多无形资产进行摊销，仅在特殊情况下计算应纳税款时才需要考虑。在商誉或无形资产可摊销并抵减应纳税额时，它们对现金流的净影响（$T_c \times$摊销）将被列入"其他杂项"（而不是按折旧的方法处理——将全部非现金支出直接在公式中加回）。⊖

其他杂项的例子还包括低于市场水平的融资成本和政府补贴，譬如税收抵免。在处理这些问题时，我们应采用针对无形资产的模式，即在会计上不做扣除，仅在纳税时才予以扣除。也就是说，将它们对公司现金流的税后净影响作为现金流中的一个单独项目予以反映。在家庭一元店的股东委托书中并没有提及这种非现金项目，因此，在这个例子中，我们不考虑其他杂项的影响。

到此为止，公司自由现金流公式中只剩下两个项目尚未解决：资本性支出和营运资金。如何确定资本性支出呢？我们都知道，固定资产净值的变化等于资本性支出扣除折旧后的余额。这背后的直觉肯定会让我们想起杂货店的例子（见第三章和第十四章）。厨房里的食物库存量变化了多少呢？等于开始时拥有的数量加上新购买的数量，再减去你吃掉的数量。而资本性支出就是你新购置的数量，折旧相当于你吃掉的部分，最终的净额就是固定资产的净变化额。因此，我们会发现，固定资产的变动就是它在资产负债表中期初数字和期末数字的差额，而折旧费用也体现在利润表中，在这几个数字的基础上，我们就可以计算出资本性支出。

最后，我们再看看净营运资金的变动（即流动资产减去不含计息负债的流动负债）。它只是净营运资金在一年中的变化额，或者说，是期末金额减去期初金额的变化量。

实践检验

分析师会使用哪些估值技术以及哪些估值技术最准确呢？笔者之一曾发表过一篇论文，对这两个问题进行了解答*。这篇论文指出，分析师最经常使用的方法是某种形式的收入乘数。超过99%的分析师都在使用这种方法。在他们当中，又有25.1%的分析师使用资产乘数，而使用折现现金流估值法的分析师仅占12.8%。

从学术角度看，真正令人不安的问题在于，这些方法在准确度上似乎难分伯仲。研究发现，分析师在使用自由现金流估值法时，其准确度并不高于仅使用市盈率的分析师。

既然如此，我们为什么还要学习和使用这么多种估值方法呢？实际上，如果你成为一名投资银行家，或者到一家公司的财务部门工作，善于使用某种形式的折现现金流就是对你的最低要求。也就是说，最初的职位和收入很可能将取决于你是否了解并能熟练

⊖ 商誉在编制财务报告中无须摊销，而在计算纳税时可以集体摊销并在税前扣除（但仅适用于某些特定情况）。因此，商誉摊销带来的税收减免必须包括在企业自由现金流中。有关兼并和收购相关问题的深入讨论，见Myron S. Scholes, Mark A. Wolfson, Merle Erickson, Michelle Hanlon, Edward L. Maydew, and Terry Shevlin, *Taxes and Business Strategy*, fifth ed.（Upper Saddle River, NJ: Prentice Hall, 2014）。

掌握这些技术。（顺便说一下，有关估值技术的学术研究发现，使用其他非标准估值模型的分析师，其估值结果在准确度上相对较低。）

*全文见 P.Asquith, M.Mikhail, and A.Au,"Information Content of Equity Analyst Reports,"Journal of Financial Economics 75 (February 2005): 245–282.

重启现金流的计算

现在，我们已经为计算家庭一元店的公司自由现金流做好了一切准备。如表 20-6 所示为家庭一元店的公司自由现金流。

表 20-6　家庭一元店的公司自由现金流

单位：千美元	2015	2016	2017	2018	2019
净利润	170 977	342 592	477 761	540 372	609 011
利息×（1−T_c）	245 053	242 216	249 469	256 839	263 318
折旧	310 000	307 000	306 000	305 000	304 000
资本性支出	370 079	486 088	488 208	463 219	474 086
净营运资金变动额	115 070	−89 544	−91 104	−79 110	−85 043
自由现金流	471 021	316 176	453 918	559 882	617 200

回忆一下前面提到的公司自由现金流计算公式：

$$FCF_f = EBIT \times (1-T_c) + Dep - CAPEX - (NWC_{期末} - NWC_{期初}) + 其他杂项$$

由于 EBIT×（1−T_c）不会出现在利润表上，因此，我们需要按表 20-4 中的净利润和税后利息得到 EBIT×（1−T_c）。

于是，我们将公式改写为：

$$EBIT \times (1-T_c) = NI + I \times (1-T_c)$$

然后，我们再加上折旧，减去资本性支出，并按净营运资金变动额进行调整。

下面，我们详细分析一下 2015 年的数据。如表 20-4 所示，公司在 2015 年的净利润为 1.71 亿美元。

接下来，我们加回税后利息。那么，我们应如何计算税后利息呢？表 20-4 给出了 3.817 亿美元负债的税前利息，但没有给出负债的税后利息，这是需要我们自己计算的项目。考虑到当时采用的税率（即表中使用的税率）为 35.8%，因此，税后利息为 2.45 亿美元=3.817 亿美元×（1− 35.8%）= 3.817 亿美元×64.2%。

$$EBIT \times (1-T_c) = NI + I \times (1-T_c)$$
$$= 1.71\text{亿美元} + 2.45\text{亿美元}$$
$$= 4.16\text{亿美元}$$

其次，根据表 20-4，我们得到折旧的金额为 3.10 亿美元。

根据折旧额以及固定资产的期初和期末余额，我们可以计算出资本性支出。在表 20-3 中可以看到，2015 年的期初固定资产（相当于 2014 年度的期末固定资产余额）

为 16.882 亿美元；表 20-4 给出的 2015 年固定资产期末余额为 17.483 亿美元。结合这两个数字及折旧额 3.1 亿美元，我们可以使用以下公式得出资本性支出：

$$资本性支出 = 期末固定资产 + 折旧 - 期初固定资产$$

$$资本性支出 = 17.483 亿美元 + 3.10 亿美元 - 16.882 亿美元 = 3.701 亿美元$$

最后，我们还要计算净营运资金的变化额。净营运资金在 2015 年期初的余额为 9.892 亿美元，期末余额为 8.741 亿美元。这意味着，营运资金在年度内出现了减少，即净营运资金在 2015 年全年的变动额为 1.151 亿美元。

结合上述参数，我们可以计算公司自由现金流：

$$FCF_f = EBIT \times (1 - T_c) + Dep - CAPEX - (NWC_{期末} - NWC_{期初}) + 其他杂项$$

$$= 1.71 亿美元 + 2.45 亿美元 + 3.10 亿美元 - 3.701 亿美元 + 1.151 亿美元 = 4.71 亿美元$$

2016—2019 年的公司自由现金流同样按以上方法计算，结果如表 20-6 所示。

资本成本的确定

考虑到我们已经取得企业自由现金流数值，因此，还需要选择适当的折现率，而适用于企业自由现金流的折现率为 WACC（K_o）。为此，我们需要完成两次估计，一个是来自摩根士丹利为美元树编制的股东委托书，另一个则是笔者自己进行的估计。⊖ 之所以要进行两次估计，主要是为了介绍这个过程中的一些细节，并再次证明，财务的本质是"艺术"，而不是科学。

$$WACC = K_o = [D / (D+E)] \times K_d \times (1 - T_c) + [E / (D+E)] \times K_e$$

我们首先从 K_e 开始。计算 K_e 所使用的公式为单因素资本资产定价模型（CAPM）：⊖

$$K_e = R_f + \beta \times (R_m - R_f)$$

其中：
R_m = 市场利率；
R_f = 无风险利率；
β = 风险度量。

首先，我们来看看无风险利率 R_f，如第十五章所述，无风险利率通常采用美国国债的利率。截至 2014 年 7 月 25 日，摩根士丹利采用的无风险利率为 2.5%，其依据是 10 年期美国国债的利率 2.48%。

相比之下，笔者认为，对于长期项目，应采用最长期限的美国国债利率减去 1%的流动性溢价，作为长期国库券的利率。2014 年 7 月 25 日，美国的 30 年期国债利率为

⊖ 除另有说明，本书引用的摩根士丹利数据均来自家庭一元店公开披露的股东委托书（第17页）。有些数字已在股东委托书中予以明确，有些则是我们根据插入计算得到的结果。

⊖ 见第十六章他们的估值细节部分，或许有一天它可能会发生变化，比如说，按三因素或四因素模型计算K_e。

3.24%。因此，笔者将使用 2.24%（按 30 年期国债利率 3.24%减去 1%的流动性溢价）作为无风险利率。

最后，摩根士丹利为家庭一元店提供的 beta 系数估计值为 1.05，他们以这个由 Barra 公司提供的数字作为行业平均值。◯因此，摩根士丹利实际上就是在说，他们认为，家庭一元店的 beta 系数与和行业平均水平的差异很小。

然而，如第十七章所述，如果杠杆率因收购而发生变化（在本案例中即出现了改变），那么，在计算 beta 系数时，"理论上正确"的方法应是先计算无杠杆的 beta 系数（使用当前的资本结构），然后再计算重新加杠杆的 beta 系数（使用未来的预期资本结构）。换句话说，在计算 beta 系数时，首先消除当前负债率对 beta 系数的影响，然后再考虑公司被收购后的新负债率对 beta 系数的影响。正如第十七章中所指出的那样，我们可以采用不同公式来计算无杠杆和有杠杆的 beta 系数。在这里，我们继续沿用第十七章推荐的方法：◯

$$\beta_{无杠杆} = \beta_{杠杆} \times 权益 / (债务 + 权益)$$

$$\beta_{杠杆} = \beta_{无杠杆} \times (债务 + 权益) / 权益$$

上述计算中的三个关键要素是：公司目前的 beta 系数、公司当前的资本结构以及公司未来的预期资本结构。我们首先从家庭一元店在交易开始时的 beta 系数开始，笔者估计为 0.77。（为此，我们按家庭一元店的实际收益率对收购前一年的市场收益率进行了回归。）

接下来，家庭一元店目前的资本结构，或者说 0.77 的 beta 系数所对应的资本结构是怎样的呢？为此，我们首先要确定家庭一元店的债务。在收购时点，家庭一元店的债务总额为 5.004 亿美元。然后，我们需要在净债务中扣除超额现金。在这个例子中，家庭一元店似乎不存在超额现金，因此，最终的债务净额即为 5.004 亿美元。◯

其次，我们需要确定家庭一元店的股权价值。会计师认为，家庭一元店的净资产价值为 16.7 亿美元，但这是净资产或者说是所有者权益的账面价值，而我们需要的是市场价值。那么，我们应如何得到家庭一元店的市场价值呢？2014 年 8 月 31 日，家庭一元店接受了美元树对公司 1.14 亿股普通股发出的收购报价——按这个价格计算，约合每股 74.50 美元。不过，我们还不能使用每股 74.50 美元这个数字。在计算股权的市场价值时，

◯ Barra Inc.（目前属于 MSCI）发布了大量市场财务指标。

◯ 如第十七章所述，只要杠杆率变化不大，使用不同公式得到的结果差异不大。

◯ 我们再来讨论一下超额现金及其对 beta 系数的影响。现金的 beta 系数是多少呢？零。如果超额现金被包含在资本结构中，就会导致公司的 beta 系数偏低。有一段时间，很多分析师对日本公司的 beta 系数与同行业美国公司的 beta 系数进行了比较。他们发现，日本公司的资本成本似乎低于美国公司。出现这个结果的主要原因，就是日本公司的现金余额比美国公司多得多，而分析师并没有剔除其中的超额现金。比如说，如果公司的资产中有一半是现金，且非现金资产的 beta 系数为 1，那么，这家公司最终的 beta 系数就应该是 0.5。也就是说，一半资产的 beta 系数为 1，另一半资产的 beta 系数为零，平均下来的结果就是 0.5。一旦剔除日本公司资产负债表上的超额现金，日本公司和美国公司就不会在 beta 系数上出现如此巨大的差异了。

455

我们为什么不能直接使用收购要约给出的每股价格呢？我们首先要剔除收购前负债率对beta的影响——即先要进行去杠杆，然后再按收购后的负债率得到加杠杆的beta系数。收购前的市场股价为每股60.66美元，因此，收购前的股权市场价值为69亿美元（60.66美元×1.14亿股）。此外，我们还需要记住，0.77的beta系数是公司股票收益率对市场收益进行回归的结果。因此，确定beta系数使用的是收购前股价，而不是美元树给出的74.50美元收购报价。

由此可见，在收购之前（即在计算得到0.77的beta系数时），债务占资产总额的比率为6.8%，即5亿美元/（5亿美元+69亿美元）。我们采用这个负债率对收购前的beta系数去杠杆即：

$$\beta_{无杠杆} = \beta_{杠杆} \times 权益/(债务+权益) = 0.77 \times (69亿美元/74亿美元) = 0.72$$

现在，我们需要按新的负债率对无杠杆的beta系数加杠杆，为此，我们需要知道的是家庭一元店在收购后的债务水平。根据上述表20-2，公司的负债总额为73亿美元，所有者权益为17亿美元，因而负债率为81%。但这未必是美元树在经营家庭一元店时将会采用的负债率。

81%的负债率只是为进行收购所进行的"过程融资"，不一定是未来公司的目标融资方式（可以回忆一下第十七章讨论的细节）。因此，我们当下亟须回答的问题是，公司未来将以什么样的资本结构进行正常运营。假如我们眼下正在对公司进行内部估值，也就是说，我们现在的身份是一个公司内部人士，这样，将可以知道公司的新资本结构。同样，如果我们是公司的投资银行家，可以直接询问公司：在估值时，我们应该采用怎样的资本结构。作为外部分析师，我们可以参加分析师会议或收购路演，并提出这个问题。

但这都是假设，我们现在完全是外人，因此，我们需要用另一种方式来确定家庭一元店的资本结构，并与摩根士丹利的估计（我们对其理解为15%的负债率）进行比较。

截至2015年10月21日，该行业主要竞争企业的资本结构如下：

	债务	市值	负债率	Beta⊖
沃尔玛	497亿美元	1 884亿美元	20.90%	0.83
美元树	84亿美元	151亿美元	35.70%	1.03
多来店	29亿美元	198亿美元	12.70%	1.30

上述美元树的负债率是合并后的数字，代表了美元树和家庭一元店合并后的结果。按上述数据，我们可以看到，73亿美元的债务完全是为收购家庭一元店而进行的融资。笔者认为，美元树不太可能在收购后继续维持低负债的资本结构，同时对新收购业务采用高债务的资本结构。毕竟，合并的主要战略考量在于追求两家公司间的协同效应，因为它们处于同一行业，且拥有相近的风险特征。因此，笔者斗胆预测，美元树的两个部分（美元树的原有业务和新收购的家庭一元店的业务）将采用相同的资本结构，即负债率均为35.7%（我们将会看到，这个假设完全不同于作为交易内部人士的摩根士丹利，

⊖ 这些数字来自Yahoo! Finance。

但差异并不大)。

这就是说,美元树似乎是在利用家庭一元店为自己的资产负债表增加负债。由于家庭一元店的股份已不再公开交易,而且我们还假设,美元树会充分利用此次对家庭一元店的收购,提高自身资产负债表的杠杆率。因此,我们按美元树的收购后数据作为家庭一元店重新加杠杆的依据,具体如下所示:

$$\beta_{杠杆} = \beta_{无杠杆} \times (债务+权益)/权益$$

$$\beta_{无杠杆} = 0.72 \times (84亿美元 + 151亿美元)/151亿美元 = 1.12$$

因此,按照笔者的计算,加杠杆后的 beta 系数为 1.12(不同于摩根士丹利使用的 1.05)。然后,使用单因子 CAPM 公式确定 K_e。到目前为止,我们已经知道,R_f = 2.24%,β = 1.12。

接下来,我们需要估计 ($R_m - R_f$)。如第十六章所述,在如何计算市场溢价这个问题上,目前还存在不同意见。伊博森学会提供了不同时期的 ($R_m - R_f$) 估计数,数据源最早可追溯到 1926 年。⊖ 这些估计值在不同时期略有不同。⊜ 2013 年,一项针对财务专业人士进行的调查显示,在美国,人们在估值公式中采用的平均市场溢价为 5.00%(这意味着,人们采用了市场溢价的中位数,5.24%)。⊜ 根据美元树发布的股东委托书,摩根士丹利使用的是 2014 年的市场溢价率 6.00%,这个数字出自公司的"专业判断和经验"。这个比率与伊博森学会是一致的,笔者认为,这个溢价率是合理、稳健的。这也是我们目前在教学中采用的溢价率,在下面的讨论中,我们将继续采纳这个数字。

现在,我们可以将 K_e 计算为无风险率加上 β 与 ($R_m - R_f$) 的乘积,即:

$$K_e = R_f + \beta \times (R_m - R_f)$$

使用摩根士丹利的数字,我们可以得到:

$$K_e = 2.50\% + 1.05 \times (6.00\%) = 8.80\%$$

按照笔者的估计,我们可以得到:

$$K_e = 2.24\% + 1.12 \times (6.00\%) = 8.96\%$$

因此,依据略有差异的假设,笔者和摩根士丹利得到了非常相似的股权成本。

但是要完成 WACC 的估算(见如下公式),我们还要确定债务成本及税率。

$$WACC = K_o = [D/(D+E)] \times K_d \times (1-T_c) + [E/(D+E)] \times K_e$$

摩根士丹利假设,债务的税前成本为 5.2%,税率为 35.8%,杠杆率为 15%,由此可以计算出,$WACC = K_o = 8\%$。⊛

⊖ 如第十六章所述,伊博森学会(目前由 Morningstar 拥有)是一家金融研究公司。

⊜ 此外,我们还应记住,在进行估算时,无论是笔者还是知识渊博的从业者,均使用算术平均值,而不是几何平均值。

⊜ 见 Pablo Fernandez, Pablo Linares, and Isabel Fdez. Acin, Market Risk Premium Used in 88 Countries in 2014, IESE Business School, June 20, 2014。

⊛ 股东委托书并没有提供估值时采用的杠杆率,但却提供了债务成本、税率、权益成本和 WACC。在不考虑其他要素的情况下,WACC 达到 8% 所对应的杠杆率为 15%。

现在，我们已经得到权益成本、税率和杠杆率的估计值。在计算 WACC 之前，我们还需解决的最后一个问题是，是否可以采用摩根士丹利为编制备考财务报表而假设的债务税前成本——按摩根士丹利的估计，家庭一元店的借款利率将是 5.2%。如果接受摩根士丹利假设的 5.2%（我们假设的债务水平略高于这个数字），可以得到，WACC = K_o=6.95%。

$$WACC = K_o = [D/(D+E)] \times K_d \times (1-T_c) + [E/(D+E)] \times K_e$$
$$K_o = 35.7\% \times [5.2\%(1-0.358)] + 64.3\% \times 8.96\% = 6.95\%$$

因此，摩根士丹利估计的资本成本为 8.0%，而笔者估计的资本成本则是 7.0%。两个数字实际上非常接近。但如果我们要真正决定是否接受这笔 85 亿美元的收购，还要对现金流和折现率进行大量的敏感分析。因此，我们可能会同时使用这两个数字。

请记住，我们以 35.7%作为资本结构中的债务比率，而摩根士丹利则使用了 15%的负债率。随着债务水平的变化，K_o 也会变化。由第六章和第七章的分析我们知道，K_o 首先会下降，然后上升。

到此为止，我们先停下来，回顾一下前面的准备工作。首先，我们详细分析了公司自由现金流的计算公式。在前面的几章里，我们介绍了标准计算公式，并对其背后的依据进行了解释。在本章中，我们将进一步阐述和解析这个公式，比如说，它为什么要使用 EBIT×(1−T_c)，以及税盾只有 T_c×Dep，但为什么要全部折旧加回到公式中。在下一章里，我们将介绍股权自由现金流，届时，将深入探讨公司自由现金流公式是如何得到的。随后，我们讲述了编制备考财务报表的方法，以及如何利用其中的数字计算公司自由现金流。在"附录"中，我们将会再次告诉大家，无论资本结构如何，公司的自由现金流向都是一样的。最后，介绍了我们和摩根士丹利计算 WACC 及其所有参数的方法和过程。

折现现金流

下一步，我们将对未来五年内的预期公司自由现金流进行折现。也就是说，我们以家庭一元店的 WACC 为折现率，对家庭一元店在 2015—2019 年间的自由现金流进行折现。为了便于演示，我们将采纳以摩根士丹利的 K_o=8.0%作为折现率。（我们不打算在这个本已充斥大量数据的章节中，增加更多的数字。）如表 20-7 所示，未来五年的公司自由现金流的净现值为 19.3 亿美元。

表 20-7 家庭一元店的备考现金流现值

单位：千美元	2015	2016	2017	2018	2019
公司现金流	471 021	316 177	453 918	599 882	617 199
折现率为 8.00%	1.08	1.166 4	1.259 7	1.360 5	1.469 3
现值	436 131	271 071	360 338	440 928	420 063
净现值					1 928 531

终值

不妨回想一下我们对 Sungreen 的讨论（第十五章和第十六章），在折现现金流估值法中，我们获得折现现金流之后的最后一项工作，就是计算整个项目的终值。理想的情况当然是对永续现金流进行折现，但这在现实中是不可能的。

在实践中，企业只能在可预测区间内进行现金流的预测（我们使用的是五年；而家庭一元店的股东委托书指出，摩根士丹利采用的预测期为三年），然后再确定终值。我们可以使用很多方法计算终值，但无一不属于我们所介绍的五种公司估值方法（如第十五章所述）。如前所述，使用一种以上的方法计算终值是非常有必要的，这会有助于我们对估值中采用的终值数字进行检验。

通常，笔者以永续年金公式计算终值；但对于美元树，我们首先将使用乘数法。为什么呢？因为在家庭一元店的股东委托书中，摩根士丹利就是采用乘数法计算终值的，因此，我们有必要分析一下摩根士丹利采用的方法。摩根士丹利采用的乘数为 EBITDA，具体取值区间为 7.0～8.0。由于摩根士丹利只预测了未来三年的现金流，而我们的预测区间则是五年，这意味着，对 2019 年的终值，我们需要以 2019 年的预测 EBITDA 乘以 7.5（7.0 和 8.0 的平均值），以此作为 2019 年年底的终值（以此，2019 年以后年份发生的全部现金流归结为 2019 年的终值）。⊖ 随后，再将这个终值数字按 8.0% 的 WACC 进行折现，才能得到 2015 年初的现值。

我们对 2019 年底预测的 EBITDA（表 20-4）为 16.6 亿美元。

净利润	6.09 亿美元
利息费用	4.102 亿美元
税收费用	3.396 亿美元
折旧费用	3.04 亿美元
EBITDA	16.628 亿美元

以 16.6 亿美元的 EBITDA 乘以 7.5，即可得到 2019 年年底的终值为 124.7 亿美元。然后，对 124.7 亿美元按 8% 的折现率折现到五年之前，得到 2015 年年初的现值为 84.9 亿美元（124.7 亿美元/1.08^5）。

以 EBITDA 为基础的乘数估值法是否能为我们提供公司的终值或股权的终值呢？它只是公司的终值。为什么这么说呢？EBIT 和 EBITDA 这两个乘数等于 EBIT 或 EBITDA 除以公司市场价值（即债务价值和股权价值之和）。因此，当使用该乘数时，它给出的当然是包括债务价值和股权价值在内的公司价值。相比之下，市盈率 PE 则是股票价格与每股收益的比值。由于我们使用的是每股收益 EPS 或净利润，因此，它得到

⊖ 终值是公司在未来某个时点的价值。在进行估值时，必须将终值折现为现值。不对终值进行折现，在学生和年轻分析师中是很常见的错误。

的也只能是股票、股权或净资产的价值（如果我们使用按净利润计算的市盈率，得到的结果就是对股票市值的估计，因为净利润是每股收益与股份总数的乘积）。这一点很重要，千万不要将现金流和终值混为一谈（即公司现金流和权益的终值，反之亦然）。⊖

现在，我们再使用第二种方法计算终值，并对两个结果进行比较。在第二种方法下，我们将使用永续年金公式，即：

$$终值 = 自由现金流 \times (1+g) / (k-g)$$

其中：

k = 折现率；

g = 增长率。

在这个公式中，我们应使用哪些自由现金流呢？我们以 WACC（按增长率调整）对公司自由现金流进行折现，得到的是公司的终值。

根据我们的预测，上一年的公司自由现金流为 6.172 亿美元（见表 20-6）。不过，或许我们还记得，永续年金公式得到的现值只是前一年年底的现值。也就是说，如果你对从第 5 年年底开始的现金流使用永续年金公式，得到的结果将是这些永续现金流在第 4 年年底的价值。（在前面的第十六章里，我们曾讨论过这一点，并指出这完全是数学概念，而不是财务问题。）对财务来说，它意味着将去年赚到的钱到今年取出来，这当然需要一定的增长率。

我们应使用多大的增长率，并到哪里去得到这个增长率数据呢？如果我们认为公司或预期现金流将与总体经济增长保持同步，那我们就可以用经济增长率来估计这个数字，这也是我们编制备考财务报表时采用的方法。按照预计，现金流的增长率从 2018 年的 23.3%下降到 2019 年的 10.2%。在这里，我们没有采取永久增长的假设，因此，我们将 2019 年以后的增长率假设为 3%。（在"估值细读"部分，我们讨论过这个问题。）这同样体现出"估值不是科学而是艺术"的道理，现在，你就是一个从事艺术的学者，而且是一个保守派艺术家。但是在某种程度上，我们需要认识到，公司的增长速度永远不可能超过总体经济的增长速度。

由此，我们得到永续年金公式的分子为 6.357 亿美元（6.172 亿美元×1.03）。

使用先前得到的 Ko=8.0%，以及保守估计的未来永续增长率 3.0%，因此，终值的计算结果为：

$$6.357 \text{ 亿美元} / (8.0\% - 3.0\%) = 127.1 \text{ 亿美元}$$

按 8%的折现率，将 127.1 亿美元从 2019 年年底折现到 2015 年年初，我们得到的现值为 86.5 亿美元（127.1 亿美元/1.08^5）。这个结果非常接近上述按 EBITDA 乘数法得到的结果——84.9 亿美元。

⊖ 权益的终值可以按公司终值减去债务终值的余额来确定（按债务成本折算到当前的价值）。

对终值的检验

现在,我们按第十七章关于终值的详细解读做一下检验,其中包括实现盈亏平衡所对应的终值数(即净现值为零所需要的终值金额)。在确定盈亏平衡点对应的终值之后,还要确定为实现这个数字需要对终值估值方法所采取的假设。我们不妨先确定永续终值的隐含增长率——即为取得交易所需价值而相应的终值是多少。此次收购交易的价格为85.2亿美元,公司自由现金流的净现值为19.3亿美元。这意味着,交易达到盈亏平衡点所需要的终值价值为65.9亿美元(85.2亿美元-19.3亿美元)。这个数字是美元树提出收购要约时点的价值,对应于终值的现值。因此,我们还要将这个价值推算到五年之后的2019财年,如果折现率为8.0%,那么,实现盈亏平衡所需要的终值价值为96.8亿美元(65.9亿美元//1.08^5)。

现在,我们可以通过以下方程来求解实现盈亏平衡所需要的增长率:
盈亏平衡所对应的终值 = 现金流/(K_o-g),或
(K_o-g)=现金流/盈亏平衡所对应的终值,或
g = K_o-(现金流/盈亏平衡所对应的终值),
即,

$$g = 8\% - 6.357 亿美元 / 96.8 亿美元 = 8.0\% - 6.6\% = 1.4\%$$

因此,只要2019年以后的增长率大于1.4%,收购项目的净现值就是正值。此外,实现盈亏平衡所需要的EBITDA乘数为5.83(盈亏平衡所对应的终值96.8亿美元/16.6亿美元的EBITDA)。然后,我们将这个乘数(5.83)与摩根士丹利提供的行业EBITDA乘数区间7.0~8.0进行比较。考虑到实现盈亏平衡所需要的EBITDA乘数远低于摩根士丹利的要求,因此,我们对实现这个终值是有信心的。

估值的三要素

和以前一样,我们的最后一项任务就是将估值分解为收购价格、现金流的现值和终值的现值三部分。

为了对公司进行估值,我们再次从85.2亿美元的收购价格入手。请注意:这是为收购家庭一元店股权(即净资产)而支付的价格。在购买股权时,我们同时要承担家庭一元店的全部债务。因此,收购的价格(包括债务和权益的价值)应该是85.2亿美元(股权)和5亿美元(债务)之和——90.2亿美元。

我们可以这样考虑:假设你用50万美元的现金购买一座房子。通常,按照这样的价格,你可以免费获得房屋抵押贷款(你可以使用抵押贷款购置房屋,但卖家通常会把房屋的抵押贷款免费转移给你)。另一方面,假设你用50万美元现金购买房屋,同时还

要承担卖方的 30 万美元抵押贷款。你购买这套房子的总成本到底是多少钱呢？80 万美元（50 万美元+30 万美元）。购买公司也是一样的。你愿意为公司支付多少钱？当你购买公司的股权时，还要承担公司的债务和其他责任。因此，如果我们使用的是公司自由现金流，就必须将为整个公司支付的收购价格与现金流和终值的现值之和进行比较。

接下来，我们将公司自由现金流的现值增加到 19.3 亿美元。最后，再加上按永续年金公式得到的终值现值——86.5 亿美元。整个过程如下所示：

收购价格	−90.2 亿美元
公司自由现金流的现值	+19.3 亿美元
终值的现值（永续年金公式）	+86.5 亿美元
净现值	+15.6 亿元美元

最后一点，也是我们在第十七章里提到的，在使用 NPV 时，最重要的就是考察大部分现金流的主要来源，即最近几年的现金流或终值。上面的分析清晰表明，家庭一元店的主要价值来自终值，而不是未来五年内的现金流。这或许意味着，收购可能会让美元树承受非常大的风险。这也是我们需要通过盈亏平衡分析考量终值是否合理的原因之一。但 15.6 亿美元的净现值已非常可观，足以弥补收购带来的任何额外风险。

需要提醒的是：如第十七章所述，针对正净现值的项目，笔者有一个经验法则：用不超过五句话解释你的项目净现值为什么是正数，否则，我就不会相信你。在这里，我们可以解释一下其中的道理。回想下第十九章的讨论：美元树认为，通过增加每平方英尺的营业额，并将销售成本削减 3 亿美元（按照我们的预测，成本节约主要体现于销售及一般管理费用），美元树可以改善家庭一元店的运营效率。如果预期兑现，这足以成为项目实现正净现值的理由（而且这个理由显然不需要五句话）。

本章小结

在本章，我们采用公司自由现金流估值法对家庭一元店公司进行了估值。为此，我们采用了家庭一元店《股东委托书》提供的相关数字，并对其中的假设进行了讨论。随后，我们计算了公司的现金流及折现率，以乘数估值法和永续年金法获得终值，并对终值的合理性进行了检验。最后，我们对三个部分进行合并——收购价格、折现现金流和终值，从而得到收购项目的净现值。

本章的目的不仅在于重新审视公司自由现金流，还进一步探讨了自由现金流估值法，从逻辑上认识相关公式和使用方法，而不只是简单粗暴地记住它们。总而言之，本章和下一章、第十五章和第十六章讨论的 Sungreen 案例以及第十七章对估值细节的解读，构成了本书的核心，也是公司估值理论体系的基本内容。假如你还是这个领域的新手，反复阅读这几个章节，肯定会让你更快地融入角色。

期待下一步

在下一章里,我们将介绍股权自由现金流的概念。此外,我们还要解释公司自由现金流和股权自由现金流计算公式的由来。随后,我们将在第二十二章完成对家庭一元店的估值,并讲述这场特殊收购的真实经历。

附录 家庭一元店的备考财务报表——基于笔者的"负债率不变"假设

表 20-8 基于负债率不变假设的利润表

单位:千美元	2015	2016	2017	2018	2019
销售收入	11 207 000	12 355 000	13 523 000	14 537 225	15 627 517
销售成本	7 306 964	8 055 460	8 816 996	9 478 271	10 189 141
毛利润	3 900 036	4 299 540	4 706 004	5 058 954	5 438 376
销售及一般管理费用	2 942 014	3 081 623	3 267 248	3 512 194	3 775 608
折旧	310 000	307 000	306 000	305 000	304 000
营业利润	**648 022**	**910 917**	**1 132 756**	**1 241 760**	**1 358 768**
利息费用	167 203	164 344	171 334	176 559	180 722
税前收入	480 819	746 573	961 422	1 065 201	1 178 046
所得税	172 133	267 273	344 189	381 342	421 740
净利润	**308 686**	**479 300**	**617 233**	**683 859**	**756 306**

表 20-9 基于负债率不变假设的资产负债表

金额单位:千美元	2015	2016	2017	2018	2019
流动资产	2 151 744	2 372 160	2 596 416	2 791 147	3 000 483
流动负债	1 277 598	1 408 470	1 541 622	1 657 243	1 781 537
净营运资金	874 146	963 690	1 054 794	1 133 904	1 218 946
固定资产	1 748 292	1 927 380	2 109 588	2 267 807	2 437 893
商誉	5 190 000	5 190 000	5 190 000	5 190 000	5 190 000
无形资产:公司名称	2 420 000	2 420 000	2 420 000	2 420 000	2 420 000
其他资产	67 036	67 036	67 036	67 036	67 036
资产合计	**10 299 474**	**10 568 106**	**10 841 418**	**11 078 747**	**11 333 875**
短期负债	16 200	16 200	16 200	16 200	16 200
长期负债	3 144 260	3 278 688	3 379 175	3 459 216	3 555 520
其他负债	1 338 314	1 338 314	1 338 314	1 338 314	1 338 314
负债合计	**4 498 774**	**4 633 202**	**4 733 689**	**4 813 730**	**4 910 034**
实收资本	5 800 700	5 800 700	5 800 700	5 800 700	5 800 700

(续)

金额单位：千美元	2015	2016	2017	2018	2019
留存收益	0	134 204	307 029	464 317	623 141
所有者权益合计	5 870 700	5 934 904	6 107 729	6 256 017	6 423 841
负债和所有者权益合计	10 299 474	10 568 106	10 841 418	11 078 747	11 333 875
负债率	35.0%	35.7%	35.7%	35.7%	35.7%
股利分配率	100%	72%	72%	77%	79%
股利	308 686	345 096	444 408	463 219	617 201

表 20-10 编制家庭一元店备考财务报表（表 20-8 和表 20-9）的假设

编制利润表的假设：

（a）2015-2017 年的销售收入为摩根士丹利在股东委托书中的估计（三年的收入增长率分别为 6.8%、10.2% 和 9.5%）。2018 年和 2019 年的销售收入采用笔者的估计，每年均为 7.5%（相当于 2011-2014 年的平均增长率）。

（b）销售成本估计为销售收入的 65.2%（相当于 2011-2014 年的平均比率）。

（c）从 2015 年到 2017 年，销售及一般管理费用对销售收入的比率分别为 26.25%、24.94% 和 24.16%。这些数字按摩根士丹利提供的营业利润（为扣除折旧摊销和税收前的利润）估算。2018 年和 2019 年估计为销售收入的 24.16%（按 2017 年的比率）。

（d）2015-2017 年的折旧按摩根士丹利在股东委托书中给出的估计。2018 年和 2019 年的折旧延续 2015-2017 年的趋势。

（e）利息费用为上一年短期负债与长期负债之和的 5.2%（即摩根士丹利假定的债务成本）。

（f）税率为 35.8%。这也是摩根士丹利在股东委托书中采用的数字。美国的联邦公司所得税税率为 35.0%，增加的 0.8% 是对财产税的估计。在 2010-2014 年，家庭一元店的平均税率为 35.7%。

编制资产负债表的假设：

（a）流动资产、流动负债、固定资产分别估计为销售收入的 19.2%、11.4% 和 15.6%（相当于 2010-2014 年的平均水平）。

（b）商誉、无形资产、负债和其他负债按表 20-9 进行调整，以反映收购价格超过资产公允价值的部分。

（c）其他资产、短期负债和其他负债假定在一段时期内保持不变。

（d）所有者权益最初按 2014 年 9 月 1 日达到 35.7% 的负债设定。随后，留存收益每年按净利润扣除已支付股利后的余额增加。对股利进行调整，以确保通过债务（最后的一个插入数）的增减维持负债率不变。也就是说，股利和债务均为插入值。

表 20-11 企业自由现金流（以表 20-8 和表 20-9 的数据为基础）

单位：千美元	2015	2016	2017	2018	2019
净利润	308 686	479 300	617 233	683 859	756 306
利息×（1-T_c）	107 345	105 509	109 997	113 351	116 023
折旧费用	310 000	307 000	306 000	305 000	304 000
资本性支出	370 079	486 088	488 208	463 219	474 086
营运资金净额	115 070	-89 544	-91 104	-79 110	-85 043
企业自由现金流	471 022	316 177	453 918	559 881	617 200

第二十一章
认识自由现金流（一元店）

在上一章里，我们以公司自由现金流（FCF_f）估值法完成了对家庭一元店的估值。这种方法以 WACC 为折现率。在本章中，我们将在深入探讨自由现金流公式原理的同时，介绍股权自由现金流（FCF_e）估值法。与 FCF_f 方法相比，FCF_e 在几个方面拥有优势。FCF_e 允许负债率发生变化，这对杠杆收购和重组估值尤为重要，因为这两种情况下，债务水平有可能随着时间的推移而发生重大变化。目前，股权自由现金流估值法已成为各投资银行的标准方法（甚至被称为杠杆收购估值），并与公司自由现金流估值法共同使用。尽管 FCF_f 方法依旧在公司估值中占据主导地位，但更多的公司已开始同时使用 FCF_f 和 FCF_e 估值法。

自由现金流公式的比较

我们在第十五章和第二十章中指出，公司自由现金流的计算公式用文字可表述为：税后 EBIT 加上折旧，减去资本性支出，再减去营运资金变动，并加上其他杂项，即：

$$FCF_f = EBIT \times (1-T_c) + Dep - CAPEX - (NWC_{期末} - NWC_{期初}) + 其他杂项$$

其中：

FCF_f = 公司自由现金流；

EBIT = 息税前利润；

T_c = 公司支付的平均税率；

Dep = 折旧和摊销；

CAPEX = 资本性支出；

$NWC_{期末}$ 及 $NWC_{期初}$ = 年末/年初时的净营运资金（净营运资金是经营所需的正常现金加应收账款及存货，再减去应付账款）；

其他杂项=补贴等项目（并非在所有情况下均会出现的项目）。

而计算股权自由现金流的公式则有所不同，它可以表述为：净利润加上折旧，减去资本性支出，减去营运资金变动额，加上其他项目和债务的变动值，即：

$$FCF_e = NI + Dep - CAPEX - (NWC_{期末} - NWC_{期初}) + 其他杂项 + DebtIR$$

其中：

FCF_e = 股权自由现金流；

NI = 净利润；

Dep = 折旧与摊销；

CAPEX = 资本性支出；

$NWC_{期末}$ 及 $NWC_{期初}$ = 年末/年初的净营运资金（净营运资金是经营所需的正常现金加应收账款及存货，再减去应付账款）；

其他杂项=补贴等项目（并非在所有情况下均会出现的项目）。

DebtIR = 新发行的债务减去本金的偿还（期末债务-期初债务）。

这两个公式看起来非常相似。大多数参数是相同的，如折旧、资本性支出、营运资金变动额和其他杂项。区别就在于，公司自由现金流使用的是 $EBIT \times (1-T_c)$，不包括债务的变动；而股权自由现金流使用的是净利润，包括债务的变动额。

回想上一章介绍过的一个公式：$EBIT \times (1-T_c) = NI + I \times (1-T_c)$，并利用这个公式对 FCF_f 公式进行替换，即可得到：

$$FCF_f = NI + I \times (1-T_c) + Dep - CAPEX - (NWC_{期末} - NWC_{期初}) + 其他杂项$$

$$FCF_e = NI + DebtIR + Dep - CAPEX - (NWC_{期末} - NWC_{期初}) + 其他杂项$$

因此，公司自由现金流与股权自由现金流之间的差额为：

$$FCF_f - FCF_e = NI + I \times (1-T_c) - (NI + DebtIR) = NI + I \times (1-T_c) - NI - DebtIR$$

或改写为：

$$FCF_f - FCF_e = I \times (1-T_c) - DebtIR$$

上述公式看起来似乎有点复杂，其实只是最基本的代数转换。实际上，两个公式之间的差异只是税后利息减去债务的净变动额。

现在，我们再看看债务的自由现金流。债务自由现金流等于支付的利息加偿还的债务（本金），再减去新发行的债务。要计算债券的现值，我们首先需要把支付利息（也称为息票支付）和偿还本金之和按适当的折现率折现（对债务偿付来说，折现率应采用相同风险特征的市场利率）。因此，我们用公式表述为：

$$FCF_d = I - DebtIR$$

如果将上述三个公式排列起来，可以得到：

$$FCF_f = NI + I \times (1-T_c) + Dep - CAPEX - (NWC_{期末} - NWC_{期初}) + 其他杂项$$

$$FCF_e = NI + DebtIR + Dep - CAPEX - (NWC_{期末} - NWC_{期初}) + 其他杂项$$

$$FCF_d = I - DebtIR^{\ominus}$$

为什么 $FCF_f \neq FCF_d + FCF_e$

需要注意的是，公司自由现金流（FCF_f）近似等于股权自由现金流（FCF_e）和债务自由现金流（FCF_d）之和。不同的是，FCF_f 包括 $I \times (1-T_c)$，而 $FCF_e + FCF_d$ 之和则是 I。

我们来看看下面的代数转换：

$$FCF_f = NI + I \times (1-T_c) + Dep - CAPEX - (NWC_{期末} - NWC_{期初}) + 其他杂项$$

$$FCF_e + FCF_d = NI + DebtIR + I - Dep - CAPEX - (NWC_{期末} - NWC_{期初}) + 其他杂项$$

由于 $NI + DebtIR + I - DebtIR = NI + I$，因此：

$$FCF_f = NI + I \times (1-T_c) + Dep - CAPEX - (NWC_{期末} - NWC_{期初}) + 其他杂项$$

$$FCF_e + FCF_d = NI + I + Dep - CAPEX - (NWC_{期末} - NWC_{期初}) + 其他杂项$$

$\ominus$ 债务的减少当然应该等于偿还的本金。

由此可见，FCF_f 几乎就等于 $FCF_e + FCF_d$，两者之间的差额为 $I \times T_c$。

那么，公司自由现金流难道不应该等于股权自由现金流和债务自由现金流之和（或者说，资产现金流不应等于资本现金流）吗？我们有必要讨论一下这个问题。

回到折现率

现在，看看不同自由现金流估值法所采用的折现率。我们都知道，公司自由现金流以 WACC 进行折现，折现结果即为公司价值。按照同样的道理，股权自由现金流以权益成本进行折现，就是股权的价值。因此，债务自由现金流以债务成本进行折现，我们就可以得到债务的价值。

而公司价值也可以表示为债务价值与股权价值之和。

$$V_f = V_d + V_e$$

但如上所述，公司自由现金流并不完全等于债务自由现金流与股权自由现金流之和。为什么不完全相等呢？原因在于，公司自由现金流采用的折现率 WACC（K_o）不等于债务和股权的加权成本，即债务比率与债务成本的乘积与权益比率乘以权益成本的总和。K_o 等于资本结构中的债务比率乘以债务的税后成本与权益比率乘以权益成本之和，即：

$$K_o \neq D/(D+E) \times K_d + E/(D+E) \times K_e$$

而不是：

$$K_o = D/(D+E) \times K_d \times (1-T_c) + E/(D+E) \times K_e$$

这就是自由现金流公式不能直接相加的原因。

我们还可以换一个角度说明这个问题：由于 WACC 不是债务成本和权益成本的加权数，因此，公司现金流也不等于债务现金流和股权现金流的总和。请记住，WACC 公式是以债务的税后成本来表示税盾的价值。这就是我们为什么要在公司自由现金流公式中使用 $EBIT \times (1-T_c)$ 的原因，同时，它也解释了为什么公司自由现金流不等于债务自由现金流与股权现金流之和。

如果公司自由现金流恰好等于股权自由现金流和债务自由现金流之和，那当然太好了。你或许会想，改变一下 WACC 的定义，或许可以让这两个数字相等。但 WACC 的定义早在财务学教授这个职业出现之前就已经形成，而且已成了公认的专业术语。所以，我们唯有接受 WACC 的现有定义，别无选择。

现在，我们再看看有关 WACC 的其他两个注意事项。

首先，WACC 假设负债率[债务/（债务+权益）]固定不变。也就是说，WACC 假设债务与公司价值之比保持不变。当公司价值上涨时，债务也随之增加。如果最初的负债率为 20.0%，那么，当公司价值翻番时，债务价值也会随之翻番（债务比率保持不变）。这是一个强假设，其根源就在于，WACC 假设债务的税盾价值固定不变。

为什么说我们一定要理解 WACC 的负债比率这个不变假设呢？不妨以杠杆收购的估值为例。在杠杆收购和私募股权交易（见第十八章的详细介绍）中，被收购公司首先会被加杠杆（将负债率提到较高水平），然后，在一段时间内逐渐还清债务。公司价值会随着时间的推移不断增加（这当然是愿望），而债务金额则持续下降。因此，债务对企业价值的比率并不是固定的，而是下降的（在下降到一定程度时，公司有可能再次上市，并增加债务，债务比率再度提高）。在这种情况下，我们就不能用 WACC 进行估值，因为它没有考虑到负债比率的变化。此时，应以 K_e 对股权自由现金流进行折扣。

其次，WACC 假设债务成本永远是市场利率。这意味着不存在补贴，全部利息费用均可税前扣除（比如说第七章提到的工业设施收益债券，不存在利息费用的可抵扣上限）。这个假设不难调整（如第十七章）：对所有补贴和取消利息费用抵扣上限带来的收益都需要单独计算，并加入到项目价值或是从项目价值中扣除。⊖ 这一点已在 FCF_e 公式中做了调整——按扣除实际利息（包括补贴）后的收益计算税收。

这种方法对 WACC 公式来说也是有优势的。但最重要的是，在使用 FCF_f 和 WACC 的估值法中，公司现金流不随杠杆变化。那么，改变杠杆会发生什么变化呢？折现率。也就是说，如果公司改变其债务水平，K_e 就会随之变化。但是，公司自由现金流与杠杆无关。按照公司自由现金流的计算公式，不管负债率如何，我们都可以得到相同的公司价值。因此，我们可以对公司采用不同的资本结构，并检验它们给估值带来的影响。

关于股权自由现金流

现在，我们用如下公式计算家庭一元店的股权自由现金流。

FCF_e=净利润+折旧+摊销−资本性支出−营运资金增加额+债务变动额+其他杂项

根据表 20-4（使用 81%的债务比率），2015 年的预测净利润为 1.71 亿美元。为了计算 FCF_e，我们需要加回税后利息吗？不需要。股权自由现金流公式中没有税后利息这个项目。为什么不考虑税后利息呢？因为利息属于债务现金流，而我们现在计算的则是股权现金流。此外，债务在抵减税款方面的影响已体现在净利润中。

随后，我们必须加回折旧，并扣除资本性支出。这些数字与 FCF_f 公式完全相同：折旧为 3.1 亿美元，资本性支出为 3.701 亿美元。⊖

请注意，在 FCF_e 估值法中，我们将全部折旧加到现金流中。与 FCF_f 方法一样，我

⊖ 比如说，我们在第十七章讨论的购车案例中，WACC应该采用6%的借款成本，而不是汽车经销商提供的更低的1%特殊利率。

⊖ 如前一章所述，为简单起见，在计提折旧和摊销时，我们一律称之为折旧，即这里的折旧包括折扣和摊销。

们首先在 EBIT 中扣除全部折旧的增加额，按余额计算税款。因此，加回全部折旧额对现金流公式的影响净额为 $Dep \times T_c$。

接下来，营运资金变动同样与第二十章相同，为1.151亿美元。像以前一样，最后，我们假设无其他项目。将上述数字代入 FCF_e 公式中，可以得到：

$$FCF_e = NI + Dep - CAPEX - (NWC_{期末} - NWC_{期初}) + 其他杂项 + DebtIR$$

$$FCF_e = 1.71亿美元 + 3.10亿美元 - 3.701亿美元 + 1.51亿美元 + 债务变动额$$

在上述 FCF_e 公式中，最后一项是债务净变动额，即新债务融资带来的全部收益减去偿还的本金。现在，我们或许会认为，债务融资收入或本金偿还支出应包括在债务现金流而不是股权现金流中。但事实上，这两项既是债务自由现金流的一部分，也是股权自由现金流的一部分。

那么，FCF_e 和 FCF_d 是如何同时被体现在债务融资和本金偿付中的呢？它们均为资产负债表融资（右侧）一侧的增减项，并构成负债和所有者权益的组成部分。所有新增债务的融资均进入股权自由现金流，并同时从债务自由现金流中扣除。同样，所有债务偿还均从股权自由现金流中减掉，并加入债务自由现金流。这就是现金流体现债务融资和本金偿付的方式（只不过方向相反）。

我们不妨考虑一个例子：如果一家公司发行1亿美元债券，由债务带来的这1亿美元收入构成股权获得的现金流。因此，股权自由现金流增加1亿美元，债务自由现金流减少1亿美元。需要注意的是，这种现金流并不是单向的：当公司偿还债务时，股权自由现金流就会减少相同的金额。也就是说，当公司偿还1亿美元债务时，这1亿美元就不再是股权持有者可以享受的现金流。所以，股权自由现金流会因此而减少1亿美元，而债务自由现金流则增加1亿美元。

顺便提一下：一家公司能否用借来的钱（发行债务）支付股利呢？当然可以，AT&T 一直以来就在这样做，而苹果目前也开始效仿。尽管苹果需要用现金支付股利，但公司的现金由海外持有，如果将现金汇回国内，公司就必须按美国税法纳税。因此，和把海外现金汇回美国缴纳税款相比，苹果用借款支付股利反而更经济。所以说，公司完全可以使用借款向股东分红——这只不过改变了现金流的时点而已。因为借款最终是要偿还的，从而会减少未来可向股东支付的股利。

现在，我们再看看家庭一元店的股权自由现金流：家庭一元店的净负债变动了多少呢？由第二十章中的表 20-4 可以看出，在 2015 年年底，家庭一元店的债务总额为 72.555 亿美元（包括短期负债和长期负债）。由表 20-2 可以看到，家庭一元店在 2015 年年初（2014 年年底）的债务总额为 73.105 亿美元。因此，债务减少了 5 500 万美元。也就是说，在这段时间里，公司出现了净还款，负债总额出现了绝对减少。（请注意，如果偿还的债务高于新发行的债务，那么，股权自由现金流公式的最后一个项目将变成负数；偿还债务低于新发行债务，公式中的最后一项为正数。）将这 5 500 万美元计入公式，我们可以得到 2015 年的股权自由现金流为 1.71 亿美元。

$$FCF_e = NI + 折旧 - CAPEX - (NWC_{期末} - NWC_{期初}) + 其他杂项$$

$$FCF_e = 1.71 \text{亿美元} + 3.10 \text{亿美元} - 3.701 \text{亿美元} + 11.151 \text{亿美元} - 5\,500 \text{万美元}$$
$$FCF_e = 1.71 \text{亿美元}$$

请记住如下这个公式:

$$FCF_f = FCF_e + I \times (T_c) - DebtIR$$

因此,如果从 1.71 亿美元的股权自由现金流开始,加回 2.45 亿美元利息的税后成本,然后再加上 5 500 万美元的净债务偿还(或减去净债务发行),即可得到 4.71 亿美元,这正是我们在第二十章中计算的公司自由现金流。

表 21-1 显示了来自表 20-4(假设采用 81%的固定债务比率)的股权自由现金流以及 2015—2019 年间对自由现金流的调整。(根据第二十章附录按 35.7%做出的固定负债率假设,我们得到第二十一章附录所示的股权自由现金流。请注意,股权自由现金流会随着折现率出现变动,但公司自由现金流则保持不变。)

表 21-1 家庭一元店的备考自由现金流(来自表 20-4)

单位:千美元	收购后调整				
	2015	2016	2017	2018	2019
净利润	170 977	342 592	477 761	540 372	609 011
折旧	310 000	307 000	306 000	305 000	304 000
资本性支出	370 079	486 088	488 208	463 219	474 086
净营运资金变动额	115 070	-89 544	-91 104	-79 110	-85 043
债务变动额	-54 966	217 243	227 758	194 099	206 407
股权自由现金流	171 002	291 203	432 207	497 142	560 289
利息×(1 - T_c)	245 053	242 216	249 469	256 839	263 318
债务变动额	54 966	-217 243	-227 758	-194 099	-206 407
企业自由现金流	471 021	316 176	453 918	559 882	617 200

认识现金流公式

我们换个角度看看股权自由现金流。首先,重复一下以前的股权自由现金流公式:

$$FCF_e = NI + Dep - CAPEX - (NWC_{\text{期末}} - NWC_{\text{期初}}) + \text{其他杂项} + DebtIR$$

理解这个公式的另一种方法,就是将净利润减去固定资产净值的增加(相当于加上折旧减去资本性支出),再减去营运资金的增加($NWC_{\text{期末}} - NWC_{\text{期初}}$),再加上其他项目及债务的增加(期末债务-期初债务)。⊖ 不考虑其他杂项,我们可以得到:

$$FCF_e = NI - \Delta \text{固定资产净额} - \Delta \text{营运资金净额} + \Delta \text{净负债}$$

现在,我们以下列 T 形账户所示,创新考虑一下资产负债表。

⊖ 需要注意的是,这相当于加上固定资产的减少额,加上营运资金的减少额,再减去债务的减少额(即债务偿还额)。

资产负债表	
自发性净营运资金⊖	债务
固定资产	所有者权益（净资产）

资产负债表的左侧为资产，等于右侧的负债与所有者权益之和。此外，在资产负债表中，任何一个项目的变化都需要其他项目同时发生变化，只有这样，才能维持资产负债表的平衡。因此：

$$\Delta 净营运资金 + \Delta 固定资产 = \Delta 债务 + \Delta 净资产$$

重新调整上述公式，我们可以得到：

$$\Delta 净资产 = \Delta 净营运资本 + \Delta 净固定资产 - \Delta 净负债$$

请注意，净利润的增加会增加净资产，而支付股利则会减少净资产。这个过程可以表述为：

$$股利 = 净利润 - \Delta 净值$$

替代前述公式，我们可以得到：

$$股利 = 净利润 - 净固定资产 - 净营运资金 + \Delta 净负债$$

这似乎有点意外！因为在上述公式中，右侧部分就是计算股权自由现金流向股本的公式。如果仔细想想的话，我们就会发现：

$$股利 = 股权的自由现金流$$

换句话说，股利就是扣除投资固定资产净额（即，资本性支出）、增加营运资金或偿还债务后剩下的净利润。考虑到股权价值是按 K_e 计算的股权自由现金流进行折现，且股利等于股权自由现金流。因此，如果按 K_e（资本成本）进行折现，股利现金流的现值就是股权的价值。

这听起来很陌生吧？实际上一点也不陌生，它就是 M&M（1961）模型。在第十一章里，我们介绍的 M&M（1961）模型指出，公司的股权价值等于未来股利现金流的现值。

所以说，我们只是绕了一个圈子，从终点又回到起点。在这个过程中，我们展示出公司自由现金流、债务自由现金流及股权自由现金流之间的关联性。我们还可以看到，股权自由现金流就等于股利。

现在，债务自由现金流加上股权自由现金流，就等于资产负债表融资一侧的现金流。无须惊讶，这就是由资产带来的现金流（即，来自于扣除固定资产及营运资金投资后的公司收益）。这就是如此之多现金流背后的数学逻辑。

股权自由现金流的折现

我们再以权益成本对预计的股权自由现金流进行折现。现在的问题是：我们应该采

⊖ 为了说明问题，我们也可以将资产负债表左侧表述为净营运资金，即流动资产减去借款以外的流动负债。

用股权成本吗？如果资本结构保持不变（如第二十章所述），这个股权成本就应该是 WACC 采用的股权成本。但如果资本结构每年都会变化，那么股权成本也要随之变化。比如说，如果以过程融资采用的 81%作为目标资本结构的负债率，那么，股权成本就会因为杠杆和风险的增加而改变。更重要的是，如果像杠杆收购案那样，资本结构逐年变化，按股权自由现金流估值，就要求每年的股权成本也相应变化。

由第六章可知，增加杠杆会通过增加税盾价值而增加公司价值，但也会因风险的增加而减少价值。税盾价值体现在自由现金流中，而风险的增加则反映在 K_e 中。根据第十八章讨论的杠杆收购及私募股权投资，当债务和股权的所有者合二为一时，杠杆提高带来的风险增加程度不及非杠杆收购（因为股权被重新归类为债务，或是管理公司的代理成本有所下降）。

如果维持与 WACC 模型的相同资本结构和风险，那么，按股权自由现金流估值法得到的结果，就应该等同于公司自由现金流估值法的结果。如果杠杆收购在增加税盾的同时并没有大幅度提高风险，那么，税盾价值的增加就会导致杠杆收购公司的价值高于其独立公司。

在股权自由现金流权益估值法中，对终值的处理类似于公司自由现金流估值法。我们可以采用五种估值中的任意一种，但需要提醒的是，一定要使用股权的终值，而不是公司的终值。例如：

$$终值=股权自由现金流 \times (1+g) / (k-g)$$

其中：

k = 折现率；

g = 增长率。

最后，和公司自由现金流估值法一样，同样需要把收购价格包括在内。那么，收购价格是否就是按公司自由现金流估值法得到的 90.2 亿美元呢？不是。在对公司自由现金流进行估值时，我们的估值对象是资产现金流，包括为取得资产而筹集的债务和股权。但是在对股权自由现金流估值时，我们必须剔除收购价格中的债务发行部分，因为我们考虑的对象是股权投资。

杠杆收购已超出本文的讨论范围（或许会成为我们下一本书的主题）。

本章小结

在本章里，我们的重点是解读估值中采用的自由现金流，尤其是对公司自由现金流（即来自资产负债表资产方的现金流）、股权自由现金流和债务自由现金流（即来自资产负债表融资方的现金流）进行了比较。随后，我们进一步解释了公司自由现金流为什么使用 EBIT×（$1-T_c$），而不是净利润，并分析了公司自由现金流估值法的细节（假设负债率和市场利率不变，且现金流不随债务而变化）。此外，我们还指出，股权自由现金流等于股权持有者获得的股利。最后一点，在风险水平保持不变的情况下（这个假设对杠杆收购和私募股权投资可能不成立），使用 FCF_e 和 FCF_f 估值法得到的结果是相同的。

期待下一步

在下一章里，我们将重现这场有多家收购者参与的收购大战，并对收购的参与者、收购方式和时间等要素进行全方位解读。

附录　在负债率不变的假设下，家庭一元店的备考股权自由现金流

表21-2　在维持35.7%的固定负债率假设下，家庭一元店的备考股权自由现金流

单位：千美元	2015	2016	2017	2018	2019
净利润	308 686	479 300	617 233	683 859	756 306
折旧	310 000	307 000	306 000	305 000	304 000
资本性支出	370 079	486 088	488 208	463 219	474 086
净营运资金变动额	115 070	−89 544	−91 104	−79 110	−85 043
债务变动额	−54 991	134 428	100 487	80 041	96 304
股权自由现金流	308 686	345 096	444 408	526 572	597 481
利息×（1−Tc）	107 345	105 509	109 997	113 351	116 023
债务变动额	54 991	−134 428	−100 487	−80 041	−96 304
企业自由现金流	471 021	316 176	453 918	559 882	617 200

第二十二章
兼并与收购：执行融资（一元店）

本章将以多来店与美元树在收购大战中的竞争为例,介绍财务融资在现实中的作用。作为投资或收购的执行部分,达成一致并诉诸实践的过程既可能一帆风顺,也有可能跌宕曲折。在家庭一元店的故事中,合并交易在达成之前一波三折,遇到诸多障碍。部分关键性障碍如下:

- 第一,曾先后出现三家潜在收购者(特里安投资公司、美元树和多来店),从而形成多个报价。
- 第二,一批积极参与的股东和代理咨询公司也试图影响交易结果,其中包括做空大师卡尔·伊坎、保尔森投资公司(Paulson)、艾略特咨询管理公司(Elliot Management)、格拉斯-刘易斯咨询公司(Glass Lewis)以及机构股东服务公司(Institutional Shareholder Services)。
- 第三,家庭一元店的第二代家族管理团队试图保住对公司的控制权。
- 第四,美国政府,特别是联邦贸易委员会(FTC)必须对交易是否违背反垄断法给出审核意见。
- 第五,任何收购合并交易都需要经过股东投票表决,股东之间的派系斗争在整个合并过程中引发了三起诉讼。

下面,我们详细了解一下整个过程,看看这些矛盾和冲突如何错综复杂地交织在一起,并推进事件的发生和发展。

事件的发展进程

三家公司对家庭一元店发出收购报价。[⊖] 特里安率先出手。如第十九章所述,2010年7月下旬,特里安宣布,公司已持有家庭一元店8.8%的流通股股份。但是到2011年2月15日,特里安便提出按每股55~60美元的价格进行收购。特里安的收购提议遭到家庭一元店管理层的反对,双方签署终止协议。协议约定:特里安同意,在两年之内,将持股比率限制在9.9%以内,为期两年;作为回报,他们在家庭一元店的董事会中获得一个董事席位。之后,特里安与家庭一元店的原管理层开启了合作管理之路,最初,双方确实致力于改善公司业绩,但后来,他们的任务重心却演变为如何顺利地把公司卖给另一家收购者。

2013年2月28日,霍华德·莱文(Howard Levine,家庭一元店的首席执行官)与迈克尔·卡尔波特(Michael Calbert,多来店的董事会成员)会面。到底由哪家公司提议这次会晤,坊间说法不一。但无论怎样,会议内容似乎并无争议:在这次会晤中,家庭一元店讨论了与多来店合并的诸多优势。莱文在讨论中暗示,家庭一元店原本并无意出售,但与当前大盘相比,公司股价出现了大幅溢价,这有可能会促使股东考虑出售股

⊖ 以下讨论的大部分内容摘自家庭一元店于2014年10月28日披露的股东委托书。

份。此外，家庭一元店还表示，如果合并达成，家庭一元店管理层希望在北卡罗来纳州夏洛特总部（家庭一元店目前的总部所在地）对合并后的企业进行控制。而卡尔波特则告诉莱文，多来店董事会不太可能接受这些要求。

随后，两家公司又进行了几轮非正式磋商。2013年11月，家庭一元店表示有兴趣就合并事宜再次会晤，日期定在2013年12月。多来店则将会议时间推迟到2014年春季（可能是在暗中发力）。

美元树是第二个发出正式收购报价的公司。通过投资银行摩根大通，美元树于2014年2月底正式联系到家庭一元店，并提出合并的可能性。经过一番你来我往的较量，双方CEO终于在2014年3月中旬召开正式会议。不久之后，双方管理团队正式会面。

2014年5月14日，美元树首席执行官罗伯特·萨瑟（Robert Sasser）向家庭一元店首席执行官莱文提交董事会提议，该协议针对合并事宜制订了具体条款，包括将美元树的拟收购价格确定为每股68~70美元，以现金支付75%的收购款，剩余部分以美元树的股票支付。这份报价的一个特殊之处在于，同意莱文在合并后继续担任家庭一元店的首席执行官。针对这一要求：

莱文先生做出解释，他不愿意，而且也无法就个人合并后的职位安排进行谈判，因为合并交易的基本条款尚未达成，在就此事进行深入讨论之前，他还需得到董事会的授权。㊀

一周之后，家庭一元店聘请的投资银行摩根士丹利对美元树的收购提议做出正式回复：

目前谈及此事尚无必要,而且不足以打动公司,因为家庭一元店目前尚无出售意愿,但是在有多家公司报价的情况下，家庭一元店至少会对更具竞争力的价格以及未来进行此类交易给予考虑。㊁

2014年6月6日，知名股东权益维护者、企业掠夺者、做空大师卡尔·伊坎披露，他已持有家庭一元店9.4%的普通股。此外，他还在私下及公开场合多次表示，他正在推动家庭一元店的出售事宜。大概就在此时，几家投资银行同时发出报告，称家庭一元店可能在近期出售。

2014年6月13日,美元树将拟收购价格上调至每股72美元。家庭一元店则再次称，该报价"不足以"打动他们。随后，在2014年6月20日，美元树再次提出新的报价：

拟按每股74.50美元的价格收购家庭一元店的普通股，这是美元树的最高同时也是最终报价，并称此报价的先决条件是，家庭一元店需同意为美元树提供六周时间，以便于对家庭一元店实施尽职调查，并就交易事宜展开谈判。㊂

在美元树的报价函中，一项关键内容就是"排他性"，这一点是不可谈判的，这意

㊀ 见Family Dollar Proxy Statement on Merger Proposal dated October 28, 2014, 77。

㊁ 同上，78。

㊂ 同上。

味着,美元树不想让自己卷入无止境的价格战。

考虑到唯一现实的竞价者就是多来店,此时,家庭一元店的董事会面临两难抉择。如果公司决定待价而沽,但多来店决定不参与报价,那么,美元树在谈判中必将取得明显优势。更糟糕的是,如果多来店决定对美元树报价,那么,家庭一元店就成了孤家寡人。

最终董事会做出的方案是,如果尽职调查未发现重大问题,美元树必须就收购家庭一元店事宜签署有法律效力的协议。2014年7月28日,家庭一元店和美元树签订协议,授予美元树就收购事宜进行尽职调查,并就谈判享有排他权。作为协议约定的一项重要内容,家庭一元店不得主动寻求任何潜在收购方的报价(但可以考虑未经请求的报价),也不能主动披露这一排他性交易。也就是说,协议允许家庭一元店接受其他报价(这也是履行董事会受托义务的基本要求)。

美元树为什么会接受这个明显不利于自己的条款呢?答案是,这同样是基于双方的约定,因为美元树取得了匹配任何报价的权利,而且如果家庭一元店与其他收购方达成协议,美元树将收到3.05亿美元的终止费。记住,美元树也知道,家庭一元店董事会肯定要尽最大努力寻求最有利于自己的交易,这是他们对股东履行受托义务的职责所在。

2014年7月25日,美元树与家庭一元店正式签署并购协议的两天之后,家庭一元店董事会召开会议,就收购事宜进行投票并表决通过。随后,2014年7月28日,美元树和家庭一元店联合发布公报,正式披露这笔每股74.50美元的合并协议,其中就包括一笔3.05亿美元的"分手"费(如果因家庭一元店最终被其他公司收购导致收购协议无法履行,作为补偿,家庭一元店必须向美元树支付这笔费用)。

随着美元树和家庭一元店之间的合并协议公之于众,多来店终于坐不住了。考虑到两家公司的合并将造就一个更庞大的竞争对手,其店面数量将远超过自己。于是,在2014年8月18日,多来店为家庭一元店报出了每股78.50美元的收购价。尽管这个报价仅比美元树多出了4美元,但收购方式为100%的现金支付。此外,报价中也包括了支付3.05亿美元的中止协议费。但这一报价是否生效,还取决于尽职调查的结果以及监管部门的审批。多来店指出,为了获得FTC的批准,他们将主动剥离700家店面。

我们将在下文提到,这个拟剥离店面的数量,最终成为多来店取得监管部门批准的关键。

2014年9月2日,多来店将收购报价再次提高到现金支付每股80.00美元(不仅在每股收购价格上高出美元树6美元,而且是全部以现金支付,而美元树的支付方式则是现金加股票)。此外,多来店还同意主动剥离1 500家店面。换句话说,只有剥离1 500家或更少店面的方案得到FTC的批准,交易才能生效实施。

2014年9月5日,家庭一元店发布公报,称董事会一致拒绝多来店的收购提议,因为董事会相信,FTC会以多来店必须剥离远多于1 500家数量的店面作为批准此次合并的条件。随后,家庭一元店和美元树再次联合发布公报,双方预计合并最早将于2014年11月月底成交。

2014年9月10日，多来店启动敌意收购——以每股80美元（总计91亿美元）的价格收购家庭一元店全部股份。与此同时，多来店还表示，公司仍将致力于收购家庭一元店。按这种收购方式，多来店无须取得家庭一元店董事会的批准，而是在公开市场上直接收购股东持有的流通股。只要收购的股份达到足够比率，多来店就可以利用自身持有的股份向董事会施加压力，通过股东投票方式推翻董事会的反对意见。

不妨回想一下第八章关于万豪酒店的案例——尽管要约收购的价格要远远高于公开市场的价格，但前者的执行速度更快。要约收购的另一个好处是，多来店可以直接与FTC就合并要求展开讨论。⊖ 而多来店以要约收购方式收购家庭一元店的风险在于，它只能在未先行开展尽职调查的情况下接管对方——也就是说，由于未能事先获得目标公司的某些内部信息，以至于无法确定收购交易是否会因意想不到的重大事项而夭折。

要约收购的有效公开期是多长时间呢？20个工作日。在1968年之前，要约收购没有时间限制（收购方可在任意时间内接受股东的股份）。但是在1968年以后，按照《威廉姆斯法案》（Williams Act）的规定，收购要约至少要维持20天的公开时间，如果有出售意愿股东的持股数量超过收购方约定的收购数量，收购人应按同等比率向预受要约的股东收购股份，而不能按先到先卖的原则。因为此原则会导致收购方优先向最先预受要约的股东进行收购，这就会迫使股东尽早接受要约。自1968年以来，收购方必须按相同比率收购全体股东的股份。所谓按比率收购，就是在全部股份均接受要约的情况下，收购方需按同一比率向股东收购股份；比如说，如果收购方要约收购股份的比率相当于全部预受要约股东所持有股份的80%，那么，收购就必须收购每个预受要约股东所持股份的80%，与股东预受要约的时间先后无关。

但多来店始终无法得到足够比率的股份预受要约，并多次延长要约期限。截至2014年12月月底，在家庭一元店的全部1.143亿股流通股中，仅有持股340万股的股东接受多来店的要约。

管理者的自主裁量权

霍华德·莱文的父亲是家庭一元店的创始人，1998年8月，在其父亲退休后，44岁的霍华德·莱文顺理成章地担任公司首席执行官兼董事长。在接手公司12年之后，当特里安投资公司向他提出收购要求时，他和董事会断然拒绝。借助于我们在第十九章讨论的终止协议，至少在短时间内，公司排除了被特里安这个潜在收购者收购的可能。

然后，由于公司的经营业绩逊色于其他两个竞争对手（多来店和美元树），再加上股东积极推动公司出售事宜，最终管理层做出让步，决定待价而沽，于是才掀起了这场波澜。

⊖ 见Paul Ziobro. Dollar General Launches Tender Offer for Family Dollar Shares, *Wall Street Journal*, September 10, 2014, www.wsj.com/articles/dollar-general-to-launch-tenderoffer-for-family-dollar-shareswednesday-1410315773。

在多来店加入这场收购大战之后,家庭一元店的董事会遇到了麻烦,他们必须做出决策,是否接受美元树的招安。美元树的报价为每股 74.50 美元,以现金加股票支付;而多来店的报价为每股 80.00 美元,全部以现金支付。家庭一元店的董事会提议股东(必须对任何收购合并事项进行投票表决)批准美元树的报价。为什么管理层和董事会支持较低报价,拒绝报价更高而且全部采用现金支付的方案呢?⊖

家庭一元店董事会提出的理由是:FTC 否决与多来店实施合并的概率极大。家庭一元店和多来店在相近地区均拥有大量店面,双方在业务区域上重叠度很高。为了降低这种风险,多来店也调整了收购方案,承诺剥离 1 500 家店面,以获得 FTC 的批准。但家庭一元店董事会仍然认为,要取得 FTC 的认可,多来店至少需要剥离 2 000 家店面,与此同时,家庭一元店也需要剥离 8 000 家店面才行。因此,与多来店实施成功合并的概率非常低。相比之下,美元树和家庭一元店的店面在地域分布上重叠度要小得多。家庭一元店的董事会认为,美元树只需剥离 350 家左右的店面,即可获得 FTC 的批准。因此,尽管多来店的报价更高,也更优惠,但实现的可能性却很低。

那么,家庭一元店为什么不先尝试一下与多来店合作的可能性,如果失败,再回头接受美元树的收购呢?家庭一元店担心的是,如果接受与多来店的交易,一旦失败,美元树就会处于有利形势,从而给出低得多的报价。

这里有另一层潜在问题:家庭一元店在主观上更愿意接受美元树的收购。因为美元树曾多次向家庭一元店的管理层表示,愿意为他们在合并后的公司提供职位,而多来店并没有做出这样的承诺。面对外界对管理层进行自利交易的质疑,霍华德·莱文认为,这不会构成交易的内容。⊜ 尽管美元树的承诺是否影响到家庭一元店管理层的决策不得而知,但是在外界看来,公司管理层明显存在偏向美元树的迹象。比如说,一度看好多来店的卡尔·伊坎写道:"这些心怀叵测的董事会,在以牺牲股东利益换取首席执行官欢心的道路上到底还要走多远呢?"⊜

管理层到底能在多大程度上维护自己的利益呢?无边无际,没有什么可以约束他们。管理者首先也是理性人,他们会首先保护自己的利益。那么,是否有什么机制可以约束管理者的自主权呢?当然有,包括董事会、法律诉讼、代理权竞争、股票市场和收购。这其中有行得通的手段吗?可能只有部分手段是有效的。和过去相比,今天的董事会对管理层拥有更强的约束力,但这种限制仍然是有限的。诉讼很少起作用,代理权竞争更是只停留在纸面上,在现实中几乎从未奏效过。股票市场确实可以让股东用脚投票

⊖ 如果较高的报价包括用股份支付,考虑到股票交易价格的不确定性,那么,接受全现金支付的较低报价是情有可原的。

⊜ 然而,霍华德·莱文事后还是获得一份为期两年、继续担任家庭一元店首席执行官的合同,直接对美元树的首席执行官负责,并成为美元树的董事会成员。

⊜ 见 G. Chambers Williams III,"Icahn Faults Family Dollar for Ignoring Dollar General,"*The Tennessean*,August 19, 2014, www.tennessean.com/story/money/2014/08/19/icahn-faultsfamily-dollar-ignoring-dollargeneral/14303575/.

（在公司亏损时，他们大多会抛出股票），但这显然不是真正意义上的管理控制。因此，收购成为约束管理层的唯一手段。业绩不佳的公司迟早会成为被接管的目标，管理层被取而代之。对管理者来说，阻止收购的最好办法就是好好经营自己的公司（如果业绩足够好，对其他公司来说自然也就没有收购的价值，因为无法经营更好）！

对家庭一元店来说，所有这些技术均被各方所采纳，但最终让管理团队退出的手段还是兼并收购。在下面介绍的合并执行过程中，我们会看到这些方法在现实中的效果。

积极参与的股东

如前所述，2014 年 6 月 6 日，几乎就在披露持有家庭一元店 9.4%流通股的消息后，卡尔·伊坎便开始推动家庭一元店考虑与多来店合并的可能性。面对咄咄逼人的伊坎，家庭一元店实施了"毒丸"计划：执行一年期的股东权益计划，触发比率为 10%。

什么是毒丸计划呢？它是阻止其他公司获得本公司控制权并进行收购的最有力的法律策略。这种阻击是如何发挥作用的呢？当敌意收购者的持股比率达到临界点时，公司会主动稀释自己的股份。比如说，如果另一家公司或个人打算收购家庭一元店的股份。当潜在收购者的持股比率达到预先设定的临界值（如 10%）时，就会触发被收购公司对收购者以外的全体股东自动增发新股票——比如说，采取 2 比 1 的股票分割。因此，如果敌意收购者达到 10%的持股比率，其他 90%股东持有的股份就会自动进行股票分拆，一股变成两股。这就意味着，新股东的持股比率被自动摊薄至 5%。如果敌意收购者的持股比率达到 40%，其他股东按 2 比 1 的比率进行股票分割，于是，敌意收购者的持股比率就会被摊薄至 20%。

毒丸计划旨在阻止敌意收购。那么，毒丸计划是否合法呢？在现实中并不违法。司法机构裁定，如果这种毒丸计划在外部投资者买入股票之前就已存在，那么，外部投资者购买股票，实际上就相当于接受这个计划。换句话说，如果一家公司已经制订了毒丸计划，买入股票的投资者就应该知道毒丸计划的存在，而且也应清楚他们的所有权有可能因毒丸计划而被稀释；因此，如果他们买入这家公司的股票，那么，公司稀释其股份就是合法的。但是在外部投资者已持有公司 20%股份的情况下，实施毒丸计划则是违法的。也就是说，当外部投资者已持有公司至少 20%的股份时，这家公司就不能临时制订毒丸计划来稀释现有投资者的持股比率。

既然如此，所有公司是不是都会制订毒丸计划来抵御收购呢？曾有一段时间，大多数公司都拥有毒丸计划。毒丸计划是由美国 Wachtell, Lipton, Rosen&Katz 律师事务所的并购律师马丁·利普顿（Martin Lipton）于 1982 年发明的。随后，投资银行家将这种产品引入市场，并成为他们的一项大生意。之后，也出现了避开毒丸计划的措施（也就是说，将毒丸计划变成毫无意义的安慰剂）。

解决毒丸计划的最直接手段就是使用董事会的受托责任（fiduciary responsibility）。

所有董事会都有受托于股东、追求股东价值最大化的义务。此外，为履行善意收购，几乎所有毒丸计划都赋予董事会拥有取消毒丸计划的权力。由于董事会有权让毒丸计划失效，而且基于受托义务，他们必须接受条件最有利的收购。因此，只要能向董事会提出结构合理的收购提议，通常会促使董事会撤销毒丸计划。

除此之外，大多数上市公司（一半以上的上市公司和64%的标普500指数成分股公司）均将法定注册地点设在特拉华州。⊖ 为什么有这么多公司设在特拉华州呢？因为特拉华州是全美公司治理监管最宽松的一个州（尤其在反并购、法律诉讼和股东诉讼等方面，公司胜诉的比率最高）。公司可以将法定注册地点设在任何一个州，而不管它们是否在该州运营业务。特拉华州设有民事法庭、刑事法庭和大法官法庭，这些法庭基本上只接受公司法诉讼。特拉华州的法庭尤其擅长于公司治理事务的审理，因此，特拉华州也被称为美国的"公司州"。家庭一元店的注册地点同样是在特拉华州，而美元树的注册地为弗吉尼亚州，多来店则选择了田纳西州。

除卡尔·伊坎和家庭一元店其他积极主张收购的股东之外，多来店也开始展开代理权竞争。什么是代理权竞争（proxy contest）呢？代理就是允许一个人在表决中代表另一个人的权利。代理权竞争是指外部人士与管理层为争取董事会成员的支持而展开的竞争。（董事会是由股东定期召集的股东大会选举产生的。）管理层提议符合自己意愿的董事，而另一方（这里当然指多来店）也会推出代表自己的董事。随后，双方就各自推选的董事争取现有股东的支持。在理论上，董事会的职责是维护全体股东的利益，代表全体股东选择管理团队。所以，对董事会的控制权就意味着对管理层的控制权。此外，如果公司管理不善，董事会就有权更换现有管理层。但是在实践中，很少会出现这种情况。

那么，通常是由谁来最终敲定董事会的成员呢？董事会通常要包括同时来自公司内部和外部的成员。内部成员包括首席执行官和管理团队的成员，外部董事候选人通常由现任董事会成员或管理层提议。此外，很多公司的董事会是相互关联的，一家公司的管理者往往是另一家公司的董事。在这种情况下，董事会的成员通常会怎样投票呢？董事会成员大多会将赞成票投给现任管理层。如果不是业绩过于难堪，他们也不愿意更换管理层。凭借代理权竞争及其更有诱惑力的收购（更优惠的收购报价自然会让多来店为取代董事会而赢得更多的投票），多来店希望更多支持自己的董事进入董事会。于是，2014年12月11日召开的家庭一元店年度股东大会，也成为角逐代理权竞争的赛场。

2014年10月中旬，艾略特特管理公司（另一家积极参与的股东）透露，他们持有家庭一元店4.9%的股份，并在代理权竞争中站在多来店一方。

⊖ 截至2014年9月。见Christopher Wink, 64% of Fortune 500 Firms Are Delaware Incorporations:Here's Why, *Technically/Delaware,* September 23, 2014, http://technical.ly/delaware/2014/09/23/whyd-laware-incorporation/。

代理咨询公司

格拉斯-刘易斯咨询公司（GLC）和机构股东服务公司（ISS）是为机构投资者提供代理权及公司治理建议的两家主要公司，它们在代理权和公司治理咨询市场上占有的份额分别达到 37% 和 61%。⊖ 从根本上说，这些公司就是为机构投资者如何利用手中持有的股份行使投票权提供建议。他们的建议往往是公开的，即使股东不是他们的客户，也可以采纳他们的建议。GLC 和 ISS 甚至代理标准普尔、穆迪和惠誉在确定债券评级进行的投票事宜。按照 GLC 或 ISS 的建议，机构投资者可以采取"无冲突"方式满足证监会对有投票权股份的要求。

最初，GLC 和 ISS 都建议股东投票否决美元树的报价，支持多来店的收购。这显然非常有利于多来店。在年会召开之前，家庭一元店的董事会意识到，他们还没有取得足够的选票赢得 2014 年 12 月 23 日的这场代理权竞赛。于是，公司将股东大会时间推迟到 2015 年 1 月 22 日。

然后，公司开始通过路演说服主要机构投资者。首先做出积极响应的是约翰·保尔森（保尔森公司的负责人，作为积极股东，保尔森公司持有家庭一元店 9.9% 的股份），随后 FTC 也发出了支持的声音。2015 年 1 月 9 日，星期五，FTC 的一位律师称："要获得 FTC 的批准，家庭一元店和多来店必须合计剥离 3 500~4 000 家店面。"⊜

随后，到 2015 年 1 月中旬，也就是 2015 年 1 月 22 日股东大会投票日不久之前，GLC 和 ISS 也改变了主意，开始建议股东投票支持美元树的收购，否决多来店的报价。在哪个报价更可取这个貌似简单的问题上，为什么两家主要咨询公司会同时改变意见呢？因为两家咨询公司都认为，美元树的出价更有可能取得 FTC 的批准，并最终付诸实施。GLC 认为：

就目前对风险收益进行的研判，形势更有利于美元树，而多来店的收购要求或是推迟对美元树的合并显然是不可取的。⊜

联邦贸易委员会（FTC）

FTC 成立于 1914 年，其职责是防止不公平竞争（反竞争）。多年以来，美国政府通过一系列法律授权 FTC 监管"不公正及欺骗性行为或实践"，负责某些消费者保护性法

⊖ 见 Wikipedia, Glass Lewis, en.wikipedia.org/wiki/Glass_Lewis; 及 Wikipedia, Institutional Shareholder Services, en.wikipedia.org/wiki/Institutional_Shareholder_Services。

⊜ 见 Shawn Tully, How the Dollar Store War Was Won, *Fortune*, April 24, 2014, 89–103。

⊜ 见 Ramkumar Iyer and Sruthi Ramakrishnan, Two Proxy Firms Back Dollar Tree's Bid for Family Dollar, *Reuters,* January 14,2015, http://www.reuters.com/article/us-family-dollar-stoffer-issidUSK-BN0KN1SK20150115。

律的实施管理。㊀ FTC 对合并的否决就等于并购失败。

在美元树和多来店的收购方案中，一个关键问题就在于，谁更有可能获得 FTC 的批准，以及在什么条件下获得通过。多来店最初的方案是剥离 700 家商店，而后又将这个数字增加到 1 500 家。但家庭一元店的董事会认为，这还远远达不到获得 FTC 批准所需要的数量。

据推测，鉴于 FTC 在涉及市场份额重叠情况下采取的原则，多来店可能需剥离近 4 000 家店面才有可能获得批准（也就是说，多来店需要剥离的店面数量相当于拟收购店面数量的一半）。㊁

最终，FTC 只要求美元树剥离 330 家商店，即可获得审批通过。㊂

股东诉讼

在家庭一元店董事会就美元树的收购投票之后，先后出现三起针对董事会发起的股东诉讼（在这里，我们合并为一起诉讼案）。㊃诉讼指出：“美元树的提案不仅不公正，而且欠缺考虑，未能体现股东价值最大化的原则。"㊄

尤其是这些诉讼认为，收购价格太低，董事会接受美元树每股 74.50 美元的报价，并不能实现股东价值的最大化。诉讼还称，董事会不当地为美元树提供了与其他报价进行比价的权利，也不应为美元树提供 3.05 亿美元的终止协议费。

那么，股东在这些诉讼中的诉求是什么呢？他们希望家庭一元店接受多来店每股更高且全现金支付的报价。而他们最直接的要求，就是让法庭阻止股东对美元树的收购提案进行投票。为此，我们提出如下问题：在股东诉讼中，股东为起诉管理层而花费的支出由谁承担呢？当然是股东自己的钱。公司（董事会及管理层）也需要花钱为自己辩护，他们的费用由谁埋单呢？也是股东。

谁会赢得这场官司呢？管理层通常会因为"审慎的商业判断"原则而成为股东诉讼

㊀ 1914 年颁布的《克莱顿反垄断法》意在防止反竞争行为。《克莱顿反垄断法》是在 1890 年《谢尔曼反垄断法》基础上的延伸，后者的宗旨在于限制垄断、卡特尔和信托行为。

㊁ 见Josh Kosman and James Covert, *Dollar General May Have to Ax More Than 4K Stores*, *New York Post,* November 19, 2014, http://nypost.com/2014/11/19/dollargeneral-may-have-to-ax-more-than-4kstores/.

㊂ 见FTC, FTC Requires Dollar Tree and Family Dollar to Divest 330 Stores as Condition of Merger, July 2, 2015, www.ftc.gov/news-events/press-releases/2015/07/ftc-requires-dollartree-family-dollar-divest-330-stores.

㊃ 见In Family Dollar Stores, Inc. Stockholder Litigation, C.A. No. 9985-CB。

㊄ Class-action Lawsuit Filed over Dollar Tree and Family Dollar Deal, Charlotte Business Journal, August 1, 2014, www.bizjournals.com/charlotte/news/2014/08/01/class-action-lawsuit-filed-tie-tofamily-dollar.html.

官司的赢家。从根本上说，美国的判例司法体系基本认为，决策的主题始终是公司。有些决策是正确的，有些是错误的，而在出现错误的决策时，人们就会提起诉讼。

这种依靠事后判断认定决策错误的做法，不会成为股东赢得诉讼的依据。法庭基本认为，他们不想判断管理层经营决策的对错。除非经营决策不符合所谓的"审慎的商业判断"原则，法院才会判管理层败诉。但是股东要胜诉，就必须证明经营决策是不审慎的，或者是涉嫌欺诈及严重过失。因此，"审慎的商业判断"原则足以让公司赢得大多数股东诉讼。

假设由一家公司的投资银行推荐一个决策方案，并由董事会通过。仅从定义上看，这个决策就应该是谨慎的。因此（不妨引申一下），即使股东能证明管理层曾多次做出错误的决策，股东也有可能在法庭上败诉。管理层屡次犯错仅仅是事实，但这个事实并不意味着决策本身是不审慎的。（或者说，只有股东能证明，管理层明知自己没有能力继续管理公司，股东才有胜诉的可能性。）

在笔者的记忆中，董事会被裁定对合并决策承担责任的案例仅出现过一次，是因为董事会没有聘请外部顾问。在1985年TransUnion与Marmon的合并案中，TransUnion董事会因未聘请外部投资银行进行估值而被起诉，并被裁定承担责任。⊖ 这也反映出使用投资银行的重要性：它们毕竟有资格进行尽职调查，并保护公司免于被起诉。⊜

2015年12月中旬，特拉华州法院法官安德烈·博查德（Andre Bouchard）法官裁定，股东不得妨碍对美元树的收购方案进行投票表决。法官在裁决书中称：

> 董事会的决策反映了现实情况：对于公司股东来说，如果交易确实存在与反垄断相抵触而遭受失败的重大风险，那么，即使是表面上拥有明显财务优势的报价，也不足以最终构成真正有财务优势的交易。⊝

整个案件审理到此为止。

股票投票表决

所有股东都支持这次收购吗？投赞成票的股东持有8 400万股。反对者的力量如何呢？投反对票的股东仅持有1 000万股。2015年1月22日，共有8 400万股支持美元树对家庭一元店的收购议案（在全部1.143亿股流通股中，投赞成票的持股比率为73.5%，

⊖ 见 Smith v. Van Gorkom 488 A.2d 858（Del. 1985）。

⊜ 特拉华州法律已经做出改变，目前，特拉华州的公司可以通过公司章程修正案，防止董事因个人违背审慎管理义务而承担责任。

⊝ 见Jef Feeley and Steven Church, Family Dollar Judge Clears Vote on Dollar Tree Buyout, *Bloomberg-Business*, www.bloomberg.com/news/articles/2014-12-19/family-dollar-store-judgerefuses-to-blockshareholder-vote-i3w17z1p; and In re Family Dollar Stores, Inc. Stockholder Litigation, Consolidated C.A.No. 9985-CB, http://courts.delaware.gov/Opinions/download.aspx?ID=216800。

实际投票人的持股比率为89%）。

本章小结

本章介绍了一场由多个潜在收购者参与的收购大战。我们详细描述了整个过程，解析矛盾和冲突如何错综复杂地交织在一起，推进了整个事件的发生和发展。管理层通常会采用中止协议（见第十九章的讨论）和毒丸计划（见本章的讨论）来抵御敌意收购者的袭击。敏锐感知管理层的利益取向，或许有助于提升收购者的成功概率（例如，美元树始终承诺，他们计划让莱文先生继续负责合并后公司的经营）。现在，积极投资者、股东代理咨询公司以及FTC之类的政府监管机构，都成为兼并与收购的重要参与者。

我们的讨论从第十九章提到收购双方的匹配性开始——即家庭一元店、美元树和多来店之间在战略上的契合点。接下来，我们在第二十章介绍了以家庭一元店为收购目标的财务估值问题，并以WACC为折现率对公司自由现金流进行了估值测算。然后，我们在第二十一章里提出了股权现金流的概念。这不仅为我们提供了另一种估值技术，也从一个不同的视角阐述了现金流公式的逻辑基础。最后，我们在本章里指出，合并的结果不只取决于谁的出价更高，执行层面的原因同样至关重要。

期待下一步

我们对如何制定合理投资决策的介绍到本章为止。在下一章、也是本书的最后一章里，我们将对全书做全面总结。

附录　在2014年和2015年的收购报价阶段，家庭一元店发生的主要事件

2014年5月14日：美元树提出了一项无法律约束力的收购提案，拟以每股68~70美元的价格收购家庭一元店的全部股份，并以现金支付收购对价的75%，其余以美元树本身的普通股支付。

2014年5月21日：家庭一元店被告知，美元树的出价还"不足以打动公司"，家庭一元店的态度是"不出售"，但也不排除对更具竞争力的收购价格给予考虑。

2014年6月6日：卡尔·伊坎宣布，已持有家庭一元店9.4%的股份，并推动多来

⊖ 见Michael J. de la Merced, Family Dollar Shareholders Approve $8.5 Billion Deal with Dollar Tree, *New York Times,* January 22, 2015, http://dealbook.nytimes.com/2015/01/22/family-dollarshareholders-approve-8-5-billion-deal/。

店对家庭一元店的收购事宜。

2014年6月13日：美元树将收购价格上调至每股72.00美元，其他条款相同。

2014年6月16日：家庭一元店的董事会告知美元树，称其出价仍"不足以打动公司"。

2014年6月20日：美元树将收购价格再次上调至每股74.50美元，其他条款相同。

2014年6月25日：家庭一元店和美元树就收购谈判签署排他性协议。

2014年7月25日：家庭一元店和美元树达成正式收购协议。

2014年7月28日：家庭一元店和美元树联合发布收购公告。

2014年8月18日：多来店宣布以每股78.50美元的价格收购家庭一元店，全部采用现金支付，方案的下一步取决于尽职调查的结果以及监管部门的批准。此外，多来店还承诺剥离700家店面。

2014年9月2日：多来店承诺以现金支付收购对价，将收购价格上调至每股80.00美元，并同意最多可剥离1 500家店面。

2014年9月5日：家庭一元店董事会一致否决多来店的收购提案。

2014年9月10日：多来店发起要约收购。

2014年12月23日：董事会意识到缺少足够的支持票，于是，推迟最初选定的合并提案投票日。

2015年1月15日：多来店宣布收购失败。

2015年1月22日：家庭一元店举行股东投票：8 400万股支持美元树的收购提议。（在全部1.143亿股流通股中，投赞成票的持股比率为73.5%，实际投票人的持股比率为89%）。

2015年7月7日：交易结束，美元树取得家庭一元店的控制权。FTC要求家庭一元店及美元树合并出售330家店面。

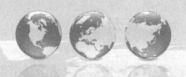

第二十三章

综述

作为本书的最后一章，我们将进行一次全面总结。之后，读者便可自行判断，我们是否已实现了第一章所承诺的基本目标。

本书为读者介绍了理解和利用公司金融的基本工具，当然，我们更希望读者可以利用这些工具完成现实中的估值。在向读者介绍融资理论之前，我们首先提到了公司的基本职能，我们将其归纳为如下三项基本任务：

（1）如何做好投资决策。

（2）如何做好融资决策。

（3）如何在做好前两项决策的同时，管理好公司的现金流。

我们在前面就提到过，现金像空气，收入像食物。一个组织要生存，这两者缺一不可，公司即使没有收入也能喘息一段时间，但公司一刻都不能没有现金。接下来，我们定义了什么是好的投资决策——确定公司应该将现金放在哪里，或是投资于何处。也就是说，投资并生产合理的项目及产品。最后，我们认为，良好的融资决策，就是要确定公司应该到哪里去找到投资所需要的现金。

重要的是，融资战略和业务战略必须相互协调，保持一致。对此，我们的解释是，每家公司都要在两个基本市场上运行，即产品市场和资本市场。不了解公司经营的产品市场，就不能合理地为公司进行投资。因此，在考虑公司融资问题时，公司必须首先确定产品市场的目标。只有确定了产品市场的目标，管理层才能据此确定财务融资战略，并制定相应的融资政策。

以上几点也反映了笔者处理公司融资问题的基本思路。我们认为，读者也应该从公司的产品市场起步，在此基础上制定公司战略。这就需要设定公司在产品市场上的目标。只有先确定了产品市场的目标，公司才能在投资和融资方面制定合理的战略。

随后的任务，就是制定和实施与融资战略相一致的融资政策。融资政策包括公司应追求内部增长还是实行外部合并，如何选择资本结构，是采用短期债务还是长期债务，是使用担保债务还是无担保债务，债务的利率是固定的还是浮动的，以及应采取怎样的股利政策等。

所有这些政策均对公司意义重大，因为市场回应公司融资政策的手段就是改变公司价值，而且市场的反应速度往往是非常敏捷的。

第二章到第四章：现金流管理——融资工具

作为全书的起点，我们在第二章介绍了全书的第一个案例——管道供应商PIPES。我们探讨了财务比率和资金来源以及用途情况，并以此作为诊断公司财务状况的工具。其中，介绍了计算财务比率的诸多方法，并揭示了各种比率之间的相互关系，给出了它们的基本用途。在此基础上，我们指出，财务比率是对任何公司进行财务分析的起点。因为这些比率是诊断公司健康状况的标准和工具，它们所反映的内容就如同患者的外在症状——譬如血压、温度或是脉率。作为一种工具，我们可以利用财务比率进行公司与业内其他公司的横向比较，也可以进行与历史自我的纵向比较。分析资金来源和用途，则有助于确定公司在哪里取得现金流，以及将现金流投资于何处。此外，它们还是最基本的诊断指标，能够告诉我们公司业务的哪些部分还有待于精雕细琢。

第三章为我们的金融工具库增加了一名新成员——备考分析，并介绍了如何利用备考分析，从数量和时间上预测公司的未来资金需求。此外，本章还介绍了编制备考利润表和资产负债表的基本步骤。尽管编制备考财务报表（即预测）的方法多种多样，但我们采取的方法是以占销售收入的比率为基础。因为我们深知，除非有足够理由可以采取其他方法，以销售收入为起点始终是最常用的备考报表编制方法。备考技术还可以通过对比预测值和实际值，对公司金融做出诊断分析。此外，定期编制的备考财务报表有助于确定公司的融资需求，避免公司遭遇现金危机。最后，备考财务报表也是预测公司现金流的基础，因而对投资项目的评价至关重要。使用备考数据进行情境分析和敏感性分析，可以让我们对诸多可能的结果做出评估（比如最佳结果和最坏结果）。

第四章扩大了备考财务分析的广度和深度，并研究了季节性因素对公司财务报表的影响。如果公司的经营活动在整个年度维持稳定，那么，我们就可以使用公司的年度财务报表进行分析和诊断。但如果公司业务在年度内存在较大波动（导致显著差异），在确定公司融资需求时，我们就必须考虑这种波动性的影响。例如，对美国的零售商来说，圣诞节促销季的销售额通常要高于一年内的其他时段。因此，这就会影响到公司的存货、应收账款和债务。

这些基本金融工具构成了打造公司融资需求、财务政策及投资决策的基础。我们可以利用历史上的比率去预测未来的利润表和资产负债表。通过这些备考财务报表，我们可以预测公司融资需求的规模以及对应的时间。此外，备考分析还有助于估计未来现金流，从而确定投资项目是否拥有正的净现值。

第五章到第十三章：融资决策和财务政策

接下来要回答的问题是：公司在哪里能获得现金流？我们的答案是，既可以是公司内部，也可以是公司外部。要了解公司的内部现金流，意味着我们首先要认识可持续增长，这就需要用到按杜邦公式得到的净资产收益率——ROE（营利能力等于资本强度和杠杆率的乘积），即：

净资产收益率＝（净利润/销售收入）×（销售收入/总资产）×（总资产/净资产）

可持续增长概念表明，在其他所有条件保持不变的情况下（即杜邦公式的财务比率保持不变假设），企业可以按 ROE 与 1 减去股利分配率后的乘积实现自我增长。（请注意：在本书第一次提出这个概念时，我们称之为"在海滩上捡贝壳"，这也是我们的说教方式，稍后对此再做解释。我们的目的很简单，就是要反复提及最重要的概念。到此为止，希望读者能感觉到我们的用心良苦，更希望这种方法是有效的。）当公司内部不能产生足够的资金时，就需要到外部去融资。

此时，公司必须走进资本市场，去获得需要的资金。本书第二部分的主题就是公司如何进行融资。融资是有成本的，这一点与原材料或劳动力没有区别。公司不仅要以最低成本取得资金，还要保证融资风险与公司的产品市场和财务策略相互匹配。

第五章以梅西-弗格森农用设备公司为例，为我们讨论公司资本结构及融资奠定了基础。尽管本章并没有介绍新的金融工具或解决方案，却提出了对公司而言最重要的问题。本章告诉我们，资本结构和公司的融资方式至关重要，尤其是资本结构对公司产品市场战略的重要性，以及不和谐的财务政策是如何颠覆公司产品市场目标的。

第六章从M&M（1958）模型出发，提出了静态资本结构理论的理论模型。本章显示，在理想化的M&M世界中，资本结构与公司价值无关。随后，M&M（1963）模型引入了税收及财务困境成本，并显示出资本结构绝非无足轻重。在一个存在税收的世界里，债务融资比股权融资更有利。

此外，第六章还指出，财务困境成本是决定公司最优资本结构的关键因素。财务困境成本到底是多少？它包括破产程序的直接成本——但这显然不是最主要的财务困境成本；财务困境带来的最大代价，是公司在产品市场中的竞争地位遭受的永久性损失。财务困境成本源自公司的基本业务风险。

第七章和第八章讨论了万豪首席财务官加里·威尔逊是如何制定资本结构政策的。本章明确指出，当企业改变产品市场战略时，为什么必须考虑改变其融资政策。尤其需要关注的是，万豪酒店的产品市场战略已从拥有并管理酒店转型为只管理、不拥有酒店。当公司拥有酒店的所有权时，万豪酒店为进入资本市场得取得A级评级。但是，当产品市场战略转型为只管理、不拥有酒店之后，万豪酒店就可以适当提高其债务水平（并接受较低的债务评级）。

在这两章里，我们介绍并回顾了公司采取的诸多融资政策选项：股利政策、在国内或国际发行债券、债券是否需要担保、债务期限的选择（短期或长期）以及对固定利率或浮动利率的选择等。我们注意到，在公司金融中，超额现金相当于负的负债。在介绍万豪案例的章节，我们还介绍了不对称信息的概念，重申了可持续发展的基本观点及杜邦公式。此外，这两章还讨论了信号的成本以及股权现金流的重要性。我们发现，市场将股权现金流的流出（支付股利及回购股票）视为利好信号（股价的总体反应是上涨），而股权现金流的流入（新股票发行）则被市场视为利空信号（股价的总体反应是下跌）。

最后，我们以万豪为例，指出公司可以利用超额现金做的五件事情，即提高内部增长率、收购另一家公司、增加股利支付、回购股票以及偿还债务。前两个选项属于产品市场的解决方案，后三个则属于金融市场的解决方案。如果公司没有足够的现金流，我们可以做的则是与上述相反的五件事情。也就是说，企业可以放缓增长速度、出售资产、减少股利支付、发行股票或是发行债务。

第九章和第十章进一步探讨了制定融资政策的方法，以及公司产品市场战略的变化是如何影响到融资政策的。为此，我们以 AT&T 和 MCI 这两个竞争对手作为案例，重点分析了两家公司在产品市场发生重大变化之前和之后的表现和对策。这两章简要概述了两家公司在 AT&T 进行剥离之前的融资需求和融资政策，并解析了 AT&T 剥离其全部运营子公司带来的影响，讨论了各家公司的融资政策是否相互一致，以及和公司需求之间的匹配性；随后，在 AT&T 完成剥离的背景下，分析了两家公司在新环境下的融资需求问题；探讨了 AT&T 和 MCI 在剥离后应采取的融资政策。

对于剥离之前的 AT&T，由于每年都要面对庞大的资本性支出，因此，进入资本市场已成为公司满足融资需求的关键。这意味着，AT&T 必须维持非常高的债券评级，而这反过来，又会影响到公司的最佳资本结构。另一方面，MCI 也需要为基础设施筹集资金，但它却没有为取得较高债券评级所需要的现金流和财务实力。通过对比这两家公司，我们引申出融资的啄食顺序理论。我们注意到，内部资金（来自可持续增长）始终是公司首选的融资方案。随后是发行高风险级债务，而发行股票则是最缺少吸引力的融资选择。

第十一章以苹果公司为例，介绍了公司的股利政策及股票回购，并回答了公司应在何时以何种方式向所有者返还现金的问题。我们的分析依旧以 M&M（1961）模型为起点，这也是股利政策的基本理论依据。随后，本章讨论了放宽相关假设的拓展 M&M 模型，以解释公司在实践中应如何制定股利及股份回购政策。

第十二章也是介绍资本结构理论的最后一章，本章强调的是决定资本结构的动态要素。为此，我们放宽了 M&M 模型的最后三个假设，即，交易成本为零，无不对称信息，并且没有代理成本。在发行债务和股票的过程中，交易成本在规模上非常有限，因而不会带来显著影响。

而不对称信息则会导致结果发生重大变化。这意味着，当公司以支付股利、发行股票及回购股票等形式改变股权现金流时，市场必然会做出反应。融资的啄食顺序理论就是来自于信息的不对称性。而代理成本的存在则表明，管理者的行为可以解释为相应的激励机制，但这种激励机制未必与股东的激励相互兼容。虽然适当的杠杆可以减少代理问题，但杠杆过度反而有可能加剧代理问题。

第十三章探讨公司因破产而陷入财务困境时的遭遇。本章分析了由产品市场引起的困境（如竞争加剧或成本结构的变化）与由财务政策引起的困境（如不合理的资本结构）之间的区别，并简明扼要地指出，在面对财务政策引发的困境，并深陷重组破产等各种法律规则造成的困扰时，公司应该怎么做，或者说，必须怎么做。

第五章到第十三章介绍了融资政策的相关问题，也为我们制定融资决策提供了一个基本指南。制定融资决策主要包括以下几个步骤。

（1）确定公司的融资需求。

（2）确定公司的融资政策，包括目标资本结构。

（3）列出公司融资的可选方案。

（4）选择以最低成本匹配公司融资政策的融资方式（例如，固定利率或浮动利率以及有无担保等）。

(5) 检验各种潜在方案的影响。
(6) 做出选择。

一旦确定了融资需求（见本书第一部分的讨论），下一个步骤就是确定目标资本结构，这是确定公司债务评级的基础变量。我们认为，在选择目标资本结构政策时，可以采取如下三方面的标准，即内部分析、外部分析以及横截面分析。

内部分析的核心在于评估和衡量公司的基本业务风险。融资政策在顺利时或是逆境中是否会发挥作用？对此，我们可以通过备考分析及敏感度分析来评估公司的竞争性风险。公司必须考虑是否需要偿还债务并履行契约等因素。外部标准来自于信用评级机构、贷款人和市场分析师。要进入资本市场，公司必须满足这些外部标准。最后是横截面分析，其内容就是分析公司竞争对手的行为，除非你有足够的理由，否则，千万不要以为对手会采取和你一样的财务融资政策。

选择公司的最优资本结构不只是找到最小化的资本成本（WACC）。资本结构对公司金融的影响是多方面的，它会影响到公司的风险及收益，也会影响到公司的债务成本、股权成本以及WACC。请记住，如果公司改变自己的负债率，它的资本成本就会随之变化。随着负债率、债务成本和股权成本的提高，WACC首先会下降，而后会上涨。当公司价值先上涨、而后下跌时，股价也会呈现同样的趋势，即先涨后跌。与此同时，每股收益会提高，市盈率下降；税盾价值提高，财务困境成本也随之上涨。

此外，确定最优资本结构或是债务/股权的目标比率，只是融资的一半内容。实现这个目标则是更重要的另一半。如果债务/股权比率太低，公司就有可能成为被收购的目标。因为公司的股价过低，其良好的负债能力恰好可以为收购方提供巨大的融资空间。但如果债务/股权比率过高，公司则会面临遭遇财务困境的风险。尽管公司融资政策的目标在于实现长期的静态均衡，但公司也可以暂时性地偏离这个均衡点，以动态方式把握短期有利形势赋予的机会。

在制定财务融资政策时，公司也是在向市场传递信息。市场会因此而意识到，管理层拥有他们没掌握的信息，信息的不对称性会促使市场去主动寻找信号。这会导致外部资金的使用成本更高，因此，通过公司可持续增长率取得内部资金，永远是更有吸引力的融资方式。

在确定了融资政策之后，下一个需要公司考虑的，就是满足这个资金需求的方案。公司可以进入资本市场，从五花八门的工具和特征中选择最适合自己的方案。尽管不可能在本书中一一赘述，但我们还是对银行融资、私募、长期负债、股权（普通股和优先股）、可转换债券、可转换优先股等工具进行了讨论。每个方案都有其各自特征，如利率（利率的水平以及是固定利率还是浮动利率）、期限、还款约定、偿债基金以及赎回条款等。当然，还有很多方案在本书中尚未提及，但可以认为，可选择的主要方案均在本书中有所说明。

从满足融资需求可以选择的方案里（在公司融资政策既定的情况下），首先应剔除那些明显不合理、风险过高的选项。最后，应从剩下的方案中选择成本最低的融资方案。

虽然本书并未明确提及，但是在很多情况下，最低成本方案往往就意味着需要在不同融资方式之间进行合理转换，毕竟，这个过程本身就是动态的，不存在唯一的最优化方案。比如说，一家公司可以借用日元，然后通过货币互换，将贷款从日元转为美元。

在这个部分的最后一章里，我们再次强调，融资政策必须相互协调，并与公司产品市场战略相互适应。需要注意的是，当公司改变产品市场战略时，就必须重新审查并调整其财务融资政策。

第十四章到第二十二章：估值

在投资方面，我们首先需要回答的问题是：公司怎样才能做出良好的投资决策？我们注意到，投资决策是由三个基本要素构成的，即战略、估值和执行。本书的随后部分在兼顾战略和执行的同时，主要讨论了估值问题。

我们在大多数案例中只是简单提及战略问题，只是在最后的家庭一元店案例中，才对战略要素进行了深入讨论。从本质上说，投资中的战略要素就是投资在产品市场层面所展现出的经济学。在对投资产生的现金流进行估值之前，我们首先需要认识到，是潜在的公司经济活动创造了这些现金流。

我们可以通过五种基本方法对投资进行估值（在这五种方法中，每一种方法之下又存在不同的变异类型，但笔者还是将估值方法限定在这五个"大类"当中）。

（1）折现现金流（例如，公司的自由现金流、股权自由现金流、APV 以及 EVA 等）。

（2）收入乘数法或现金流乘数法（包括市盈率、EBIT、EBITDA 及 EBIAT 等）。

（3）资产乘数法（如账面价值、市场价值和重置价值等）。

（4）可比价值法（如衡量原油储量的桶数、表示黄金重量的盎司数、森林面积的公顷、零售店面的平方英尺、人口以及网站的访问次数等）。

（5）未定权益（或称或有权益，也就是所谓的期权估值法）。

本书以前四种估值方法为主（之所以没有详细介绍或有权益估值法，主要是考虑它需要使用期权价值工具包，而它在实践中确实鲜有用到）。

针对估值的讨论从第十四章开始，我们首先对估值工具的计算进行了概述，特别是估值拟采用的折现率和净现值等概念。

随后，我们以 Sungreen 为例，在第十五章和第十六章里介绍了估值的基础理论。在第十五章，我们阐述了如何利用备考财务报表计算公司自由现金流（FCF_f）。公司自由现金流（FCF_f）的计算公式如下：

$$FCF_f = EBIT \times (1-T_c) + Dep - CAPEX - (NWC_{期末} - NWC_{期初}) + 其他杂项$$

根据第十五章得到的预计现金流，第十六章介绍了如何以适当的资本成本对现金流进行折现。对于公司自由现金流，对应的折现率应该是 WACC，其计算公式如下：

$$WACC = K_o = [D/(D+E)] \times K_d \times (1-T_c) + [E/(D+E)] \times K_e$$

为了得到 WACC，我们首先需要估计公式中的每一个参数。此外，我们还强调对某些参数的估计需要同时借助于不同技术：特别是无风险利率、市场风险溢价以及如何对 beta 系数进行去杠杆和加杠杆的计算。此外，我们还讨论了使用不同估计结果的部分原因。

我们始终强调，资本成本来源于市场获得，而且最经常使用的方法就是"比较"估值法。这同样适用于最优资本结构、K_d 以及 K_e 的估计。在目前的企业投资估值中，K_e 主要是通过 CAPM（单因子模型）取得的。

第十六章还测算了 Sungreen 的投资项目终值，并强调投资估值应由如下三个部分构成：初始投资成本、预计现金流的现值以及终值的现值。笔者强烈建议计算多个终值，并将终值与现金流的价值区分开来。原因何在呢？在很多项目中，项目是否具有正的净现值主要取决于终值。当我们把这三个要素合并到一起时，就很容易忽略这一事实。

此外，本章还强调，企业在评估投资时应同时采用多个最低资本收益率。对于这个建议，我们可以总结为"项目的现金流、项目的资本结构和项目的资本成本"这句话。

第十七章介绍了公司及项目估值的很多细节问题。本章以针对现金流的详细解析为起点。首先，我们强调"现金为王"，并讨论了投资现金流应包括哪些项目，以及不应该包括哪些项目。必须排除在外的项目包括虚构的会计流、沉没成本、使用过剩产能的费用等。需要纳入现金流的项目包括机会成本、现金流的相互蚕食以及放弃成本等。此外，我们在这个部分里还强调，所有增量的现金流都应考虑在内，而且还要考虑它们的出现时间。

随后，我们在讨论资本成本的细节时提出一个警告：不要将过程融资所对应的资本结构与目标资本结构混为一谈。此外，本章还涉及 WACC 公式中的隐含假设、如何处理补贴利率、beta 系数的去杠杆和加杠杆公式转换以及计算股权成本的替代方法（例如，套利定价模型和法玛&芬奇的三要素模型）。随后，我们讨论了确定终值的五种基本方法，它们也是项目估值所采用的五种主要方法。需要注意的是，不要混淆股权的终值和公司终值（比如说，使用市盈率 PE 乘数得到的是股权终值，而使用 EBIT 乘数估值法得到的是公司终值）。随后，我们讨论了盈亏平衡分析法，可以利用这种方法检验每种方法的基本估值假设。最后，本章介绍了其他几种估值方法的过程，包括调整现值法（APV）、实物期权、估值的非财务因素以及公司战略的重要性。

第十四章到第十七章的最后两个重点：第一个重点就是，拥有正净现值的投资其实只是很平庸的回报。公司只能通过两种方式开展项目并取得正的净现值——取得更高的现金流，或是拥有低于竞争对手的资本成本。更高的现金流来自更高的销售价格或较低的运营成本。但要取得较低的资本成本，往往意味着公司要么能享受到非市场利率（譬如取得补贴），要么是调整税盾和负债率（比如说，被收购公司拥有不合理的资本结构，而且没有享受税盾的优惠）。这一点对合并尤为明显。当一家公司接管另一家公司或另一项业务时，通常要支付溢价。因此，这里的关键问题是，公司为什么在收购者手里会变得更有价值？

于是，我们便自然而然地引申出第二个重点：如果企业的预期净现值是正数，那么，它应如何阐述自己的竞争优势从何而来（依照我们的经验规律，必须能用不到五句话的内容来概况你的优势）。当有人向你推荐净现值为正数的项目时，需要他们首先回答如下这些问题：正的净现值来自何处？现金流的增加出现在何处（比如说，协同效应发生在什么环节）？哪个环节的资本成本低于市场利率（比如说，补贴是针对哪些业务）？如果没有充足的解释，我们就不应相信拥有正净现值的项目。

第十八章以康格里默公司为例，介绍了杠杆收购及私募股权的相关概念及理论。康格里默的价值源于何处？主要有三个来源：前两个与税收的减免有关，一个是资产负债表的账面增值，即折旧带来的税盾（当前税法已对此做出严格禁止），第二个是高债务带来的额外利息扣除。通过康格里默案例，我们可以看到如何利用捆绑债券创造一个以避税为目的的高负债资本结构。在这种负债模式下，由于债权持有者与股权持有者集于一身，因此，财务困境成本并没有增加。在私募股权领域的重大创新中，捆绑债券是迄今为止仍在使用的少数工具之一。杠杆收购（及私募股权）的第三个价值来源是管理层激励机制的变化。杠杆收购降低了所有者和管理者的代理成本，而且无数实践都已经表明，当管理者在为自己工作时，他们会更加努力，而且更有智慧。

从第十九章到第二十二章，我们用最后一个案例对估值部分进行了验证和总结——美元树对家庭一元店的收购。这四个章节分别涵盖了投资的全部三个基本要素（战略、估值及执行）。首先，我们在第十九章探讨了进行兼并收购的战略依据。在战略分析中，最根本的经济问题就是确定备考财务状况和预计现金流能否实现。

第二十章的主题是合并交易的估值，即以 WACC 对公司自由现金流进行折现，确定公司价值。本章重点介绍了多来店财务顾问的分析结果——这些结果来自多来店的股东委托书——并与笔者的分析进行了比较。结果再一次证明，财务"是一门艺术，而不是科学"。

第二十一章介绍了另一种常用的估值技术——股权自由现金流，即以 K_e 对股权自由现金流进行折现的结果，即股权价值。此外，本章还分析了公司自由现金流与股权自由现金流的差异，将我们对估值公式的认识从记忆阶段升华为理解阶段，从而在更深层次上认识这些差异。公司自由现金流来自公司的资产，而股权自由现金流和债务自由现金流则归属于股权和负债，两者分别以 K_d 和 K_e 作为折现率。最后，本章指出，股权自由现金流等于预期的未来股利。

第二十二章的核心在于执行。通过对家庭一元店的收购案例，我们探讨了合并市场及其众多参与者，尤其是私人投资公司在其中扮演的角色。结合股东委托书提供的细节以及对合并交易的详细描述，剖析了咨询机构（投资银行和律师）、董事会和管理层参与合并交易的动机和详情。

此外，家庭一元店的收购案例还体现为市场在估值中的作用。在这个案例中，既有善意的收购者，也有恶意的收购者。最后，我们指出，在公司金融方面，从长远来看，价值才是最重要的。公司可以犯一个错误甚至是几个错误，但如果管理层在某些时点犯下太多错误，恐怕他们就只有一次发年报的机会了。

本书讨论的工具及概念

到此为止,如果笔者的教学还算成功的话,读者应该能对如下内容做到耳熟能详。

1. 融资工具

(1) 财务比率分析。

(2) 资金来源与使用情况表。

(3) 备考分析。

(4) 杜邦公式。

(5) 可持续发展。

(6) 净现值(NPV)。

(7) WACC、K_d、K_e 和 K_o。

(8) 公司自由现金流(FCF_f)和股权自由现金流(FCF_e)。

(9) 市盈率。

(10) 资产乘数。

(11) 调整现值法(APV)。

(12) 多重最低期望收益率。

(13) 终值。

(14) 无杠杆 beta 系数和加杠杆 beta 系数。

2. 理论与概念

(1) M&M 模型(1958,1961,1963)。

(2) 税盾。

(3) 财务困境成本。

(4) 最优资本结构。

(5) 超额现金,即负的负债。

(6) 基本业务风险。

(7) 管理层的自主裁量权。

(8) 不对称信息。

(9) 股权现金流、股利、回购股份和发行股份的信号机制。

(10) 内部资本市场。

(11) 融资的啄食顺序理论。

(12) 股利政策。

(13) 获得或利用超额现金的五种方式。

(14) 项目估值的五种技术。

3. 制度因素

（1）投资银行。

（2）董事会。

（3）律师。

（4）合同。

（5）债务评级。

（6）可转换证券。

（7）杠杆收购。

在本书讨论的工具中，首先是比率分析、资金来源和使用以及备考分析，随后，我们的讨论范围不断扩大。此后，我们在多种场合下反复使用这些工具，以达到不断强化学习的目的。本书中讨论的第一个概念就是M&M（1958，1961，1963）模型，在此基础上，我们将理论分析的范围扩大到信息不对称和可持续增长等。

尽管制度因素不是本书的重点，但适当考虑这些因素，有助于体现融资在实践中的作用。最后，我们还讨论了很多类型的融资工具及其特征，比如合同、信用评级和可转换证券等。

财务是一门艺术，而不是科学

我们曾多次指出，财务本身并不精确。财务专业人士往往表现得貌似精确，但实则不然。例如，在进行估值或计算净现值时，我们必须意识到，其结果只是一个估计数。而且它是在很多假设的基础上得到的，需要以敏感性分析来检验这些假设是如何影响结果的。

终极体会

市场始终是检验投资价值的最佳场所。相比之下，我们的估值技术表现如何呢？如前所述，我们的目标不是得到一个精确数字，而是进入这个场地。一旦站在这个比赛场上，我们就要像所有决策者那样去思考，是否需要进行投资，以及如何为投资进行融资，我们的唯一武器就是判断。不同于会计（反映过去），财务（面向未来）中不存在绝对正确的答案。尽管财务上肯定存在错误答案，但同样可以肯定的是，也不只有一个正确的答案。财务需要判断，而判断的重要性（和稀缺性）正是财务专业人员享受高薪酬的原因所在。

如第二十章所述，笔者之一曾撰写过一篇有关估值技术和分析的文章。⊖几乎所有分析师都在使用市盈率（PE），而使用净现值（NPV）的分析师仅有一半多一点。我们的问题是：

⊖ 见P. Asquith, M. Mikhail, and A. Au, Information Content of Equity Analyst Reports, *Journal of Financial Economics* 75（February 2005）: 245–282。

哪种方法更准确,是 PE 还是 NPV 呢?两者几乎没有区别。使用 NPV 的结果绝对不会比使用 PE 得到的结果更精确。那么,我们为什么不只使用 PE 呢?因为在使用 NPV 的时候,分析师首先要估计未来现金流,还要思考基本假设。在计算自由现金流时,需要分析师必须考虑和检验折旧计划,以便确定每年的资本性支出以及公司需要维持的流动资金等。考虑到 NPV 会迫使分析师去思考这些假设,因而会减少他们出现疏漏的机会。但是在使用 PE 乘数的时候,分析师只需要一个数字(PE),再插入公司的数据即可。因此,这很容易会让他们遗漏很多重要的东西。正是基于这些原因,笔者和大多数财务教学者更偏爱折现现金流(使用 NPV)。因为它会迫使所有使用者认真思考每个要素。我们相信,使用折现现金流(DCF)会让我们在估值过程中犯错误的概率大大减少,而且凭借目前的电子表格软件,计算 DCF 需要的时间并不会比使用 PE 多很多。

以理性的方式看待融资

第一,我们一定要了解估值背后的经济基本面。价值存在于产品市场和资本市场。数值不是来自于数字,而是来自于经济活动。

第二,了解金融工具。本书试图将重点置于工具本身,而不是理解工具。采用公式计算加杠杆和去杠杆的 beta 系数,这确实是一个非常直接简单的过程。但考虑到公式多种多样,因此,理解每个公式的基本假设及其影响(它们在什么时候有意义,什么时候没有意义)才是本书的宗旨。比如说,本书使用的 beta 计算公式是假设债务为零时的 beta,并把附加债务的风险视为按线性增加的风险。同样,其他公式也会有其他假设。因此,我们不仅要了解金融工具的用途是什么,还要知道它们在什么情况下是有意义的。例如,采用算术平均数(正确)或几何平均数(不正确)确定的(R_m-R_f),其结果自然会有所不同。此外,它还要取决于相关数据的起点是 1926 年(从有数据存在的时点开始)、第二次世界大战之后、还是仅限于最近的某个商业周期。不同的方法和时间范围可能会带来不同的结论,但关键要知道依据是什么、数字来自何处,以及按不同方法或时间段计算的数字为什么会有所不同。正因为如此,我们不能不分场合、不分目的地判断某个数字是正确还是错误。在财务中,理解工具是做到合理融资的基本前提。

第三,人永远是最重要的。财务是由追求自我利益的人来管理的。而执行则需要了解参与者及其自我利益,当然还有他们的决策。比如说,CEO 想要得到的是什么?投资银行家和顾问的目标是什么?语言或数字并不一定能代表他们的真正愿望。他们首先会从自身利益出发而采取行动,然后才会想到为他们支付薪水的人(而不是社会利益或是其他利害关系人的利益)。计算数字很重要,拥有数字当然是一件好事,但人类的决策不能离开现实世界,因此,我们必须在决策中充分考虑到人类行为的固有特征和重要性。

第四,一定要了解制度规则。第十八章和康格里默的案例表明,捆绑融资模式给杠杆收购带来了巨大优势。为什么呢?因为它们可以让公司绕过美国税法的监管,在本质上将股权转化为债务,从而达到避税的目的。尽管了解基本经济面至关重要——毕竟,这是价值的真正来源,但同样重要的是了解工具、参与者和制度框架。

第五,将 NPV 预期为零。当 NPV 为正值时,分析中的一个关键部分就是确定价值的来源。你应该用不到五句话的理由解释这个价值的来源,否则,我们就可以认为,你的预测不可信。

第六,至少要有一点(最好多一点)怀疑态度。两位笔者都是愤世嫉俗和怀疑世界的人。如上所述,你应该永远怀疑人们的动机,他们想干什么、他们得到的是什么,以及他们所追求的价值何在,你应该对别人告诉你的事情始终持怀疑态度。

与时俱进

世界是永恒变化的,新的工具和结构不断地出现和演变。20 世纪 80 年代,杠杆收购和杠杆重组还是新生事物。互联网的发展如火如荼。在 20 世纪 90 年代之前,卖空在交易所全部交易中的比重还只有 5%～8%,而目前这一比率已接近 30%。因此,唯一可以肯定的是,世界还将持续变化。你要怎样做才能与时俱进呢?

(1)**教科书**:大多数最新版教科书的存在目的,还是为了猎杀二手书市场,而不是因为财务领域的重大进步。因此,虽然说是否拥有最新版本或许并不重要,但阅读不同的教材(而不是同一本书的不同版本)还是会带来一些新的信息。理查德 A.布雷利(Richard A.Brealey)和斯图尔特 C. 迈尔斯(Stewart C.Myers)的《公司金融》(*Principles of Corporate Finance*)绝对是公司金融领域的第一本现代教科书,迄今为止,它依然是无与伦比的财务宝典。马克·格林布拉特(Mark Grinblatt)和施瑞丹·蒂特曼(Sheridan Titman)的《金融市场与公司战略》(*Financial Markets and Corporate Strategy*)则是笔者在现代公司金融领域最喜欢的教材,因为这本书不仅充满了技术上的魅力和严谨的数学推理,而且极具现代感。金融专业人员的书架上至少不能缺少这两本教科书。罗伯特 C.希金斯(Robert C. Higgins)的《财务管理分析》(*Analysis for Financial Management*)也是一本伟大的教科书,它深入探讨了公司基础财务的细节问题。

(2)**期刊**:很多人订阅《麻省理工斯隆管理评论》(*MIT Sloan Management Review*)和《哈佛商业评论》(*Harvard Business Review*)作为休闲时光的读物,它们的确会让那些关注金融的人找到很多有趣话题,而且这种期刊的价格也很便宜。相比之下,这个领域还有很多纯理论性的期刊,要读懂这些期刊显然需要高深的数学知识(比如说微积分和计量经济学), 例如《金融经济学杂志》(*Journal of Financial Economics*)、《金融学报》(*The Journal of Finance*)和《金融研究评论》(*The Review of Financial Studies*)等。㊀它们的读者应该是学术专业人士,而不是全而不精的实操人员。但有些实务性期刊也会

㊀ 迄今为止,在发表的每12篇论文中,大约只有一篇文章来自非学术界人士。即使是对这些已经发表的论文,大多数读者都不会去阅读。每一篇学术文章被引用的平均次数为两次(中位数为零)。这就是说,真正有意义的学术论文寥寥无几。

接受经过提炼的理论性文章，这些期刊包括《财务管理》（*Financial Management*）、《应用公司金融杂志》（*Journal of Applied Corporate Finance*）、《金融分析师杂志》（*Financial Analysts Journal*）以及《投资组合管理杂志》（*The Journal of Portfolio Management*）等。这些期刊提供了技术层面最前沿的文献资料，但需要提醒的是，它们的读者对象不同于纯学术期刊的读者，也就是说，这些期刊中有可能存在更多的错误。因此，在阅读实操类期刊时，务必要记住这一点，不要人云亦云。如果你觉得有些问题和你的预期不符，那么，在运用到实践之前一定要先做验证。

（3）**商业出版读物**：包括形形色色的热门杂志，尤其是《经济学人》（*The Economist*），紧随其后的应该是《彭博商业周刊》（*Bloomberg Businessweek*）。对关注经济金融发展的读者来说，这些杂志是非常有价值的。笔者认为，《经济学人》确实应成为所有人不可或缺的读物。《欧洲货币杂志》（*Euromoney*）对实务工作者来说也是非常不错的期刊，它详细介绍了财经领域的最新事件。当然，还有每天我们都可以看到的《华尔街日报》和《金融时报》。

拉里的故事（绝对真实）

简是我一个朋友的妹妹，在她父亲的公司（一家中等规模的公司）担任信贷经理，她刚刚遇到职业生涯中的第一次违约事件。这家客户破产了，拖欠公司 3 万美元的欠款。按法院的清算，预计只能收回 3 000 美元（10%的偿债率）。简计划在晚饭时告诉爸爸这个消息（这可不是一个和蔼可亲、容易糊弄的家伙），至于该怎么提这件事，简找到了我。

我问："你爸爸的工厂是否满负荷运转呢？公司的利润率是多少？"

她回答说："不，开工率还不到50%，利润率是30%。这和我的事情有什么关系吗？"

我对她解释说，如果工厂的开工率不足，这意味着，她还没有放弃向这个客户开展进一步推销的赚钱机会。也就是说，她并没有损失 2.7 万美元（30 000 美元的销售价格-3 000 美元的预期还款）。相反，她的损失应该是 1.8 万美元（21 000 美元的成本-3 000 美元的预期还款）。

随后，我又问简："这是你们对这家客户的第一笔销售吗？"

简的脸上闪出不悦的表情："这有什么关系吗？"

事实是，客户在两年时间内向这家公司购买了价值 33 万美元的产品，其中的 30 万美元已经支付，另外还有 3 000 美元预期也将支付。这意味着，如果公司能收到最后一笔 3 000 美元（破产清算收回的余款）预期收款的话，这家客户的现金还款总额将达到 30.3 万美元。而全部产品的销售成本为 23.1 万美元（33 万美元×70%）。因此，在过去的两年时间里，公司在这家客户身上实现的利润（相对于上一笔销售的亏损）为 7.2 万美元（现金流入 30.3 万美元，现金流出 23.1 万美元）。因此，为这个客户提供赊销信用还是一个不错的决定。简非常兴奋，邀请我和她爸爸一起吃饭。尽管我没有接受，但我或许会送她这本书。

保罗的馅饼理论

假如你问:"你最喜欢的派是什么?"大多数美国人的回答会是苹果派。

令人惊奇的是,绝大多数美国人居然都喜欢同一种馅饼。我想出了一个证明这个事实的理论。大多数人之所以选择苹果派,是因为它可能是唯一用新鲜水果做成的派。樱桃派、桃子派或是南瓜饼等,通常都是用水果罐头做成的,没有办法用新鲜的樱桃、桃子或是南瓜做成派。苹果派绝对不是最好的派。你听说过用新鲜水果做成的桃子派、草莓派或是其他什么派吗?假如你真的品尝过,或许再也不会想到苹果派。一旦吃派的季节到了,我的办公室里总少不了新鲜的派(但通常不会是苹果派)。我称之为"馅饼日"。还没有人提过,我喜欢自制的比萨饼,做比萨饼的确不是我擅长的。谈起比萨饼,我们都会说,我们喜欢哪一家比萨店的比萨。为什么呢?因为比萨店的比萨确实更好吃。但人们喜欢自制馅饼还有另一个原因。因为自制馅饼才是享用馅饼的正确方法:我们会采用最新鲜的水果。你想要用正确的方法去做这件事,而正确的方法就是从头自制,自制和外卖肯定是有区别的。多吃自制吧。

生存之道

在本书即将结束之时,笔者提一点和财务无关的建议。每当我们上课时,在最后一堂课即将结束的时刻,我们总会发表一点生活感言。以下是我们认为有价值的几点生活感言,希望能给读者带来启发。

首先,一定要做你喜欢做的事情。你肯定擅长于你喜欢做的事情。不要做你觉得自己应该做的事情。不要因为它是高盛,就一定要去高盛工作。选择你想做的工作。生活的内涵不是金钱的最大化,而是效用的最大化。我们当然需要金钱,希望我们选择的每一项工作能带来满足生活基本需求的收入。两位笔者都曾有机会在实务中赚到远远多于做学术的收入。那么,我们为什么会留在学术界呢?因为我们知道自己是谁,自己想做什么。我们两个人都没有把金钱作为确定职业生涯的参照物,而且也不会对自己的选择感到遗憾——我们都相信,做学术研究可能是世界上最伟大的工作——在自己喜欢的环境中,因为学习而赚钱,因为把自己喜欢的东西传授给别人而赚钱。如果你的确擅长自己正在做的事情(只有当你选择做自己喜欢的事情时,才会出现这种情况),那你肯定能赚到足够的金钱。沃尔特·迪士尼曾说过:"我拍电影不是为了赚钱,而是为了拍电影。"

第二,如果你不能简单地对某个事情做出解释,这就说明,你根本就不了解这件事。如果你确实非常了解,通常就可以给出最简单的解释。这也是我们对教学规律的总结(希望这本书能够证明这一点)。这不仅仅适用于某个人,而是适用于所有人。当人们说"我会向你解释的，但它的确太复杂了"，在绝大多数情况下，这说明他们自己还不够清楚。爱因斯坦曾说过："如果你不能给祖母解释清楚一件事，那就说明你自己还没有理解这件事。"

第三，在制作演讲稿或演示片时，一定要想象：你的对象都是最重要的人。不要总是想，你的对象是某些特殊的人群。尽管你身边的人都不缺少理性和智慧，但他们未必熟悉你的专业术语（很多专业人士一旦离开深奥晦涩的行话，似乎什么都说不清楚）。因此，你的演讲稿是写给你认为最重要的"其他人"听的，只有这样，你才不会失去听众。向他们介绍你的工作，是衡量你是否理解这份工作的最好标准。

第四，以德为道。尤其是在得到律师、会计师或是公司董事会首肯的情况下，我们很容易为自己的行为找到理由。但遗憾的是，这些顾问往往扮演着推波助澜的角色，他们喜欢的是锦上添花，而不愿雪中送炭，他们只会帮助管理者弄清如何利用法律和规则开脱自己的错误。而别人的做法或者技术上的做法，并不代表这件事本身是正确的。因此，我们需要保持一定的谦卑感，要学会了解人性，正确认识竞争压力以及缺乏明确规则会如何导致我们做出错误选择。每个人都是他自己唯一的看门人。[⊖]

第五，生活是艰辛的。遗憾的是，几乎每个人都要在某个时候忍受折磨。人会因为受伤、疾病、自然灾害、家庭悲剧、经济拮据甚至人生境遇的衰落而痛苦。每个人都有可能遭遇不测，有的人会受伤，会遭遇意外事故，或是被突如其来的疾病所打倒。没有人能做到一帆风顺。但令我们惊讶的是，既然我们都知道要经受苦难和折磨，而且每个人都不能幸免于难——这是人世间的必经之路，那么，我们为什么还要将苦难施于他人呢。己所不欲勿施于人，尽量多行善事吧。

结束语——这是人世间最美好、最令人惬意的三个字

写这本书很有意思，因为我们可以把自己知道的东西放在这本书里，然后奉献给读者。希望读者也有同感。

[⊖] 见Lawrence A. Weiss, If the Auditors Sign Off, Does That Make It OK? *Harvard Business Review*, May 1, 2012, http://hbr.org/2012/05/if-the-auditors-sign-off-on-it.

术语表

放弃成本：即使结束或放弃项目或投资也无法避免的成本。

预提费用：已经发生但尚未支付的费用。

摊销：这是一种会计处理方法，它会降低无形资产的账面价值，类似于对固定资产计提折旧费用。

套利：同一时间（或很短时间内）在一处购买资产，同时在另一处以更高价格卖出相同资产，以赚取两处资产价差扣除买卖交易成本后的余额。

不对称信息：一方掌握的有关公司前景的信息多于另一方。

资产负债表：表示公司在某个时点拥有资产、负债和所有者权益（净资产）情况的会计报表。资产列示在资产负债表的左侧（或上部），负债和所有者权益（净资产）列示在资产负债表的右侧（有时是下部）。它体现了最基本的会计等式：资产=负债+所有者权益。

破产：一种确定公司在违反债务合约情况下如何被重组或清算的法律程序。此外，破产程序禁止债权人单独对公司行使回收债权，包括需要支付给债权人的利息和本金。破产还会启动法院监督执行的程序，通过该程序，可能会改变债权人对公司的债权金额。

基本业务风险（BBR）：一个描述公司经营风险的术语，风险的大小取决于现金流波动的概率。导致现金流波动的原因可能是总体经济状况、公司所在行业内的竞争状况或是内部运营方式。

beta 系数（β）：衡量公司股票价格与大盘价格相互关系的指标。它是股票或投资组合的收益率对大盘指数收益率的协方差。beta 系数大于 1（小于 1），表示公司股价平均的增幅高于（低于）大盘指数涨幅，因而，该个股的波动性高于（低于）整个市场的波动性。大盘指数通常以标准普尔 500 指数表示，因此，标普 500 指数的 beta 系数为 1。

债券：一种按预定时间向债券持有人支付利息并偿还本金的附息有价证券。

债券评级：通过评估债务人按债务合约条款偿还债务的可能性而确定的信用级别。根据偿还概率，可将债券的信用水平划分为一系列的评级，其中，AAA 代表最高评级

（表明公司几乎不存在不能按时还款的概率），最低评级为 D（表明公司目前已处于违约状态，即公司已无法按合同约定还款）。拥有 BBB 以上评级的债券被视为"投资级"，通常被视为高等级债券。评级低于 BBB 的债券则被认为是低于投资级别债券，或称为"垃圾"债券。提供债券信用评级的全球三家主要公司是标准普尔、穆迪和惠誉评级。

账面价值：项目在资产负债表上体现的会计价值。净资产账面价值是指所有者权益的会计价值（等于资产减去负债的余额）。

燃烧率：企业用完现金余额的速度。

赎回：有价证券或债务到期之前被发行者回购（通常仅针对债券或优先股）的权利。

资本性支出（CAPEX）：由于购置或维护资本性资产所需要的支出。资本性支出等于当期固定资产变动额加上当期计提的折旧，即 CAPEX=期末固定资产+折旧费-期初固定资产。

资本利得：资产的出售价格与初始购置成本之间的差额。

资本强度：衡量公司资源使用有效性的指标，也可以表示为每创造 1 美元收入需要投入的投资，通常表示为销售收入/资产总额。

资本结构：公司的融资方式，通常表示为债务和权益的百分比关系，也可以表示为负债的具体性质和类型（短期或长期、可转换、可赎回等）以及权益的性质和类型（优先股和普通股等）。债务与权益之比被称为负债率或杠杆率。

现金牛：表明公司创造的现金流数量远远高于维持业务所需要的现金流数量。

现金流：公司创造和使用的现金。在会计的现金流量表中，将公司的现金流分为三大类：经营活动产生的现金流、投资活动产生的现金流和融资活动产生的现金流。在公司金融中，通常借助于估计公司或项目的现金流对公司或项目进行估值。

《破产法》第 7 章：是美国破产法中涉及公司清算的部分。在这种类型的破产申请中，破产公司需要按债务的优先级对债权人进行有序偿还（比如，先偿还有担保的债务，而后偿还无担保债务，最后才偿还股权）。

《破产法》第 11 章：是美国破产法中允许重组公司的部分。根据这种类型的破产申请，需要按全体债权人之间谈判确定并由法官批准的方案偿还债务。

商业票据：由公司或金融机构发行的一种短期债券，期限通常不超过 270 天。

普通股：代表公司所有权的单位。在公司发行的普通股中，至少有一类普通股（可以有不同类别的不同权利）有权投票选举董事会，并由后者选择和监督公司管理层。普通股可以获得股利，并有权取得其他权利分配后的公司剩余价值。

完全市场：在没有交易成本的情况下，以现有资产创造未来所有经济活动的一种市场状态。

利息的复利：也就是所谓的"利滚利"。假设将 100.00 美元的初始资金作为银行存款，每年赚取 5%的利息。在两年期结束时，这笔银行存款将变成 110.25 美元。其中，0.25 美元是第一年利息在第二年赚取的利息（前一年的 5 美元按 5%的利息率继续计息）。

可转换证券：可交换（转换）为一定数量普通股的公司有价证券（通常为债券或优

先股)。可转换债券的利率通常低于不可转换证券，因为它能为持有者提供将可转换债券转换为普通股并享受未来股价上涨收益的权利。

公司的股利政策：关于预期向股东支付股利的金额及时间的公司政策。

资本成本：通常以公司的融资利率表示。资本成本表示为债务成本（税前或税后）、权益成本或两者的混合利率（加权平均资本成本，或WACC）。

承诺：为保护贷款人、限制债务人行为而在债务合同中设立的条款。例如，通过承诺，可以限制公司发行新债券的额度、公司可支付的股利金额或公司必须维持的某些财务比率。违反承诺通常会导致债权人行使要求立即偿还债务的权利。

强制破产：是破产程序中的一个法律程序，即使一类或多类利益索取者反对重组计划（即，并非所有类别的利益索取者投赞成票），法官依旧可以批准重组计划。

交叉违约条款：在债务合同设立的条款，该条款约定，如果公司对一项债务合同违约，则视为对其他所有债务自动违约。

横截面分析：一家公司相对于整个行业或行业内主要竞争对手的横向分析。

公司债券：一种无资产担保的债券，即无担保债券。

债券：借款人承诺向贷款人还款的承诺性协议的通用名称。

可转换为普通股的债券（DECS）：一种附有卖出期权（即债券持有人可强制公司回购债务）和转换功能（可转换为公司普通股）并定期支付利息的债券。

债务积压：公司目前债务水平超过公司价值的情况，它会导致公司丧失继续进行债务融资的能力。

负债率：有息债务与权益的比率，或是债务与融资总额（即债务和股本）之比。

DIP融资：即拥有控制权的债务人融资，是破产法允许的一种债务融资方式。这种融资方式须得到法官的批准，在优先级别上优先于其他所有债务（即在债务偿还方面具有最高优先权）。

违约：指公司无法履行偿债义务（通常指公司无法按时支付利息）。

稀释：在行使股票期权或股票认股权证时，由于将债务转为股权或发行新股，导致每股收益和每股账面价值减少；有时也用来描述发行新股份对原来（当前）股东持股比率带来的影响。

折现：将未来现金流的价值计算到较早时间点（通常是现在）的方法。价值从未来时点折现到现在时点会相应减少（与复合相反）。例如，假设两年后承诺支付110.25美元的现金。如果这笔付款对应的风险调整折现率为5%，那么，这笔付款在今天的折现值就应该是100.00美元（计算公式为：$110.25/1.05^2$）。

快速清算：由于经济上的必要性而对资产进行的强制出售（因此，价格往往低于其他销售方式可实现的价格）。

股利：将利润分配给股东（通常以现金支付，但有时也以增发股票或公司产品形式进行支付）。支付股利不是公司的法定义务。

股利分配率：支付给股东的股利占公式净利润的百分比。

股利再投资计划：股东同意将现金股利自动转化为更多的股份。按这种计划购买股票的价格通常低于市场价格，而且可以免除交易费用。

股息收益率：每股优先股或普通股支付的股利除以每股市场价格。

杜邦公式（或模型）：它将公司的股权收益率分解为三个部分，即利润率（净收入/销售额）、资本强度（或销售额）周转率（销售额/总资产）和杠杆率（总资产/权益）。

荷兰拍卖式要约收购：在回购股份的要约收购中，按约定的股票数量在一系列价格区间内回购公司自己发行的股票，或是按约定价格回购一系列数量区间的股票。

息税前利润（EBIT）：扣除利息费用和税收之前的利润（因此，EBIT=净利润+利息费用+所得税费用）。

税息折旧及摊销前利润（EBITDA）：在扣除利息费用、税费、折旧或摊销之前的利润（因此，EBITDA=净利润+利息费用+所得税费用+折旧与摊销）。

每股收益（EPS）：每股普通股对应的净利润。如果公司有可转换债券、股权期权或认股权证，则需要进行两次计算。首先，计算基本的 EPS，暂不考虑可转换债券、股权期权或认股权证的影响。其次，考虑到可转换债券、股权期权或认股权证计算转股或行权的影响，得到（完全）摊薄的 EPS。

员工股权计划（ESOP）：由公司员工持有公司股份的计划。

员工购买股票计划（ESPP）：由公司为员工提供的股票购买计划，为员工提供优先购买公司股份的权利。

所有者权益（股权、净资产）：全体所有者在公司拥有的权益价值。在会计上，所有者权益定义为：股东为取得公司股权而投入的资金金额，加上公司累计收入，减去公司累计支付的股利（留存收益），再减去公司向股东回购股份（库藏股）所支付的金额。在财务领域，通常用来它来表示公司普通股的市场价值。

过剩产能：公司实际生产能力和公司可使用产能之间的差异。当公司产量接近其产能时，公司的单位产品成本通常会下降。

过程融资：公司为进行投资或收购而进行的融资以及所采用的融资形式。

保理：企业为取得资金而将应收账款以折扣价格出售给第三方机构。

公允估值意见：投资银行家对合并或收购价格的"公允性"发表的专业意见。公允价值意见可以为董事会提供保护，避免因价格不公而遭到股东的起诉。

虚假信号：对公司未来经济前景发出不准确的信号。

受托人：代表他人进行合理投资的个人或公司。

财务融资政策：公司针对债务和股权水平、债务性质（短期或长期、可转换以及可转让等）、股利支付、发行或回购股份等决策所确定的标准或方案。

财务宽松：公司可轻易发行的新增债务金额，以及可用于新项目、新投资的过剩（暂时不需要）现金。

先进先出（FIFO）：一种存货成本的计价方法，按照这种方法，最先卖出的存货成本以最先买入的存货价格计价，因此，资产负债表上的存货余额表示为最新买入的存货价格。

自由现金流（FCF）：公司由资产或收益得到、并归属于资本提供者的现金数额。

商誉：收购方支付的收购价格超过所收购净资产（资产减负债后的余额）市场价值的会计调整数。

发行证券的冷热：市场对新发行有价证券（通常为股票）的需求处于高位或低位的状态。

门槛收益率：在开展项目或投资之前设定的最低收益率。项目风险越大，所要求的门槛收益率就越高。

混合金融工具：兼具债务和股权属性的有价证券。

利润表：反映公司在一段时期内（通常为一年）经营成果的财务报表（也称为损益表），其基本格式为：公司实现的收入减去为创造收入所发生的成本和费用，其结果表示为净利润或亏损。

工业设施收益债券：由政府机构发行的债券，筹集的资金用于私人或公共事业公司。公司承担偿还债券的义务。债券在当地、州甚至联邦一级免税。由于免税且有政府支持，因此这种债券的利率低于市场利率，从而相当于为接受资金的公司提供了间接补贴。

无效市场：价格不能反映全部可用信息的市场。在这种情况下，拥有更多信息的投资者可以利用他们的知识赚取超额利润。

首次公开发行（IPO）：公司首次向社会公众发行股票。

无形资产：没有实体形式的资产，无形资产包括商标、商品名称、专利和版权等。

利息保障倍数：衡量公司支付债务利息的能力，等于 EBIT 除以需要支付的利息额。

次级票据：这是一种债务合约，其偿付的优先权低于优先级票据。

垃圾债券市场：按低信用等级（低于 BBB）发行的债券被称为"垃圾"债券。

后进先出法（LIFO）：以最先购买单位的价格作为存货的成本（即资产负债表上的存货余额按最先采购存货的价格计算）。

租赁：承租人（租赁人）同意向出租人（业主）支付租金以使用资产的协议。

租赁融资：先出售企业拥有的资产，随后再以租赁形式，在支付租金的情况下使用这些资产，这也是公司的一种间接融资方式。

杠杆收购（LBO）：通过发行大量债务为收购提供收购资金（收购目标通常是对上市公司进行私有化）。

流动性：以合理的价格快速出售资产的能力。

流动性管理：公司在短期内履行偿债义务的能力。

流动性溢价：易于在市场上买卖的有价证券会出现增值。如果一种有价证券缺乏流动性，那么它们就难以交易，即使交易也只能以较低价格出售。

市价法：将资产或负债的会计价值调整为当前市场的价值。在会计处理中，通常不需要（但允许）将资产或负债调整为市值。

市值：公司价值、特别是公司股权价值的估计值，表示为市场股价乘以流通股的数量。

到期日：债务最后一笔本金的偿还日期。也有"成熟"的意思，当公司或市场进入成熟期之后，表示公司或市场不再会出现高于经济整体增长速度的增长率。

乘数：用公司的收益或现金流指标（如 EPS、EBIT 或 EBITDA）乘以特定乘数确定企业价值的一种估值法。按乘数估值法，通常需要根据与其他公司的比较并调整后确定这个乘数，作为对目标公司进行估值的标准乘数。比如，将公司的股票价格除以每股收益，即可得出市盈率乘数，再将目标公司的总价值（债务和权益之和）除以 EBIT，即可得到 EBIT 乘数。

共同基金：一种由专业人士管理的基金，将投资者的资金汇集到一起，由基金管理者进行有价证券组合和管理的投资。

净现值（NPV）：投资、项目或公司的折现现金流总和。净现值通常由三个部分组成：初始现金支出（如购买价格或投资支出）、未来现金流的折现值以及未来最终价值的折现值。

净自发营运资金：流动资产减去不包括借款在内的流动负债，经常列在资产负债表中的资产一侧。

净营运资金：定义为流动资产减去无息流动负债的差额（即现金+应收账款+存货-应付账款），也被称为营运资金。

净资产：公司股权的会计价值（等于资产减去负债），也被称为净资产，或简称股权。对个人而言，它对应于净值的概念，即全部财产的总价值减去全部债务后的总价值。

名义折现率：包含预期通货膨胀率的利率，它是我们在市场上可以看到的折现率。

机会成本：在若干相互排斥的替代方案中，只能选择一个方案而不能享受其他方案可能带来的收益，此外，它也被视为资源在次优使用状态下可创造的价值。

原始发行折现（OID）：债务工具的到期日价值（即票面价值或设定价值）与发行价格之间的正差额（负差额被称为溢价）。

流通股数量：公众持有的、已发行股票的数量（等于公司发行股票的数量减去公司回购股票的数量）。

融资的啄食顺序理论：由于信息不对称，公司会优先选择内部融资，接下来是债务融资，最后才会选择股权融资。

养老金福利担保公司（PBGC）：一家为养老金计划提供部分担保的政府组织。

债务比率：公司的债务融资在融资总额中的比率。财务人士通常以债务金额除以融资总额（债务与权益之和）来计算债务比率，也被称为负债率或杠杆率。

永续现金流：未来永恒发生的现金流。最简单的永续现金流现值计算公式就是以未来的支付额除以折现率（永续现金流的现值=自由现金流/折现率）。对于按固定增长率增长的未来永续现金流，计算现值的公式为：下一年度的自由现金流除以折现率与增长率的差额[即，固定增长率的永续现金流现值=自由现金流×（1+增长率）/（折现率-增长率）]。

插入数字：一个保证资产负债表维持平衡的数字。通常，插入数字是备考预测所需要的债务融资（或现金）金额。

可赎回的累积优先股（PERCS）：附带可转换上限并设定赎回日期及价值的可转换优先股。

优先股：一类对其他类型股权享有优先权的股权。优先股的主要优势在于，持股者享有先于其他类型股权持有者获得股利的权利。股利可以是累积的（当公司在某个时期内盈利不足以支付当期优先股股息时，可累积到次年或以后的某一年，并在普通股红利发放之前，连同本年优先股的股息一并发放）。优先股也可以享有投票权，但大多数情况下不享有投票权。优先股可以是可转换优先股或不可转换优先股。

市盈率（PE）：公司股票的市场价格与每股收益（EPS）的比率。

优惠利率：银行对风险最低的企业客户收取的贷款利率。

真实折现率：已对通货膨胀率经过调整（减少）后的折现率。

受管制的公用事业：在制订价格以及资本结构等方面受政府制度监督管理的公用事业（通常为水电供应公司）。

净资产收益率（ROE）：或称股权收益率，等于净利润除以权益的账面价值（笔者特别提醒，权益应采用年初价值，但在实务中，很多教科书采用的是年初和年末的平均值或年末价值，这是不正确的）。

安全债务：安全债务不存在违约风险（或是风险非常低，以至于可以忽略不计）。美国的政府债券通常被称为"安全债券"或"无风险债券"。

季节性：基于公司业务的性质，公司的销售收入和经营活动在年度内会发生有规律的变化（比如，在 11 月和 12 月的玩具、情人节前的巧克力以及春季和初夏的农产品，通常会迎来较高的销售量）。

股权再融资（SEO）：或称二次发行，是指已完成 IPO 的上市公司再次向公众发行股票。

自我交易：为自我利益而不是顾客利益而进行的活动。

优先级债券：支付受偿权优先于其他"次级"票据的债券。

股份：标明公司所有权的最小单位，通常采取普通股的形式。

卖空：出售借入的股票，在价格如期下跌后买回，并平仓股票空位。

信号：在财务上，是指管理层通过财务融资政策行动（如发行债券或股权、支付股利和回购股权等）向投资者发出的信息。

资金来源和使用情况表：分析公司资金流入和流出情况的财务报表，也就是目前的现金流量表（从 1988 年起，上市公司必须编制并披露现金流量表）。

个别认定法：按售出存货的实际采购价格确定销售成本的存货计价法（即销售收入和销售成本一一对应）。

剥离：公司在剥离一个部门或子公司时，新创建一个实体，并将新实体的股份送给被剥离部门或子公司的股东。

现金流量表：反映公司在一定时期（通常为一年）内现金流入和流出情况的财务报表。该报表将现金划分为三类，即经营活动现金流、投资活动现金流和融资活动现金流。

直接股：即普通股。

直线折旧法或直线摊销法：将资产成本减去残余价值（即寿命期结束时的剩余价值）或是某些负债后，在资产整个寿命期内平均摊销的折旧摊销法。

捆绑融资：这是一种特殊的融资方式，投资者同时购买几种不同证券（如优先级债务、次级债务、优先股及普通股等）的"捆绑证券"。捆绑证券中的各种证券既可以是可分离的，也可以是不可分离的。

次级债务：在优先级债券支付受偿后才能接受支付受偿的债务。

沉没成本：已经发生的成本，这些成本已无法收回，因而不影响未来的现金流。

超常增长率：高于资本成本的增长率。超常增长可能出现在公司刚刚成立时，而且持续时间可能很短。超常增长率不可能长期持续下去，因此在备考预测时，使用超常增长的假设往往是不可信的。

可持续增长率：衡量在无附加外部融资且其他条件保持不变情况下可以实现的长期增长率。可持续增长率=股权收益率×（1-股利分配率）。

目标负债率：公司预期实现的债务及股权结构。

税盾：税法允许的税收减免额。税盾等于税法允许的税前可扣除金额（如利息、折旧及摊销等）乘以税率。税率越高，税盾效应就越大。

要约收购：个人或公司为了取得上市公司控制权而发出的、购买该上市公司股份的要约。

终值：是指资产（包括证券）在未来特定日期的价值。计算终值的三种常用方法是：收入乘数法、资产乘数法或永续年金公式法。

历史盈余：前一年的历史收益（与预测未来收益相反）。

美国国库券（T-bill）：短期（最长为一年）美国政府债券。

国库券利率：对国库券支付的利率。

单位交易：将多种互相关联的有价证券打包在一起发行。这些相互关联的证券既可以是可拆分的，也可以是不可拆分的。

2018年《减税与就业法案》：美国国会在2017年通过的一项重大税法调整法案。

公用事业：见"受管制的公用事业"。

可变利率：不固定的波动性利率，通常会根据经济形势进行调整。

风险投资：创业企业或高风险企业的主要融资来源，资金通常来自富裕人士和投资银行。也可以由银团设立资金池，也被称为风险资本。

华尔街信条：反映华尔街投资从业者观点或"智慧"的流行语。

认股权证：赋予持有者按预定价格优先购买公司发行股票的期权证券。认股权证可以和债券等其他类型证券捆绑销售。

加权平均资本成本（WACC）：债务的税后成本和股权成本的加权平均数。

营运资金：见"净营运资金"。

关于作者

保罗·阿斯奎思，麻省理工学院斯隆商学院金融学教授。拥有 27 年任教经历的阿斯奎思，还是美国国家经济研究局研究员。保罗·阿斯奎思是麻省理工学院斯隆商学院的高级副院长、麻省理工学院金融服务研究中心主任，兼任斯隆建筑委员会主席。他的教学领域是金融学，最近开设的课程是"公司金融简介"。此外，阿斯奎思教授还在麻省理工学院开设并教授其他三门课程，即高级公司金融、兼并和收购以及证券设计。他此前曾在哈佛大学任教 10 年，并在芝加哥大学和杜克大学有任教经验。他曾先后获得由麻省理工学院、哈佛大学和杜克大学颁发的 14 项优秀教学奖，也是麻省理工学院"Jamieson 优秀教学奖"的获得者。阿斯奎思教授在密歇根州立大学获得学士学位，并在芝加哥大学获得工商管理硕士及博士学位；他是美国会计协会、美国金融协会和财务管理协会会员。阿斯奎思教授经常受邀在金融会议上发表演说。1985 年，他利用在哈佛大学休假一个学期的时间，短暂加入所罗门兄弟公司。阿斯奎思教授还曾担任震旦国家人寿保险公司的董事。他曾为许多公司提供咨询服务，其中包括花旗集团、IBM、默克集团、加西亚保险、普华永道、加拿大皇家银行、所罗门兄弟、多伦多多米尼加银行及施乐等，并曾在联邦法院和特拉华州法院担任专家证人。阿斯奎思教授目前的研究领域包括在资本市场的监管透明度，他发表的论文"高收益债券的发行：违约、交易和回购的账龄分析"获得了 1989 年《金融杂志》（*Journal of Finance*）颁发的"史密斯·布里登"奖，在《金融学杂志》（*Journal of Financial Economic*）时发表了"股权分析报告的信息含量"。此外，他在企业兼并、公司股利政策、企业股权问题、公司发行股票的实践、股票分割、公司可转换债券的回购政策以及债券及股票的短线交易等方面的研究也硕果累累。此前，阿斯奎思教授还担任过《金融学杂志》《金融与定量分析杂志》（*Journal of Financial and Quantitative Analysis*）以及《财务管理》（*Finanical Management*）等顶级刊物的编辑。

劳伦茨 A.韦斯（Lawrence A. Weiss），塔夫茨大学弗莱彻法律外交学院的国际会计学教授。韦斯教授的教学范围甚广，包括从入门级的财务会计学到高级财务会计、管理会计和金融学课程。他此前曾在乔治城大学、瑞士洛桑国际管理学院、洛桑高等商学院、麻省理工学院斯隆商学院、欧洲工商管理学院、杜兰大学、巴布森学院及麦吉尔大学任教。在麻省理工学院任教期间，韦斯教授获得终身教学资格，并在弗莱彻法律外交学院、欧洲工商管理学院及杜兰大学等名校多次获得最佳教授提名。韦斯教授在麦吉尔大学获得工商管理学士学位、公共会计资格及工商管理硕士学位，并在哈佛大学取得工商管理博士学位。他的职业生涯多数时间是以加拿大特许会计师资格（相当于美国 CPA）为毕马威会计师事务所工作。目前，韦斯教授是美国会计学会成员，并一直从事相关领域的研究，发表了大量论文。韦斯教授是美国公认的企业破产法专家，并曾就破产改革问题出席美国国会的听证会。此外，他还为企业成本核算体系提供咨询，并担任民事和刑事案件的专家证人。韦斯教授目前的研究领域主要涉及三个方面，即陷入财务困境的企业重组、运营管理以及从各国会计准则（相当于各地的企业会计准则 GAAP）向全球标准（IFRS）的过渡。他发表的论文包括："破产解决方案：直接成本与索赔优先权的冲突"，该文赢得了《金融经济学杂志》（*Journal of Finanical Economics*）的"全明星级论文"大奖；发表于《法律、经济学和组织杂志》（*Journal of Law Economics and Organizations*）的"新时代对破产法第 11 章的价值冲击"；发表于《国际运营管理杂志》（*International Journal of Operations Management*）的"制造业库存和财务绩效的关系"。他的专著《企业破产：经济和法律视角》（*Corporate Bankruptcy: Economic and Legal Perspectives*）由剑桥大学出版社出版。此外，他还通过 Business Expert 出版社在 2016 年推出《乐趣和利润会计法：如何阅读和理解财务报表》（*Fun and Profit: How to Read and Understand Financial Statements*），在 2017 年推出《乐趣和利润会计法：会计前沿理论指南》（*Accounting for Fun and Profit: A Guide to Understanding Advanced Topics in Accounting*）。此外，韦斯教授还在《纽约时报》（*New York Times*）、多伦多《环球邮报》（*Globe and Mail*）及 HBR.org 等媒体发表了大量专栏文章。

金多多金融投资译丛

序号	中文书名	英文书名	作者	定价	出版时间
1	如何吸引天使投资：投资人与创业者双向解密	Attracting Capital From Angels: How Their Money - and Their Experience - Can Help You Build a Successful Company	Brian E. Hill Dee Power	58.00	2013.6
2	并购之王：投行老狐狸深度披露企业并购内幕	Mergers & Acquisitions: An Insider's Guide to the Purchase and Sale of Middle Market Business Interests	Dennis J. Roberts	78.00	2014.5
3	投资银行：估值、杠杆收购、兼并与收购（原书第2版）	Investment Banking, Valuation, Leveraged Buyouts, and Mergers & Acquisitions(2nd Edition)	Joshua Rosenbaum Joshua Pearl	99.00	2014.10
4	投资银行练习手册	Investment Banking: Workbook	Joshua Rosenbaum Joshua Pearl	49.00	2014.10
5	投资银行精华讲义	Investment Banking: Focus Notes	Joshua Rosenbaum Joshua Pearl	49.00	2014.10
6	财务模型与估值：投行与私募股权实践指南	Financial Modeling and Valuation: A Practical Guide to Investment Banking and Private Equity	Paul Pignataro	68.00	2014.10
7	风险投资估值方法与案例	Venture Capital Valuation, + Website: Case Studies and Methodology	Lorenzo Carver	59.00	2015.1
8	亚洲财务黑洞	Asian Financial Statement Analysis: Detecting Financial Irregularities	Chinhwee Tan, Thomas R. Robinson	68.00	2015.4
9	大并购时代	Mergers and Acquisitions Strategy for Consolidations: Roll Up, Roll Out and Innovate for Superior Growth and Returns	Norman W. Hoffmann	69.00	2016.3
10	做空：最危险的交易	The Most Dangerous Trade	Richard Teitelbaum	59.00	2016.6
11	绿色国王	Le roi vert	Paul-Loup Sulitzer	49.90	2016.8
12	市场法估值	The Market Approach to Valuing Businesses	Shannon P. Pratt	79.00	2017.3
13	投行人生：摩根士丹利副主席的40年职业洞见	Unequaled: Tips for Building a Successful Career through Emotional Intelligence	James A. Runde	49.90	2017.5

序号	中文书名	英文书名	作者	定价	出版时间
14	公司估值（原书第2版）	The Financial Times Guide to Corporate Valuation (2nd Edition)	David Frykman, Jakob Tolleryd	49.00	2017.10
15	投资银行面试指南	The Technical Interview Guide to Investment Banking, +Website	Paul Pignataro	59.00	2017.11
16	并购、剥离与资产重组：投资银行和私募股权实践指南	Mergers, Acquisitions, Divestitures, and Other Restructurings	Paul Pignataro	69.00	2018.1
17	财务模型：公司估值、兼并与收购、项目融资	Corporate and Project Finance Modeling: Theory and Practice	Edward Bodmer	109.00	2018.3
18	杠杆收购：投资银行和私募股权实践指南	Leveraged Buyouts, + Website: A Practical Guide to Investment Banking and Private Equity	Paul Pignataro	79.00	2018.4
19	证券分析师实践指南（经典版）	Best Practices for Equity Research Analysts: Essentials for Buy-Side and Sell-Side Analysts	James J. Valentine CFA	79.00	2018.6
20	私募帝国：全球PE巨头统治世界的真相（经典版）	The New Tycoons: Inside the Trillion Dollar Private Equity Industry that Owns Everything	Jason Kelly	69.90	2018.6
21	证券分析师进阶指南	Pitch the Perfect Investment: The Essential Guide to Winning on Wall Street	Paul D. Sonkin，Paul Johnson	139.00	2018.9
22	财务建模：设计、构建及应用的完整指南（原书第3版）	Building Financial Models	John S.Tjia	89.00	2020.1
23	7个财务模型：写给分析师、投资者和金融专业人士	7 Financial Models for Analysts, Investors and Finance Professionals	Paul Lower	69.00	2020.4
24	财务模型实践指南（原书第3版）	Using Excel for Business and Financial Modeling	Danielle Stein Fairhurst	99.00	2020.5
25	公司金融：金融工具、财务政策和估值方法的案例实践（原书第2版）	Lessons in Corporate Finance: A Case Studies Approach to Financial Tools, Financial Policies, and Valuation	Paul Asquith, Lawrence A. Weiss	119.00	2021.10